中国大历史

先秦史

吕思勉 著

北京理工大学出版社
BEIJING INSTITUTE OF TECHNOLOGY PRESS

目　录

第一章　总　论

历史果何等学问？治之果有何用耶？自浅者言之，则曰：史也者，前车之鉴也。昔人若何而得，则我可从而放效之；若何而失，则我可引为鉴戒，斯言似是，而实不然。何则？大化之迁流，转瞬而已非其故，世事岂有真相同者？见为相同，皆察之未精者耳。执古方以药今病，安往而不贻误？近世西人东来，我之交涉，所以败绩失据者，正坐是也。然则史学果何用耶？

曰：史也者，所以求明乎社会之所以然者也。宇宙间物，莫不有其所由成，社会亦何独不然？中国之社会，何以不同于欧洲？欧洲之社会，何以不同于日本？习焉不察，则不以为异；苟深思之，则知其原因极为深远，虽极研索之功，犹未易窥其万一也。因又有因，欲明世事之所由来，固非推之邃初不可。此近世史家，所以记载务求其详，年代务求其远；虽在鸿荒之世，而其视之之亲切，仍与目前之局等也。

史事既极繁赜，而各时代之事势，又不能无变异，治史者自不能不画为段落。昔日史家多依朝代为起讫。一姓之兴亡，诚与国势之盛衰，群治之升降，皆有关系，然二者究非同物，此近世史家，所以不依朝代，而随时势以分期也。分期之法，各家不同，而画周以前为一期，则殆无二致。是何哉？论者必曰：封建易为郡县，实为史事一大界，斯固然也。然封建、郡县之递嬗，其关系何以若是其大？则能言之者寡矣。盖世运恒自塞而趋于通，而其演进也，地理若为之限。以交通之阻隔，乃将世界文化分为若干区；区自有其中心，而传播于其邻近；久之，则各区域之文化，更互相接而终合为一焉。此前世之行事，可以共征；亦今后之局势，可以豫烛者也。中国地处亚东，为世界文明发源地之一。其地东南滨海；西则青海、西藏，号称世界第一高原；北则蒙古、新疆，实为往古一大内海，山岭重叠，沙碛绵延，实非昔时人力，所能逾越；东北兴安岭之麓，虽土壤腴沃，而气候苦寒，开拓且非旦夕可期，更无论逾岭而北矣。职是故，中国今日之封域，实自成为一文化区。抟结此区域内之人民而一之，而诞敷其文化，则中国民族在世界上所尽之责任也。此一区域之中，事势亦自分难易。内地之诸省及辽宁，久抟结为一体，吉、黑及蒙、新、海、藏，则不免时有离合焉。此等皆以大势言之，勿泥。封建废而郡县兴，则我民族抟结内地及辽宁之告成，而其经营吉、黑及蒙、新、海、藏之发轫也。其为史事一界画，不亦宜乎？

复次：史材之同异，亦为治史者分画界线之大原因。今之言史材者，固不专恃文字，究以依据文字者为多，科学未兴之时则尤甚。西儒或分书籍为三种：一曰属于理智者，言学之书是也。二曰属于情感者，文辞是也。三曰属于记忆者，史籍是也。吾国旧分书籍为四部：经、子二部，略与其所谓属于理智者相当；集与其所谓属于情感者相当；集部后来，庞杂至不可名状，然其初，则专收文辞，实上承《七略》之《诗赋略》，说见《文史通义·文集篇》。史与其所谓属于记忆者相当；虽不密合，以大致言之固如是。然此乃后世事，非所语于古初。《汉志·太史公书》，尚附《春秋》之末，更微论秦以前也。吾国史官，设立甚早，然其所记，与后世史官所记者，实非同物。参看下章。况经秦火，尽为煨烬，谓古书亡于秦火，实诬罔之辞。自汉以后，更无祖龙，汉、隋诸志著录之书，什九安在？况古代学术之传，多在口耳，不专恃竹帛乎？然史经秦火而亡，则非虚语，以史在当时为官书也。《史记·六国表》曰："秦既得意，烧天下诗书。诸侯史记尤甚，为其有所刺讥也。诗书所以复见者，多藏人家，而史记独藏周室，以故灭，惜哉惜哉。”“人家”之“人”当作民，此唐人避讳字未经改正者。周室二字，苞诸侯之国言，乃古人言语以偏概全之例，非谓周室能尽藏列国之史。其仅存者，皆附经、子以传，则仍为言学术之书；而私家所称述，更无论矣。史以记载为主，古代之记载缺乏如是，治古史之法，安得不与治后世之史异？治之之法异，斯其所成就者亦不同矣，此又古今史家所以不期而同，于周、秦之间皆若有一界画在者也。

今之治国史者，其分期多用上古、中古、近世、现代等名目，私心颇不谓然。以凡诸称名，意义均贵确实，而此等名目，则其义殊为混淆也。梁任公谓治国史者，或以不分期为善，见中华书局刻本《国史研究》附录《地理年代篇》。其说亦未必然。然其分期，当自审史事而为之，并当自立名目，而不必强效他人，则审矣。言周以前之史，而率约定俗成之义，以求称名，自以先秦二字为最当。今故径称是编为《先秦史》焉。太古、中古等名，自昔即无定义，见《诗·甫田疏》。

第二章　古史材料

今之所谓科学者，与前此之学问，果何以异乎？一言蔽之曰：方法较密而已。方法之疏密，于何判之？曰：方法愈密，则其使用材料愈善而已。信如是也。古史之材料，既以难治闻，当讲述之先，固不得不一为料检也。

近世史家，大别史材为二：一曰记载，二曰非记载。记载之中，又分为四：一曰以其事为有关系，而记识之以遗后人者，史官若私家所作之史是也。二曰本人若与有关系之人，记识事迹，以遗后人者，碑铭传状之属是也。此等记载，恒不免夸张掩饰，然其大体必无误，年月日、人地名等尤为可据，以其出于身亲其事者之手也。且夸张掩饰，亦终不可以欺人，善读者正可于此而得其情焉。三曰其意非欲以遗后人，然其事确为记载者，凡随意写录，自备省览之作皆是也。四曰意不在于记载，然后人读之，可知当时情事，其用与记载无异者，前章所言属于理知、情感两类之书是也。记载大都用文字，然文字、语言本为同物，故凡口相传述之语，亦当视与简策同科焉。非记载之物，亦分为三：一曰人，二曰物，三曰法俗。人类遗骸，可以辨种族，识文化之由来。物指凡有形者言，又可分为实物及模型、图画两端。法俗指无形者言，有意创设，用为规范者为法；无意所成，率由不越者为俗。法俗非旦夕可变，故观于今则可以知古也。法俗二字，为往史所常用，如《后汉书·东夷传》谓“倭地大较在会稽东冶之东，与珠崖、儋耳相类，故其法俗多同”是也。史家材料汗牛充栋，然按其性质言之则不过如此。

史家有所谓先史时代 (Prehistory) 者，非谓在史之先，又别有其时代也。先史之史，即指以文字记事言之亦可该口传言先史，犹言未有文字记载之时云尔。人类业力，至为繁赜，往史所记，曾不能及其千万分之一。抑史家之意，虽欲有所记识，以遗后人，而其执笔之时，恒系对当时之人立说，此实无可如何之事。日用寻常之事，在当时自为人所共知，不烦记述，然阅一时焉，即有待于考索矣。非记载之物，虽不能以古事诏后人，然综合观之，实足见一时之情状。今之史家，求情状尤重于求事实，故研求非记载之物，其所得或转浮于记载也。如观近岁殷墟发掘所得，可略知殷代社会情状，不徒非读《史记·殷本纪》所能知，并非徒治甲骨文者所能悉也。非记载之物，足以补记载之缺而正其讹，实通古今皆然，而在先史及古史茫昧之时，尤为重要。我国发掘之业，近甫萌芽，而其知宝古物，则由来已久。大抵初由宝爱重器而起。重器为古贵族所通好，其物既贵而又古，其可爱自弥甚。如周、秦人之侈言九鼎，梁孝王之欲保雷尊是也。见《汉书·文三王传》。此等风气，虽与考古无关，然一入有学问者之手，自能用以考古，如许慎《说文解字序》，言“郡国往往于山川得鼎彝，其铭即前代之古文，皆自相似”。则考文字学之始也。郑玄注经，时举古器为证，则考器物之始也。《汉书·郊祀志》，载张敞案美阳鼎铭，知其为谁所造，则考史事之始也。此等风气，历代不绝，而赵宋及亡清之世为尤盛。其所珍视者，仍以鼎彝之属为最，亦及于刀剑、钱币、权量、简策、印章、陶瓷器诸端，所考索者，则遍及经学、史学、小学、美术等门。或观其形制，或辨其文字，或稽其事迹。其所考释，亦多有可称。惜物多出土后得，即有当时发现者，亦不知留意其在地下及其与他物并存之情形，因之伪器杂出，就见有之古器物论之，伪者盖不止居半焉。又其考释之旨，多取与书籍相证，而不能注重于书籍所未纪。此其所以用力虽勤，卒不足以语于今之所谓考古也。发掘之业，初盖借资外人。

近二十年来，国人亦有从事于此者。又有未遑发掘，但据今世考古之法，加以考察者。其事，略见卫聚贤《中国考古小史》《中国考古学史》两书，皆上海商务印书馆出版。所得虽微，已有出于文字纪载之外者矣。其略，于第三、第四两章述之，兹不赘。

近二十年来，所谓“疑古”之风大盛，学者每訾古书之不可信。其实古书自有其读法，今之疑古者，每援后世书籍之体例，訾议古书，适见其卤莽灭裂耳。英儒吴理氏 (Charles Leonard Woolley) 有言：薛里曼 (Schliemann) 发见迈锡尼 (Mycenae) 之藏，而知荷马 (Homer) 史诗，无一字之诬罔见《考古发掘方法论·引论》。彼岂不知荷马史诗，乃吾国盲词之类哉？而其称之如此，可知古书自有其读法矣。书籍在今日，仍为史料之大宗，今故不惮烦碎，略举其要者及其读法如下：

先秦之书，有经、子、集三部而无史，前已言之。然经、子实亦同类之物。吾国最早之书目为《七略》。除《辑略》为群书总要外，凡分《六艺》《诸子》《诗赋》《兵书》《数术》《方技》六略。别六艺于诸子，乃古学既兴后之缪见，语其实，则六艺之书皆儒家所传，儒家亦诸子之一耳。兵书、数术、方技，其当列为诸子，更无可疑。《汉志》所以别为一略者，盖因校雠者之异其人，非别有当分立之故也。然则《七略》之书，实惟诸子、诗赋两类而已。儒家虽本诸子之一，而自汉以后，其学专行，故其书之传者特多，后人之训释亦较备。传书多则可资互证，训释备则易于了解，故治古史而谋取材，群经实较诸子为尤要。经学专行二千余年，又自有其条理。治史虽与治经异业，然不通经学之条理，亦必不能取材于经。故经学之条理，亦为治古史者所宜知也。经学之条理如之何？曰：首当知汉、宋及汉人所谓今古学之别。古代学术之传，多在口耳，汉初之传经犹然。及其既久，乃或著之竹帛，即以当时通行之文字书之。此本自然之理，无庸特立名目。西京之季，乃有自谓得古书为据，而訾前此经师所传为有阙误者。人称其学为古文，因称前此经师之学为今文焉。今古文之别，昧者多以为在文字。其实古文家自称多得之经，今已不传；看下文论《尚书》处。此外如《诗·都人士》多出一章之类，其细已甚。其传者，文字异同，寥寥可数，且皆无关意指。郑注《仪礼》，备列今古文异字，如古文位作立，义作谊，仪作义之类，皆与意指无关，其有关系者，如《尚书·盘庚》“今予其敷心腹肾肠”，今文作“今我其敷优贤扬历”之类，然极少。使今古文之异而止于此，亦复何烦争辨？今古文之异，实不在经文而在经说。经本古书，而孔子取以立教。古书本无深义，儒家所重，乃在孔子之说。说之著于竹帛者谓之传；其存于口耳者，仍谓之说；古书与经，或异或同，足资参证，且补经所不备者，则谓之记。今古文之经，本无甚异同，而说则互异，读许慎之《五经异义》可见。今文家之传说，盖皆传之自古，古文家则出己见。故今文诸家，虽有小异，必归大同；不独一经然，群经皆然，读《白虎通义》可见，此书乃今文家言之总集也。古文则人自为说。又今文家所言制度较古，古文则较新，观封建之制，古文封地较大；兵制，古文人数较多；可知。以今文口说，传自春秋，古文则或据战国时书也。两汉立于学官者，本皆今文之学。西汉末年，古文有数种立学，至东汉时乃废。然东京古文之学转盛。至魏、晋之世，则又有所谓伪古文者出焉。于《尚书》，则伪造若干篇，并全造一《伪孔安国传》。一切经说，亦多与当时盛行之古说有异同。并造《孔子家语》及《孔丛子》两书，托于孔氏子孙以为证。此案据清儒考校，谓由王肃与郑玄争胜而起，见丁晏《尚书余论》。今亦未敢遽定，然要必治肃之学者所为。自此以后，今文之学衰息，而古文之中，郑、王之争起焉。南北朝、隋、唐义疏之学，皆不过为东汉诸儒作主奴而已。宋儒出，乃以己意求之于经，其说多与汉人异，经学遂分汉、宋二派。以义理论，本无所轩轾，宋学或且较胜；然以治古史而治经，求真实其首，务以求真论，汉人去古近，所说自较宋人为优，故取材当以汉人为主。同是汉人，则今文家之说，传之自古，虽有讹误，易于推寻，非如以意立说者之无所质正，故又当以今文为主也。此特谓事实如此，非谓意存偏重，更非主于墨守也。不可误会。

六经之名，见于《礼记·经解》，曰《诗》《书》《礼》《乐》《易》《春秋》。汉人所传，则为五经，以《乐》本无经也。后世举汉人所谓传记者，皆列之于经，于是有九经、《春秋》并列三传，加《周官》《礼记》。十三经于九经外，再加《孝经》《论语》《孟子》《尔雅》。之目。此殊非汉人之意。然因治古史而取材，则一切古书，皆无分别，更不必辨其孰当称经，孰不当称经矣。

诗分风、雅、颂三体：风者，民间歌谣，读之可见民情风俗，故古有采诗及陈诗之举。《公羊》宣公十五年《何注》："五谷毕入，民皆居宅，男女有所怨恨，相从而歌。饥者歌其食，劳者歌其事。男年六十，女年五十无子者，官衣食之，使之民间求诗。乡移于邑，邑移于国，国以闻于天子。故王者不出牖户尽知天下所苦，不下堂而知四方。"《礼记·王制》：天子巡守，"命太师陈诗，以观民风"。雅则关涉政治；《史记·司马相如列传》："大雅言王公大人，德逮黎庶；小雅讥小己之得失，其流及上。"颂者，美盛德之形容，意在自夸其功烈，读之，亦可见古代之史实焉。风本无作义可言，三家间有言之者，其说必传之自古，然亦不能指为作者之意。歌谣多互相袭，或并无作者可指。雅、颂当有本事。今今文说阙佚已甚，古文依据《小序》，诗诗皆能得其作义，已不可信，又无不与政治有关。如此，则风雅何别乎？故《诗序》必不足据。然后人以意推测，则更为非是。何则？诗本文辞，与质言其事者有异，虽在并世，作者之意犹或不可窥，况于百世之下乎？故以诗为史材，用之须极矜慎也。

《尚书》：今文家所传，凡二十八篇。《尧典》一，合今本《舜典》，而无篇首二十八字。《皋陶谟》二，合今本《益稷》。《禹贡》三。《甘誓》四。《汤誓》五。《盘庚》六。《高宗肜日》七。《西伯戡黎》八。《微子》九。《牧誓》十。《洪范》十一。《金縢》十二。《大诰》十三。《康诰》十四。《酒诰》十五。《梓材》十六。《召诰》十七。《洛诰》十八。《多士》十九。《无逸》二十。《君奭》二十一。《多方》二十二。《立政》二十三。《顾命》二十四，合今本《康王之诰》。《费誓》二十五。《吕刑》二十六。《文侯之命》二十七。《秦誓》二十八。古文家称孔壁得书百篇，孔安国以今文读之，得多十六篇。古文家以无师说，亦不传授。是为《逸十六篇》，其目见于《书疏》。曰《舜典》，曰《汩作》，曰《九共》，曰《大禹谟》，曰《益稷》，曰《五子之歌》，曰《胤征》，曰《汤诰》，曰《咸有一德》，曰《典宝》，曰《伊训》，曰《肆命》，曰《原命》，曰《武成》，曰《旅獒》。曰《冏命》。今亦已亡。今所行者，乃东晋时梅赜所献之伪古文本也。真书二十八篇，亦附之以传矣。书之较古者，如《尧典》《禹贡》等，决为后人所作，然亦可见其时之人所谓尧、舜、禹者如何，究有用也。而类乎当时史官，或虽出追述，而年代相去不远者，更无论矣。

今之《仪礼》本称《礼经》。后儒尊信古文，以《周官》为经礼，此书为曲礼，乃生"仪礼"之名。其实《周官》之所陈，与此书之所述，绝非同物也。此书凡十七篇。为冠、昏、《士冠礼》《士昏礼》。丧、祭、《士丧礼》《既夕礼》《士虞礼》《特牲馈食礼》《少牢馈食礼》《有司彻》《丧服》。朝、聘、《聘礼》《公食大夫礼》《觐礼》。射、乡《士相见礼》《乡饮酒礼》《乡射礼》《燕礼》《大射仪》。之礼，可考古代亲族关系、宗教思想、内政外交情形；并可见宫室、车马、衣服、饮食之制，实治史者所必资。

《易》为卜筮之书，与宗教、哲学，皆有关系。二者在古代，本混而不分也。哲学可分两派：偏重社会现象者，为古人所谓理；偏重自然现象者，为古人所谓数。《易》为古代宗教、哲学之府，自可兼苞此二者。后之治《易》者，自亦因其性之所近，而别为两派矣。

途辙所趋，亦因风会。大抵今文主于理，今文《易》说，今皆不传。然《汉志》易家有《淮南道训》二篇。注曰："淮南王安，聘明《易》者九人，号九师说。"盖即今《淮南子》之《原道训》。然则《淮南书》中，凡类乎《原道训》之言，皆今文《易》说也。不宁惟是，诸古书中，有类乎《原道训》之言，亦皆今文《易》说也。盖《易》说本古哲学家之公言，非孔门之私言也。知此，则今文《易》说，亡而不亡矣。古文主于数。魏晋人主于理，宋人主于数。言数者多主《上下经》，言理者多主《系辞传》，今本所谓《系辞》者，王肃本作《系辞传》，见《经典释文》。案《史记·自序》引今《系辞》之文，谓之《易大传》，则王肃本是也。足征今文之学，为孔门嫡传也。然古文及宋人之说，虽非孔门《易》说，要为古代哲学之遗。宋人《太极图》及《先后天图》之学，原出道家，更无可疑。观胡渭《易图明辨》可知。然道家之学，亦有所受之，非杜撰也。以治史取材言，正无所轻重矣。

《春秋》本纪事之书，治史取材，实为最要。然亦有当留意者。盖孔子之修《春秋》，本以明义，故于元文已有删定，非复鲁史之旧也。不修《春秋》，与孔子所修《春秋》异辞，见《公羊》庄公七年。案《春秋》所记会盟征伐之国，隐、桓之世少，定、哀之世多，非必二百四十年之中，诸侯之交往，果后盛于前也。僖公八年（前652年）葵丘之盟，《公羊》曰"桓公震而矜之，叛者九国"，而经所记国，曾不逮九。盖据乱之世，所治国少，太平之世，所治国多，鲁史元文，有为孔子所删者矣。又《春秋》有时月日例。设其事而不月者，则二月中事，一似即在正月。观此两端，即知径据经文，不可以为信史也。《春秋》本文，极为简略。欲知其详，宜看三传。《谷梁》几无记事；《公羊》间有之，仅取说明《经》意而止；皆不如《左氏》之详。然《左氏》记事，亦有须参看《公羊》，乃能得其真者。如邲之战，据《公羊》，楚庄王几于堂堂之阵，正正之旗。据《左氏》，则始以和诳晋，终乃乘夜袭之，实不免于谲诈。《公羊》所言，盖取明与楚之意，非其实矣。

然《左氏》云："晋人或以广队不能进，楚人惎之脱扃。少进，马旋，又惎之拔旆投衡，乃出。顾曰：吾不如大国之数奔也。"当交战之际，而教敌人以遁逃，以致反为所笑，殊不近情。故有训惎为毒，以惎之，又惎之断句者。然如此，则顾曰之语，不可解矣。必知《公羊》还师佚寇之说，乃知庄王既胜之后，不主多杀，故其下得教敌人以遁逃。然则《左氏》所谓"晋之余师不能军，宵济，亦终夜有声者"，盖亦见庄王之宽大。《杜注》谓讥晋师多而将不能用，殆非也。举此一端，余可类推。又《左氏》解《经》处，固为伪作；《汉书·楚元王传》曰："初，《左氏传》多古字古言，学者传训诂而已。及歆治《左氏》，引传文以解经，转相发明，由是章句义理备焉。"此为《左氏》解经处出于刘歆之明证。今《左氏》解经处寥寥，盖造而未及成也。其记事处亦多非经意；如泓之战，《公羊》褒宋襄，《左氏》非之。《左氏》所采盖兵家言，非儒家语也。此亦不可以不知也。古人经传，本合为一书，故引传文者亦皆称为经。如诸书引"差之毫厘，缪以千里"者，多称《易》曰，今其辞仅见《易纬》，盖亦传文也。《公羊》与《春秋》，实当合为一书，故汉人引《公羊》者，皆称为《春秋》。至《左》《谷》则皆非《春秋》之传。《谷梁》昔人以为今文，近崔适考定其亦为古文，其说甚确。见所著《春秋复始》。惟治史与治经异，意在考古事，而非求《春秋》之义，则三传固当无所歧视耳。

《礼记》合群经之传、如冠、昏、乡、射、燕、聘之义，即《仪礼》之传。又如《王制》言巡守之礼，即《尚书·尧典》之传。儒家诸子如《乐记》为《公孙尼子》，《中庸》为《子思子》。及逸礼如《奔丧》、《投壶》皆逸礼，见疏。而成。义疏家言，谓"凡记皆补经所不备"。盖所谓经者，原不过数种古书，孔子偶取以为教，并不能该典籍之全。故凡与经相出入者，皆可取资参证也。《大戴礼记》与《小戴礼记》体例相同。昔人以其无传授，或不之信。然其书确为先秦、西汉古文，治史取材，正不让《小戴》也。

《周官》为古代政典。唐《六典》、明清《会典》，皆规放焉。古书所述政制，率多一鳞一爪，惟此书编次虽或错乱，犹足见古代政制之全。日本织田万称为世界最古之行政法典，见所著《清国行政法》。信有由也。此书盖战国时学者所述。故所言制度，均较今文家所传为晚。以此淆乱经义固非，信为周公致太平之书，益诬矣。然先秦政制，率因儒家之书而传。儒家诵法孔子，所言皆《春秋》以前之制。欲考战国时制者，独赖此书之存。《管子》所述制度，间与《周官》相合，然远不如《周官》之详。此其所以可宝，正不必附诸周公也。此书在儒家亦可厕于记之列，而不当以乱经说。

《论语》《孝经》，汉人引用，皆称为传。盖传有专释一经者，如《礼》之《丧服传》，《易》之《系辞传》是也。有通乎群经者，则如《论语》《孝经》等是也。《论语》记孔子及孔门弟子言行，与《史记·孔子世家》相出入，极可信据。崔述撰《考信录》力攻之。近人盛称其善。其实年月日，人地名之不谛，古书类然。以此而疑其不可信，古书将无一可信者矣。崔氏之学，袭用汉学家考据之法，而其宗旨实与宋同。故其所谓考据者，多似是而非。夫古书抵牾矛盾处，苟其深曲隐晦，或为读者所忽。崔氏所考，皆显而易见，岂有讲考据之汉学家，皆不知之之理？然而莫或措意于此者，以此为古书之通例，不待言也。近人自谓能发古人所未发而其所言者，实皆古人所以为不必言，弊正同此。

《孝经》在儒家书中，并无精义，然汉时传授甚盛者，以其时社会，犹重宗法而其书又浅近易解故也。如后汉章帝令期门羽林之士，皆通《孝经》，即取其浅近易解。《孟子》为儒家诸子之一，后人特列之于经。其书颇可考见史事，又多足补经义之阙。如《万章上》所言尧、舜、禹禅让事，即《尚书》之大义也。设无此篇，孔门官天下之大义，必不如今日之明白矣。《尔雅》为古代辞典，言训诂名物特详，尤治古史者所必资也。

《孟子》既特列于经，其余儒家诸子，又多入《二戴记》，今仍存于子部者，仅《荀子》耳。此书言礼，多与法家相出入，足考礼家之流变，又多存古制，其要正不下于《孟子》也。《家语》《孔丛子》虽为伪物，然古书无全伪者，除以私意窜入处外，仍多取古籍为资，实足与他书相校勘也。此凡伪书皆然，故伪书仍有其用。《晏子春秋》，昔人或列之墨家，然除外篇不合经术者若干条外，仍皆儒家言。盖齐、鲁学者，各以所闻附诸晏子。以考晏子之行事未必信，以考儒、墨子学说则真矣。

道家之书，最古者为《老子》。此书上下篇之义，女权皆优于男权。盖女系时代之传，而老子著之竹帛者。在各种古书中，时代可谓最早者矣。女系固非即女权，然女系时代，女权总较男系时代为优，此社会学家之公言也。《礼记·礼运》："孔子曰：'我欲观殷道，是故之宋，而不足征也，吾得坤乾焉。'"《郑注》谓《殷易》首坤。案凡女系社会，多行兄终弟及之制，殷制实然，盖犹未脱女系社会之习。《坤乾易》及《老子》书，皆其时女权昌盛之征也。《老子》一书，观其文辞，亦可知其时代之早。如全书皆三四言韵语，又书中无男女字，只有雌雄、牝牡字是也。梁任公以书中有偏将军、上将军之语，谓为战国时书，然安知此两语非后人所改乎？执偏端而抹杀全局，此近人论学之通病也。《庄子》书已非完帙，《经典释文》云："《汉志》《庄子》五十二篇，即司马彪、孟氏所注本也。言多诡诞，或似《山海经》，或类占梦书，故注者以意去取。其内篇众家并同，自余或有外而无杂。惟郭子玄所注，特会庄生之旨，故为世所贵。"案今郭象注本，仅有三十三篇。盖所删者几三之一矣，以史材言之，实可惜也。其言哲学之义，最为超绝。至论人所以自处之道，则皆社会组织业经崩溃以后之说，可以觇世变矣。《列子》乃晋人伪书，然亦多有古书为据，善用之，固仍有裨史材，而尤可与《庄子》相参证也。《管子》一书，昔人或列之道家，或列之法家，盖从其所重。其实此书所苞甚广，儒、道、名、法、兵、农、纵横家言，无不有焉。辞义既古，涉及制度处尤多，实治古史者之鸿宝也。

《淮南要略》，谓墨子学于孔子而不说，故背周道而用夏政。《吕览·当染》，谓鲁惠公请郊庙之礼于天子，天子使史角往，其后在鲁，墨子学焉。古清庙明堂合一，实为庶政所自出。墨子所称虽未必尽为夏制，然其道必有原于夏者。儒家所称多周制，周以前制，实藉墨家而有传，诚治古史者所宜措心矣。又墨子初学于孔子，故后虽背之，而其言仍有与儒家相出入者。《亲士》《修身》《所染》三篇，人所易见。此外多引《诗》《书》之辞亦足与经传相校勘，或补其阙佚也。

名与墨并称，亦与法并称。今《墨子》书中，《经上下》《经说上下》《大小取》六篇，实为名家言。盖古哲学之传，墨子得之史角者。古哲学宗教恒相合，明堂为古宗教之府，固宜有此幽深玄远之言。其引而致诸实用，则控名责实，以御众事，乃法家所取资也。名家之书，今存者惟一《公孙龙子》。此书《汉志》不载，而《隋志》有之。或疑其晚出近伪，然其说似有所本。名家玄远之论，仅存于《荀子·不苟》《庄子·天下》《列子·仲尼》三篇中，读之亦可考古代纯理哲学焉。近人多好以先秦诸子与希腊哲学相比附，以偏端论，固亦有相会处。以全体论则非其伦。章炳麟谓诸子皆重实用，非言空理，其说是也。惟名家之言，如此三篇所述者，不甚与人事相涉。

法家宗旨有二：一曰法，二曰术。法以治民，术以治骄奢淫佚之贵族。其说具见于《韩非》之《定法篇》。可见晚周时政治情形。法家之意主于富国强兵，故独重农战；其时剥削农民者为商人，故多崇本抑末之论，又可见其时生计情形也。其书存者，有《韩非子》及《商君书》。《韩非》多言理，《商君》多言事。《管子》书中，所存名法之论，多穷源竟委之言，尤足见原本道德之意。

纵横家之书，传于今者有《鬼谷子》。辞义浅薄，决为伪物。《战国策》却系纵横家言，此书所述行事，意皆主于表章说术，大事或粗存轮廓，小事则全非实在，甚或竟系寓言，列之史部则缪矣。

阴阳家、农家、小说家之言，今皆无存者，仅散见他家书中。杂家存者，惟一《吕览》。此书中所存故事及古说甚多，亦为史家鸿宝。

《汉志》分兵书为权谋、形势、阴阳、技巧四家。其书之最盛行者为《孙子》。多权谋家言，间涉形势，而于阴阳、技巧阙焉。盖权谋之道，通乎古今；形势亦有相类者；阴阳多涉迷信，寡裨实用；技巧非器不传，亦且随时而异，故皆无传于后也。《墨子》书《备城门》以下诸篇，多技巧家言，亦间涉阴阳，然殊不易解。《吴子》《司马法》，皆篇卷寥寥，罕存精义。然其辞不似伪为，又多见他书征引。盖古人辑佚之法，与后世异。后人辑佚，必著出处，任其辞意不完，散无友纪，逐条排列。古人则必随义类聚，以意联缀，又不著其所自来，遂成此似真非真、似伪非伪之作，致启后人之疑也。《六韬》一书，后人以其题齐太公而诋其伪，此亦犹言医者托之黄帝、言药者寓之神农耳。其书多言制度，且多存古义，必非可以伪作也。

数术之书，今亦无一存者。《汉志》形法家之《山海经》，非今之《山海经》也，说见下。方技之书，存者有《素问》《灵枢》，皇甫谧谓即《汉志》之《黄帝内经》，信否难决，要为古医经家言。《神农本草》，淆乱已甚，真面目殆不可见。清代辑本，以孙星衍《问经堂丛书》本为最善，然所存亦仅矣。医药非专家不能解，就其可知者观之，可略见古代自然科学之情况。又医经所论，多涉阴阳五行，又多方士怪说；本草亦有轻身延年等语；又可略见古代宗教哲学及神仙家言之面目也。

诗赋之属，诗即存五经中，赋则《汉志》所著录者，今存屈原、荀卿二家。屈原赋即《楚辞》，多传古事，且皆系神话，与邹鲁之传仅言人事，虽若可信，而实失古说之真者不同，尤为可宝。荀子赋即存其书中，亦有可考古事处。

以上皆先秦之书。汉人所述，辞义古者，实亦与先秦之书不相上下。盖古人大都不自著书，有所称述，率本前人，故书虽成于汉世，说实本于先秦；又先秦人书，率至汉世，始著竹帛，其辞亦未必非汉人所为，或有所润饰也。汉世诸子，辞义俱古者，首推《贾子》及《淮南王书》。伏生之《尚书大传》，董生之《春秋繁露》，虽隶经部，亦可作儒家诸子读。韩傅之《诗外传》，则本系推广诗人之意，非规规于说《诗》。其书多引古事，与各种古书相出入，足资参证。刘向之《新序》《说苑》《列女传》，专于称述行事，取资处更多矣。

古书之稍近于史者，当首推《周书》。此书盖即《汉志·六艺略》书家所著录。综全体观之，实为兵家言，然其中确有若干篇，体制同符《尚书》。盖古右史之遗，为兵家所存录者也。后世或称为《逸周书》，盖以非儒家所传云然，义亦可通。或称《汲冢周书》，则非其实矣。次之者为《国语》。此书与《左氏》极相似，故自古有《外传》之称。清儒信今文者，谓《左氏》即据此书编成，虽未敢遽断，然二书确为同类，则无可疑也。二书之意，皆主记当时士大夫之言行。盖由记言而推及记行，由嘉言懿行而推及于莠言乱行，实仍右史之遗规也。次则《吴越春秋》及《越绝书》。二书虽出汉代，其说实传之自古。古书之传于后者，北方多，南方少。此二书为楚、吴、越三国之传，尤可宝矣。《华阳国志》，其书尤晚，然其言古蜀事，亦二书之伦也。尤可贵者为《山海经》，《汉志·数术略》虽有是书之名，然非今书。《汉志》所著录，盖所谓"大举九州之势，以立城郭官舍"者，乃司空度地居民之法。此书则方士之遗。其言某地有某神，及其祠祀之礼，盖古列国之巫，各有所主；其言域外地理，则方士求仙采药者之所为也。古各地方各有其传说，盖多存于地理书中。古地理书巨籍亦甚多，今皆亡佚。其仅存者，当以郦道元《水经注》所裒录为最富矣。又古代神话，多存纬书中，然其物既与谶相杂，真伪极不易辨，用之尤宜谨慎也。古所谓谶即今所谓豫言也。纬为对经之称。孔子所据以立教之书称经，其说则存于传，本无所谓纬也。西汉之末，古学既兴，欲排摈今文旧传，乃谓孔子作六经，别有所谓纬者，阴书于策，与经相辅，于是刺取经说以造之，而即以所造之谶间厕其中。其造谶也，实欲为新室作符命故又取古帝王之行事，以相附会。其物虽妖妄不经，然其中实有经说及古史存焉，弃之可惜。然其物既经造作者私意改窜，非复原文。又其原既开，其流难塞，继此而造者，遂不绝于世。其时代弥近，则其说亦逾速于古矣。故其用之须极谨慎也。

自立条理，编纂古史者，当首推《世本》。此书久佚，观诸家所称引，则有本纪，有世家，有传，又有居篇、作篇，居篇记帝王都邑，作篇记占验、饮食、礼乐、兵农、车服、图书、器用、艺术之原，即后世所谓典志。盖《史记》八书所本。其体例，实为《太史公书》所沿袭。故洪饴孙撰《史表》，冠诸正史之首也。《太史公书》:《汉志》著录之名如是。此为此书之专名。“史记”二字犹今言历史，乃一类书之公名，非一书之私名也。以此书在史记中为首出，遂冒全类之总名耳。本纪，世家，世表，年表，盖合《春秋》系世而成，间亦采及《尚书》。如《五帝本纪》述尧、舜事，皆据《尚书》；其述黄帝、颛顼、帝喾之事，则据《大戴记·五帝德》。《五帝德》亦《尚书》之类也。其列传则纯出于语，故在他篇中提及，仍称为语也。如《秦本纪》述商君说孝公，曰“其事在《商君语》中”。《礼书》述晁错事，曰“事在《袁盎语》中”皆是。稍后于太史公而述古史者，亦不乏人。如周长生有《洞历》，见《论衡·超奇篇》。韦昭有《洞纪》，见《三国志》本传。其通行最广，诸家称引最多，虽已亡佚，仍时可见其遗文者，以皇甫谧《帝王世纪》为最，谯周《古史考》次之。《帝王世纪》，搜辑颇博。《古史考》则因不满于《太史公书》而作。然《太史公书》，谨守古人“信以传信，疑以传疑”之法。见《谷梁》桓公五年。存录古书，不加窜易，多足见古事之真。看似疏漏，实可信据。谯氏、皇甫氏意存考证，而其考证之法实未精。其说未必可据，而古说之为其所乱者转多矣。

晚出无征，而颇为后人所信者，有两书焉：一曰《竹书纪年》，此书传出汲冢。世所通行之本，为明人所造，已无可疑。然所谓古本，经后人辑出者，实亦伪物。盖汲冢书实无传于后也。参看第四章。《穆天子传》，本名《周王游行》，见王隐所撰《晋书》。书中所述穆王经行之路，皆在葱岭以西，必西域既通后伪作，更了无疑义也。参看第八章第八节。

后世学者，专精古史者，亦非无人。赵宋之世尤甚。其书之传于后者，亦尚有数家，而以罗泌之《路史》为最有用。刘恕《通鉴外纪》次之。盖古史本多荒诞，惟此乃足见古史之真，而后世之纂辑者，多以为不足信而删之，则买椟还珠矣。惟泌之书，广行搜采，故其体例虽或可议，其材料实极有用。且此书论断，亦多有识，非空疏迂腐者比也。清马骕之《绎史》，网罗颇备，体例亦精，最为后人所称道，然删怪说亦嫌太多。又引书不著篇卷，引佚书不著所出，亦美犹有憾者也。马书用纪事本末体，专存录元文。又有李锴《尚史》，用正史体，以己意撰为纪传，则又不如马书之善。

古代史料，传于后者，当分官私二种。官家之书，又可分为四：《礼记·玉藻》曰："动则左史书之，言则右史书之。"《郑注》曰："其书，《春秋》《尚书》其存者。"《汉书·艺文志》亦云。《汉志》云："左史记言，右史记事"，误。见《玉藻疏》。其说当有所本。《周官》小史，奠系世，今《大戴记》之《帝系姓》盖其物。《吕览》云："夏之亡也，太史终古抱其图法以奔商；商之亡也，太史向挚抱其图法以奔周。"《先识览》。荀子亦云："三代虽亡，治法犹存官人百吏之所以取禄秩。"《荣辱》。此古之所谓礼，即后世之所谓典志也。其私家著述，则概称为语。有述远古之事，杂以荒唐之言者，如太史公谓"百家言黄帝，其文不雅驯"，《五帝本纪》。而百家之书，通称为百家语是也。有记国家大事者，如孔子告宾牟贾，述商、周之际，谓之《牧野之语》是也。《礼记·乐记》。案《管子》之《大中小匡篇》，亦当属此类。有记名人言行者，则《国语》《论语》是。国者对野之辞。论同伦，类也，犹言孔子若孔门弟子之言行，以类纂辑者耳。《尚书》所录，皆当时大事。《春秋》所记尤详。小史所奠，虽若为一姓作谱牒，然当时之强族，因兹而略可考见；即其年代，亦因其传世之远近而略有可推焉。至于典礼一门，则上关国故朝章，下及民生日用，其所涉尤广矣。然系世既多残脱。舜禅于禹，其年辈当在禹之前。然舜为黄帝八世孙，禹为黄帝之孙，则无此理。孔广森《大戴礼记补注》，谓古书所谓某某生某某者，率非父子，盖其世系实多阙夺也。典礼所存亦仅。又古者礼不下庶人，所述皆士以上制，民间情形，可考者甚少。《春秋》体例，盖沿自古初，故其辞既简略，又多杂日食灾变等无关政俗之事。《尚书》亦当时官话耳。据此而欲知其时社会之真，盖亦难矣。

民间传说，自非史官载笔，拘于成例者比。然传述信否，亦视其人之知识程度以为衡。咸丘蒙谓“舜南面而立，尧帅诸侯北面而朝之，瞽叟亦北面而朝之，舜见瞽叟，其容有蹙”，孟子斥为齐东野人言。《万章上》。然颜率谓齐王“周伐殷得九鼎，一鼎而九万人輓之，九九八十一万人”，《战国·东周策》。此固当时所谓君子之言也，与齐东野人亦何以异？此等离奇之说，今世亦非无之，苟与野老纵谈，便可知其情况。惟在今日，则真为齐东野人之言，在古代，则所谓君子之言者，实亦如是耳。其知识程度如此，其所传尚可信乎？夷考古人治史，用意不越两端：一如《诗》所谓“殷鉴不远，在夏后之世”者。《大雅·荡》。推而广之，则《汉志》论道家，所谓“历记古今成败存亡祸福之道，然后知秉要执本”者也。一如《易》所谓“多识前言往行，以畜其德”者，《大畜·象辞》。孟子所以欲尚论古人也。《告子下》。此可谓之政治学，谓之哲学耳，皆不可谓之史学也。职是故，古人于史事信否，绝不重视，遂流为“轻事重言”之弊。见《史通·疑古篇》。此义于读古史最要，必须常目在之。不但时地人名，绝不审谛，甚或杂以寓言。如《庄子·盗跖篇》是。又其传授皆资口耳，既无形迹可凭，遂致淆讹无定。兴会所寄，任情增饰；阙误之处，以意弥缝。其传愈久，其讹愈甚。信有如今人所言，由层累造成者。然观其反面，则亦知其事迹之真者之逐渐剥落也。此读古书单辞只义之所以要。因有等事，传之未久业已不能举其详，然犹能言其概也。“信以传信，疑以传疑”，诚不失为矜慎。然史事之传讹者实因此不能订正。间有加以考辨，如《孟子·万章上》所论，《吕览·察传篇》之所言，亦皆以意言之耳，不知注意事实也。而其不加考辨，甚或以意饰说者，更无论矣。古代之史材如此，治之之法，又安可不讲哉？

古人既无记事之作，则凡读古书，皆当因其议论，以亿度其所据之事势。至其所述之事，则当通考古书增减讹变之例，以求其本来。此非一言可尽，亦非仓卒可明。要在读古书多，从事于考索者久，乃能善用之而寡过也。辨古书真伪，古事信否之法，梁任公《中国史学研究法》《史料搜集》一章，言之颇详，可资参考。惟其书为求初学了解起见，言之过于确凿。一似有定法可循，执此若干条，便可驾驭一切者，则不免俗所谓“说杀”之弊耳。大抵所谓辨伪者，伪字之界说，先须确定，而今人多不能然。其所谓伪者，忽而指其书非古物，忽而泥于用作标题之人，谓其语非其人之所能出，遂概断为伪物。如胡适《中国哲学史大纲》上卷，摘《管子·小称篇》记管仲之死，又言及毛嫱、西施，而指为伪作之类。其实由前之说，古书之伪者并不多。以伪书仍各有其用也。如前所述，《鬼谷子》全为伪书，无用。《列子》《孔子家语》，则仍各有其用。由后之说，则古本有一家之学，而无一人之言，凡书皆荟萃众说而成，而取一著名之人以为标题耳；而辗转流传，又不免有异家之书羼入。此古书之所以多错乱。然编次之错乱是一事，书之真伪又是一事，二者固不容相混也。

据实物为史料，今人必谓其较书籍为可信。其实亦不尽然。盖在财产私有之世，事无不为稻粱之谋。而轻脱自憙，有意作伪，以为游戏者，亦非无之。今之所谓古物，伪者恐亦不啻居半也。即如殷墟甲骨，出土不过数十年，然其真伪已屡腾人口。迨民国十七年（1928年），中央研究院派员访察，则作伪者确有主名；而市肆所流行，真者且几于绝迹。见《安阳发掘报告书》第一期《民国十七年十月试掘安阳小屯报告书》，《田野考古报告》第一期《安阳侯家庄出土之甲骨文字》。晚近众目昭彰之事如此，况于年久而事暗昧者乎？古物真伪，若能据科学辨析，自最可信。然其事殊不易如殷墟甲骨，其刻文虽伪，而其所用甲骨则真。无已，惟有取其发见流传，确实有据者。次则物巨功艰，为牟利者所不肯为，游戏者所不愿为者。又次则古物不直钱之地，较之直钱之地为可信；不直钱之世，与直钱之世较亦然。过此以往，则惟有各抒所见，以俟公评而已。至今世所谓发掘，自无作伪之弊，然其事甫在萌芽，所获太少。亦且发掘之物，陈列以供众览者少，报告率出一二人，亦又未可专恃。藉资参证则可，奉为定论，则见弹而求鸮炙，见卵而求时夜矣。

第三章　民族原始

中国民族缘起，昔时无言及者。此不足怪也。民族缘起，必在有史之前。十口相传，厥惟神话。此本非信史，亦且久而亡佚。世界民族，有能自言其缘起者，率由邻族为之记述。吾国开化最早，则又无之。亦且昔时之人，暗于域外地理。既即以国为天下，复安知族自何来？其以为振古如斯，亦其势耳。自瀛海大通，国人始知世界之大，吾国不过居其若干分之一；而近世诸民族，其初所依止者，亦多非今所栖息之乡，而目光乃一变矣。

凡一大民族，必合诸小民族而成。后来所同化者虽多，而其初则必以一族为之主。同化之后，血统实已淆杂，而此一族之名，与其文化之骨干，则巍然独存。此不易之理也。为吾国民族之主者谁乎？必曰汉族。

汉族之名，起于刘邦称帝之后。昔时民族国家，混而为一，人因以一朝之号，为我全族之名。自兹以还，虽朝号屡更，而族名无改。如唐有“汉、蕃”之称，近世亦有汉、满、蒙、回、藏五族共和之说是也。近之论者，或谓汉为朝号，不宜用为民族之称。吾族正名，当云华夏。然夏为朝号，与汉无殊。华族二字，旧无此辞；日人用之，义同贵胄。中国今日称名，往往借资东土，设使用此二字，两义并行，亦有混淆之虞。又似合中华全国之民，而称为一族者，则对满、蒙、回、藏诸族，又将无以为称。夫称名不能屡更，涵义则随时而变。通行之语，靡不皆然。若执一辞之初诂訾今义为不安，则矢口陈辞，悉将触禁，固哉之诮，在所难辞矣。

研究吾族缘起者，始于欧洲之教士，而东西各国之学者继之。其说，略见蒋智由《中国人种考》、刊清末之《新民丛报》中，后上海亦有单行本。何炳松《中华民族起源新神话》中。见《东方杂志》二十六卷二期。多无确据，且有离奇不可思议者。国人罕读外籍，初亦不之省也。清末，译事渐起。时则有日人白河次郎、国府种德者，著《支那文明史》。东新译社译行之。易名《中国文明发达史》。说主法人拉克伯里 (Terrien de Lacouperie)。谓中国民族，来自巴比仑。以两族古代文化，曲相附会，绝不足信。国人以其新奇可喜也，颇有称述之者。又或以其说为蓝本，而自创新说，其引据杂乱，虽少愈于外人，实亦一丘之貉耳。如丁谦《穆天子传地理考证》，以西王母为华夏宗国，谓在小亚西亚。章炳麟《检论·序种姓》，谓西史之巴克特利亚 (Bactria)，《史记》称为大夏，而《吕览·古乐》，谓黄帝命伶伦作律，伶伦取竹于大夏之西，其地实为汉族故国等是。甚有以《列子·黄帝》华胥之国相附会者。予昔亦主汉族西来之说，所举证据：为《周官·春官·大宗伯·典瑞》《郑注》，谓地祇有神州之神，与昆仑之神之别。入神州后仍祀昆仑，可见昆仑实为汉族故国。昆仑所在，则初信《史记·大宛列传》"天子案古图书，河源出于昆仑"之说，谓汉代去古未远，武帝所案，必非无据，昆仑必今于阗河源之山。既又疑重源之说，于古无征，谓《禹贡》黑水，即今长江上源，故此水古名泸水，黑水西河惟雍州者，雍州西南界，抵今青海木鲁乌苏。华阳黑水惟梁州者，梁州西界，抵今西康金沙江也。然则古之昆仑，必即今黄河上源之山矣。自谓所据，皆为雅言。由今思之，河出昆仑墟，盖古代谬悠之说。实与阆风、县圃等，同为想象之辞，未容凿求所在。即黑水亦然。作《禹贡》者，于西南地理，初不审谛，根据传说，率尔书之耳。《郑注》据《疏》本于《括地象》。纬候之作，伪起哀、平，则正西域既通后之所造也。夫民族缘起，必远在有史之前，而诸说皆以故书为据，且多不可信据之书，其无足采，不俟言矣。今故不更广征，以免繁冗。

民国以来，发掘之业稍盛。乃有据考古之学，以言吾族缘起者。发掘所得，以河北房山县周口店之遗迹为最古。其事实始于民国纪元前九年。先是有德医家哈白勒 (Dr.K.A.Haberer) 者，尝在北平买得龙骨，以寄其国明星大学教授舒罗塞 (Prof.Max Schlosser)。是年，舒氏于其中得一臼齿，谓为人类或类人猿之遗。因谓人类元始，或可于中国求之。以其物得自药肆，来历不明，人不之重也。入民国来，农商部地质调查所兼考古生物。十二（1923 年）、十三年（1924 年）间，师丹师基 (Dr.O.Zdansky) 在周口店得化石。以寄瑞典阿不萨拉大学教授韦满 (Prof.C.Wiman)。十五年 (1926 年)，又得前臼齿、臼齿各一。研究之后，断其出于人类。是年，瑞典太子来游北平，世界考古学会会长也。北平学术团体，开会欢迎。安特生 (Dr. J.G.Andersson) 即席宣布其事，名之为北京齿 (Peking tooth)，而名生是齿者为北京人 (Peking man)。十六年，步林 (Dr.B.B.Bohlin) 又得下臼齿一。步达生 (Dr.Davidson Black) 协和医学院解剖学教授。亦断为人齿，而名生是齿者曰北京种中国猿人 (Sinan–thropus pekinensis)。案叶为耽名之曰震旦人。见所著《震旦人与周口店文化》。商务印书馆本。后又续得牙床、头骨等。事遂明白无疑，为科学家所共信矣。案人类遗骨之最古者，当推爪哇猿人 (Pithecanthropus erectus)。西元千八百九十一二年间，发见于爪哇之突林尼 (Trinil)。次则皮尔当之曙人 (Eoanthropus Dawsoni)。北京人之形体，据科学家说，当在猿人之后、曙人之前，距今约四十万年，自不能谓与中国人有关系。然真人 (Homo sapiens) 之出现，约在距今二万五千年前。其时有所谓克罗麦曩人 (Cro Magnon race) 者，似系白种之祖；格林马底人 (Grimaldi race) 者，似系黑种之祖。而黄种之祖，则无所见。林惠祥云：有史时代，黄种率在亚洲之东。自新疆以西，即为白人。然则有史之先，非有极大迁徙，黄种即当生于东方。人类学家有所谓“文化区域”(cultural area) 者，谓文化传播，苟不受阻阂，向四方之发展必均；而其缘起之地，则在其中点。文化与种族相连，亦可借以论种族。新疆为黄种西界，而美洲土人，亦为黄种，则其东界实在美洲。黄种发祥，当在二者之中，即亚洲东境。见所撰《中国民族史》第三章。此说颇有见地。北京人之发见，虽与中国民族无涉，仍可资以讨论黄种之缘起矣。然人种缘起是一事，民族缘起又是一事，要与中国民族无关也。

美国人类学家，或谓：一百万年前，北极一带气候甚暖，哺乳动物皆原于是。其后气候稍变，动物南迁。时则中亚地尚低平，为半热带林木所覆蔽。猿类仍依榛莽，人类渐入平地。人、猿之分，实由于此。夫动物既由北而南，则原人亦或初居于北。北说陆懋德主之，见所撰《文化史》，载《学衡杂志》第四十一期。因之，迩来美国探险队，屡游蒙古，探索甚殷，得大动物遗骸甚多，亦有各时代及极古器物。然人类遗骸，卒无所得。则证据究尚不足。抑即有所得，亦为荒古之事。以论人类缘起则可，以论中国民族原起，仍渺不相涉也。

近岁发掘之业，使中国民族原起更生新说者，莫如民国十年（1921 年）辽宁锦西沙锅屯、河南渑池仰韶村；十二（1923 年）、十三年（1924 年）甘肃临夏、旧导河县。宁定、民勤，旧镇番县。青海贵德，及青海沿岸之役。皆地质调查所所掘。此诸地方，皆得有采色陶器。与俄属土耳其斯单及欧俄、意、希、东欧诸国相似，与安诺 (Anau)、在俄属土耳其斯单阿思嘉巴（Askabad）附近。苏萨 (Susa) 波斯旧都。在西南境，近海。两处尤酷似。安特生因谓中国民族，实自中亚经南北两山间而抵皋兰。见所著《甘肃考古记》，及《地质丛报》中《中华远古之文化》。曾友松《中国原始社会探究》主之。谓邃古中亚，温暖宜人。后直冰期，为所掩抑，民乃迁移。西南行者，经小亚细亚入非洲。东北行者，入外蒙古、西伯利亚、美洲，南行者入印度、南洋群岛。东南行者入中国以及日本。冰期既逝，气候稍复。远出者或复归，或遂散播。时当旧石器之高期。久之，还归者复四出。或适北欧，或由里海至两河间，阿母、锡尔。或至非洲，或走蒙古、西伯利亚。其居巴勒哈什湖、伊犁河畔者，则中国民族也。其时西北山岭，草木畅茂，禽兽繁殖，人以田猎为业。迨入塔里木河流域而知渔。时当新石器初期。及其中期，则入甘、青、宁夏。至末期，乃向绥远、陕西，东至山西、河南，西南至西康。此时渐事农牧，其文化中心在甘肃。及石铜兼用之世，则进入湖北、安徽、山东，而其文化中心在河南。故甘、青遗址，为新石器、紫铜器两期，仰韶村、沙锅屯略同，而河南安阳小屯村之殷墟，则在青铜器之世也。《甘肃考古记》，综诸遗址，分为六期，见下章。是说也，论者称为新西来说。见林惠祥《中国民族史》。缪凤林、金兆梓驳之。谓安特生以仰韶采陶与欧洲及土耳其相似，而疑其同出一原，尝以其说质施米特 (H.Schmidt)，德国考古学家，尝在安诺研究者。施米特不以为然。斯坦因 (Sir Aurel Stein) 考古新疆，得汉、唐遗物甚多，先秦物则一无所有。采陶之术，起于巴比伦，事在西元前三千五百年。其传至小亚西亚，在西元前二千五百年至二千年。传至希腊，则在二千年至一千年间。阅时皆在千年以上。河南、甘肃，初期皆无铜器，度其时必早于西元前二千五百年，何以传播反速？且安诺、苏萨，皆有铜器，範金之术，何不与制陶之技并传乎？夫文化果自西来，则必愈东而愈薄。甘肃陶器，安特生固谓其采色、图案皆胜河南，然又谓陶质之薄而坚，及其设色琢磨，皆在河南之下，因此不敢坚执二者之相同，则谓其来自西方，似无确据。吴金鼎《高井台子三种陶器概论》，谓甘、青陶器，实与河南、山西不同，载《田野考古报告》第一册。又中国文化，苟与西方关系甚深，则种族之间亦必有关系，何以仰韶村、沙锅屯人骨，步达生又谓与今华北人相同乎？缪氏文曰《中国民族由来论》，见《史学杂志》二卷二、三、四期。金氏文曰《中国人种及文化由来》，见《东方杂志》二十六卷二期。步达生之说，见所著《奉天沙锅屯河南仰韶村古代人骨与近代华北人骨之比较》。然则新西来说，似亦未足据也。

近数年来，又有主张中国民族起自东南者。其原，由于江、浙、山东古物之发见。民国十九年（1930 年），南京古物保存所在栖霞山西北甘夏镇，发掘六朝陵墓。卫聚贤主其事。得新石器时代石器数事。是年，山东古迹研究会发掘历城城子崖；二十二年（1933 年），又与中央研究院合掘滕县安上村；皆得有黑色陶器。其甲骨则类殷墟。二十四、五（1935、1936 年）两年，江苏武进之奄城，金山之戚家墩，吴县之磨盘山、黄壁山，浙江杭县之古荡良渚，吴兴之钱山漾，嘉兴之双桥，平湖之乍浦，海盐之澉浦，屡得新石器时代之石器及陶器。杭县有黑陶，与山东所得绝相类。于是东南与西北之文化，得一沟通之迹。南京、江、浙陶器，文理皆为几何形，山东邹县及二十六年（1937 年）福建武平所发现者亦然，与河域陶器为条文、席文者，迥不相同，而与香港北平地质调查所所陈列。及辽宁金县貔子窝民国十六年（1927 年），日本滨田耕作所发掘。所得，转若相类。台湾畲族陶器文理，虽与此殊科，服饰犹极相似。西南苗族，制器之技殊拙，其制几何形图案则工。滨田耕作云：山东、辽宁，皆有有孔石斧。陕西亦有之。朝鲜、日本及太平洋沿岸，则有有孔石厨刀。大洋洲木器所刻动物形，或与中国铜器相类。北美阿拉斯加土器，亦有似中国者。见所著《东亚文化之黎明》。汪馥泉译，黎明书局出版。松元广信谓印度支那及日本远州、武圆，皆有有肩石斧，古代铜鼓或绘其形。见《人类学杂志》。又太平洋沿岸及南洋群岛，皆有有沟石斧，而二十年（1931 年）林惠祥在厦门，二十六年（1937 年）梁惠溥在武平拾得石锛，背亦有沟。见陈志良《福建武平石器》。则古代文化，与东南洋之关系，殊为深切。中央研究院自十七年（1928 年）以后，迭在河南发掘。濬县之辛村，巩县之塌坡，皆获有黑陶。安阳侯家庄，浚县大赍店，则黑陶采陶并有。而其时代，黑陶在后，采陶在先，可见东西两文化交会之迹。卫聚贤云：河域陶器，皆为条文、席文，惟殷墟兼有几何文。江、浙石器时代，有戈矛，有钺南洋土人亦有钺。河域皆无之，殷墟独有。见所著《殷人自江浙徙河南》。予案《诗·商颂·长发》云："武王载旆，有虔秉钺。"即《史记·殷本纪》"汤自把钺，以伐昆吾"所本也。可见殷人用钺甚旧。又云：今世所谓采陶者，以红色为地，饰以黑文，即《韩非子·十过篇》所谓"禹之祭器，朱染其内，黑画其外"者。甘肃所出，地为浅红色，间有深红，则类于紫。所画黑色既浅，笔画亦粗。仰韶村及山西夏县西阴村十五年（1926年）清华大学研究院所发掘。所出，则红色分深浅两种，较甘肃为鲜明。所画黑色较深，笔画亦细。又有画白色者，为甘肃所无。《史记·五帝本纪》言舜陶河滨，《左氏》襄公二十五年，谓虞阏父为周陶正，则虞人善陶。虞即吴，殷人起于东南，盖亦善陶。河南、山西陶器，盖参以殷人之技，故其制益精。见所著《中国古文化自东南传播于黄河流域》及《浙江石器年代讨论》，皆载《吴越文化论丛》中。罗香林云：日本畿内、北陆、山阴、山阳、四国、九州岛，皆有铜铎，安艺则与铜剑并出。此物中国古代亦有之，《淮南子·缪称》谓"吴铎以声自破"，《盐铁论·利议》谓"吴铎以舌自破"是也。晋愍帝建兴四年（316年），晋陵今武进尝得之。见所著《古代越族文化》。予案此物传入河域，盖即木铎之祖。河域少金，乃改用木。东南用青铜器，早于河域，见下章。卫聚贤云：河域无锡，江苏之无锡县，旧说谓周、秦间产锡，古语云：有锡争，无锡平，汉乃以无锡名县。古南方所用锡，盖在于是。见所著《殷人自江浙徙河南》。亦见《吴越文化论丛》。予案卫说是也。无盖语辞，谓无锡平有锡争，则后人附会之语。良渚陶器之形，或为商、周铜器之祖。金祖同谓古器之回文，实自水浪而渐变，见所著《金山访古记》。秀州学会景印本。水浪文固当起于缘海之地。今河南发掘，既多贝类，有以为饰者。有以为币者。其大者或以为饮食器。又有水牛遗骸；又甲骨文中，已有米麦字；见《安阳发掘报告》第四期。皆足征其原起东南。滨田耕作云：甘、青、仰韶村、沙锅屯采陶，所绘皆动物形；所用颜色，同于中西亚。貔子窝亦有采陶，所绘皆几何形，颜色较劣，易剥落。此采陶亦石器时代物，可上推至公元前数千年。陈志良在南京，曾得一采色陶球。卫聚贤在镇江大谷山，亦曾得采色陶片，询诸土人，谓类此者尚多。见卫聚贤《江苏古文化时期新估定》、附刊《杭州古荡新石器时代遗址试探报告》后、吴越史地研究会本。则东南亦有采陶，不待西方之传播，安特生之论，自未可偏据也。

谓西方文化，曾传播于东方，亦非无征不信之论。然其时代，则有可商榷者。当西元前数世纪至后一世纪之间，有所谓斯西亚文化者。其原出于斯西亚民族 (Sytuirn)。地在黑海北之草原，东暨叶尼塞河上流。亦或称斯西亚西伯利亚文化，属于青铜器时期。今绥远一带，有其遗迹。故又或称为斯西亚蒙古文化焉。其前乎此者，则为新石器时代，甘、青采陶，与之相似者也。商、周铜器，文理或原于动物形，如螭龙饕餮之类。或谓实本于斯西亚。然此等文化，盛行于西伯利亚，其年代尚后于周，而我国铜器之饰，殷时业已盛行矣。况斯西亚所绘皆大动物，其形生动猛鸷，我国古铜器，则殊不然乎？李济《殷商陶器初论》。朔垂文化，现经中外人士，累加勘察，大体已可概见。自长城以北，可分打制石器、细石器、磨制石器三种。打制石器，西至新疆，东至东三省，遗迹环绕沙漠。细石器限于兴安岭以西。其时代遗物，或类西伯利亚及北欧，亦有类西南亚及中欧者。此两种石器，皆猎牧民族所为。惟磨制石器，出于河域之农耕民族。多与有孔石斧及类鬲之土器并存，与山东龙口所得者极相似，可以知其所由来。打制石器，多在西辽河、松花江以北。辽河下流及老哈河流域，则打制、磨制二者并存。磨制石器，北抵黑龙江之昂昂溪，东至朝鲜北境。可见此三种文化之分野。西南亚之文化，尝西至甘、青，东至绥远，自系事实，然其时代，必不能早于东南方，亦非中国文化之骨干也。民国十七年（1928年），洛阳东北金村，因大水发见古墓，其钟之文理，近于安徽寿县之铜器。铜器则错以金银，并嵌以水银像。其像颧骨甚高，日本原田淑人、梅原末治，皆断为胡人。此亦一东西文化交会之迹也。其墓，论者谓属战国时，未知信否。即如所言，自考古学言之，为时亦已晚矣。滨田耕作云：鬲为中国所独有，盖鼎之所自出。辽东甚多，仰韶亦有，甘、青前三期无之，第四期乃有，至第五期则多矣。此可见东方文化，传播于西方之迹，并可略考其时代也。

中国文化，原于东南湿热之区，江海之会，书史所载，可为证据者本甚多。如食之主于鱼与植物也；衣之用麻丝，且其制宽博也；人所聚处曰州；其宫室则以上栋下宇，革陶复陶穴之风也；币之多用贝也；宗教之敬畏龙蛇也皆是。西洋文化，始于埃及，继以巴比仑，更继以波斯，又继以叙利亚、希腊、迦太基，盖事同一律矣。然泛言东南，则将与马来人混，是亦不可无辨也。马来即古越人，亦为吾族分支之一，然与汉族自有区别。有史以来，北族辫发，南族断发，中原冠带，其俗执之甚固，度非一朝一夕之故，一也。黥额文身，本系一事。五刑之黥，盖起于以异族为奴隶，其后则本族之有罪者，亦以为奴隶，而侪诸异族，乃亦黥其额以为识。以此为异族之识，则吾族本无此俗可知，二也。马来之俗，最重铜鼓，吾族则无此物，三也。殷墟有柱础人，文身，见《安阳发掘报告》第二期。此可谓殷人起自东南，效越人瑑刻之技以为饰耳，不可谓殷人有文身之俗也。梁任公谓今福建人骨骼肤色，皆与诸夏异；见所撰《历史上中国民族之研究》。林惠祥谓闽人体质，颇类马来；见《中国民族史》第六章。则后世自不能无混合，此且恐不止闽人。然在古代自各异，清野谦次谓貔子窝人骨类今华北人，与仰韶村、沙锅屯亦极相似。可见汉族自为一支，东西两种文化，并为其所吸受也。

《尔雅·释言》曰："齐，中也。"《释地》曰："自齐州以南戴日为丹穴，北戴斗极为空同，东至日所出为太平，西至日所入为大蒙。"可见吾国古代，自称其地为齐州。济水盖亦以此得名。《汉书·郊祀志》曰："三代之居，皆在河、洛之间，故嵩高为中岳，而四岳各如其方。"以嵩高为中，乃吾族西迁后事，其初实以泰岱为中。故《释地》又云："中有岱岳。"《礼运》谓"因名山以升中于天"，此古封禅告成功者之所以必于是也。齐州即后世齐国之地，于《禹贡》为青州，在九州岛中偏于东北。然《尧典》又有"肇十有二州"之说，则北有幽，西北有并，东北有营；古代西南封，必不如《禹贡》之恢廓，其地固略居封域之中矣。李济谓城子崖之黑陶，实起自缘海。《城子崖发掘报告序》。何天行谓城子崖及杭县黑陶，皆不及日照所出。见所著《杭县良渚镇石器与黑陶》，《吴越史地研究会丛书》本。施昕更亦谓杭县黑陶传自山东，时代较后。见所著《杭县第二区遗址文化试掘简录》，在《吴越文化论丛》中。可见汉族缘起，必在震方也。

第四章　古史年代

历史之有年代，犹地理之有经纬线也。必有经纬线，然后知其地在何处，必有年月日，然后知其事在何时。举一事而不知其时，即全不能知其事之关系矣。然历史年代，有难言者。今设地球之有人类为五十万年，而列国史实，早者不越五千年，有确实年代者，又不及其半，是则事之有时可记者，不及二百分之一也。况于开化晚者，所记年代，尚不及此；又况蒙昧民族，有迄今不知纪年之法者邪？

吾国史籍，纪年始于共和，在民国纪元前二千七百五十二年。早于西人通用之纪元八百四十一年，不可谓不早。纪年虽可逆计，究以顺计为便。国史确实年代，既早于西元近千年，苟无公用更善之法，自以率旧为是。以孔子生年纪元，后于共和二百九十年。若以黄帝纪元，则其年代绝不确实矣。乃近人震于欧、美一时之盛强，欲弃其所固有者而从之，称彼所用者为世界公历。夫东西文化，各占世界之半，彼之所记者，亦一隅之事耳，何公之有？近数百年来，西洋文化，固较东洋为发皇，然此乃一时之事，安知数十百年后，我之文化，不更优于彼？况于中西历法不同，舍旧谋新，旧籍月日，无一不须换算，其烦重为何如？又况旧史有只记年月而不记日者，并有只记年而不记月日者，又将何从换算邪？

《韩非·说难》云：“《记》曰：周宣王以来，亡国数十，其臣弑君而取国者众矣。”宣王元年（前827年），后于共和纪元十有四年。《史记·三代世表》曰：“孔子因史文，次《春秋》，纪元年，正时日月，盖其详哉。至于序《尚书》，则略，无年月；或颇有，然多阙，不可具。故疑则传疑，盖其慎也。"《春秋》托始鲁隐公元年（前722），实周平王四十九年，后于共和元年（前841年）百十有九年。足征古史纪年，起于西周末造，史公之作，自有所本也。

古史年代，见于《尚书》者：尧在位七十载而咨四岳，四岳举舜，后二十八载而殂落。舜生三十征庸，二十在位，五十载，陟方乃死。《尧典》今本《舜典》。殷中宗之享国，七十有五年。高宗五十有九年。祖甲今文以为太甲。三十有三年。其后嗣王，或十年，或七八年，或五六年，或三四年。文王受命惟中身，厥享国五十年。《无逸》。惟周公诞保，文、武受命，惟七年。《洛诰》。穆王享国百年。《吕刑》。盖所谓"或颇有"者也。案古人言数，多不审谛。《大戴礼记·五帝德》："宰我问于孔子曰：昔者予闻诸荣伊曰'黄帝三百年'。请问黄帝者，人邪？抑非人邪？何以至于三百年乎？孔子曰：生而民得其利百年，死而民畏其神百年，亡而民用其教百年，故曰三百年。"荣伊之言，固已荒诞，孔子之言，虽稍近理，亦岂得实？又《小戴礼记·文王世子》云："文王谓武王曰：女何梦矣？武王曰：梦帝与我九龄。文王曰：女以为何也？武王曰：西方有九国焉，君王其终抚诸？文王曰：非也。古者谓年龄，齿亦龄也。我百，尔九十，吾与尔三焉。文王九十七而终，武王九十三而终。"果如其言，文王死时，武王年已八十七；周公为武王同母弟，极小亦当七十；而犹能诛纣、伐奄，有是理乎？盖古人好举成数。此在今人，亦有此习。特今人所举成数，至十而止，古人则并及于百耳。明乎此，则知《尚书》所举尧、舜之年，皆适得百岁，亦举成数之习则然，非事实也。《诗·生民疏》引《中候握河纪》云："尧即政七十年受河图。"《注》云："或云七十二年。"案尧立七十年得舜，辟位凡二十八年，则尧年九十八。若言七十实七十二，则适百岁矣。《史记·五帝本纪》云："舜年二十以孝闻。年三十，尧举之。年五十，摄行天子事。年五十八，尧崩。年六十一，代尧践帝位。践帝位三十九年，南巡狩，崩于苍梧之野。”此即《尧典》三十征庸，二十在位，五十载陟方乃死之说。古者三十而有室，四十曰强仕，过三十即可言四十，故舜以三十登庸。相尧亦历一世，中苞居丧二年，则践位必六十一。自其翼年起计，至百岁，在位适三十九年也。舜相尧历一世，则尧之举舜，不得不在年七十时矣。然则《尚书》之言尧舜，盖先亿定其年为百岁，然后以其事分隶之耳。《文王世子》之言，亦以文王为本百岁。盖凡运祚非短促者，皆以百岁言之也。

昔人言君主年岁，于其在位之年，及其年寿，似亦不甚分别。《周书·度邑》载武王之言曰：“惟天不享于殷，自发未生，于今六十年。”此言似自文王时起计，以文王受命称王也。然则享国五十，乃以年寿言之。文王之生武王，假在既冠之后，则文王死时，武王年三十余，周公当不满三十。《无逸》历举殷、周贤王，享国长久者，以歆动成王，而不及厥考，明武王年寿不长。《中庸》言武王末受命，盖以其克殷后未久而殂，非谓其受命在耄耋时也。高宗享国，《汉石经残碑》作百年，《史记·鲁世家》作五十五年。盖当以《石经》为是。《吕刑》言穆王享国百年，而《史记·周本纪》谓“穆王即位，春秋已五十矣”；又云“穆王立五十五年崩”；事同一律。今之《尚书》，必后人所億改也。周公诞保，文、武受命，年数巧合，当无讹谬。刘歆以为文王受命九年而崩，贾逵、马融、王肃、韦昭、皇甫谧皆从之。见《诗·文王疏》。盖以《周书·文传》有文王受命九年，在鄗，召太子发之文，九年犹在，明其七年未崩。案《史记》谓文王受命七年而崩，九年，武王上祭于毕，东观兵至于孟津，年代与刘歆异，而谓再期在大祥而东伐同。《伯夷列传》曰：“西伯卒，武王载木主，号为文王，东伐纣。伯夷、叔齐扣马谏曰：父死不葬，爰及干戈，可谓孝乎？”岂有再期而犹未葬者？《楚辞·天问》曰：“武发杀殷何所悒？载尸集战何所急？”《淮南·齐俗》曰：“武王伐纣，载尸而行，海内未一，故不为三年之丧始。”然则武王当日，盖秘丧以伐纣，后周人自讳其事，谓在再期大祥之后。然文王死即东兵，犹为后人所能忆，其事终不可讳。作《周书》者，遂误将文王之死，移后二年也。此等零星材料亦非无有。然前后不相衔接，无从整齐排比，孔子之所以弗论次也。

然共和以前，年代虽不可具知，其大略，儒家固犹能言之。《孟子·公孙丑下篇》曰“五百年必有王者兴”，“由周而来，七百有余岁矣”。《尽心下篇》曰“由尧、舜至于汤，五百有余岁”，“由汤至于文王，五百有余岁”，“由文王至于孔子，五百有余岁”，“由孔子而来，至于今，百有余岁”。《韩非子·显学篇》言：“殷、周七百余岁，虞、夏二千余岁”。乐毅《报燕惠王书》，称昭王之功曰“收八百岁之畜积”。其说皆略相符会，盖必有所受之。刘歆作《世经》，推校前世年岁，唐七十，虞五十，夏四百三十二，殷六百二十九，周八百六十七，后人虽多议其疏，后汉安帝时，尚书令忠，訾歆横断年数，损夏益周，考之《表记》，差缪数百。杜预、何承天亦皆讥之。见《续汉书·律历志》及注。然其大体，相去固不甚远。由其略以古人之言为据也。若张寿王、李信治黄帝调历，言黄帝至元凤三年（前78年）汉昭帝年号。六千余岁；宝长安、单安国、桮育治终始，言黄帝以来三千六百二十九岁；皆见《汉书·律历志》。则大相径庭矣。《汉志》言寿王移帝王年录，舜、禹年岁，不合人年，盖所谓言不雅驯者，固不当骛异而疑习见之说也。

共和以前年岁，亦间有可考者。如《史记·晋世家》云“靖侯以来，年纪可推”；《汉书·律历志》言“春秋殷历，皆以殷，鲁自周昭王以下无年数，故据周公、伯禽为纪”；又《史记·周本纪》，载厉王立三十年而用荣夷公；三十四年，告召公能弭谤；三年而国相与叛袭王是也。然此等必断续不完具；亦且诸说相校，必有龃龉而不可通者；如《秦本纪》、《秦始皇本纪》纪秦诸君在位年数，即有异同。

一国如是，众国可知矣。此史公所以不为之表也。

言上古年代者，至纬候而始侈，盖汉人据历法所造也。《广雅·释天》云："天地辟设，至鲁哀公十有四年，积二百七十六万岁。分为十纪：曰九头、五龙、摄提、合雒、连通、序命、循蜚、因提、禅通、流记。"王念孙校改为疏讫，《书序疏》引《广雅》作流讫。《校勘记》云："流记，王本改疏讫。"司马贞《补三皇本纪》云："春秋纬称自开辟至于获麟，凡三百二十七万六千岁分为十纪，凡世七万六百年。当作纪卅二万七千六百年。一曰九头纪，二曰五龙纪，三曰摄提纪，四曰合雒纪，五曰连通纪，六曰序命纪，七曰修飞纪，八曰回提纪，九曰禅通纪，十曰流讫纪。"二说十纪之名相同，循蜚、修飞，因提、回提，流记、流讫之不同，当系字误，惟无由知孰正孰误耳。而年数互异。案《续汉书·历志》，载灵帝熹平四年（175年）蔡邕议历法，谓《元命苞》《乾凿度》，皆以为开辟至获麟，二百七十六万岁；《诗·文王疏》引《乾凿度》，谓入天元二百七十五万九千二百八十岁，《文王》以西伯受命；则《广雅》实据《元命苞》《乾凿度》以立言。《路史余论》引《命历序》，谓自开辟至获麟，三百二十七万六千岁，则《三皇本纪》所本也。《汉书·王莽传》："莽改元地皇，从三万六千岁历号也。"三统历以十九年为章，四章七十六年为蔀，二十蔀千五百二十年为纪，三纪四千五百六十年为元。二百七十五万九千二百八十者，一元与六百十三相因之数；三百二十七万六千年者，三万六千与九十一相因之数也。盖其所本者如此。

汉人言古帝王世数，亦有甚侈者。《礼记·祭法正义》云："《春秋命历序》：炎帝号曰大庭氏，传八世，合五百二十岁。黄帝，一曰帝轩辕，传十世，二千五百二十岁。《校勘记》云："《监》《毛》本同。《闽本》二千作一千。惠栋校《宋本》同。"次曰帝宣，曰少昊，一曰金天氏，则穷桑氏，传八世，五百岁。次曰颛顼，则高阳氏，传二十世，三百五十岁。案《诗·生民疏》引《命历序》云“颛顼传九世”，未知孰是。次是帝喾，传十世，四百岁。”又标题下《疏》引《易纬·通卦验》云：“燧皇始出握机矩。”《注》云：“燧人在伏羲前，始王天下也。”又引《六艺论》云：“燧王之后，历六纪九十一代至伏羲。”方叔玑《注》云：“六纪者：九头纪、五龙纪、摄提纪、合雒纪、连通纪、序命纪。九十一代者：九头一，五龙五，摄提七十二，合雒三，连通六，序命四。”《疏》云：“谯周《古史考》，燧人次有三姓至伏羲，其文不同。”《曲礼疏》引谯周云：“伏羲以次有三姓至女娲，女娲之后五十姓至神农，神农至炎帝一百三十三姓。”亦纬候既兴后之说也。

《书疏》引《雒师谋注》云：“数文王受命，至鲁公惠公末年，三百六十五岁。”又云：“本惟云三百六十耳，学者多闻周天三百六十五度，因误而加。遍校诸本，则无五字也。”案《乾凿度》谓入天元二百七十五万九千二百八十岁而文王受命，今益三百六十岁，更益春秋二百四十一年，凡二百七十五万九千八百八十二年，较二百七十六万年，尚少十八，则《乾凿度》与《雒师谋》不同。依《乾凿度》，文王受命，当在春秋前四百七十有八岁。若依《世经》，则文王受命九年而崩；武王即位十一年；周公摄政七年；其明年，为成王元年，命伯禽俾侯于鲁；伯禽至春秋，三百八十六年；文王受命，在春秋前四百十三年也。

《史记·十二诸侯年表集解》引徐广曰：“自共和元年（前 841 年），岁在庚申，讫敬王四十三年（前 477 年），凡三百六十五年。”又《周本纪集解》引徐广曰：“自周乙巳至元鼎四年（前 113 年）戊辰，一百四十四年，汉之九十四年也。汉武帝元鼎四年（前 113 年）封周后也。”案《六国表》：起周元王，讫秦二世，凡二百七十年。元王元年（前 475 年），至赧王五十九年（前 259 年）乙巳，凡二百二十一年。依《史记》年表，共和至赧王，凡五百八十六年；至汉武帝天汉四年（前97年），则七百四十五年也。《正义·论史例》云："大史公作《史记》，起黄帝，高阳、高辛、唐尧、虞舜、夏、殷、周、秦，讫于汉武帝天汉四年（前97年），合二千四百一十三年。"张氏此言，自共和以后，当以《史记》本书为据。共和以前，除舜三十九年见于本书外，《集解》引皇甫谧：黄帝百，颛顼七十八，喾七十，《御览·皇王部》引作七十五。挚九，尧九十八；《世纪》古帝王年数，伏牺百，神农百二十，少昊百，亦皆成数。惟颛顼、帝喾不然，未知何故。然《御览》又引陶弘景，谓帝喾在位六十三年，《路史》同。六十三加七十八，加九，凡百五十，则亦成数矣。此等亦必有其由，惜无可考也。又引《竹书纪年》，谓夏有王与无王，用岁四百七十一年；自汤灭夏以至于受，用岁四百九十六年；《正义》引《竹书》曰："自盘庚徙殷，至纣之灭，七百七十三年。"七百之七，当系误字。周自武王灭殷，以至幽王，凡二百五十七年；《正义》皆无异说，亦未尝别有征引，似当同之。依此计算，自黄帝至周幽王，合一千六百十八年。东周以下，依《史记》本书计，至天汉四年（前97年），合六百七十四年。两数合计，凡二千二百九十二年。较二千四百一十三，尚少百二十一。未知张氏何所依据也。又《水经·瓠子河注》，谓成阳尧妃祠，有汉建宁五年（172年）成阳令管遵所立碑，记尧即位至永嘉三年（309年），二千七百二十有一载。《北史·张彝传》，言彝上《列帝图》，起元庖牺，终于晋末，凡十六代，一百二十八帝，历三千二百七十一年。亦未知其何据。

《路史》引《易纬稽览图》云"夏年四百三十一，殷年四百九十六"，此造《竹书》者所据也。造《竹书》者，盖以为羿、浞之乱，历四十年，故益四百三十一为四百七十一。此书真本，盖亦未尝有传于后，唐人所据，其伪亦与明人所造等耳。夫魏史必出于晋，晋史于靖侯以上已不能具其年数，安能详夏、殷以前？况晋又何所受之欤？受之周欤？周何为秘之，虽鲁号秉周礼者，亦不得闻，而独畀之唐叔？且韩亦三晋之一，何以韩非言唐、虞以来年数，其不审谛，亦与孟子同？即魏人亦未有能详言古代年数者。岂又闷之生人，而独藏诸王之冢中欤？于情于理，无一可通。故《竹书》而有共和以前之纪年，即知其不足信，更不必问其所纪者如何也。

以历法推古年代，本最可信，然昔人从事于此者，其术多未甚精；古历法亦多疏舛；史籍记载，又有讹误；故其所推，卒不尽可据也。刘歆而后，宋邵雍又有《皇极经世书》，推尧元年为甲辰，在民国纪元前四千二百六十八年，西元前二千三百五十七年，亦未知其何据。金履祥作《通鉴纲目前编》用之，元、明以降，《纲目》盛行，流俗言古史者遂多沿焉。

先史之世，无年可纪，史家乃以时代代纪年。年代愈古，则材料愈乏，而其所分时代愈长。看似粗略，然愈古则演进愈迟，变异亦愈少，据其器物，固亦可想见其大略也。分画先史时期，大别为旧石器 (Palaeolithic Age)、新石器 (Neolithic Age)、青铜器 (Bronze Age)、铁器 (Iron Age) 四期。旧石器中，又分前后。前期三：曰芝良期 (Chellean)，其所用器，只有石斧，略别于未经制造者而已。曰曷朱良期 (Acheulean)，则兼有石刀。芝良期及曷朱良期，皆仅能以石击石，去其碎片，用其中心而已。其时代，约距今七万年至四十五万年。曰墨斯梯灵期 (Mousterian)，始能用石片，故其锋较锐。初有骨器，而为数甚少。其时代，约距今二万五千年至七万年。后期亦三：曰阿里诺新期 (Aurignacian)，骨器稍多。始知雕塑，其艺颇为后人所称道。曰苏鲁脱灵期 (Solutrean)，石器两面有锋。骨器益多，制亦益善。曰马特兰宁期 (Magdalenian)，此期之用石器，非复以石击石，而有似钻之物，介于其间，故其大小可以自如。此三期，约距今二万五千年至五万年。六期之后，别有所谓阿奇林期者 (Azilian)，骨器既衰，石器亦小，考古者名之曰小石器（Microlith）。考古者億想其时，或为用土器之萌芽焉。然陶器之迹无存，故称之

曰尾旧石器时期 (Epipalaedithic)。新旧石器之别，非仅以其精粗，亦视其有无弓矢等物以为断，而陶器之有无，尤为考古家所重。有陶器，则视为新石器之始；无陶器，则视为旧石器之终。旧石器时代，大抵恃搜集为生。新石器时代，始知渔猎，多能用火。其末期，且有进于农牧，知用铜者。然紫铜之器，不坚而易坏，故仍列石器期中。至能合铜锡为青铜，乃别为铜器时代也。铜器时代，人以农牧为生。有氏族，新石器时代行图腾制。宗教亦有统系，前此行杂乱之拜物教。人群之规制稍备矣。文字之兴，实在新石器时代之后。故石器时代，适为先史时代，铜器铁器时代，适为有史时代也。以上所论，皆据欧洲考古学家之说，吾国发掘之业，方在权舆，自不能不借助他山，以资推论。然人群进化，异地同符，铢铢而较之，一若不胜其异。苟略其细而观其大，自有一致百虑，同归殊涂者。观其会通，与曲说附会，相似而实不同，固不可以不辨也。

吾国发掘所获遗迹，当列旧石器时代者有五：曰周口店，略视墨斯灵梯期；曰河套，民国十二年（1923 年），德日进（Pere Teilhard de Chardin）、桑志华（Pere E. Licent）所发掘，一为无定河，一为宁夏南之水洞沟。案此外甘肃东境，山西、陕西北境，亦有零星旧石器。曰周口店之上洞，皆在旧石器后期。河套遗迹较古，盖在后期之始。上洞骨器制作颇精，饰物技艺亦优，当在后期之终，于黑龙江呼伦之达赖湖为近。亦德日进、桑志华所掘。达赖湖及广西桂林武鸣遗迹民国二十四年（1935 年），杨钟健、裴文中与德日进同掘。皆在尾旧石器时期。然武鸣有一石器步日耶 (H.Breuil) 以为系属重制，则其前，尚当有更古之旧石器时期也。新石器时代，甘、青及河南遗迹，安特生分为六期：曰齐家期，约在西元前三千五百年至三千二百年。曰仰韶期，自三千二百年至二千九百年。曰马厂期，自二千九百年至二千六百年，为新石器及石铜过渡时期。曰新店期，自二千六百年至二千三百年。曰寺洼期，自二千三百年至一千年。曰沙井期，自二千年至一千七百年，则入铜器时期矣。铜器时期，南方似较北方为早。良渚、钱山漾皆有粗制石器、钱山漾尤多。而古荡有孔石斧，似用铁器旋转而入。又多石英器，其质甚坚，非金属不能穿凿，则已在石铜兼用之期。可见南方文化，历时甚长。惜乎发掘不多，时代尚难推断。然北方之知用铜，系由南方传授，则似无可疑者。殷人起于东南，已如上章所述。殷墟铜器，据地质调查所所化验，含锡逾百分之五；中央研究院所化验，含锡逾百分之十；其为青铜器无疑。日本道野松鹤分析其若干种，以其中不含锡，指为纯铜器时期(copper age)。梅原末治则云：其中虽不含锡，而含铅、铁、砒素颇多，兵器则仍含锡。然则他器之不含锡，盖由中原锡少而然。抑铜锡器之始，必用为兵，久之乃以为他器。殷墟之兵，文理悉类鼎彝，盖非以资实用，则其进于铜器时代久矣。见所著《中国青铜器时代考》。胡厚宣译，商务印书馆本。予案《越绝书》载风胡子之言，谓轩辕、神农、赫胥之时，以石为兵。黄帝之时，以玉为兵。禹穴之时，以铜为兵。当此之时作铁兵。又载薛烛之言，称赤堇之山，破而出锡；若耶之溪，涸而出铜。见《外传·宝剑篇》。则石铜二器之递嬗，昔人早已知之。南方所用者，确系镕合铜锡，亦无疑义。《史记·李斯列传》：斯上书谏逐客，云“江南金锡不为用”。亦可见南方制器，兼用铜锡。古书皆言蚩尤制兵，虽不审谛，要非绝无根据。然则南方之知用铜，尚在黄帝之先。夏以后，其技乃稍传于北，故有铸鼎象物之说。《左氏》宣公三年。黄帝与禹，年代皆略有可考，则南方之知用铜，其年代亦可微窥也。今安阳之小屯村，十七年(1928年)后，中央研究院陆续发掘。地质凡分三层：下层为石器，中层为石铜过渡之期，上层为铜器。历城之城子崖，地质亦分二层：下层为新石器，上层为铜器。小屯殷墟，城子崖为谭国故址，则铜器之传布于河域，年代又略可推矣。

第五章　开辟传说

传说中最早之帝王，莫如盘古。其说见于《三五历记》者曰："天地混沌如鸡子，盘古生其中。万八千岁，天地开辟。阳清为天，阴浊为地。盘古在其中，一日九变。神于天，圣于地。天日高一丈，地日厚一丈，盘古日长一丈。如此万八千岁，天数极高，地数极深，盘古极长。"《五运历年记》曰："元气鸿蒙，萌芽兹始。遂分天地，肇立乾坤。启阴感阳，分布元气。乃孕中和，是为人也。首生盘古。垂死化身：气成风云，声为雷霆，左眼为日，右眼为月，四肢五体为四极五岳，血液为江河，筋脉为地里，肌肉为田土，发髭为星辰，皮毛为草木，齿骨为金石，精髓为珠玉，汗流为雨泽。身之诸虫，因风所感，化为黎甿。"皆据《绎史》卷一引。《述异记》则曰："昔盘古氏之死也：头为四岳，目为日月，脂膏为江海，毛发为草木。秦汉间俗说：盘古氏头为东岳，腹为中岳，左臂为南岳，右臂为北岳，足为西岳。先儒说：盘古氏泣为江河，气为风，声为雷，目瞳为电。古说：盘古氏喜为晴，怒为阴。吴、楚间说：盘古氏夫妻，阴阳之始也。今南海有盘古氏墓，亘三百余里。俗云：后人追葬盘古之魂也。桂林有盘古氏庙，今人祝祀。"又云："南海中有盘古国，今人皆以盘古为姓。"案此诸说，显有不同。《述异记》首两说，与《五运历年记》之说，原本是一。此说与《三五历记》之说，并已窃印度传说，加以附会。《述异记》所谓先儒说者，与此似同实异，而与其所谓古说者，所本相同，盖中国之旧说也。至所谓吴、楚间说者，则又颇含史实，非尽神话。何以言之？

案印度古籍，有所谓《厄泰梨雅优婆尼沙昙》(Aitareya Upanishad)者。其说云：太古有阿德摩(Atman)先造世界。世界既成，后造人。此人有口，始有言，有言乃有火。此人有鼻，始有息，有息乃有风。此人有目，始有视，有视乃有日。此人有耳，始有听，有听乃有空。此人有肤，始有毛发，有毛发，乃有植物。此人有心，始有念，有念乃有月。此人有脐，始有出气，有出气，乃有死。此人有阴阳，始有精，有精，乃有水。又《外道小乘涅盘论》云："本无日月星辰、虚空及地，惟有大水。时大安荼生，形如鸡子。周匝金色。时熟，破为二段，一段在上作天，一段在下作地。"《摩登伽经》云："自在以头为天，足为地，目为日月，腹为虚空，发为草木，流泪为河，众骨为山，大小便利为海。"《三五历记》《五运历年记》及《述异记》第一二说，其为窃此等说，加以文饰而成，形迹显然，无待辞费。至其所谓先儒说者，虽若与此是一，然以盘古氏为生存，而不谓其已死，则显与其所谓古说者，同出一原，而与其第一二说，迥不相侔也。《路史·初三皇记》，谓荆湖南北，今以十月十六日为盘古氏生日，以候月之阴晴，此即《述异记》所谓古说，尚存于宋时者。《山海经·海外北经》云："钟山之神，名曰烛阴。视为昼，瞑为夜，吹为冬，呼为夏。不饮，不食，不息，息为风。身长千里。在无膂之东。其为物，人面蛇身，赤色，居钟山下。"《大荒北经》云："西北海之外，赤水之北，有章尾山。有神，人面蛇身而赤。直目正乘。其瞑乃晦，其视乃明，不食，不寝，不息。风雨是谒。是烛九阴，是谓烛龙。"此即一事而两传，与《述异记》所谓先儒说及古说相似，足见其为中国旧说。吴、楚间说，明言盘古氏有夫妻二人，且南海有其墓；南海中有其国，其人犹以盘古为姓；则人而非神矣。古氏族酋长，往往见尊为神，然不害于实有其人。故所谓吴、楚间说者，与所谓先儒说、古说，并不相悖。所谓先儒说古说者，虽涉荒怪，亦不能以此而疑吴、楚间说之凿空，不含史实也。

然则所谓盘古氏者，必南方民族所共尊之古帝；南海中之盘古国，后虽僻处遐方，在古代，或实为南方民族之大宗矣。

《后汉书·南蛮传》，有所谓盘瓠者，以为高辛氏之畜狗，长沙武陵蛮之祖，此与盘古本渺不相涉，夏曾佑始谓与盘古是一，谓吾族误袭苗族神话为己有。见所著《古代史》。予昔亦信其说，今乃知其非是而不可以不辩也。夫夏氏之疑，乃谓吾族古帝，踪迹多在北方，独盘古则祠在桂林，墓在南海耳。吾族开化，实始于南，不始于北，已如第三章所述。然则古代神话，留遗岭表，又何怪焉！抑《后汉书》盘瓠之说，实仅指武陵一隅，尤显而易见者也。其说曰："昔高辛氏有犬戎之寇，而征伐不克，乃访募天下：有能得犬戎之将吴将军头者，购黄金万镒，邑万家，又妻以少女。时帝有畜狗，其毛五采，名曰盘瓠。下令之后，盘瓠遂衔人头造阙下。群臣怪而诊之，乃吴将军首也。帝大喜。而计盘瓠不可妻之以女，又无封爵之道，议欲有报而未知所宜。女闻之，以为帝王下令，不可违信，因请行。帝不得已，乃以女配盘瓠。盘瓠得女，负而走，入南山，止石室中。所处险绝，人迹不至。于是女解去衣裳，为仆鉴之结，着独力之衣。帝悲思之，遣使寻求，辄遇风雨震晦，使者不得进。经三年，生子一十二人，六男六女。盘瓠死后，因自相夫妻。织绩木皮，染以草实。好五色衣服，制裁皆有尾形。其母后归，以状白帝。于是使迎致诸子。衣裳斑斓，言语侏离，好入山壑，不乐平旷。帝顺其意，赐以名山广泽。其后滋蔓，号曰蛮夷。外痴内黠，安土重旧。以先父有功，母帝之女，田作贾贩，无关梁符传、租税之赋；有邑君长，皆赐印绶，冠用獭皮。其渠帅曰精夫，相呼为姎徒。今长沙武陵蛮是也。"此说依据蛮人地理、风俗、言语、服饰、居处及中国待之之宽典，其为秦、汉间人所文饰，显然不疑。《注》云："今辰州卢溪县西有武山。黄闵《武陵记》曰：山高可万仞，山半有盘瓠石室，可容数万人。中有石床，盘瓠行迹。今案石窟前有石羊、石兽，古迹奇异尤多。望石窟，大如三间屋。遥见一石，仍似狗形，俗相传，云是盘瓠像也。”《路史·发挥》云：“有自辰、沅来者，云卢溪县之西百八十里，有武山焉，其崇千仞。遥望山半，石洞罅启。一石貌狗，人立乎其旁，是所谓盘瓠者。今县之西南三十里有盘瓠祠，栋宇宏壮。信天下之有奇迹也。”《注》云：“《辰州图经》云：石窟如三间屋。一石狗形，蛮俗云盘瓠之像。今其中种有四：一曰七村归明户，起居饮食类省民，但左衽。二曰施溪武源归明蛮人。三曰山熑。四曰仡僚。虽自为区别，而衣服趋向，大略相似。土俗以岁七月二十五日，种类四集，扶老携幼，宿于庙下，五日，祠以牛彘酒鲑，椎鼓踏歌，谓之样。样，蛮语祭也。”卢溪，今湖南泸溪县。自唐至宋，遗迹犹存，种落可指，可见《后汉书》所云，乃一种落之故事，今乃以此推诸凡南蛮，并谓吾族称说，谓他人父，可谓重诬矣。干宝《晋纪》，范成大《桂海虞衡志》，皆谓蛮族杂糅鱼肉，叩槽而号，以祭盘瓠。见《文献通考·四裔考》。《路史》谓会昌今江西会昌县。有盘古山，湘乡今湖南湘乡县。有盘古堡，雩都今江西雩都县。有盘古祠，成都、今四川成都县。淮安、今江苏淮安县。京兆今陕西长安县。皆有庙祀。又引《元丰九域志》，谓广陵今江苏江都县。有盘古冢庙。固与盘瓠绝不相干。今广西岩峒中，亦有盘古庙，兼祀天皇、地皇、人皇。此盖又受吾族传说改变。俗以旧历六月二日为盘古生日，远近聚集致祭，与《路史》所述荆湖南北及《辰州图经》所述辰州土俗相类。而闽、浙畲民，亦有奉盘瓠为祖者，其画像仍作狗形。他种落传说，亦有自称狗种者。二者犹绝不相蒙，安得据音读相近，牵合为一哉？

第六章　三皇事迹

第一节　纬书、三皇之说

盘古之后为三皇、五帝，亦为言古史者所习知。三皇、五帝之名，昉见《周官》外史，未知其意果何指。《风俗通义》引《礼纬含文嘉》云：“燧人以火纪，火太阳，阳尊，故托燧皇于天。伏羲以人事纪，故托羲皇于人。神农悉地力，种谷疏，故托农皇于地。”此盖今文旧说，《白虎通》、《甄燿度》、谯周《古史考》并同。见《礼记·曲礼疏》。《史记·秦始皇本纪》载博士议帝号，谓“古有天皇，有地皇，有泰皇，泰皇最贵”。泰与太同音，太字亦象人形，见《说文》。疑泰为太之音借，太为人之形讹，二说实一说也。《白虎通》别列一说，以伏羲、神农、祝融为三皇。《运斗枢》郑注《中候敕省图》引之，见《曲礼疏》。《元命苞》《文选·东都赋注》引。则以伏羲、女娲、神农为三皇。案司马贞《补三皇本纪》述女娲氏，谓“当其末年，诸侯有共工氏，与祝融战。不胜，而怒，乃头触不周之山。天柱折，地维缺。女娲乃炼五色石以补天，断鳌足以立四极”云云。上云祝融，下云女娲，则祝融、女娲一人，此说殊未谛，然小司马自有所本，则《白虎通》与《运斗枢》《元命苞》，实一说也。五帝之名，见于《大戴礼记·五帝德》者，曰黄帝、颛顼、帝喾、尧、舜，《史记·五帝本纪》依之，谯周、应劭、宋均皆同。见《正义》。郑玄注《中候敕省图》，乃于黄帝、颛顼之间增一少昊，谓德合五帝座星者为帝，故实六人而为五。见《曲礼疏》。案《后汉书·贾逵传》，载逵奏《左氏》大义长于二传者曰："五经皆言颛顼代黄帝，而尧不得为火德。左氏以为少昊代黄帝，即图谶所谓帝宣也。如令尧不得为火，则汉不得为赤。"案汉人言五德终始有二说：一以为从所不胜，周为火德，秦以水德胜之。汉承秦，故为土德。此说承自嬴秦，一主相生，刘向父子衍之。汉以火德，承周之木，而以秦为闰位。汉自以为尧后。黄帝号为黄，其为土德，无可移易。黄帝以后，颛顼以金德承之，则喾为水德，尧为木德矣。故必于黄帝后增一少昊为金德，而颛顼以水德，喾以木德承之，尧乃得为火德也。此为古学家于黄帝、颛顼之间增一少昊之由。然实六人而为五，于理终有未安。造《伪古文尚书》者出，乃去燧人而以伏羲、神农、黄帝为三皇，少昊、颛顼、帝喾、尧、舜为五帝。《伪孔安国传序》。如是，则少昊虽增，五帝仍为五人矣。此实其说之弥缝而更工者也。案《周官》都宗人，"掌都宗祀之礼。凡都祭祀，致福于国"。《注》云："都或有因国无主、九皇、六十四民之祀。"《礼记·王制》云"天子诸侯，祭因国之在其地而无主后者"；而《春秋繁露》，有九皇、六十四民；《三代改制质文篇》。此《郑注》之所本也。九皇、六十四民者，存二王之后以大国，与己并称三王。其前为五帝，封以小国。又其前为九皇，其后为附庸。又其前六十四代，则无爵土，故称民。三王，五帝，九皇，六十四民，合八十一代。古以九为数之究，八十一则数之究之究者也。《史记·封禅书》载管子说：今《管子》之《封禅篇》，乃取《史记》此书所补。谓古封泰山，禅梁父者七十二家。七十二益三皇、五帝，更益以本朝，亦八十一。窃疑三皇、五帝，使外史氏掌其书；自此以往，则方策不存，徒于因国无主及登封之时祭之；实前代之旧制。孔子作《春秋》，存二王以通三统，《白虎通义·三正篇》曰："王者存二王之后者，何也？所以尊先王，通天下之三统也。明天下非一家之有，敬谨谦让之至也。故封之百里，使得服其正色，行其礼乐。"案服其正色者，夏以孟春月为正，色尚黑。殷以季冬月为正，色尚白。周以仲冬月为正，色尚赤。王者受命，有可得与民变革者，有不可得变革者。正朔为可得变革之一端，举此以概一朝所独有之制度也。《三教篇》谓夏之教忠，忠之失野，救野之失莫如敬。殷之教敬，敬之失鬼，救鬼之失莫如文。周之教文，文之失薄，救薄之失莫如忠。三者如顺连环，周而复始，穷则反本。盖儒家谓治天下，当三种制度迭行，故二王之成法，不可不保守也，立五帝以昭五端，《公羊》隐公元年《解诂》："政莫大于正始，故《春秋》以元之气，正天之端。以天之端，正王之政。以王之政，正诸侯之即位。以诸侯之即位，正境内之治。诸侯不上奉王之政，则不得即位，故先言正月而后言即位。政不由王出，则不得为政，故先言王而后言正月也。王者不承天以制号令则无法，故先言春而后言王。天不深正其元，则不能成其化，故先言元而后言春。五者同日并见，相须成体，乃天人之大本，万物之所系，不可不察也。"而于《书》，则仍存前代之三皇、五帝，以明三才、五常之义，《古今注》："程稚问于董生曰：古何以称三皇、五帝？对曰：三皇者，三才也。五帝，五常也。"三才为天、地、人，与《含文嘉》说合。五常可以配五行，则儒家言五帝者之公言也。实六经之大义也。儒家三皇、五帝之说，其源流如此，与流俗所谓三皇者，实不相合也。

流俗三皇之说，出于谶纬。司马贞《补三皇本纪》云："天地初立，有天皇氏十二头，澹泊无所施为，而俗自化。兄弟十二人，立各一万八千岁。地皇十一头，火德王。姓十一人姓上当有夺字。兴于熊耳、龙门等山，亦各万八千岁。人皇九头，乘云车，驾六羽，出谷口。兄弟九人，分长九州，各立城邑。凡一百五十世，合四万五千六百年。"《注》云："出《河图》《三五历》。"新莽下三万六千岁历，三统历以四千五百六十年为元，已见第四章。两"万八千"合为三万六千，四万五千六百年，则一元十倍之数也。《太平御览·皇王部》引《始学篇》，谓天皇、地皇各十二头，万八千岁。人皇九头，人各百岁。《洞纪》：天皇、地皇，亦各十二头。《帝系谱》：天皇、地皇，亦各万八千岁。于人皇皆无说。《路史》引《真源赋》，则天皇十三人，地皇十一人，各万八千余岁。人皇九人，四万五千六百年。案《御览》又引《春秋纬》，谓天皇、地皇、人皇兄弟九人，分为九州岛，长天下；《河图括地象》，谓天皇九翼；则纬书旧说，天皇、地皇、人皇皆九人，其年亦仅百岁。《始学篇》所采。自三万六千岁之历出，乃改天皇、地皇之年，各为万八千，而又增其人数为十二也。《补三皇本纪》之说，自谓出《河图》《三五历》，而《御览》引《河图》：天皇九翼，与《补三皇本纪》之说异，则《三皇本纪》天皇、地皇之说出《三五历》，人皇之说出《河图》也。天皇十二人之说，未知所本，地皇十一人之说，则决为天皇十二人之说既出后，乃减一人以就之者，要皆以意造作而已矣。《御览》又引《遁甲开山图》荣氏《注》，谓天皇兄弟十二人，地皇兄弟十人，人皇兄弟九人。十人盖十二人之夺。《御览》又引《遁甲开山图》曰："天皇被迹在柱州昆仑山下。地皇兴于熊耳、龙门山。人皇起于形马。"《水经·渭水注》："故虢县今陕西宝鸡县东。有杜阳山。山北有杜阳谷。地穴北入，不知所极。在天柱山南。"赵一清云："《寰宇记》：凤翔府岐山县下云：岐山，亦名天柱山。《河图括地象》曰：岐山在昆仑山东南，为地乳。上多白金。周之兴也，鸑鷟鸣于山上。时人亦谓此山为凤皇堆。《注》：《水经》云：天柱山有凤皇祠。或云：其峰高峻，回出诸山，状若柱，因以为名。《御览》及程克斋《春秋分记》并引之，今缺失矣。"岐山，今陕西岐山县。熊耳，在今河南卢氏县南。龙门，在今山西河津、陕西韩城县之间。《水经·渭水注》：伯阳谷水、苗谷水并出刑马山。孙星衍校本云：当在今清水县界。然则《遁甲开山图》谓三皇兴于陕、甘、晋、豫之境也。案《御览》引《春秋命历序》，谓"人皇氏九头，驾六羽，乘云车，出谷口，分九州"。《路史》引云："出旸谷，分九河。"九河不可分，必九州之误。谷口之谷，系指旸谷则无疑。《三国·蜀志·秦宓传》：宓对夏侯纂，谓三皇乘祇车出谷口，即斜谷，在今陕西郡县西南。乃夸张本州之言，不足信也。《遁甲开山图》，专将帝王都邑，自东移西，尤不足据。《路史注》引《遁甲开山图》：人皇出于刑马山提地之国。又引《雒书》云：人皇出于提地之国。以《御览》之文校之，上提地之国四字当衍，此语当出《雒书》也。《说文·示部》："祇，地祇，提出万物者也。""提地"二字，似因此附会，未必有地可实指也。

《礼记》标题下《正义》云：《易纬通卦验》云："天皇之先与乾曜合元，君有五期，辅有三名。"《注》云："君之用事，五行代王，代字从今本通卦验增。亦有五期。辅有三名，公、卿、大夫也。"又云："燧皇始出握机矩。"注云："燧人在伏羲前，始王天下也。"则郑以天皇为上帝，五期之君为五帝，继天立治，实始人皇；而其所谓人皇者，则为燧人，此犹是《含文嘉》之说。《广雅》十纪，始自人皇，纪名九头，见上章。亦相符合。足见天皇、地皇之说为后起也。

第二节　巢、燧、羲、农事迹

服虔云："自少皞以上，天子之号以其德，百官之号以其征。自颛顼以来，天子之号以其地，百官之号以其事。"《礼记·月令疏》引。案古地名与氏族之名，不甚分别。以地为号者，可略知其地与族，以德为号，斯不然矣。然十口相传，必其时之大事，社会开化之迹，却因之而可征也。

吾国开化之迹，可征者始于巢、燧、羲、农。《韩非子·五蠹篇》曰："上古之世，人民少而禽兽众。人民不胜鸟兽龙蛇。有圣人作，构木为巢，以避群害，而民说之，使王天下，号曰有巢氏。民食果蓏蚌蛤，腥臊恶臭，而伤害肠胃，民多疾病。有圣人作，钻燧取火，以化腥臊，而民说之，使王天下，号曰燧人氏。"《庄子·盗跖篇》

曰："古者禽兽多而人民少，于是民皆巢居以避之。昼食橡栗，暮栖木上，故命之曰有巢氏之民。古者民不知衣服，夏多积薪，冬则炀之。故命之曰知生之民。"所述实为同物。知哲相通，炀亦用火，其指发明用火之族言之可知也。发明用火，实为人类一大事。韩子主熟食言之，庄子主取暖言之，其用皆极切。《古史考》曰："古之初，人吮露精，食草木实，穴居野处。山居则食鸟兽，衣其羽皮，饮血茹毛，近水则食鱼鳖螺蛤。未有火化，腥臊多害肠胃。于是有圣人，以火德王。钻燧出火，教人熟食，铸金作刃。民人大说，号曰燧人。"《太平御览·皇王部》引。其辞盖隐栝古籍而成。铸金亦为火之一大用。故《礼记·礼运》论修火之利，以范金合土并言。合土指为陶器。然神农尚斫木为耜，揉木为耒；黄帝亦弦木为弧，剡木为矢；见《易·系辞传》。则前乎炎、黄之燧人，似未必能知铸金。谯氏盖综合古籍而失之者也。

《易·系辞传》云："古者包牺氏之王天下也，仰则观象于天，俯则观法于地；观鸟兽之文，与地之宜；近取诸身，远取诸物；于是始作八卦，以通神明之德，以类万物之情。作结绳而为网罟，以田以渔，盖取诸《离》。"《经典释文》云："包，本又作庖。郑云：取也。孟、京作"伏"。牺，郑云：鸟兽全具曰牺。孟、京作"戏"，云服也。化也。"《白虎通义·号篇》云："下伏而化之，故谓之伏羲。"《风俗通义》引《含文嘉》云："伏者，别也，变也。戏者，献也，法也、伏戏始别八卦，以变化天下。天下法则，咸伏贡献，故曰伏戏。"盖今文旧说，孟、京所用。郑说则本于刘歆。《汉书·律历志》载《世经》曰"作网罟以田渔取牺牲，故天下号曰炮牺氏"可证。《易》但言佃渔，歆妄益"取牺牲"三字，实非也。《礼记·月令疏》引《帝王世纪》曰："取牺牲以共庖厨，食天下，故号曰庖牺氏。"则又以庖字之义附会庖厨，失之弥远矣。今人或以伏羲为游牧时代之酋长，观此自知其非。《尸子》云："燧人之世，天下多水，故教民以渔。虙牺氏之世，天下多兽，故教民以猎。”亦谓其以田渔为业也。

神农亦德号。《礼记·月令》：季夏之月，“水潦盛昌，神农将持功”；又曰：“毋发令而待，以妨神农之事”；此神农必不能释为人名也。《易·系辞传》曰：“包牺氏没，神农氏作。斫木为耜，揉木为耒。耒耨之利，以教天下。”又曰：“日中为市，致天下之民，聚天下之货，交易而退，各得其所。”案《礼运》云：“夫礼之初，始诸饮食。其燔黍而捭豚，污尊而抔饮，蒉桴而土鼓，犹若可以致其敬于鬼神。”《明堂位》曰：“土鼓，蒉桴，苇籥，伊耆氏之乐也。”《郊特牲》曰：“伊耆氏始为蜡。”蜡为田祭，故熊安生谓伊耆氏即神农。见《礼记》标题下《疏》。综观三文，其说是也。《郊特牲》又云：“四方年不顺成，八蜡不通，以谨民财也。顺成之方，其蜡乃通，以移民也。”盖因蜡祭之时，行交易之事，与《易传》之文，亦相符会也。

《御览》引《遁甲开山图》云：“石楼山，在琅邪。汉郡，治东武，今山东诸城县。后汉为国，徙治开阳，今山东临沂县。昔有巢氏治此山南。”《开山图》言帝王都邑皆在西，此独在东。《御览》又引云：“女娲氏没，大庭氏王。次有柏皇氏、中央氏、栗陆氏、骊连氏、赫胥氏、尊卢氏、祝融氏、混沌氏、吴英氏、有巢氏、葛天氏、阴康氏、朱襄氏，凡十五代，袭包牺之号。此说系据《帝王世纪》，见《易·系辞传疏》。惟《世纪》朱襄氏在葛天氏之前。案《庄子·胠箧篇》：“昔者容成氏、大庭氏、伯皇氏、中央氏、栗陆氏、骊畜氏、轩辕氏、赫胥氏、尊卢氏、祝融氏、伏羲氏、神农氏，当是时也，民结绳而用之。”云云。《世纪》及《开山图》本之，而又小有改易也。自无怀氏已上，经史不载，莫知都之所在。”则其言又自相矛盾。窃疑治石楼山南之说，不出《开山图》，而《御览》误引也。韩子谓“民食果蓏蚌蛤，不胜禽兽虫蛇”；庄子谓“昼食橡栗，暮栖木上”，又谓“民不知衣”；则巢、燧二氏，必居榛莽湿热之区，从可知尔。

《御览》又引《诗纬含神雾》曰：“大迹出雷泽，华胥履之生伏羲。”《易·系辞传疏》引《帝王世纪》曰：“有大人迹，出于雷泽，华胥履之而生包牺。”按《淮南子·地形训》曰：“雷泽有神，龙身人头，鼓其腹而熙。”《山海经·海内东经》曰：“雷泽，中有雷神，龙身而人头，鼓其腹。《史记·五帝本纪正义》引作：“鼓其腹则雷。”在吴西。”《鲁灵光殿赋》曰：“伏羲鳞身，女娲蛇躯。”李善《注》引《列子》曰：“伏羲、女娲，蛇身而人面。”又引《玄中记》曰：“伏羲龙身，女娲蛇躯。”古者工用高曾之规矩，殿壁画象，亦必有所受之。然则伏羲在沼泽之区，又不疑也。《管子·轻重戊》曰：“伏羲作九九之数，以合天道。”八卦益以中宫，是为九宫。明堂九室，取象于是。明堂之制，四面环水，盖湖居之遗制。伏羲之社会，从可推想矣。雷泽，盖即《五帝本纪》舜之所渔。《山海经》谓在吴西，吴即虞，二说亦相符合。《汉志》谓在城阳，地在今山东濮县。《左氏》太皞之后，有任、今山东济宁县。宿、今山东东平县东。须句、今东平县东南。颛臾，今山东费县。见僖公二十一年。虽不中，当不远。《帝王世纪》谓伏羲氏都陈，见下。盖以《左氏》昭公十七年，梓慎言“陈，太皞之虚”云然。然梓慎此言，与宋太辰之虚，郑祝融之虚，卫颛顼之虚并举，太辰必不能释为国名，则梓慎所言，盖天帝，非人帝。《御览》又引《开山图》曰：“仇夷山，四绝孤立，太昊之治，伏羲生处。”仇夷山盖即仇池山。在今甘肃成县。荣氏《注》，因谓伏羲生成纪，今甘肃秦安县。徙治陈仓，今陕西宝鸡县。见《水经·渭水注》。《易·系辞传疏》引《帝王世纪》亦云：包牺长于成纪。则去之弥远矣。

《礼记·祭法》云：“厉山氏之有天下也，其子曰农，能殖百谷。”《国语·鲁语》作烈山氏。《郑注》曰：“厉山氏，炎帝也。起于厉山。或曰有烈山氏。”《韦注》曰：“烈山氏，炎帝之号也，起于烈山。《礼·祭法》以烈山为厉山也。”郑氏犹为两可之辞，韦氏则断以烈为山名矣。烈山之地，即后世之赖国，地在今湖北随县。盖徒据音读附会。其实烈山即孟子“益烈山泽而焚之”《滕文公上》。之烈山，乃农耕之民，开拓时之所有事。《左氏》昭公十八年，梓慎登大庭氏之库。《注》云："大庭氏，古国名，在鲁城内，鲁于其处作库。"《疏》云："先儒旧说，皆云炎帝号神农氏，一曰大庭氏。"《诗谱序》及《礼记》标题下《疏》，均谓郑玄以大庭是神农之别号。《月令疏》引《春秋说》云"炎帝号大庭氏，下为地皇，作耒耜，播百谷，曰神农"，盖诸儒之说所本。《史记·周本纪正义》云："《帝王世纪》曰：炎帝自陈营都于鲁曲阜。黄帝自穷桑登帝位，后徙曲阜。少昊邑于穷桑，以登帝位，都曲阜。颛顼始都穷桑，徙商丘，穷桑在鲁北。或云：穷桑即曲阜也。又为大庭氏之故国又是商奄之地。皇甫谧云：黄帝生于寿丘，在鲁城东门之北。居轩辕之丘，于《山海经》云：此地穷桑之北，西射之南是也。"炎帝居陈，盖以其继太昊言之，与云颛顼徙商丘，均不足据，说已见前。《左氏》定公四年，祝鮀言伯禽封于少皞之虚；昭公二十九年，蔡墨谓少皞氏有四叔，世不失职，遂济穷桑；则穷桑地确近鲁。《封禅书》载管子之言：谓"古封泰山禅梁父者七十二家，而夷吾所记者，十有二焉：昔无怀氏封泰山，禅云云。虙羲封泰山，禅云云。神农氏封泰山，禅云云。炎帝封泰山，禅云云。黄帝封泰山，禅亭亭。颛顼封泰山，禅云云。帝喾封泰山，禅云云。尧封泰山，禅云云。舜封泰山，禅云云。禹封泰山，禅会稽。汤封泰山，禅云云。成王封泰山，禅社首。"《正义》引《韩诗外传》曰："孔子升泰山，观易姓而王，可得而数者七十余人，不得而数者万数也。"今本无，然《书序疏》亦引之，司马贞《补三皇本纪》亦有此语，乃今本佚夺，非《正义》误引也。万数固侈言之，然古封泰山者甚多，则必非虚语。封禅后世为告成功之祭，古或每帝常行。千里升封，必非小国寡民所克举，则古泰山之下，名国之多可知。谓自炎帝至颛顼，都邑皆近于鲁，则可信也。《国语·晋语》谓炎帝以姜水成。《水经·渭水注》云："岐水东径姜氏城南，姜氏城，在今陕西岐山县东。为姜水。《帝王世纪》曰：炎帝母女登游华阳，感神而生炎帝于姜水，是其地。”《帝王世纪》又谓神农崩葬长沙。《御览·皇王部》引。《路史》引作葬茶陵。长沙、茶陵皆湖南今县。此盖姜氏之族，后世西迁雍州；后稷生于姜嫄，太王妃曰太姜，武王妃曰邑姜。齐太公姜姓。虽或云避纣东海，或云隐屠朝歌，然《礼记·檀弓》曰：“太公封于营丘，比及五世，皆反葬于周。君子曰：乐，乐其所自生，礼不忘其本。古之人有言曰：狐死正丘首，仁也。”则太公之先，实居西方。云在东方，乃因其后来受封于东而附会也。又楚为祝融之后踪迹在南；故传说随之而散布，非其朔也。

《祭法疏》引《春秋命历序》云：“炎帝传八世，合五百二十岁。”纬候之言，本不足据。《易·系辞传疏》引《帝王世纪》云：“神农氏在位一百二十年而崩。纳奔水氏女曰听谈。《校勘记》：《钱本》《宋本》《闽本》同。《监》《毛》本作詙。生帝临魁。次帝承，次帝明，次帝直，次帝釐，次帝哀，次帝榆罔。凡八代，及轩辕氏。”则其说弥妄矣。古系世之传，盖始于黄帝之族，《大戴记·帝系》即如此，谧安所得神农氏之世系邪？《吕览·慎势》云“神农氏十七世有天下”，或当得其实也。《御览》引《尸子》作七十世，盖十七字倒误。

第七章　五帝事迹

第一节　炎黄之争

《庄子·胠箧篇》云:"昔者容成氏、大庭氏、伯皇氏、中央氏、栗陆氏、骊畜氏、轩辕氏、赫胥氏、尊卢氏、祝融氏、伏羲氏、神农氏,当是时也,民结绳而用之。甘其食,美其服,乐其业,安其居。邻国相望,鸡狗之音相闻,民至老死而不相往来。若此之时,则至治已。"《盗跖篇》曰:"神农之世,卧则居居,起则于于。民知其母,不知其父。与麋鹿共处,耕而食,织而衣,无有相害之心。此至德之隆也。然而黄帝不能致德,与蚩尤战于涿鹿之野,流血百里。"《商君书·画策篇》曰:"神农之世,男耕而食,妇织而衣,刑政不用而治,甲兵不起而王。神农既殁,以强胜弱,以众暴寡,故黄帝内行刀锯,外用甲兵。"《战国·赵策》曰:"宓羲、神农,教而不诛,黄帝、尧、舜,诛而不怒。"《春秋繁露·尧舜不擅移、汤武不擅杀篇》曰:"今足下以汤、武为不义,然则足下所谓义者,何世之君也?则答之以神农。"若是乎,自古相传,咸以炎黄之际,为世运之一大变也。案《战国·秦策》:苏秦言神农伐补遂,《吕览·用民》谓夙沙之民,自攻其君而归神农。《说苑·政理篇》同。则神农之时,亦已有征诛之事。盖神农氏传世甚久,故其初年与末年,事势迥不相同也。然此等争战,尚不甚剧,至炎黄之际,而其变益亟。

炎、黄二帝,实为同族。《国语·晋语》曰:"昔少典娶于有蟜氏，生黄帝、炎帝。黄帝以姬水成，炎帝以姜水成，成而异德，故黄帝为姬，炎帝为姜。二帝用师，以相济也。"《贾子·益壤》曰："黄帝者，炎帝之兄。"《制不定》曰："炎帝者，黄帝之同父母弟。"说虽不同，必有所本。《史记·五帝纪》曰："黄帝者，少典之子也。轩辕之时，神农氏世衰，诸侯相侵伐，暴虐百姓，而神农氏弗能征，于是轩辕乃习用干戈，以征不享。诸侯咸来宾从。而蚩尤最为暴，莫能伐。炎帝欲侵陵诸侯，诸侯咸归轩辕，轩辕乃修德振兵。治五气，艺五种。抚万民，度四方，教熊罴貔貅貙虎，以与炎帝战于阪泉之野，三战然后得其志。蚩尤作乱，不用帝命。于是黄帝乃征师诸侯，与蚩尤战于涿鹿之野，遂禽杀蚩尤。而诸侯咸尊轩辕为天子，代神农氏。"既云神农氏世衰，诸侯相侵伐，暴虐百姓弗能征矣，又云炎帝欲侵陵诸侯，其事弗类。《史记》此文，略同《大戴礼记·五帝德》。而《五帝德》只有与炎帝战于阪泉之文，更无与蚩尤战于涿鹿之事。《贾子·益壤》云："炎帝无道，黄帝伐之涿鹿之野。"《制不定》曰："黄帝行道，而炎帝不听，故战涿鹿之野。"然则蚩尤、炎帝，殆即一人；涿鹿、阪泉，亦即一役；《史记》自"炎帝欲侵陵诸侯"，至"三战然后得其志"，凡五十六字，殆别采一说，而夺一曰二字；抑或后人记识，与元文相混也。《周书·尝麦篇》曰："昔天之初，诞作二后，乃设建典，命赤帝分正二卿，命蚩尤宇于少昊，以临四方。四疑当作西。蚩尤乃逐帝，争于涿鹿之阿，九隅无遗。赤帝大慑，乃说于黄帝，执蚩尤，杀之于中冀，命之曰绝辔之野。"《史记篇》曰："昔阪泉氏用兵无已，诛战不休，并兼无亲，文无所立，智士寒心。徙居至于独鹿，诸侯叛之，阪泉以亡。"《盐铁论·结和篇》曰："轩辕战涿鹿，杀两曍、蚩尤而为帝。"褚先生《补史记建元以来侯者年表》，载田千秋上书曰："父子之怒，自古有之。蚩尤叛父，黄帝涉江。"然则《周书》之赤帝，即《史记》之神农氏，为炎、黄二帝之共主。炎帝盖即蚩尤，初居阪泉，故号阪泉氏。后与赤帝争于涿鹿之阿，亦即独鹿，盖逐赤帝而攘其地。其后又为黄帝所灭。蚩尤初为少昊，为两暤之一。两暤者，《礼记·月令疏》曰："东方生养，元气盛大；西方收敛，元气便小；故东方之帝，谓之太皞；西方之帝，谓之少皞。"其说当有所本。两暤又一，当为太皞。赤帝时不知谁为之，蚩尤既代赤帝，当别以人为两暤，涿鹿之战，与之俱死，《盐铁论》所云者是也。据田千秋之说，蚩尤似即赤帝之子，然则赤帝岂即少典乎？书缺有间，难以质言，然炎、黄之必为同族，则似无可疑也。

予昔尝谓神农为河南农耕之族，黄帝为河北游牧之族，阪泉、涿鹿之战，乃河北游牧之族侵略河南农耕之族。由今思之，殊不其然。昔所以持是说者，乃因信阪泉、涿鹿在涿郡；又《史记》言黄帝教熊罴貔貅貙虎，迁徙往来无常处，以师兵为营卫，类于游牧之族故也。其实迁徙往来无常处，好战之主类然，初不必其为游牧之族。若齐桓公，其征伐所至之地，即甚广矣，又可谓齐为行国乎？教熊罴貔貅貙虎，乃形容之辞，非实有其事，《史记》固亦云黄帝艺五种，时播百谷草木矣，亦可据其文而断黄帝为耕农之族也。《易·系辞传疏》《史记·五帝本纪正义》，引《帝王世纪》，谓神农人身牛首。《述异记》云："秦、汉间说：蚩尤氏耳鬓如剑戟，头有角。与轩辕斗，以角觝人，人不能向。今冀州有乐名蚩尤戏，其民两两三三，头戴牛角而相觝。汉造角觝戏，盖其遗制也。"《淮南子·原道》《天文》，皆云共工氏触不周之山，天柱折，地维缺，《山海经·海外北经》云："共工之臣相柳氏，九首，以食于九山。相柳之所抵，厥为津溪。"蚩尤、共工与神农俱姜姓。予昔因此，谓神农之族农耕，故重牛；黄帝之族游牧，游牧之民，必兼事田猎，故有教熊罴貔貅貙虎之说。然古无牛耕；农耕之族，亦并不斗牛；此说亦殊牵强也。阪泉，《集解》引皇甫谧云：在上谷。又引张晏云：涿鹿在上谷。此自因汉世县名附会。汉涿鹿县属上谷，即今察哈尔涿鹿县。服虔谓阪泉地名，在涿郡，今河北涿县。自较谓在上谷者为近情。然以古代征战之迹言之，仍嫌太远。《御览·州郡部》引《帝王世纪》曰“《世本》云：涿鹿在彭城南”，今江苏铜山县。实最为近之。《战国·魏策》云“黄帝战于涿鹿之野，而西戎之兵不起；禹攻三苗，而东夷之兵不至”；此为涿鹿在东方之明证。《集解》又引《皇览》，谓蚩尤冢在寿张，后汉县，今山东东平县。其肩髀冢在巨野，汉县，今山东巨野县。亦距彭城不远也。

《史记》云：“天下有不顺者，黄帝从而征之，平者去之。披山通道，未尝宁居。东至于海，登丸山及岱宗。西至于空同，登鸡头。南至于江，登熊、湘。北逐荤粥，合符釜山，而邑于涿鹿之阿。”丸山，《集解》引徐广曰：“一作凡。”《汉书·地理志》作凡，在琅邪朱虚县。今山东临朐县。岱宗即泰山。空桐，《集解》引应劭曰：“山名”，韦昭曰：在“陇右。”鸡头，《索隐》曰：“山名也。后汉王孟塞鸡头道，在陇西。一曰崆峒山之别名。”《正义》引《括地志》曰：“笄头山，一名崆峒山，在原州平高县西百里。”今甘肃固原县。又曰：“空桐山，在肃州福禄县东南六十里。”今甘肃高台县。熊、湘：《集解》引《封禅书》曰：“南伐至于召陵，登熊山。”召陵，今河南郾城县。《地理志》曰：“湘山，在长沙益阳县。”今湖南益阳县。《正义》引《括地志》，谓“熊耳山，在商州上洛县西十里。今陕西商县。齐桓公登之，以望江、汉。湘山，在岳州巴陵县南十八里”。今湖南岳阳县。釜山，《括地志》谓在怀戎县北三里。今察哈尔怀来县。泰山本古代登封之处。琅邪自非黄帝所不能至。陇右、巴陵，则相距大远矣。《路史》云：“空同山，在汝之梁县西南四十里。今河南临汝县。有广成泽及庙，近南阳雉衡山。在今河南南召县东。故马融《广成赞》云：“面据衡阴。”其说是也。《殷本纪》，殷后有空桐氏。古所谓江，不必指今长江。熊、湘虽不能指为何地，要不能西抵上洛，南至巴陵。釜山之在怀戎，则又因涿鹿在上谷而附会，其所在亦不可考。然三代封略，北不尽恒山，则其地必在恒山之南也。邑涿鹿之阿，则仍蚩尤之旧居耳。此可见黄帝经略所及，不过今河南、山东；其本据，则仍在兖、徐之间也。

《史记》又云："自黄帝至舜、禹，皆同姓而异其国号。故黄帝曰有熊。"《白虎通义·号篇》亦曰："黄帝号有熊。"《集解》引皇甫谧曰："有熊，今河南新郑是也。"今河南郑县。案郑为陆终之后，邘、郐人之所居。陆终之先曰吴回，为高辛氏火正，命之曰祝融。其后裔孙曰鬻熊。鬻熊之后熊丽、熊狂等，咸以熊为氏。鬻熊盖仍祝融异文，单呼则曰熊。黄帝之称有熊，似不应以此附会也。《史记》又云："黄帝崩，葬桥山。"陕西亦非黄帝所能至。《封禅书》载公孙卿之言曰："黄帝郊雍上帝，雍，汉县，今陕西凤翔县。宿三月。鬼臾区号大鸿，死葬雍，今鸿冢是也。其后黄帝接万灵明廷，明廷者，甘泉也。汉甘泉宫，在今陕西淳化县西北。所谓寒门者，谷口也。在今陕西泾阳县西北。黄帝采首山铜，今河南襄城县南。铸鼎于荆山下。今河南阌乡县南。鼎既成，有龙垂胡髯下迎黄帝。黄帝上骑，群臣后宫从上者七十余人。龙乃上去。余小臣不得上，乃悉持龙髯。龙髯拔，堕，堕黄帝之弓。百姓仰望。黄帝既上天，乃抱其弓与胡髯号，故后世因名其处曰鼎湖，其弓曰乌号。"明明极不经之语，偏能引地理以实之，真俗所谓信口开河者也。《遁甲开山图》等，将帝王都邑任意迁移，皆此等伎俩。《史记》之文，不知果为史公元文与否。然《汉书·地理志》：上郡阳周，今陕西安定县。桥山在南，有黄帝冢。王莽自谓黄帝后，使治园位于桥山，谓之桥畤。见《汉书·王莽传》。悠悠之说，遂成故实矣。史事之不实，可胜慨乎？

《易·系辞传》曰："神农氏没，黄帝、尧、舜氏作，通其变，使民不倦。神而化之，使民宜之。""黄帝、尧、舜垂衣裳而天下治，盖取诸《乾》《坤》？刳木为舟，剡木为楫，舟楫之利，以济不通，盖取诸《涣》？服牛乘马，引重致远，以利天下，盖取诸《随》？重门击柝，以待暴客，盖取诸《豫》？断木为杵，掘地为臼，臼杵之利，万民以济，盖取诸《小过》？弦木为弧，剡木为矢，弧矢之利，以威天下，盖取诸《睽》？上古穴居而野处，后世圣人易之以宫室，上栋下宇，以待风雨，盖取诸《大壮》？古之葬者，厚衣之以薪，葬之中野，不封不树，丧期无数，后世圣人易之以棺椁，盖取诸《大过》？上古结绳而治，后世圣人易之以书契，百官以治，万民以察，盖取诸《夬》？"《疏》言此九事者，皆黄帝制其初，尧、舜成其末，此难遽信。《疏》云："《帝王世纪》载此九事，皆为黄帝之功。"《书序疏》则云："垂衣裳而天下治，是黄帝、尧、舜之事。舟楫，服牛，重门，臼杵，弧矢，时无所系，在黄帝、尧、舜时以否皆可通。至于宫室、葬与书契，皆先言上古、古者，乃言后世圣人易之，则别起事之端，不指黄帝、尧、舜。"《书疏》此说，乃为强伸《伪序》文籍起于伏羲时，虽不足论，然就《系辞传》文义论之，自为平允也。然黄帝以降，文物日臻美备，则可知矣。此史事之传者，所以至黄帝而较详也。

《吕览·荡兵》曰："人曰蚩尤作兵，蚩尤非始作兵也，利其械矣。未有蚩尤之时，民固剥林木以战矣。"弦木为弧，剡木为矢，亦剥林木以战之一端。《越绝书》言"轩辕、神农、赫胥之时，以石为兵；黄帝之时，以玉为兵"，《外传记宝剑》。玉亦石。盖未知用铜之时，兼用木石为兵，肃慎氏楛矢石砮其征也。《管子·地数》曰："黄帝问于伯高曰：吾欲陶天下而以为一家，为之有道乎？伯高对曰：山之见其荣者，君谨封而祭之。修教十年，而葛卢之山，发而出水，金从之。蚩尤受而制之，以为剑铠矛戟，是岁相兼者诸侯九，雍狐之山，发而出水，金从之。蚩尤受而制之，以为雍狐之戟、芮戈，是岁相兼者诸侯十二。"《五行篇》言黄帝得六相，蚩尤为其一。盖蚩尤之后，有服属于黄帝者也。南方之知用铜，早于北方，已见第三章。蚩尤之技，盖亦受之于南，观五刑始于蚩尤可知。北方铜与锡皆少于南方，故穆王及管子，皆有赎刑之制。《尚书·吕刑》、《管子·中小匡》。管子言美金以铸戈剑矛戟，恶金以铸斤斧钼夷锯斸，盖以铜为兵器，以铁为农器也。《左氏》僖公十八年，“郑伯朝于楚，楚子赐之金。既而悔之，与之盟，曰：无以铸兵。”《吴越春秋》《越绝书》皆盛称南方兵甲之利，可见北方之用铜，至东周时，尚远在南方之后。然《管子》已有盐铁之篇，则北方之农器，已甚精利矣。此河域生业之所由日盛与？

第二节　黄帝之族与共工之争

黄帝之后，依今文家旧说，继位者为颛顼，依古文家言，则其间多一少昊，已见第六章第一节。古本无后世所谓共主。古书所谓某帝崩、某帝立者，皆后人追述之辞，不徒不必身相接，并不必其在当时有王天下之实也。故黄帝、颛顼间，果有少昊与否，实无甚关系，而少昊、颛顼等事迹如何，乃为言古史者所必究焉。《史记·五帝本纪》，略本《大戴礼记·五帝德》，于颛顼、帝喾两代，皆仅虚辞称美，无甚实迹可指。综各种古书观之，则其时与共工之争极烈，至尧、舜、禹之世而犹未已。又黄帝灭蚩尤后，不久，二族似仍通昏媾。故颛顼、帝喾，皆与姜姓之族有关，此则其时之事颇有关系者也。

少昊事迹，见于《左氏》昭公十七年（前525年），郯子来朝。公与晏。昭子问焉，曰：“少皞氏鸟名官，何故也？”郯子曰：“吾祖也，我知之矣。昔者黄帝氏以云纪，故为云师而云名。炎帝氏以火纪，故为火师而火名。共工氏以水纪，故为水师而水名。太皞氏以龙纪，故为龙师而龙名。我高祖少皞、挚之立也，凤鸟适至，故纪于鸟，为鸟师而鸟名。自颛顼以来，不能纪远，乃纪于近，为民师而命以民事。”二十九年（前513年），蔡墨言：“少皞氏有四叔，曰重，曰该，曰脩，曰熙；实能金木及水。使重为句芒，该为蓐收，修及熙为玄冥。世不失职，遂济穷桑。”穷桑近鲁，已见第六章第二节。郯为今山东郯城县。郯子言少昊、挚之立，爽鸠氏为司寇，而昭公二十年（前 522 年），晏子对齐景公，谓昔爽鸠氏始居此地，季萴因之，有逢伯陵因之，薄姑氏因之，而后太公因之，则古代，今山东省，确有一少昊其人，谓为子虚乌有者，武断之论也。然古学家牵合黄帝之子青阳，则非是。

《史记·五帝本纪》曰：“黄帝居轩辕之丘，而娶于西陵之女，是为嫘祖。嫘祖为黄帝正妃，生二子，其后皆有天下。其一曰玄嚣，是为青阳。青阳降居江水。其二曰昌意，降居若水，昌意娶蜀山氏女，曰昌仆。生高阳。高阳有圣德焉。黄帝崩，其孙昌意之子高阳立，是为帝颛顼。帝颛顼生子曰穷蝉。颛顼崩，而玄嚣之孙高辛立，是为帝喾。帝喾高辛者，黄帝之曾孙也。高辛父曰蟜极，蟜极父曰玄嚣，玄嚣父曰黄帝。自玄嚣与蟜极，皆不得在位，至高辛即帝位。”《史记》此文，与《大戴礼记·帝系篇》合，乃古系世之遗。古未必有后世之共主，然君位相袭，在一部落间，仍是分明。如忽都剌殁，蒙兀无共主，然也速该仍为尼伦全部之主是也。夏太康失国，少康中兴亦如此。自太康至相，不过不为天下王，其为夏之君自若也。参看第八章第一节自明。少昊与太昊相对，乃东西二卿之名，已见第一节。《汉书·律历志》，引刘歆所撰《世经》，据郯子之言，谓炮牺、共工、炎帝、黄帝、少昊相继，由周人迁其行序，故《易》不载。又曰：“《考德》曰：少昊曰清。清，黄帝之子青阳也，名挚。”颜师古《注》曰：“《考德》，考五帝之德也。”盖即歆等所造。《后汉书·张衡传》：衡条上司马迁、班固所叙与典籍不合者十余事。《注》举其一事曰：“《帝系》：黄帝产青阳、昌意。《周书》曰：乃命少皞清。清即青阳也。今宜实定之。”案《周书》此语，见于《尝麦解》。其文曰：“乃命少昊清司马鸟师，以正五帝之官，故名曰质。天用大成，至于今不乱。”此文疑有夺误。指清为少昊之名，实属附会。而质、挚同音，盖又古学之家据此而定少昊之名为挚者。郯子于黄、炎、共工、太皞，皆不言其名，独于少皞称其名曰挚，疑挚字乃治左氏者所旁注，而后误入正文也。要之少昊确有其人，居东方之地，亦为当时名国，然谓其曾继黄帝而为其部落之长，且为一时共主，则羌无故实也。

自颛顼以至于禹，皆与共工剧争。《淮南子·天文训》曰：“昔者，共工与颛顼争为帝，怒而触不周之山，天柱折，地维绝。”《兵略训》曰：“颛顼尝与共工争为帝矣。”《史记·律书》曰：“颛顼有共工之陈，以平水害。”《淮南子·原道训》曰：“昔共工之力，触不周之山，使地东南倾。与高辛争为帝，遂潜于渊，宗族残灭，继嗣绝祀。”《周书·史记》曰：“昔者共工自贤，自以无臣，久空大官，下官交乱，民无所附。唐氏伐之，共工以亡。”《书·尧典》言舜“流共工于幽州”。《淮南子·本经训》曰：“舜之时，共工振滔洪水，以薄空桑。舜乃使禹疏三江、五湖，辟伊阙，导廛、涧。”《荀子·议兵篇》曰：“禹伐共工。”《战国·秦策》载苏秦之言同。《成相篇》曰：“禹劳心力抑下鸿，辟除民害逐共工。”可见其争斗之烈。《管子·揆度篇》言：“共工之王，水处十之七，陆处十之三，乘天势以隘制天下。”《礼记·祭法篇》言：“共工氏之霸九州也，其子曰后土，能平九州岛，故祀以为社。”王霸为后人分别之辞，在当时实无以异，然则共工后虽败亡，其初固为一强族也。

共工究何族乎？曰：共工者，炎帝之支派也。《山海经·海内经》曰：“炎帝之妻，赤水之子听訞，《补三皇本纪》曰：“神农纳奔水氏之女曰听詨为妃。”《注》曰：“见《帝王世纪》及《古史考》。”郝懿行《山海经笺疏》曰：“二书盖亦本此经为说，其名字不同，今无可考矣。”生炎居。炎居生节并。节并生戏器。戏器生祝融。祝融降处于江水，生共工。共工生术器。术器首方颠，是复土壤，以处江水。共工生后土，后土生噎鸣。噎鸣生岁十有二。洪水滔天。鲧窃帝之息壤，以湮洪水。不待帝命。帝令祝融杀鲧于羽郊。鲧复生禹。帝乃令禹卒布土以定九州。”《山海经》诚荒怪，然世系为古人所重，虽与神话相杂，不得全虚。云炎帝生祝融，祝融生共工，可见其实为炎帝之族。而云鲧为祝融所杀，其后禹又攻共工，亦隐见二族相仇之迹也。《大荒北经》有禹攻共工国山。又云：“禹杀共工之臣相繇。”《海内北经》云：“禹杀共工之臣相柳。”此系一事两传。又《大荒北经》言：“大荒之中，有山名曰成都。载天。有人，珥两黄蛇，把两黄蛇，名曰夸父。后土生信，信生夸父。夸父不量力，欲追日景，逮之于禺谷。将饮河而不足也，将走大泽，死于此。应龙已杀蚩尤，又杀夸父，乃去南方处之，故南方多雨。”此一事两说并载。后土，据《海内经》生于共工，应龙则《大荒北经》谓黄帝使攻蚩尤于冀州之野者也。亦隐见二族相争之迹。

古有所谓女娲者，盖创造万物之女神？《楚辞·天问》曰：“女娲有体，孰制匠之？”《注》曰：“传言女娲人头蛇身，一日七十化。”《说文·女部》：“娲，古之神圣女，化万物者也。”《天问》之意，盖谓万物皆女娲所造，女娲谁所造邪？犹今诘基督教者，言天主造物，天主又谁所造也？《御览·皇王部》引《风俗通》俗说天地开辟，未有人民。女娲抟黄土作人。剧务，力不暇供，乃引绳于泥中，举以为人。故富贵者黄土人也，贫贱凡庸者引絙人也。亦此一类神话。既可以造万物，遂可以补天地，而其说，遂与共工、颛顼之争相牵合焉。《淮南子·天文训》言：“共工触不周之山，天柱折，地维绝。天倾西北，故日月星辰移焉。地不满东南，故水潦尘埃归焉。”言共工而不及女娲。《览冥训》曰：“往古之时，四极废，九州裂。天不兼覆，地不周载。火滥炎而不灭，水浩洋而不息。猛兽食颛民，鸷鸟攫老弱。于是女娲炼五色石以补苍天，断鳌足以立四极，杀黑龙以济冀州，积芦灰以止淫水。苍天补，四极正。淫水涸，冀州平。狡虫死，颛民生。”言女娲而不及共工，可见其各为一说。《论衡·谈天》《顺鼓》

二篇，始将二事牵合为一，然犹云共工与颛顼争。司马贞《补三皇本纪》乃谓，女娲氏末年，“诸侯有共工氏，任智刑以强，霸而不王。与祝融战，不胜而怒，乃头触不周山崩，天柱折，地维缺。女娲乃炼五色石以补天，断鳌足以立四极”云云。云与祝融战者？古书言三皇，一说以为伏羲、神农、祝融，撰集古记者或以为女娲即祝融，乃改共工与颛顼争为与祝融战，而司马氏杂采之也。《注》云“按其事出《淮南子》”，乃溯其本原之辞，非谓其文全据《淮南》。古神人本不分，人固可以附会为神，神亦可以降列于人，于是诸书遂列女娲于古帝王，附会为伏羲之妹，《风俗通义》。甚或谓其陵在任城，又或谓其治平利之中皇山矣。见《路史》引《太平寰宇记》《元丰九域志》。案任城，今山东济宁县，地近雷泽。平利，今陕西平利县。《遁甲开山图注》谓伏羲生于成纪，徙治陈仓，地与平利相近，盖因此而附会也。《路史》又引《长安志》，谓骊山有女娲治处，案《汉书·律历志》，载张寿王之言，谓骊山女为天子，在殷、周间，《长安志》之说，盖又因此附会。骊山，在今陕西临潼县东南。

《帝王世纪》谓颛顼始都穷桑，后徙商丘，乃因《左氏》卫颛顼之虚而云然，说不足信。见第六章第二节。《吕览·古乐》曰：“帝颛顼生自若水，实处空桑，乃登为帝。”此言颛顼都邑最可信据者。《山海经·海内经》曰：“南海之内，黑水青水之间，有木，名曰若木，若水出焉。”《楚辞·离骚》曰：“饮余马于咸池兮，总余辔乎扶桑。折若木以拂日兮，聊逍遥以相羊。”《说文·桑部》：“叒，日初出东方汤谷所登榑桑，叒，木也。”王筠曰：“《石鼓文》有[illegible]字。盖叒本作[illegible]。若字盖亦作[illegible]，即[illegible]之重文。加口者，如嵒字之象根形。《说文》之叒木，他书作若木，盖汉人犹多作，是以八分书桑字作桒。《集韵·类篇》云：桑古作[illegible]。《说文》收若字于草部，从草，右声，似误。”此说甚精。若水实当作桑水。《东山经》曰：“东次二经之首曰空桑之山，北临食水。”又曰：“《东山经》之首曰樕螽之山，北临乾昧。食水出焉，而东北流注于海。”空桑即穷桑，其地当近东海。《史记·殷本纪》载《汤诰》曰:“东为江，北为济，西为河，南为淮，四渎已修，万民乃有居”，则古谓江在东方。青阳降居江水，昌意降居若水，其地皆当在东。后人误蜀山氏之蜀为巴蜀之蜀,《水经》乃谓若水出旄牛徼外，至朱提为泸江矣。旄牛、朱提，皆汉县。旄牛，在今四川汉源县南。朱提，在今四川宜宾县西南。《周书》谓阪泉氏徙居至于独鹿，独从蜀声，独蜀一字，蜀山实独鹿之山，亦即涿鹿之山。黄帝破蚩尤后，至颛顼时，二族盖复通婚媾，故《大荒西经》谓颛顼生老童，老童生祝融，祝融固炎帝之族;《大荒北经》谓颛顼生欢头，欢头生苗民，苗民黎姓;《潜夫论·五德志》，谓颛顼身号高阳，世号共工，苗民即蚩尤之后，共工亦姜姓也。《吕览》言颛顼实处空桑，而《淮南》言共工振滔洪水，以薄空桑，则共工、颛顼之争，仍在东方，必不能在河北也。

第三节　禹治水

帝喾之后，继之者为帝尧。《史记·五帝本纪》曰:“帝喾娶陈锋氏女，生放勋；娶娵訾氏女，生挚。帝喾崩，而挚代立。帝挚立，不善。崩，而弟放勋立，是为帝尧。”“不善”,《索隐》曰:“古本作不著，犹不著明，不善谓微弱。”又引卫宏曰:“挚立九年，而唐侯德盛，因禅位焉。”《正义》引《帝王世纪》曰:“帝挚之母，于四人中班最在下，而挚于兄弟最长，得登帝位，封异母弟放勋为唐侯。挚在位九年，政微弱，而唐侯德盛，诸侯归之。挚服其义，乃率群臣造唐而致禅。唐侯自知有天命，乃受帝禅，乃封帝于高辛。”《御览·皇王部》引略同，末云:“事不经见，汉故议郎东海卫宏之传尔。”经传所无之说，卫宏何由知之？其妄不待言矣。

孔子删《书》，断自唐、虞，故自尧以后，史事传者较详。然《尧典》等实亦后人追述，非当时实录也。综观古书，此时代之大事，一为禹之治水，一为尧、舜、禹之禅让，今先述治水之事如下。

洪水之患，盖远起于炎、黄之际，《管子》言共工之王，水处十之七，陆处十之三；《礼记》言共工氏之子后土，能平九州；《山海经》亦言共工生术器，是复土壤，以处江水。已见第二节。而《国语·周语》载太子晋之言，谓“古之长民者，不堕山，不崇薮，不防川，不窦泽。昔共工氏弃此道也，虞于湛乐，淫失其身。欲壅防百川，堕高堙卑，以害天下。皇天弗福，庶民弗助，祸乱并兴，共工用灭。其在有虞，有崇伯鲧，播其淫心，称遂共工之过。尧用殛之于羽山。其后伯禹念前之非度，釐改制量。共之从孙四岳佐之，高高下下，疏川导滞。钟水丰物，封崇九山，决汨九川，陂障九泽，丰殖九薮，汨越九原，宅居九隩，合通四海。克厌帝心，皇天嘉之，祚以天下”云云。知自共工至禹，水患一线相承。共工与颛顼争，其距黄帝，当不甚远。而《管子·揆度》言“黄帝之王，破增薮，焚沛泽，逐禽兽”；又《轻重戊》言“黄帝之王，童山竭泽”；此即“益烈山泽而焚之”之事，知当黄帝时，业以水为患矣，《禹贡》述禹所治水，遍及江、河两流域，诸子书言禹事者亦皆极意敷张；其实皆非真相。孔子言禹卑宫室而尽力乎沟洫。《论语·泰伯》。《尚书·皋陶谟》今本分为《益稷》。载禹自道之言曰：“予决九川距四海，浚畎浍距川。”九川特言其多，四海者，中国之外；中国无定境，则四海亦无定在。《国语》“封崇九山，决汨九川”云云，与《禹贡》篇末，所谓“九州攸同，四隩既宅，九山刊旅，九川涤原，九泽既陂，四海会同”者，同为泛言无实之辞。知禹之治水，亦仅限于一隅；上文道山道水及九州情形，皆后人所附益也。《说文·川部》“州，水中可居者。昔尧遭洪水，民居水中高土，故曰九州”，此为州字本义。古无岛字，洲即岛也。州、洲二字，异文同语，尤为易见，盖吾族古本泽居，故以水中可居之地，为人所聚处之称。古以三为多数，盖亦以三为单位。三三而九，故井田以方里之地，画为九区；明堂亦有九室。九州，初盖小聚落中度地居民之法，后乃移以区画其时所知之天下耳。《孟子》述水患情形曰：“草木畅茂，禽兽繁殖；五谷不登，禽兽逼人。兽蹄鸟迹之道，交于中国。”《滕文公上》。又曰：“龙蛇居之，民无所定，下者为巢，上者为营窟。”《滕文公下》。正《说文》所谓居水中高土者。兖州本吾族兴起之地，《禹贡》于此独有“降丘宅土”之文。《禹贡》固后人所文饰，然其中单辞只义，亦未必无古代史实之存也。尧时所谓洪水者，断可识矣。

《吕览·爱类》云：“上古龙门未开，吕梁未凿，河出孟门，无有丘陵、沃衍、平原、高阜，尽皆灭之，名曰鸿水。”《淮南·本经训》亦云：“龙门未开，吕梁未凿，江、淮流通，四海溟涬。”《人间训》则云：“禹凿龙门，辟伊阙。”龙门，已见前。第六章第一节。吕梁，在今江苏铜山县东南，见《水经·泗水注》。后人或以陕西韩城县之梁山说之。孟门近太行。《左氏》襄公廿二年，齐侯伐晋，取朝歌，入孟门，登太行。伊阙在今河南洛阳县。地皆在河南、山、陕之间。夏都本在河、洛；后人又谓唐、虞、夏之都，皆在河东；因谓禹所施功，黄河为大，而河工之艰巨者，实在龙门、砥柱在今山西平陆县东。之间。此惑于传说，而不察其实者也。言尧、舜、禹都邑最古者，莫如《左氏》。《左氏》载子产之言曰：高辛氏有二子。实沈迁于大夏，唐人是因，至成王，灭唐而封太叔焉。”昭公元年。又云：“尧殛鲧于羽山，其神化为黄熊，以入于羽渊，实为夏郊，三代祀之。晋为盟主，其或者未之祀也乎？”昭公七年。又祝鮀谓唐叔，命以唐诰，封于夏虚，启以夏政，定公四年。则尧、禹旧都，必在晋境。顾其所在，异说纷如。《汉书·地理志》：太原郡晋阳，今山西太原县。故《诗》唐国，《左氏杜注》因之，谓大夏、夏虚皆晋阳。服虔则云：大夏在汾、浍之间，《诗·唐风郑谱疏》。郑氏《诗谱》，谓尧都晋阳，唐叔所封。南有晋水。子燮，改称晋侯。尧后迁都平阳，今山西临汾县。近晋之曲沃。今山西闻喜县。又云：魏者，虞舜、夏禹所都之地。魏都安邑，今山西夏县。皇甫谧谓尧初封唐，在中山唐县。今河北唐县。后徙晋阳。及为天子，居平阳。舜所营都，或云蒲阪。今山西永济县。禹受禅，都平阳，或于安邑，或于晋阳。《诗·唐风郑谱疏》。臣瓒则谓尧都永安，《汉书·地理志注》。今山西霍县 异说虽多，要不外河、汾下流及霍山以北两地。顾炎武《日知录》谓：霍山以北，悼公以后，始开县邑。《史记》屡言禹凿龙门，通大夏。齐桓公伐晋，仅及高梁，今临汾东北。而《史记·封禅书》述桓公之言，以为西伐大夏，则大夏必在河、汾下流。近人钱穆申其说。谓《封禅书》述桓公之言曰："西伐大夏，涉流沙，束马县车，上卑耳之山。"《管子·小匡篇》则曰："逾太行与卑耳之溪，拘泰夏。今本讹作秦夏，此系据戴望《校正》改。西服流沙、西虞。"卑耳，《索隐》云山名，在河东大阳。今山西平陆县。《水经·河水注》："河水东过大阳县南，又东，沙涧水注之，水北出虞山，有虞城。"虞山，盖即卑耳之山。沙涧水，本或作流沙水，即齐桓所涉。《史记·吴太伯世家》：虞仲封于周之北，故夏虚，即西虞，亦即大夏。《汉志》临晋县，今陕西大荔县。应劭谓以临晋水得名。《史记·魏世家》：秦拔我晋阳。《括地志》谓在虞乡县西，今山西虞乡县。《水经》涑水所径，有晋兴泽，亦在虞乡。则涑水古名晋水。《注》又谓涑亦称洮，则子产谓金天氏之裔台骀，宣汾、洮以处太原。帝用嘉之，封诸汾川，沈、姒、蓐、黄，实守其祀，今晋主汾而灭之者。亦见昭公元年。所宣亦即涑水。《汉志》谓晋武公自晋阳迁曲沃，以太原晋阳说之，虽误，其语自有所本。武公旧邑，实即虞乡之晋阳也。又云：《尚书》言禹娶涂山，《皋陶谟》，今本《益稷》。《左氏》言禹会诸侯于涂山，哀公七年。世皆谓在今寿县。考《水经·伊水注》：伊水出陆浑县今河南嵩县。西南，王母涧之北。山上有王母祠，即古三涂山。《方舆纪要》：三涂山，在嵩县南十里，即古所谓涂山者，王母即涂山氏女也。《山海经》：南望禅渚，禹父之所化。《水经注》：禅渚在陆浑县东。则涂山、羽渊，地甚相近。鲧称崇伯，崇即嵩也。又古书言禹葬会稽，世皆谓在今绍兴。其实会稽为《吕览·有始览》九山之一，八山皆在北，太山、王屋、首山、太华、岐山、太行、羊肠、孟门。太山，即霍太山。不得会稽独在南。《吴越春秋》《越绝书》皆谓禹上茅山，大会计，更名茅山曰会稽之山。《水经注》：会稽之山，古称防山，亦曰茅山。防即舜封丹朱于房之房，亦即陟方乃死之方。以茅津、茅城推之，《左氏》文公三年，秦伯伐晋，自茅津济，《水经·河水注》：河水东过陕县北，河北有茅城，故茅亭，为茅戎邑。陕县今属河南。地望正在大阳。然则禹之治水，当在蒲、今永济县，旧蒲州。解之间。其地三面俱高，惟南最下。河水环带，自蒲、潼达于陕津、砥柱，上有激湍，下有阏流；又涑水骤悍，无可容游；唐、虞故都，正在于此，此其所以为大患也。钱说见所著《西周地理考》。予谓钱氏之说辩矣。然谓古有所谓唐、夏者，在河、汾下流，不在永安、晋阳之地，则可，谓尧、禹故都即在河、汾下流则不可。《太平御览·州郡部》引《帝王世记》，谓“尧之都后迁涿鹿，《世本》谓在彭城”；而《孟子》谓“舜生于诸冯，迁于负夏，卒于鸣条，东夷之人也”。《离娄下》。《世本》《孟子》皆古书，可信，诸冯、负夏，诸家皆无确说，姑勿论。鸣条则实有古据，其地，当在山东。见第八章第三节。涿鹿为黄帝旧都，唐尧是因，虞舜稍迁而北，殊近事理。孟子、史公，言尧、舜、禹事，同本《书》说，以《书传》对勘可知。《史记》谓舜耕历山，渔雷泽，陶河滨，作什器于寿丘，就时于负夏。《五帝本纪》。《管》《版法解》。《墨》《尚贤中下》。《尸子》《御览·皇王部》引《吕览》《慎人》。《淮南王书》皆同，必非无据。诸家说此诸地，亦皆谓在兖豫之域。历山，《淮南》高注谓在济阴城阳，即《汉志》尧冢所在，今山东濮县也。雷泽，郑玄谓即《禹贡》兖州雷夏泽。陶河滨，皇甫谧谓济阴定陶有陶丘亭。定陶，山东今县。寿丘在鲁东门北，见第六章第二节。负夏，郑玄云：卫地。皆见《史记·五帝本纪集解》。《史记》谓舜殛鲧于羽山，以变东夷，亦本《大戴记·五帝德》。《汉志》谓在东海祝其，今江苏赣榆县。虽不中，固当不远。然则自舜以前，都邑固皆在东方也。《周书·度邑解》云“自洛汭延于伊汭，居易无固，其有夏之居”，盖尧遭洪水，使禹治之，用力虽勤，而深灾实未能澹。自禹以后，我族乃渐次西迁。自伊、洛渡河，即为汾、沧之域。唐、虞、夏支庶，盖有分徙于是者。《周书·史记》解有唐氏、有虞氏、西夏则其国。《史记·晋世家》谓唐叔封于河、汾之东。《集解》引《世本》，谓叔虞居鄂即大夏，《括地志》：鄂在慈州昌宁县。唐昌宁，今山西乡宁县。盖即《周书》所谓西夏，见灭于唐氏者。故其地既称唐，又称夏。《管子》所谓西虞，则《周书》之有虞氏也。虞夏皆别称西，明其国故在东。然则谓禹治水遍及江、河两域者，固非，即谓仅在蒲、解之间者，亦尚非其实矣。

《禹贡》云:“禹敷土”;《诗·商颂·长发》亦云:“禹敷下土方”；此即《山海经》所谓术器复土壤；复即《诗》“陶复陶穴”之复也。鲧窃帝之息壤，以湮洪水者。见第二节。《淮南·地形训》，谓禹以息土填洪水，以为名山。《时则训》亦谓禹以息壤湮洪水之州。庄逵吉曰:“《御览》引此，下有注曰:禹以息土填洪水，以为中国九州。州，水中可居者。”此语非后人所能造，必沿之自古。然则古人视禹之治水，亦与术器、鲧等耳。治水诚贱湮防，贵疏泄，然此乃后世事。于古则湮防本最易知之法，亦且疆域狭小，无从知水之源流，安有“疏九河，瀹济、漯而注之海；决汝、汉、排淮、泗而注之江”等见解。其所习知者，沟洫疏治之法耳。即《皋陶谟》所谓“浚畎浍距川”者也。其或决溢，非防则湮。湮则《禹贡》所谓敷土，《国语》所谓“湮卑崇薮”也。防则《史记》所谓“鲧作九仞之城以障水”也。《五帝本纪》。后世疆域渐广，治水之法亦渐精，乃以其所善者附诸禹，所恶者附诸鲧与共工。其实《书》称禹之功曰："暨益奏庶鲜食""暨稷播，奏庶鲜食艰食"，《皋陶谟》。今本《益稷》。亦正犹《礼记》《祭法》。《国语》，《鲁语》。以句龙、后土并称耳。《禹贡》九州，盖后人就所知地理，为之敷衍。凿龙门，辟伊阙等说，则西迁后所见奇迹，以天工为人事，附之于禹也。禹治水之功，非后人侈陈失实，则深灾久而自澹。抑东方本文化之区，而逮乎商、周之间，转落西方之后，水患未除，农功不进，似为其大原因。然则谓水灾实未尝除，特因西迁之后，纪载阙如，后人遂兴微禹其鱼之叹，似尤近于实矣。

第四节　尧舜禅让

世所传尧、舜禅让之说，出于儒家。儒家此义，盖孔门《书》说，而孟子、史公同祖之。今之《尚书》，既非汉初经师所传，亦非后来之古文本，实东晋之伪古文本也。今文所有诸篇虽真，其字句，则亦未必尽可信矣。《史记·五帝本纪》《夏本纪》，多袭《尚书》，而字句时有异同。句之异同，由古人经文与经说不分。见第二章。字之异同，大率《尚书》古而《史记》则为汉时通用之语。论者多谓史公以今易古，以求易晓，其实直录古书，不加删改，乃古人行文通例。今古之异，不徒训诂，亦在语法。史公果求易晓，何不并《书》语而改之，而惟易其字也？然则今《尚书》与《史记》之异正未必《尚书》是而《史记》非矣。故今于儒家所传尧、舜禅让之事，即引《史记》之文如下。

《五帝本纪》曰："尧曰：嗟四岳，朕在位七十载，汝能庸命，践朕位。岳应曰：鄙德，忝帝位。尧曰：悉举贵戚及疏远隐匿者。众皆言于尧曰：有矜在民间曰虞舜。尧曰：然，朕闻之。其何如？岳曰：

盲者子。父顽，母嚚，弟傲。能和以孝，烝烝治，不至奸。尧曰：吾其试哉。于是尧妻之二女，观其德于二女。舜饬下二女于妫汭，如妇礼。尧善之。乃使舜慎和五典，五典能从。乃遍入百官，百官时序。宾于四门，四门穆穆，诸侯远方宾客皆敬。尧使舜入山林川泽，暴风雷雨，舜行不迷。尧以为圣，召舜曰：女谋事至而言可绩，三年矣，女登帝位。舜让：于德不怿。正月上日，舜受终于文祖。文祖者，尧大祖也。于是帝尧老，命舜摄行天子之政，以观天命。"又曰："尧立七十年得舜，二十年而老，令舜摄行天子之政，荐之于天。尧辟位凡二十八年而崩。尧知子丹朱之不肖，不足授天下，于是乃权授舜。授舜则天下得其利而丹朱病，授丹朱则天下病而丹朱得其利。尧曰终不以天下之病而利一人，而卒授舜以天下。尧崩，三年之丧毕，舜让，辟丹朱于南河之南。诸侯朝觐者，不之丹朱而之舜；狱讼者，不之丹朱而之舜；讴歌者，不讴歌丹朱而讴歌舜。舜曰："天也。夫而后之中国，践天子位焉。"又曰："舜子商均亦不肖。舜乃豫荐禹于天。十七年而崩。三年丧毕。禹乃亦让舜子，如舜让尧子，诸侯归之，然后禹践天子之位。尧子丹朱，舜子商均，皆有疆土，以奉先祀。服其服，礼乐如之。以客见天子，天子弗臣，示不敢专也。"《夏本纪》曰："帝禹立，而举皋陶，荐之，且授政焉。而皋陶卒。封皋陶之后于英、六。《集解》："徐广曰：'《史记》皆作英字，而以英布是此苗裔。'"《索隐》："《地理志》：'六安国六县，咎繇后偃姓所封国。英地阙，不知所在。'"《正义》："英盖蓼也。《括地志》云：'光州固始县，本春秋时蓼国，偃姓，皋陶之后也。'《大康地志》云：'蓼国先在南阳故县，今豫州郾县界故胡城是。后徙于此。'"六，今安徽六安县。固始，今河南固始县。郾，今河南郾城县。或在许。今河南许昌县。而后举益，任之政。十年，帝禹东巡狩，至于会稽而崩。以天下授益。三年之丧毕，益让帝禹之子启，而辟居箕山之阳。《集解》："《孟子》阳字作阴。"《正义》："按阴即阳城也。《括地志》云：'阳城县，在箕山北十三里。'" 案唐阳城县，在今河南登封县东南。禹子启贤，天下属意焉。及崩，虽授益，益之佐禹日浅，天下未洽，故诸侯皆去益而朝启，曰：吾君，帝禹之子也。于是启遂即天子之位。"此儒家所传尧、舜、禹禅继之大略也。

禅让之事，自昔即有疑之者。《三国·魏志·文帝纪注》引《魏氏春秋》曰："帝升坛礼毕，顾谓群臣曰：舜、禹之事，吾知之矣。"《史记·五帝本纪正义》曰："《括地志》云：故尧城，在濮州鄄城县东北十五里。鄄城，在今山东濮县东。《竹书》云：昔尧德衰，为舜所囚也。又有偃朱故城，在县西北十五里。《竹书》云：舜囚尧，复偃塞丹朱，使不与父相见也。"《晋书·束皙传》曰："太康二年（281年），汲郡人不准，盗发魏襄王墓。或言安釐王冢。得竹书数十车。其《纪年》十二篇，纪夏以来，至周幽王为犬戎所灭，以事接之。三家分，仍述魏事，至安釐王之二十年（前257年）。盖魏国之史书。大略与《春秋》皆多相应。其中经传大异，则云：夏年多殷，益干启位，启杀之。太甲杀伊尹，文丁杀季历。自周受命至穆王百年，非穆王寿百岁也。幽王既亡，有共伯和者，摄行天子事，非二相共和也。"杜预《春秋经传集解后序》谓："《纪年》称仲壬崩，伊尹放太甲于桐，乃自立。七年，太甲潜出自桐，杀伊尹。立其子伊陟、伊奋，命复其父之田宅而中分之。"汲冢得书，当实有其事，然其书实无传于后。《晋书》所云，乃误据后人伪造之语，《杜序》则为伪物。盖魏、晋之际，篡窃频仍；又其时之人，疾两汉儒者之拘虚，好为非尧舜、薄汤武之论。造此等说者，其见解盖正与魏文帝同，适有汲冢得书之事，遂附托之以见意也。唐刘知几据之，《史通·疑古篇》引汲冢书云："舜放尧于平阳，益为启所诛，太甲杀伊尹，文丁杀季历。"又引《汲冢琐语》云："舜放尧于平阳。"案《琐语》，《束皙传》云"诸国卜梦妖怪相书也"，安得有舜放尧事？唐人所谓汲冢书者，其不足信，概可见矣。又刺取古书中言尧、舜、禹、汤、文、武、周公事可疑者，以作《疑古》之篇。其说诚为卓绝。然《竹书》非可信之书；而知几所疑，亦有未尽。予昔尝作《广疑古》之篇自谓足以羽翼古人，由今思之，其说亦殊未允也。今先述旧说，更以今所见者，辩之如下：

其（一）《书·皋陶谟》今本《益稷》。曰："无若丹朱傲，惟慢游是好，傲虐是作，罔昼夜頟頟。罔水行舟。朋淫于家，用殄厥世。"《释文》曰："傲字又作奡。"《说文·夰部》奡下引《虞书》曰："若丹朱奡。"又引《论语》"奡荡舟。"俞正燮《癸巳类稿·奡证》，谓《庄子·盗跖篇》曰："尧杀长子。"《韩非子·说疑篇》曰："记云：尧诛丹朱。"《书》称"胤子朱"，史称"嗣子丹朱"，案谓《尧典》及《史记·五帝本纪》。则尧未诛丹朱。然《吕氏春秋·去私篇》云："尧有子十人"；《求人篇》云："妻以二女，臣以十子"；而《孟子》止言九男；《万章上篇》："帝使其子九男事之，二女女焉。"《淮南·泰族训》亦云："尧属舜以九子"；《书》云"殄厥世"；是尧十子必失其一，而又必非丹朱。《管子·宙合篇》云："若觉卧，若晦明，若敖之在尧也。"即若丹朱敖之敖，与朱各为一人。罔水行舟，则《论语》云"奡荡舟"。朋淫于家，则《汉书·邹阳传》曰："不合则骨肉为仇敌，朱、象、管、蔡是已。"乃朱与奡以傲虐朋淫相恶。殄厥世，则《论语》云"不得其死也"。予昔据此，疑奡实为舜所杀，然罔水行舟非荡舟，朋淫非骨肉为仇敌，殄厥世亦非不得其死。敖乃嶅之借。《说文·山部》：嶅，山多小石也。《尔雅》释山作磝。尧，高也。敖在尧，犹言小石在高山。以之牵合人名，更无当矣。《韩子》之文曰："尧有丹朱，舜有商均，启有五观，商《楚语》作汤。有太甲，武王《楚语》作文王。有管、蔡，此五王之所诛者，皆父子兄弟之亲也。"《楚语》曰："此五王者，皆元德也，而有奸子"。邹阳之说本之，而易商均为象。朱、均与象，古书皆未传其有争夺相杀之事，如五观、管、蔡者；太甲更终陟帝位；

然则谓五王诛父子兄弟之亲，所谓诛者，亦责问之意而已。以此疑尧之子为舜所杀，则见卵而求时夜矣。

其(二)《史记·伯夷列传》曰："夫学者载籍极博，犹考信于六艺。《诗》、《书》虽缺，然虞、夏之文可知也。尧将逊位，让于虞舜；舜、禹之间，岳牧咸荐；乃试之于位，典职数十年，功用既兴，然后授政。示天下重器，王者大统，传天下若斯之难也。而说者曰：尧让天下于许由，许由不受，耻之逃隐；及夏之时，有卞随、务光者，此何以称焉？太史公曰：余登箕山，其上盖有许由冢云。孔子序列古之仁圣贤人，如吴太伯、伯夷之伦，详矣。余以所闻，由、光义至高，其文辞不少概见，何哉？"宋翔凤《尚书略说》曰："《周礼疏序》引郑《尚书注》云：四岳，四时之官，主四岳之事。始羲、和之时，主四岳者，谓之四伯。至其死，分岳事置八伯，皆王官，其八伯，惟驩兜、共工、放齐、鲧四人而已。其余四人，无文可知矣。"案上文羲、和四子分掌四时，即是四岳，故云四时之官也。云八伯者？《尚书大传》称阳伯、仪伯、夏伯、羲伯、秋伯、和伯、冬伯，其一阙焉。《郑注》以阳伯，伯夷掌之；夏伯，弃掌之；秋伯，咎繇掌之；冬伯，垂掌之；余则羲、和、仲、叔之后，《尧典》注言驩兜四人者？郑以《大传》所言，在舜即真之年，此在尧时，当别自有人，而经无所见，故举四人例之。案唐、虞四岳有三：其始羲、和四子，为四伯。其后共、驩等为八伯。其后伯夷诸人为之。《白虎通·王者不臣篇》：先王老臣不名。亲与先王戮力共治国，同功于天下，故尊而不名也。《尚书》曰：咨尔伯，不言名也。案班氏说《尚书》，知伯夷逮事尧，故在八伯之首而称太岳。《左氏》隐十一年：夫许，太岳之胤也。申、吕、齐、许同祖，故吕侯训刑，称伯夷、禹、稷为三后。知太岳定是伯夷也。《墨子·所染篇》《吕氏春秋·当染篇》并云舜染于许由、伯阳，由与夷，夷与阳，并声之转。《大传》之阳伯，《墨》《吕》之许由、伯阳，与《书》之伯夷，正是一人。伯夷封许，故曰许由。《史记》尧让天下于许由，元注本《庄子》。正傅会咨四岳逊朕位之语，百家之言，自有所出。《周语》，太子晋称共之从孙四岳佐禹。又云："胙四岳国，命曰侯伯，赐姓曰姜，氏曰有吕。《史记·齐太公世家》云：吕尚，其先祖尝为四岳，佐禹平水土。虞、夏之际，封于吕，姓姜氏。此云四岳，皆指伯夷。盖伯夷称太岳，遂号为四岳，其实四岳非指伯夷一人也。案《书·尧典》言舜摄政："流共工于幽州，放驩兜于崇山，窜三苗于三危，殛鲧于羽山，四罪而天下咸服。"如宋氏说，则四岳之三，即在四罪之中。且共工、三苗皆姜姓，既见流窜，而许由亦卒不得在位，则四凶之流放，又甚似姬、姜之争矣。此亦余昔所据以疑尧、舜禅让之事者也，然郑以驩兜等四人为四岳，实億说无确据；而四罪中有鲧，亦黄帝子孙也。又安能指为姬、姜之争乎?

其(三):《史记》言舜崩于苍梧之野，葬于江南九疑，各书皆同，惟《孟子》谓舜卒于鸣条。予谓孟子、史公同用《书》说，《史记》此语必遭后人窜改，此说是也。然昔时以鸣条近南巢，南巢即今安徽巢县。霍山实古南岳，后人移之衡山，乃并舜之葬地而移之零陵。汤居亳在陕西商县，其放桀于南巢；周起丰镐，王业之成，由成王之定淮徐；秦之并天下，楚亦迁于寿春，以为自秦以前，有天下者，皆自西北向东南，如出一辙也。今知中国民族，实起东南，而鸣条亦在古兖域，则昔之所疑，全无根据矣。《礼记·檀弓》："舜葬于苍梧之野"；《淮南·修务》："舜南征三苗，道死苍梧"；均未言苍梧所在。即《史记》亦未言苍梧、九疑究在何地。《续汉书·郡国志》，乃谓九疑在营道，其地为今湖南宁远县。舜之葬处，乃移至湘边。案《山海经·海内东经》云："湘水出舜葬东南陬，西环之，入洞庭下。"则所谓湘水者，不过环绕舜陵，决非如今日之源流千里。《海内经》云："南方苍梧之丘，苍梧之渊，其中有九嶷山，舜之所葬。"山在渊中，亦洲渚之类耳，决非今之九疑也。《史记·秦始皇本纪》：二十八年，浮江至湘山祠。逢大风，几不得渡。上问博士曰：‘湘君何神？’对曰：‘尧女，舜之妻，而葬此。’此为今洞庭中山无疑。《檀弓》言舜葬苍梧，三妃不从，三妃盖二妃之误。曰不从，正以其死在一地。若舜死营道，二女死今洞庭中，则相去千里，古本无辇柩从葬之法也。然则苍梧、九疑，秦、汉间说，犹不谓在今洞庭中也。钱穆有《战国时洞庭在江北辨》，谓《史记·苏秦传》言秦之攻楚曰："汉中之甲，乘船下巴，乘夏水而下汉，四日而至五渚。"《战国策·秦策》，张仪说秦王，言秦破荆袭郢，取洞庭、五都。《史记集解》引其辞，五都亦作五渚。《索隐》引刘伯庄，谓五渚在宛、邓之间，临汉水，则洞庭在江北明矣。此说甚辨。然则传说之初，并在北方而不在今之洞庭也。然鸣条果在兖域，则荆、豫间之传说，犹为后起矣。

其(四)《史记·秦本纪》曰："秦之先，帝颛顼之苗裔，孙曰女脩。孙上疑有夺字。女脩织，玄鸟陨卵，女脩吞之，生子大业。大业娶少典之子，曰女华。女华生大费。与禹平水土，佐舜调驯鸟兽。鸟兽多驯服，是为柏翳。"《正义》曰："《列女传》云：陶子生五岁而佐禹。曹大家《注》云：陶子者，皋陶之子伯益也。按此，即知大业是皋陶。"《索隐》曰："寻检《史记》上下诸文，伯翳与伯益是一人不疑，而《陈杞世家》，即叙伯翳与伯益为二，未知太史公疑而未决耶？抑亦缪误耳？"案《陈杞世家》叙唐虞之际有功德之臣十一人：曰舜，曰禹，曰契，曰后稷，曰皋陶，曰伯夷，曰伯翳，曰垂、益、夔、龙。《五帝本纪》则曰禹、皋陶、契、后稷、伯夷、夔、龙、垂、益、彭祖，自尧时而皆举用，未有分职；次记命十二牧，次载命禹、弃、契、皋陶、垂、益、伯夷、夔、龙之辞；而终之曰"嗟女二十有二人"；明二十二人，即指禹、皋陶、契、后稷、伯夷、夔、龙、垂、益、彭祖及十二牧。翳、益即为一人；《陈杞世家》，伯翳与益衍其一；而《五帝本纪》又佚命彭祖之辞；遂令后人滋疑耳。予昔据此，谓皋陶卒而禹举益，既行禅让，何以所禅者反父子相继？然此实更不足疑也。

其（五）《淮南子·齐俗训》云："有扈氏为义而亡。"高《注》曰："有扈，夏启之庶兄也，以尧、舜举贤，禹独与子，故伐启。启亡之。"予昔据此，谓启之继世，亦有兵争。然《周书·史记篇》曰："弱小在强大之间，存亡将由之，则无天命矣。不知命者死，有夏之方兴也，扈氏弱而不恭，身死国亡。"则有扈为义，乃徐偃、宋襄之流，与禅继之争无涉，《高注》实億说也。

先秦诸子之文，言尧、舜禅让，有类于后世争夺相杀之事者甚多。然皆为寓言。如《韩非子·说疑篇》曰："舜逼尧，禹逼舜，汤放桀，武王伐纣，此四王者，人臣之弒其君者也。"《忠孝篇》曰："尧为人君而君其臣，舜为人臣而臣其君，汤、武人臣而弒其主、刑其尸。"又曰："瞽瞍为舜父而舜放之，象为舜弟而舜杀之。放父杀弟，不可为仁。妻帝二女，而取天下，不可为义。仁义无有，不可谓明。"其视尧、舜、禹、汤、文、武，直卓、懿之不若。然《五蠹篇》曰："尧之王天下也，茅茨不翦，采椽不斫，粝粱之食，藜藿之羹，冬日麑裘，夏日葛衣，虽监门之服养，不亏于此矣。禹之王天下也，身执耒臿，以为民先，股无胈，胫不生毛，虽臣虏之劳，不苦于此矣。以是言之，夫古之让天子者，是去监门之养，而离臣虏之劳也。故古传天下而不足多也。"则立说迥异矣，何也？一以著奸劫弒臣之戒，一以明争让原于羡不足之情，皆借以明义，非说史实也。儒家言尧、舜、禹之事者，莫备于《孟子·万章上篇》。此篇又辩伊尹、百里奚、孔子之事，亦皆可作如是观。夫以后世事拟古事者，必不如以古事拟古事之切。后世但有董卓、司马懿之伦，而谓古独有天下为公之尧、舜，诚觉其不近于情。然秦、汉后之事势，与古迥殊，谓据卓、懿之所为，可以测尧、舜、禹、汤、文、武，则亦缪矣。古让国者固多，如伯夷、叔齐、《史记·伯夷列传》。吴太伯、《史记·吴太伯世家》。鲁隐公、《春秋》隐公元年、十一年。

宋宣公、隐公三年。曹公子喜时、成公十六年。吴季札、襄公二十九年。邾娄叔术、昭公三十一年。楚公子启哀公八年。之伦皆是。固非若迂儒之所云，亦非如造《竹书》者之所测也。《论衡》圣人重疑之言，《奇怪篇》。《史通》轻事重言之论，《疑古篇》。可谓最得其实矣。

《五帝本纪》云："虞舜者，名曰重华。重华父曰瞽叟，瞽叟父曰桥牛，桥牛父曰句望，句望父曰敬康，敬康父曰穷蝉，穷蝉父曰帝颛顼，颛顼父曰昌意，以至舜七世矣。自从穷蝉以至帝舜皆微为庶人。"《左氏》昭公九年。史赵云："自幕至于瞽瞍，无违命，舜重之以明德。寘德于遂。遂世守之，及胡公不淫。故周赐之姓，使祀虞帝。"《国语·鲁语》云："幕能帅颛顼者也，有虞氏报焉。杼能帅禹者也，夏后氏报焉。上甲微能帅契者也，商人报焉。高圉、太王能帅稷者也，周人报焉。"《郑语》云："夫能成天地之大功者，其子孙未尝不章，虞、夏、商、周是也。虞幕能听协风，以成乐物生者也；夏禹能单平水土，以品处庶类者也；商契能和合五教，以保于百姓者也；周弃能播殖百谷，以衣食民人者也；其后皆为王公侯伯。"言舜之先，名号不同，贵贱亦异。《三国·蜀志·秦宓传》，谓"宓见《帝系》之文，五帝皆同一族，宓辨其不然之本"。说虽不可得闻，窃疑即本于此。传言谯允南少时，数往咨访，纪录其言于《春秋然否论》。谯氏尊信古文，窃疑宓亦当信《左》《国》也。《左氏》《国语》之文，幕必舜之先世，而贾逵、韦昭咸以幕为虞思，盖亦取与《帝系》相调和，贾说见《史记·陈杞世家集解》。《集解》又引郑众说，则以幕为舜之先。然古人名号不同者甚多，古事传者亦互异，古君民相去无几，耕稼陶渔之事，本未必不可躬亲。况舜又失爱于父，又安保其不旧劳于外，爰暨小人乎？此实与微为庶人不同，然自后世言之，则以为微为庶人，且并穷蝉以下，亦皆曰微为庶人矣。《夏本纪》云："禹之曾大父昌意及父鲧，皆不得在帝位，为人臣。"为人臣与微为庶人不同，然古之传者，未必知致谨于是。自穷蝉至帝舜，或皆为人臣，而后乃误为庶人，亦事所可有者也。要之古事传者，多非其真；古人措辞，又不甚审谛；观其大体则可，斤斤较计于片言只字之间，必无当也。似不必曲为调停，更不应以此而疑《帝系》之不实也。《世本》舜姓姚。《左氏疏》引。《左氏》哀公元年，述夏少康事，亦云虞思妻之以二姚，而《史记·陈杞世家》言舜居妫汭，其后因姓妫氏。《左氏杜注》，谓武王乃赐胡公姓曰妫。《疏》因诋马迁为妄。然古人多从母姓。黄帝二十五子，得姓者十有四人，《史记·五帝本纪》。即其一证。又安知舜后无姚、妫二姓乎？舜、禹同事尧，而《夏本纪》曰："禹之父曰鲧，鲧之父曰帝颛顼。"一为颛顼孙，一为颛顼七世孙，相去未免太远。《三代世表索隐》引《世本》、皇甫谧，并与《本纪》同。《墨子·尚贤中》云"昔者伯鲧，帝之元子"，似亦以为颛顼子。《汉书·律历志》《淮南·原道训高注》则以鲧为颛顼五世孙。《离骚》王逸《注》引《帝系》曰："颛顼五世而生鲧。"则《帝系》本有异同也。遂，《春秋》庄公十三年（前681年），为齐所灭。《杜注》云："遂国在济北蛇丘县东北。"蛇丘，在今山东肥城县南。此亦舜居东方之一证。《左氏》昭公三年，晏子曰："箕伯、直柄、虞遂、伯戏，其相胡公、太姬，已在齐矣。"此以四人并举，并未言其世次，亦未及其受封之事。《昭公九年·杜注》云"遂，舜后，盖殷之兴，存舜之后而封遂"，已近亿度。《陈杞世家索隐》引宋忠云"虞思之后箕伯、直柄中衰，殷汤封遂于陈以为舜后"，则弥为穿凿矣。遂封于陈，何时更徙蛇丘邪？

第五节　尧、舜、禹与三苗之争

尧、舜、禹虽以禅让闻，然其时各族之间，相争颇烈。《史记·五帝本纪》述舜摄政后事曰："岁二月东巡守，至于岱宗。五月南巡守。八月西巡守。十一月北巡守。归至于祖祢庙，用特牛礼。"又曰："驩兜进言共工。尧曰：不可。而试之工师，共工果淫辟。四岳举鲧治鸿水，尧以为不可。岳强请试之。试之而无功，故百姓不便。三苗在江、淮、荆州，数为乱。于是舜归而言于帝。请流共工于幽陵，以变北狄；放驩兜于崇山，以变南蛮；迁三苗于三危，以变西戎；殛鲧于羽山，以变东夷。四罪而天下咸服。"云归言于帝，乃承上文巡守言之。可知四族为当时强国。共工与鲧，均已见前。驩兜古书言者较少，似其势较弱。其为尧、舜、禹之劲敌者，则三苗也。

三苗之事，见于《书》之《吕刑》。《吕刑》曰："王曰：若古有训。蚩尤惟始作乱，延及于平民，罔不寇贼，鸱义奸宄，夺攘矫虔。苗民弗用灵，制以刑。惟作五虐之刑曰法，杀戮无辜。爰始淫为劓、刵、椓、黥。越兹丽刑并制，罔差有辞。民兴胥渐，泯泯棼棼，罔中于信，以覆诅盟。虐威庶戮，方告无辜于上。上帝监民，罔有馨香德，刑发闻惟腥。皇帝哀矜庶戮之不辜，报虐以威，遏绝苗民，无世在下。乃命重、黎，绝地天通，罔有降格。群后之逮在下，明明棐常，鳏寡无盖。皇帝清问下民，鳏寡有辞于苗。德威惟畏，德明惟明。乃命三后，恤功于民。伯夷降典，折民惟刑。禹平水土，主名山川。稷降播种，农殖嘉谷。三后成功，惟殷于民。士制百姓于刑之中，以教祗德。穆穆在上，明明在下，灼于四方，罔不惟德之勤。故乃明于刑之中，率乂于民棐彝。"案《国语·楚语》："昭王问于观射父曰：《周书》所谓重、黎实使天地不通者，何也？若无然，民将能登天乎？对曰：非此之谓也。古者民神不杂，及少皞之衰也，九黎乱德，民神杂糅。颛顼受之，乃命南正重司天以属神，命火正黎司地以属民。使复旧常，无相侵渎。是谓绝地天通。其后三苗复九黎之德，尧复育重、黎之后不忘旧者，使复典之。以至于夏、商。故重黎氏世叙天地，而别其分主者也。其在周，程伯休父其后也。当宣王之时，失其官守，而为司马氏。宠神其祖，以取威于民，曰：重实上天，黎实下地；遭世之乱，而莫之能御也。不然，夫天地成而不变，何比之有？”此言实与《尚书》合。然则郑玄谓“自皇帝哀矜庶戮之不辜，至罔有降格，皆说颛顼之事；皇帝清问以下，乃说尧事”；见《疏》。其说是也。《礼记·缁衣疏》引《甫刑郑注》曰：“苗民，谓九黎之君也。九黎之君，于少昊氏衰，而弃善道，上效蚩尤重刑，必变九黎言苗民者？有苗九黎之后。颛顼代少昊，诛九黎，分流其子孙，为居于西裔者三苗者疑当作之，或为字当在者字下。至高辛之衰，又复九黎之恶，尧兴，又诛之。尧末，又在朝。舜时，又窜之。后王深恶此族三生凶恶，故著其氏而谓之民。民者，冥也，言未见仁道。”亦檃栝《尚书》《国语》为说。可见此族与颛顼、尧、舜，相争之烈也。

《山海经·大荒西经》曰：“大荒之中，有山名曰日月山，天枢也。吴姖天门，日所出入。有神，人面无臂，两足反属于头上。山名曰嘘。颛顼生老童，老童生重及黎。帝令重献上天，令黎邛下地。下地是生噎。处于西极，以行日月星辰之行次。”“令重献上天，令黎邛下地”，即《楚语》所谓“重寔上天，黎寔下地”者，可见此语实自古相传，非司马氏之自神其祖也。《经》又云：“有人，名曰吴回，奇左，是无右臂。”又云：“大荒之山，日月所入。有人焉，三面，是颛顼之子，三面一臂。”案《史记·楚世家》，“谓颛顼生称，称生卷章，卷章生重黎，重黎为帝喾高辛火正，帝喾命曰祝融。共工氏作乱，帝喾使重黎诛之而不尽。帝乃以庚寅日诛重黎而以其弟吴回为重黎后，复居火正为祝融。”卷章疑老童形讹。《史记》之世系，实多称一世。“下地是生噎”句当有讹。《海内经》炎帝之后有祝融，祝融生共工，共工生后土，后土生噎鸣。见第七章第二节。噎鸣似即噎。炎帝者，祝融之异名，非神农。《大荒北经》又谓颛顼生苗民，苗民黎姓，则三苗九黎，实颛顼之后矣。盖古代或从母姓，昌意取蜀山氏女而生颛顼，蜀山即涿鹿之山，实蚩尤氏故国，蚩尤姜姓，故颛顼之后，亦为姜姓也。

三苗之国，世皆以为在南方。以《国策》《史记》并谓其在洞庭、彭蠡之间也。近人钱穆撰《古三苗疆域考》曰：“《魏策》云：三苗之居，左有彭蠡之波，右有洞庭之水，汶山在其南，衡山在其北。以殷纣之国，左孟门，右漳、釜例之，左当在西，右当在东。《史记》作左洞庭，右彭蠡，无汶山、衡山之文；《韩诗外传》则作衡山在南，岐山在北，显有改易之迹。《禹贡》：岷山之阳，至于衡山。衡山者，《汉志》南阳郡雉县有衡山，雉县，在今河南南召县南。《水经》谓之雉衡山，在《禹贡》荆州之北，故曰荆及衡阳惟荆州。《吴越春秋·吴太伯传》：太伯、仲雍，托采药于衡山，遂之荆蛮，亦即此。汶山者，《齐语》：桓公伐楚，济汝，逾方城，望汶山。《管子·小匡》《霸形》同。《淮南子·地形训》：汝水出猛山。猛或即汶之声转。钱氏谓《楚辞·天问》，“桀伐蒙山”之蒙山，亦即此。然则洞庭、彭蠡，殆非今之洞庭、鄱阳。彭蠡为水湍回之称，《吕览·爱类》谓禹为彭蠡之障，乾东土是也。《淮南子·人间训》云：修彭蠡之防。洞则通达之称。《山海经·海内东经》云：湘水出舜葬东南陬，西环之，入洞庭下。《注》云：洞庭，地穴也。在长沙巴陵。今吴县南太湖中有包山，下有洞庭。穴道潜行水底，云无所不通，号为地脉。《水经·沔水注》云：太湖有苞山。《春秋》谓之夫椒山。有洞室，入地潜行，北通琅邪东武县，今山东诸城县。俗谓之洞庭。旁有青山，一名夏架山。山有洞穴，潜通洞庭。《尔雅》《说文》皆云：荣，桐木。《说文》又云：桐，荣也。东冬与庚青通转，桐即洞，荣即荥。《禹贡》：济入于河，溢为荥，潜行复出，与洞庭地穴意类。盖古大河两岸，水泉伏涌，随地成泽，皆称洞庭。故《淮南》谓尧使羿射修蛇于洞庭，《本经训》。《庄子》亦谓黄帝张咸池之乐于洞庭之野也。《天运》。《书·牧誓》有髳，《春秋》河东有茅戎，盖三苗之族。”予案钱说甚辩。然《史记》先言三苗在江、淮、荆州，继言迁三苗于三危，以变西戎，则其族似初在南，后乃徙于西。三苗姜姓，姜为炎帝之族，其初固当在东南。后来姜姓之族，多在西方，钱穆《西周地理考》云："太史公曰：'余登箕山，其上盖有许由冢。'箕山，《方舆纪要》在平陆县东北，《左氏·僖公三十三年》：'狄伐晋，及箕。'《成公十三年·吕相绝秦》'围我箕郜'，是其地。其后许封河南，箕山之名，乃南迁颍阳。《水经·阴沟水注》引《世本》：'许、州、向、申，姜姓也，炎帝后。'《左氏·隐公十一年》：'王与郑人苏忿生之田，有向、州。'《杜注》：'属河内。'《庄子·让王》：'尧以天下让许由，又让子州支父。'即此州。《逍遥游》：'尧见四子藐姑射之山，汾水之阳。'四子亦指四岳。霍太山，亦曰太岳。《崧高》之诗曰：'惟岳降神，生甫及申。'甫即吕，其后吕尚封于东方，泰山因之亦得岳称。而晋仍有吕甥，其后有吕相。"盖亦因洪水而西迁，未必尽舜、禹之所窜逐也。

三危之名，见于《禹贡》。《禹贡》雍州曰："三危既宅，三苗丕叙。"道川曰："道黑水，至于三危，入于南海。"雍州之界，为黑水、西河；梁州之界，为华阳、黑水。说黑水者，自当以《山海经》为最古，然不易求其所在。《南山经》曰："鸡山，黑水出焉，而南流注于海。"《史记·夏本纪集解》，郑玄引《地说》云："三危山，黑水出其南。"又云："郑玄曰：《地理志》：益州滇池有黑水祠，而不记此山水所在。《禹贡疏》云："郑云：今中国无也。"《地记》云：三危山，在鸟鼠之西南。《左氏》昭公九年，允姓之奸，居于瓜州。《杜注》云："允姓，阴戎之祖，与三苗俱放三危者。瓜州，今敦煌。"今甘肃敦煌县。此两说，后人多祖述之。《水经》："江水东过江阳县，今四川泸县。洛水从三危山，东过广魏洛县南，今四川广汉县。东南注之。"《注》曰："《山海经》曰：三危山在敦煌南，与岷山相接，南带黑水。"《禹贡·山水泽地所在》云："三危山，在敦煌县南。《山海经》云：三危之山，三青鸟居之。是山也，广圆百里，在鸟鼠山西。《尚书》所谓窜三苗于三危者也。"皆是也。然黑水所在，卒不可得。昔人或以金沙江当之，此江古称泸水，泸即黑；又《汉志》所谓黑水祠，即在此江流域；其说自古，然无解于入于南海之文。又或以澜沧江、怒江当之，以解入于南海则得矣，然此两江，安能为雍州西界？若谓怒江蕃名哈喇乌苏，哈喇译言黑，则此为蒙古语，恐系明代蒙古人居青海后始有，不可以释《禹贡》也。又有谓雍州黑水，梁州黑水，当分为二者，则无解于《禹贡》本文，绝无可分为二之迹。予昔亦主金沙江之说。释入于南海之海，为夷蛮戎狄谓之四海之海，谓雍州西南界，抵今青海之江北岸，梁州西界，抵今西康之江东岸；三危则为江、河上源间之山，正在鸟鼠之西南，与岷山相接。揆之于理，似颇可通。然作《禹贡》者，所知必不能如是之远，况欲以释《尧典》邪？且《汉志》犍为南广今四川珙县西南。自有黑水，至僰道今四川宜宾县西南。入江。滇池黑水祠，所祠恐即此水，未必为今金沙江，如是，则徒据泸水之名以相附会，证佐亦未免太孤矣。《御览》引《张掖记》云："黑水出县界鸡山，亦名玄圃。昔有娀氏女简狄，浴于玄邱之水，即黑水也。"移《南山经》之鸡山于张掖，灭裂自不待言。然简狄浴于玄邱，其说当有所本。《楚辞·天问》曰："黑水玄趾，三危安在？"则黑水、三危，亦神话中地名。古言地理者，多杂以荒唐之辞，未易凿求所在，读《山经》《吕览》《淮南》等书可知。作《禹贡》者，于西南地理，盖亦初不审谛，即据此等不经之说，姑为编次耳。《尧典》之三危，自系实有其地，今既未易凿求，则姑顺迁于四裔之文，谓在尧、舜都邑之西可也。《后汉书·羌传》

云："西羌之本，出自三苗。其国近南岳。及舜流四凶，徙之三危，河关之西南羌地是也。"亦億说无据。汉河关县，在今甘肃导河县西南。

《史记·五帝本纪》云："昔高阳氏有才子八人，世得其利，谓之八恺。高辛氏有才子八人，世谓之八元。此十六族者，世济其美，不陨其名。至于尧，尧未能举。舜举八恺，使主后土，以揆百事，莫不时序；举八元，使布五教于四方：父义，母慈，兄友，弟恭，子孝，内平，外成。昔帝鸿氏有不才子，掩义隐贼，好行凶慝，天下谓之浑沌。少皞氏有不才子，毁信恶忠，崇饰恶言，天下谓之穷奇。颛顼氏有不才子，不可教训，不知话言，天下谓之梼杌。此三族，世忧之。至于尧，尧未能去。缙云氏有不才子，贪于饮食，冒于货贿，天下谓之饕餮，天下恶之，比之三凶。舜宾于四门，乃流四凶族，迁于四裔，以御螭魅。于是四门辟，言无凶人也。"《左氏》文公十八年略同。《史记》上文云："尧乃试舜五典，百官皆治。"下文云："舜入于大麓，烈风雷雨不迷，尧乃知舜之足授天下。"盖《书》"慎徽五典，五典克从；纳于百揆，百揆时序；宾于四门，四门穆穆；纳于大麓，烈风雷雨弗迷"之传。《大戴记·四代》谓舜取相十有六人，盖亦据《书》说也。古者官人以族，八恺必禹之族，八元必契之族矣。四凶亦必即四罪。惟诸儒以浑沌当驩兜，穷奇当共工，梼杌当鲧，饕餮当三苗，《书疏》引郑玄，《释文》引马融、王肃，《史记集解》引贾逵、服虔及《左氏杜预注》皆同。殊无确据。《淮南子·修务训高注》以浑敦、穷奇、饕餮为三苗，则更必不然耳。

《伪古文尚书·大禹谟》曰："帝曰：咨禹，惟时有苗弗率，汝徂征。禹乃会群后，誓于师曰：济济有众，咸听朕命。蠢兹有苗，昏迷不恭。侮慢自贤，反道败德。君子在野，小人在位。民弃不保，天降之咎。肆予以尔众士，奉辞伐罪。尔尚一乃心力，其克有勋。三旬，苗民逆命。益赞于禹曰：惟德动天，无远弗届。满招损，谦受益，时乃天道。帝初于历山，往于田，日号泣于旻天，于父母，负罪引慝。只载见瞽瞍，夔夔斋栗。瞽瞍亦允若。至诚感神，矧兹有苗？禹拜昌言曰：俞。班师振旅，帝乃诞敷文德舞干羽于两阶。七旬，有苗格。”王鸣盛《尚书后案》曰：“禹奉舜命征三苗，作誓，又偃兵修政。舞干羽，三苗自服，古书所载甚多。就予所见：在《战国策》卷二十二《魏策》一篇，又卷二十三《魏策》二篇，《墨子》卷四《兼爱下篇》，又卷五《非攻下篇》，《韩非子》卷十九《五蠹篇》，《荀子》卷十《议兵篇》，又卷十八《成相篇》，《贾子新书》卷四《匈奴篇》，《淮南子》卷十《缪称训》，又卷十一《齐俗训》，又卷十三《氾论训》，桓宽《盐铁论》卷九《论功篇》，刘向《说苑》卷一《君道篇》，《古文苑》卷十五扬雄《博士箴》。此事散见群书，晋人掇入《大禹谟》，以己意润饰之。”案此事传者之众如此，可见当时争竞之烈也。

三苗之苗系国名，后世所谓苗族，则系蛮字之转音，此本极易见之事。近世或混二者为一，因谓苗族先入中国，后为汉族所逐，此真不值一噱，然予昔者亦沿其误。予说谓三苗系国名，九黎则民族之名，故《郑注甫刑》谓苗民为九黎之君；《淮南子高注》亦别列一说云：“放三苗国民于三危。”《修务训》。《郭注山海经》亦曰：“尧以天下让舜，三苗之君非之。帝杀之，有苗之民叛入南海，为三苗国。”《海外南经》。其实苗民二字，郑解极确，高诱、郭璞皆附会不通之说也。予又引《后汉书·南蛮传》：建武十二年（36年），“九真徼外蛮里张游，率其种人，慕化内属，封为归汉里君。”《注》曰：“里，蛮之别号，今呼为俚人。”谓里、俚皆即黎。其实九真与古三苗，相去数千里也。黎盖即重黎之黎。《左氏·昭公二十九年》：“颛顼氏有子曰犁，为祝融。”异文同语。其族盖分九派，故曰九黎。《尧典》之“黎民于变时雍”亦即此。援秦人黔首之义以释之，已非其实，况更牵合后世之黎族邪？

第八章　夏、殷、西周事迹

第一节　夏后氏事迹

夏后氏事迹，略见《史记·夏本纪》。《夏本纪》曰："夏后帝启，禹之子。其母，涂山氏之女也。有扈氏不服，启伐之。大战于甘，遂灭有扈氏。天下咸朝。夏后帝启崩，子帝太康立。帝太康失国，昆弟五人，须于洛汭，作《五子之歌》。太康崩，弟中康立，是为帝中康。帝中康时，羲、和湎淫，废时乱日，胤往征之，作《胤征》。中康崩，子帝相立。帝相崩，子帝少康立。帝少康崩，子帝予立。《索隐》曰："《系本》云：'季伃作甲者也。'《左传》曰：'杼灭豷于戈。'《国语》云：'杼能师禹者也。'"案见《鲁语》。帝予崩，子帝槐立。《索隐》曰："《系本》作帝芬。"帝槐崩，子帝芒立。帝芒崩，子帝泄立。帝泄崩，子帝不降立。《索隐》曰："《系本》作帝降。"帝不降崩，弟帝扃立。帝扃崩，子帝廑立。帝廑崩，立帝不降之子孔甲，是为帝孔甲。帝孔甲立，好方鬼神事，淫乱。夏后氏德衰，诸侯畔之。孔甲崩，子帝皋立。帝皋崩，子帝发立。帝发崩，子帝履癸立，是为桀。《索隐》："《系本》：'帝皋生发及桀。'此以发生桀，皇甫谧同也。"帝桀之时，自孔甲以来，而诸侯多畔夏，桀不务德而武，伤百姓。百姓弗堪。乃召汤而囚之夏台，已而释之。汤修德，诸侯皆归汤。汤遂率兵以伐夏桀。桀走鸣条，遂放而死。汤乃践天子位，代夏朝天下。"《史记》此文，盖据《尚书》及《帝系》，其中"帝太康失国，昆弟五人，须于洛汭，作《五子之歌》。帝中康时，羲、和湎淫，废时乱日，胤往征之，作《胤征》”诸语，崔适《史记探源》谓后人据《书序》窜入，其说是也。五观、羿、浞之乱，《尚书》无文，《系世》但记人君生卒统绪，故《史记》于此，亦不之及。《大戴礼记·少间篇》“禹崩，十有七世，乃有末孙桀即位”；《国语·周语》“孔甲乱夏，四世而陨”；世数皆与《史记》合。

有扈之事，已见第七章第四节引《周书》及《淮南子》。又《楚辞·天问》曰：“该秉季德，厥父是臧。胡终弊于有扈，牧夫牛羊？”王逸《注》曰：“该，苞也。秉，持也。父，谓契也。季，末也。臧，善也。言汤能苞持先人之末德，修其祖父之善业，故天佑之，以为民主也。有扈，浇国名也。浇灭夏后相，相之遗腹子少康，后为有仍牧正，典主牛羊，遂攻杀浇，灭有扈。”又曰：“有扈牧竖，云何而逢？击床先出，其命何从？恒秉季德，焉得夫朴牛？”《注》曰：“言有扈氏本牧竖之人耳，因何逢遇，而得为诸侯乎？启攻有扈之时，亲于其床上击而杀之，其先人失国之原，何所从出乎？恒，常也。季，末也。朴，大也。言汤常能秉持契之末德，修而弘之，天嘉其志，出田猎得大牛之瑞也。”其说恐非。该与恒当俱是人名。该为有扈所毙，为牧牛羊，其后曰恒，转大，逢大也。得朴牛之瑞也。《史记·秦本纪》：襄公二十七年（前739年），“伐南山大梓，丰大特”。《集解》引徐广曰：“今武都故道今甘肃成县。有怒特祠，图大牛。上生树木，有牛从木中出。后见于丰水之中。”《正义》引《括地志》曰：“大梓树，在岐州陈仓县南十里仓山上。”陈仓，今陕西宝鸡县。又引《录异传》曰：“秦文公时，雍南山有大梓树。文公伐之，辄有大风雨，树生合不断。时有一人病，夜往山中，闻有鬼语树神曰：秦若使人被发，以朱丝绕树伐汝，汝得不困邪？树神无言。明日，病人语闻，公如其言伐。树断，中有一青牛出，走入丰水中。其后牛出丰水中，使骑击之。不胜。有骑堕地复上，发解，牛畏之，不出。故置髦头，汉、魏、晋因之。武都立怒特祠，是大梓牛神也。”案《后汉书·羌传》，言其“被发覆面”。则《录异传》之说，当出羌中。《汉书·地理志》：“右扶风，鄠县古国。有扈谷亭。扈，夏启所伐。酆水出东南。”鄠，即今陕西鄠县。禹之都，郑玄以为在魏，皇甫谧谓或在平阳，皆不足据。已见第七章第三节。《汉书·地理志》：“颍川郡，阳翟，夏禹国。”今河南禹县。应劭曰：“夏禹都也。”臣瓒曰：“《世本》禹都阳城，今河南登封县。《汲郡古文》亦云居之，《礼记·缁衣疏》，谓《世本》及《汲郡古文》皆云禹都咸阳，咸阳乃阳城字误。不居阳翟也。”《世本》古书，较可信据。《汲郡古文》，则依《世本》伪造。禹都当在河、洛之间，鄠县非其兵力所及。《夏本纪》：“太史公曰：禹为姒姓。其后分封，用国为姓，故有夏后氏有扈氏、有男氏、斟寻氏、彤城氏、褒氏、费氏、杞氏、缯氏、辛氏、冥氏、斟氏、戈氏。”斟寻氏，《集解》引徐广曰：“一作斟氏、寻氏。”《索隐》曰：“《系本》男作南，寻作鄩，费作弗，而不云彤城及褒。斟戈氏《左传》《系本》皆云斟灌氏。”鄩，盖即《左氏》昭公二十三年“郊鄩溃”之鄩，《杜注》云：河南巩县西南有地名鄩中，《水经·洛水注》：洛水北径偃师城东北历鄩中者也。羌即姜，本东方之族。窃疑是时，姜姓、姒姓，皆因水患西迁河、洛之间，后乃更西向而入陕西。甘，当即《左氏》王子带邑，见僖公二 十四年。在今洛阳东南。《甘誓·伪孔传》云：“有扈与夏同姓。”《疏》云：“孔与郑，王与皇甫谧等，皆言有扈与夏同姓，并依《世本》之文。”皆无为启庶兄之说。高诱之云，未知何据。《甘誓》之文，《墨子·明鬼》引之作《禹誓》。《庄子·人间世》云：“禹攻有扈。”《吕览·召类》亦云：“禹攻曹、魏、屈、骜、有扈，以行其教。”《先己》则云：“夏后柏启与有扈战于甘。”窃疑禹先灭有扈，以封其同姓，至启时复叛也。自伊、洛之域，渡河而北，则入河东；更渡河而西，即达雍、梁之境；此皆地理自然之势。禹之遗迹，在西方者甚多，盖皆褒、扈等西迁时，传说随之而散布者也。褒，今陕西褒城县。《史记·六国表》云："禹兴于西羌。"《夏本纪正义》引扬雄《蜀王本纪》云："禹本汶山郡广柔县人也，生于石纽。"又引《括地志》，谓其地在茂州汶川县。此说亦见《水经·沫水注》。广柔，汉县，唐时为汶川，故城在今四川汶川县西北。《河水注》云："洮水东径临洮县故城北，禹治洪水，西至洮水之上。见长人，受黑玉书于斯水上。"又云："大夏川水，东北径大夏故城。王莽之顺夏。《晋书·地道记》，县有禹庙，禹所出也。"《江水注》云："江州县，江之北岸，有涂山，有夏禹庙、涂君祠，庙铭存焉。常璩、庾仲雍并言禹娶于此。"临洮，今甘肃岷县。大夏，今甘肃临夏县。江州，今四川江北县。

五观之乱，与羿代夏政相因，然非一事也。《楚语》曰："启有五观。"韦《注》曰："启子、太康昆弟也。"《汉书·古今人表》："太康，启子，昆弟五人，号五观。"《潜夫论·五德志》亦曰："启子太康、仲康更立，兄弟五人，皆有昏德，不堪帝事，降在洛汭，是为五观。"《伪古文尚书·五子之歌》曰："太康尸位以逸豫，灭厥德，黎民咸贰。乃盘游无度，畋于有洛之表，十旬弗反。有穷后羿，因民弗忍，距于河。厥弟五人，御其母以从，徯于洛之汭。五子咸怨，述大禹之戒以作歌。"则并太康而六矣。《墨子·非乐》曰："于《武观》曰：启乃淫溢康乐，野于饮食。将将铭苋磬以力。湛浊于酒，渝食于野。万舞翼翼。章闻于天，天用弗式。"《楚辞·离骚》曰："启《九辩》与《九歌》兮，夏康娱以自纵。不顾难以图后兮，五子用失乎家巷。"《天问》曰："启棘宾商，九辩九歌。"又曰："何勤子屠母，而死分竟地？"扬雄《宗正箴》曰："昔在夏时，太康不共。有仍二女，五子家降。"综观诸文，则失德自启，而乱成于太康。盖始荒于饮食歌舞，又有嬖妾蛊惑、诸子争立之事。终至潜踪家巷、夷于氓庶。与荒于游田，了无干涉也。《左氏·昭公元年》，"夏有观扈"。《杜注》云："观国，今顿丘卫县。"卫本汉东郡观县。观与畔系两县。

《汉书》刻本，误以畔观二字连书，中未空格，后人遂误畔观为一县，非也。后汉光武更名。晋属顿丘。后魏曰卫国县。今山东观城县。《汉志注》引应劭曰："夏有观、扈。"《水经·河水注》"浮水故渎，东南经卫国邑城北。又东，经卫国县故城南"，亦引应说。又《淇水注》："径顿丘北，又屈径顿丘故城西，顿丘，汉县。晋为郡。故城在今河北清丰县西南。《古文尚书》以为观地矣。"应劭、杜预，盖并用古文书说也。此说似即因汉世县名附会，无确据。《周书·尝麦》曰："其在殷之五子，忘伯禹之命，假国无正，用胥兴作乱，遂凶厥国。皇天哀禹，赐以彭寿，思正夏略。"殷，朱右曾《集训校释》改为启，云形近而讹，其实启、殷形并不近；且下文明言忘伯禹之命，讹为夏则可矣，何由讹为殷乎？殷，盖即后来之亳殷，五观据之以作乱。《左氏》哀公六年引《夏书》曰："惟彼陶唐，帅彼天常，有此冀方。今失其行，乱其纪纲，乃灭而亡。"贾、服、孙、杜，皆以为指夏桀。惟王肃云太康时。见《疏》。《伪书》与肃说多同，盖亦谓夏都河东，故云太康畋于洛表，羿距于河。盖谓太康渡河而南，而羿据河拒之，阻其北返，非其实也。

羿代夏政之事，见于《左氏》。《左氏》襄公四年，载魏绛之言曰："昔有夏之方衰也，后羿自鉏迁于穷石。因夏民以代夏政，恃其射也，不修民事，而淫于原兽，弃武罗、伯因、熊髡、尨圉而用寒浞。寒浞，伯明氏之谗子弟也。伯明后寒弃之，夷羿收之。信而使之，以为己相。浞行媚于内，而施赂于外。愚弄其民，而虞羿于田，树之诈慝，以取其国家。羿犹不悛。将归自田，家众杀而亨之。以食其子。其子不忍食诸，死于穷门。靡奔有鬲氏。浞因羿室，生浇及豷。恃其谗慝诈伪，而不德于民。使浇用师，灭斟灌及斟寻氏。处浇于过，处豷于戈。靡自有鬲氏，收二国之烬，以灭浞而立少康。少康灭浇于过，后杼灭豷于戈。有穷由是遂亡。失人故也。昔周辛甲之为太史也，命百官，官箴王阙。于虞人之箴曰：芒芒禹迹，画为九州，经启九道，民有寝庙，兽有茂草，各有攸处，德用不扰。在帝夷羿，冒于原兽。忘其国恤，而思其麀牡，武不可重，用不恢于夏家。兽臣司原，敢告仆夫。《虞箴》如是，可不惩乎？"哀公元年，载伍员之言曰："昔有过浇，杀斟灌以伐斟鄩，灭夏后相。后缗方娠，逃出自窦，归于有仍，生少康焉。为仍牧正。惎浇能，戒之。浇使椒求之，逃奔有虞，为之庖正，以除其害，虞思于是妻之以二姚而邑诸纶。有田一成，有众一旅。能布其德，而兆其谋。以收夏众，抚其官职。使女艾谍浇，使季杼诱豷。遂灭过、戈，复禹之绩，祀夏配天，不失旧物。"《史记·吴世家》载伍员之言略同。《楚辞·离骚》曰："羿淫游以佚田兮，又好射夫封狐。固乱流其鲜终兮，浞又贪夫厥家。浇身被服强圉兮，纵欲而不忍。日康娱以自忘兮，厥首用夫颠陨。"《天问》曰："帝降夷羿，革孽夏民。胡射夫河伯，而妻彼雒嫔。冯珧利决，封豨是射。何献蒸肉之膏，而后帝不若？浞娶纯狐，眩妻爰谋，何羿之射革，而交吞揆之？惟浇在户，何求于嫂？《注》："言浇无义，淫佚其嫂，往至其户，佯有所求，因与行淫乱也。"何少康逐犬，而颠陨厥首？《注》："言夏少康因田猎放犬逐兽，遂袭杀浇而断其头。"女岐缝裳，而馆同爰止。《注》："女岐，浇嫂也。言女岐与浇淫佚，为之缝裳，于是共舍而宿止也。"何颠易厥首，而亲以逢殆？"《注》："言少康夜袭，得女岐头，以为浇，因断之。"案此注恐误。伍员、屈原皆楚人，故所言颇相会，女岐盖即女艾也。

《左氏》杜《注》曰："羿代相，号曰有穷。鉏，羿本国名。寒国，北海平寿县东有寒亭。今山东潍县。有鬲，国名，今平原鬲县。今山东德县。乐安寿光县有灌亭。今山东寿光县。北海平寿县南有斟亭。今山东潍县。东莱掖县北有过乡。今山东掖县。戈在宋、郑之间。案据《左氏·哀公十二年》宋、郑之间有隙地曰戈为说。梁国有虞县。"今河南虞城县。《疏》曰"杜地名言有者，皆是疑辞"，则杜亦本不自信。然后之言地理者多因之。遂若羿、浞之乱，绵延青、兖，喋血千里矣。此决非其实。《左氏》谓羿因夏民，又谓其不恢于夏家；即《楚辞》亦谓其射河伯，妻雒嫔；则羿都必在河、洛之域。《汉志》：北海郡平寿，应劭曰：“故斟寻。禹后，今斟城是也。”臣瓒曰：“斟寻在河南，不在此也。《汲郡古文》云：太康居斟寻，羿亦居之，桀亦居之。《尚书序》云：太康失邦，昆弟五人，须于洛汭；此即太康所居为近洛也。又吴起对武侯曰：昔夏桀之居，左河、济，右太华，伊阙在其南，羊肠在其北；河南城为近之。又《周书·度邑篇》曰：吾将因有夏之居，南望过于三涂，北瞻望于有河。有夏之居，即河南是也。”《书序》及《汲郡古文》，虽不足信，《周书》《国策》，自可据依。斟鄩说已见前。斟戈，《索隐》云“《左氏》《世本》皆作斟灌”，则戈、灌一地。窃疑戈即斟灌，过即斟鄩，寒浞灭二国后，以分处其二子，地亦在河、洛之域也。《夏本纪正义》引《括地志》，谓自禹至太康，与唐、虞皆不易都城。案《御览·州郡部》引《世纪》云：“少康中兴，复还旧都，故《春秋传》曰‘复禹之绩，不失旧物’是也。”故禹城，在洛州密县界。今河南密县。故钼城，在滑州卫南县东。今河南滑县。故鄩城，在洛州巩县西南。今河南巩县。又引《晋地记》云：“河南有穷谷，盖本有穷氏所迁。”固亦以为在河、洛之域。《路史·国名纪》亦以钼在卫南，谓即《左氏》襄公十一年城租之租，又谓安丰有穷谷、穷水，今安徽霍丘县境。即《左氏》昭公二十七年，楚师救潜，与吴师遇处，实羿之故国。其说殊较《杜注》为胜。《水经·河水注》：“大河故渎，西流经平原鬲县故城西，《地理志》曰：鬲津，故有穷后羿国也。应劭曰：鬲，偃姓，皋陶后。”《路史·国名纪》云“羿，偃姓。《世纪》云不闻其姓，失之”，盖本诸此。谓穷在平原不足据，云偃姓，当有所受之。鬲盖羿同姓国，故羿亡而靡奔之，藉其力为羿报仇。其立少康，则以羿身死世殄，无可扶翼之故。靡盖有穷之忠臣，非夏后氏之遗老也。《史记》谓禹初授政皋陶，皋陶卒，复以授其子益。《楚辞·天问》曰：“启代益作后，卒然离蘖。何启惟忧，而能拘是达？”《注》曰：“离，遭也。蘖，忧也。言天下皆去益而归启，益卒不得立，故曰遭忧也。”《汉书·律历志》：“张寿王言伯益为天子，代禹。”则禹、益二族，权力实相颉颃。穷、潜地近英、六，盖偃姓聚居之所。以此为羿之故国，揆以事理，殊为近之。河南之穷，卫南之柤，或其代夏时之遗迹也。《说文·羽部》：“羿，羽之羿风，亦古诸侯也。一曰射师。”《幵部》：“幵，帝喾射官，夏少康灭之。《论语》曰：幵善射。”二字实即一字。《淮南·本经》谓：“尧之时，十日并出，焦禾稼，杀草木。猰貐、凿齿、九婴、大风、封豨、修蛇，并为民害。尧乃使羿杀凿齿于畴华之野，杀九婴于凶水之上，缴大风于青丘之泽，上射十日，而下杀猰貐，断修蛇于洞庭，禽封豨于桑林。”则羿之族特长于射，自喾至尧皆当征讨之任，宜其强不可御。五观之乱，彭寿是戡。彭寿，疑即舜时之彭祖，因其寿考，乃以是称之。彭城实尧、禹之旧都，然则夏室西迁之初，东方诸侯声势固犹甚盛也。

羿、浞之事，《夏本纪》一语不及，而后相见灭，少康流离中兴，《纪》亦但云“帝相崩，子帝少康立”，一似其安常处顺者，《正义》以此议其疏，其实非也。古人著书，信以传信，疑以传疑。所据不同，初不以之相订补，亦不使之相羼杂。《夏本纪》之所据，盖《系世》之伦，《吴世家》之所据，则《国语》之类，其文本各不相涉也。或谓《系世》虽但记统绪，然于君身祸变，亦不能略。如《秦始皇本纪》后，重录秦君生卒、葬处，然于厉、躁、简公、出子之不宁，亦无所讳饰是也。后相见灭，安得云崩？岂如孔子修《春秋》，内大恶讳与？殊不知口说流传，多非实在。《左氏》之女艾，即《楚辞》之女岐。《天问》又曰：“女岐无合，夫焉取九子？”《注》曰：“女岐，神女，无夫而生九子。”以此推之，则《左氏》之二姚，亦即《离骚》所云“及少康之未家兮，留有虞之二姚”者，因皆神话中人物也。不宁惟是，后缗逃出自窦，亦显见其为齐东野人之言矣。夏史之传，盖本皆神话传说。魏绛、伍员，㮚栝而为之辞，虽似雅驯，仍不掩其荒陋之迹。然则其所言者，又安能尽据为信史乎？君位与王位不同，魏绛言羿代夏政，王符谓太康不堪帝事，所失者王位而已，其为夏邑之君，固自若也。《三国·魏志·四裔传注》引《魏略》，谓氏虽都统郡国，然亦自有王侯在其墟落间。则外臣于人，固无妨内君其众。少康虽为牧正于仍，为庖正于虞，自夏人言之，固可云君位迄未尝旷。又曷怪系世之书，谓其继父而立也？况夫伍员之言，亦未必尽信邪？

第二节 殷先世事迹

《史记·殷本纪》曰："殷契母曰简狄，有娀氏之女，为帝喾次妃。三人行浴。见玄鸟堕其卵。简狄取吞之。因孕，生契。契长而佐禹治水，有功帝。舜乃命契曰：百姓不亲，五品不训，汝为司徒，而敬敷五教。五教在宽。封于商，赐姓子氏。契兴于唐、虞、大禹之际，功业著于百姓。百姓以平。契卒，子昭明立。昭明卒，子相土立。相土卒，子昌若立。昌若卒，子曹圉立。曹圉卒，子冥立。冥卒，子振立。振卒，子微立。微卒，子报丁立。报丁卒，子报乙立。报乙卒，子报丙立。报丙卒，子主壬立。主壬卒，子主癸立。主癸卒，子天乙立。是为成汤。"曹圉，《索隐》曰："《系本》作粮圉。"《祭法疏》引《世本》作"遭圉"。且云："遭圉生根圉，根圉生冥。"则较《本纪》多一世。案《国语·周语》云："玄王勤商，十四世而兴。"《荀子·成相》云："契玄王，生昭明，居于砥石，迁于商。十有四世，乃生天乙是成汤。"与《国语》合，则《世本》似误也。《鲁语》曰："上甲微能帅契者也，商人报焉。"又言："冥勤其官而水死。"《礼记·祭法》同。此外事迹无考。

《殷本纪》又曰："自契至汤八迁。汤始居亳，从先王居。作《帝诰》。"《书序》同。"作《帝诰》"三字，盖后人所窜，造《书序》者即据《史记》以为资也。《伪孔传》曰："契父帝喾都亳，汤自商丘迁焉，故曰从先王居。"《疏》曰："《商颂》云：帝立子生商，是契居商也。《世本》云：昭明居砥石。《左传》称相土居商丘。及今汤居亳。事见经传者，有此四迁。其余四迁，未详闻也。郑玄云：契本封商，国在太华之阳。皇甫谧云：今上洛商是也。今陕西商县。襄九年《左传》云：陶唐氏之火正阏伯居商丘，相土因之。杜预云：今梁国睢阳，宋都是也。其砥石，先儒无言，不知所在。"又曰："郑玄云：亳，今河南偃师县有汤亭。今河南偃师县。《汉书音义》臣瓒者云：汤居亳，今济阴亳县是也。今亳有汤冢，已氏有伊尹冢。亳，今安徽亳县。已氏，在今山东曹县东南。杜预云：梁国蒙县北有亳城。城中有成汤冢，其西又有伊尹冢。蒙在今河南商丘县东北。皇甫谧云：孟子称汤居亳，与葛为邻。葛伯不祀，汤使亳众为之耕。葛即梁国宁陵之葛乡也。宁陵今河南宁陵县。若汤居偃师，去宁陵八百余里，岂当使民为之耕乎？亳今梁国谷熟县是也。谷熟，在今河南商丘县。诸说不同，未知孰是。"案经传之文，皆出后人追叙。其称谓略有一定。古书从无称五帝为王、三王为帝者。帝喾亦五帝之一安得忽称先王？伪传之非，不言可喻。《水经·谷水注》："阳渠水又东径亳殷南，昔盘庚所迁。改商曰殷，始此也。班固曰：尸乡，故殷汤所都者也，故亦曰汤亭。薛瓒《汉书注》，皇甫谧《帝王世纪》并以为非，以为帝喾都矣。"案《御览·州郡部》引《帝王世纪》曰："帝喾氏都亳，今河南偃师是也。或言在梁，非也。"又云："《世本》言夏后在阳城，本在大梁之南，于战国，大梁魏都，今陈留浚仪是也。"以大梁为古都，于逐渐西迁之迹颇相合。至郑玄之说，则本于《汉志》。王鸣盛《尚书后案》申之曰：薄县，汉本属山阳郡。后汉分其地置蒙、谷熟二县，与薄并改属梁国。晋又改薄为亳，且改属济阴，故臣瓒所谓汤都在济阴亳县者，即其所谓在山阳薄县者也。案《汉书·地理志》：山阳郡薄县下《注》引臣瓒曰："汤所都。"其"汤居亳，今济阴亳县是也"之说，见河南郡偃师县下。亦即司马彪所谓在梁国薄县，《续汉书·郡国志》。杜预所谓在蒙县北亳城者也；而亦即皇甫谧所分属于蒙、谷熟者也。本一说也，孔颖达《书诗疏》，案指《诗·商颂疏》。皆认为异说，其误已甚。又《书·立政》：三亳阪尹。《疏》云：郑玄以三亳阪尹，共为一事。云汤旧都之民，服文王者，分为三邑。其长居险，故言阪尹。盖东成皋，汉县，今河南汜水县。南轘辕，山名，在今河南偃师县东南。西降谷也。"王鸣盛云：降谷，即《续汉书·地理志》：谷城县之函谷。案谷城，在今河南洛阳县西北。皇甫谧以为三亳，三处之地，皆名为亳。蒙为北亳，谷熟为南亳，偃师为西亳。王氏亦力斥之，谓其巧于立说，其说是矣。然于偃师去宁陵八百里，岂当使民为之耕之难，不能解也。又《诗·商颂谱疏》，谓郑以汤取契之所封，以为代号。服虔、王肃则不然。襄九年《左传》曰："阏伯居商丘，相土因之。"服虔曰："汤以为号。"又《书序》王肃《注》云："契孙相土居商丘，故汤因以为国号。"《左氏》襄公九年《疏》引《释例》曰："宋、商、商丘，三名一地。"《伪孔》、杜预，多同王肃，然则《汤誓伪传》谓"契始封商，汤遂以为天下号"者，意亦不谓其在太华之阳，乃《疏》强分商与商丘为两地，转谓《伪传》、杜预之说，同于郑玄。又阏伯居商丘之语，亦见于《史记·郑世家集解》引贾逵曰："在漳南。"《水经·瓠子河注》："河水旧东决，径濮阳城东北，故卫也，今河北濮阳县。帝颛顼之虚。昔颛顼自穷桑徙此，号曰商丘，或谓之帝丘，本陶唐氏火正阏伯之所居，亦夏伯昆吾之邦，相土因之。"盖依贾说。则杜以商丘、帝丘为二，贾自以商丘、帝丘为一也。《义疏》于此，亦无所疏通证明，支离灭裂甚矣。

欲明成汤先世事迹，必先明其所谓八迁者，《义疏》仅数其四，既为不具。且数契居商为一迁。夫契本封商，不可云迁也。今案扬雄《兖州牧箴》云："成汤五徙，卒都于亳。"然则汤身凡五迁，自此以前，共得三耳。三者？《水经·渭水注》引《世本》曰："契居蕃"，盖自商丘而迁，一也。《荀子·成相篇》曰："契玄王，生昭明，居于砥石，迁于商。"云居于砥石，与《书疏》引《世本》合，二也。居于商，盖即相土事，《成相》皆三七言句，为言数所限，故言之不具，三也。成汤五徙者？汤始居亳，盖自商丘而迁，一也。《吕览·慎大览》曰："汤立为天子，夏民大说，亲郼如夏。"《具备篇》曰："汤尝约于郼薄矣。"郼即韦。《诗·商颂·长发》曰："韦、顾既伐，昆吾、夏桀。"盖汤伐韦之后，尝徙居其地，二也。《周书·殷祝》曰："汤将放桀，于中野。《尚书大传》作"居中野"，案"居"字是也。士民闻汤在野，皆委货，扶老携幼奔，国中虚。桀请汤曰：国所以为国者以有家，家所以为家者以有人也。今国无家，无人矣。"无人矣"上，当夺"家"字。君有人，请致国，君之有也。君之有也上，亦当夺国字。汤曰：否。昔大帝作道，明教士民。今君王灭道残政，士民惑矣，吾为王明之。士民复致于桀，曰：以薄之君，济民之残，何必君更？桀与其属五百人南徙千里，止于不齐。不齐士民往奔汤于中野。桀复请汤：言君之有也。汤曰：否。我为君明之。士民复重请之。桀与其属五百人徙于鲁。鲁士民复奔汤。桀又曰：国，君之有也。吾则外人有言，彼以吾道是邪？我将为之。汤曰：此君王之士也，君王之民也。委之何？汤不能止桀。汤曰：欲从者从之。桀与其属五百人去居南巢。"此以汤之放桀，文致为禅让之事，言汤三让然后取桀之国也。文致为禅让非，云取桀之国则实矣。是三迁也。《春秋繁露·三代改制质文篇》曰："汤受命而王，作官邑于下洛之阳。"此盖灭桀后所作新邑。既作之，必尝居之，是四迁也。《风俗通·三王篇》曰："汤者，攘也，言其攘除不轨，改亳为商，成就王道，天下炽昌。"改亳为商，即扬雄所谓卒都于亳，乃汤最后定居之事也。是五迁也。

八迁之可考者如此，而商先世之地，亦有可得而言者。契之本封，郑玄、皇甫谧之言，盖因后世地名而误。汤之所居，《管子·地数》《轻重甲》《荀子·议兵》《吕览·具备》《墨子·非攻下篇》皆作薄。惟《非命上篇》及《孟子》书作亳。《说文》亳字下不言汤所都，然《史记·六国表》，以“汤起于亳”，与“禹兴于西羌，周以丰镐伐殷，秦用雍州兴，汉之兴自蜀汉”并言，则汉人久混薄、亳为一。故纬候有“天乙在亳，东观于洛”之文。《诗·商颂·玄鸟疏》引《中候雒予命》。以吾族原起东南言之，自以谓在东方为是。商丘、帝丘，贾逵合为一，杜预析为二。案《左氏》僖公三十一年，卫迁于帝丘。卫成公梦康叔曰：相夺予享。此即昭公十七年所云卫颛顼之虚者。而《太平御览》引《世本》曰：“相徙商丘，颛顼之虚”，则亦以商丘、帝丘为一。《世本》古书，较可信据，贾说自优于杜也。蕃，《水经注》以郑西之峦都城当之，此郑谓西郑，今陕西华县。恐非。王国维谓为鲁国之蕃县，见《观堂集林·说自契至于成汤八迁》。蕃，今山东滕县。其地近亳，当是。王氏又谓《左氏》庄公十一年“公子御说奔亳”之亳，即汉之薄县。案古书传于今者，多出春秋、战国人手，必以其时之地名述古事。《史记·货殖列传》言：“尧作游成阳，舜渔于雷泽，汤止于亳。”其说颇古，其地固与蕃县密迩也。惟砥石不可考，近人丁山云：“汉常山郡薄吾县，今河北平山县。战国时谓之番吾，即蕃。《史记·五帝本纪》：青阳降居江水，《大戴记·帝系》作泜水。《山海经·北山经》：敦与之山，泜水出于其阴，而东流注于彭水。《郭注》云：今泜水出中丘县西穷泉谷，东注于堂阳县，入漳。《汉志》：常山郡元氏县，沮水首受中邱穷泉谷，东至堂阳入横河。又常山郡房子县赞皇山，石济水所出，东至廮陶入泜，中邱，今河北内邱县。堂阳，今河北新河县。元氏，今河北元氏县。房子，今河北高邑县。廮陶，今河北宁晋县。以互摄通称之例言之，颇疑泜与石济下游，古有泜石之名，即昭明所居。”见所著《由三代都邑论其民族文化》，载《历史语言研究所集刊》。案此说稍嫌凿空。且纣都朝歌，今河南淇县。台在沙丘，今河北平乡县。而《孟子》言纣之罪曰：“坏宫室以为污池，弃田以为园囿；园囿污池，沛泽多而禽兽至。”则纣之世，朝歌以往，尚为旷废之区，昭明安得建国其地？窃疑砥石亦当去商不远也。

王国维《说亳》曰：“昆吾之墟，地在卫国。案见下节。《左传》《世本》说当可据。韦国，《郑笺》以为豕韦。《续志》：东郡白马今河南滑县。有韦乡白马之津，在滑县北。《史记·曹相国世家》谓之围泽。是韦与昆吾，实为邻国。”案此所举证亦颇古，汤所居郼，盖即其地。桀都别见下节，作官邑于下洛之阳，盖即偃师之地，其卒归于亳，则疑即汉之薄县，故应劭云改亳为商也。

第三节　夏殷兴亡

殷汤代夏之事，《史记·殷本纪》述之曰：“汤征诸侯。葛伯不祀，汤始伐之。当是时，夏桀为虐政，淫荒，而诸侯昆吾氏为乱。汤乃兴师，率诸侯。伊尹从汤。汤自把钺，以伐昆吾，遂伐桀。于是汤曰：吾甚武，号曰武王。桀败于有娀之墟。桀奔于鸣条，夏师败绩。汤遂伐三朡，俘厥宝玉。于是诸侯毕服。汤乃践天子位，平定海内。汤归至于泰卷陶，还亳。”《孟子·滕文公下篇》曰：“汤始征，自葛载。十一征而无敌于天下。”《注》曰：“载始也。一说言当作再字。再十一征，言汤再征十一国，凡征二十二国也。”案《梁惠王下篇》引《书》曰“汤一征，自葛始”，则一说非也。十一征不可考。《诗·商颂·长发》曰：“武王载旆，有虔秉钺。如火烈烈，则莫我敢遏。韦、顾既伐，昆吾、夏桀。”汤用兵之事可考者，如此而已。

葛为汉宁陵县葛乡，韦为汉白马县韦乡，已见上节。顾地无考。王国维《说亳》曰：“顾，《汉书·古今人表》作鼓。与昆吾《郑语》均以为己姓之国。帝丘有戎州己氏，而梁国蒙薄之北，汉亦置己氏县。疑当在昆吾之南，蒙薄之北。”其说亦颇近之。昆吾有二：一《左氏》昭公十二年，楚灵王曰：“昔我皇祖伯父昆吾，旧许是宅。”为今河南许昌县。一《哀公十七年》卫侯梦于北宫，见人登昆吾之观。杜《注》曰：“卫有观，在古昆吾之墟，今濮阳城中。”则今河北濮阳县也。《国语·郑语》韦《注》曰：“昆吾，卫是也。其后夏衰，昆吾为夏伯，迁于旧许。”故说者多以此时之昆吾在今许昌。然观上节引《吕览》之言，则汤居韦颇久，濮阳地与韦近，韦说恐未必然也。桀之居，吴起对魏武侯曰：“左河、济，右太华，伊阙在其南，羊肠在其北。”见《战国·魏策》《史记·吴起列传》。伊阙，见第七章第三节。羊肠阪，在今山西晋城县南。又幽王三年（前779），西周三川地震。伯阳父曰：“周将亡矣。昔伊、洛竭而夏亡，河竭而商亡。”见《国语·周语》《史记·周本纪》。则仍在河、洛之境。《续汉书·郡国志》：上党郡高都，今晋城县。《注》曰：《前志》曰：有天井关。《战国策》曰：桀居天井，即天门也。案《礼记·缁衣》引尹吉曰“尹躬天见于西邑夏”，似即指伊尹五就汤五就桀之事言之。见《孟子·告子下篇》。《殷本纪》亦曰：“伊尹去汤，适夏，既丑有夏，复归于亳。”郑《注》释为尹之先祖见夏先君臣，殊迂曲。《吕览·慎大览》曰：末喜言天子梦西方有日，东方有日，两日相与斗，西方日胜，东方日不胜，故令师从东方出于国西以进。”《墨子·非攻下篇》，言天命融隆火于夏之城间西北隅。皆汤都在桀东，用兵顾出桀西之证。汤居于韦，可渡河绕出桀西，若桀居天井，则当时太行以北，尚为未开辟之地，汤无从更出其西矣。故桀都必当在河、洛也。《商颂》郑《笺》曰：“汤先伐韦、顾，克之。昆吾、夏桀则同时诛。”案《礼记·檀弓下篇》曰：“子卯不乐。”郑《注》曰：“纣以甲子死，桀以乙卯亡。”《释文》引贾逵说同。盖旧有此说。《左氏》昭公十八年：“春，王二月，乙卯，周毛得杀毛伯过而代之。苌弘曰：毛得必亡，是昆吾稔之日也。”郑《笺》盖本于此。然殊僿说无据也。又《左氏》昭公四年，椒举曰：“夏桀为仍之会，有缗叛之。”《韩非子·十过篇》亦有是语。仍作娀，盖声之转。伍员言后缗方娠，逃出自窦，归于有仍。杜《注》云：“后缗，有仍氏女。”盖仍其国名，缗其君姓。上云有仍，下云有缗，名虽异，仍是一国。古人文法，往往如此。仍故夏婚姻之国，然是时叛之，或亦桀致败之由也。梁履绳《左通补释》云：“《春秋》桓公五年，天王使仍叔之子来聘。《谷梁经传》并作任叔。仍、任声相近，或是一地。”《续书·地理志》：“东平国任城县，故任国，汉任城，今山东济宁县。案仍、任即是一国，自夏至周，亦未必无迁徙。娀即戎，《春秋》鲁西固多戎。《吕览·简选篇》曰：“殷汤良车七十乘，必死六千人，战于郕，登自鸣条，乃入巢门。”战于郕，登自鸣条，似与《史记》之“桀败于有娀之虚，桀奔于鸣条”相当。郕或即有娀所在也。郕，见《春秋·隐公五年》。《公羊》作成。今山东宁阳县。鸣条为舜卒处，已见第七章第四节。《书序》曰：“伊尹相汤伐桀，升自陑，遂与桀战于鸣条之野。”《书序》虽伪物，亦当有所本。陑盖鸣条近旁高地，故《吕览》亦云登也。《伪孔传》曰：“桀都安邑，汤升道从陑，出其不意。陑在河曲之南。”又曰：“鸣条地在安邑之西，桀逆拒汤。”《疏》引皇甫谧曰：“今安邑见有鸣条陌昆吾亭。《左氏》以为昆吾与桀，同以乙卯日亡，明昆吾亦来安邑，欲以卫桀，故同日亡，而安邑有其亭也。”可谓善于凿空矣。《淮南子·修务训》曰：“汤整兵鸣条，困夏南巢，谯以其过，放之历山。”《荀子·解蔽篇》曰：“桀死于亭山。”巢门者，南巢之门。亭、历声之转。后人以春秋时地名释之，乃谓南巢为今巢县，历山在今和县。窃疑历山即舜耕处，仍在今山东境内也。三朡，《书序伪孔传》曰：“今定陶。”今山东定陶县。泰卷陶，《书序》作大坰。《史记集解》引徐广曰：“一无此陶字。”《索隐》曰：“邹诞生卷作饷又作坰，则卷当为坰，与《尚书》同，非衍字也，其下陶字是衍耳。解《尚书》

者，以大埛今定陶，旧本或旁记其地名，后人传写，遂衍斯字也。”案《书序疏》曰“云今定陶者，相传为然”，则亦无确据。然定陶确当自鸣条归亳之途，则旧说或当不误也。桀都实在亳西，然其败亡反向东走，殊不可解。《史记·殷本纪》载《汤诰》曰：“维三月王自至于东郊”，亦汤用兵在东之证。《左氏》昭公十一年曰“桀克有缗以丧其国”，岂力征经营于东，汤顾自西袭其后欤？《周书》谓桀之败，南徙千里，至于不齐，又南徙至于鲁。不齐傥即齐，则汤与桀之战，乃在齐之北千里，深入今河北境矣。岂二国尝剧战于此，桀乃败逋东南走欤？书阙有间，难以质言矣。

第四节　殷代事迹

《史记·殷本纪》曰：“汤崩，太子太丁，未立而卒，于是乃立太丁之弟外丙，是为帝外丙。帝外丙即位二年崩，立外丙之弟中壬，是为帝中壬。帝中壬即位四年崩，伊尹乃立太丁之子太甲。太甲，成汤嫡长孙也。是为帝太甲。帝太甲既立三年，不明，暴虐。不遵汤法，乱德。于是伊尹放之于桐宫，三年。伊尹摄行政当国，以朝诸侯。帝太甲居桐宫三年，悔过，自责，反善。于是伊尹乃迎帝太甲而授之政。帝太甲修德，诸侯咸归殷，百姓以宁。帝太甲称太宗。太宗崩，子沃丁立。沃丁崩，弟太庚立，是为帝太庚。帝太庚崩，子帝小甲立。《汉书·古今人表》同。《三代世表》太庚弟。帝小甲崩，弟雍已立，是为帝雍已。殷道衰，诸侯或不至。帝雍已崩，弟太戊立。《三代世表》：太戊，小甲弟。伊陟为相，巫咸治王家有成，殷复兴，诸侯归之，故称中宗。中宗崩，子帝中丁立。《三代世表》同。《古今人表》：太戊弟。帝中丁迁于隞，河亶甲居相，祖乙迁于邢。帝中丁崩，弟外壬立，是为帝外壬。帝外壬崩，弟河亶甲立，是为帝河亶甲。河亶甲时，殷复衰。河亶甲崩，子帝祖乙立。《三代世表》同。《古今人表》河亶甲弟。帝祖乙立，殷复兴。巫贤任职。祖乙崩，子帝祖辛立。帝祖辛崩，弟沃甲立，是为帝沃甲。《索隐》曰："《系本》作开甲。"帝沃甲崩，立沃甲兄祖辛之子祖丁，是为帝祖丁。帝祖丁崩，立帝沃甲之子南庚，是为帝南庚。帝南庚崩，立帝祖丁之子阳甲，是为帝阳甲。帝阳甲之时，殷衰。自中丁以来，废适而更立诸弟子，弟子或争相代立，比九世乱，于是诸侯莫朝。帝阳甲崩，弟盘庚立，是为帝盘庚。帝盘庚之时，殷已都河北，盘庚渡河南，复居成汤之故居。乃五迁无定处，殷民咨胥皆怨，不欲徙。盘庚乃告谕诸大臣曰：昔高后成汤，与尔之先祖，俱定天下，法则可修，舍而弗勉，何以成德？乃遂涉河南，治亳，行汤之政。然后百姓由宁，殷道复兴，诸侯来朝，以其遵成汤之德也。帝盘庚崩，弟小辛立，《三代世表》同。《古今人表》：盘庚子。是为帝小辛。帝小辛立，殷道复衰。帝小辛崩，弟小乙立，是为帝小乙。帝小乙崩，子帝武丁立。帝武丁即位，思复兴殷，而未得其佐，三年不言，政事决定于冢宰，以观国风。武丁夜梦得圣人，名曰说。以梦所见视群臣百吏，皆非也。于是乃使百工营求之野，得说于傅险中。《集解》："徐广曰：尸子云：傅岩在北海之洲。"《索隐》："旧本作险，亦作岩也。"案岩、险同字。古都邑恒筑于山险之地。下文云"故遂以傅险姓之，号曰傅说"，则其地名傅也。是时说为胥靡，筑于傅险。见于武丁，武丁曰：是也。得而与之语，果圣人，举以为相，殷国大治。故遂以傅险姓之，号曰傅说。帝武丁祭成汤，明日，有飞雉登鼎耳而呴。武丁惧。祖己曰：王勿忧，先修政事。武丁修政行德，天下咸欢，殷道复兴。帝武丁崩，子帝祖庚立。祖己嘉武丁之以祥雉为德，立其庙，为高宗。帝祖庚崩，弟祖甲立，是为帝甲。帝甲淫乱，殷复衰。帝甲崩，子帝廪辛立。《索隐》曰："《汉书·古今人表》及《帝王代纪》皆作冯辛。"案"代纪"即"世纪"，唐人避讳改。帝廪辛崩，弟庚丁立，是为帝庚丁。帝庚丁崩，子帝武乙立。殷复去亳，徙河北。帝武乙无道，为偶人，谓之天神，与之搏，令人为行。天神不胜，乃僇辱之。为革囊盛血，仰而射之，命曰射天。武乙猎于河、渭之间，暴雷，武乙震死。子帝太丁立。帝太丁崩，子帝乙立。帝乙立，殷益衰。帝乙长子曰微子启，启母贱，不得嗣。少子辛，辛母正后，辛为嗣。帝乙崩，子辛立，是为帝辛，天下谓之纣。"以上自汤至纣，凡三十王。《大戴记·少间篇》言："成汤卒崩，二十二世，乃有武丁即位；武丁卒崩，九世，乃有末孙纣即位"；《国语·周语》言："帝甲乱之，七世而亡"；世数皆相合。惟《晋语》谓"商之享国三十一王"，多一世。《大戴记·保傅》亦谓"殷为天子，三十余世，而周受之"。盖并武庚数之。武庚继纣而立，固犹可云未失位也。《孟子》言"由汤至于武丁，贤圣之君六七作"，《公孙丑上》。《史记》太甲、太戊、祖乙、盘庚皆贤君，并汤与武丁而六，说亦相合。《书·无逸》："周公曰：乌乎！我闻曰：昔在殷王中宗，严恭，寅畏天命，自度，治民祗惧，不敢荒宁。肆中宗之享国，七十有五年。其在高宗，时旧劳于外，爰暨小人。作其即位，乃或谅阴，三年不言，其惟不言，言乃雍。不敢荒宁，嘉靖殷邦。至于小大，无时或怨。肆高宗之享国，五十有九年。其在祖甲，不义惟王，旧为小人，作其即位，爰知小人之依，能保惠于庶民，不敢侮鳏寡。肆祖甲之享国，三十有三年。自时厥后立王，生则逸。生则逸，不知稼穑之艰难，不闻小人之依，惟耽乐之从。自时厥后，亦罔或克寿，或十年，或七八年，或五六年，或四三年。"高宗享国，《汉石经残碑》作百年，《史记·鲁世家》作五十五年。已见第四章。祖甲，《伪孔传》谓即太甲，王肃同。《疏》引郑玄云"祖甲，武丁子帝甲也。有兄祖庚，武丁欲废兄立弟，祖甲以此为不义，逃于人间，故云旧为小人"。案不义惟王，旧为小人，实与太甲事合；而祖甲，《史记》《国语》，皆以为乱君，安能保惠庶民？《疏》引此以驳郑是也。太甲不应次中宗、高宗后，郑玄盖因此而以祖庚弟释之。《伪传》云“以德优劣，立年多少为先后”，亦属牵强。皮锡瑞云：“《无逸石经》，肆高宗之飨国百年，下接自时厥后，则其在祖甲，今文作昔在殷王太宗，以为太甲，在周公曰乌乎下。后乃曰其在中宗，其在高宗。《古文尚书》前失太宗，后增祖甲也。”《书经通论》。

殷代事迹最异者，为其君位承袭之法。自五帝以前君位承袭之法，实不可知。史所传五帝之序，盖后人就当时强部，能号令诸侯者言之，犹齐桓、宋襄、晋文之继霸，非一国之内，君位相承之序也。自夏以来，君位承袭，乃有可考；周家特重嫡长，明白无疑。夏后氏：据《史记本纪》所载，惟太康、仲康兄弟相及。又扃以弟继不降，扃卒，子廑立，廑卒，还立不降子孔甲，亦颇类有殷。然此乃承袭之法，偶失其常，不能谓夏弟兄相及也。殷三十王，弟兄相及者十四外丙、仲壬、太庚、雍己、太戊、外壬、河亶甲、沃甲、南庚、盘庚、小辛、小乙、祖甲、庚丁。若兼据《三代世表》及《古今人表》，则小甲、中丁、祖乙亦皆兄弟相及，凡十七。春秋时吴诸樊、余祭、余昧相及。季弟札让不肯立，立余昧之子僚。诸樊子光，以为不传季子，光当立，卒弑僚而代之。可见弟兄相及者，季弟死，当还立长兄之子。殷代亦然。太甲之继仲壬、祖丁之继沃甲，皆如此。其不然者，盖弟兄相及，年代孔长长兄之子或先季弟死，又或在位者用私；诸弟子争立，不能尽如法也。《春秋繁露·三代改制质文篇》曰：“主天者法商而王，立嗣予子，笃母弟；《公羊·隐公七年》何《注》曰：母弟，同母弟；母兄，同母兄。分别同母者，《春秋》变周之文，从殷之质，质家亲亲，明当亲厚，异于群公子也。主地者法夏而王，立嗣予孙，笃世子。”必非虚语矣。母系之族，兄弟为一家，父子则否，故多行相及之法。兄弟尽，还立长兄之子，亦诸族类然。《史记》言“自中丁以来，废嫡而更立诸弟子”，所谓嫡者，实兼弟言之，如太丁死后之外丙，仲壬死后之太甲；所谓诸弟子，则太丁死时之仲壬、太甲也。后世行此法者惟吴，而鲁自桓公以前，亦一生一及，见《公羊·庄公三十二年》，《史记·鲁世家》作一继一及。盖东南之俗故如此，此可考见殷人之所起矣。

《论语·宪问篇》："子张问曰：《书》云：高宗谅阴，三年不言。何谓也？子曰何必高宗？古之人皆然。君薨，百官总己，以听于冢宰，三年。"盖居丧之时，不自为政，实殷代之成法也。《史记》曰："帝太甲既立，三年，不明，暴虐，不遵汤法，乱德，于是伊尹放之于桐宫三年。"两云三年，明先后凡六年。《伪古文尚书·太甲篇》曰："王徂桐宫居忧。"又曰："惟三祀，十有二月朔，伊尹以冕服奉嗣王归于亳。"《伪孔传》曰："汤以元年十一月崩，至此二十六月服阕。"又释《书序》之"太甲元年"为"汤殁而太甲立，称元年"。释《伪伊训》之"惟元祀，十有二月，乙丑，伊尹祠于先王"，曰："汤崩逾月，太甲即位，奠殡而告。"于是中失外丙、仲壬两君；而太甲居丧，伊尹摄政，先后凡六年者，亦只得三年矣。观《大戴礼记》《国语》言殷代世数，皆与《史记》合，即知其作伪之不雠矣。《帝王世纪》亦仍有二君，见《伊训肆命徂后序疏》。《太甲下疏》引《纪年》云："殷仲壬即位，居亳，其卿士伊尹。仲壬崩，伊尹乃放太甲于桐而自立也。伊尹即位于太甲七年，太甲潜出自桐，杀伊尹，乃立其子伊陟、伊奋，命复其父田宅而中分之。"杜预《春秋后序》说同，已见第七章第四节。又《御览》引《璅语》云："仲壬崩，伊尹放太甲，乃自立四年。"此等伪书，皆一鼻孔出气，然皆以为太甲之见放，在谅阴之后也。又《沃丁序疏》引皇甫谧云："沃丁八年。伊尹卒，卒年百有余岁，大雾三日。沃丁葬之以天子礼。葬，祀以太牢，亲临丧，以报大德。"案此说出汉张霸之《百两篇》，见《论衡·感类篇》。然谅阴总己之制，后似不能常行，观《礼记·丧服四制》言高宗之时，礼废而复起可知。此亦可见君权之日扩也。

《史记》仲丁迁于隞，《书序》作嚣。河亶甲居相，《书序》同。

祖乙迁于邢，《书序》作圮于耿。《书·盘庚篇》云："不常厥邑，于今五邦。"《释文》引马云："五邦，谓商丘、亳、嚣、相、耿也。"《疏》引郑亦云："汤自商徙亳，数商、亳、嚣、相、耿为五。"案《经》言于今，则当并盘庚所居言之。五迁盖当数亳、嚣、相、耿，暨盘庚所治之亳也。《书序》曰："盘庚五迁，将治亳殷。"《伪孔传》曰："自汤至盘庚，凡五迁都。"《疏》曰："上文言自契至于成汤八迁，并数汤为八，此言盘庚五迁，又并数汤为五，故班固云：殷人屡迁，前八后五，其实正十二也。此序云盘庚将治亳殷，下《传》云：殷，亳之别名，则亳、殷即是一都。《汲冢古文》云：盘庚自奄迁于殷。殷在邺南三十里。束皙云：《尚书序》盘庚五迁，将治亳殷，旧说以为在亳。亳殷在河南。《孔子壁中尚书》云：将始宅殷，是与古文不同。《汉书·项羽传》云：洹水南殷虚上。今安阳西有殷。束皙以殷在河北，与亳异也。孔子壁内之书，安国先得其本，亳字磨灭，容或为宅，治皆作乱，与治不类，无缘误作始字，知束皙不见壁内之书，妄为说也。"案《竹书》传于后者尽是伪物，此《疏》所引，亦未必真出束皙，然作伪者之用心，则可见矣。《太平御览·皇王部》引《竹书》："仲丁自亳迁于嚣。河亶甲自嚣迁于相。祖乙居庇。南庚自庇迁于奄。盘庚自奄迁于北蒙，曰殷。"盖不满五迁之并数汤，故益一南庚；又欲以殷墟为殷，故谓盘庚所迁为北蒙也。河、洛之地，实名为殷，已见第一节。《盘庚上篇》："盘庚迁于殷。"《疏》引郑玄曰"商家自徙而号曰殷"，谓"郑以此前未有殷名"，郑说当有所本。仲丁迁于嚣，《书疏》曰："李颙云：嚣在陈留浚仪县。今河南开封县北。皇甫谧云：仲丁自亳徙嚣，在河北也。或曰：今河南敖仓。今河南荥阳县北。二说未知孰是也。"以殷代都邑，多在河北言之，皇甫谧嚣在河北之说，似较得当。《太平御览·州郡部》引《帝王世纪》转引《世本》曰："太甲迁上司马，在邺之南。"《世纪》果有此语，不得又谓仲丁自亳徙嚣。《吕览·音初篇》曰："殷整甲徙宅西河，犹思故土，实始作为西音。”近人钱穆《子夏居西河辩》引此；又引《史记·孔子世家》“卫灵公问孔子：蒲可伐乎？对曰：可。其男子有死之志，妇人有保西河之志，吾所伐者，不过四五人。”《索隐》曰：此西河在卫地，非魏之西河也。《艺文类聚》卷六十四，《文选》左太冲《招隐诗注》引《尚书大传》：“子夏对夫子云：退而穷居河、济之间。”以证子夏居西河，不在龙门汾州。汾州，今山西汾阳县。其说甚确。然则《世本》之太甲，乃整甲或河亶甲之误，相正后世之相州也。今河南安阳县。《韩诗外传》曰：“武王伐纣到邢丘，更名邢丘曰怀。”此即春秋时之邢国。今河北邢台县。《史记·殷本纪》言纣广沙丘苑台，又言其最乐戏于沙丘，沙丘固邢分，《书序》作“圮于耿”，皇甫谧以河东皮氏县耿乡当之，皮氏，今山西河津县。误矣。《伪传释书序》曰“圮于相，迁于耿”，此大不辞。《疏》引郑玄曰：“祖乙去相居耿，而国为水所毁，于是修德御之，不复徙也。录此篇者，善其国圮毁，改政而不徙。”亦近亿说。《书序》即杂采古书为之，非有异闻，窃疑本亦作迁于耿，迁既讹为圮，郑玄、伪孔等，乃从而为之辞也。扬雄《兖州牧箴》曰“盘庚北迁，牧野是宅”，盖指其未涉河以前。造《竹书》者，盖因此亿盘庚徙居河北，乃億改牧野之名为北蒙以当之。《国语·楚语》曰“昔殷武丁，能耸其德，至于神明，以入于河，自河徂亳”，盖谓其自外藩入居大位，即《书》所谓“旧劳于外”。足征武丁犹在亳殷，《史记》武乙去亳徙河北之说甚确。《御览·州郡部》引《帝王世纪》云：“武丁徙朝歌，于周为卫，今河内县也。”《水经·淇水注》引《晋书·地道记》曰：“朝歌本沬邑也，殷王武丁始迁居之。”盖皆误解《楚语》。造竹书者，既谓盘庚已居河北，不得再有武乙之徙，乃谓“自盘庚徙殷，至纣之灭，更不徙都”，《史记·殷本纪正义》。其不雠又甚矣。洹水之南殷墟，近岁发掘，虽有所得，为古都邑无疑，然安能决殷王室之必居于是耶？

殷墟甲骨，出于清末，未几，即有以其太多而疑之者。至中央研究院派人查勘，则伪物充塞市肆，作伪者且确有主名。见第二章。案甲骨文之出土，事在光绪戊戌（1898 年）、己亥（1899 年）间。贾人携至北平，为福山王懿荣所得。庚子（1900 年）秋，懿荣殉难。所藏皆归丹徒刘铁云鹗。小屯土人，农隙掘地，岁有所得，亦归焉。光、宣间所出，大半归上虞罗叔言振玉。王氏所藏，凡千余片。刘氏所藏，三千余片。罗氏所藏，二三万片。其余散在诸家者，亦当以万计。驻安阳之某国牧师，所藏亦近万片。见近人自署亢父者所撰《二十年间中国旧学之进步》，载《东方杂志》。又有自署老圃者，于十四年四月九日《时报》论其事曰："光绪间，安阳掘得龟甲兽骨。或刻有篆文，而无文者尤累累。好事者购之百文辄得一大裹。然皆碎块，块不过数字，不能详其文义。其可辨者，以干支字为多。间有大片，字亦寥寥。其后购求者踵至，而续出者亦愈多。价亦飞腾，或一片索一金矣。无文之骨，亦不知何往，盖一变而为有文矣。藏者以多字为贵。遂有连篇累牍者，夸示于众，而真伪益不可究诘矣。"董作宾《试掘安阳小屯报告书》，言尝晤钟楼巷遵古斋肆主王姓，告以伪造甲骨者，以蓝葆光为最工。其人本善刻玉雕骨。号称小屯出土之物，是人所造为多。又有王姓者，亦能放制，而远不如蓝。遵古斋壁间累累者，皆新出土无字之甲骨也。其《安阳侯家庄出土之甲骨文字篇》，谓十七年（1928 年）以后，真字骨几绝迹，大都蓝、王二人所造。又吴县国学会所出《国学论衡》，载章炳麟之言，谓伪造甲骨文者，即收藏最有名之士夫，则有不忍言者矣。故此物最近发掘，众目昭彰者，自可据为研究之资。其前此所有者，则为矜慎起见，不如弗用之为愈也。乃近人多好据之以言古史。其魁桀当推王国维。所撰《殷卜辞中所见先王先公考》，据甲骨文，以王亥为殷之先王；谓天乙为太乙之讹；中宗实为祖乙；疑《史记》报丁、报乙、报丙之次为误。其所得先公之次，适与十干之次同，明系作伪者不闲殷代掌故，亦曲说为诸公生卒之日，汤定祀典时已不可知，即用十日之次追名之。又作《殷周制度论》，谓周人言殷礼，已多失实；

甚至谓殷人祭无定制，或九世，或廿世，或八世，或三世，或二世，或五世，或四世，而不顾其事理之不可通也。章炳麟《理惑篇》谓言古物者，首贵其人之贞信。见《国故论衡》。民国以来，有矢忠清室者，大抵愚暗无识之人。王氏蚤岁治叔本华之学，议论精辟无伦，断非愚暗无识者，而晚岁亦以清室遗老自居，立言是否由衷？令人不能无惑。此编于近世据殷墟甲骨以言殷事者，皆不之取，盖其慎也。

第五节　周先世事迹

《史记·周本纪》曰："周后稷，名弃。其母有邰氏女，曰姜原。姜原为帝喾元妃。姜原出野，见巨人迹，心忻然说欲，践之。践之而身动如孕者。居期而生子。以为不祥，弃之隘巷。马牛过者，皆辟不践。徙置之林中，适会山林多人，迁之而弃渠中冰上，飞鸟以其翼覆荐之。姜原以为神，遂收养长之。初欲弃之，因名曰弃。弃为儿时，屹如巨人之志，其游戏好种树麻菽，麻菽美；及为成人，遂好耕农。相地之宜，宜谷者稼穑焉。民皆法则之。帝尧闻之，举弃为农师。天下得其利，有功。帝舜曰：弃，黎民始饥，尔后稷，播时百谷。封弃于邰，号曰后稷，别姓姬氏。后稷之兴，在陶唐、虞、夏之际，皆有令德。后稷卒，子不窋立。不窋末年，夏后氏政衰，去稷不务，不窋以失其官，而奔戎狄之间。不窋卒，子鞠立。鞠卒，子公刘立。公刘虽在戎狄之间，复修后稷之业。务耕种，行地宜，自漆、沮度渭取材用。行者有资，居者有畜积，民赖其庆。百姓怀之，多徙而保归焉。周道之兴自此始，故诗人歌乐思其德。公刘卒，子庆节立，国于豳。庆节卒，子皇仆立。皇仆卒，子差弗立。差弗卒，子毁隃立。《集解》："《世本》作榆。"《索隐》："《世本》作伪榆。"

毁隃卒，子公非立。《索隐》："《世本》作公非辟方，皇甫谧云：'公非，字辟方也。'"公非卒，子高圉立。《索隐》："《世本》云：'高圉侯侔。'"高圉卒，子亚圉立。《集解》："《系本》云：'亚圉云都。'皇甫谧云：'云都，亚圉字。'"《索隐》："《汉书·古今表》曰：'云都，亚圉弟。'按如此说，则辟方、侯侔，亦皆二人之名，实未能详。"亚圉卒，子公叔祖类立。《索隐》："《世本》云：'太公组绀诸盩。'"《三代世表》称叔类，凡四名。皇甫谧云："公祖一名组绀诸盩，字叔类，号曰太公也。"公叔祖类卒，子古公亶父立。古公亶父复修后稷、公刘之业，积德行义，国人皆戴之。熏育戎狄攻之，欲得财物，予之。已复攻，欲得地与民。民皆怒，欲战。古公曰：有民立君，将以利之。今戎狄所为攻战，以吾地与民，民之在吾。与其在彼，何异？民欲以我故战，杀人父子而君之，予不忍为。乃与私属遂去豳，度漆、沮，逾梁山，止于岐下。豳人举国扶老携弱，尽复归古公于岐下。及他旁国，闻古公仁，亦多归之。于是古公乃贬戎狄之俗，而营筑城郭室屋，而邑别居之，作五官有司，民皆歌乐之，颂其德。古公有长子曰太伯，次曰虞仲。太姜生少子季历。季历娶太任，皆贤妇人。生昌，有圣瑞。古公曰：我世当有兴者，其在昌乎？长子太伯、虞仲知古公欲立季历以传昌，乃二人亡如荆蛮，文身断发，以让季历。古公卒，季历立，是为公季。公季修古公遗道，笃于行义，诸侯顺之。公季卒，子昌立，是为西伯，西伯曰文王。"案《史记》述殷周先世，皆据《诗》《书》之说。周先代事迹，见于《诗》者较多，故其传亦较详。然周世系不如殷之完具。自"封弃于邰"至"不窋立"三十四字之间，后稷二字，凡有三解。号曰后稷之后稷指弃；后稷之兴之后稷，苞弃以后不窋以前居稷官者；后稷卒之后稷，则不窋之父也。《国语·周语》太子晋谓"自后稷之始基靖民，十五王而文始平之"；卫彪傒谓"后稷勤周，十有五世而兴"，世数皆与《史记》合。《汉书·古今人表》，以辟方为公非子，高圉为辟方子，侯侔、亚圉皆高圉弟，云都为亚圉弟，则多辟方、侯侔、云都三代。故杜氏《释例》，以高圉为不窋九世孙。《路史发挥》引。然《酒诰疏》引《世本》世数悉与《史记》合；惟鞠作鞠陶，差弗作羌弗，公非作公飞，公叔祖类作组绀。《吴越春秋》亦云：公刘卒，子庆节立，后八世而得古公亶父；《吴太伯传》。此八世系除本计，亦与《史记》《世本》同，《汉书》殆非也。

《史记·刘敬传》：敬言公刘避桀居豳。《吴越春秋·吴太伯传》同。《史记·匈奴列传》曰：夏道衰，而公刘失其稷官，变于西戎，邑于豳。虽不言何时，然下文云"其后三百有余岁，戎狄攻太王亶父"，则亦以为在夏末也。韦《注》《国语》，谓不窋当太康时；郑氏《诗谱》，以公刘当太康时；缪矣。此盖由误解后稷卒之后稷为弃之故。《索隐》引《帝王世纪》云：后稷纳姞氏，生不窋，亦同此误。姞为后稷元妃，见《左氏·宣公三年》，《史记·郑世家》同。谯周谓"《国语》云：世后稷以服事虞、夏，言世稷官，是失其代数"，亦见《索隐》。其说是矣。商自汤至纣三十王，不窋在夏末，至文王十五世，由商兄弟相及，而周父子相继也。其年代实略相当，可见系世之传不尽诬也。

周之兴，盖自公刘始。《诗·公刘》毛《传》曰："公刘居于邰而遭夏人乱，迫逐公刘。公刘乃避中国之难，遂平西戎，而迁其民，邑于豳。盖诸侯之从者十有八国焉。"案《史记》言庆节立，国于豳，则公刘尚未居豳，《刘敬》及《匈奴列传》皆言公刘居豳者，乃约略之辞，毛《传》盖亦如此。诸侯从者十八国，《疏》云"不知出何书"，疑即《史记》所谓"百姓怀之，多徙而保归焉"者，诸侯，谓邑落君长也。邰旧说谓今陕西武功县，豳为今豳县，岐为今岐山县，钱穆《西周地理考》谓邰即台骀之地。《左氏》昭公元年，言金天氏有裔子曰昧，生台骀，"宣汾、洮，障大泽，以处大原。帝用嘉之，封诸汾川"。《水经·涑水注》："涑水兼称洮水。是台骀居汾、涑之域也。”《左氏》昭公九年，王使詹桓伯辞于晋曰：“我自夏以后稷，魏、骀、芮、岐、毕，吾西土也。”《御览》引《隋图经》：“稷山，在绛郡，今山西稷山县。后稷播百谷于此。”《水经注》：“山西去介山五十里。介山，在今山西万泉县东。汉武帝尝用事介山。见本纪。《封禅书》：汾阴巫锦，为民祠魏脽后土营旁。后汉立后土祠于汾阴脽上。汾阴，汉县，在今山西荣河县北。《周书·度邑》：武王升汾之阜，以望商邑。汾即邠，亦即豳。然则公刘旧邑，实在山西；太王逾梁山，当在今韩城；岐山亦当距梁山不远也。予案虞、夏之间，吾族以避水患，西迁河、洛，更渡河而入河东，说已见前。山西之地，三面皆山，惟自蒲津渡河入渭域为平坦，钱氏之言，衡以地理情势，固无不合矣。庆节而后，贤君当推高圉、亚圉，故《鲁语》谓高圉、太王能帅稷，而《左氏》昭公十七年载王命卫侯之辞，亦曰“余敢忘高圉、亚圉也？”古公贬戎狄之俗，营筑城郭宫室，事盖与公刘同。以农耕之族，介居戎狄之间，而迄未为其所同化，亦可谓难矣。

第六节　殷周兴亡（上）

《史记·周本纪》曰：“西伯曰文王。遵后稷、公刘之业，则古公、公季之法，笃仁，敬老，慈少，礼下贤者，日中不暇食，以待士。士以此多归之。伯夷、叔齐在孤竹，闻西伯善养老，盍往归之。太颠、闳夭、散宜生、鬻子、辛甲大夫之徒，皆往归之。崇侯虎谮西伯于殷纣，曰：西伯积善累德，诸侯皆向之，将不利于帝。帝纣乃囚西伯于羑里。闳夭之徒患之，乃求有莘氏美女，《正义》：“《括地志》云：‘古𡡉国城，在同州河西县南二十里。’《世本》云：‘莘国姒姓，夏禹之后。’”案《诗·大雅·大明》曰：“缵女维莘，长子维行。”《笺》曰“莘国之长女太姒，则配文王”，乃周昏姻之国也。唐河西，今陕西朝邑县。骊戎之文马，《正义》：“《括地志》云：‘骊戎故城，在雍州新丰县东南十六里。’”案今陕西临潼县新丰镇，有熊九驷，《正义》：“《括地志》云：‘郑州新郑县，本有熊氏之墟也。’”案今河南郑县。此释恐未确。他奇怪物，因殷嬖臣费仲而献之纣。纣悦，曰：此一物足以释西伯，况其多乎？乃赦西伯，赐之弓矢斧钺，使西伯得征伐，曰：谮西伯者，崇侯虎也。西伯乃献洛西之地，以请纣去炮烙之刑。纣许之。西伯阴行善，诸侯皆来决平。于是虞、芮之人，《集解》：“《地理志》：虞在河东大阳县，芮在冯翊临晋县。”案大阳，今山西平陆县。临晋，今陕西大荔县。有狱不能决，乃如周。入界，耕者皆让畔，民俗皆让长。虞、芮之人未见西伯，皆惭，相谓曰：吾所争，周人所耻，何往？为只取辱耳。遂还，俱让而去。诸侯闻曰：西伯盖受命之君。明年，伐犬戎。明年，伐密须。《集解》：“应劭曰：密须氏，姞姓之国。瓒曰：安定阴密县是。”案今甘肃灵台县。钱穆《西周地理考》曰：《国语》：共王游于泾上，密康公从。其地当在泾水下流。明年，败耆国。《集解》：“徐广曰：一作阢”案《殷本纪》作饥，《集解》引徐广曰“饥一作阢，又作耆”，《宋微子世家》作阢。《集解》引徐广曰：“阢，音耆。今《尚书》作黎。《括地志》：‘故黎城，黎侯国也。在潞州黎城县东北十八里。《尚书》云：西伯既戡黎是也。”案唐黎城，今山西黎城县。殷之祖伊闻之，惧，以告帝纣。纣曰：不有天命乎？是何能为？明年，伐邘。《集解》：“徐广曰：‘邘城，在野王县西北。’”案今河南沁阳县。明年，伐崇侯虎。《正义》：“皇甫谧云：‘夏鲧封。虞、夏、商、周皆有崇国。崇国，盖在丰镐之间，《诗》云：既伐于崇，作邑于丰。是国之地也。’”而作丰邑，《集解》：“徐广曰：‘丰在京兆鄠县东，有灵台。镐在上林昆明北，有镐池，去丰二十五里。’皆在长安南数十里。”自岐下而徙都丰。明年，西伯崩，太子发立，是为武王。西伯盖即位五十年。其囚羑里，盖益《易》之八卦为六十四卦。诗人道西伯，盖受命之年，称王而断虞、芮之讼。后九年而崩，改法度，制正朔矣，追尊古公为太王，公季为王季。盖王瑞自太王兴。”案《孟子》言：“文王生于岐周，卒于毕郢。”《离娄下篇》。《周书·大匡解》曰：“维周王宅程三年，遭天之大荒。”《大开武解》曰：“天降寤于程。”程即郢，是文王又尝居于郢也。《诗·大雅·皇矣》之篇曰：“密人不恭，敢距大邦，侵阮、徂、共。王赫斯怒，爰整其旅，以按徂旅，以笃于周祜，以对于天下。依其在京，侵自阮疆。陟我高冈，无矢我陵，我陵我阿；无饮我泉，我泉我池，度其鲜原，居岐之阳。在渭之将，万邦之方，下民之王。”毛《传》以侵阮徂共为“密须氏侵阮，遂往侵共”，文义似顺。然释“以按徂旅”之旅为地名。《疏》曰：“盖自共复往侵旅。”又以侵自阮疆为密人侵周，则殊为不辞。郑《笺》以阮、徂、共为三国名，释以按徂旅为却止徂国之兵众，侵自阮疆为往侵阮国之疆，实于义为协。《疏》谓《鲁诗》之说如此。盖郑君初治《韩诗》，《韩》《鲁》说同。汉初经师，皆自有传授，不专恃简策，未可以阮、徂、共为三国不见古书而疑之也。《疏》引皇甫谧，亦有侵阮、徂、共而伐密须之说。谧虽好附会，然此言不能凭空造作；况谧非佞郑者，其学术多同王肃，而肃则申毛难郑者也。故知谧此言必有所据。其所据，或即三家遗说也。钱穆《西周地理考》云：《左氏》文公四年（前623年），晋侯伐秦，围邧新城。《史记·魏世家》：‘文侯十六年（前623年），伐秦，筑临晋、元里。元里即邧，亦即阮，地当近临晋。共，即齐王建入秦所处也。”《笺》云：“文王但发其依居京地之众，以往侵阮国之疆。登其山脊，而望阮之兵。兵无敢当其陵及阿者。又无敢饮食于其泉及池水者，文王见侵阮而兵不见敌，知已德盛而威行，可以迁居定天下之心，乃始谋居善原广平之地。亦在岐山之南，居渭水之侧，为万国之所乡，作下民之君。后竟徙都于丰。”《疏》曰：“太王初迁，已在岐山，故言亦在岐山之阳。《周书》称文王在程，作《程寤》《程典》。皇甫谧云：文王徙宅于程，盖谓此也。”案《疏》以文王所居之岐阳，非即太王之所迁是也。至谓其地即程则非。

伐密须为文王受命后事，而《程典》云："文王合六州之侯，奉勤于商。商王用宗谗，震怒无疆，诸侯不娱，逆诸文王。"盖即《论语》所谓"三分天下有其二，以服事殷"；《太伯篇》。《左氏》所谓"纣囚文王七年，诸侯皆从之囚者"。襄公三十一年。七年五伐，《诗·大雅·文王序疏》引《书传》，谓一年断虞、芮之讼，二年伐邘，三年伐密须，四年伐犬夷，五年伐耆，六年伐崇，七年而崩，与《史记》异，盖当以《史记》为是。犬戎、密须皆近患，故先伐之。耆在上党，邘在野王，则所以图崇。崇盖纣党最大者，故最后伐之。用兵先后，次序井然，不得如《书传》所云。殷、周《本纪》，多据《书传》，此事亦不得有异同，盖《书传》本同《史记》，后乃倒乱失次也。羑里之囚，郑注《书序》以为在三伐之后，伐耆之前。《疏》据《殷传》，"西伯得四友献宝，免于虎口而克耆"，《大传》"得三子献宝，纣释文王而出伐黎"之文，曲为之说。殊不知《书传》此文，乃以献宝伐耆，为文王大事而偏举之，非谓其事必相衔接。以情理论之，文王既三伐皆胜，安能复为纣所囚？故不如襄三十一年《左疏》之说，以被囚在虞、芮质狱之前为当也。《韩非·难二》："昔者，文王侵盂，克莒，举丰，三举事而纣恶之。文王乃惧，请入洛西之地，赤壤之国方千里，以解炮烙之刑。"似亦谓文王被囚，在三伐之后，然此乃约略之辞，且误谓克丰在前，更不足据矣。而郑注纬候，以文王称王在受命六年后，见《文王序疏》。更无当矣。夫知被囚在受命之前，则知《程典》必不能作于伐密须之岁。《周书·史记》曰："昔有毕程氏，损禄增爵，群臣貌匮，比而戾民，毕程氏以亡。"毕程盖古国，文王灭之而居其地，其事尚在作《大匡》之前。至于《皇矣》之诗，所谓居岐之阳者，则即《史记》所谓"自岐下而徙居丰"之岐下；其地亦名鲜原，《周书·和寤解》所谓"王乃出图商，至于鲜原"者也。文王虽作丰邑，而卒于郢，葬于毕；武王图商，仍在鲜原；盖丰为新都，营建初就，尚未定居故耳。《吕览·具备》："武王尝穷于毕程矣。”则武王亦尝居郢。《括地志》:“周文王墓，在雍州万年县西南二十八里毕原上。”唐万年，今陕西长安县。郑《笺·皇矣》初不据《史记》，而其说密合如此，则以其原本《鲁诗》，而《史记》亦据诗人之言故也。亦可见汉初经师之学，自有真传矣。

《殷本纪》曰:“帝纣资辩捷疾，闻见甚敏。材力过人，手格猛兽。知足以距谏，言足以饰非。矜人臣以能，高天下以声，以为皆出己之下。好酒淫乐，嬖于妇人。爱妲己，妲己之言是从。于是使师涓作新淫声，北里之舞，靡靡之乐。厚赋税以实鹿台之钱，而盈巨桥之粟。益收狗马奇物，充仞宫室。益广沙丘苑台，多取野兽蜚鸟置其中。慢于鬼神。大聚乐戏于沙丘。以酒为池，县肉为林，使男女裸相逐其间，为长夜之饮。百姓怨望，而诸侯有畔者。于是纣乃重辟刑，有炮烙之法。以西伯昌、九侯、《集解》:“徐广曰:‘一作鬼侯。邺县有九侯城。’”《索隐》:“九亦依字读，邹诞生音仇也。”案邺，今河南临漳县。鄂侯《集解》:“徐广曰:‘一作邘，音于。野王县有邘城。’”案此恐以纣都河北，谓鄂地在今湖北，疑其太远而改之。古书述纣醢九侯，脯鄂侯，囚西伯事者甚多，无作邘者。为三公。九侯有好女，入之纣。九侯女不憙淫，纣怒，杀之，而醢九侯。《春秋繁露·王道篇》:“纣刑九侯之女而取其环。”鄂侯争之强，辨之疾，并脯鄂侯。西伯昌闻之，窃叹。崇侯虎知之，以告纣，纣囚西伯羑里。《集解》:“《地理志》曰:‘河内汤阴有羑里城。’”案《北堂书钞》引《白虎通》曰:“夏曰夏台，殷曰羑里，周曰囹圄。”《意林》引《风俗通》同，则但以为狱名耳，不必求其地以实之。汤阴，今河南汤阴县。西伯之臣，闳夭之徒，求美女奇物善马以献纣，纣乃赦西伯。西伯出而献洛西之地，《正义》:“洛水，一名漆沮水，在同州。洛西之地，谓洛西及丹、坊等州也。”案唐同州，今陕西大荔县。丹州，今陕西宜川县。坊州，今陕西中部县。以请除炮烙之刑。纣乃许之，赐弓矢斧钺，使得征伐，为西伯，而用费仲为政。费仲善谀，好利，殷人弗亲。纣又用恶来，恶来善毁，谗诸侯，以此益疏。“以此益疏”上，疑当重“诸侯”字。西伯归，乃阴修德行善。诸侯多叛纣而往归西伯，西伯滋大，纣由是稍失权重。王子比干谏，弗听。商容贤者，百姓爱之，纣废之。及西伯伐饥国，灭之。纣之臣祖伊，闻之而咎周，恐，奔告纣。纣曰：我生不有命在天乎？祖伊反曰：纣不可谏矣。西伯既卒，周武王之东伐，至盟津，今河南孟津南。诸侯叛殷会周者八百。诸侯皆曰：纣可伐矣。武王曰：尔未知天命。乃复归。纣愈淫乱不止，微子数谏，不听，乃与太师、少师谋，遂去。比干曰：为人臣者，不得不以死争。乃强谏纣。纣怒曰：吾闻圣人心有七窍。剖比干观其心。箕子惧，乃详狂为奴。纣又囚之。殷之太师、少师，乃持其祭乐器奔周。周武王于是遂率诸侯伐纣。纣亦发兵距之牧野。《集解》：“郑玄曰：牧野，纣南郊地名也。”案见《诗·大雅·大明笺》。甲子日，纣兵败，纣走入，登鹿台，衣其宝玉衣，赴火而死。周武王遂斩纣头，县之白旗，杀妲己，释箕子之囚，封比干之墓，表商容之闾，封纣子武庚禄父，以续殷祀，令修行盘庚之政。殷民大说。”

《周本纪》曰：“武王即位，太公望为师，周公旦为辅，召公、毕公之徒，左右王师，修文王绪业。九年，武王上祭于毕。东观兵，至于孟津。为文王木主，载以车，中军。武王自称太子发，言奉文王以伐，不敢自专。是时诸侯不期而会盟津者八百诸侯。诸侯皆曰：纣可伐矣。武王曰：女未知天命，未可也。乃还师归。居二年，闻纣昏乱，暴虐滋甚。杀王子比干，囚箕子。大师疵、少师强抱其乐器而奔周。于是武王遍告诸侯曰：殷有重罪，不可以不毕伐。乃遵文王，遂率戎车三百乘，虎贲三千人，甲士四万五千人，以东伐纣。十一年十二月戊午，师毕渡萌津。诸侯咸会，曰：孳孳无怠。武王乃作《太誓》，告于众庶。二月甲子昧爽，武王乃朝至于商郊牧野乃誓。誓已，诸侯兵会者车四千乘。陈师牧野。帝纣闻武王来，亦发兵七十万人距武王。武王使师尚父与百夫致师。以大卒驰帝纣师。

纣师虽众，皆无战之心，心欲武王亟入。纣师皆倒兵以战，以开武王。武王驰之，纣兵皆崩，畔纣。纣走，反入，登于鹿台之上。蒙衣其珠玉，自燔于火而死。武王持大白旗以麾诸侯。诸侯毕拜武王。武王乃揖诸侯。诸侯毕从。武王至商国，商国百姓，咸待于郊。于是武王使群臣告语商百姓曰：上天降休。商人皆再拜稽首，武王亦答拜，遂入。至纣死所。武王自射之，三发。而后下车，以轻剑击之。以黄钺斩纣头，县大白之旗。已而至纣之嬖妾二女。二女皆经自杀。武王又射三发，击以剑，斩以玄钺，县其头小白之旗。武王已，乃出，复军。其明日，除道，修社及商纣宫。及期，百夫荷罕旗以先驱。武王弟叔振铎奉陈常车，周公旦把大钺，毕公把小钺，以夹武王。散宜生、太颠、闳夭皆执剑以卫武王。既入，立于社南。大卒之左右毕从。毛叔郑奉明水，卫康叔奉布兹，召公奭赞采，师尚父牵牲。尹佚策祝曰：殷之末孙季纣，殄废先王明德，侮蔑神祇不祀，昏暴商邑百姓，其章显闻于天皇上帝。于是武王再拜稽首曰：膺更大命，革殷，受天明命。武王又再拜稽首。乃出。封商纣子禄父殷之余民。武王为殷初定，未集，乃使其弟管叔鲜、蔡叔度相禄父治殷。

《正义》："《地理志》云：河内，殷之旧都，周既灭殷，分其畿内为三国，《诗》邶、鄘、卫是。邶以封纣子武庚；鄘，管叔尹之；卫，蔡叔尹之；以监殷民，谓之三监。《帝王世纪》云：自殷都以东为卫，管叔监之；殷都以西为鄘，蔡叔监之；殷都以北为邶，霍叔监之；是为三监。二说各异，未详也。"案《书·大诰序伪孔传》云三监，管、蔡、商，说同《汉志》。《诗·邶鄘卫谱》云："邶、鄘、卫者，商纣畿内之地。周武王伐纣，以其京师，封纣之子武庚为殷后。乃三分其地，置三监，使管叔、蔡叔、霍叔尹而教之。自纣城而北谓之邶，南谓之鄘，东谓之卫。"《疏》谓："王肃、服虔，以为鄘在纣都之西。"是谧言三监本郑，言鄘所在，则依服、王也。三监为古监察之制，不可并所监之人计入；况《尚书大传》明言"禄父及三监叛"，禄父在三监之外明矣。然《书传》亦但云：

“武王使管叔、蔡叔监禄父。”《卫康叔世家》云：“武王令管叔、蔡叔傅相武庚禄父。”《管蔡世家》云：“武王封叔鲜于管，封叔度于蔡，二人相纣之子武庚禄父，治殷遗民。”亦皆不及霍叔。《左氏》僖公二十四年，载富辰之言，亦但曰二叔不咸而已，是何哉？案《周书·作雒》云：“武王克殷，乃立王子禄父，俾守商祀，建管叔于东，建蔡叔、霍叔于殷，俾监殷臣。”又曰“俾禄父守于殷，俾仲旄父宇于东”，则霍叔实从蔡叔，故古人多不之及。《管蔡世家》言：“周公分殷余民为二：其一封微子启于宋，以续殷祀，其一封康叔为卫君。”疑康叔所受武庚地，微子所受，则管叔、中旄父之所宇也。三监但为监察之制之名，其人不必定三，三人之权力，尤必有高下，不容相侔，故古多以管、蔡并称。亦有但举管叔者，如《孟子·公孙丑下》，陈贾谓“周公使管叔监殷，管叔以殷畔”是也。明乎此，则知必画三监之地为三，已为无据，而鄘之在南在西，更不必论矣。《汉志》谓周公诛三监，尽以其地封康叔。服虔及孔、贾、马相同，见《诗谱》及《左氏》襄公二十九年疏，惟郑谓卫后世始兼邶、鄘，亦皆以意言之耳。已而命召公释箕子之囚。命毕公释百姓之囚。表商容之间。命南宫括散鹿台之财，发巨桥之粟，以振贫弱萌隶。命南宫括、史佚展九鼎、保玉。《集解》：“徐广曰：保一作宝。”命闳夭封比干之墓。命宗祝享祀于军。乃罢兵西归。行狩，武王追思先圣王，乃褒封神农之后于焦，《集解》：“《地理志》：弘农陕县有焦城，故焦国也。”案陕，今河南陕县。黄帝之后于祝，《正义》：“《左传》云：祝其实夹谷。杜预云：夹谷即祝其也。服虔云：东海郡祝其县也。”案今江苏赣榆县。帝尧之后于蓟，《集解》：“《地理志》燕国有蓟县。”案今河北蓟县。帝舜之后于陈，今河南淮阳县。大禹之后于杞。今河南杞县。于是封功臣谋士，而师尚父为首封。封尚父于营丘，曰齐。今山东昌乐县。封弟周公旦于曲阜，曰鲁。今山东曲阜县。封召公奭于燕。《正义》：“封帝尧之后于蓟，封召公奭于燕，观其文，稍似重也。《水经注》云：蓟城内西北隅有蓟丘，因取名焉。《括地志》云：

燕山，在幽州渔阳县东南六十里。宗国《都城记》云：周武王封召公奭于燕，地在燕山之野，故国取名焉。按周封以五等之爵，蓟、燕二国，俱武王立，因燕山蓟丘为名，其地足自立国。蓟微燕盛，乃并蓟居之。蓟名遂绝焉。今幽州蓟县，古燕国也。”案唐渔阳郡，治蓟。封叔鲜于管；今河南郑县。弟叔度于蔡。今河南上蔡县。余各以次受封。武王征九牧之君，登豳之阜，以望商邑。武王至于周，自夜不寐。周公旦即王所曰：曷为不寐？王曰：我未定天保，何暇寐？王曰：定天保，依天室。自洛汭延于伊汭，居易毋固，其有夏之居。我南望三涂，北望狱鄙，顾詹有河，粤詹雒、伊，毋远天室。营周居于雒邑而后去。纵马于华山之阳，放牛于桃林之虚，今潼关、函谷间之地。偃干戈，振兵，释旅，示天下不复用也。”

《史记》武王胜殷之事，略同《周书·克殷解》。足见《周书》虽非孔子所传，实与《尚书》同类，为古之遗书，颇可信据也。《周书·世俘解》亦述武王伐殷之事。又有命太公望御方来，吕他命伐越、戏方，侯来命伐靡，集于陈，百弇以虎贲誓命伐卫，陈本命伐磨，百韦命伐宣方，新荒命伐蜀，百韦命伐厉，则《史记》皆未之及。《世俘解》又曰：“武王狩禽，虎二十有二，猫二，麋五千二百三十五，犀十有二，牦七百二十有一，熊百五十有一，罴百一十有八，豕三百五十有二，貉十有八，麈十有六，麝五十，麋朱有曾《集训校释》改麇。三十，鹿三千五百有八。武王遂征四方，凡憝国九十有九国，馘磿或作磨，或作魔。亿有十万七千七百七十有九，俘人三亿万有二百三十，凡服国六百五十有二。”其言似诞，然即《史记》所谓“行狩”，亦即《孟子》所谓“灭国者五十，驱虎豹犀象而远之”也。《滕文公下篇》。《孟子》又言纣之罪曰：“壤宫室以为污池，民无所安息，弃田以为园囿，使民不得衣食。园囿污池，沛泽多而禽兽至。”今按《汉书·地理志》，以朝歌为纣所都。又曰：“纣所作沙丘台，在巨鹿东北七十里。”汉巨鹿，今河北平乡县。则纣之苑囿绵地甚广。当时沙丘附近，盖皆荒芜之区，故多禽兽沛泽也。然而周之先，虽云世后稷，公刘、古公仍世以农业兴；“文王卑服，即康功田功”；《书·无逸》。而其不脱野人好猎之习，亦可见矣。不特此也。《史记》殷、周本纪皆言纣衣宝玉赴火死，纣何所衣以死，则何足记？然而斤斤记之者？《周书·世俘》又曰：“商王纣取天智玉琰璲身厚以自焚，凡厥有庶，告焚玉四千。五日，武王乃俾千人求之。四千庶则销。天智玉五在火中不销。凡天智玉，武王则宝与同。凡武王俘商旧玉，亿有百万。”《史记》曰：“命南宫括、史佚展九鼎、保玉。”《克殷解》曰：“命南宫百达、史佚迁九鼎三巫。”孔《注》“三巫，地名。”此即《左氏》桓公二年，臧哀伯所谓“武王克商，迁九鼎于洛邑，义士犹或非之”者。周之所求可见。而亲戮敌国帝后之尸，则又暴秦之所不为，更无论齐桓、晋文也。周之为德，亦可见矣。

夏曾佑《古代史》曰：“中国言暴君，必数桀纣，犹之言圣君，必数尧、舜、汤、武也。今案各书引桀、纣事多同，可知其必多附会。盖既亡之后，兴者必极言前王之恶，而后己之伐暴为有名，天下之戴己为甚当，不如此不得也。今比而观之：桀宠妹嬉，元注：《晋语》。纣宠妲己，元注：《晋语》。一也。桀为酒池，可以运舟，一鼓而牛饮者三千人。元注：刘向《新序》。纣以酒为池，县肉为林，使男女裸相逐其间，为长夜之饮。元注：《史记·殷本纪》。二也。桀为琼台瑶室，以临云雨。元注：刘向《列女传》。纣造琼宫瑶台，七年乃成，其大三里，其高千仞。元注：《太平御览》八十四引《帝王世纪》。三也。桀杀关龙逄，元注：《太平御览》八十二引《尚书·帝命验》。纣杀比干，元注：《史记·殷本纪》。四也。桀囚汤于夏台，元注：《史记·殷本纪》。汤行赂，桀释之。元注：太公《金匮》。纣囚文王于羑里，西伯之徒，献美女、奇物、善马，纣乃赦西伯。元注：《史记·殷本纪》。五也。桀曰：时日曷丧。元注：“《孟子》。时日，言生之时日，即命也。与纣称有命在天同意。前人以天上之日不丧解之，又讹为桀失日，恐非。”案时日与命异。失日见《韩非子》，亦与此无关。夏说恐非。纣曰：我生不有命在天。元注：《尚书》。六也。故一为内宠，二为沈湎，三为土木，四为拒谏，五为贿赂，六为信命，而桀、纣之符合若此，天下有为善而相师者矣，未有为恶而相师者也，故知必有附会也。”案谓言桀、纣之恶者多附会，是也。然谓附会之由，由于兴者极言前王之恶，则误以后世事度古人。古本无信史，古人又不知求实，凡事皆以意言之，正如希腊荷马之《史诗》，宋、元以来之平话耳。或侈陈而过其实，或億说而失其真，皆意中事。然附会之辞，虽或失实，亦必有由，不能全无根据也。就桀、纣言之，则纣之世近，而事之传者较详，桀之世远，而事之传者较略，故以纣之恶附诸桀者必多，以桀之恶附诸纣者必少。《史记·周本纪》载《大誓》之辞曰：“今殷王纣，乃用其妇人之言，自绝于天。毁坏其三正，离逖其王父母弟，乃断弃其先祖之乐，乃为淫声，用变乱正声，怡说妇人。”又载《牧誓》之辞曰：“古人有言：牝鸡无晨。牝鸡之晨，惟家之索。今殷王纣，维妇人之言是用。自弃其先祖肆祀不答。昏弃其家国，遗其王父母弟不用。乃维四方之多罪逋逃，是崇是长，是信是使。俾暴虐于百姓，以奸轨于商国。”二誓所言实同。数其罪：则用妇言一，弃祠祀二，作淫乐三，疏亲族四也。《左氏》昭公七年，陈无宇谓武王数纣之罪曰“纣为天下逋逃主，萃渊薮”，此与《牧誓》所谓“遗其王父母弟”者，只是一事，所谓弃亲用羁也。《酒诰》曰：“在今后嗣王酣身。”《无逸》曰：“无若殷王受之迷乱，酗于酒德哉。”《诗·大雅·荡》曰：“文王曰咨，咨女殷商。天不湎尔以酒，不义从式，既愆尔止，靡明靡晦，式号式呼，俾昼作夜。”观《酒诰》所言，沬邦沈湎之习，盖久而未改，则纣之迷乱，决非虚语也。《荀子·成相》曰：“飞廉知政任恶来，卑其志意，大其园囿高其台。”此即《孟子》所谓“弃田以为园囿”者。倾宫琼台，固非其时所能有，台与园囿，则非其所不能为矣。褚先生《补龟策列传》曰：“纣有谀臣，名为左强。夸而目巧，教为象廊。将至于天。又有玉床，犀玉之器，象箸而羹。”又曰：“桀为瓦室，纣为象廊。”《鲁颂》言元龟象齿，则鲁之南有象，夸张之辞，非尽无据。《补龟策列传》又言：“桀有谀臣，名曰赵梁。教为无道，劝以贪狼。系汤夏台，杀关龙逢。左右恐死，偷谀于旁。国危于累卵，皆曰无伤。称乐万岁，或曰未央。蔽其耳目，与之诈狂。汤卒伐桀，身死国亡。听其谀臣，身独受殃。《春秋》著之，至今不忘。”云《春秋》著之，则赵梁、左强之名决非臆造。《史记解》曰：“好货财珍怪，则邪人进。邪人进，则贤良日蔽而远。赏罚无位，随财以行。夏后氏以亡。”又曰：“严兵而不仁者其臣慑，其臣慑而不敢忠，不敢忠则民不亲其吏。刑始于亲，远者寒心。殷商以亡。”《史记》乃取遂事为要戒，必无故毁前人之理。则谓桀、纣拒谏好贿，亦非虚语也。要之古代传述之辞，多不审谛，亦无绝无根据者。要在细心读之，不可一笔抹杀，尤不可妄以后世之情形度古事也。《史记解》又曰：“昔者有洛氏，宫室无常，池囿广大，工功日进，以后更前。民不得休，农失其时，饥馑无日。成商伐之，有洛以亡。”此有洛氏亦即桀，与夏后氏分言者，意主列举遂事，以为要戒，故随其恶而列举之。变夏后氏为有洛氏者，行文避复，亦古人文例也。

《史记》文王受命七年而崩，九年，武王东观兵，十一年伐纣，十二年克之。《周书》则文王受命九年，犹在镐召太子发。刘歆因以为文王受命九年而崩。再期在大祥而伐纣，还归二年，乃遂伐纣，克殷，自文王受命至此十二年。致误之由实由周人自讳文王死时，武王秘丧伐纣，而事为众所习知，讳之卒不能尽之故，已见第四章。文王受命惟中身，似当解为年五十岁。《补龟策列传》言：纣“杀周太子历，囚文王昌”，则季历实未即位，其见杀尚在大王时，更无论文王也。纣囚文王七年，文王受命后亦七年而崩，则其受命之岁，适当在位年数之中，故曰受命惟中身。《周书·酆保》“惟二十三祀，九州之侯，咸格于周”，似为文王即位之岁。《小开》作于三十五祀，意在谋开后嗣。下继以《文儆》《文传》，则文王将殁时事。若其事在作《小开》之明年，则自二十三祀至三十六祀，固适得十四年也。《史记》言王瑞自太王兴。《大匡》言三州之侯咸率。《程典》合六州之侯。《酆保》则九州咸格。古言九州，犹云天下。三州咸率，谓三分天下有其一，合六州有其二，九州格则天下服矣。然犹王季见杀，文王被囚，武王且传有王门之辱。《吕览·首时》：“王季历困而死，文王苦之。有不忘羑里之丑，时未可也。武王事之，夙夜不懈，亦不忘王门之辱。立十二年而成甲子之事。”《韩非·喻老》：“文王见詈于王门，颜色不变，而武王禽纣于牧野。”《难四》：“武身受詈。”《战国·赵策》：“昔者文王拘于牖里，而武王羁于玉门。”则纣在当日，兵力犹强。楚庄称纣之百克，非无由也。《左氏》宣公十二年。又十五年，伯宗曰：“夫恃才与众，亡之道也。殷纣由之，故灭。”九侯，旧说在邺，似因其近纣都而附会。宋翔凤谓即《文王世子》“西方有九国焉”之九国，亦即《诗》“我征自西，至于艽野”之艽野。见《过庭录·艽野即鬼方条》。其说颇长，九鬼同声，《书传》之二年伐邘，《礼记·文王世子疏》引作伐鬼方，九侯之在西方，隐约可见。《易》言高宗伐鬼方，《既济》。则武丁似尝用兵于西。武乙去亳徙河北，而暴雷震死于河、渭之间，不知其果震死欤？抑亦如周昭王之南征，名陨于江，实覆于敌也。然武乙踪迹，曾至河西，则可见矣。鄂似即《左氏》隐公六年，“翼九宗五正顷父之子嘉父逆晋侯于随，纳诸鄂”之鄂。其地当在河、汾下流。然则见脯、见杀、见囚者，固皆西方之诸侯也。《秦本纪》言：蜚廉为纣石北方，为坛霍太山而报，遂葬于霍太山，则纣时声教又尝远暨河东。《礼记·乐记》言武之乐曰：“始而北出，再成而灭商，三成而南，四成而南国是疆，五成而分周公左、召公右，六成复缀以崇。”洛西之地，《正义》以丹、坊等州当之，其地距殷太远，恐非纣所能有。洛、雒二字，相淆已久。河、洛固有夏之居，成汤作官邑焉，盘庚又徙居之；窃疑周之初图，实在于此，迨为纣所迫而献洛西，乃改途而戡耆，出上党以临河内，所谓始而北出也。纣虽曰不有天命乎，然于是时，亦当稍严河内之防，武王乃复出其不意，济孟津而临牧野，所谓再成而灭商也。灭商之后，亟营洛邑，自此声威浸及于南，则所谓三成而南，四成而南国是疆者。其后周、召分陕，而周南之地，实在南阳、南郡之间，《水经·江水注》引韩婴叙《诗》。则周之重南，固过于其重北。以东北之地，自沙丘以往，多为禽兽沛泽之区，而河洛则自夏以来之都邑也。椒举谓“商纣为黎之搜，东夷叛之”。《左氏》昭公四年。叔向谓“纣克东夷而陨其身”。昭公十一年。所谓东夷，盖即沙丘以往之地。纣之为此，盖徒以肆其苑囿田猎之乐，不图力竭于东而敝于西，周人遂乘其后也。淫乐而重之以武，固罔不丧其邦欤？

第七节　殷周兴亡（下）

武王之克殷，奄尚未灭，然《史记》述周封诸侯，已有封周公于鲁之文。又帝尧之后，与召公奭封地相同，《正义》虽曲为之说，究属牵强。《左氏》昭公九年，王使詹桓伯辞于晋曰：“自武王克商以来，肃慎、燕、亳，吾北土也。”肃慎所在不可知，然必近于燕。此燕为南燕，在今河南延津县。亳盖殷人旧都，观春秋时宋之社犹称亳社可知，哀公四年，《公羊》作蒲社，案《礼记·郊特牲》亦作亳社。则亦嗷、相、邢、朝歌等处耳。此时周之兵力，实未逾殷之旧境。《史记》述周初封国，盖杂后来之事言之，非当时实录也。《周书·大匡》曰：“惟十有三祀，王在管。管叔自作殷之监。东隅之侯，咸受赐于王。”《文政》曰：“惟十有三祀，王在管。管、蔡开宗循。”盖管为东方重镇，周初兵力所极。纣地既未能有，仍以封其子武庚；淮夷、徐戎等，又为力所未及；则武王时，周之王业，所成者亦仅矣。故殷、周之兴亡，实至武庚败亡而后定。《国语》言商代列王，并武庚数之，非偶然也。

《史记·周本纪》曰："武王病，天下未集。群公惧穆卜。周公乃祓斋自为质，欲代武王。武王有瘳，后而崩。太子诵代立，是为成王。成王少，周初定天下，周公恐诸侯畔，周公乃摄行政，当国。管叔、蔡叔群弟疑周公，与武庚作乱，畔周。周公奉成王命伐，诛武庚、管叔，放蔡叔。以微子开代殷后，国于宋。今河南商邱县。颇收殷余民，以封武王少弟封，为卫康叔。周公行政七年，成王长，周公反政成王，北面就群臣之位。成王在丰，使召公复营洛邑，如武王之意。周公复卜申视，卒营筑，居九鼎焉。曰：此天下之中，四方入贡道里均。兴正礼乐，度制于是改，而民和睦，颂声兴。"《鲁周公世家》曰："周公不就封，留佐武王。武王克殷二年，天下未集。武王有疾，不豫。群臣惧。太公、召公乃缪卜。周公曰：未可以戚我先王？周公于是乃自以为质。令史策告太王、王季、文王，欲代武王发。藏其策金縢匮中，诫守者勿敢言。明日，武王有瘳。其后武王既崩，成王少，在襁褓之中。周公恐天下闻武王崩而畔。周公乃践阼代成王，摄行政，当国。管叔及其群弟流言于国曰：周公将不利于成王。周公乃告太公望、召公奭曰：我之所以弗辟而摄行政者，恐天下畔周，无以告我先王太王、王季、文王。三王之忧劳天下久矣，于今而后成；武王早终，成王少；将以成周，我所以为之若此。于是卒相成王，而使其子伯禽代就封于鲁。管、蔡、武庚等果率淮夷而反。周公乃奉成王命，兴师东伐。遂诛管叔，杀武庚，放蔡叔，收殷余民，以封康叔于卫。封微子于宋，以奉殷祀。宁淮夷东土。二年而毕定。诸侯咸服宗周，东土以集。周公归报成王。乃为诗诒王，命之曰《鸱鸮》。王亦未敢训周公。成王七年，二月，乙未，王朝步自周，至丰。使太保召公先之雒相土。其三月，周公往营成周雒邑，卜居焉。曰：吉，遂国之。成王长，能听政。于是周公乃还政于成王。成王临朝。周公之代成王治，南面倍依，以朝诸侯。《书·大诰》："王若曰。"《疏》云："郑玄云：王周公也。周公居摄，命大事则权称王。"案《周书·度邑》：武王谓周公曰："乃今我兄弟相后。"则武王曾欲传位于周公。此其所以为管、蔡所疑也。及七年后，还政成王。北面就臣位，匔匔如畏然。初，成王少时病，乃自揃其蚤，沈之河，以祝于神，曰：王少，未有识，奸神命者乃旦也。亦藏其策于府。成王病有瘳。及成王用事，人或谮周公，周公奔楚。成王发府，见周公祷书，乃泣，反周公。周公在丰，病，将没，曰：必葬我成周，以明吾不敢离成王。周公既卒，成王亦让，葬周公于毕，从文王，以明予小子不敢臣周公也。周公卒后，秋，未获，暴风雷雨。禾尽偃，大木尽拔。周国大恐。成王与大夫朝服，以开金縢书。王乃得周公所自以为功代武王之说。二公及王，乃问史百执事。史百执事曰：信有，昔周公命我勿敢言。成王执书以泣曰：自今后其无缪卜乎？昔周公勤劳王家，惟予幼人弗及知。今天动威，以彰周公之德，惟朕小子其迎。我国家礼亦宜之。王出郊，天乃雨，反风，禾尽起。二公命国人，凡大木所偃，尽起而筑之，岁则大熟。于是成王乃命鲁得郊，祭文王。鲁有天子礼乐，以褒周公之德也。"史公此文，所用者亦系《书》说。《周书·作雒解》曰："武王克殷，乃立王子禄父，俾守商祀。建管叔于东，建蔡叔、霍叔于殷，俾监殷臣。武王既归，乃岁十二月，崩镐，肂于岐周。周公立，相天子。三叔及殷、东、徐、奄及熊、盈以略。略，或作畔。周公、召公，内弭父兄，外抚诸侯。元年，夏，六月，葬武王于毕。二年又作师旅，临卫政殷，殷大震溃。降辟三叔。王子禄父北奔，管叔经而卒，乃囚蔡叔于郭凌。《左氏》定公四年，祝佗曰："王于是杀管叔而蔡蔡叔，以车七乘，徒七十人。"《诗·豳风·破斧疏》云："据《书传》，禄父、管叔皆见杀。

蔡叔以车七乘，徒七十人，止言徒之多少，不言放之何处。”疏家盖未考《周书》。凡所征熊、盈族十有七国，俘维九邑。俘殷献民，迁于九、毕。案此九，疑即九侯之国。俾康叔宇于殷，俾中旄父宇于东。周公敬念于后，曰：予畏同室克追《初学记》引作“周室不延”。俾中天下。及将致政，乃作大邑成周于土中，以为天下之大凑。”其说亦与《史记》合。《礼记·明堂位》曰：“武王崩，成王幼弱，周公践天子之位，以治天下。六年，朝诸侯于明堂，制礼作乐，颁度量，而天下大服。七年，致政于成王。成王以周公为有勋劳于天下，是以封周公于曲阜，地方七百里，革车千乘；命鲁公世世祀周公以天子之礼乐。”说亦与《史记》合。书家、礼家，无异说也。《疏》曰：周公制礼摄政，孔、郑不同。孔以武王崩，成王年十三。至明年摄政，管叔等流言，故《金縢》云：武王既丧，管叔及其群弟流言于国，曰：公将不利于孺子。时成王年十四，即位，摄政之元年。周公东征管蔡。后二年，克之。故《金縢》云：周公居东二年，则罪人斯得。除往年，时成王年十六，摄政之三年也。故《诗序》云：周公东征，三年而归。摄政七年，营洛邑，封康叔而致政，时成王年二十，故孔注《洛诰》，以时成王年二十是也。郑则以为武王崩，成王年十岁。《周书》以武王十二月崩至成王年十二，十二月，丧毕，成王将即位，称己小，求摄。周公将代之，管、蔡等流言，周公惧之，辟居东都。故《金縢》云：武王既丧，管叔等流言，周公乃告二公曰：我之不辟，无以告我先王。既丧，谓丧服除，辟谓辟居东都。时成王年十三。明年，成王尽执拘周公属党。故《金縢》云：周公居东二年，则罪人斯得；罪人，谓周公属党也。时成王年十四。至明年，秋，大熟，有雷风之异。故郑注《金縢》云：秋，大熟，谓二年之后明年秋。迎周公而反，反则居摄之元年。时成王年十五。《书传》所谓一年救乱。明年，诛武庚、管、蔡等，《书传》所谓二年克殷。明年，自奄而还，《书传》所谓三年践奄。四年封康叔，《书传》所谓四年建侯卫，时成王年十八也。故《康诰》云孟侯。《书传》云：天子太子十八称孟侯。明年，营洛邑，故《书传》云：五年营成周。六年，制礼作乐。七年，致政于成王。年二十一。明年，乃即政，时年二十二也。”《时·豳谱疏》引郑《金縢注》云：“文王十五生武王，九十七而终，终时，武王八十三矣，于文王受命为七年。后六年伐纣，后二年有疾。疾瘳后二年崩。崩时年九十三矣。周公以武王崩后三年出。五年秋反而居摄。四年作康诰。五年作《召诰》。七年作《洛诰》。伐纣至此十六年也。作《康诰》时，成王年十八。《洛诰》时年二十一也。即政时年二十二也。然则成王以文王终明年生也。”又引王肃《金縢注》云：“文王十五而生武王，九十七而终，时受命九年，武王八十三矣。十三年伐纣。明年有疾，时年八十八矣。九十三而崩，以冬十二月。其明年称元年。周公摄政，遭流言，作《大诰》而东征。二年克殷，杀管、蔡，三年而归，制礼作乐，出入四年。至六年而成。七年营洛邑，作《康诰》《召诰》《洛诰》，致政成王。然则文王崩之年，成王已三岁，武王八十而后有成王，武王崩时，成王已十三。周公摄政七年，致政，成王年二十。”二家说虽不同，然《大戴礼记·文王世子》“文王十三生伯邑考，十五生武王”，《小戴礼记·文王世子》“文王九十七而终，武王九十三而终”，则其所同据也。此说殊不足信。若将《无逸》之“厥享国五十年”解作年五十岁，则文王崩时，武王当三十左右，周公当更小也。《史记》言武王崩，成王少在襁褓之中，说本《书传》，见《诗·斯干疏》。《贾子·修政语下》谓成王年二十岁即位，亦以弱冠当亲政言之耳，非能确知其年也。二说皆不与《书传》合，而郑说乖异尤甚。《书传》云一年救乱者，即《周书》所谓“内弭父兄，外抚诸侯”也。其云二年克殷者，即《周书》所谓“二年又作师旅，临卫政殷”也。践奄，建侯卫，营成周，《周书》不言其年，然其叙次与《书传》悉合。制礼作乐，致政成王，具于《明堂解》，亦与《礼记》之《明堂位》合。盖周公制礼摄政之事，古无异言如此。安得其前忽多出三年？且谓成王居丧时能自为政欤？不应即位而反求摄。谓谅阴不言，不待摄，周公自然知政欤？何孔子于子张之间，不曰殷、周皆然，乃曰古之人皆然也？当武王既崩，成王初立，主少国疑之际，管、蔡、武庚，不以此时叛，顾待诸丧毕之后；而周公块然辟居东都，管、蔡、武庚亦不以此时进攻，顾待其再奠镐京，养成气力，有是理乎？王肃以居东之东，为洛邑，见《疏》。《史记·卫世家》云："管叔、蔡叔疑周公，乃与武庚禄父作乱，欲攻成周。"成王既疑周公，执其属党，安能听其复入？谓此乃史家饰辞，周公实挟兵力而入，又何能略无后顾之忧，而明年即出兵以诛武庚、管、蔡也？郑之所言，无一与情理合者，而其解"武王既丧"，"我之不解"，"罪人斯得"，文义之牵强，更不俟论也。《左氏》昭公七年："公将适楚，梦襄公祖。梓慎曰：'襄公之适楚也，梦周公祖而行。'子服惠伯曰：'先君未尝适楚，故周公祖以道之，襄公适楚矣，而祖以道君。'"则周公适楚，确有其事，然俞正燮引此，谓奔楚即居东，《癸巳类稿·周公奔楚义》。则非。《史记·蒙恬列传》："恬曰：'昔周成王初立，未离襁褓，周公旦负王以朝，卒定天下。及成王有病，甚殆，公旦自揃其爪，以沉于河，曰：王未有识，是旦执事。有罪殃，旦受其不祥。乃书而藏之记府，可谓信矣。及王能治国，有贼臣言周公旦欲为乱久矣，王若不备，必有大事。王乃大怒。周公旦走而奔于楚。成王观于记府，得周公旦沉书，乃流涕曰：孰谓周公旦欲为乱乎？杀言之者，而反周公旦。'"与《鲁世家》合。此事与周公欲代武王，相似太甚，恐即一事之传讹。《书传》以雷风之变，在周公死后，《白虎通·丧服篇》同。盖郑所谓辟居东都，实为奔楚之误。成王执拘周公属党，当在此时。其后不知何缘得反。后人求其故而不得，乃即以金縢之事说之，而又讹武王为成王。于是一事而分为两。其实雷风之变，自在周公死后，成王因此改葬周公，赐鲁以天子礼乐，初未因此迎周公而反。今《尚书·金縢》，不记周公奔楚及死事，郑遂以其奔楚时事，误系之居摄之前也。从今文说则路路皆通，从郑说则路路皆窒。亦足见口说之真，而说经者不当执贵传记之偏见矣。《越绝书·吴内传》云："管叔、蔡叔不知周公而谗之成王，周公乃辞位，出巡狩于边。一年，天暴风雨，日夜不休，五谷不出，树木尽偃。成王大恐，乃发金縢之匮，察周公之册。知周公乃有盛德。王乃夜迎周公，流涕而行。周公反国，天应之福。五谷皆生，树木皆起，天下皆实。"此说与郑同。盖当时自有此传讹之说也。

《周书》言武王殁后，叛者为殷、东、徐、奄及熊、盈。殷即武庚，东盖管叔及中旄父所宇，已见上节。徐、奄，《世本》云：皆嬴姓国。"《左氏》昭公元年疏。孟子言周公"驱飞廉于海隅而戮之"，《滕文公下》。当即此时事。《史记·秦本纪》谓飞廉葬于霍太山，则其族讳饰之辞也。或飞廉虽见戮而未死，后复归于西方。熊即祝融，说见第七章第一节。熊、盈，盖当日东方之族助殷者。殷、东、徐、奄为大国，《多方》所谓四国，或即指此。其余十有七国，则小国也。奄，《说文》作郁，云：在鲁。《左氏》定公四年，祝佗谓周公分鲁公以殷民六族，因商奄之民而封于少皞之墟，《注》云："商奄，国名也。"《疏》云："杜《土地名》：奄、商奄共为一国。《诗》称四国流言，《毛传》以四国为管、蔡、商、奄，则商、奄各自为国。"案《墨子·耕柱》云："古者周公旦非关叔，辞三公，东处于商盖。"《韩非子·说林上》云："周公旦既胜殷，将攻商盖。辛公甲曰：大难攻，小易服，不如服众小以劫大。乃攻九夷，而商盖服矣。"孙诒让《墨子闲诂》引段玉裁云：《尔雅》：弇，盖也。故商奄亦呼商盖。又引王念孙曰：盖字古与盍通，盍奄草书相似，故奄讹作盍，又讹作盖。二说皆通。商奄自以说为二国为是。商盖即《周书》所谓东。《左氏》但言因商奄之民，其地则曰少皞之墟，则以奄在鲁似非是。然在鲁非必即鲁之都。杜预谓"奄阙不知所在"，郑玄云"奄盖淮夷之地"，《书·将蒲姑序疏》《史记·周本纪集解》引郑玄曰奄国在淮夷之北。要当距鲁不远也。《书·费誓》云:“徂兹淮夷、徐戎并兴。”《史记·鲁世家》云:“伯禽即位之后,有管、蔡等反也。淮夷、徐戎,亦并兴反。”淮夷、徐戎,亦自是两国。贾逵、杜预谓徐即淮夷,恐亦非是。见《昭公元年注疏》。《疏》又引服虔云:“一曰鲁公所伐徐戎也。”则其说正亦同贾、杜。《史记·鲁世家》:“顷公十九年(前254年),楚伐我,取徐州。”《集解》引徐广曰:“徐州在鲁东,今薛县。”今山东滕县。《索隐》云:“《说文》:邻,邾之下邑,在鲁东。又《郡国志》曰:鲁国薛县,六国时曰徐州。”或当时之徐所在邪?《尚书大传》曰:“奄君蒲姑谓禄父曰:武王既死矣,今王尚幼矣,周公见疑矣,此世之将乱也。请举事。然后禄父及三监叛也。”《注》云:“玄或疑焉,薄姑齐地,非奄君也。”据陈寿祺《辑校本》引。案人名与地名相同,古所时有,况古人地名多无正字,又安知奄君之名,果与齐地名相同欤?《左氏》昭公二十年,晏子对齐景公,言“昔爽鸠氏始居此地,季荝因之,有逢伯陵因之,蒲姑氏因之,而后太公因之”。《书序》云:“成王东伐淮夷,遂践奄,作《成王政》。成王既践奄,将迁其君于蒲姑,周公告召公,作《将蒲姑》。”盖即据此造作。《史记·周本纪》云“东伐淮夷,残奄,迁其君薄姑”,则又后人据《书序》窜入。其实践奄,伐淮夷,皆周公事,非成王所为也。郑《多方注》亦如此,见《豳谱疏》。要之:周初兵力,仅及东北。武王殁后,东南诸族,并起抗周。自经周公戡定,殷遗臣民分隶鲁、卫,祝佗又言周分卫以殷民七族。又迁九、毕,殷乃不能复振,而周之王业大成矣。

第八节 西周事迹

《史记·周本纪》曰："成王崩，太子钊立，是为康王。成、康之际，天下安宁，刑措四十余年不用。康王卒，子昭王瑕立。昭王之时，王道微缺。昭王南巡狩不返，卒于江上。其卒不赴告，讳之也。立昭王子满，是为穆王。穆王即位，春秋已五十矣。王道衰微。穆王闵文、武之道缺，乃命伯臩申诫大仆国之政，作《臩命》，复宁。穆王将征犬戎，祭公谋父谏。王遂征之，得四白狼、四白鹿以归。自是荒服者不至。诸侯有不睦者，甫侯言于王，作修刑辟，命曰《甫刑》。穆王立五十五年崩，子共王繄扈立。《索隐》："《系本》作伊扈。"共王崩，子懿王艰立。《索隐》："《系本》作坚。"懿王之时，王室遂衰，诗人作刺。懿王崩，共王弟辟方立，是为孝王。孝王崩，诸侯复立懿王大子燮，是为夷王。夷王崩，子厉王胡立。厉王即位三十年，好利，近荣夷公。大夫芮良夫谏厉王曰：王室其将卑乎？夫荣夷公好专利而不知大难。夫利，百物之所生也，天地之所载也，而有专之，其害多矣。天地百物，皆将取焉，何可专也？所怒甚多而不备大难，以是教王，王其能久乎？匹夫专利，犹谓之盗，王而行之，其归鲜矣。荣公若用，周必败也。厉王不听，卒以荣公为卿士，用事。王行暴虐侈傲，国人谤王。召公谏曰：民不堪命矣。王怒，得卫巫，使监谤者，以告则杀之，其谤鲜矣，诸侯不朝。三十四年，王益严，国人莫敢言，道路以目。厉王喜，告召公曰：吾能弭谤矣，乃不敢言。召公曰：是鄣之也。防民之口，甚于防水。水壅而溃，伤人必多，民亦如之。是故为水者决之使导，为民者宣之使言。若壅其口，其与能几何？王不听，于是莫敢出言，三年，乃相与畔，袭厉王。厉王出奔于彘。《集解》："韦昭曰：彘，晋地。汉为县，属河东，今曰永安。”案今山西霍县。厉王太子静，匿召公之家。国人闻之，乃围之。召公曰：昔吾骤谏王，王不从，以及此难也；今杀王太子，王其以我为仇而怼怒乎？乃以其子代王太子，太子竟得脱。召公、周公二相行政，号曰共和。共和十四年，厉王死于彘。太子静长于召公家，二相共立为王，是为宣王。宣王即位，二相辅之修政，法文、武、成、康之遗风，诸侯复宗周。三十九年，战于千亩，《索隐》：“地名也，在西河介休县。”案今山西介休县。王师败绩于姜氏之戎。宣王既亡南国之师，乃料民于太原。仲山甫谏曰：民不可料也。宣王不听，卒料民。四十六年（前 782 年），宣王崩，子幽王宫涅立。《集解》：“徐广曰：一作生。”案《吕览·当染高注》，幽王名官皇。《毕校》云：“梁伯子云：当从刘恕《外纪》，子由《古史》作宫涅。《史记集解》徐广曰：一作生。惟名涅，故又作生也。”三年，幽王嬖爱褒姒，生子伯服。幽王欲废太子。太子母，申侯女，而为后。后幽王得褒姒，爱之。欲废申后，并去太子宜臼。以褒姒为后，以伯服为太子。周太史伯阳读史记曰：周亡矣。昔自夏后氏之衰也，有二神龙，止于夏帝庭，而言曰：余褒之二君。夏帝卜杀之与去之与止之，莫吉。卜请其漦而藏之，乃吉。于是布币而策告之，龙亡而漦在，椟而去之。夏亡，传此器殷，殷亡，又传此器周。比三代，莫敢发之。至厉王之末，发而观之，漦流于庭，不可除。厉王使妇人裸而噪之，漦化为玄鼋，以入王后宫。后宫之童妾既龀而遭之，既笄而孕，无夫而生子，惧而弃之。宣王之时，童女谣曰：檿弧箕服，实亡周国。于是宣王闻之。有夫妇卖是器者，宣王使执而戮之。逃，于道而见乡者后宫童妾所弃妖子出于路者，闻其夜啼，哀而收之。夫妇遂亡，奔于褒。褒人有罪，请入童妾所弃女子者于王以赎罪。弃女子出于褒，是为褒姒。当幽王三年，王之后宫，见而爱之，生子伯服，竟废申后及太子。以褒姒为后，伯服为太子。太史伯阳曰：祸成矣，无可奈何。褒姒不好笑。幽王欲其笑万方，故不笑。幽王为烽燧大鼓，有寇则举烽火，诸侯悉至。至而无寇，褒姒乃大笑，幽王说之，为数举烽火。其后不信，诸侯益亦不至。幽王以虢石父为卿，用事。国人皆怨。石父为人佞巧，善谀，好利，王用之；又废申后去太子也。申侯怒，与缯、西夷、犬戎攻幽王。幽王举烽火征兵，兵莫至。遂杀幽王骊山下，《索隐》："在新丰县南，故骊戎国也。"新丰，见第六节。虏褒姒，尽取周赂而去。于是诸侯乃即申侯而共立故幽王太子宜臼，是为平王，以奉周祀。平王立，东迁于雒邑，避戎寇。"

周之衰，盖自昭王始？南巡狩不返之事：《正义》引《帝王世纪》曰："昭王德衰，南征，济于汉。船人恶之，以胶船进王。王御船，至中流，胶液船解，王及祭公俱殁于水中而崩。其右辛游靡，长臂，且多力，游振得王。周人讳之。"《齐世家》：桓公伐楚，楚成王兴师，问曰："何故涉吾地？"管仲对曰："昭王南征不复，是以来问。"《集解》引服虔曰："周昭王南巡狩，涉汉，未济，船解而溺昭王。王室讳之不以赴，诸侯不知其故，故桓公以为辞，责问楚也。"《索隐》引宋衷曰："昭王南伐楚，辛由靡为右。涉汉，中流而陨。由靡逐王，遂卒不复，周乃侯其后于西翟。"此事在《春秋》僖公四年，《左氏》杜《注》亦曰："昭王南巡守涉汉，船坏而溺，周人讳而不赴。诸侯不知其故，故问之。"《疏》曰："《吕氏春秋·季夏纪》云：周昭王亲将征荆蛮。辛余靡长且多力，为王右。还反，涉汉，梁败，王及祭公陨于汉中。辛余靡振王北济，反振祭公。高诱《注》引此《传》云：昭王之不复，君其问诸水滨。由此言之，昭王为没于汉，辛余靡焉得振王北济也？振王为虚，诚如高诱之注。又称梁败，复非船坏。旧说皆言汉滨之人，以胶胶船，故得水而坏，昭王溺焉，不知本出何书？"案胶船之说，服虔与皇甫谧同之。杜预虽未明言，然称船坏而溺，其意亦无以异。当有所本，特疏家不知耳。《吕览》云征荆蛮，宋忠云伐楚，则是役盖伐楚而败。《左氏》记楚屈完之辞曰："昭王之不复，君其问诸水滨。"杜《注》曰："昭王时汉非楚境，故不受罪。”然据宋翔凤说：楚初封丹阳，实在丹、淅之地。《过庭录·楚鬻熊居丹阳武王徙郢考》。则是时汉正楚竟也。古天子造舟为梁，梁败船坏，实非二事。诸书皆言陨于汉，《史记》独称卒于江者？南方之水，通称为江，古人于此等处，本不审谛也。周起关中，关中之地，东出函谷即武王伐纣之路，东南出武关则走丹、淅。观周公奔楚，鬻熊受封，知周初业已服属。此亦周之所以强。至昭王南征不复，而声威始陵替矣。然至穆王，似即复振。

穆王之申诫太仆，盖所以肃军政？其作修刑辟，意在令疑罪入金以赎，亦所以足兵也。征犬戎之役，《史记》载祭公谏辞，谓自是荒服者不至，《国语·周语》同。意颇不满于王。然自文王时即以犬戎为患，至幽王卒亡于犬戎，实周之大敌，穆王能征之，固周之雄主也。而其尤难者，则为征徐偃王一事。

《史记·秦本纪》曰：“造父以善御幸于周穆王。得骥、温骊、《集解》：徐广曰：“温一作盗。”《索隐》：“邹诞生本作马兆。”骅骝、騄耳之驷。西巡狩，乐而忘归。徐偃王作乱，造父为缪王御，长驱归周，一日千里以救乱。”《赵世家》曰：“造父幸于周缪王。造父取骥之乘匹，与桃林盗骊、骅骝、騄耳，献之缪王。缪王使造父御西巡狩。见西王母，乐之忘归，而徐偃王反。缪王日驰千里马攻徐偃王，大破之。”二文所本者同。《赵世家》辞较完具，云骥之乘匹，犹言父母皆善种。桃林即武王放牛处，放牧有其地，孳育有其方，辞虽稍荒，非子虚也。乃《正义》曰：“《古史考》云：徐偃王与楚文王同时，去周穆王远矣。且王者行有周卫，岂得救乱而独长驱日行千里乎？并言此事非实。按《年表》，穆王元年，去楚文王元年三百一十八年矣。”夫日行千里，自是形容之语，岂可拘牵文义？若谓伐徐者，楚文王必实，周穆王必虚，则文王伐徐，又见何雅记乎？《后汉书·东夷传》曰：“徐夷僭号，乃率九夷以伐宗周。西至河上，穆王畏其方炽，乃分东方诸侯，命徐偃王主之。偃王处潢池东，地方五百里，行仁义，陆地而朝者三十有六国。穆王后得骥之乘，乃使造父御以告楚，令伐徐，一日而至。于是楚文王大举兵而灭之。偃王仁而无权，不忍斗其人，故致于败。乃北走彭城武原县东山下。百姓随之者以万数，因名其山为徐山。”《后汉书》此文，未知所本，然系括旧文而成。《礼记·檀弓下篇》载徐容居之言曰“昔我先君驹王，西讨济于河”，即《后汉书》所谓伐宗周西至河上也。《后汉书注》引《博物志》，谓偃王“沟通陈、蔡之间”，其事与吴之沟通江、淮颇相类。斯言而确，则楚、汉分界之鸿沟，或即肇端于此，又在邗沟前数百年矣。《大雅》有《江汉》《常武》二诗，并言周征淮夷之事。《江汉》之诗曰：“江汉之浒，王命召虎。式辟四方，彻我疆土。”《常武》之诗曰：“王命卿士，南仲太祖，太师皇父。整我六师，以修我戎。既敬既戒，惠此南国。”并其有涉于楚之证。窃疑《小序》以此二诗属宣王实误。宣王虽号中兴而兵败于姜戎，师丧于南国，安能远略至于江、淮？《诗》所咏者，实穆王命楚伐徐之事也。世所以称宣王盛强者，以《诗》有《车攻》之篇，说者谓宣王“复会诸侯于东都”也。此说亦不足信。《墨子·明鬼下篇》云：“周宣王合诸侯而田于圃，田车数百乘。”田车之田，《国语注》《文选注》《史记索隐》引俱无，颜师古注《汉书》有。俞樾云：“圃田，地名，《诗·车攻篇》：‘东有甫草，驾言行狩。’《郑笺》以郑有甫田说之。《尔雅》释地作郑有圃田，即其地也。毕读圃字绝句，非是。”孙诒让《闲诂》曰：“案《周语》云：‘杜伯射王于鄗。’《韦注》云鄗，鄗京也。以周地理言之，鄗在西都，圃田在东都，相去殊远。又韦引《周春秋》：‘宣王会诸侯，田于圃。’《明道本》圃作囿。《史记·封禅书索隐》，《周本纪正义》所引，并与韦同。《论衡·死伪篇》云：‘宣王将田于圃。’则汉、唐旧读，并于圃字断句，皆不以圃为圃田。《荀子·王霸篇杨注》引《随巢子》云：‘杜伯射宣王于亩田。’亩与牧声转字通，疑即鄗京远郊之牧田，亦与圃田异。但《随巢子》以圃田为亩田，似可为俞读左证。近胡承珙亦谓此即圃田，而谓《国语》鄗即敖鄗，庠韦以为鄗京之误，说亦可通。”按杨倞注《荀子》，不甚可据，自以于圃字断句为是。宣王复会诸侯于东都，实子虚乌有之谈也。昭王南巡狩不返，楚人之桀骜可知，而是时竟能命以伐徐，则周之威行江、汉，又可知矣。穆王诚雄主矣哉！《管子·小匡》曰：“昔我先王周昭王、穆王，世法文、武之远迹，以成其名。”以昭王、穆王并举，则昭王虽丧败，亦雄主，视后之仅能自守者，犹不可同日语也。《左氏》昭公四年，椒举言于楚子曰：“夏启有钧台之享，商汤有景亳之命，周武有孟津之誓，成有岐阳之搜，康有酆宫之朝，穆有涂山之会，齐桓有召陵之师，晋文有践土之盟。”以穆王与三代盛王及桓、文并举，亦足见其盛强。涂山，《杜注》云：在寿春东北。寿春，今安徽寿县也。以此释禹会诸侯，诚为未当，谓穆王会诸侯于此，则无可疑矣。窃疑禹会诸侯于涂山，正因穆王之事而附会也。潢池，《后汉书注》引《水经注》曰：“潢水一名汪水，与泡水合，至沛入泗。自山阳以东，海陵以北，其地当之也。”案山阳，今江苏淮安县。海陵，今江苏泰县。武原，《后汉书注》曰：“武原县故城，在今泗州下邳县北。徐山在其东。”案下邳，今江苏邳县也。《秦本纪正义》引《括地志》曰：“大徐城，在泗州徐城县北三十里，古徐国也。”今安徽盱眙县。又曰：“徐城在越州县东南，入海二百里。《夏侯志》云：‘翁州上有徐偃王城。’《传》云：‘昔周穆王巡狩，诸侯共尊偃王。穆王闻之，令造父御，乘騕袅之马，日行千里，自还讨之。’或云：‘命楚王帅师伐之。’偃王乃于此处，立城以终。”县为今浙江之鄞县。徐人立国东南，当善舟楫，败遁入海，理所可有。沟通陈蔡之间，又不足为怪矣。

《左氏》昭公十二年，子革对楚灵王曰：“昔穆王欲肆其心，周行天下，将皆必有车辙马迹焉。祭公谋父作《祈招之诗》，以止王心，王是以获没于祗宫。”祭公谋父，即《国语》《史记》载其谏征犬戎者，隐见子革所言，实为一事。灵王固勤征伐之君，非乐盘游之主也。《史记·秦本纪》与《赵世家》述穆王事，所本者同，极为易见，而《秦本纪》无见西王母之语，则此四字为《史记》元文，抑后人增窜，尚属可疑。即谓系《史记》之文，而西王母为《尔雅》四荒之一，不过西方远国，乃国名非人名，初无荒怪之迹也。《山海经》虽有西王母梯几载胜，三青鸟为之取食之语，见《海内北经·郭注》："梯，冯也。"然此乃古之神话，确有可征之人物、部落，傅会为神者多矣。若举以为信史，将炎、黄、尧、舜，悉成天上之神；河、雒、江、淮，非复人间之土，史事尚何一可信乎？乃晋张湛伪造《列子》，既有《周穆王》之篇，以汉后西域之事，妄加附会。其后又有所谓《周王游行》者，即今之《穆天子传》也。杜预《春秋经传集解后序疏》引王隐《晋书·束皙传》云："《汲冢竹书》，大凡七十五卷。其六十八卷，皆有名题，其七卷，折简碎杂，不可名题。有《周易上下经》二卷。纪年十二卷。琐语十一卷。《周王游行》五卷，说周穆王游行天下之事，今谓之《穆天子传》。此四部差为整顿。汲郡初得此书，表藏秘府，诏荀勖、和峤以隶字写之。勖等于时即已不能尽识其书，今复阙落，又转写益误。《穆天子传》，世间偏多。"读此，即可知世间流行汲冢诸书，均系赝鼎矣。杂取古书及汉以后所知西域地理，妄造穆王游行之事，支离灭裂，全不可通，而世犹有视为信史者，岂不异哉？此书述穆王行迹，起蠲山，绝漳，至钘山，循滹沱。北历犬戎，绝隃，西至河宗。济河至积石，登昆仑，观黄帝之宫。北征，舍于珠泽。升春山。东还至群玉之山。又西，至于西王母之邦。遂驱，升于弇山。北畋于旷原，自此东归。绝沙衍，经黑水，三苗氏之地，再历钘山，逾太行，入宗周。钎钘盖即井陉，钎、钘同声也。隃即先俞，与河宗并见《史记·赵世家》，地在雁门之北。昆仑，盖指于阗河源之山，其地固产玉，而珠亦为西域名产，故有群玉之山及珠泽焉。春山盖即葱岭。《汉书·西域传》谓安息长老，传闻条支有弱水。西王母，《后汉书》则谓在大秦之西，当时流俗，盖习指极西之地，为西王母所在，造此书者，亦同此见，故西王母之西有弇山，附会古崦嵫之山，为日入处也。今古杂糅，首尾衡决，真不直一嚎。

《索隐》引宋忠曰：“懿王自镐徙都犬丘，一曰废丘，今槐里是也。”此语本于《汉志》。《汉志》：“右扶风槐里，周曰犬丘，懿王都之。秦更名废丘。高祖三年（前204年）更名。”案今陕西兴平县。《汉书·匈奴列传》曰：“懿王时，王室遂衰，戎狄交侵，暴虐中国。中国被其苦。诗人始作，疾而歌之曰：靡室靡家，猃狁之故。岂不日戒，猃狁孔棘。至懿王曾孙宣王，兴师命将，以征伐之。诗人美大其功，曰：薄伐猃狁，至于太原。出车彭彭，城彼朔方。”案此所引者，为《小雅·采薇·六月之诗》，《小序》曰：“《采薇》，遣戍役也。文王之时，西有昆夷之患，北有猃狁之难。以天子之命，命将率，遣戍役，以守卫中国。故歌《采薇》以遣之，《出车》以劳还，《杕杜》以勤归也。”于《六月》之诗，则说为“宣王北伐”。今案《出车》之诗曰：“王命南仲，往城于方。”《六月》之诗曰：“猃狁匪茹，整居焦获。侵镐及方，至于泾阳。”则二诗所咏，实一时事。镐、方，《郑笺》但云“北方地名”。窃疑方即丰之转音。懿王时，丰镐实曾沦陷，故暂居犬丘也。《秦本纪》言：非子居犬丘，孝王欲以为大骆适嗣。而申侯之女，为大骆妻，生子成为适。申侯乃言孝王曰：昔我先骊山女，为戎胥轩妻。生中潏。以亲故，归周保西垂。西垂以其故和睦。今我复与大骆妻，生适子成。申、骆重婚，西戎皆服，所以为王。王其图之。孝王乃分土为附庸，邑非子于秦，而亦不废申侯之女子为骆适者，以和西戎。其后周厉王无道，西戎反王室，灭犬丘大骆之族。宣王使非子后秦仲诛西戎。西戎杀秦仲。宣王复召其子庄公昆弟，与兵七千人，使伐西戎破之。于是复予秦仲后及其先大骆地、犬丘并有之，为西垂大夫。观此，知犬丘实西方重镇，懿王所以移居于此；而申与犬戎，世为婚姻，则又骊山之祸所由肇也。《汉志》：京兆郑县，周宣王母弟郑桓公邑。臣瓒曰：“周自穆王以下，都于西郑，不得以封桓公也。初，桓公为周司徒，王室将乱，故谋于史伯，而寄帑与贿于虢、郐之间。幽王既败，二年而灭郐，四年而灭虢，居于郑父之丘，是以为郑桓公，无封京兆之文也。”案《水经·洧水注》引《纪年》云：“晋文侯二年，周惠王子多父伐郑，克之。乃居郑父之丘，名之曰郑，是为桓公。”盖臣瓒之所本。然此说与《国语》、《史记》《世本》皆不合，郦氏《渭水注》已自驳之矣。《穆天子传》有“天子入于南郑”之文，《郭注》引《纪年》，谓“穆王元年，筑祇宫于南郑”，盖又因《左氏》而伪造者。《穆天子传》未必出于郭氏以前，其注亦不足信也。

厉王召祸，盖由好利？《周书·芮良夫解》，记芮良夫戒王及群臣之辞曰：“下民胥怨，财殚竭。”古所谓财者，多指山泽之利言之。山泽之利，本皆公有，后乃稍加障管。疑厉王当日，实有此等事也。古国人与野人，本分两级。国人服戎役，野人则否。故野人被虐，止于逃亡，国人则不然矣。参看后论等级、兵制处自明。

共和行政：《索隐》曰：“共音如字，若《汲冢纪年》则云：共伯和干王位，共音恭。共国，伯爵，和其名。干，篡也。言共伯摄王政，故云干王位也。”《正义》曰：“共音巨用反。韦昭云：彘之乱，公卿相与和而修政事，号曰共和也。《鲁连子》云：卫州共城县，本周共伯之国也。共伯名和，好行仁义，诸侯贤之。周厉王无道，国人作难，王奔于彘。诸侯奉和以行天子事，号曰共和元年。十四年，厉王死于彘，共伯使诸侯奉王子靖为宣王，而共伯复归国于卫也。《世家》云：釐侯十三年，周厉王出奔于彘。共和行政焉。二十八年，周宣王立。四十二年，釐侯卒。太子共伯余立为君。共伯弟和，袭攻共伯于墓上。共伯入釐侯羡自杀。卫人因葬釐侯旁，谥曰共伯，而立和为卫侯，是为武公。按此文，共伯不得立，而和立为武公；武公之立，在共伯卒后，年岁又不相当，《年表》亦同，明《纪年》及《鲁连子》非也。”案《左氏》昭公二十六年，王子朝使告诸侯曰：“至于厉王，王心戾虐。万民不忍，居王于彘。诸侯释位，以间王政，宣王有志，而后效官。”间、干同声，《纪年》盖因此伪造。《吕览·慎人篇》云：“古之得道者，穷亦乐，达亦乐。所乐非穷达也。道得于此，则穷达一也，为寒暑风雨之序矣。故许由虞乎颍阳，而共伯得乎共首。”《注》：“共，国；伯，爵也。弃其国，隐于共首山，而得其志也。不知出何书也。”《开春论》曰：“共伯和修其行，好贤仁，而海内皆以来为稽矣。”《注》：“共国，伯爵，夏时诸侯也。”《庄子·让王篇》“故许由娱于颍阳，而共伯得乎共首”，文与《吕览·慎人》同，皆不云共伯和；而《开春论》之《注》亦但云共国伯爵；则正文中之和字，或系后人窜入，亦未可知，乃《庄子释文》云：“司马云：共伯名和，修其行，好贤人，诸侯皆以为贤。周厉王之难，天子旷绝，诸侯皆请以为天子。共伯不听，即干王位。十四年，大旱，屋焚，卜于太阳。兆曰：厉王为祟。召公乃立宣王，共伯复归于宗，逍遥得意共山之首。《太平御览》引《史记》曰：“共和十四年，大旱，火焚其屋。伯和篡位立。秋又大旱。其年，周厉王死，宣王立。”王国维《古本竹书纪年辑校》引云：“《史记》无此文，当出《纪年》。”案史记为古史籍通名，犹今言历史，《周官》都宗人《疏》曰：“史记，伏羲以前，九皇六十四民，并是上古无名号之君。”此史记二字，亦犹言史籍，非指《太史公书》也。共丘山，今在河南共县西。今河南辉县。案《水经·清水注》曰：“共县故城，即共和之故国也。共伯既归帝政，逍遥于共山之上。山在国北，所谓共北山也。”《鲁连子》云：共伯后归于国，得意共山之首。《纪年》云：共伯和即干王位。孟康注《汉书·古今人表》以为入为三公。本或作丘首。”共伯和，《人表》在中上等，今本佚孟康《注》，惟载师古曰：“共，国名也；伯，爵也；和，共伯之名也；共音恭，而迁史以为周召二公行政，号曰共和，无所据也。”意亦以《纪年》《鲁连子》之说为然。然古代君出而大臣持国者甚多，如卫献公、鲁昭公皆是。丧君有君，转为敌国挟以为质时之变局。君暂出而位未替，而必求一人以尸之，则初未闻其事也。造《纪年》《鲁连子》等书者，不悟《左氏》之诸侯释位，即指周、召等言之，而别求一共伯和以充其选，适见其论古之无识耳。

《史记》幽王之事，全系神话传说，不足为据。以情事揆之：申为南阳之国，《汉书·地理志》：南阳郡，宛，“故申伯国”。今河南南阳县。逼近武关。缯，《正义》引《括地志》云：“缯县在沂州承县，古侯国，禹后。”此盖误以春秋时之鄫说之。承为今山东峄县，安得与申、犬戎攻周？缯当亦荆、雍间国也。《国语·晋语》：史苏曰：“申人、鄫人召西戎以伐周，周于是乎亡。”《郑语》：史伯曰：“申、缯、西戎方强，王室方骚，若伐申，而缯与西戎会以伐周，周不守矣。缯与西戎，方将德申，申、吕方强，其隩爱大子，亦必可知也。”《韦注》但云鄫姒姓，而不言其地。王子朝告诸侯之辞曰：“至于幽王，天不吊周。王昏不若，用愆厥位。携王奸命，诸侯替之，而建王嗣，用迁郏鄏。”《杜注》曰：“携王，幽王少子伯服也。”《疏》曰：“刘炫云：如《国语》《史记》之文，幽王止立伯服为太子耳。既虏褒姒，必废其子，未立为王，而得呼为携王者？或幽王死后，褒姒之党，立之为王也。《汲冢书纪年》云：平王奔西申，而立伯盘以为太子，与幽王俱死于戏。《疏》上文曰：“《鲁语》云：幽王灭于戏。戏，骊山之北水名也。皇甫谧云：今京兆新丰东二十里戏亭是也。”先是申侯、鲁侯及许文公立平王于申，以本太子，故称天王。幽王既死，而虢公翰又立王子余臣于携。周二王并立。二十一年，携王为晋文侯所杀。以本非适，故称携王。束皙云：案《左传》“携王奸命”，旧说携王为伯服。伯服，古文作伯盘，非携王。伯服立为王积年，诸侯始废之，而立平王。其事或当然。”刘炫说臆度无据，《纪年》、束皙，则伪造史实而已矣。申侯苟与缯、犬戎共杀幽王，则为叛逆之国，诸侯安得即之而立平王？疑幽王之死，实非尽由于申，而与所谓携王者大有关系焉。至《史记》所传，乃属褒姒故事，既专述褒姒，乃亦臆度杀幽王者必为申后母家，而于携王遂不之及。此据

《左氏》本文，似可如此推测，惟不应妄说携王为何人耳。《左氏》昭公四年，椒举曰："周幽为太室之盟，诸侯叛之。"太室，即嵩山，是幽王并尝经略东方矣。

第九章　春秋战国事迹

第一节　东周列国形势

《管子·霸言》曰："强国众，合强攻弱以图霸；强国少，合小攻大以图王。"此言实能道出东周以后，与西周以前形势之异。盖强国少，则服一强，即可号令当时之所谓天下，此为古人之所谓王。强国多，则地丑德齐，莫能相尚，即称雄一时者，亦仅能使彼不与我争，而不能使之臣服于我，此为古人之所谓霸。春秋之世，所谓五霸迭兴者，只是就中原之局言之。当时强国所争，亦即在此。至于各霸一方，如秦长西垂，楚雄南服，则虽当他国称霸之时，情势亦迄未尝变，即由是也。观此，知王降为霸，实乃事势使然，初非由于德力之优劣。而事势之转变，则社会之演进实为之。盖文化之发舒，恒自小而渐扩于大。其初只中心之地，有一强国者，其后则各区域中，各自有其强国，遂成此地丑德齐之局也。西周以前，史事几惟所谓天子之国为可知，东周以后，则诸大国所传皆详，天子之国，或反不逮，即由于此。

《史记·三代世表》曰："自殷以前，诸侯不可得而谱，周以来乃颇可著。"盖殷以前，列国存灭，已无可考矣。然周代列国，史公所表，亦止十二诸侯，后人考证，率据《春秋》及《左氏春秋》国数，仅五十余，见《公羊疏》。若并《左氏》所载记之，则旧说云：百七十国，其中百三十九国，知其所居，三十一国，尽亡其处。《晋书·地理志序》。苏轼《春秋列国图说》云百二十四。二说皆云夷蛮戎狄不在其内，然孰为夷蛮戎狄极难定。顾栋高《春秋大事表》，并古国列之，凡二百有九。《列国爵姓及存灭表》。四裔别为表。亦未见其裔夏分别之得当也。又国与邑亦难辨，古所谓国者，义亦与今异。其存亡，以有采地以奉祭祀与否为断，而不以土地主权之得丧为衡。忽灭忽复史既不具，僻陋之国不见载籍者又多。据故籍所载，而云某时国有若干，其去实在情形，必甚远矣。惟国数必降而愈少，而不见经传之国，其与大局关系亦必较浅，是则可断言者耳。

《国语·郑语》载史伯之言曰："姜、嬴、荆芈，实与诸姬代相干也。"此言亦颇能道出有史以来部族兴替形势，是四姓，盖古部族中较大而文明程度较高者也。今试本此语，以观东周列国之形势。

周初，诸部族中自以姬姓为最得势。此当与封建有关。盖封建行，则其族之散布各地者多，既易因形便而振兴，亦且不易覆灭也。《左氏》昭公二十八年，载成鲊之言曰："武王克商，光有天下，其兄弟之国者十有五人，姬姓之国者四十人。"《荀子·儒效》则曰："周公兼制天下，立七十一国，姬姓独居五十三人。"二者数略相合，必非无稽，《荀子》说少二人，疑去管、蔡。可见周封同姓之盛。《左氏》僖公二十四年载富辰之言曰："昔周公吊二叔之不咸，故封建亲戚，以藩屏周。管、今河南郑县。后其地属郐。郐灭，属于郑。蔡、今河南上蔡县。平侯迁新蔡，今河南新蔡县。昭侯迁州来，今安徽寿县。郕、今山东汶上县。霍、今山西霍县。鲁、今山东曲阜县。卫、今河南淇县。戴公庐于曹，文公居楚丘，皆在今河南滑县。成公迁帝丘，今河北濮阳县。毛、未详。或曰在今河南宜阳县境。聃、今湖北荆门县。郜、今山东城武县。雍、今河南修武县。曹、今山东定陶县。滕、今山东滕县。毕、今陕西咸阳县。原、今河南济源县。酆、今陕西鄠县。郇，今山西临晋县。文之昭也。邘、今河南怀庆县。晋、见第二节。应、《杜注》："在襄阳城父县。"案城父当作父城，转写之误。父城，在今河南宝丰县。韩、今陕西韩城县，武之穆也。凡、今河南辉县。蒋、今河南固始县。邢、今河北邢台县。后迁于夷仪，今山东聊城县。春秋僖公二十五年（前635年），灭于卫。茅、今山东金乡县。胙、今河南汲县。祭，今河南郑县。周公之胤也。”此诸国中，入春秋后，晋称霸；鲁、卫、曹、蔡，皆可称二等国；而滕以小国仅存。此外可考者：虞，封于北方，旋亡，而其在南方者转大。见第六节。燕，春秋时无所表见，入战国则列为七雄之一焉。见第八节。郑初封在今陕西华县。后迁河南新郑县。与虢，《左氏》僖公五年，宫之奇曰：“虢仲、虢叔，王季之穆也。”杜氏以河南陕县东南之虢城，为仲所封，是为上阳。山西平陆之下阳，为其别都。河南汜水，即隐公元年（前722年），郑庄公所谓制岩邑者，为虢叔所封。贾逵云：制为东虢，仲所封。叔封西虢，即春秋所谓虢公。”马融云：仲封上阳，叔封下阳。要无明证，各以意说而已。窃疑虢仲、虢叔，乃一国之二君，弟兄相及。郑庄公所谓死于制者，与宫之奇所云虢叔，各是一人。《汉书·地理志》：右扶风虢县，为虢之旧封，地在今陕西宝鸡县。河南之上阳，为其东迁后之新都。而《史记·秦本纪》，武公灭小虢，则其支庶之留居西方者也。初封西方，后东迁。虢旋灭而郑久存。在西方者，又有魏、今山西芮城县。耿、今山西河津县。芮，今陕西大荔县。在南方者，有息、今河南息县。春秋庄公十四年（前680年），灭于楚。顿、今河南商水县。春秋定公十四年（前496年）灭于楚。沈，今河南汝南县。皆无足称述。而“汉东之国随为大”，语见《左氏》桓公六年。今湖北随县。“汉阳诸姬，楚实尽之”，语见《左氏》僖公二十八年。又定公四年，吴人谓随人曰：“周之子孙，在汉川者，楚实尽之。”则并其名而无可考矣。要之自文、武以来，姬姓以今陕西为根据，广布其同族于河南北、山东西及湖北，而江苏则其展扩之极也。

姜姓为神农之后，其根据地本在山东。及唐、虞之际，著绩者为四岳，则其地移于河南。《史记·齐大公世家》曰：“其先祖尝为四岳，佐禹平水土，有功，虞、夏之际，封于吕，或封于申，姓姜氏。”

周初太公封于营丘，其势力乃又东渐焉。申、在今河南南阳县北。吕、在南阳县。齐、见第二节。许今河南许昌县。灵公迁叶，今河南叶县。悼公迁夷，实城父，今安徽亳县。后迁叶，又迁于析，实白羽，今河南内乡县。许男斯迁容城，或曰：在叶县西。同为西周名国，申、吕皆亡于楚。许见迫于郑，而依楚以自存。惟齐表东海，称大风焉。又有纪今山东寿光县。春秋庄公四年（前690年）灭于齐。与向、今安徽怀远县。州、国于淳于，今山东安邱县东北。后入杞，为杞都。莱夷，今山东黄县。皆微末不足道。

嬴姓为皋陶之后，其根据地本在安徽，英、六为其初封，已见第七章第一节。在其附近者，又有江、今河南正阳县。黄今河南潢川县。及蓼，今安徽霍邱县。亦微末不足称。群舒居吴、楚间，舒蓼、舒庸、舒鸠、宗，在今安徽舒城、庐江二县间。所系较重，而徐尤强。今安徽泗县。《春秋》昭公十三年（前529年）灭于吴。在西方者，梁为小国，今陕西韩城县。赵至战国始列为诸侯，见第八节。惟秦袭周之旧，最大。见第二节。

史伯论祝融曰："其后八姓，佐制物于前代者，昆吾为夏伯矣。见第八章第四节。大彭、见第八章第一节。豕韦见第八章第二节。为商伯矣。当周未有。已姓昆吾、苏、顾、温、董；董姓鬷夷、豢龙，则夏灭之矣。《左氏》：苏子国于温，在今河南温县。顾见第八章第三节。《左氏》昭公二十九年，蔡墨言昔有飂叔安，有裔子曰董父，乃扰畜龙，以服事帝舜。舜赐之姓曰董，氏曰豢龙，封诸鬷川。鬷夷氏其后也。飂，《汉书·古今人表》作廖，当即蓼。鬷川，梁履绳《左通补释》云：当即三朡，《潜夫论·志氏姓》鬷川、鬷夷并作朡，其证。案三朡，见第八章第三节。彭姓彭祖、豕韦、诸稽，则商灭之矣。秃姓舟人，则周灭之矣。妘姓邬、当即《左氏》隐公十一年"王取邬、刘、劳、邘之田于郑"之邬，在今河南偃师县。郐、今河南密县。路、逼阳，今山东峄县。曹姓邹、即邾。《公羊》《礼记·檀弓》皆作邾娄，今山东邹县。文公迁于绎，在邹县南。又有小邾，国于郳，在今山东滕县。莒，都介根，今山东胶县。春秋初徙莒，今山东莒县。邹、莒皆战国时灭于楚。皆为采卫。或在王室，或在夷狄，莫之数也，而又无令闻，必不兴矣。斟姓无后。融之兴者，其在芈姓乎？芈姓夔越，韦《注》曰：夔越，芈姓别国，楚熊绎六世孙熊挚。案参看第二章第六节。不足命也。蛮芈蛮矣，史伯曰："荆子熊严，生子四人，叔熊逃难于濮而蛮。"韦《注》谓即指此。参看第二节。惟荆实有昭德，若周衰，其必兴矣。"盖祝融之后，本居今河南、山东、江苏三省间，其后皆滋异族，而湖北西境，南郡、南阳之间，古所谓周南之地者，乃转为其发荣滋长之区也。

春秋列国可考见者，又有任、今山东济宁县。宿、今山东东平县。须句、今东平县东南。颛臾，今山东费县。为太昊后。郯为少昊后。今山东郯城县。薛今山东滕县南。与南燕今河南汲县。为黄帝后。唐为尧后。今湖北随县西北。春秋定公五年（前505年）灭于楚。陈今河南淮阳县。与遂今山东宁阳县。为舜后。杞、今河南杞县。成公迁缘陵，今山东昌乐县。文公迁淳于，即州，地见前。战国时灭于楚。鄫今山东峄县东。春秋襄公六年（前567年）灭于邾。及越见第六节。为禹后。宋今河南商丘县。与谭、今山东历城县。萧今江苏萧县。为殷后。越为南方大国，宋、陈二等国，余皆小国也。以上释地，略本《春秋大事表》。

春秋大国，时曰晋、楚、齐、秦，其后起者为吴、越，至战国而河北之燕亦强，皆当日缘边之地也。泰岱以西，华岳以东，太行以南，淮水以北，为古所谓中原之地，鲁、卫、宋、郑、陈、蔡、曹、许，错处其间，皆不过二等国。余则自郐无讥矣。是何哉？梁任公谓诸大国皆逼异族，以竞争淬厉而强，见所著《中国之武士道序》。可谓得其一端。居边垂，拓土易广，当为其又一端。而文化新旧，适剂其中，尤为原因之大者。盖社会之所以昌盛，一由其役物之力之强，一亦由于人与人相处之得其道。野蛮之族，人与人之相处，实较文明之族为优，然役物之力太弱，往往不胜天灾人祸而亡。文明之族，役物之力优矣，而人与人之相处，或失其宜，则又不能享役物之福，而转受其祸。惟能模放上国之文明，而又居僻陋之地，社会组织病态未深者，为能合二者之长，而浸昌浸炽焉。此晋、楚、齐、秦诸国所由大乎？此义也，他日尚当详言之，今先于此发其凡。

第二节　齐、晋、秦、楚之强

《史记·周本纪》云："平王之时，周室衰微，诸侯强并弱，齐、楚、秦、晋始大，政由方伯。"《十二诸侯年表》云："齐、晋、秦、楚，其在成周，微甚。封或百里，或五十里。晋阻三河，齐负东海，楚介江、淮，秦因雍州之固，四国迭兴，更为霸王，文、武所褒大封，皆威而服焉。"是东周之世，实以此四国为最强也。春秋之末，吴、越暂盛而旋亡。战国时，燕亦称七雄之一，然"北迫蛮貉，内措齐、晋，崎岖强国之间，最为弱小"，《史记·燕世家》语。则攸关大局者，仍是齐、秦、楚及晋所分之赵、韩、魏耳。今述四国兴起之事如下。

《史记·齐世家》曰："太公望吕尚者，东海上人。其先祖尝为四岳，佐禹平水土，甚有功。虞、夏之际，封于吕，或封于申，姓姜氏。夏、商之时，申、吕或封枝庶，或为庶人，尚其后苗裔也。本姓姜氏，从其封姓，故曰吕尚。"案齐太公，古书或言其居东海之滨，《孟子·离娄下》《吕览·首时》。或言其屠牛朝歌，卖食棘津，见《战国策》《尉缭子》《韩诗外传》《说苑》等书。《史记索隐》引谯周亦曰："吕望尝屠牛于朝歌，卖饭于孟津。"棘津，徐广谓在广川，服虔谓即孟津，见《水经·河水注》。谯周径作孟津，则其意亦同服虔也。广川，今河北枣强县。盖皆后来附会之说。《礼记·檀弓》曰：“太公封于营丘，比及五世，皆反葬于周。君子曰：乐，乐其所自生，礼不忘其本，古之人有言曰：狐死正丘首，仁也。”则太公确为西方人，谓其本出于吕，当不诬也。太公封营丘，六世胡公徙薄姑，七世献公徙临淄。《正义》：“营邱，在青州临淄北百步外城中。”又引《括地志》云：“薄姑城，在青州博昌县东北六十里。”案唐临淄，即今山东临淄县。博昌，今山东博兴县也。《汉书·地理志》：“齐郡临淄县，师尚父所封。”应劭曰：“献公自营丘徙此。臣瓒谓临淄即营邱。”《诗·齐谱疏》引孙炎说同。《烝民毛传》亦谓齐去薄姑徙临淄，则应劭说非也。《左氏》昭公二十年，晏子云：“昔爽鸠氏始居此地，季则因之，有逢伯陵因之，而后太公因之。”又以营邱与薄姑为一，盖城邑虽殊，区域是一，故古人浑言之也。《齐世家》曰：“太公至国，修政，因其俗，简其礼。通商工之业，便鱼盐之利，而人民多归齐。齐为大国。”又曰：“周成王少时，管、蔡作乱，淮夷畔周，乃使召康公命太公曰：东至海，西至河，南至穆陵，北至无棣，《集解》：“服虔曰：是皆太公始受封土地，疆境所至也。”《索隐》：“旧说穆陵在会稽，非也。案今淮南有故穆陵门，是楚之境。无棣在辽西孤竹。服虔以为太公受封境界所至，不然也。盖言其征伐所至之域也。”案此文见《左氏》僖公四年。杜《注》曰：“穆陵、无棣，皆齐境也。”则亦不以为征伐之所至。《注》但言齐竟，《疏》亦无说，其地盖难质言。后世说者，多谓穆陵即山东临朐县南之穆陵关，或又以湖北麻城县西北之穆陵关当之。无棣，或从在孤竹之说，谓在今河北卢龙县。或又据《水经注》“清河又东北，无棣沟出焉，乃东径南皮县故城”之文，谓近今河北南皮县，皆无确据也。五侯九伯，实得征之，齐由此得征伐，为大国。”《货殖列传》曰：“太公望封于营邱，地潟卤，人民寡。于是太公劝其女功，极技巧，通鱼盐，则人物归之襁至而辐凑。故齐冠带衣履天下。海、岱之间，敛袂而往朝焉。”说亦与《世家》合。盖齐工商之业既盛，海利复饶，富强之基久立，故得管仲以用之，而桓公遂为五霸之首也。

晋唐叔虞者，周武王之子，成王弟。武王崩，成王立，唐有乱，周公诛灭唐，封叔虞于唐。唐在河、汾之东，方百里，说见第七章第三节。故曰唐叔虞。唐叔子燮，是为晋侯。《诗谱》曰："南有晋水，至于燮，改为晋侯。"九世穆侯，娶齐女姜氏为夫人。生太子仇、少子成师。穆侯卒，弟殇叔自立，仇出奔。四年，率其徒袭殇叔而自立，是为文侯。文侯卒，子昭侯伯立。元年（前745年），周东迁后二十六年也，封文侯弟成师于曲沃。《汉书·地理志》：河东郡闻喜，故曲沃。今山西闻喜县。曲沃邑大于翼。翼，晋君都邑也。《续汉书·郡国志》：河东郡绛邑有翼城。今山西翼城县。成师封曲沃，号为桓叔。好德，晋国之众皆附焉。昭侯后六世，遂为桓叔孙曲沃武公所并，更号曰晋武公。犹言改称晋君。时周釐王三年（前679年），入春秋后四十四年也。釐王五年（前677年），入春秋后四十六年。武公卒，子献公诡诸立。惠王八年（前669年），入春秋后五十四年。士蒍说公曰："故晋之群公子多，不诛，乱且起。"乃使尽杀诸公子，而城聚都之，命曰绛，始都绛。案《史记》武公始都晋国，谓迁都于翼也。又谓城聚而都之，命曰绛，则聚即绛可知。《左氏》庄公二十五年："晋士蒍使群公子尽杀游氏之族，乃城聚而处之。冬，晋侯围聚，尽杀群公子。二十六年（前668年），春，晋士蒍为大司空，夏，士蒍城绛以深其宫。"说亦同，《汉志》河东郡绛县，《注》云"晋武公自曲沃徙此"，误矣。《诗谱》谓穆侯始都绛，《疏》遂曲说为昭侯以下徙翼，至武公又徙绛。问其何以知穆侯徙？则曰相传为然而已。可谓遁辞，知其所穷矣。晋后更徙新田，亦称为绛，而称此绛为故绛。新故绛，《左氏》杜《注》皆云在绛邑县。绛邑县，即绛县，后汉改名者也，今山西曲沃县。晋群公子亡奔虢，虢以其故再伐晋，弗克。十六年（前661年），入春秋后六十二年。献公作二军，公将上军，太子申生将下军，伐灭霍、魏、耿。十九年（前658年），入春秋后六十五年。使荀息以屈产之乘假道于虞。虞假道，遂伐虢，取其下阳，以归。二十二年（前655年），入春秋后六十八年。复假道于虞以伐虢。其冬，灭虢，还，袭灭虞。《史记》称："当此时，晋强，西有河西，与秦接竟，北边翟，东至河内。"盖河、汾本沃土，晋始封于是，亦已植富强之基，特以翼与曲沃相争，未能向外开拓。武公时，内争既定，献公雄主，继其后而用之，而形势遂一变矣。《韩非·难三》言晋献公并国十七，服国三十八，战十二胜。

秦之先大费，即柏翳，亦即伯益，已见第七章第四节。舜赐太费姓嬴氏。大费生子二人：一曰大廉，实鸟俗氏。二曰若木，实费氏，其玄孙曰费昌，子孙或在中国，或在夷狄。费昌当夏桀之时，去夏归商，为汤御，以败桀于鸣条。大廉玄孙曰孟戏、中衍，鸟身人言。帝太戊闻而卜之，使御，吉，遂致使御而妻之。自太戊以下，中衍之后，遂世有功，以佐殷国。故嬴姓多显，遂为诸侯。其玄孙曰中潏，在西戎，保西垂。生蜚廉，蜚廉生恶来。恶来有力，蜚廉善走，父子俱以材力事殷纣。周武王之伐纣，并杀恶来。是时蜚廉为纣石北方，还无所报，为坛霍太山，而报得石棺。铭曰："帝令处父，不与殷乱，赐尔石棺，以华氏死。"遂葬于霍太山。蜚廉复有子曰季胜。季胜生孟增。孟增幸于周成王，是为宅皋狼。《正义》："《地理志》云：西河郡皋狼县也。按孟增居皋狼而生衡父。"按皋狼，今山西离石县。皋狼生衡父，衡父生造父。造父以善御幸于周缪王，缪王以赵城封造父。今山西赵城县。造父族由此为赵氏。自蜚廉生季胜以下五世至造父，别居赵，赵衰其后也。恶来革者，蜚廉子也，早死，有子曰女防。女防生旁皋，旁皋生大几。大几生大骆。大骆生非子。以造父之宠，皆蒙赵城姓赵氏。非子居犬丘。孝王召使主马于汧渭之间。马大蕃息。孝王欲以为大骆适嗣，而申侯之女为大骆妻，生子成为嫡。申侯言孝王，孝王乃分土为附庸，邑之秦，今甘肃清水县。使复续嬴氏祀，号曰秦嬴。亦不废申侯之女子为骆适者，以和西戎。秦嬴生秦侯。秦侯生公伯。公伯生秦仲。秦仲立三年，西戎灭犬丘大骆之族。周宣王即位，以秦仲为大夫，诛西戎，西戎杀秦仲。秦仲立二十三年死于戎。有子五人，其长者曰庄公。周宣王乃召庄公昆弟五人，与兵七千人，使伐西戎，破之，于是复予秦仲后，及其先大骆地犬丘并有之，为西垂大夫。参看第八章第八节。庄公居其故西犬丘。生子三人。其长男世父。世父曰：戎杀我大父，我非杀戎王，则不敢入邑。遂将击戎，让其弟襄公。襄公为太子。庄公立四十四年卒，周幽王四年（前778年）。太子襄公代立。元年（前777年），周幽王五年。以女弟缪嬴为丰王妻。疑西戎居丰邑者。二年，周幽王六年（前776年）。戎围犬丘世父。世父击之，为戎人所虏。岁余，复归世父。《正义》引《括地志》谓庄公为西垂大夫，在秦州上邽县西南九十里，汉西县是也。又云："故汧城，在陇州汧源县东南三里。《帝王世纪》云：秦襄公二年（前776年）徙都汧，即此城。"案《史记》云：庄公居其故西犬丘。又云：戎围犬丘世父。似是时犬丘有二。世父所居者，即非子所居之犬丘，而庄公所居者，则秦之旧封此时亦名为犬丘，而以西别之也。汉西县，在今天水县西南。唐沂县，今甘肃陇县。七年，周幽王十一年（前771年）。犬戎与申侯伐周，杀幽王，秦襄公将兵救周，战甚力，有功。周避犬戎难，东徙雒邑，襄公以兵送周平王。平王封襄公为诸侯，赐之岐以西之地，曰："戎无道，侵夺我岐、丰之地，秦能攻逐戎，即有其地。"与誓，封爵之。襄公由是始国，与诸侯通使聘享之礼。十二年，周平王五年（前766年）。伐戎而至岐，卒。生文公。文公元年，周平王六年（前766年）。居西垂宫。《正义》："即上西县是也。"三年，周平王八年（前763年）。文公以兵七百人东猎。四年，周平王九年（前762年）。至汧、渭之会，曰："昔周邑，我先秦嬴于此。后卒获为诸侯。乃卜居之，占曰：吉，即营邑之。《正义》："《括地志》云：郿县故城，在岐州郿县东北五十里。秦文公营邑即此城。"案今陕西郿县。十六年，周平王二十一年（前

750年)。文公以兵伐戎,戎败走。于是文公遂收周余民有之,地至岐。岐以东献之周。二十七年,周平王三十二年(前739年)。伐南山大梓,丰大特。《集解》引徐广,《正义》引《括地志》,已见第八章第一节。此丰疑仍系丰邑,秦此时尚未能复其地也。四十八年,周桓王二年(前718年),入春秋后五年。文公太子卒,赐谥为竫公。竫公之长子为太子。五十年,周桓王四年(前716年),入春秋后七年。文公卒,竫公子立,是为宁公。《秦始皇本纪》作宪公。二年,周桓王六年(前716年),入春秋后九年。徙居平阳。《集解》:徐广曰:"郿之平阳亭。"《正义》:"岐山县有阳平乡,乡内有平阳聚。《括地志》云:平阳故城,在岐州岐山县西四十六里。"案今陕西岐山县。遣兵伐荡社,《集解》:徐广曰:"荡音汤。社一作杜。"《索隐》:"西戎之君,号曰亳王,盖成汤之胤。其邑曰荡社。徐广云:一作汤杜。言汤邑在杜县之界,故曰汤杜也。"《正义》:"《括地志》云:雍州三原县有汤陵,又有汤台,在始平县西北八里。按其国,盖在三原始平之界矣。"案三原,今陕西三原县。始平,今陕西兴平县。三年,周桓王七年(前715年),入春秋后十年。与亳战,亳王奔戎,遂灭荡社。《集解》:"皇甫谧曰:'亳王号汤,西夷之国也。'"案《封禅书》:"于社亳,有三社主之祠。"《索隐》:"徐广云:京兆杜县有亳亭,则社字误,合作杜亳。且据文,列于下皆是地邑,则杜是县。案秦宁公与亳王战,亳王奔戎,遂灭汤社。甫谧亦云:周桓王时,自有亳王号汤,非殷也。案谓杜、亳二邑有三社主之祠也。"统观两注,徐广虽以汤音荡,初未谓即成汤之汤,皇甫谧云非殷,则亦不以亳王号汤为与成汤有关系。《索隐》云盖成汤之胤,似误。《史记》下文云"雍菅庙亦有杜主"亦者,亦上社亳,则不特社亳之社当作杜,即三社主亦当作三杜主也。汤都薄非亳,汉人混薄、亳为一,已见第八章第二节。十二年,周桓王十六年(前704年),入春秋后十九年。伐荡氏,取之。宁公立十二年卒,生子三人。长男武公为太子,武公弟德公同母,鲁姬子生出子。《正义》:"德公母号鲁姬子。"案似当于同母绝句。武公与德公同母，鲁姬子生出子。宁公卒，大庶长弗忌、威垒、三父废太子，而立出子为君。出子六年，周桓王二十二年（前698年），入春秋后二十五年。三父等复共令人贼杀出子。出子生五岁立，立六年卒。《秦始皇本纪》："出子居西陵。"《索隐》云："一云居西陂。"三父等复立故太子武公。武公元年，周桓王二十三年（前697年），入春秋后二十六年。伐彭戏氏，《正义》："盖同州彭衙故城是也。"案今陕西白水县。至于华山下，《正义》："即华岳之下也。"案秦兵力时似未能至此。居平阳封宫。三年，周庄王二年（前695年），入春秋后二十八年。诛三父等，夷三族。十年（前688年）周庄王九年，入春秋后三十五年，伐邽冀戎，初县之。《集解·地理志》：陇西有上邽县。应劭曰：即邽戎邑也。冀县、属天水郡。"案上邽，今甘肃天水县。冀，今甘肃甘谷县。十一年，周庄王十年（前687年），入春秋后三十六年。初县杜、郑。《集解》："《地理志》京兆有郑县、杜县也。"案郑，今陕西华县。杜，今陕西长安县。灭小虢。二十年，周釐王四年（前678年），入春秋后四十五年。武公卒。有子一人，名曰白。白不立，封平阳。立其弟德公。德公元年，周釐王五年（前677年），入春秋后四十六年。初居雍。《集解》："徐广曰：今县，在扶风。"案今陕西凤翔县。梁伯、芮伯来朝。德公立二年卒。周惠王元年（前676年），入春秋后四十七年。生子三人，长子宣公，中子成公，少于缪公。宣公立，四年，周惠王五年（前672年），入春秋后五十一年。与晋战河阳，胜之。十二年，卒。周惠王十三年（前664年），入春秋后五十九年。《秦始皇本纪》："宣公居阳宫，成公居雍之宫。"《集解》："徐广曰：之，一作走。"立其弟成公。成公元年，周惠王十四年（前663年），入春秋后六十年。梁伯、芮伯来朝。四年，卒。周惠王十七年（前660年），入春秋后六十三年。立其弟缪公。缪公任好元年，周幽王十八年（前659年），入春秋后六十四年。《索隐》云："秦自宣公已上，史失其名。今按《世本》《古史考》，得穆公名任好。"据此，则《史记》之"缪公任好元年”句，任好二字，似系后人所加。《春秋》则以罃为穆公。文公十八年（前609年），秦伯罃卒，《解诂》曰：“秦穆公也。”自将伐茅津，《正义》：“刘伯庄云：戎号也。《括地志》云：茅津及茅城，在陕州河北县西二十里。”案河北县后改为平陆，今山西平陆县。胜之。四年，周惠王二十一年（前656年），入春秋后六十七年。迎妇于晋，晋太子申生姊也。五年，周惠王二十二年（前655年），入春秋后六十八年。晋献公灭虞，虏百里傒，以为缪公夫人媵。百里傒亡秦，走宛。今河南南阳县。缪公以五羖羊皮赎之，授之国政。百里傒让曰：“臣不及臣友蹇叔。”穆公使迎蹇叔，以为上大夫。是时之秦，可谓已袭周之旧业矣。

《楚世家》曰：“楚之先祖，出自帝颛顼高阳。高阳者，黄帝之孙，昌意之子也。高阳生称。称生卷章。卷章生重黎。重黎为帝喾高辛居火正。甚有功，能光融天下。帝喾命曰祝融。共工氏作乱，帝喾使重黎诛之而不尽。帝乃以庚寅日诛重黎，而以其弟吴回为重黎后，复居火正，为祝融。吴回生陆终，陆终生子六人，坼剖而产焉。其长：一曰昆吾；二曰参胡；三曰彭祖；四曰会人；五曰曹姓；六曰季连，芈姓，楚其后也。昆吾氏，夏之时尝为侯伯。桀之时，汤灭之。彭祖氏，殷之时尝为侯伯。殷之末世，灭彭祖氏。季连生附沮。附沮生穴熊。其后中微，或在中国，或在蛮夷，弗能纪其世。”《集解》引徐广曰：“《世本》云：老童生重黎及吴回。”又引谯周曰：“老童即卷章。”《大戴礼记·帝系篇》亦曰：“颛顼娶于滕氏。滕氏奔之子，谓之女禄氏，产老童。老童娶于竭水氏。竭水氏之子，谓之高纲氏，产重黎及吴回。”古系世之书，年代远者，往往不能详其世次。窃疑《世本》《大戴》，皆夺称一代，《史记》独完具也。《大戴记》又曰：“吴回氏产陆终。陆终氏娶于鬼方氏之妹，谓之女隤氏，产六子，孕而不粥。三年，启其左胁，六人出焉。其一曰樊，是为昆吾；其二曰惠连，是为参胡；其三曰篯，《索隐》引《世本》作籛铿。

是为彭祖；其四曰莱言，《索隐》引《世本》作求言。是为云郐人；《索隐》引《世本》无云字。其五曰安，是为曹姓；其六曰季连，是为芈姓。昆吾者，卫氏也。《集解》《索隐》引《世本》氏作是，下同。参胡者，韩氏也。彭祖者，彭氏也。《集解》《索隐》引皆作彭城。云郐人者，《集解》《索隐》引皆无云字。郑氏也。郑，或云当作郐。曹姓者，邾氏也。季连者，楚氏也。"《集解》《索隐》引《世本》略同，则较《史记》为完具。《国语·郑语》，史伯论祝融之后八姓，已见上节。韦昭云："董姓，已姓之别；秃姓，彭祖之别；斟姓、曹姓之别。《史记索隐》引宋忠则云：参胡斟姓，无后。未知孰是也。《楚世家》又曰："周文王之时，季连之苗裔曰鬻熊。鬻熊子事文王，早卒。其子曰熊丽。熊丽生熊狂。熊狂生熊绎。熊绎当周成王之时，举文、武勤劳之后嗣，而封熊绎于楚蛮。封以子男之田，姓芈氏，居丹阳。《左氏》桓公二年《疏》引《世本》，鬻融居丹阳。熊绎生熊文，熊文生熊黮，熊黮生熊胜。熊胜以弟熊杨为后。熊杨生熊渠。熊渠生子三人。当周夷王之时，王室微，诸侯或不朝，相伐。熊渠甚得江、汉间民和。乃兴兵伐庸、杨雩，至于鄂。熊渠曰：我蛮夷也，不与中国之号谥。乃立其长子康为句亶王，《索隐》："《系本》康作庸，亶作袒。"中子红为鄂王，《索隐》："有本作艺经二字，音挚红，从下文熊挚红读也。《古史考》及邹氏、刘氏等音无艺经，恐非也。"少子执疵为越章王，《索隐》："《系本》无执字，越作就。"皆在江上楚蛮之地。案汉丹阳，在今安徽当涂县境，距楚后来之地太远，故世多从杜预枝江故城之说，谓在今之秭归。然秭归在当时，实非周之封略所及。宋翔凤谓在丹、淅二水入汉处，《过庭录·楚鬻熊居丹阳武王徙郢考》。元文略曰：《史记·秦本纪》：惠文王十三年（前312年），庶长章，击楚于丹阳。《楚世家》亦言与秦战丹阳。《屈原传》作大破楚师于丹、淅。《索隐》曰：丹、淅，二水名。《汉志》：弘农县，丹水出上雒冢领山，东至析入钧。《水经注》：析水至于丹水，会均，有析口之称。是战国之丹阳，在商州之东、南阳之西，当丹水、析水入汉之处。鬻子所封，正在其地。”案商州，今陕西商县。与《左氏》昭公九年，王使詹桓伯辞于晋，以楚、邓今河南邓县。并举者相合，其说是也。《左氏》昭公十二年，楚子革言“我先王熊绎，辟在荆山”。荆山，杜《注》云在新城沶乡县南。沶乡为今湖北保康县境。则当受封之始，业已向南开拓，至熊渠而抵长江。句亶，《集解》引张莹曰：“今江陵。”今湖北江陵县。鄂，《正义》引刘伯庄云：“地名，在楚之西。后徙楚，今东鄂州是也。”今湖北武昌县。《正义》又引《括地志》云：“邓州向城县南二十里。西鄂故城，是楚西鄂。”向城，今河南南召县。越章，《索隐》引《世本》越作就。《大戴礼记·帝系》曰：“季连产付祖氏，付祖氏产内熊。九世至于渠鲧，出自熊渠。有子三人，其孟之名为无康，为句亶王。其中之名为红，为鄂王。其季之名为疵，为戚章王。”戚章，即就章，亦即《史记》所谓越章也。据宋翔凤说，其地当在由淮上溯，舍舟遵陆之处，今安徽、湖北界上。同上。《左氏》：“定公二年，桐叛楚。吴子使舒鸠氏诱楚人曰：以师临我，我伐桐。秋，楚囊瓦伐吴，师于豫章。吴人见舟于豫章，而潜师于巢。”桐今桐城，舒今舒城，巢今巢县，其地并在江北，与汉豫章郡在江南者，相去六七百里。定公四年（前506年），吴伐楚，舍舟淮汭，自豫章与楚夹汉。则豫章实当由淮上溯，舍舟遵陆之处也。其后南移，乃为汉之豫章郡也。今江西南昌县。《楚世家》又曰：“及周厉王之时，暴虐，熊渠畏其伐楚，亦去其王。后为熊毋康，《集解》：“徐广曰：即渠之长子。”案即《大戴记》之无康。毋康早死。熊渠卒，子熊挚红立。《索隐》：“如此，史意即上鄂王红也。谯周以为熊渠卒，子熊翔立。卒，长子挚有疾，少子熊延立。此云挚红卒，其弟弑而自立，曰熊延。欲会此代系，则翔亦毋康之弟，元嗣熊渠者。毋康既早亡，挚红立而被延杀，故史考言挚有疾，而此言弑也。”挚红卒，其弟弑而代立，曰熊延。《正义》：“宋均注《乐纬》云：熊渠嫡嗣曰熊挚。有恶疾，不得为后，别居于夔，为楚附庸。后王命曰夔子也。”熊延生熊勇。熊勇六年，厉王出奔彘。十年，卒。共和四年（前 838 年）。弟熊严为后。熊严十年卒。共和十四年（前 828 年）。有子四人，长子伯霜，中子仲雪，次子叔堪，少子季徇。熊严卒，伯霜代立，是为熊霜。六年卒，周宣王六年（前 822 年）。三弟争立。仲雪死。叔堪亡，避难于濮。《集解》：“杜预曰：建宁郡南有濮夷。”建宁，今湖北石首县。季徇立，是为熊徇，二十二年，周宣王二十八年（前 800 年）。卒。子熊咢立，九年周宣王三十七年（前 791 年），卒。子熊仪立，是为若敖，二十七年，周平王七年（前 770 年）。卒。子熊坎立，是为霄敖，六年，周平王十二年（前 759 年）。卒。子熊眴立，是为蚡冒，十七年，周平王三十年（前 741 年）。卒。弟熊通弑蚡冒子而代立，是为楚武王。三十五年，周桓王十四年（前 706 年），入春秋后十七年。楚伐随，随曰：“我无罪。”楚曰：“我蛮夷也。今诸侯皆为叛，相侵，或相杀，我有敝甲，欲以观中国之政。请王室尊吾号。”随人为之周请尊楚，王室不听。三十七年，周桓王十六年（前 704 年），入春秋后十九年。熊通自立为武王，与随人盟而去。于是始开濮地而有之。五十一年，周庄王七年（前 690 年），入春秋后三十三年。周召随侯，数以立楚为王。楚怒，以随背己，伐随。武王卒师中而兵罢。子文王熊赀立，始都郢。今湖北江陵县。文王二年，周庄王九年（前 688 年），入春秋后三十五年。伐申，过邓。六年，周庄王十三年（前 684 年），入春秋后三十九年。伐蔡。楚强，陵江汉间小国，小国皆畏之。十一年，周釐王三年（前 679 年），入春秋后四十四年。齐桓公始霸，楚亦始大。十二年，周釐王四年（前 678 年），入春秋后四十五年。伐邓，灭之。十三年，周釐王五年（前 677 年），入春秋后四十六年。卒。子熊囏立，是为庄敖。《十二诸侯年表》作堵敖。庄敖五年，周惠王五年（前 672 年），入春秋后五十一年。欲杀其弟熊恽。恽奔随，与随袭弑庄敖，代立，是为成王。元年，周惠王六年（前 671 年），入春秋后五十二年。初即位，布德施惠，结旧好于诸侯。使人献天子，天子赐胙，曰："镇尔南方，夷越之乱，无侵中国。"于是楚地千里。案《左氏》昭公二十三年，沈尹戌谓"若敖、蚡冒至于武、文，土不过同"。则楚当东西周间，地尚未甚大。然宣公十二年，栾武子谓楚庄王无日不讨国人而训之，"训之以若敖、蚡冒，筚路蓝缕，以启山林"。哀公十七年，楚子谷曰："观丁父，鄀俘也，武王以为军率，是以克州、蓼，服随、唐，大启群蛮。彭仲爽，申俘也，文王以为令尹，实县申、息，朝陈、蔡，封畛于汝。"则此四代之尽力开拓者至矣。《国语》："史伯言："熊严生子四人：伯霜、仲雪、叔熊、季纠。叔熊逃难于濮而蛮，季纠是立。"叔熊即《史记》之叔堪，季纠即《史记》之季徇。楚开濮地，未必不由叔熊。史伯又曰："芈姓夔、越不足命。"案《左氏》僖公二十六年："夔子不祀祝融与鬻熊，楚人让之。对曰：我先王熊挚有疾，鬼神弗赦，而自窜于夔。吾是以失楚，又何祀焉？秋，成得臣、斗宜申帅师灭夔，以夔子归。"此即《索隐》引谯周，以之当熊挚红者也。则楚枝庶所开拓之地，亦不少矣。其雄于南服，宜哉！

第三节　五霸事迹（上）

《史记·齐世家》云："哀公时，纪侯谮之周，周烹哀公。"《诗谱序》云："懿王始受谮，烹齐哀公。"按《史记》云："周烹哀公而立其弟静，是为胡公。胡公当周夷王时。"《诗谱》此语，似即据此推测，别无确据。《楚世家》云："周厉王时，熊渠畏其伐楚，去其王号。"见上节。《鲁世家》：懿公为其兄子伯御所弑，周宣王伐杀伯御，而立其弟孝公。则当西周之末，王室之威令似尚颇行于诸侯。然至东周之世而大不然者，则遭犬戎破败之余，又西畿沦陷，疆域促小故也。周平王在位五十一年崩。入春秋后三年。太子泄父早死，立其子林，是为桓王。《左氏》载周桓公之言曰："我周之东迁，晋、郑焉依。"隐公六年（前717年）。《史记》以为富辰语。《周本纪》。未知孰是。要之周当东迁之初，邻近之国以此二国为较强，则不诬也。然是时之王室，似与虢尤亲。《左氏》云：郑武公、庄公为平王卿士。王贰于虢，郑伯怨王。王曰：无之。故周、郑交质。王崩，周人将畀虢公政。郑祭足帅师取温之麦，见第一节。又取成周之禾。《公羊》云："成周者何？东周也。王城者何？西周也。"见宣公十六、昭公二十二、二十六年。今河南洛阳县。其后周人终用虢公，据《左氏》，事在隐公八年（前715年），即周桓王五年，入春秋后八年。而夺郑伯政。郑伯不朝。十三年（前707年），入春秋后十六年。王率陈、蔡、虢、卫伐郑，为郑所败。然是后，晋与曲沃相争，王尚时命虢伐曲沃。见《史记·晋世家》。王室之威灵，尚未尽替也。桓王二十三年（前697年）崩，入春秋后二十六年。子庄王佗立。十五年（前682年）崩，入春秋后四十一年。子釐王胡齐立。釐王三年（前679年），入春秋后四十四年。曲沃武公灭翼，王命为晋侯。此为王室自失其威柄。釐王五年崩（前677年），入春秋后四十六年。子惠王阆立。《索隐》："《系本》名无凉。"二年，入春秋后四十八年。大夫边伯等作乱，王奔温。已居郑之栎。今河南阳翟县。边伯等立庄王宠子积。四年（前673年），入春秋后五十年。郑与虢伐子积，复入惠王。惠王二十二年（前655年），入春秋后六十八年。晋灭虢。是为东周盛衰一大关键。盖周合东西畿之地，犹足当春秋时一大国。秦文公之伐戎至岐，事在周平王二十一年（前750），岐以东仍献之周。周桓王十二年（前708年），入春秋后十五年。王师尝与秦围魏；其十七年（前703年），入春秋后五十年。虢仲又与芮伯、梁伯伐曲沃；则河西与周，尚未全绝，有雄主出，丰、镐之地可复也。至虢灭而桃林之塞旧函谷关至潼关间之隘地。为晋所扼，西畿不可复，局促东畿数百里间，虽欲不夷于鲁、卫而不可得矣。王室既不能复振，而中原之地，会盟征伐，不可无主，于是所谓霸主者出焉。

五霸，《白虎通义》凡列三说：曰昆吾、大彭、豕韦、齐桓、晋文，应劭《风俗通义》《吕览·先己》《高注》《左氏》成公二年杜《注》及《诗谱序疏》引服虔说从之。曰齐桓、晋文、秦缪、楚庄、吴阖庐，无从之者。曰齐桓、晋文、秦缪、宋襄、楚庄，《孟子·告子》赵《注》《吕览·当务》《高注》从之。《荀子·王霸篇》，则以齐桓、晋文、楚庄、吴阖闾、越勾践为霸。《议兵篇》亦以此五人并举，又《成相篇》谓秦缪强配五霸，则亦以为在五霸之外也。案皇、帝、王、霸之说，盖取明世运之变迁。故五帝不兴于三皇之时，三王不兴于五帝之世。安得五霸之三，错出于汤、武之间？盖《左氏》《国语》，皆许晋悼公为复霸；见《左氏》成公十八年、《国语·晋语》。《国语》又明有昆吾为夏伯，大彭、豕韦为商伯之文，见上节。古文家乃立昆吾、大彭、豕韦、齐桓、晋文为五霸之说。《白虎通义》大体为今文，然间有异说羼入，且其书颇有为后人窜乱处。其实《孟子》言五霸桓公为盛，乃与晋文以下诸君比较言之。若夏、殷则文献无征，何由知昆吾、大彭、豕韦之不逮桓公乎？《太史公自序》云“幽、厉之后，周室衰微，诸侯力政，五伯更盛衰”，明旧说谓五霸皆在东周之世，以一匡天下之义言之。《白虎通》第二、三说，及《荀子》之说，皆可从也。此自以霸限于五云然。若论曾长诸侯，则晋悼、楚灵、齐景、吴夫差，亦未尝不可为霸。下逮战国之世，楚悼、魏惠、齐威、宣、湣王，亦可谓其时之霸主也。今仍循通行之说，以齐桓、晋文、宋襄、秦缪、楚庄为五霸。

春秋时霸主之首出者为齐桓公，事在周釐王三年（前 679 年）。入春秋后四十四年。先是齐襄公诛杀数不当，淫于妇人，数欺大臣。其次弟纠，母鲁女也，奔鲁。次弟小白奔莒。庄王十三年（前 684 年），入春秋后三十七年。襄公为同母弟公孙无知所弑。无知又为雍林人所杀。此依《史记》。《左氏》作雍廪，齐邑名。鲁发兵送公子纠。

齐二卿高氏、国氏阴召小白。小白先入立，是为桓公。发兵距败鲁，胁鲁杀公子纠，而用其傅管仲，修国政，齐国遂强。釐王元年（前681年），入春秋后四十二年。齐伐鲁，鲁师败绩，鲁庄公请献遂邑以和。今山东肥城县。桓公许与鲁会柯而盟。今山东长清县。鲁将曹沬，以匕首劫桓公于坛上，曰："反鲁侵地。"桓公许之。后悔，欲无与鲁地，而杀曹沬。管仲曰："不可。"遂与沬三败所亡地于鲁。鲁庄公死，子般弑，闵公死。比三君死，旷年无君。齐使高子将南阳之甲，立僖公而城鲁。周惠王十七年（前660年），入春秋后六十三年。《孟子·告子下》："一战胜，齐遂有南阳，然且不可。"《注》："山南曰阳。岱山之南，谓之南阳也。"狄灭邢、卫，桓公迁邢于夷仪，周惠王十八年（前659年），入春秋后六十四年。封卫于楚丘。周惠王十九年（前658年），入春秋后六十五年。邢迁如归，卫国忘亡。山戎伐燕，桓公为燕伐山戎。周惠王十三年（前664年），入春秋后五十九年。周惠王立，二十五年（前652年）崩。入春秋后七十一年。子襄王郑立。襄王母早死。后母曰惠后，生叔带，有宠于惠王。襄王三年（前649年），入春秋后七十四年。叔带与戎翟谋伐襄王。襄王欲诛叔带，叔带奔齐。齐使管仲平戎于周，使隰朋平戎于晋。八年（前645年），入春秋后七十九年。戎伐周，周告急于齐。齐会诸侯，各发卒戍周。孔子曰："桓公九合诸侯，不以兵车。"《论语·宪问》。《管子·大匡》曰："兵车之会六，乘车之会三。"《谷梁》庄公二十七年曰："衣裳之会十有一，未尝有歃血之盟也，信厚也。兵车之会四，未尝有大战也，爱民也。"又曰："晋文公谲而不正，齐桓公正而不谲。"同上。《孟子》曰："五霸桓公为盛。葵丘之会诸侯，束牲载书而不歃血。初命曰：诛不孝，无易树子，无以妾为妻。再命曰：尊贤育才，以彰有德。三命曰：敬老、慈幼，无忘宾旅。四命曰：士无世官，官事无摄，取士必得，无专杀大夫。五命曰：无曲防，无遏籴，无有封而不告。曰：凡我同盟之人，既盟之后，言归于好。今之诸侯，皆犯此五禁。"《告子下》。盖齐桓之长诸侯，犹颇能遵旧典，守信义，非后来霸者所及也。《荀子·仲尼》谓桓公诈袭邾、莒，并国三十五，事无考。

春秋时，中原诸国所夷狄视之，而能与上国争衡者莫如楚。《春秋》桓公二年，蔡侯，郑伯会于邓。《左氏》云："始惧楚也。"时为周桓王之十年（前710年），入春秋后之十三年也。其后三十三年而齐称霸。齐称霸之明年，楚伐郑。惠王十一年（前666年）、入春秋后五十七年。十九年（前658年）、入春秋后六十五年。二十年（前657年）入春秋后六十六年。又屡伐郑。是秋，齐会诸侯于阳谷。今山东阳谷县。明年，以诸侯之师侵蔡，蔡溃。遂伐楚，次于陉。楚子使屈完如师。师退，次于召陵。陉、召陵，皆在今河南郾城县。屈完及诸侯盟。案后来晋与楚争，文公、厉公虽再败其师，然卒不能合诸侯而履其境，致其盟，而桓公独能之，此孟子所以称五霸桓公为盛欤？既伐郑，陈辕涛涂谓桓公曰："君能服南夷矣，何不还师滨海而东，服东夷且归。"桓公曰："诺。"于是还师滨海而东，大陷于沛泽之中，顾而执涛涂。《公羊》僖公四年。是役盖略东夷而败。其所以欲略东夷，则以东夷为楚之与，未必尽由涛涂之教也。明年，齐会诸侯于首止，今河南睢县。郑伯逃归。《左氏》云："王使周公召郑伯曰：吾抚汝以从楚，辅之以晋，可以少安。郑伯喜于王命，而惧其不朝于齐也，故逃归不盟。"是时，周未必有慊于齐，盖仍胁于楚也。是年，楚人灭弦。今河南潢川县。《左氏》曰："于是江、黄、道、今河南确山县。柏今河南西平县。方睦于齐，皆弦姻也。弦子恃之，而不事楚，又不设备，故亡。"盖亦齐楚之争。惠王二十三年（前654年），入春秋后六十九年。齐以诸侯伐郑。楚子围许以救郑，诸侯救许，乃还。明年齐复伐郑，又合诸侯于宁母今山东鱼台县。以谋之，郑伯乃使请盟于齐。二十五年（前652年），入春秋后七十一年。诸侯盟于洮。今山东濮县。郑伯乞盟。襄王元年（前651年），入春秋后七十二年。盟于葵丘，今河南考城县。是为齐霸之极盛。《公羊》

云："桓公震而矜之，叛者九国。"《左氏》云："宰孔先归，遇晋侯，曰：可无会也。齐侯不务德而勤远略，故北伐山戎，南伐楚，西为此会也。东略之不知，西则否矣。'晋侯乃还。"然未几，献公卒，国乱，桓公仍以诸侯之师伐之，见下。则其威棱，亦未遽替也。襄王四年（前649年），入春秋后七十五年。楚人灭黄，齐不能救。五年（前648年），入春秋后七十六年。齐会诸侯于咸。今河北濮阳县。《左氏》云："淮夷病杞故。"六年（前647年），入春秋后七十七年。诸侯城缘陵而迁杞焉。七年（前646年），入春秋后七十八年。楚人伐徐。《左氏》云："徐即诸夏故也。"齐会诸侯救徐。齐师、曹师伐厉。今湖北随县。《左氏》云"以救徐也"，楚败徐于娄林。今安徽泗县。《左氏》云："徐恃救也。"八年（前645年），入春秋后七十九年。齐会诸侯于淮。今安徽盱眙县。《左氏》云："谋鄫，且东略也。城鄫，役人病，有夜登丘而呼曰：'齐有乱。'不果城而还。"九年（前644年），入春秋后八十年。齐人、徐人伐英氏。当即皋陶后封于英、六之英，见第七章第四节。《左氏》云："以报娄林之役也。"齐是时，盖仍专于东略。《诗·鲁颂》盛夸僖公经略淮夷之功，盖亦齐所命也。是年，桓公卒。诸子争立，国乱，而齐霸遽讫矣。

齐桓公之夫人三：曰王姬、徐姬、蔡姬，此从《史记》。《左氏》作王姬、徐嬴、蔡姬。皆无子。桓公好内，多内宠，如夫人者六人：长卫姬生无诡。《左氏》作无亏。少卫姬生惠公元。郑姬生孝公昭。葛嬴生昭公潘。密姬生懿公商人。宋华子生公子雍。桓公与管仲，属孝公于宋襄公，以为太子。雍巫有宠于卫共姬，因宦者竖刁以厚献于桓公，亦有宠。桓公许之立无诡。周惠王七年（前670年），入春秋后七十八年。管仲、隰朋皆卒，易牙、开方、竖刁专权。桓公卒，易牙入，与竖刁因内宠杀群吏，而立无诡。太子昭奔宋。明年三月，宋襄公率诸侯兵送太子昭伐齐，齐人恐，杀无诡。齐人将立太子昭，四公子之徒攻太子，太子走宋。宋遂与齐人四公子战，败其师，而立太子昭，是为齐孝公。

齐桓既殁，晋文未兴，北方无复一等国；楚虽盛，中原诸国尚未甘服；宋襄乃乘机图霸。宋襄之起，似始与齐争，后与楚争。齐桓公及管仲，属孝公于宋襄公，其事羌无证据；即诚有之，亦非正法；盖乘乱伐齐之口实耳。是时诸侯，似有党宋，亦有党齐者。故宋之伐齐，曹、卫、邾娄与偕，鲁与狄皆救之，而邢人、狄人伐卫。明年，宋人执滕子婴齐。宋人、曹人、邾人盟于曹南。鄫子会盟于邾，邾人执鄫子用之。滕与鄫，盖皆不服宋者。宋人围曹，盖以其叛故。鲁会陈人、蔡人、楚人、郑人盟于齐，距宋者始与楚合。又明年，齐人、狄人盟于邢。其明年，周襄王十三年（前 639 年），入春秋后八十四年也。狄侵卫，宋人、齐人、楚人盟于鹿上。今安徽太和县。《左氏》云："以求诸侯于楚。"盖齐为旧盟主，而楚则是时与宋争者。使是盟而成，则宋可以霸。而楚伏兵车，执宋公以伐宋。宋公谓公子目夷：归守国。楚人知虽杀宋公，犹不得宋国，于是会于薄，此即汉之薄县，见第八章第二节。释宋公。是冬，鲁伐邾。明年，再伐邾。盖所以伐宋之与。宋、卫、滕、许伐郑，楚伐许以救郑。宋公及楚人战于泓，水名，在今河南柘城县。宋师败绩，公伤股。明年，竟以是卒。鹿上之盟，《公羊》谓公子目夷请以兵车往，宋公不可。泓之战，《公羊》与《左》《谷》皆谓襄公不肯乘楚师未毕济、未毕阵而击之，是以致败。盖是时欲图霸者，犹必假仁义以服诸侯，宋襄亦有为为之，而惜乎其力之不足也。襄公卒之岁，齐侯伐宋，围缗。今山东金乡县。襄王十七年（前 635 年），入春秋后八十八年。卫灭邢。时鲁、卫忽复合，盟于洮。今山东泗水县。十八年（前 634 年），入春秋后八十九年。复盟于向，今山东莒县。而齐师再伐鲁。卫人伐齐。鲁如楚乞师，伐齐，取谷，今山东东阿县。置桓公子雍焉。桓公七子皆奔楚，楚以为大夫。楚又伐宋。明年，遂围之。于是齐、宋皆与晋合，而城濮之战起矣。

周惠王五年（前672年），入春秋后五十一年。晋伐骊戎，得骊姬、骊姬弟，俱爱幸之。十二年（前665年），入春秋后五十八年。骊姬生奚齐，献公有意废太子，使太子申生居曲沃，公子重耳居蒲，今山西隰县。公子夷吾居屈。今山西吉县。太子申生，其母，齐桓公女也，曰齐姜，早死。申生同母女弟，为秦穆夫人。重耳母，翟之狐氏女也。夷吾母，重耳母女弟也。此据《史记·晋世家》。《左氏》云："晋献公取于贾，无子。烝于夷姜，生秦穆夫人及太子申生。又取二女于戎。大戎狐姬生重耳，小戎子生夷吾。"《注》云："夷姜，武公妾。"二十一年（前656年），入春秋后六十七年。骊姬谓太子曰："君梦见齐姜，太子速祭曲沃，归釐于君。"太子上其祭胙，骊姬使人置毒药胙中。太子闻之，奔新城，《集解》："韦昭曰：曲沃也，新为太子城。"自杀。骊姬因谮二公子，重耳走蒲，夷吾走屈。二十二年（前655年），入春秋后六十八年。献公使兵伐蒲，重耳奔翟。伐屈，屈城守，不可下。二十三年（前654年），入春秋后六十九年。发贾华等伐屈，屈溃。夷吾将奔翟，冀芮曰："不可。重耳已在矣，今往，晋必移兵伐翟。翟畏晋，祸且及，不如走梁。梁近于秦，秦强，吾君百岁后，可以求入焉。"遂奔梁。周襄王元年（前651年），入春秋后七十二年。晋献公病，属夷齐于荀息。献公卒，里克、邳郑以三公子之徒作乱，杀夷齐于丧次。荀息立悼子骊姬弟所生。《公羊》《左氏》作卓子。《秦本纪》亦作卓子。徐广曰：一作倬。而葬献公。里克弑悼子于朝，荀息死之。使迎重耳于翟。重耳谢。还报，迎夷吾于梁。夷吾欲往，吕省、《左氏》作瑕吕饴甥。杜《注》曰："姓瑕吕，名饴甥，字子金。"郤芮曰："内犹有公子可立者，而外求，难信。计非之秦，辅强国之威以入，恐危。"乃使郤芮厚赂秦。约曰："即得入，请以晋河西之地与秦。"及遗里克书曰："诚得立，请遂封子于汾阳之邑。"秦穆公乃发兵送夷吾。齐桓公闻晋乱，亦率诸侯如晋。使隰朋会秦，俱入夷吾，是为惠公。明年，使邳郑谢秦，亦不与里克汾阳邑，而夺之权。

惠公以重耳在外，畏里克为变，赐里克死。邳郑闻里克诛，乃说秦穆公曰："吕省、郤称、冀芮实为不从。若重赂与谋，出晋君，入重耳，事必就。"《秦本纪》曰："愿君以利急召吕、郤，吕、郤至，则更入重耳。"秦穆公许之。使人与归报晋，厚赂三子，《秦本纪》曰：使人与邳郑归召吕、郤。三子曰："币重言甘，必邳郑卖我于秦。"遂杀邳郑及里克、邳郑之党七舆大夫。邳郑子豹奔秦，言伐晋。缪公弗听，而阴用豹。五年（前647年），入春秋后七十六年。晋饥，乞籴于秦。邳豹说缪公弗与，因其饥而伐之。缪公用百里傒、公孙支言，卒与之粟，以船漕车转，自雍相望至绛。明年，秦饥，请籴于晋。惠公用虢射谋，不与，而发兵且伐秦。又明年，秦缪公伐晋，《秦本纪》："使邳豹将，自往击之。"合战韩原，今陕西韩城县。虏晋君以归，将以祠上帝。周天子闻之曰"晋我同姓"，为请。晋君姊，为穆公夫人，衰绖跣曰："妾兄弟不能相救，以辱君命。"缪公乃归晋侯。晋侯至国，谋曰："重耳在外，诸侯多利内之。"欲使人杀重耳于翟。重耳闻之，如齐。九年（前643年），入春秋后八十年。使太子圉质于秦。《秦本纪》曰："夷吾献其河西地，使太子圉为质于秦。秦妻子圉以宗女。是时秦地东至河。"十一年（前641年），入春秋后八十二年。秦灭梁。《秦本纪》曰："秦灭梁、芮。"事在明年。十四年，入春秋后八十五年。晋惠公内有数子。太子圉曰："吾母家在梁。梁，今秦灭之。我外轻于秦，而内无援。君即不起，大夫轻更立他公子。"遂亡归。明年，惠公卒，太子圉立，是为怀公。子圉之亡，秦怨之，乃求公子重耳，欲纳之。乃令国中："诸从重耳亡者与期。期尽不到者，尽灭其家。"秦缪公乃发兵内重耳，使人告栾、郤之党为内应。重耳，自少好士。年十七，有贤士五人，曰赵衰、狐偃、即咎犯，文公舅。贾佗、先轸、魏武子。奔翟时，年四十三岁，从此五士，其余不名者数十人。惠公欲杀重耳，重耳闻之，乃谋赵衰等曰：始吾奔翟，非以为可用兴，以近易通，故且休足。休足久矣，固愿徙之大国。夫齐桓公好善，志在霸王，收恤诸侯。今闻管仲、隰朋死，此亦欲得贤佐，盍往乎？于是遂行。过卫，卫文公不礼，去。过五鹿，今河南濮阳县。饥，从野人乞食。野人盛土器中进之。《左氏》云："野人与之块。"重耳怒，赵衰曰：土者，有土也。君其拜受之。至齐，齐桓公厚礼，以宗女妻之，有马二十乘，重耳安之。二岁，桓公卒。竖刁等为乱。孝公之立，诸侯兵数至齐。留齐凡五岁。重耳爱齐女，无去心。赵衰、咎犯谋行。齐女劝重耳趣行，重耳曰："人生安乐，孰知其他？必死于此。"不能去。齐女乃与赵衰等谋，醉重耳，载以行。行远而觉，引戈欲杀咎犯。过曹，曹共公不礼，大夫釐负羁谏，不从。负羁乃私遗重耳食，置璧其下。去，过宋。宋襄公新困于楚，伤于泓，闻重耳贤，乃以国礼礼于重耳。宋司马公孙固善于咎犯，曰："宋小国，新困，不足以求人。更之大国。"乃去。过郑，郑文公弗礼，郑叔瞻谏。郑君曰："诸侯亡公子过此者众，安可尽礼？"叔瞻曰："君不礼，不如杀之，且后为国患。"郑君不听。重耳去之楚，楚成王以适诸侯礼待之。居楚数月，秦召之，成王厚送重耳。重耳至秦，缪公以宗女五人妻重耳，故子圉妻与往。重耳不欲受，司空季子《集解》："服虔曰：胥臣臼季也。"曰："其国且伐，况其故妻乎？且受以结秦亲而求入。"遂受。子圉立，晋国大夫栾、郤等闻重耳在秦，皆阴求劝重耳、赵衰等返国，为内应甚众。秦穆公乃发兵与重耳归晋。晋闻秦兵来，亦发兵拒之，然皆阴知公子重耳入也。惟惠公故贵臣吕、郤之属不欲立重耳。十六年（前636年），入春秋后八十七年。秦送重耳至河，咎犯与秦、晋大夫盟。重耳入于晋师，入曲沃，是为文公。出亡凡十九岁，时年六十二矣。群臣皆往，怀公奔高梁。在今山西洪洞县之南。使人杀怀公。吕省、郤芮谋烧公宫，杀文公。文公乃为微行，会秦缪公于王城。今陕西朝邑县。吕、郤等烧公宫，不得文公，欲奔秦。缪公诱杀之河上。文公归，迎夫人于秦。秦所与文公妻者，卒为夫人。秦送三千人为卫，以备晋乱。

文公修政，施惠百姓。赏从亡者及功臣，大者封邑，小者尊爵。未尽行赏，周襄王以弟带难，出居郑地，来告急。初，叔带以襄王十四年（前638年）复归于周。入春秋后八十五年，此据《十二诸侯年表》。《左氏》同。《周本纪》在十二年（前640年）。先二年，郑入滑，今河南偃师县南。滑听命。已而反与卫。郑伐滑。王使伯犕如郑请滑。此据《郑世家》。《周本纪》作游孙伯服，《左氏》作伯服、游孙伯。郑文公怨惠王亡在栎，文公父厉公入之，惠王不赐厉公爵禄；又怨襄王之与卫滑，故不听襄王请，而囚伯犕。十五年（前637年），入春秋后八十六年。王降翟师以伐郑。王德翟人，以其女为后。十六年（前636年），入春秋后八十七年。王绌翟后。翟人来诛。惠后以党开翟人，翟人遂入。王出奔郑，郑文公居王于汜。今河南襄城县。子带立为王，取襄王所绌翟后与居温。十七年（前635年），襄王告急于晋。秦军河上，将入王。赵衰曰："求霸莫如入王，尊周，周、晋同姓，晋不先入王，后秦入之，无以令于天下。方今尊王，晋之资也。"此据《晋世家》。《十二诸侯年表》：咎犯曰："求霸莫如内王。"《左氏》亦以为咎犯之谋。晋乃发兵至阳樊，今河南济源县。围温，入襄王于周，杀王弟带。襄王赐晋河内、阳樊之地。《左氏》曰："与之阳樊、温、原、横茅之田，晋于是始启南阳。"杜《注》曰："在晋山南河北，故曰南阳。"原亦在今济源县。横茅，在今河南修武县。十九年（前633年），入春秋后九十年。楚成王及诸侯围宋，宋如晋告急。先轸曰：报施定霸，于今在矣。狐偃曰："楚新得曹，而初昏于卫。若伐曹、卫，楚必救之，则宋免矣。"于是晋作三军。二十年（前632年），入春秋后九十一年。晋文公欲伐曹，假道于卫，卫人弗许。还，自河南渡，侵曹。伐卫，取五鹿。晋侯、齐侯盟于敛盂。今河南濮阳县南。卫侯请盟，晋人不许。卫侯欲与楚，国人不欲，故出其君以说晋。楚救卫，不胜。晋侯入曹，令军毋入釐负羁宗家以报德。楚围宋，宋复告急晋。文公欲救则攻楚，为楚尝有德，不欲伐也；欲释宋，宋又尝有德于晋；患之。先轸曰：“执曹伯，分曹、卫地以与宋，楚急曹、卫，其势宜释宋。”《左氏》：“公曰：宋人告急，舍之则绝，告楚不许。我欲战矣，齐、秦未可，若之何？先轸曰：使宋舍我而赂齐、秦，藉之告楚，我执曹君，而分曹、卫之田，以赐宋人。楚爱曹、卫，必不许也。喜赂怒顽，能无战乎？”文公从之。楚成王乃引兵归。将军子玉固请战。楚王怒，少与之兵。子玉使宛春告晋：“请复卫侯而封曹，臣亦释宋。”咎犯曰：“子玉无礼矣，君取一，臣取二，勿许。”先轸曰：“定人之谓礼。楚一言而定三国，子一言而亡之，我则无礼。不许，是弃宋也。不如私许曹、卫以诱之，执宛春以怒楚。既战而后图之。”晋侯乃囚宛春于卫，且私许复曹、卫。曹、卫告绝于楚。得臣即子玉。怒，击晋师。宋公、齐将、秦将与晋侯次城濮，今河南陈留县。与楚兵合战。楚兵败，得臣收余兵去。晋师还，至衡雍，今河南原武县。作王宫于践土。今河南荥泽县 初，郑助楚，楚败，惧，使人请盟晋侯。晋侯与郑伯盟。天子使王子虎命晋侯为伯，晋人复入卫侯。《卫世家》：“晋欲假道于卫救宋，成公不许。晋更从南河度，救宋。征师于卫。卫大夫欲许，成公不肯。大夫元晅攻成公。成公出奔。晋文公伐卫，分其地予宋，讨前过无礼，及不救宋患也。卫成公遂出奔陈。二岁，如周求入，与晋文公会。晋使人鸩卫成公。成公私于周主鸩者，令薄，得不死。已而周为请晋文公，卒入之卫，而诛元晅。卫君瑕出奔。”晋侯会诸侯于温，欲率之朝周。力未能，恐其有畔者。乃使人言周襄王，狩于河阳。遂率诸侯朝于践土。诸侯围许。曹伯臣或说晋侯曰：“齐桓公合诸侯而国异姓，今君为位而灭同姓。曹叔振铎之后，晋唐叔之后，合诸侯而灭兄弟，非礼。”晋侯说，复曹伯。二十二年（前630年），入春秋后九十三年。晋文公、秦缪公共围郑。以其无礼于文公亡过时，及城濮时郑助楚也。欲得叔詹为僇。郑文公恐，不敢谓叔詹言。詹闻，自杀，郑人以詹尸与晋。晋文公曰：“必欲一见郑君，辱之而去。”郑人患之，乃间令使谓秦缪公曰："亡郑厚晋，于晋得矣，而秦未为利，君何不解郑，得为东道交？"秦伯说，罢兵。二十四年（前628年），入春秋后九十五年。晋文公卒，子襄公欢立。

晋文之伯，与齐桓大异。齐桓之存邢、卫，救燕，伐楚，虽曰霸者假之，究犹有一匡天下之志也。晋之破楚，全以阴谋致胜，而其待曹、卫诸邦尤酷，"谲而不正"之评，非虚语矣。然其时之事势，亦有迫之不得不然者。当时列国之间，纯以捭阖取利，而国内亦多不宁。试观秦缪公及晋诸臣之所为可知。无怪惠公非倚秦援不敢入，既入而又背之，且杀里克，又欲杀文公也。文公之获成，惠公之卒败，盖亦由一先入而异党孔多，一后入而反侧者多已夷灭；又一倚秦援，一与秦构怨之故；非必其才之果有高下也。文公之霸业，始于勤王，成于破楚。其勤王，盖欲以抑秦；破楚则成于徼幸，何以言之？曰：韩原之败，河东入秦，《左氏》曰："秦始征晋河东，置官司焉。"《韩非·难二》谓惠公时，秦侵去绛十七里。晋之势盖甚岌岌。晋文之去狄，不过欲求仕于齐。虽齐内争乱，诸侯之兵数至，犹溺于晏安而不去，其非有雄图可知。谓其以六十之年，崎岖返国，而遽欲取威定霸，无是理也。其与秦争纳王，盖特欲少抑其东出之势。至其侵曹，伐卫，救宋，围郑，则全以亡过时恩怨之私。当时风气，视此等事盖甚重。观齐桓之灭谭，亦以是故可知。见《左氏》庄公十年，《史记·齐世家》同。既救宋，势不得不敌楚。适直楚成暮气不振，又与子玉不和，遂成城濮之功。此乃事势相激使然，固非其始愿所及。然文公及诸臣之才，固有可取，而晋之国势，亦有使之成功者。《左氏》记惠公之见获于秦也，使郤乞告瑕吕饴甥，且召之。子金教之言曰："朝国人，而以君命赏，且告之曰：孤虽归，辱社稷矣，其卜贰圉也。"众皆哭。晋于是乎作爰田。吕甥曰："君亡之不恤，而群臣是忧，惠之至也。将若君何？"众曰："何为而可？"对曰："征缮以辅孺子。诸侯闻之，丧君有君，群臣辑睦，甲兵益多，好我者劝，恶我者惧，庶有豸乎？”众说，晋于是乎作州兵。《左氏》僖公十五年。文公始入，而作三军。城濮战后，又作三行。《左氏》曰：“晋侯始入，而教其民。二年，欲用之。子犯曰：民未知义，未安其生。于是乎出定襄王，入务利民，民怀生矣。将用之，子犯曰：民未知信，未宣其用。于是乎伐原以示之信。见《左氏》十八年。民易资者，不求丰焉，明征其辞。公曰：可矣。子犯曰：民未知礼，未安其居。于是乎大搜以示之礼，作执秩以正其官。民听不惑，而后用之。出谷戍，释宋围，一战而霸，文之教也。”僖公二十七年。盖晋甲兵素多，而文公又有以用之，故因缘事势，遂成霸业于数年之间也。不然，列国相争，机会之傥来者何限？而何以有等国终不能乘，且随之辗转播荡，而终至于覆亡哉？

第四节 五霸事迹（下）

晋文公之卒也，郑人有卖郑于秦，此据《秦本纪》。《郑世家》云：郑司城缯贺，以郑情卖之秦。《左氏》谓秦听郑之说，使杞子、逢孙、杨孙戍之。杞子自郑使告于秦曰：郑人使我掌其北门之管。若潜师以来，国可得也。似乎不近情理。曰：“我主其城门，郑可袭也。”缪公问蹇叔、百里傒，对曰：“径数国千里而袭人，希有得利者。且人卖郑，庸知我国人不有以我情告郑者乎？不可。”缪公曰：“子不知也，吾已决矣。”遂发兵，使百里傒子孟明视、蹇叔子西乞术及白乙丙将。周襄王二十五年（前627年），入春秋后九十六年。兵至滑，郑贩卖贾人弦高持十二牛将卖之周。见秦兵，恐死虏，因献其牛，曰：“闻大国将诛郑。郑君谨修守御备，使臣以牛十二劳军士。”秦三将军相谓曰：“将袭郑，郑今已觉之，往无及已。”灭滑。滑，晋之边邑也。时晋文公丧尚未葬，先轸曰：“秦伯不用蹇叔，反其众心，此可击。”栾枝曰：“未报先君施，击之，不可。”先轸曰：“秦侮吾孤，伐吾同姓，何德之报？”此据《晋世家》。《秦本纪》：“太子襄公怒曰：秦侮我孤，因丧破我滑。”遂墨衰绖，发兵，遮秦兵于殽。《正义》：“《括地志》云：三殽山，在洛州永宁县西北二十里，即古之殽道也。”永宁，今河南永宁县。击之，大破秦军，无一人得脱者，虏秦三将以归。文公夫人，秦女也，为请。晋君许之，归秦三将。三将至，缪公素服郊迎，复三人官秩如故，厚待之。二十七年（前625年），入春秋后六十八年。使孟明视等将兵伐晋，战于彭衙，今陕西白水县。秦不利，引兵归。此据《十二诸侯年表》。《秦本纪》在其前一年，盖漏书年代。又《晋世家》云：“秦使孟明视伐晋，报殽之败，取晋汪以归。”《索隐》云：“按《左传》：文二年（前625年），秦孟明视伐晋，报殽之役，无取晋汪之事。又其年冬，晋先且居等伐秦，取汪、彭衙而还。则汪是秦邑，止可晋伐秦取之，岂得秦伐晋而取汪也？或者晋先取之；秦今伐晋而收汪，是汪从晋来，故云取晋汪而归也。汪不知所在。”案《十二诸侯年表》：“秦穆公三十五年（前625年），伐晋，报殽，败我于汪。”《郑世家》：“郑发兵从晋伐秦，败秦兵于汪。”则《史记》亦与《左氏》合。疑《晋世家》之取晋汪，乃晋取汪之倒，而其间又有夺文也。戎王使由余于秦。由余其先晋人也，亡入戎，能晋言。秦缪公示以宫室积聚，由余曰：“使鬼为之则劳神矣；使人为之，亦苦民矣。”缪公怪之。问曰：“中国以诗书礼乐法度为政，然尚时乱。今戎夷无此，何以为治？不亦难乎？”由余笑曰：“此乃中国所以乱也夫！自上圣黄帝，作为礼乐法度，身以先之，仅以小治。及其后世，日以骄淫，阻法度之威，以责督于下。下罢极，则以仁义怨望于上。上下交争，怨而相篡弒，至于灭宗，皆以此类也。夫戎狄不然，上含淳德以遇其下，下怀忠信以事其上。一国之政，犹一身之治，不知所以治，此真圣人之治也。”于是穆公令内史廖以女乐二八遗戎王。戎王受而说之。秦乃归由余。由余数谏，不听。缪公又数使人间要由余，由余遂去降秦。缪公以客礼礼之，问伐戎之形。二十九年（前623年），入春秋后百年。穆公复益厚孟明等，使将兵伐晋。渡河，焚船。大败晋人，取王官及鄗，《集解》："徐广曰：《左传》作郊。"《正义》："《括地志》云：王官故城，在同州澄城县西北九十里。又云：南郊故城，在县北十七里。又有北郊故城，又有西郊故城。《左传》云：文公三年（前624年），秦伯伐晋，济河，焚舟，取王官及郊也。《括地志》云蒲州猗氏县南二里，又有王官故城，亦秦伯取者。"案澄城，今为县，属陕西。猗氏，今为县，属山西。以报殽之役。晋人皆城守不敢出。于是穆公乃自茅津渡河，封殽中尸，为发丧，哭之三日。乃誓于军曰："嗟士卒，听无哗，余誓告汝。古之人谋黄发番番，则无所过。"以申思不用蹇叔、百里傒之谋，故作此誓，令后世以记余过。明年，秦用由余谋，伐戎王，益国十二，开地千里，遂霸西戎。天子使召公过贺缪公以金鼓。三十二年（前620年），入春秋后百有三年。缪公卒。秦之开化，远后东方。战国时，论者犹谓秦杂戎狄之俗，况在春秋之世？越国鄙远，古代固非绝无，俞正燮《癸巳类稿》，有《越国鄙远义》，谓越国鄙远，为古恒有之事。然必往来便易，中无强国阻隔者。秦之不能有郑，形势显然，缪公岂不之知？其潜师侵袭，盖徒利其虏获。观其得晋惠公欲以祠上帝，与三良饮酒乐，则为死共此哀之约，《秦本纪》："缪公卒，葬雍，从死者百七十七人。秦之良臣子舆氏三人，名曰奄息、仲行、鍼虎，亦在从死之中。秦人哀之，为作《黄鸟》之诗。"《正义》："应劭云：秦穆公与群臣饮酒，酣。公曰：生共此乐，死共此哀。于是奄息、仲行、鍼虎许诺。及公薨，皆从死。《黄鸟》诗所为作也。"盖三家诗说。其杂戎狄之俗可知，慕效中国之不暇，安知礼乐法度之弊？由余之对，其为后人依托，不待言也。缪公之成霸业，一由能广用异国之材，一由其能悔过，不尚血气之勇。其大功，则不在于胜晋，而实在于伐戎，以伐晋不过报怨，伐戎实有辟土之益也。然非殽战丧败，或亦不克致此，祸福倚伏，事之利害，诚有难言者矣。

周襄王三十年（前623年），入春秋后百有一年。晋赵成子、衰。栾贞子、枝。咎季子、犯。霍伯先且居。皆卒，赵盾代赵衰执政。明年，襄公卒。太子夷皋少，晋人以难故，欲立长君。赵盾曰："立襄公弟雍。好善而长，先君爱之，且近于秦，《秦本纪》曰："秦出也。"秦故好也。"贾季曰："不如其弟乐。"赵盾使士会如秦逆雍，贾季亦使召乐于陈。《左氏》云："赵孟使杀诸郫。"赵盾废贾季，贾季奔狄。是岁，秦穆公亦卒。明年四月，秦康公曰："昔文公之入也无卫，故有吕、郤之患。"乃多与公子雍卫。太子母缪嬴，日夜抱太子以号泣于朝，曰："先君何罪？其嗣亦何罪？舍适嗣而外求君，将安置此？"出朝，则抱以适赵盾所。顿首曰："先君奉此子而属之子，曰：'此子材，吾受其赐；不材，吾怨子。'今君卒，言犹在耳，而弃之若何？"赵盾与诸大夫皆患缪嬴，且畏诛，乃背所迎而立太子，是为灵公。发兵以距秦送公子雍者，赵盾为将，往击秦。败之令狐。今山西猗氏县。先蔑、随会亡奔秦。晋是时内外粗安，安用废嫡立庶？且穆嬴秦女，公子乐母辰嬴，亦称怀嬴。即始归子圉，继归文公者，亦秦女也。欲结秦援，安用立公子雍？盾之以私废立，亦可见矣。晋自是与秦连兵。周襄王三十三年（前620年），入春秋后百有二年，秦伐晋取武城，以报令狐之役。顷王二年（前617年），入春秋后百有六年，晋伐秦，取少梁。秦亦取晋之郗。四年（前615年），入春秋后百有八年，春，康公伐晋，取羁马。晋侯怒，使赵盾、赵穿、郤缺击秦，大战河曲。明年，晋六卿患随会在秦，常为晋乱，乃佯令魏寿余反晋降秦。秦使随会之魏，因执会以归。以上皆据《晋世家》。武城，《正义》引《括地志》云："在华州郑县东北。"郑，今陕西华县。少梁，杜《注》云："冯翊夏阳县。"夏阳，在今陕西韩城县南。郗，《集解》引徐广曰："《年表》云：北征也。"《索隐》曰："徐云《年表》曰征，然按《左传》，文十年，晋人伐秦，取少梁。夏，秦伯伐晋，取北征。北征即《年表》

之征，今云郁者，字误也。征音惩，亦冯翊之县名。”案如《索隐》言，则《年表》及《集解》引徐广皆当仅云征，然今皆作北征，恐后人据《左氏》改之。《年表索隐》“征音澄”，云：“盖今之澄城也。”案澄城，今为县，属陕西。羁马，《秦本纪集解》引服虔云：“晋邑也。”盖未能知其所在。灵公长，又与赵盾不协。周匡王六年（前607年），入春秋后百十六年。公饮赵盾酒，伏甲将攻盾。盾得脱，出奔。未出竟，盾昆弟将军赵穿弑灵公，迎盾。盾复位，使穿迎襄公弟黑臀于周而立之，是为成公。晋内相乖离，遂不克与楚争矣。

楚自城濮败后，襄王二十五年（前627年），入春秋后九十六年。始出兵，侵陈、蔡。陈、蔡成，遂伐郑。晋阳处父侵蔡，楚子上救之。与晋师夹泜而军。泜，今滍水。已而各罢归。二十六年（前626年），入春秋后九十七年。楚成王欲废太子商臣而立其弟职，商臣弑王代立，是为穆王。二十八年（前624年），入春秋后九十九年。晋伐沈，沈溃。楚人围江，晋伐楚以救江。明年，江卒为楚所灭。三十年（前622年），入春秋后百有一年。又灭六、蓼。顷王元年（前618年），入春秋后百有五年。范山言于楚子曰：“晋君少，不在诸侯，北方可图也。”楚子师于狼渊，今河南许昌县。以伐郑。晋人救之，不及。又侵陈。陈及楚平。二年（前617年），入春秋后百有六年。陈侯、郑伯会楚子于息。遂及蔡侯，次于厥貉。地名，杜《注》阙。将以伐宋。宋逆楚子，劳且听命。五年（前614年），入春秋后百有九年。楚穆王卒，子庄王旅立。《公羊》《左氏》作旅。《谷梁》《史记》作侣。六年（前613年），入春秋后百十一年。晋会陈、郑、许于新城。今河南商邱县西南。蔡人不与。匡王元年（前612年），入春秋后百十一年。晋师入蔡。二年（前611年），入春秋后百十二年。楚大饥，戎伐其西南，又伐其东南。庸人率群蛮以叛楚。麇人率百濮聚于选，将伐楚。于是申、息之北门不启。楚人谋徙于阪高。杜《注》：“楚险地。”芳贾曰：“不可。我能往，寇亦能往。不如伐庸。夫麇与百濮，谓我饥不能师，故伐我也。若我出师，必惧而归。百濮离居，将各走其邑，谁暇谋人？”乃出师。旬有五日，百濮乃罢。楚子乘驿会师，分为二队，以伐庸。秦人、巴人从楚师，遂灭庸。以上为庄王即位后三年中事，盖因内忧，未遑外务，故史有庄王即位，三年不出号令之说也。见《史记·楚世家》。案古书言此事者甚多。五年（前608年），入春秋后百十五年。陈受盟于晋。楚、郑侵陈，遂侵宋。晋赵盾救陈，又会诸侯伐郑。六年（前607年），入春秋后百十六年。郑公子归生受命于楚伐宋。战于大棘，今河南宁陵县。宋师败绩，获宋华元。赵盾及宋、卫侵郑，楚斗椒救之。赵盾还。是岁，晋灵公见弑。定王元年（前606年），入春秋后百十七年。楚子伐陆浑之戎，遂至于雒，观兵于周疆。晋侯伐郑，郑及晋平。楚人侵郑。二年（前605年）、入春秋后百十八年。三年（前604年）入春秋后百十九年。又伐之。是岁，三年（前604年），陈及楚平，晋荀林父救郑伐陈。四年（前603年），入春秋后百二十年。晋赵盾侵陈。楚人伐郑，取成而去。五年（前602年），入春秋后百二十一年。郑及晋平。六年（前601年），入春秋后百二十二年。陈及晋平。楚师伐陈，亦取成焉。七年（前600年），入春秋后百二十三年。晋荀林父伐陈。是岁，晋成公卒，子景公据立。楚子伐郑，晋郤缺救郑。八年（前599年），入春秋后百二十四年。郑及楚平。晋人伐郑，亦取成而还。楚子伐郑。晋士会救郑，逐楚师于颍北。诸侯之师戍郑。是岁，陈征舒杀其君。明年，楚庄王帅诸侯伐陈，诛征舒。因县陈而有之。申叔时谏，乃复陈。是岁，郑与楚盟辰陵，杜《注》：“颍川长平县东南有辰陵。”今河南淮阳县。《史记》云“郑与晋盟鄢陵”，今河南鄢陵县。又徼事于晋。十年（前597年），入春秋后百二十六年。春，楚子围郑。三月，克之。郑伯肉袒牵羊以逆。庄王退三十里，与之平。六月，晋师救郑。其来也，持两端，故迟。语见《史记·郑世家》。至河，楚兵已去。中军将荀林父欲还，佐先縠不可。师遂济。

庄王还击晋。郑反助楚。大败晋军河上。此据《史记》。《春秋》作“战于邲”，地在今河南郑县。是岁，楚子灭萧。明年，伐宋，以其救萧也。十二年（前595年），入春秋后百二十八年。晋侯伐郑。楚子使申舟聘于齐，曰：无假道于宋。亦使公子冯聘于晋，不假道于郑。申舟曰：“郑昭宋聋，晋使不害，我则必死。”王曰：“杀汝，我伐之。”见犀而行。犀，申舟子。及宋，宋人杀之。楚子闻之，投袂而起，屦及于窒皇，寝门阙。剑及于寝门之外，车及于蒲胥之市。秋，九月，楚子围宋。宋人使告急于晋。晋侯欲救之。伯宗曰：“不可。”乃使解扬绐为救宋。明年五月，宋及楚平。是时楚势可谓极盛。十六年（前591年），入春秋后百三十二年。庄王卒，子共王审立。幼，而形势复一变。共王临殁时，自言生十年而丧先君，见《左氏》襄公十三年。

春秋五霸，齐桓而外，当以楚庄之兵力为最强，其为人亦最正。惟兵力强，故不藉诡道以取胜也。邲之战，《左氏》载士会之言，谓其“荆尸而举，商、农、工、贾，不败其业”。又曰：“其君之举也，内姓选于亲，外姓选于旧，举不失德，赏不失劳。老有加惠，旅有施舍。君子小人，物有服章。贵有常尊，贱有等威。”栾书曰：“楚自克庸以来，其君无日不讨国人而训之，于民生之不易，祸至之无日，戒惧之不可以怠。在军，无日不讨军实而申儆之，于胜之不可保，纣之百克而卒无后。训之以若敖、蚡冒，荜路蓝缕，以启山林。箴之曰：民生在勤，勤则不匮。”可见其政事军备之整饬。是战也，据《左氏》，似始以和误晋，终乃乘其不备而袭之，此乃临敌决胜，不得不然，其不肯避强陵弱，则《公羊》《史记》二说符会，决非虚语。《公羊》谓其既胜之后，还师而佚晋寇。《左氏》又载其不肯收晋尸为京观。伐宋之役，宋人易子而食，析骸以爨，可谓危急已极。然华元以情告，亦遽释之。见《公羊》《左氏》宣公十二、十三年。皆可谓堂堂之阵、正正之旗，视晋文之谲、秦穆之暴，不可同年而语矣。

第五节　齐顷灵庄、晋厉悼、楚共灵之争

春秋大国，本称晋、楚、齐、秦，五霸尤以桓公为盛，然桓公一死，霸业遽荒，则齐之内乱为之也。齐孝公以周襄王十九年（前633年）卒。入春秋后九十年。弟潘，因卫公子开方杀孝公子而立，是为昭公。顷王六年（前613年）卒。入春秋后百年，此据《十二诸侯年表》，与《春秋》合。《世家》早一岁。子舍立。舍之母无宠，国人莫畏。昭公弟商人，以桓公死争立不得，阴交贤士，附爱百姓，百姓说。与众即墓上弑舍自立，是为懿公。匡王四年（前609年），入春秋后百十四年。为其下所弑。懿公之立，骄，民不附。齐人废其子，而迎公子元于卫立之，是为惠公。桓公十有余子，要其后立者五人，皆以争。时正宋襄图霸，至楚庄初立时也。定王元年（前607年），入春秋后百十七年。为楚庄王观兵周郊之岁，惠公卒，子顷公无野立，颇有意于振作。然晋势已成，顷公又有勇无谋，遂致转遭挫折矣。

定王十五年（前592年），入春秋后百三十一年，此从《表》及《晋世家》，与《左氏》合。《齐世家》先一年。晋使郤克于齐。齐使夫人帷中而观之。郤克上，夫人笑之。此从《齐世家》。《晋世家》云："齐顷公母从楼上观而笑之。所以然者，郤克偻而鲁使蹇、卫使眇，故齐亦令如之以导客。"与《公》《谷》略同。齐顷公有意挑衅，庸或不顾一切。当时最重使命，尤重人之仪表，晋、鲁、卫岂有使偻者、蹇者、眇者出使之理？古代贵族，有恶疾不得继嗣，郤克果偻，鲁使果蹇，卫使果眇，又岂得为卿大夫乎？且当时亦未必有楼也。此皆所谓东野人之言也。度当日郤克偶失仪，而为妇人所笑，则有之尔。《左氏》亦但云郤子登，妇人笑于房。杜《注》反据《公》《谷》，谓其跛而登阶，实非

也。郤克曰："不是报，不复涉河。"《晋世家》："归至河上，曰：不报齐者，河伯视之。"归，请伐齐。晋侯弗许。齐使至晋，郤克执四人河内，杀之。明年，晋伐齐。齐以公子强质晋，晋兵去。十八年（前589年），入春秋后百三十四年。齐伐鲁、卫，鲁、卫大夫如晋请师，皆因郤克。晋使郤克以车八百乘为中军，以救鲁、卫，伐齐。与顷公战于鞌，《集解》："服虔曰：齐地名。"齐师败走。晋军追齐，至马陵。《集解》："徐广曰：一作陉。骃案贾逵曰：马陉，齐地。"案《晋世家》作"追北至齐"，盖近齐都。齐侯请以宝器谢。不听，必得笑克者萧桐叔子，《晋世家》作萧桐姪子。令齐东亩。对曰："叔子，齐君母，亦犹晋君母，子安置之？且子以义伐，而以暴为后，其可乎？"于是乃许，令反鲁、卫之侵地。明年，齐顷公朝晋，欲尊王晋景公，景公不敢受。乃归，归而顷公弛苑囿，薄赋敛，振孤问疾，虚积聚以救民，民亦大说。厚礼诸侯。竟顷公卒，百姓附，诸侯不犯。顷公卒在周简王四年（前582年），入春秋后百四十一年。观顷公欲尊王晋景，可知鞌战受创之深。虽以恤民获安，然终不能复与晋竞矣。

鞌之战，在楚共王及鲁成公二年（前589年）。《左氏》云："宣公使求好于楚。庄王卒，宣公薨，不克作好。公即位，受盟于晋，会晋伐齐。卫人不行使于楚，而亦受盟于晋，从于伐齐。故楚令尹子重公子婴齐。为阳桥之役以救齐。"盖庄王在时，威棱远憺，鲁、卫皆有折而入之之势。齐顷公之龋晋，未必不与之声势相倚；而庄王之死，适丁其时，此实晋、楚强弱一转捩也。阳桥之役，子重曰："君弱，群臣不如先大夫，师众而后可。"乃大户，已责，逮鳏，救乏，赦罪，悉师。王卒尽行。侵卫。遂侵鲁，及阳桥。鲁请盟。与秦、宋、陈、卫、郑、齐、曹、邾、薛、鄫人盟于蜀。是行也，晋辟楚，畏其众也。然鲁、卫既睦，齐师新挫，吴亦渐强，楚不能无后顾之忧，而晋遂有复振之势。鞌战之明年，晋与鲁、卫、曹、宋伐郑，以讨邲之役。时许恃楚而不事郑。定王十九（前588年）、入春秋后百三十五年。二十年（前587年），入春秋后百三十六年。郑再伐之。二十一年（前586年），入春秋后百三十七年。郑悼公使弟睔与许讼于楚。此据《郑世家》,《楚世家》云“郑悼公来讼”，与《左氏》同。不直，楚囚睔。郑与晋平。睔私于楚子反。公子侧。子反言之，乃归睔。简王元年（前585年），入春秋后百三十八年。悼公卒，睔立，是为成公。是岁，楚伐郑。明年，又伐郑，皆不克。四年（前582年），入春秋后百四十一年。楚共王曰：“郑成公孤有德焉。”使人于郑，郑与之盟。此据《郑世家》,《左氏》云：“楚人以重赂求郑。”成公如晋。晋人执之。又使栾书伐郑。五年（前581年），入春秋后百四十二年。郑立成公庶兄繻。晋乃归成公。是岁，晋景公卒，子州蒲立，《史记》作寿曼。是为厉公。《左氏》云邲之役，荀首为下军大夫，其子罃为楚所囚。首以其族反之。射楚连尹襄老，获之，遂载其尸；射公子谷臣，囚之；以二者还。定王十九年（前588年），入春秋后百三十五年。晋归谷臣及襄老之尸，以求罃于楚。楚人许之。简王二年（前584年），入春秋后百三十九年。楚伐郑。郑囚楚郧公钟仪，献之晋。四年（前582年），入春秋后百四十一年。晋使钟仪归求成，楚公子辰报使。五年（前581年），入春秋后百四十二年。晋籴茷如楚报使。六年（前580年），入春秋后百四十二年。宋华元善于楚令尹子重，又善于晋栾武子。书。闻楚许籴茷成，如晋，遂如楚。七年（前579年），入春秋后百四十四年。克合晋、楚之成。夏五月，晋士燮会楚公子罢、许偃，盟于宋西门之外。晋郤至如楚，楚公子罢如晋莅盟。此事《史记·晋楚世家》《十二诸侯年表》皆不载。惟《宋世家》云“共公元年（前588年），华元善楚将子重，又善晋将栾书，两盟晋楚”，其事似相符会。然宋共公元年，为周定王十九年，入春秋后百三十五年。前后相差九年。崔适谓《左氏》涉弭兵之盟而误，见所著《春秋复始》。其说盖是。《宋世家》之文，乃谓宋既与晋盟，又与楚盟，非谓其合晋、楚之成也。十年（前576年），入春秋后百四十七年。楚伐郑，不克。宋鱼石出奔楚。公子目夷之曾孙。十一年（前575年），入春秋后百四十八年。楚以汝阴之田求成于郑。郑叛晋，与楚盟。栾书曰："不可以当吾世而失诸侯。"乃发兵，厉公自将。楚兵来救。与战，射共王中目，楚兵败于鄢陵。见第三节。然郑仍不服。初，厉公多外嬖。自鄢陵归，欲尽去群大夫，而立诸姬兄弟。宠姬兄曰胥童，尝与郤至有怨。栾书又怨郤至不用其计，而遂败楚。《集解》："《左传》曰：栾书欲待楚师退而击之，郤至云：楚有六间，不可失也。"乃使人间谢楚。楚来诈厉公曰：鄢陵之战，实至召楚，欲作乱，内子周立之。会与国不具，是以事不成。厉公告栾书。栾书曰：其殆有矣。愿公试使人之周，微考之。果使郤至于周。栾书又使公子周见郤至。厉公验之，信然，遂怨郤至，欲杀之。十三年（前573年），入春秋后百五十年。公令胥童以兵八百人袭攻，杀三郤。《集解》："贾逵曰：三郤，郤锜、郤犨、郤至也。"胥童因劫栾书、中行偃于朝，曰："不杀二子，患必及公。"公弗听。公使胥童为卿。公游匠骊氏，栾书、中行偃囚之。杀胥童，使迎公子周于周。十四年（前572年），入春秋后百五十一年。弑厉公。《公羊》成公十六年《解诂》云："晋厉公见饿杀。"《疏》引《春秋说》云："厉公猥杀四大夫，臣下人人恐见及，正月幽之，二月而死。"周至绛，立之，是为悼公，其大父捷，晋襄公少子也，号桓叔，生惠伯谈，谈生悼公。年十四矣。逐不臣者七人，修旧功，施惠德，收文公入时功臣后。前一年，楚纳鱼石于彭城。及是，晋以诸侯围之。彭城降。明年，为周灵王元年（前571年），入春秋后百五十二年。郑成公卒，子恽立，是为僖公。成公之疾也，子驷公子騑。请息肩于晋。公曰："楚君以郑故，亲集矢于其目，非异人任，寡人也。若背之，是弃力与言，其谁暱我？免寡人，惟二三子。"是冬，诸侯城郑虎牢。今河南汜水县。郑人乃成。明年，盟于鸡泽。今河北永年县。楚子辛公子任夫。为令尹，侵欲小国，陈人亦来乞盟。楚比岁侵陈。六年（前

566年），入春秋后百五十七年。遂围之。诸侯弗能救。陈复入楚。郑相子驷弑僖公，立其子嘉，年五岁。子驷当国。七年（前565年），入春秋后百五十八年。诸公子欲诛子驷。子驷觉之，尽诛诸公子。八年（前564年），入春秋后百五十九年。诸侯伐郑，郑行成。楚来伐，郑又从之。时子驷畏诛，故两亲晋、楚也。九年（前563年），入春秋后百六十年。子驷欲自立，子孔公子嘉。杀而代之。诸侯之师戍郑虎牢。郑及晋平。楚子囊救郑，郑又窃与之盟。十年（前562年），入春秋后百六十一年。诸侯伐郑，郑成。楚来伐，郑又逆之，与之伐宋。诸侯悉师以复伐郑。楚师不能复出，郑乃与诸侯盟。明年，会于萧鱼。战国时之修鱼，今河南许昌县。悼公于是称复霸焉。十二年（前560年），入春秋后百六十三年。楚共王卒，子康王昭立。十四年（前558年），入春秋后百六十五年。晋悼公亦卒，子平公彪立。明年，许男请迁于晋，诸大夫不可。晋会诸侯伐许。晋师遂侵楚，败其师于湛阪。今河南叶县。侵方城之外而还。方城，山名，在今河南方城县。十七年（前555年），入春秋后百六十八年。郑子孔欲去诸大夫，叛晋而起楚师。楚公子午伐郑，子展、公孙舍之。子西公孙夏。知子孔之谋，完守入保。子孔不敢会楚师。明年，二子伐杀子孔。子展当国，子西听政，立子产公孙侨。为卿。十九年（前553年），入春秋后百七十年。公孙舍之入陈。公孙夏又伐之，陈及郑平。明年，许灵公如楚，请伐郑，曰："师不兴，孤不归矣。"卒于楚。楚子曰："不伐郑，何以求诸侯？"与陈、蔡伐郑，而后葬许灵公。然亦不能得志也。

自赵盾背秦立灵公后，秦、晋遂失好。周匡王四年（前609年），入春秋后百十四年。秦康公卒，子共公立。定王三年（前604年），入春秋后百十九年。卒，子桓公立。简王六年（前580年），入春秋后百四十三年。秦、晋夹河而盟。归而秦背盟，与翟合谋伐晋。八年（前578年），入春秋后百四十五年。晋与诸侯伐秦，秦军败，追至泾而还。明年，秦桓公卒，子景公立。《秦始皇本纪》作哀公。灵王八年（前564年），入春秋后百五十九年。秦乞师于楚。楚子师于武城，今河南南阳县。以为秦援。秦侵晋。明年，晋伐秦。又明年，楚乞旅于秦。秦右夫詹从楚子伐郑。晋既为萧鱼之会，秦救郑，败晋师于栎。事在《左氏》襄公十一年。《左氏》云："秦庶长鲍、庶长武帅师伐晋以救郑。鲍先入晋地，士鲂御之，少秦师而弗设备。壬午，武济自辅氏，与鲍交伐晋师。己丑，秦、晋战于栎，晋师败绩。"辅氏，又见宣公十五年，为秦桓公伐晋所次，地当濒河。栎当距辅氏不远。《史记·秦本纪正义》引《括地志》洛州阳翟县古梁邑以释之，非也。阳翟，今河南禹县。十一年（前561年），入春秋后百六十二年。秦、楚又伐宋，以报晋之取郑。盖成秦、楚合以谋晋之局矣。十三年（前559年），入春秋后百六十四年。晋荀偃会诸侯伐秦。济泾，师于棫林，以心力不齐而还。晋人谓之迁延之役。二十二年（前550年），入春秋后百七十三年。景公如晋，与平公盟，已而背之。此据《秦本纪》，为景公二十七年（前550年），即鲁襄公二十三年（前550年）。《十二诸侯年表》，在景公二十九年（前548年）。云："公如晋盟，不结。"《左氏》则在襄公二十四年（前549年），云："晋韩起如秦莅盟，秦伯车如晋莅盟，成而不结。"至二十六年（前548年），乃云："秦伯之弟鍼如晋修成。"鍼即伯车。景王八年（前537年），入春秋后百八十六年。景公卒，子哀公立。《秦始皇本纪》作毕公。《秦本纪》云："晋公室卑而六卿强，欲内相攻，是以秦、晋久不相攻。"二国之干戈始戢矣。

齐顷公以周简王四年（前582年）卒，入春秋后百四十一年。子灵公环立。十四年（前572年），入春秋后百五十一年。齐不会救郑。晋伐齐，齐令公子光为质。灵王十七年（前555年），入春秋后百六十八年。齐与邾数攻鲁，晋合诸侯围齐。是年为鲁襄公十八年，齐灵公二十七年，晋平公三年。《史记·十二诸侯年表》，于齐云："晋围临淄，晏婴大破之。"于晋云："率鲁、宋、卫、郑围齐，大破之。"《公羊》襄公十九年："公至自伐齐。此同围齐也，何以致伐？未围齐也。"则此役晋盖未大得志。《左氏》之言，乃偏据晋史，不足信也。《齐世家》谓"临淄城守不敢出，晋焚郭中而去"，与《左氏》合。《晋世家》误是役于平公元年（前557年）。齐侯娶于鲁，曰颜懿姬，无子。其侄鬷声姬，生光，以为太子。诸子仲子、戎子。《史记》作仲姬、戎姬。戎子嬖。仲子生牙，属诸戎子。戎子请以为太子，公许之。遂东太子光，使高厚傅牙为太子。十八年（前554年），入春秋后百六十九年。灵公疾。崔杼迎立光，是为庄公。杀戎姬及牙，崔杼杀高厚。晋闻齐乱，伐齐，至高唐。今山东禹城县。闻齐侯卒，乃还。齐与晋平。十九年（前553年），入春秋后百七十年。盟于澶渊。二十年（前522年），入春秋后百七十一年。晋栾盈出奔楚。书之孙。《晋世家》作栾逞。明年，自楚适齐。庄公厚客待之。二十二年（前550年），入春秋后百七十三年。晋将嫁女于吴，齐侯使媵之。以藩载栾盈及其士，纳诸曲沃。盈帅曲沃之甲，因魏献子舒。以入绛。绛不戒。平公欲自杀，范献子鞅。止之。时晋卿赵氏、中行氏皆怨栾氏，韩、赵方睦，知氏听于中行氏，惟魏氏与七舆大夫睦于栾氏。范献子劫魏献子，赂之以曲沃。栾盈败，奔曲沃，晋人围之，尽灭其宗。齐既纳栾盈，随以兵，上太行，入孟门。闻盈败，乃取朝歌而还。遂以晏子之谋通楚。据《十二诸侯年表》。二十三年（前549年），入春秋后百七十四年。晋会诸侯于夷仪，见第三节。将以伐齐。水，不克。楚伐郑以救齐，诸侯还救郑。明年，庄公为崔杼所弑，晋复会诸侯于夷仪，伐齐。齐人以庄公说，乃平。

齐顷公、灵公、庄公，三世皆与晋竞，然迄无成。秦本不问中原之事。平公立后，晋公室日卑，楚亦不能遽振，于是弭兵之盟起矣。时宋向戌善于晋赵文子，武。又善于楚令尹子木，屈建。欲弭诸侯之兵以为名。乃先如晋告赵孟，晋许之；如楚，楚亦许之。次告齐、秦及诸小国。灵王二十六年（前546年），入春秋后百七十七年。

盟于宋。晋赵武、楚屈建及鲁、卫、陈、蔡、郑、许皆与焉。子木谓向戌："请晋、楚之从交相见。"向戌复于赵孟。赵孟曰："晋、楚、齐、秦，匹也。晋之不能于齐，犹楚之不能于秦也。楚君若能使秦君辱于敝邑，寡君敢不固请于齐？"左师向戌。复言于子木。子木使驲谒诸王。王曰："释齐、秦，他国请相见也。"故齐、秦不会。将盟，晋、楚争先。楚人衷甲，卒先楚。明年，宋、鲁之君，皆如楚。是岁，楚康王卒，子员立，此从《史记》，《左氏》作麇。是为郏敖。景王四年（前541年），入春秋后百八十二年。晋、楚复会于虢，以寻宋之盟。齐亦与焉。楚共王宠弟四人：曰公子围、子比、子晳、公子黑肱。弃疾。围为令尹，主兵事。使郑，道闻王疾而还。入问王疾，绞而杀之。遂杀其子莫及平。子比奔晋。子晳奔郑。围立，是为灵王。七年（前538年），入春秋后百八十五年。使椒举如晋求诸侯。晋人许之。乃会诸侯于申。晋、宋、鲁、卫、曹、邾不与。十年（前535年），入春秋后百八十八年。楚子成章华之台，愿与诸侯落之。鲁昭公如楚。先是蔡景侯为其太子般《表》作班。所弑。景王二年，入春秋后百八十年。十一年（前534年），入春秋后百八十九年。陈哀公弟招作乱，哀公自杀。从《表》，与《春秋》合，《世家》先一年。楚公子弃疾灭陈。十四年（前531年），入春秋后百九十二年。楚子诱蔡侯般，杀之，使弃疾灭蔡。遂大城陈、蔡、叶、不羹，欲以威晋，而致北方之诸侯。《左氏》昭公十二年，灵王谓子革曰："今我大城陈、蔡、不羹，赋皆千乘，子与有劳焉，诸侯其畏我乎？"对曰："畏君王哉！是四国者，专足畏也，又加之以楚，敢不畏君王哉？"杜《注》云："四国，陈、蔡、二不羹。"《春秋地名》云：襄城东南有不羹城。定陵西北有不羹亭。《国语·楚语》作三国。《韦解》亦云："定陵有不羹城。襄城有不羹亭。"《贾子·大都篇》，则作陈、蔡、叶、不羹。案《左氏》昭公十三年，亦云："弃疾等帅陈、蔡、不羹、许、叶之师以入楚。"《左氏》盖夺叶字。《国语》疑后人億改。襄城，今河南襄城县。

定陵，今河南舞阳县。案弭兵之盟，楚既先晋，北方诸侯，乡之事晋者，又皆奔走于楚；楚在是时，实可谓称霸中原。然灵王侈而虐用其民，国内又多觊覦，遂至身弑师熸。平王立，不复能事诸侯，而吴、越盛矣。

第六节　吴、越之强

古代开化，实始东南，观第三章所述，已可概见。然至后世，其文化转落北方之后者，则地理实为之。盖东南之地，火耕水耨，鱼鳖饶给，故其民多呰窳偷生。《汉书·地理志》论楚地语，此江域皆然，不独楚也。西北则天然之利较薄，非勤治沟洫，无以冀收成；而能殚力耕耘，亦不虑无丰登之报。水功勤则人事修，刈获丰则资生厚；而其地平坦，便往来，利驰突，又使诸部族之交通盛而竞争亦烈焉。此则其富厚文明，所以转非故国所及也。古帝传说，在南方者甚多。如乌程有颛顼陵，见《路史》。乌程，今浙江吴兴县。舜、禹旧迹，或在浙中是。《史记·五帝本纪正义》引《会稽旧记》曰："舜上虞人，去虞三十里有姚丘，即舜所生也。"《水经·河水注》引周处《风土记》曰："旧说舜葬上虞。又记云：耕于历山，而始宁、剡二县界上，舜所耕田，于山下多柞树，吴、越之间，名柞为枥，故曰历山。'"又《渐水注》："江水东径上虞县南，王莽之会稽也。地名虞宾。《晋太康地记》曰：舜避丹朱于此，故以名县，百官从之，故县北有百官桥。亦云：禹与诸侯会，事讫，因相虞乐，故曰上虞。二说不同，未知孰是。"案上虞，今浙江县。始宁在其东南。剡，今浙江嵊县。此恐正因吴、越之南迁而起。《国语·鲁语》："商人禘舜。"《礼记·祭法》云："禘喾。"韦《解》云："舜当为喾。"然初无确据也。《越绝书》谓巫咸出于虞山。《外传记·吴地传》。《史记·殷本纪正义》曰："巫咸及子贤冢，皆在苏州常熟县西海虞山上，盖冢本吴人也。”案常熟，今江苏省。今观殷事，绝无在江东之迹，则亦出后来附会。北方部族之南迁，疑始商周之际。《越绝书·吴地传》云：“毗陵县南城，古淹君地也。东南大冢，淹君子女冢。去县十八里，吴所葬。”奄城为今江苏武进县地，近年曾获有古迹。已见第三章。奄城之东，又有留城。《公羊》桓公十一年，曰：“古者郑国处于留。先郑君有善于郐公者，通乎夫人，以取其国，而迁郑焉，而野留。”则留亦北方国。《越绝书》又有蒲姑大冢，在余杭县。今浙江余杭县。蒲姑，奄君，见第八章第七节。《尚书大传》云：“周公以成王之命杀禄父，遂践奄。践之云者，谓杀其身，执其家，潴其宫。”据陈寿祺《辑校》本。案《礼记·檀弓》云：“邾娄定公之时，有弑其父者。公曰：寡人尝学断斯狱矣。臣弑君，凡在官者杀无赦。子弑父，凡在宫者杀无赦。杀其人，坏其室，污其宫而潴焉。”盖本东夷治叛逆之刑，周公特循其法。鲁一生一及，自庄公以前皆然；吴寿梦四子，亦兄弟相及；其俗绝类有殷。《鲁颂》言“元龟象齿”，而古称纣为象箸，《史记·宋微子世家》。又谓纣为象廊。《龟策列传补》。《吕览·古乐》曰：“商人服象，为虐于东夷。周公遂以师逐之，至于江南。乃为三象，以嘉其德。”可见商、奄之族，与东南实有渊源。谓北迁部族，以其文化返哺东南，实始于是，当非虚诬。然此时文身翦发之邦，尚未能跻于上国冠裳之列。及春秋末叶，吴、越相继强盛，而榛狉之习乃一变焉。

《吴太伯世家》曰：“吴太伯、太伯弟仲雍，皆周太王之子，而王季历之兄也。季历贤而有圣子昌，太王欲立季历以及昌，太伯、仲雍乃奔荆蛮，文身断发示不可用，以避季历。太伯之奔荆蛮，自号句吴。荆蛮义之，从而归之千余家，立为吴太伯。太伯卒，无子，弟仲雍立，是为吴仲雍。仲雍卒，子季简立。季简卒，子叔达立。叔达卒，子周章立。是时周武王克殷，求太伯、仲雍之后，得周章。周章已君吴，因而封之。乃封周章弟虞仲于周之北故夏虚，见第三章

第三节。是为虞仲，列为诸侯。周章卒，子熊遂立。《吴越春秋》：章子熊，熊子遂，遂子柯相。熊遂卒，子柯相立。柯相卒，子强鸠夷立。强鸠夷卒，子余桥疑吾立。余桥疑吾卒，子柯卢立。柯卢卒，子周繇立。周繇卒，子屈羽立。屈羽卒，子夷吾立。夷吾卒，子禽处立。禽处卒，子转立。《索隐》："谯周《古史考》云柯转。"转卒，子颇高立。《索隐》：《古史考》作颇梦。颇高卒，子句卑立。《索隐》：《古史考》云：毕轸。是时晋献公灭周北虞公，以开晋伐虢也。句卑卒，子去齐立。去齐卒，子寿梦立。寿梦立而吴始益大，称王。自太伯作吴，五世而武王克殷，封其后为二：其一虞在中国，其一吴在蛮夷。十二世而晋灭中国之虞。中国之虞灭二世，而蛮夷之吴兴。大凡从太伯至寿梦十九世。王寿梦二年（前584年），楚之亡大夫申公巫臣怨楚将子反而奔晋，自晋使吴。教吴用兵乘车，令其子为吴行人。吴于是始通于中国。"案《史记》之虞、吴，当本同字，故以中国夷蛮别之。若如今本，字形本相别异，即不须如此措辞矣。《集解》引宋忠曰："句吴，太伯始所居地名。"《索隐》曰："此言自号句吴，吴名起于太伯，明以前未有吴号。宋忠以为地名者，《系本·居篇》：孰哉居藩篱，孰姑徙句吴。宋氏见《史记》有太伯自号句吴之文，遂弥缝解彼，云是太伯始所居地名。裴氏引之，恐非其义。藩离既有其地，句吴何总不知真实？吴人不闻别有城邑曾名句吴，则《系本》之文或难依信。"下文又引《世本》云："吴孰姑徙句吴。宋忠曰：孰姑，寿梦也，代谓祝梦乘诸也。寿、孰音相近，姑之言诸也，《毛诗传》读姑为诸。知孰姑、寿梦是一人，又名乘也。"《集解》又引《世本》云："诸樊徙吴。"案古国名、氏族名、部落名恒相混；而国都屡徙，亦多沿袭旧名。句为发声，《索隐》已言之，则吴即句吴。乘与寿梦一人，事甚明白。《左氏》襄公十年，杜《注》云："寿梦吴子乘。"《疏》云："服虔云：寿梦，发声。吴蛮夷，言多发声，数语共成一言也。经言乘，传言寿梦，欲使学者知之。然寿梦与乘，声不相涉，服以经传之异，即欲使同之，然则余蔡戴吴，岂复同声也。当是名字之异，故未言之。”按乘果为寿梦合音与否，姑措勿论，其为一人则无疑也。孰姑、寿梦一人，说侊不误，则诸樊寿梦所居，皆与泰伯同号，惟孰哉所迁为异。然邑名虽同，初不得断为一地。《韩诗外传》云：“太王将死，谓季历曰：我死，女往让两兄。彼即不来，女有义而安。太王薨。季之吴告伯、仲。伯、仲从季而归。”《吴越春秋·吴王太伯传》曰：“古公病将卒，命季历让国于太伯，而三让不受。故云太伯三以天下让。”虽未必实然，然观虞仲封于夏虚，则泰伯、仲雍所逃，去周必不甚远。岂尝依有虞旧部，亦如函普入生女真，以完颜为氏，故号为句吴乎？《正义》：“太伯居梅里，在常州无锡县东南六十里。至十九世孙寿梦居之，号句吴。寿梦卒，诸樊南徙吴。至二十一代孙光，使子胥筑阖闾城都之。今苏州也。”《索隐》引《吴地记》曰：“太伯居梅里，在阖闾城北五十里许。”又曰：“仲雍冢，在吴乡常熟县西海虞山上，与言偃冢并列。”《集解》引《皇览》曰：“太伯冢，在吴县梅里聚，去城十里。”案无锡，今为县，属江苏。苏州，今江苏吴县。此等皆南迁后附会之辞耳。《索隐》又引《世本》曰：“吴孰哉居藩离。”宋忠曰：“孰哉，仲雍字。藩离，今吴之余暨也。解者云：雍是孰食，故曰雍，字孰哉也。”解仲雍字殊穿凿。余暨，今浙江萧山县，亦非仲雍所能至。《越绝外传·记地传》云：“自无余初封于越以来，传闻越王子孙在丹阳皋乡，更姓梅，梅里是也。”则又以梅里为越地矣。传说固难尽信也。丹阳，汉郡，治今安徽宣城县。梅里，今为镇，属无锡。吴人之南徙江东，已无可考。疑或楚拓地时，被迫东南徙。巫臣窃夏姬之事，详见《左氏》，说甚诙诡，疑非实录。见《左氏》成公二年、七年，又见襄公二十六年声子说子木之辞。案不经之说，往往以一妇人为之经纬，如《蒙古源流考》之洪郭斡拜济是。《左氏》所采间有类《战国策》者，如昭公七年，蓬启疆为楚说昭公复得大屈，其最显者也。声子说子木之辞，亦此类，非信史也。史称吴至寿梦益大，《吴越春秋》云：“吴益强称王。”明其大非始寿梦。乘车射御，岂待巫臣教而后能？特其通晋，或当以巫臣为介耳。

越事所传，更不如吴之备，观其世系之夺佚可知。《史记·越世家》曰：“越王勾践，其先，禹之苗裔，而夏后帝少康之庶子也。封于会稽，以奉守禹之祀。文身断发，披草莱而邑焉。后二十余世，至于允常。”《正义》引《舆地志》曰：“越侯传国三十余世，历殷至周。敬王时，有越侯夫谭。子曰允常，拓地始大，称王。”自夏中叶至春秋，仅历二三十世，殊不可信。《汉书·地理志》曰：“粤地，牵牛婺女之分野也。今之苍梧、郁林、合浦、交阯、九真、南海、日南，皆粤分也。其君禹后，夏少康之庶子云，封于会稽。”臣瓒曰：“自交阯至会稽，七八千里。百粤杂处，各有种姓，不得尽云少康之后也。按《世本》越为芈姓，与楚同祖，故《国语》曰芈姓夔、越。然则越非禹后明矣。又芈姓之越，亦勾践之后，不谓南越也。”案《汉志》所谓其君禹后者，自指封于会稽之越言之，不该百越。臣瓒实误驳。至谓越为芈姓，则《左氏》宣公十二年《正义》，亦据《外传》而疑越非夏后。《国语·吴语韦解》亦云：“勾践，祝融之后，允常之子，芈姓也。”引《郑语》及《世本》为证。《墨子·非攻下篇》：“越王紧亏，卢校改为翳亏。毕、孙二氏并从之。出自有遽，始邦于越。”孙诒让《闲诂》疑有遽即熊渠，其证似古。然《吴越春秋》谓勾践寝疾，谓太子曰：“吾自禹之后，承元常之德。”允常，《吴越春秋》作元常。《史记·陈杞世家》谓楚惠王灭杞，其后越王勾践兴，则自古皆以越为禹后。古或从母姓，疑越实禹后，而与楚通昏姻者。吴通晋而越常助楚，固由远交近攻之策使然，或亦以同姓之亲也。《吴越春秋》云：“禹命群臣曰：吾百世之后，可葬我会稽之山。禹崩之后，众瑞并去。天美禹德，而劳其功，使百鸟还为民田。大小有差，进退有行。一盛一衰，往来有常。启使使以岁时春秋而祭禹于越，立宗庙于南山之上。禹以下六世而得帝少康。少康恐禹祭之绝祀，乃封其庶子于越，号曰无余。无余始受封，人民山居，虽有鸟田之利，租贡才给宗庙祭祀之费。乃复随陵陆而耕种，或逐禽鹿而给食。无余质朴，不设宫室之饰，从民所居，春秋祠墓于会稽。无余传世十余，末君微劣，不能自立，转从众庶，为编户之民。禹祀断绝，十有余岁。有人生而言语，指天向墓曰：我是无余君之苗末，我方修前君祭祀，复我禹墓之祀，为民请福于天，以通鬼神之道。众民说喜，皆助奉禹祭，四时致贡。因共封立，以承越君之后。复夏王之祭，安集鸟田之瑞，以为百姓请命。自后稍有君臣之义，号曰无壬。壬生无䁥。䁥专心守国，不失上天之命。无䁥卒，或为夫谭。夫谭生元常。常立，当吴王寿梦、诸樊、阖庐之时。越之兴霸，自元常矣。"《越王无余外传》。古有、或二字通。或为夫谭，犹言有名夫谭者，即《舆地志》有越侯夫谭之语所本。明无䁥、夫谭之间世系又有阙佚。然名号亡佚，而世数大略可知，亦古系世之常。《史记》所谓二十余世，《舆地志》所谓三十余世者，疑自无壬计之。又疑《舆地志》实本《史记》，讹二为三；又或《史记》本作三而讹为二也。《越绝书》言自余始封，至余善，越国空灭，凡一千九百三十二年，则未必可据。越世系夺佚如此，安有年岁可稽耶？

禹封会稽，非今之会稽。已见第七章第三节。其如何播迁而入浙江，亦不可考，《越绝书外传·记地传》云："无余初封大越，都秦余望南千有余岁，而至勾践。勾践徙治山北。"《水经·浙江水注》："浙江径会稽山阴县。今浙江绍兴县。又径越王允常冢北。又东北，得长湖口。秦望山在城西南，山南有樵岘，岘里有大城，越王夫余之旧都也。故《吴越春秋》云：勾践语范蠡曰：先君无余，国在南山之阳，社稷宗庙在湖之南。"此亦与以禹墓在会稽者同一无稽耳。

第七节　楚、吴、越之争

楚居南服，与东夷关系颇深，盖江、淮之开化，实先于荆楚，其与大局，亦颇有关系也。楚与齐桓之争，已见第三节。穆王之将图北方也，先之以灭六、灭蓼。周襄王三十年（前622年），入春秋后百有一年。群舒叛楚，楚又执舒子与宗子，遂围巢，顷王四年（前615年），入春秋后百有八年。至庄王而灭舒蓼，《世家》但作舒，表作舒蓼，与《春秋》同。《左氏》云："楚子疆之，及滑汭，杜《注》：滑水名。盟吴、越而还。"定王六年（前601年），入春秋后百二十二年。盖前此惟淮夷、徐戎为雄张，此时则江东之吴、越亦稍稍见头角已。巫臣之入吴，《左氏》记其事于成公七年，周简王二年（前584年），入春秋百三十九年。实吴寿梦之二年。是年也，吴伐郯，又入州来。今安徽寿县。岂有甫学射御战阵，即能驰驱千里之外者？吴之强，不由巫臣之教，弥可见也。简王三年（前583年），入春秋后百四十年。晋会齐、鲁、邾伐郯。《左氏》曰："以其事吴故。"四年（前582年），入春秋后百四十一年。晋合诸侯于蒲，杜《注》："卫地，在长垣县西南。"案长垣，今为县，属河北。《左氏》云："将始会吴，吴人不至。"楚公子婴齐伐莒，《左氏》记巫臣通吴过莒，则此役似亦与吴争也。十年（前576年），入春秋后百四十七年。晋、齐、鲁、宋、卫、郑、邾会吴于钟离，杜《注》："淮南县。"今安徽凤阳县。《左氏》云："始通吴也。"明年，舒庸道吴人围巢，伐驾，围釐、虺。杜《注》："楚四邑。"遂恃吴而不设备，楚人袭灭之。十三年（前573年），入春秋后百五十年。楚纳鱼石于彭城。《左氏》载宋西鉏吾之言曰："今将崇诸侯之奸，而披其地，以塞夷庚，毒诸侯而惧吴、晋。"《注》曰："夷庚，吴、晋之要道。"则吴、晋之相结弥深，吴、楚之相争益烈矣。灵王二年（前570年），入春秋后百五十三年。楚子重公子婴齐。伐吴，克鸠兹，杜《注》:“在丹阳芜湖县。”案今安徽芜湖县。至于衡山。杜《注》:“在吴兴乌程县南。”案今浙江吴兴县。使邓廖帅组甲三百、被练三千以侵吴，吴人要而击之，获邓廖。子重归，既饮至，三日，吴人伐楚，取驾。驾，良邑也；邓廖，亦楚之良将也；君子谓是役也，所获不如所亡。楚人皆咎子重。子重病之，遂遇心疾而卒。是岁，诸侯会吴于鸡泽。晋侯使逆吴子于淮上。吴子不至。明年，使如晋，辞不会之故，且请听诸侯之好。晋使鲁、卫先会吴于善道。杜《注》：地阙。然后为合诸侯于戚。杜《注》:“卫邑，在今顿丘卫县。”案今河南濮阳县。九年（前563年），入春秋后百六十年。诸侯又会吴于柤，杜《注》：楚地。遂灭偪阳。偪阳，妘姓，与楚同出祝融，盖亦晋、楚之争也。十一年（前561年），入春秋后百六十二年。寿梦卒。寿梦有子四人：长曰诸樊，此据《史记·吴世家》。《公羊》作谒，《左氏》作遏。次曰余祭，次曰余昧，《公羊》作夷末，《左氏》作戴吴。次曰季札。季札贤，寿梦欲立之，季札让不可。乃立长子诸樊，摄行事当国。十三年（前559年），入春秋后百六十四年。诸樊已除丧，让位季札。季札谢，吴人固立，弃其家而耕，乃舍之。此从《十二诸侯年表》。《世家》先一年。先一岁，楚共王卒。吴乘丧伐楚，败于庸浦。杜《注》：楚地。吴告败于晋。是岁，会于向。杜《注》：郑地。范宣子匄。数吴之不德也，以退吴人。盖晋当是时，既无意于诸侯，亦不能勤吴矣。二十三年（前549年），入春秋后百七十四年。楚子康王。为舟师以伐吴，无功而还。吴召舒鸠。舒鸠叛楚。明年，楚灭舒鸠。吴救之，大败。又明年，诸樊伐楚。迫巢门，伤射而薨。此从《十二诸侯年表》，与《公羊》《左》《谷》皆合，《吴世家》但云王诸樊卒。诸樊命授弟余祭，传以次，必致国于季子而止。二十六年（前546年），入春秋后百七十七年。楚人、秦人侵吴，及雩娄，杜《注》:“今属安丰郡。”案今安徽霍丘县。闻吴有备而还。二十七年（前545年），入春秋后百七十八年。齐庆封有罪，奔吴。吴与之朱方之县。《集解》："《吴地记》曰：朱方，秦改为丹徒。"今江苏镇江县。景王七年（前538年），入春秋后百八十五年。楚灵王合诸侯于申。执徐子，以其吴出，以为贰于吴也。遂以诸侯伐吴。执庆封，杀之，灭其族。吴伐楚，入棘、栎、麻。杜《注》："皆楚东鄙邑。谯国酂县东北有棘亭。汝阴新蔡县东北有栎亭。"按酂，今河南永城县。新蔡，今河南新蔡县。明年，楚以诸侯伐吴。以吴早设备，无功而还。又明年，楚伐徐。吴人救之。楚令尹子简伐吴，吴人败诸房钟。杜《注》：吴地。十五年（前530年），入春秋后百九十三年。楚子遣兵围徐，次于乾谿，杜《注》：在谯国城父县南，今安徽亳县。以为之援。乱作后，五帅皆为吴所获。时国人苦役，而申之会，灵王僇越大夫常寿过，杀蔡大夫观起，起之子从，亡在吴，劝吴伐楚，为间常寿过而作乱。矫公子弃疾命，召公子比于晋，欲与吴、越兵袭蔡。公子比见弃疾，与盟于邓。遂入，杀灵王太子禄，立子比为王，子皙为令尹，弃疾为司马。观从从师于乾谿，令楚众曰："国有王矣。先归复爵邑、田宅，后者迁之。"楚众皆溃，去灵王而归。王乘舟将入鄢。芋尹申无宇之子申亥求王，奉以归。王死申亥家。楚国虽已立比，畏灵王复来；又不闻灵王死，国人每夜惊曰：灵王入矣。弃疾使船人从江上走呼曰：灵王至矣。国人愈惊。初王及子皙遂自杀。弃疾即位，改名熊居。案名居，熊其姓。是为平王。施惠百姓，复陈、蔡，《左氏》云："楚之灭蔡也，灵王迁许、胡、沈、道、房、申于荆焉。平王即位，既封陈、蔡，而皆复之。"归郑侵，存恤国中，修政教。楚获暂安，然益不能制吴矣。

楚灵王见弑之岁，晋为平丘之会，杜《注》："平丘，在陈留长垣县西南。"按长垣，今为县，属河北。告于吴。晋侯昭公。会吴子于良。杜《注》："下邳有良城县。"案下邳，今江苏邳县。水道不可，吴子辞，乃还。是岁，吴灭州来。楚令尹子旗请伐吴，王不许。先是吴王余祭，以周景王元年（前538年），入春秋后百七十九年。为阍人所弑，弟余昧立。十八年（前527年），入春秋后百九十六年。余昧卒，欲授弟季札。季札让，逃去。于是吴人曰："先王有命，兄卒弟代立，必致季子。季子今逃位，则余昧后立。今卒，其子当代。"乃立王余昧之子僚为王。《索隐》："此文以为余昧子，《公羊传》以为寿梦庶子。"案《公羊》云："僚者，长庶也。"非谓为寿梦庶子。二十年（前525年），入春秋后百九十八年。楚人及吴人战于长岸，杜《注》：楚地。太败吴师，获其乘舟余皇。吴复败楚，取余皇去。二十二年（前523年），入春秋后二百年。楚人城州来。二十三年（前522年），入春秋后二百有一年。初，平王使费无忌《左氏》作费无极。如秦，为太子建取妇。妇好，无忌说王自取。王听之。生熊珍。伍奢为太子太傅，无忌为少傅。无忌无宠于太子，常谗恶之。是年，使居城父守边。无忌又日夜谗太子。王遂囚伍奢，而召其二子，而告以免父死。太子建奔宋。伍尚归，伍员出奔吴。楚遂杀奢及尚。员之奔吴也，公子光客之。公子光者，王诸樊子也。《索隐》曰：《系本》以为夷昧子。常以为季子不受国，光父先立，光当立。敬王元年（前519年），入春秋后二百有四年。光伐楚，败楚师，迎故太子建母于居巢，以归。此据《吴世家》。《楚世家》同。《左氏》云："楚太子建之母在郹，召吴人而启之。吴太子诸樊入郹，取楚夫人与其宝器以归。"杜《注》云："郹阳也，蔡邑。"遂北伐，败陈、蔡之师。明年，光伐楚，取居巢、钟离。伍子胥之初奔吴，说王僚以伐楚。公子光曰："胥之父兄为僇于楚，欲自报其仇耳，未见其利。"伍员知光有他志，乃求勇士专诸，《左氏》作鱄设诸。见之光。光喜，乃客伍子胥。子胥退而耕于野。四年（前516年），入春秋后二百有七年。楚平王卒，子珍立，是为昭王。五年（前515年），入春秋后二百有八年。吴欲因楚丧而伐之，使公子盖余、《左氏》作掩余。烛庸《集解》："贾逵曰王僚弟。"以兵围楚之六、潜。使季札于晋，以观诸侯之变。楚发兵绝吴兵后，吴兵不得还。公子光使专诸弑王僚，代立，是为阖闾。此从《十二诸侯年表》，与《春秋》合。《世家》与楚平王之卒，皆误后一年。掩余奔徐。烛庸奔钟吾。《汉书·地理志》：东海郡司吾，应劭曰：即钟吾。今江苏宿迁县。昭王之立也，费无忌又谗郤宛于令尹子常。囊瓦。其宗姓伯氏子嚭奔吴。此据《左氏》。《史记·吴世家》云："楚诛伯州犁，其孙伯嚭亡奔吴。"阖闾以为大夫，举伍子胥为行人。八年（前512年），入春秋后二百十一年。吴子使徐人执掩余，钟吾人执烛庸。二公子奔楚，楚子大封而定其徙，使居养。此从《左氏》。《吴世家》云："烛庸、盖余降楚，楚封之于舒。吴拔舒，杀亡将二。"吴子执钟吾子，遂灭徐。徐子章禹奔楚。楚城夷，杜《注》：夷，城父也。使处之。吴子问伐楚之策于伍员。伍员曰："楚执政众而乖，莫适任患。若为三师以肄焉，一师至，彼必皆出。彼出则归，彼归则出。亟肄以罢之，多方以误之，既罢而后以三军继之，必大克之。"阖闾从之。楚于是乎始病。九年（前511年），入春秋后二百十二年。吴伐楚，取六与潜。据《吴世家》。十二年（前508年），入春秋后百十五年。楚囊瓦伐吴，师于豫章。见第二节。吴人败之。遂围巢，克之。据《春秋》，《吴世家》误前一年。初，蔡昭侯为两佩与两裘以如楚，献一佩一裘于昭王。昭王服之，以享蔡侯。蔡侯亦服其一。子常欲之，弗与，三年止之。唐成公如楚，有两肃爽马，子常欲之，弗与，亦三年止之。唐人窃马而献之子常，子常归唐侯。蔡人闻之，固请而献佩于子常。蔡侯归，如晋，请伐楚。十四年（前506年），入春秋后二百十七年。晋为之合诸侯于召陵。荀寅求货于蔡侯，弗得，乃辞蔡侯。沈人不会于召陵，晋人使蔡伐之。蔡灭沈。楚人围蔡。蔡侯因伍员、伯嚭请兵于吴。吴悉兴师，与唐、蔡伐楚。舍舟淮汭，自豫章与楚夹汉。左司马戌沈尹戌，沈诸梁之父。谓子常曰："子沿汉而与之上下，我悉方城外以毁其舟，还塞大隧、直辕、冥阨。杜《注》："三者汉东之隘道。"子济汉而伐之，我自后击之，必大克之。"既谋而行。史皇谓子常曰:“楚人恶子而好司马。若司马毁吴舟于淮,塞城口而入,是独克吴也。子必速战,不然,不免。”乃济汉,阵于柏举。《水经注》:“江北岸烽火洲,即举洲也。北对举口。《春秋》定公四年,吴、楚阵于柏举。京相璠曰:汉东地矣。”《元和郡县志》:“龟头山,在黄州麻城县东南八十里,举水所出。《春秋》吴、楚战于柏举,即此地。”案麻城,今为县,属湖北。阖闾之弟夫概王,以其属三千,先击子常之卒。子常之卒奔,楚师乱。吴师大败之,子常奔郑。五战及郢,昭王奔随。吴遂入郢,然不能定楚国。楚使申包胥请救于秦,秦以车五百乘救楚。楚亦收余散兵,与秦击吴。十五年(前505年),入春秋后百十八年。吴王弟夫概见吴王兵伤败,亡归,自立。阖闾闻之,引兵去楚。夫概败,奔楚,楚封之堂溪。楚昭王灭唐,归入郢。十六年(前504年),入春秋后二百十九年。吴王使太子夫差伐楚,取番。楚恐,徙鄀。《左氏》云:“吴太子终累败楚舟师。”杜《注》曰:“夫差兄。”鄀,杜《注》曰:“本在商密,后迁南郡鄀县。”今湖北宜城县。周敬王十年(前510年),入春秋后二百二十三年。吴伐越。《左氏》曰:“始用兵于越也。”十五年(前505年),入春秋后二百十八年。吴兵犹在楚,越入吴。允常卒,子勾践立。二十四年(前496年),入春秋后二百二十七年。吴闻允常死,兴师伐越。越王勾践迎击之于槜李,败之姑苏。《集解》:“杜预曰:吴郡嘉兴县南,有槜李城。”《索隐》:“姑苏,台名,在吴县西三十里。”嘉兴,今为县,属浙江。吴,今为县,属江苏。案《国语·越语》,谓勾践之地,南至于句无,北至于御儿,东至于鄞,西至于姑蔑,广运百里。韦《注》云:“诸暨有句无亭,嘉兴有御儿乡,鄞为鄞县,姑蔑为太湖。”《越绝外传·记地传》云:“语儿乡,故越界,名曰就李,即槜李也。”然《论衡·书虚篇》,以钱唐江为吴、越之界,余暨以南属越,余暨今萧山,则越界不得至嘉兴。《吴越春秋·勾践伐吴外传》:明日,徙军于郊。明日,徙军于境。后三日,徙军于槜李。后三日,旋军于江南。则槜李在江北越境外，度其道里，尚不得至嘉兴也。北至萧山，南至诸暨，东至鄞，略与广运百里相合，惟以姑蔑为太湖，《左氏》哀公十三年杜注，又以为东阳大末县；其地为今浙江之龙游，恐皆失之太远也。阖闾伤指，遂病伤而死。《越世家》："射伤吴王阖闾。"阖闾使立太子夫差，谓曰："尔忘勾践杀汝父乎？"对曰："不敢。"《左氏》："夫差使人立于庭，苟出入，必谓己曰：夫差，而忘越人之杀而父乎？则对曰：唯，不敢忘。三年乃报越。"二十六年（前494年），入春秋后二百二十九年。勾践闻夫差日夜勒兵，且以报越，欲先吴未发往伐之。范蠡谏，不听。吴王闻之，悉精兵以伐越。败之夫椒。杜《注》云："吴郡吴县西南太湖中椒山。"案此释恐亦未确。《越绝书·记地传》云："勾践与吴战于浙江之上，越师溃，栖于会稽之山："其地当滨江，近会稽也。越王以余兵五千人保于会稽，《集解》："贾逵曰：山名。"使大夫种因吴太宰嚭以行成。吴王将许之。伍子胥谏，不听。盟而去。勾践返国，乃苦心焦思，置胆于坐，坐卧即仰胆；饮食亦尝胆也，曰："女忘会稽之耻邪！"身自耕作，夫人自织，食不加肉，衣不重彩。折节下贤人，厚遇宾客，振贫吊死，与百姓同其劳。举国政属大夫种，而使范蠡与大夫柘稽《索隐》："《国语》作诸暨郢。"行成为质于吴。二岁而吴归蠡。

吴败越之岁，楚围蔡，蔡请迁于吴。初，吴之入楚也，使召陈怀公，怀公以疾谢。敬王十八年（前502年），入春秋后二百二十一年。吴复召怀公。怀公恐，如吴。吴怒其前不往，留之，因卒吴。吴立其子越，是为湣公。及夫差克越，乃侵陈，修先君之怨。此事在陈湣公八年（前494年），表不误。《陈杞世家》在六年（前496年），则误在阖闾伤死之岁矣。二十七年（前493年），入春秋后二百三十年。蔡迁于州来。吴复伐陈。楚昭王救之，军于城父。卜战，不吉。卜退，不吉。王曰："然则死也。再败楚师，不如死，弃盟逃仇，亦不如死。死一也，其死仇乎？"命公子申子西。为王，不可。则命公子结，子期。亦不可。则命公子启，子闾。五辞而后许。将战，王有疾。卒于城父。子闾与子西、子期谋，潜师闭涂，逆越女之子章立之，而后还，是为惠王。是时越既败，楚亦未能遽振，吴之兵锋，遂转向北方矣。

自晋霸之衰，齐景公颇有代兴之志。景公名杵臼，为庄公异母弟。庄公弑，崔杼立之。杼为左相，庆封为右相。庆封与崔杼有郤，乘其内乱，尽灭其家，崔杼自杀。庆封益骄。嗜酒好猎，又为田、鲍、栾、高氏所谋，奔鲁。复奔吴。后为楚灵王所杀。自崔、庆之亡，齐国粗定，然终不能有为者，则以景公好治宫室，聚狗马，厚赋重刑也。初，周自襄王后，襄王在位三十三年崩，为入春秋后之百有四年。传顷王、襄王子，名壬臣。在位六年，自入春秋后百有五年至百十年。匡王、顷王子，名班。在位六年，自入春秋后百十一年至百十六年。定王、匡王弟，名瑜。在位二十一年，自入春秋后百十七年至百三十七年。简王、定王子，名夷。在位十四年，自入春秋后百三十八年至百五十一年。灵王简王子，名泄心。在位二十七年，自入春秋后百五十一年至百七十八年。至景王。灵王子，名贵。在位二十五年，自入春秋后百七十九年至二百有三年。景王太子晋早卒，爱子朝，欲立之。及崩，子丐之党与之争立。国人立长子猛，是为悼王。子朝攻杀之。晋人攻子朝而立丐，《左氏》杜《注》云：王子猛母弟。《疏》云："《本纪》不言敬王是猛之母弟，先儒相传说耳。"是为敬王。子朝奔楚。敬王十六年（前504年），入春秋后二百十九年。子朝之徒复作乱。王奔晋。晋定公入之。是乱也，《左氏》谓子朝之徒，实因郑人，而郑伐周之冯、滑、胥靡、负黍、狐人、阙外。周六邑。滑见第三节。杜《注》云："阳城县西南有负黍亭。"今河南登封县境。鲁为晋讨，侵郑，不假道于卫。明年，齐侯、郑伯盟于咸，杜《注》："卫地。"征会于卫。卫侯灵公。欲叛晋，诸大夫不可。乃使北宫结如齐，而私于齐侯曰："执结以侵我。"齐从之，乃盟于沙。

杜《注》："阳平元城县东北有沙亭。"案元城，今为县属河北。又明年，齐伐鲁。晋赵鞅救之，侵郑。遂侵卫，将盟卫侯于郭泽。杜《注》："卫地。"简子鞅。曰："谁敢盟卫君？"涉佗、成何曰："我能盟之。"卫人请执牛耳。成何曰："卫吾温、原也，焉得视诸侯？"将歃，涉佗卫捘侯之手及捥。卫侯怒，遂叛晋，与郑盟于曲濮。杜《注》：卫地。十九年（前501年），入春秋后二百二十二年。与齐伐晋夷仪。二十年（前500年），入春秋后二百二十三年。鲁与齐平。赵鞅围卫。反役，又执涉佗以求成于卫。卫人不许。晋人遂杀涉佗，成何奔燕。二十一年（前499年），入春秋后二百二十四年。鲁及郑平。《左氏》云："始叛晋也。"盖齐、郑久贰于晋，适因王室之乱，以挑起衅端，中原遂至多事也。二十三年（前497年），入春秋后二百二十六年。齐侯、卫侯次于垂葭，《左氏》云："实郥氏。"杜《注》云："高平巨野县西南有郥亭。"巨野，今山东县。以伐晋之河内。时赵猛杀其邯郸大夫午。今河北邯郸县。午，荀寅之甥也。荀寅，范吉射之姻也，而相与睦，于是范、中行氏伐赵氏。赵鞅奔晋阳，晋人围之。而韩简子不信。与中行文子，荀寅。魏襄子曼多。与范昭子范吉射。相恶，知文子荀跞。亦欲以其嬖梁婴父为帅，三家奉公以伐范、中行氏。范、中行氏伐公，不克，入于朝歌以叛。赵鞅顾以韩魏之请见赦。齐合鲁、卫、宋、郑、鲜虞以救范、中行氏。二十七年（前493年），入春秋后二百三十年。卫灵公卒。灵公太子蒯聩与灵公夫人南子有怨，欲杀南子，不克，出奔。卫立蒯聩子辄，是为出公。赵鞅纳蒯聩于戚。今河南濮阳县。二十八年（前492年），入春秋后二百三十一年。荀寅、范吉射奔邯郸。明年，邯郸叛，奔鲜虞。齐会鲜虞，纳诸柏人。今河北唐山县。三十年（前490年），入春秋后二百三十三年。柏人陷。荀寅、范吉射奔齐。是岁，齐景公卒。四十一年（前479年），入战国后二年。此据《左氏》《史记世家》与《表》皆先二年。蒯聩自戚入于卫，是为庄公。出公辄奔鲁。明年，庄公与赵鞅有违言。鞅围卫，齐人救之。鞅还，晋复伐卫。卫人出庄公，与晋平。晋立襄公之孙般师而还。襄公，灵公父。般师，《史记》作班师。庄公入，般师复出。庄公旋为其下所弑，卫人复般师。齐人伐卫，执般师以归，立公子起。起复为其下所逐，出公复归。盖齐、晋之力，皆不足以定北方，而吴、越遂称霸中原矣。

吴、越起东南，中原之国，与之相近者莫如鲁；而与鲁密迩，世相龉龁者莫如齐；故鲁之内忧，及其与齐之争衡，遂为吴、越问鼎中原之先道。鲁君位承袭之法，本一生一及。自庄公以前皆然。见《史记·鲁世家》。庄公有三弟：长曰庆父，次日叔牙，次日季友。庄公娶齐女曰哀姜，无子。其弟叔姜，生子开。庄公筑台临党氏。《集解》："贾逵曰：鲁大夫任姓。"见孟女，《左氏》作孟任。说之，许立为夫人，生子斑。《左氏》作般。庄公病，叔牙欲立庆父，季友使鸩杀叔牙。庄公卒，立子斑为君。庆父使杀之。季友奔陈。立子开，是为闵公。庆父又杀之。季友与闵公弟申如邾，请鲁求纳之。鲁人欲诛庆父。庆父奔莒。季友奉申入立，是为僖公。以赂求庆父于莒。庆父自杀。季友之后为季孙氏。世为鲁正卿，而庆父、叔牙之后，亦并立为孟孙、叔孙氏，是为三桓。僖公卒，子文公兴立。文公卒，襄仲庄公子遂，居东门为东门氏。杀子恶及视，而立宣公倭。鲁由此公室卑，三桓强。宣公欲去三桓，与晋谋伐之。会卒。传成公黑肱、襄公午至昭公稠。敬王三年（前 517 年），入春秋后二百有六年。昭公伐季氏。叔孙氏救之，三家遂共伐公。公奔齐，后又如晋，求入，皆不克。十年（前 510 年），入春秋后二百十三年。昭公卒于乾侯。杜《注》："在魏郡斥丘县，晋境内邑。"案斥丘，今河北成安县。鲁人立其弟宋，是为定公。定公时，孔子秉政，使仲由毁三桓城，收其甲兵。孟氏不肯，伐之，不克。齐人归女乐，季桓子斯。受之，孔子遂行。二十五年（前 495 年），入春秋后二百二十八年。定公卒，子哀公蒋立。三十二年（前 488 年），入春秋后二百三十五年。公会吴于鄫。吴因留，略地于鲁之南。鲁伐邾，入之，俘邾子益。明年，吴伐鲁，盟而还。初，齐景公嫡子死，有宠妾曰芮子，生子荼，欲立之，而年少，其母贱，无行，惮发之。及病，乃命其相国惠子、夏。高昭子张。立荼为太子，逐群公子，迁之莱。景公卒，荼立，是为晏孺子。群公子畏诛，皆出亡。景公他子阳生，与田乞攻杀高昭子。国惠子奔莒。立阳生，是为悼公。敬王三十一年（前489年），入春秋后二百三十四年。悼公之奔鲁，季康子肥。以其妹妻之。即位而逆之，季鲂侯通焉。康子叔父。女言其情，弗敢与也。齐侯怒，使鲍牧伐鲁，且使如吴请师。鲁乃归邾子而及齐平。齐侯使辞师于吴。吴子曰："昔岁寡人闻命，今又革之，不知所从，将进受命于君。"于是吴城邗，沟通江、淮。三十五年（前485年），入春秋后二百三十八年。鲁哀公会吴伐齐。齐人弑悼公，赴于师。徐承帅舟师将自海入齐，齐人败之，吴师乃还。明年，齐国书伐鲁，鲁复会吴伐齐。战于艾陵，杜《注》："齐地。"《史记·孟尝君列传正义》："艾陵，在兖州博县。"博县，今山东泰安县。齐师败绩，获齐国书。三十七年（前483年），入春秋后二百四十年。鲁会吴于橐皋。杜《注》："在淮南浚道县东南。"浚道，今安徽合肥县。吴征会于卫，卫侯会吴于郧。杜《注》：卫地。其来缓，吴人藩其舍。子贡往说，乃舍卫侯。三十八年（前482年），入春秋后二百四十一年。吴、晋会于黄池。杜《注》："陈留封丘县南有黄亭。"封丘，今河南封邱县。勾践发习流二千人，教士四万人，君子六千人，诸御千人以伐吴。战，虏太子友，遂入吴。吴人告败于夫差。夫差恶其闻也，或泄其语，吴王怒，斩七人于幕下。《左氏》曰："王恶其闻也，自刭七人于幕下。"《注》曰："以绝口。"及盟，争长。《左氏》云长晋，《公羊》《国语》云长吴，《史记·晋世家》《赵世家》云长吴，《吴世家》云长晋，疑当以长吴之说为确。晋自弭兵之盟，即已不竞于楚，是时吴方强横，安能与争？且史材传自北方者多，必无饰长晋为长吴者。《左氏》多采晋史，昔人久有定论，其言必不免讳饰也。吴王已盟，与晋别。欲伐宋。大宰嚭曰："可胜而不能居也。"乃引兵归。国亡太子，王居外久，内空，士皆罢敝，乃使厚币以与越平。越亦自度未能灭吴，乃与吴平。四十二年（前478年），入战国第一年。越益强。勾践伐吴，败吴师于笠泽。《左氏》云："夹水而阵。"《国语·吴语》云："吴王军于江北，越王军于江南。"则以为太湖者非。韦昭云："江，松江，去吴五十里。"元王元年（前476年），入战国后六年。十一月，越围吴。四年，入战国后八年。十一月，吴师败。吴王栖于姑苏之山，使公孙雄请成。勾践欲许之，范蠡谏，乃栖吴王于甬东。杜《注》云："会稽句章县东海中洲。"即今浙江定海县。《越绝外传·记吴地传》："秦余杭山者，越王栖吴夫差山也。去县五十里。山有湖水，近太湖。"案《越绝》之说似是。予百家居之。吴王自刭死。《韩诗外传》曰："太伯反吴，吴以为君，二十八世至夫差而灭。"然据《史记》，则太伯至夫差，只二十五世。

《左氏》：哀公二十一年（前474年），夏，五月，越人始来。哀公二十一年，为周元王三年，乃入战国后七年，盖越人至是始通于上国也。然使译甫通，而征伐之端旋起。初，鲁之归邾子益也，邾子又无道，吴子使讨之，囚诸楼台，洊之以棘，使大夫奉太子革以为政。敬王三十五年（前485年），入春秋后二百三十八年。邾隐公奔鲁。齐甥也，故遂奔齐。元王四年（前473年），入战国后八年。自齐奔越。曰："吴为无道，执父立子。"越人归之。太子革奔越。六年（前471年），入战国后十年。邾子又无道。越人执之以归，而立公子何。是岁，鲁哀公如越。得太子适郢，将妻公而多与之地。季孙惧，因太宰嚭而纳赂焉，乃止。《注》："嚭，故吴臣也。"七年（前470年），入战国后十一年。卫侯辄奔宋，使如越请师。鲁叔孙舒会越皋如、后庸、宋乐筏纳卫侯，不克。九年（前468年），入战国后十三年。越子使后庸聘鲁，盟于平阳。杜《注》："西平阳。"《疏》：

“高平南有平阳县。”案在今邹县西南。哀公欲以越伐鲁而去三桓。三桓攻公。公奔卫，去如邹，邾。遂如越，然其后越卒不克纳公。以上皆据《左氏》。《史记·越世家》云：“勾践既灭吴，乃以兵北渡淮，与齐、晋诸侯会于徐州，致贡于周。周元王使人赐勾践胙，命为伯。勾践已去，渡淮南。以淮上地与楚，归吴所侵宋地于宋，与鲁泗东方百里。当是时，越兵横行于江、淮，东诸侯毕贺，号称霸王。”《吴越春秋·勾践伐吴外传》略同。勾践已去渡淮南，作“勾践已受命号，去还江南”。《吴越春秋·勾践灭吴外传》云：“二十五年（前472年），从琅琊起观台，周七里，以望东海。使人如木客山在会稽山阴县，见《水经·渐江水注》。取元常之丧，欲徙葬琅琊。三穿元常之墓，中生熛风，飞沙石射人，人莫能入。勾践曰：吾前君其不徙乎？遂置而去。勾践乃使使号令齐、楚、秦、晋，皆辅周室，血盟而去。秦桓公不如命，勾践乃选吴、越将士西渡河，以攻秦。军士苦之。会秦怖惧，遂自引咎，越乃还军。军人说乐。二十六年（前471年），元王六年，入战国后十年。越王以邾子无道而执以归，立其子何。冬，鲁哀公以三桓之逼来奔。越王欲为伐三桓，以诸侯大夫不用命，故不果耳。二十七年（前470年），元王七年，入战国后十一年。冬，勾践卒。”案越欲伐三桓，诸侯大夫尚不用命，安能选将士西攻秦？又安能令齐、楚、秦、晋？可知号称霸王之语，不免侈大。惟越既徙都琅琊，去山东之国，较吴弥近，其声威一时或更震荡，亦未可知。而既徙都琅琊，则虽干与邹、鲁之事，亦不如吴之劳师于远，此其所以克久存与？

自阖庐伤死以来，吴、越构兵，不复以西侵为事，楚本可乘机自强，然又遭白公之难。初，太子建之在郑也，与晋谋袭郑。郑人杀之，其子胜奔吴。《郑世家》在周景王二十五年（前520年），为入春秋后二百有三年。《表》后一年。周敬王三十三年（前487年），入春秋后二百三十六年。子西召之，以为巢大夫，号曰白公。白公好兵而下士。怨郑，欲伐之。子西许之，而未为发兵。三十九年（前481年），入春秋后二百四十二年。晋伐郑，郑告急楚，子西救郑，受赂而去。白公怒。四十一年（前479年），入战国后二年。与死士石乞等袭杀子西、子期，因劫惠王。叶公沈诸梁。来救。惠王之徒，与共攻白公，杀之。惠王乃得复位。艾陵之役，吴召陈怀公。怀公恐，如吴。楚伐陈。四十二年（前478年），入战国后三年。灭之。贞定王二十二年（前447年），入战国后三十四年。灭蔡。二十四年（前445年），入战国后三十六年。又灭杞。是时越已灭吴，而不能正淮北。楚东侵，广地至泗上，遂为灭越之基。

第八节　战国形势

春秋以后，又二百六十年，而天下始归于统一。周敬王四十年（前480年）至秦始皇帝二十六年（前221年）。当是时也，海内分为战国七。曩所谓二等国者，日益陵夷，不复足为诸大国间之缓冲。诸大国则争战益烈，终至由争霸之局易为并吞之局焉。此盖事势之自然，非人力所能为也。列国形势之变迁，以晋之分，关系为最大。盖齐、秦地皆较偏，力亦较弱，春秋时，持南北分霸之局者，实以晋、楚为较久。晋分而弱，不足御秦，则中原之势，折而入秦，齐、楚皆为之弱，而燕无论矣。晋之分，亦出事势之自然。盖统一必以渐臻，春秋时之大国，地兼数圻，本非开拓之力所及，遂有尾大不掉之势。其分也，非分也，前此本非真合也。分裂以后，各君其国，各子其民，治理既专，开发弥易，则其四竟之内，风同道一，或反有过曩时矣。田氏篡齐，事与三家分晋一律，惟齐之疆域，视晋为狭，故为田氏一家控驭之力所及，而晋则不然耳。燕之强，亦与晋、楚、齐、秦及吴、越之强同道，特为时较迟而已。

晋大夫之渐强，盖自厉公之见弑，说本《史记·赵世家》。至平公以后而益甚。其时韩、赵、魏、范、中行及知氏，并称六卿。范、中行氏先亡，知氏又以过刚而折，而业遂集于三家焉。今略述三家缘起，及其分晋之事如下。

赵之先曰造父，已见第九章第二节。自造父以下六世至奄父，曰公仲，周宣王时伐戎为御。千亩之战，奄父脱宣王。奄父生叔带。叔带时，周幽王无道，去周如晋，事晋文侯，始建赵氏于晋国。自叔带以下，赵宗益兴。五世而生赵夙。晋献公伐霍、魏、耿，赵夙为将。献公赐赵夙耿。夙生共孟。共孟生赵衰，事重耳。重耳奔翟，赵衰从。翟伐廧咎如，得二女，以其少女妻重耳，长女妻赵衰。生盾。初，重耳在晋时，衰妻亦生同、括、婴齐。反国，赵衰为原大夫。晋之妻固要迎翟妻，而以其子盾为嫡嗣。晋襄公之六年，周襄王三十年（前622年），入春秋后百有一年。衰卒，谥为成季。盾任国政。灵公立，益专，灵公欲杀盾，盾亡。未出境，赵穿弑灵公，立成公。盾复反，任国政。景公时，盾卒，谥为宣孟。子朔嗣。朔娶晋成公姊为夫人。晋景公三年，周定王十年（前597年），入春秋后百二十六年。大夫屠岸贾者始有宠于灵公，至景公为司寇，乃治灵公之贼。与诸将攻赵氏，杀朔、同、括、婴齐，皆灭其族。朔妻有遗腹，走公宫匿，生男。屠岸贾闻之，索于宫中。朔客公孙杵臼及程婴谋，取他人婴儿负之，衣以文葆，匿山中。程婴出缪谓诸将军曰："婴不肖，不能立赵孤，谁能与我千金，吾告赵氏孤处。"诸将军皆喜，许之。发师随婴攻杵臼，遂杀杵臼与孤儿。然赵氏真孤乃反在。居十五年，晋景公十七年，周简王三年（前583年），入春秋后百四十年。晋景公疾，卜之：大业之后不遂者为祟。景公问韩厥，厥知赵孤在，乃曰："大业之后，在晋绝祀者，其赵氏乎？"于是景公因韩厥之众，以胁诸将而见赵孤。赵孤名曰武，遂反与程婴、赵武攻屠岸贾，灭其族，复与赵武田邑如故。以上据《史记》。《左氏》：赵婴通于赵朔妻庄姬，同、括放之。庄姬谮同、括曰：将为乱。晋杀同、括。武从庄姬育于公宫，以韩厥言复立。无屠岸贾事。婴亦前死，非与同、括同谋。见成公五年、八年。婴，盾弟。庄姬，杜预以为成公女，贾、服同，见《疏》。武续赵宗二十七年，晋平公立。周灵王十五年（前555年），入春秋后百六十六年。平公十二年，周灵王二十六年（前546年），入春秋后百七十七年。武死，谥为文子。文子生景叔。《索隐》："《系本》云：名成。"景叔生鞅，是为简子。

魏之先，毕公高之后也。毕公高与周同姓。《索隐》："《左传》富辰说文王之子十六国，有毕、原、丰、郇，言毕公是文王之子。此云与周同姓，似不用《左氏》之说。"武王之伐纣，而高封于毕，于是为毕姓。其后绝封，为庶人。或在中国，或在夷狄。其苗裔曰毕万，事晋献公。献公之十六年，周惠王十六年（前661年），入春秋后六十二年。以魏封毕万为大夫。生武子。以魏诸子事晋公子重耳。重耳立为晋文公，而令魏武子袭魏氏之后，列为大夫，治于魏。生悼子。徙治霍。生魏绛，事晋悼公。徙治安邑。今山西夏县。谥为昭子。生魏嬴。嬴生魏献子。献子事晋昭公。生侈。《索隐》："《系本》：献子生简子取，取生襄子侈，而《左传》云魏曼多是也，则侈是襄子，中间少简子一代。"魏侈之孙曰魏桓子。《索隐》："《系本》云：襄子生桓子驹。"

韩之先，与周同姓，姓姬氏，其后苗裔事晋，得封于韩原，曰韩武子。《索隐》："按《左氏传》云：邘、晋、应、韩，武之穆，则韩是武王之子。然《诗》称韩侯出祖，则是有韩而先灭。今据此文云其后裔事晋，封于原，曰韩武子，则武子本是韩侯之后，晋又封之于韩原。然按《系本》及《左传》旧说，皆谓韩万是曲沃桓叔之子，即是晋之支庶。又《国语》：叔向谓韩宣子能修武子之德，起再拜谢曰：自桓叔以下，嘉吾子之赐。亦言桓叔是韩之祖也。今以韩侯之后，别有桓叔，非关曲沃之桓叔，如此，则与太史公意，亦有违耳。"武子后三世有韩厥。

《索隐》:"《系本》云:万生赇伯,赇伯生定伯简,简生舆,舆生献子厥。"《左氏》宣公十二年《正义》云:"《韩世家》云:韩之先事晋,得封韩原,曰韩武子。后三世有韩厥。《世本》云:桓叔生子万。万生求伯,求伯生子舆,子舆生献子厥。《史记》所云武子,盖韩万也。如彼二文,厥是万之曾孙,而服虔、杜预,皆言厥韩万玄孙,不知何所据也。"案如《索隐》所引,厥实为万之玄孙,不知《义疏》引《世本》何以少一代。晋作六卿,韩厥在一卿之位,号为献子。卒,子宣子代。宣子徙居州。《索隐》:"宣子名起。州今在河内是也。"《正义》:"《括地志》云:怀州武德县,本周司寇苏忿生之州邑也。"周武德,今河南沁阳县。卒,子贞子代。贞子徙居平阳。《索隐》:"《系本》作平子,名顷,宣子子也,又云:景子居平阳。"卒,子简子代。卒,子庄子代。《集解》:"徐广曰:《史记》多无简子、庄子,而云贞子生康子。班氏亦同。"《索隐》:"按《系本》有简子,名不信,庄子名庚,《赵系家》亦有简子,名不佞也。"卒,子康子代。《索隐》:"康子名虎。"

晋平公以周景王十三年(前532年)卒。入春秋后百九十一年。子昭公夷立。十九年(前526年),入春秋后百九十七年。卒,子顷公去疾立。敬王六年(前514年),入春秋后二百有九年。晋之宗室祁氏、羊舌氏相恶。六卿诛之,尽取其邑为十县,六卿各令其子弟为之大夫。八年(前512年),入春秋后二百十一年。顷公卒,子定公午立。二十三年(前497年),入春秋后二百二十六年。赵氏与范、中行氏相攻,至三十年(前490年),入春秋后二百三十三年。而范、中行氏败奔齐,已见前。元王二年(前477年),入战国后六年。定公卒,子出公凿立。《表》作错。《索隐》:"《系本》作凿。"贞定王五年(前464年),入战国后十七年。知伯伐郑。赵简子疾,使太子毋恤将而围郑。知伯醉,以酒灌击毋恤,毋恤愠知伯。知伯归,因谓简子,使废毋恤。简子不听,毋恤由此怨知伯。十一年(前458年),入战国后二十三年。知伯与赵、韩、魏共分范、中行地以为邑。出公怒，告齐、鲁，欲以伐四卿。四卿恐，遂反，攻出公。出公奔齐，道死。知伯立昭公曾孙骄，是为哀公。《索隐》："按《赵系家》云：骄是为懿公。又《年表》云：出公十八年。次哀公忌，二年；次懿公骄，十七年。"《集解》："徐广曰：《年表》云：出公立十八年。或云二十年。"哀公大父雍，晋昭公少子也，号为戴子。《集解》："徐广曰：《世奉》作相子雍。《注》云：戴子。"戴子生忌。忌善知伯，蚤死，故知伯欲尽并晋，未敢，乃立忌子骄为君。《索隐》："《系本》：昭公生桓子雍，雍生忌，忌生懿公骄。"当是时，晋国政皆决知伯，晋哀公不得有所制。知伯遂有范、中行地，最强。知伯请地韩、魏，韩、魏与之。请地赵，赵不与。知伯怒，遂率韩、魏攻赵。赵襄子奔保晋阳。三国攻晋阳，岁余，引汾水灌其城，城不没者三版。襄子惧，乃夜使相张孟同同，《战国策》作谈。私于韩、魏，韩、魏与合谋。三国反灭知氏，分其地。时周贞定王十六年（前 453 年），入战国后二十八年也。考王二年（前 439 年），入战国后四十二年。哀公卒，子幽公柳立。幽公之时，晋畏，反朝韩、赵、魏之君。独有绛、曲沃，余皆入三晋。威烈王五年（前 421 年），入战国后六十年。幽公淫妇人，夜窃出邑中，盗杀幽公。魏文侯以兵诛晋乱，立幽公子止，是为烈公。《索隐》："《系本》云：幽公生烈公止。又《年表》云：魏诛幽公而立其弟止。"二十三年（前 403 年），入战国后七十八年。周威烈王赐赵、韩、魏皆命为诸侯。三晋之侯。《史记·六国表》在是年。《周本纪》《魏》《赵》《韩》《燕世家》同。惟《楚世家》在简王八年，为周烈王二年（前 424 年）。安王七年（前 395 年），入战国后八十六年。烈公卒，子孝公颀立。《索隐》："《系本》云：孝公倾"二十四年（前 378 年），入战国后百有三年。孝公卒，子静公俱酒立。《索隐》："《系本》云静公俱。"二十六年（前 376 年），入战国后百有五年。魏武侯、韩哀侯、赵敬侯灭晋后，而三分其地。静公迁为家人，晋绝不祀。《索隐》："《赵系家》：烈侯十六年，与韩、魏分晋，封晋君以端氏。肃侯元年，夺晋君端氏，徙处屯留。”案烈侯十六年，为周显王十年（前359年），入战国后百二十二年。肃侯元年，为显王二十年（前349年），入战国后百三十二年也。端氏，今山西沁水县。屯留，今山西屯留县。

陈完者，陈厉公佗之子也。厉公，文公少子，其母蔡女。文公卒，厉公兄鲍立，是为桓公。桓公与佗异母。桓公病，蔡人杀桓公及太子免而立佗，是为厉公。《左氏》：“佗立未逾年，无谥。”厉公既立，取蔡女。蔡女淫于蔡人，数归。厉公亦数如蔡。桓公少子林，怨厉公杀其父与兄，令蔡人诱厉公杀之。自立，是为庄公。以上据《田敬仲完世家》。《陈杞世家》云：桓公太子免三弟：长曰跃，中曰林，少曰杵臼。共令蔡人诱厉公以好女，与蔡人共杀厉公而立跃，是为利公。五月卒，立中弟林，是为庄公。《左氏》厉公名跃。庄公卒，立少弟杵臼，是为宣公。宣公十一年，周惠王五年（前677年），入春秋后五十一年也，宣公杀其太子御寇。御寇素与完相爱，完恐祸及己，奔齐，桓公使为工正。完卒，谥为敬仲。仲生稚孟夷。《索隐》：“《系本》作夷孟思。盖稚是名，孟夷字也。”敬仲之如齐，以陈氏为田氏。《集解》：“徐广曰：应劭云：始食采地，由是改姓田氏。”《索隐》：“据史此文，敬仲奔齐，以陈、田二字声相近，遂为田氏。”《正义》：“按敬仲既奔齐，不欲称本故国号，故改陈字为田氏。”案古陈、田一字。田稚孟夷生湣孟庄。《集解》：“徐广曰：一作芷。”《索隐》：“《系本》作闵孟克。”田湣孟庄生文子须无。文子生桓子无宇。有力，事齐庄公，甚有宠。生武子开及釐子乞。乞事齐景公为大夫。其收赋税以小斗，其粟与民以大斗，行阴德于民，而景公弗禁。由此田氏得齐众心，宗族益强。周景王十三年（前532年），入春秋后百九十一年。陈、鲍氏伐栾、高氏，齐同姓。分其室。穆姬景公母。为之请高唐，今山东禹城县。陈氏始大。景公卒，田乞、鲍牧与大夫攻高国，立悼公，已见前。悼公立，乞为相，专国政，卒。子常代立，是为田成子。鲍牧杀悼公。齐人立其子壬，是为简公。初，简公与父俱在鲁，监止有宠焉。《左氏》作阚止。《集解》:“贾逵曰:阚止,子我也。”《仲尼弟子列传》:“宰予,字子我,宰我为临菑大夫,与田常作乱,以夷其族。孔子耻之。”案宰我盖欲为齐强公室,诛权臣,无所谓与田常作乱也。《列传》之文,盖传言之误。及即位,使为政。此据《齐世家》。《田敬仲世家》云:成子与监止为左右相。田常复修釐子之政,以大斗出贷,小斗收。田常杀监止,简公出奔。田氏之徒追执之徐州。遂弑之,而立简公弟骜,是为平公。时周敬王三十九年(前481年),获麟之岁也。平公即位,田常为相,专齐政。惧诸侯共诛己,乃尽归鲁、卫侵地,西约晋、韩、魏、赵氏,南通吴、越之使;修功行赏,亲于百姓;以故齐复定。田常于是尽诛鲍、晏、监止及公族之强者,而割齐自安平今河北安平县。以东至琅邪,自为封邑,封邑大于平公之所有。田常卒,子襄子盘代立。《集解》:“徐广曰:盘一作塈。”《索隐》:“《系本》作班。”使兄弟宗人,尽为齐都邑大夫。与三晋通使。卒,子庄子白立。《索隐》:“《系本》名伯。”庄子卒,子太公和立。齐平公卒于周贞定王十三年(前456年),入战国后二十五年。子宣公积立。威烈王二十一年(前405年),卒,入战国后七十六年。子康公贷立,淫于酒、妇人,不听政。安王十年(前392年),入战国后八十九年。太公迁康公于海上,食一城,以奉其先祀。十三年(前389年),入战国后九十二年。太公与魏文侯会浊泽,见第九节。求为诸侯。魏文侯乃使使言周天子及诸侯。周天子许之。十六年(前386年),入战国后九十五年。田和立为齐侯,迁康公海滨。二十三年(前379年),入战国后百有二年。康公卒,吕氏遂绝不祀。

《燕召公世家》曰:“召公奭,与周同姓,姓姬氏。”《诗·甘棠笺》云:“召伯姬姓。”《释文》云:“《燕世家》云:与周同姓。孔安国及郑皆云尔。皇甫谧云:文王之庶子。案《左传》富辰言文之昭十六国,无燕也。”案《论衡·气寿篇》云“周公兄”,说与谧合。《谷梁》庄公三十二年,“燕,周之分子也”。周武王之灭纣,封召公于北燕。其在成王时，召公为三公。自陕以西，召公主之。自陕以东，周公主之。陕，今河南陕县。案北燕封地，与《周本纪》帝尧之后封地同，已见第八章第七节。《史记》于燕事甚略。自召公九世至惠侯，世次不具。惠侯以下，亦仅具世次而已。第十六世桓侯，《集解》引《世本》云："桓侯徙临易。"宋忠曰："今河间易县是也。"今河北雄县。子庄公，与宋、卫共伐周惠王。郑执燕仲父，而纳惠王于周。山戎来侵，齐桓公救燕，遂北伐山戎而还。《集解》引谯周曰："按《春秋传》，与子颓逐周惠王者，乃南燕姞姓也。《世家》以为北燕，失之。"《索隐》驳之，以为伐周与为山戎所侵者，是北燕不疑，訾杜预以仲父是南燕伯为妄说。然北燕与宋、卫，势不相及。故《左氏》隐公五年，"卫人以燕师伐郑"，杜《注》亦说为南燕。衡以事势，说自不误。侵燕而齐桓伐之者，亦不得在蓟、易。窃疑二燕初本相去不远，北燕后乃逐渐北徙，至易、至蓟也。二十五世惠公，多宠姬。欲去诸大夫，而立宠姬宋。大夫共诛姬宋。《索隐》："宋其名也，或作宗。刘氏云：其父兄为执政，故诸大夫共灭之。"惠公惧，奔齐，齐高偃如晋，请共伐燕，入其君。晋平公许之。与齐伐燕，入惠公。惠公至燕而死。周景王十八年（前564年），入春秋后百八十八年。三十世献公。献公十二年（前481年），为鲁西狩获麟之岁，出春秋。三十六世文公，始与六国合从摈秦，见后。

春秋时，楚本独雄南服。及其末叶，吴、越相继起，而楚始衰。然吴之亡既忽焉，越称霸未几，亦稍即陵夷，而楚仍独雄南服，则吴、越演进皆浅，其根柢不如楚之深厚也。考王九年（前432年），入战国后四十九年。楚惠王卒，子简王中立。明年，灭莒。威烈王十八年（前408年），入战国后七十三年。简王卒，子声王当立。二十四年（前402年），入战国后七十九年。盗杀声王，子悼王熊疑立。安王二十一年（前381年），卒，入战国后百年。子肃王臧立。六年（前375年）卒，入战国后百十一年。无子，立其弟熊良夫，是为宣王。显王二十九年（前340年），入战国后百四十一年。卒，子威王熊商立。威王七年（前333年），齐孟尝君父田婴欺楚。楚威王伐齐，败之徐州。《表》亦云围齐于徐州。《集解》云："徐广曰：时已灭越而伐齐也。齐说越令攻楚，故云齐欺楚。"案楚威王七年，为周显王三十六年（前333年）。入战国后百四十八年。《越世家》云："勾践卒，子王鼫与立。王鼫与卒，子王不寿立。王不寿卒，子王翁立。王翁卒，子王翳立。王翳卒，子王之侯立。王之侯卒，子王无强立。王无强时，越兴师北伐齐，西伐楚，与中国争强。当楚威王之时，越北伐齐，齐威王使人说越王，越遂释齐而伐楚。楚威王兴兵而伐之。大破越，杀王无强，尽取吴故地，至浙江。北破齐于徐州。而越以此散。诸族子争立，或为王，或为君，滨于江南海上，服朝于楚。"《集解》引徐广，又谓其事在周显王四十六年（前323年）。入战国后百五十八年。周显王四十六年（前323年），为楚怀王槐六年，威王以显王四十年（前329年）卒，入战国后百五十二年。魏闻楚丧以伐楚，取陉山。《正义》："《括地志》云：陉山，在郑州新郑县西南三十里。"唐新郑，今河南新郑县。是年，楚使柱国昭阳攻破之于襄陵，今山西襄陵县。得八邑。又移兵攻齐，以陈轸说引兵去。《表》亦记是年败魏襄陵，而不云攻齐，则伐齐之役盖未果。《越世家集解》所引徐广说，四十六疑三十六之误也。《吴越春秋·勾践伐吴外传》："勾践二十七年卒，太子兴夷即位。一年卒，子翁。翁卒，子不扬。不扬卒，子无强。无强卒，子玉。玉卒，子尊。尊卒，子亲。自勾践至于亲，其立八主，皆称霸，积年二百二十四年。亲众皆失，而去琅邪，徙于吴矣。"《越绝书外传·记地传》曰："越王夫镡以上至夫余，世久远，不可纪也。夫镡子允常。允常子勾践，大霸，称王，徙琅邪。勾践子与夷时霸。与夷子子翁时霸。子翁子不扬时霸。不扬子无强时霸。伐楚。威王灭无强。无强子之侯窃自立为君长。之侯子尊时君长。尊子亲失众，楚伐之，走南山。亲以上至勾践，凡八君，都琅邪，二百二十四岁。无强以上霸，称王。之侯以下微弱，称君长。”与《史记》互有异同。要之自勾践殁后，越与大局，已无甚关系矣。

第九节　楚悼、魏惠、齐威宣、秦献孝之强

论战国事，自当以秦为主。然秦自献、孝以后，乃“稍以蚕食六国”。《史记·六国表》语。献公元年，为周元王十八年（前384年），入战国已九十七年；孝公元年，为周显王九年（前360年），则入战国百二十年矣。自此以前，秦固为西方僻陋之国。自此以后，魏惠王、齐威、宣、湣王，称霸东方者，尚垂百年，秦亦未能独雄也。秦之变蚕食为鲸吞，实在战国末数十年中，此乃事势际会使然，谓一入战国，而秦即举足为大局重轻，则误矣。

入战国后，首起称霸者为楚悼王。悼王之立，在周威烈王二十四年（前402年），入战国后七十九年也。安王二年（前400年），入战国后八十一年。三晋来伐，至乘丘。今山东滋阳县。四年（前398年），入战国后八十三年。楚伐周，败郑师，围郑。九年（前393年），入战国后八十八年。伐韩，取负黍。今河南登封县西南。十一年（前391年），入战国后九十年。三晋伐楚，败楚大梁、今河南开封县。榆关。《索隐》：“此榆关当在大梁之西。”楚厚赂秦，与之平。案《史记·吴起列传》，言起见疑于魏而奔楚，“楚悼王素闻其贤，至则以为相。起乃明法审令，捐不急之官，废公族疏远者，以抚养战士，要在强兵破驰说之言纵横者。于是南平百越，北并陈、蔡，却三晋，西伐秦。诸侯皆患楚之强”。观其侵韩，围郑，可见其兵锋所至甚远。虽大梁、榆关，一见挫折，固犹远在敌境也。然楚贵戚尽欲害起。二十年（前382年），入战国后百年。悼王卒，宗室

大臣作乱，攻起杀之。于是楚势衰，而魏继起矣。

三晋形势，本以赵为最强。《史记·赵世家》，襄子“北有代，南并知氏，强于韩、魏”。案襄子灭代，在周贞定王十二年（前457年），入战国后二十四年也。然敬侯颇荒淫；见《韩非子·说疑》。而当继嗣之间，又屡有争乱；襄子兄伯鲁不立。襄子欲传位于伯鲁子代成君周，而代成君先死：乃立代成君子浣为太子。威烈王元年（前425年），入战国后五十六年也，襄子卒，浣立，是为献侯。献侯少即位，治中牟。襄子弟桓子逐献侯，自立于代。明年，卒，国人曰：桓子立，非襄子意。乃共杀其子，复迎立献侯。十七年（前409年），入战国后七十二年，卒，子烈侯籍立；安王二年（前400年），入战国后八十一年，卒，弟武公立。十五年（前387年），入战国后九十四年，卒，赵复立烈侯太子章，是为敬侯。明年，赵始都邯郸。公子朔为乱，不胜，奔魏。与魏袭邯郸，败而去。烈王元年（前375年），入战国后百有六年，卒，子成侯种立。显王十九年（前350年），入战国后百三十一年，卒，公子缧与太子肃侯争立。缧败，奔韩。案桓子，《索隐》云：“《系本》云：襄子子。”武公之立，《索隐》云：“谯周云：《系本》及说《赵语》者，并无其事，盖别有所据。”肃侯，《索隐》云：“名语。”中牟，《集解》云：“《地理志》云：河南中牟县，赵献侯自耿徙此。瓒曰：中牟在春秋时，是郑之疆内，及三卿分晋，则在魏邦。赵界自漳水以北，不及此。《春秋传》曰：卫侯如晋，过中牟。中牟非卫适晋之次也。”《正义》云：“相州汤阴县西五十八里有牟山，盖中牟邑在此山南。”中牟、汤阴，今皆为县，属河南。所引《春秋传》，见《左氏》定公九年。故入战国后百年，势颇弱。韩世与郑争，至周烈王元年（前375年），入战国后百有六年。灭之。盖乘楚之衰，然亦仅足自守而已。韩康子卒，子武子立。其元年，魏文侯元年（前424年）也。伐郑，杀其君幽公。威烈王十七年（前409年），入战国后七十二年，卒，子景侯立。《索隐》云：“《世本》作景子，名虔。”十八年（前408年），入战国后七十三年，伐郑，取雍丘。明年，郑败我负黍。安王二年（前400年），入战国后八十一年，郑围我阳翟。是岁，景侯卒，子列侯取立。《索隐》云："《世本》作武侯。"十五年（前387年），入战国后九十四年，卒，子文侯立。十七年（前385年），入战国后九十六年，卒，子哀侯立。灭郑，因徙都郑。雍丘，今河南杞县。阳翟，今河南禹县。惟魏文侯、武侯两世皆贤君，魏文侯：《史记》云：名都，桓子孙。《集解》引："徐广曰：《世本》名斯。"《索隐》曰："《世表》桓子生文侯斯。其《传》云：孺子瘼，是魏驹之子。"立于威烈王二年（前424年），即入战国后五十七年。至安王十五年（前400年），即入战国后九十五年，乃卒。子武侯击立。烈王五年（前371年），即入战国后百十年卒。子罃立，是为惠王。席履颇厚，故魏惠王继楚悼王之后，而欲图霸焉。按《孟子书》称梁惠王曰："晋国天下莫强焉。"《梁惠王上》。而《史记》等书，亦屡称魏为晋，盖魏都安邑，与绛密迩，实袭晋之旧业。惟然，故秦与魏最相逼近，武侯用吴起守西河，侵秦颇亟。吴起去，秦献公起，魏已颇受挫折，而惠王仍务于东而忽于西，遂使秦如虎兕之出柙，此实战国事势之一转捩，而秦雄张之始也。初，秦哀公以周敬王十九年（前501年）卒，入春秋后二百二十二年。太子夷公早死，立其子，是为惠公。二十九年（前491年）卒。入春秋后二百三十二年。子悼公立，四十三年（前477年）卒。入战国后四年。在位十四年，《秦始皇本纪》云十五年。子厉共公立，《秦始皇本纪》作剌龚公。《正义》云："剌一作利。"二十六年（前443年）卒。入战国后三十八年。子躁公立。考王十二年（前428年）卒。入战国后五十二年。立其弟怀公。威烈王元年（前425年），入战国后五十六年。庶长鼌与大臣围怀公。怀公自杀。怀公太子曰昭子，早死，大臣立昭子之子，是为灵公。《秦始皇本纪》作肃灵公。《索隐》云：《系本》无肃字。七年（前419年），入战国后六十二年。魏城少梁，今陕西韩城县。秦击之。此据《秦本纪》。《表》与魏战少梁在明年。十一年（前415年），入战国后六十六年。补庞，城籍姑。此从表。《本纪》城籍姑在十四年（前412年），不云补庞。《索隐》云："庞及籍姑，皆城邑之名。补者，修也。谓修庞而城籍姑也。"《正义》云："《括地志》云：籍姑故城，在韩城县北三十五里。"是岁，灵公卒。在位十一年。此从《表》。《秦始皇本纪》同。《秦本纪》在位十三年。子献公不得立。立灵公季父悼子，《表》同。是为简公。简公，昭子之弟，而怀公子也。《始皇本纪》云："灵公生简公。"十三年（前413年），入战国后六十八年。与晋战，败郑下。今陕西华县。十四年（前412年），入战国后六十九年。魏文侯使子击围繁、庞，出其民。十七年（前409年），入战国后七十二年。魏伐秦，筑临晋、今陕西大荔县。元里。今陕西澄城县。秦堑洛，城重泉。今陕西蒲城县。十八年（前408年），入战国后七十三年。魏伐秦，至郑，筑雒阴、在大荔县西。合阳。今陕西合阳县。安王元年（前401年），入战国后八十年。秦伐魏，至阳狐。二年（前400年），入战国后八十一年。卒，从《表》。《秦始皇本纪》同。《秦本纪》多一年。子惠公立。十一年（前391年），入战国后九十年。伐韩宜阳，今河南宜阳县。取六邑。十二年（前390年），入战国后九十一年。与晋战武城。今陕西华县。县陕。今河南陕县。十三年（前389年），入战国后九十二年。侵魏阴晋。今陕西华阴县。十五年（前387年），入战国后九十四年。魏伐秦，败于武下。是岁，秦惠公卒，子出子立。十七年（前385年），入战国后九十六年。庶长改迎献公于河西而立之。《索隐》："名师隰。《世本》作元献公。"杀出子及其母，沉之渊旁。《史记》云："秦以往者数易君，君臣乖乱，故晋复强，夺秦河西地。"案孝公令言河西见夺，由于厉、躁、简公、出子之不宁。自厉共公至此几百年，则秦为晋弱旧矣。献公立，秦事始有转机。十八年（前384年），入战国后九十八年。城栎阳。《集解》："徐广曰：徙都之。今万年县也。"案万年，今陕西长安县。徙都系据孝公令为说，然未必在是年也。烈王二年（前374年），入战国后百有七年。县之。显王三年（前366年），入战国后百十五年。败韩、魏雒阴。五年（前371年），入战国后百十七年。与晋战于石门。今陕西泾阳县。斩首六万。天子贺以黼黻。七年（前369年），入战国后百十九年。与魏战少梁，此依《表》，《本纪》作魏晋。盖本作晋，后人侧注魏字，混入本字也。虏其将公孙痤。明年，卒。依《表》，在位二十四年。《秦本纪》《秦始皇本纪》皆二十三年。《索隐》云：《系本》二十二年。子孝公立。孝公元年（前361年），河山以东强国六，淮、泗之间小国十余。楚、魏与秦接界。魏筑长城，自郑滨洛以北，有上郡。秦上郡，治今陕西绥德县。楚自汉中秦汉中郡，治今陕西南郑县。南有巴、秦巴郡，治今四川江北县。黔中。秦黔中郡，治今湖南沅陵县。秦僻在雍州，不与中国诸侯之会盟，夷翟遇之。孝公于是布惠，振孤寡，招战士，明功赏。下令国中曰："昔我缪公，自岐、雍之间，修德行武。东平晋乱，以河为界。西霸戎翟，广地千里。天子致伯，诸侯毕贺。为后世开业甚光美。会往者厉、躁、简公、出子之不宁，国家内忧，未遑外事，三晋攻夺我先君河西地。诸侯卑秦，丑莫大焉。献公即位，镇抚边竟，徙治栎阳。且欲东伐，复缪公之故地，修缪公之政令。寡人思念先君之意，常痛于心。宾客群臣，有能出奇计强秦者，吾且尊官，与之分土。"卫鞅闻是令下，西入秦。十年（前352年），入战国后百二十二年。卫鞅说孝公变法修刑，内务耕稼，外劝战死之赏罚。孝公善之。甘龙、杜挚等弗然，相与争之。卒用鞅法。秦势益张，只在待时而动矣。而魏又授之以隙。

魏武侯之卒，惠王与公中缓争立。韩懿侯与赵成侯伐之，战于浊泽，此据《魏世家》。《赵世家》《六国表》皆作涿泽。《集解》："徐广曰：长社有浊泽。"案长社，今河南长葛县。魏氏大败，魏君围。赵谓韩曰："除魏君，立公中缓，割地而退。"韩曰："不如两分之。魏分为两，不强于宋、卫，则我终无魏患矣。"赵不听。韩不说，以其少卒夜去。惠王乃得身不死，国不分。然魏是时本富强，惠王盖亦有为之主，故无几即复振。显王十三年（前359年），入战国后百二十五年。鲁、卫、宋、郑之君，皆朝于魏。可见魏在东方形势甚张。十五年（前354年），入战国后百二十七年。魏遂举兵以围邯郸。明年，拔之。邯郸之围也，赵求救于齐。齐威王太公田和，以周安王十八年（前384年），即入战国后九十七年卒。子桓公午立。二十三年（前379年），即入战国后百有二年，卒，子威王因齐立。用段干朋策，使田忌南攻襄陵。今河南睢县。邯郸拔，齐因起兵击魏，大败之桂陵。今山东菏泽县。魏围邯郸之岁，秦与魏战元里，斩首七千，取少梁。十七年（前352年），入战国后百二十九年。卫鞅围魏安邑，降之。诸侯亦围魏襄陵。十八年（前351年），入战国后百三十年。魏乃归赵邯郸，与盟漳水上。十九年（前350年），入战国后百三十一年。秦作咸阳，今陕西长安县东。筑冀阙，徙都之。并诸小乡聚集为大县，县一令。四十一县。此从《本纪》。《表》及《商君列传》皆作三十一。为田开阡陌。东地渡洛。二十一年（前348年），入战国后百三十三年。初为赋。二十六年（前343年），入战国后百三十八年。天子致霸。是岁，齐威王卒，子宣王辟强立。明年，秦使公子少官率师会诸侯于逢泽，《集解》："徐广曰：开封东北有逢泽。"《正义》："《括地志》云：在汴州浚仪县东南四十里。"唐浚仪，在今河南开封县西北。朝天子。案《战国·秦策》言魏伐邯郸，退为逢泽之遇，乘夏车，称夏王，朝天子，天下皆从；《齐策》言魏拔邯郸，又从十二诸侯朝天子；则逢泽之会，犹是魏为主而秦从之。然秦在是时，已非摈不得与于中国会盟者矣。二十八年（前341年），入战国后百四十年。魏复伐赵。赵与韩亲，共击魏，不利。韩请救于齐。齐宣王用孙膑计，阴告韩使者而遣之。韩因恃齐，五战不胜，而东委国于齐。齐起兵救韩、赵。魏遂大兴师，使庞涓将，太子申为大将军。盖倾国以求一决。然大败于马陵，《集解》引徐广云："在元城。"《正义》引虞喜《志林》云："在鄄城。"案元城，今河北大名县。鄄城，今山东濮县。庞涓死，太子申虏。明年，秦、赵、齐共伐魏。卫鞅虏魏公子卬，东地至河。齐、赵亦数破梁。梁以安邑去秦近，徙都大梁。此文据《魏世家》。若据《秦本纪》，则卫鞅先已降魏安邑，惠王不得至是始徙都。然《秦本纪》昭襄王二十一年（前286年），又云“魏献安邑”。《六国表》同。昭襄王二十一年，为周赧王二十九年（前286年），入战国已百九十五年矣。疆场之役；一彼一此，史亦不能尽纪也。三十一年（前338年），入战国后百四十三年。秦破魏雁门，《索隐》：“《纪年》云：与魏战岸门。此云雁门，恐声误也。下云败韩岸门，盖一地也。寻秦与韩、魏战，不当远至雁门也。”《正义》：“《括地志》云：岸门，在许州长社县西北二十八里。”案长社为今河南许昌县地。当时秦、魏之战，似亦未必在此也。虏其将魏错。魏遂不能复振。三十三年（前336年），入战国后百四十五年。与齐会平阿南。今安徽怀远县。明年，复会于甄。今山东濮县。是岁惠王卒，子襄王立。明年，齐、魏会于徐州。《秦策》言魏为逢泽之遇，齐太公闻之，举兵伐魏。梁王身抱质执璧，请为陈侯臣。《史记·孟尝君列传》言：田婴使于韩、魏，韩、魏服于齐，乃有东阿之盟。盖自马陵之战以来，齐已执东方牛耳矣。徐州之会，《世家》及《表》皆云相王。《魏世家》又云：追尊父惠王为王。而《田敬仲世家》，于桂陵战后，又云：“于是齐最强于诸侯，自称为王，以令天下。”则虽交有称王之名，梁实非齐敌也。三十七年（前332年），入战国后百四十九年。齐与魏伐赵，赵决河水灌齐、魏兵，兵乃罢。盖是时赵反不服齐，然亦未足为齐之劲敌也。

第十节 齐湣王之强

魏惠王图霸之时，兵锋专向于赵，遂至力尽而俱敝。时韩昭侯在位，用申不害为相。史称其“修术行道，国内以治，诸侯不来侵伐。”韩哀侯以周烈王五年（前371年），即入战国后百十年，为其下所弑。子懿侯立。《表》作庄侯。显王十二年（前357年），即入战国后百二十四年，卒。子昭侯立。十八年（前351年），即入战国后百三十年，以申不害为相。申不害至显王三十二年（前336年），即入战国后百四十四年，乃卒，见《六国表》。然亦仅足自保而已。东方之地，乃成为齐、楚争霸之局。齐、魏会于徐州之岁，楚威王伐齐，已见第八节。是役也，《楚世家》云由田婴欺楚。徐广云：齐说越攻楚，故云欺楚。然《孟尝君传》谓楚闻徐州之会而怒，则实非由越起也。周显王四十年（前329年），入战国后百五十二年。楚威王卒，子怀王槐立。四十五年（前324年），入战国后百五十七年。齐宣王卒，子湣王地立。《索隐》云：“《系本》名遂。”明年，楚破魏襄陵。欲移兵攻齐，以陈轸说而止。亦见第八节。然怀王之为人，似无能为，遂为齐、秦所挫折。

秦孝公以周显王三十一年（前337年）卒，入战国后百四十三年。子惠文君立，诛商鞅。然秦富强之基已立，故国势初不因是而损。三十五年（前334年），入战国后百四十七年。苏秦始说六国合从以摈秦。案秦之说始于燕，而其后身归于赵。盖是时，与秦逼近者莫若三晋，而赵、魏皆当累战之余，国尤疲敝。秦之策，盖欲合三晋以自完，云合六国者，侈辞也。《秦传》云：“秦既约六国从亲，归赵，赵肃侯封为武安君。乃投从约书于秦。秦兵不敢窥函谷关者十五年。”案《燕世家》，苏秦之说燕文公，在其二十八年（前334年）。明年，文公卒，子易王立。凡十二年（前321年）而子王哙立。《秦传》叙齐大夫使人刺秦，事在燕哙立后。若在燕哙元年（前320年），则自秦说文公至此，适十五年也。秦兵不敢窥函谷关者十五年，乃策士夸张苏秦之语，本非实录。后更习为口头禅。《范雎、蔡泽列传》，雎说秦昭王曰："夫以秦卒之勇，车骑之众，以治诸侯，譬若驰韩卢而搏蹇兔也，霸王之业可致也，而群臣莫当其位。至今闭关十五年，不敢窥兵于山东。"雎之说，在秦昭王四十一年，即周赧王四十九年（前266年），入战国二百十五年，苏秦之死，已五十余年矣。古书之辞不审谛，不可轻信如此。然其策殊无验。三十七年（前332年），入战国后百四十九年。魏即纳阴晋于秦。明年，秦公子卬与魏战，虏其将龙贾，斩首八万。三十九年（前330年），入战国后百五十一年。魏纳河西地。四十年（前329年），入战国后百五十二年。秦渡河，取汾阴、今山西荣河县。皮氏。今山西河津县。围焦，今河南陕县南。降之。四十一年（前328年），入战国后百五十三年。张仪说魏，魏入上郡、少梁于秦。秦以仪为相。是岁，秦又降蒲阳。即蒲阪。败赵，取蔺、离石。皆今山西离石县地。四十二年（前327年），入战国后百五十四年。归魏焦、曲沃。四十四年（前325年），入战国后百五十六年。张仪伐取陕，出其人与魏。四十六年（前323年），入战国后百五十八年。张仪相魏，欲令魏先事秦，而诸侯效之，魏王不听。明年，秦伐魏，取曲沃、平周。今山西介休县。慎靓王二年（前319年），入战国后百六十二年。魏襄王卒，子哀王立。张仪复说哀王。哀王不听。秦伐魏，败之鄢。《表》云取鄢。三年（前318年），入战国后百六十三年。为秦惠王后元七年，楚怀王十一年。《秦本纪》云："韩、赵、魏、燕、齐帅匈奴共攻秦。"《楚世家》云："苏秦约从山东六国共攻秦，楚怀王为从长。至函谷关，秦出兵，六国兵皆引而归，齐独后。"《六国表》于秦云："五国兵击秦，不胜而还。"于魏、韩、赵、楚、燕，皆云"击秦不胜"，于齐独无文，疑是役齐实持两端，《秦本纪》之

“齐”字，乃“楚”字之误也。明年，赵、韩、魏攻秦。秦庶长疾与韩战修鱼，春秋时萧鱼，见第五节。虏其将申差。败赵公子渴、韩太子奂，斩首八万二千。而齐亦以是时败魏于观津，一似与秦声势相倚者。于是魏哀王不复能支，听张仪说，请成于秦。秦兵乃转向韩、赵。五年（前316年），入战国后百六十五年。伐取赵中都、今山西平遥县。西阳。今离石县西。六年（前315年），入战国后百六十六年。伐取韩石章。《正义》：“韩地名也。”伐败赵将泥。《表》作将军英。赧王元年（前314年），入战国后百六十七年。魏复倍秦为从。秦攻魏，取曲沃。樗里疾攻魏焦，降之。败韩岸门，斩首万。二年（前313年），入战国后百六十八年。庶长疾攻赵，虏赵将庄。《赵世家》作赵庄。魏复事秦。四年（前311年），入战国后百七十年。惠王卒，在位十四年。《秦始皇本纪》云：惠文君享国二十七年。子武王立，逐张仪。以樗里疾、甘茂为左右相。七年（前308年），入战国后百七十三年。使甘茂伐宜阳。明年，拔之，斩首六万。涉河，城武遂。今山西临汾县西南。武王有力，好戏，与力士孟说举鼎，绝膑死。武王取魏女为后，无子。立异母弟，是为昭襄王。九年（前306年），入战国后百七十五年。复与韩武遂。十二年（前303年），入战国后百七十八年。复取之。遂攻魏，拔蒲阴、今山西永济县北。阳晋、今山西虞乡县西。封陵。永济南。明年，魏与秦会临晋。秦复与魏蒲阪。时齐湣王尚东与楚竞，未暇合三晋西摈秦也。

六国之攻秦，楚为从长，可见是时楚势之强。故齐湣王首欲挫之。《楚世家》云：秦欲伐齐，而楚与齐从亲。惠王患之，乃使张仪南见楚王，说以绝齐，予故秦所分楚商于之地，方六百里。怀王说。陈轸谏，弗听。使一将军西受封。张仪至秦，阳醉，坠车，称病不出。三月，地不可得。楚王曰：仪以吾绝齐为尚薄乎？乃使勇士宋遗北辱齐王。齐王大怒，折楚符而合于秦。秦、齐之交合，张仪乃起朝，谓楚将军曰：子何不受地？从某至某，广袤六里。楚将军归报，怀王大怒，兴师将伐秦。陈轸又曰：伐秦非计也，不如因赂之一名都，与之伐齐。王不听，发兵西攻秦。时周赧王二年（前319年）也。入战国后百六十八年。明年，秦庶长章击楚于丹阳，见第八章第八节。虏其将屈匄，斩首八万。《韩世家》：与秦共攻楚，败楚将屈匄，斩首八万于丹阳。又攻楚汉中，取地六百里，置汉中郡。怀王大怒，悉国兵复袭秦。战于蓝田，今陕西蓝田县。大败。韩、魏闻楚之困，乃南袭楚，至于邓。楚闻之，乃引兵归。四年（前311年），入战国后百七十年。秦伐楚，取召陵。使使约复与楚亲，分汉中之半以和楚，楚王曰：愿得张仪，不愿得地。仪使楚，私于左右靳尚。靳尚为请，又因夫人郑袖，言张仪而出之。仪因说楚王以叛从约而与秦合亲，约昏姻。是岁，惠王卒，武王立。韩、魏、齐、楚、越《集解》徐广曰：一作赵。案作赵是也。皆宾从。八年（前307年），入战国后百七十四年。武王卒，昭襄王立。时齐湣王欲为从长，恶楚之与秦合，使使遗楚王书。怀王许之。十年（前305年），入战国后百七十六年。复倍齐而合秦。秦厚赂，迎妇于楚。楚亦迎妇于秦。十一年（前304年），入战国后百七十七年。怀王与秦昭王会于黄棘。今河南新野县。秦复与楚上庸。春秋时庸国地，今湖北竹山县。十二年（前303年），入战国后百七十八年。齐、韩、魏伐楚，楚使太子质秦，秦遣客卿通将兵救楚，三国引兵去。十三年（前302年），入战国后百七十九年。秦大夫有私与楚太子斗，楚太子杀之而亡归。十四年（前301年），入战国后百八十年。秦乃与齐、韩、魏共攻楚方城，杀其将唐昧。十五年（前300年），入战国后百八十一年。秦复攻楚。大破楚军，杀其将景缺。怀王恐，使太子为质于齐以求平。十六年（前299年），入战国后百八十二年。秦遗楚王书：愿会武关，今陕西商县东。面相约结盟。诈令一将军伏兵武关，号为秦王。楚王至，则闭武关。遂与西至咸阳，要以割巫、今四川巫山县。黔中之郡。楚王不许，秦因留之。楚诈赴于齐，齐归楚太子。大子横至，立为王，是为顷襄王。乃告于秦曰：赖社稷神灵，国有王矣。十七年（前298年），入战国后百八十三年。秦昭王怒，发兵出武关攻楚，大败楚军，取析十五城而去。《表》作十六城。析，今河南内乡县。是岁，齐、韩、魏共击秦，败其军函谷。十八年（前297年），入战国后百八十四年。楚怀王亡，逃归。秦觉之，遮楚道。怀王恐，乃从间道走赵。赵主父居代，其子惠王初立，行王事，不敢入楚王。楚王欲走魏。秦追至，遂与秦使复至秦。怀王遂发病。十九年（前296年），入战国后百八十五年。卒于秦。是岁，齐、韩、魏、赵、宋、中山五国共攻秦，至盐氏。今山西安邑县。秦与韩、魏河北及封陵以和。《表》云："与魏封陵，与韩武遂。"魏哀王卒，子昭王立。二十年（前294年），入战国后百八十六年。秦拔魏襄城。今河南襄城县。二十一年（前293年），入战国后百八十七年。向寿伐韩，取武始。今河北邯郸县。左更白起攻新城。今河南洛阳县南。二十二年（前292年），入战国后百八十八年。周与韩、魏攻秦。左更白起攻韩、魏于伊阙，洛阳县南。斩首二十四万。秦乃遗楚王书曰：楚倍秦，秦且率诸侯伐楚。顷襄王患之。二十三年（前291年），入战国后百八十九年。楚迎妇于秦。秦、楚复平。史所传楚怀王事，本于《战国策》。《战国策》乃纵横家之书，诞妄几类平话，绝不足信。盖其时三晋皆衰，惟楚承威王之后，声势与齐、秦埒，故齐、秦皆欲破坏之。适会楚怀王之愚暗，遂至为所播弄。其时楚受秦欺，不可谓不深，然卒仍合于秦，则齐湣王之不可亲殆有甚于秦者，特其事无可考耳。齐再合诸侯以攻秦，使之割地，其声势不可谓不盛。然既不能终助韩、魏，又败楚以开秦南出之路，而又敝其力于燕、宋，卒至身死国亡，诸侯遂更无足与秦抗者。此则事势之迁流，有以为秦驱除难者也。

燕文王以周显王三十六年（前333年）卒。入战国后百四十八年。子易王立。四十六年（前323年），入战国后百五十八年。始称王。四十八年（前321年），入战国后百六十年。卒，子哙立。属国于相子之。三年（前318年），国大乱。将军市被与太子平谋，将攻子之。齐王令人谓太子平：“惟太子所以令之。”太子因要党聚众。将军市被围公宫，攻子之，不克，反攻太子平。构难数月，死者数万。齐王因令章子将五都之兵，因北地之众以伐燕。燕士卒不战，城门不闭。燕君哙死，子之亡。时周赧王元年（前314年）也。入战国后百六十七年。三年（前312年），入战国后百六十九年。燕人乃共立太子平，是为昭王。《燕世家》言攻子之者为太子平，《六国表》则云：“君哙及太子、相子之皆死，燕人共立公子平。”疑平实非太子也。又《赵世家》：武灵王十一年，即慎靓王六年（前315年），入战国后百六十六年，召公子职于韩，立以为燕王，使乐池送之。则燕之争立者不止一人，诸侯干涉燕事者，亦不止一国，特齐兵力较盛，故能有成耳。

宋王偃，以慎靓王六年（前315年）自立为王。入战国后百六十三年。东败齐，取五城。南败楚，取地三百里。西败魏军。与齐、魏为敌国。赧王二十九年（前286年），入战国后百九十五年。案宋王偃元年，为显王四十一年（前328年），即入战国后百五十三年，《宋世家》云：立四十七年乃亡，则为赧王三十三年（前282年），乃入战国后百九十九年，为齐襄王法章二年矣，误。乃为齐、楚、魏所灭。案《淮南子·人间训》，言“燕子哙行仁而亡”。《韩非子·说疑》，谓“燕君子哙，地方千里，持戟数十万，不安子女之乐，不听钟石之声；内不堙污池台榭，外不毕弋田猎；又亲操耒耨，以修畎亩”。则子哙实贤君，齐湣亡之，可谓除东方之逼。宋自称王至亡，凡三十三年，其非偶然，尤为易见。钱穆《宋元王兒说考》云：“《吕览·君守》：鲁鄙人遗宋元王闭，《庄子·外物》，有宋元君得神龟事。《史记·龟策传》作元王。考《赵策》：李兑谓齐王曰：宋置太子以为王，下亲其上而守坚。今太子走，诸善太子者皆有死心。若复攻之，其国必有乱，而太子在外，此亦举宋之时也。王偃置太子为王，疑即元君。齐先已攻宋而无利，其后太子去国，乃乘隙残之耳。"《宋世家》谓齐、魏、楚灭宋而三分其地。《田敬仲世家》谓宋亡后，"齐南割楚之淮北，西侵三晋，欲以并周室，为天子"。案近人钱穆，谓《韩世家》：文侯二年，周安王十七年（前385年），入战国后九十六年。伐宋，到彭城，执其君。则战国时宋实都彭城。《宋策》谓康王灭滕。伐薛，取淮北之地，《史记·宋世家索隐》云："《战国策》《吕氏春秋》皆以偃谥康王。"可见其疆域之恢张，而于楚尤逼。楚之助齐，所求盖正在淮北。乐毅《报燕惠王书》曰："且又淮北宋地，楚、魏之所欲也。"《六国表》：燕破齐之岁，楚、赵取齐淮北。而其地仍为齐有，楚安得而不仇齐？先灭宋二年，齐称东帝，秦称西帝，虽旋去之，然实有陵驾诸侯之意，则谓其灭宋之后，西侵三晋，欲并周室，称天子，亦在情理之中。灭宋之明年，秦蒙武伐齐，拔列城九。齐是时声威方盛，韩、魏方睦，秦安能越之而东侵。疑宋亡之后，齐与三晋之间，衅端已启，三晋乃开秦以伐齐也。燕兵之起于是时，盖有由矣。

燕昭王之立，卑礼厚币，以招贤者；吊死问孤，与百姓同甘苦。燕国殷富，士卒乐轶轻战。乃使乐毅约赵，别使连楚、魏。令赵啖秦以伐齐之利。周赧王三十一年（前284年），入战国后百九十七年。燕悉起兵，以乐毅为上将军，并护赵、楚、韩、魏之兵以伐齐。齐兵败。湣王出亡于外。燕兵独追北，入至临淄。湣王走莒。楚使淖齿将兵救齐，因相齐湣王。淖齿遂杀湣王，而与燕共分齐之侵地卤掠。淖齿已去莒。莒中人及齐亡臣求湣王子法章立之，是为襄王。齐城之不下者，独聊、莒、即墨，此据《燕世家》。《索隐》云："余篇及《战国策》并无聊字。"案聊，今山东聊城县。即墨，今山东平度县。余皆属燕。三十六年（前279年），入战国后二百有二年。燕昭王卒，子惠王立。惠王为太子时，与乐毅有隙。及即位，使骑劫代将，乐毅亡走赵。齐田单以即墨击败燕军，骑劫死。燕兵引归，齐悉复得其故城。自威王败魏桂陵，至湣王之见破于燕，凡七十年。

是时三晋之君最有雄略者，为赵武灵王。《索隐》云：名雍。武灵王者，肃侯子，以周显王四十三年（前326年）立。入战国后百五十五年。赵之遗策，为取胡地中山。中山者，春秋时之鲜虞。《史记·赵世家》：献侯十年，周威烈王十二年（前414年），入战国后六十七年。中山武公初立。《集解》引徐广曰："西周桓公之子。"《索隐》曰："中山，古鲜虞国，姬姓也。《系本》云：中山武公居顾，桓公徙灵寿，今河北灵寿县。为武灵王所灭，不言谁之子孙。徐广云：西周桓公之子，亦无所据。盖未得其实。"案中山武公为周桓公子，见《汉书·古今人表》。是时西周桓公，何以忽封其子于中山？事殊可疑。《魏世家》：文侯十七年，周威烈王十八年（前408年），入战国后七十三年。伐中山，使子击守之。《六国表》亦云：魏是年击中山。事在中山武公立后六年。然《世家》《年表》，年代均多舛误，不足为据。窃疑中山武公、桓公实魏后。沈钦韩谓《汉书·人表》文有讹夺，徐广误据之之说是也。见所著《汉书疏证》。周安王二十五年（前377年），入战国后百有四年。赵敬侯与中山战于房子，今河北高邑县。明年，伐中山，又战于中人。今河北定县。烈王七年（前369年），入战国后百十二年。中山筑长城。可见中山是时形势颇强，然实与魏声势相倚，故《魏策》谓"中山恃魏以轻赵，齐、魏伐楚而赵亡中山"焉。周赧王八年（前307年），入战国后百七十四年。赵武灵王北略中山之地，至于房子，遂之代，北至无穷，西至河，登黄华之上。《正义》："盖西河侧之山名。"遂胡服招骑射。初，武灵王取韩女为夫人。后吴广内其女娃嬴，孟姚也，甚有宠于王，是为惠后。赧王十四年（前301年），入战国后百八十年。惠后卒。王使周袑胡服傅王子何，惠后吴娃子也。十六年（前299年），入战国后百八十二年。传位何。肥义为相国，并傅王。是为惠文王。武灵王自号为主父。主父欲令子主治国，而身胡服将士大夫西北略胡地，从云中、九原直南袭秦。于是诈自为使者，入秦略地形，观秦王之为人。秦昭王不知。已而怪其状甚伟，非人臣之度，使人逐之。而主父驰，已脱关矣。审问之，乃主父也。秦人大惊。十九年（前269年），入战国后百八十五年。灭中山，封长子章为代安阳君。明年，朝群臣。安阳君亦来朝。主父令王听朝，而自从旁观窥。见其长子章，傫然也，反北面而为臣，诎于其弟。心怜之，欲分赵而王章于代，计未决而辍。主父及王游沙丘异宫，章以其徒作乱。公子成与李兑自国至，乃起四邑之兵入距难。章败，往走主父。主父开之。成、兑因围主父宫。章死。成、兑谋曰："以章故围主父，即解兵，吾属夷矣。"乃遂围主父。主父饿死。案秦之险在东方，直北而入，则平夷无阻，又出不意，此或足以破秦。然亦徒能一破坏之而已，谓以是弱秦则不足。何者？主父欲攻秦，所用者不过胡貉之众。汉时之匈奴，远强于是时之胡貉，亦未能大破关中也。武灵王虽有开拓之勋，实违举国之心，公子成者赵宗室尊属，胡服时不肯听命，王自往请，然后勉从者也。其遂围主父之宫，必非徒以曾围主父，苟求免祸，明矣。齐既亡，赵又内相乖离如此，遂无足牵掣秦者，而秦并六国之势以成。

第十一节　秦灭六国

秦之灭六国，盖始基于魏冉，而后成于吕不韦、李斯。魏冉者，秦昭襄王母宣太后异父弟也。周赧王二十年（前295年），入战国后百八十六年。为相。举白起，有伊阙之捷，因胁楚与秦平。已见上节。二十四年（前292年）。入战国后百九十年。韩与秦武遂地二百里。明年，魏入河东地四百里。又明年，客卿错击魏，至轵，在今河南济源县东南。取城大小六十一。二十七年（前288年），入战国后百九十三年。攻魏，拔垣。今山西垣曲县。二十九年（前286年），入战国后百九十五年。错攻魏河内。魏献安邑。秦出其人，募徙河东赐爵，赦罪人迁之。是时，韩、魏方睦于齐，而其为秦弱如此，齐霸之渐成弩末可见矣。三十一年（前284年），入战国后百九十七年。尉斯离与三晋、燕伐破齐，秦遂独强于天下。明年，伐魏，拔安城，在今河南原武县东南。兵到大梁。燕、赵救之，乃去。三十三年（前282年），入战国后百九十九年。拔赵五城。明年，楚顷襄王遣使于诸侯复为从，欲以伐秦。又明年，错攻楚。楚军败，割上庸、春秋时庸国地。汉北予秦。白起攻赵，取代光狼城。《正义》："《括地志》云：光狼故城，在泽州高平县西二十里。"高平，今山西高平县。三十六年（前279年），入战国后二百有二年。白起攻楚，取鄢、邓、西陵。今湖北宜昌县西北。明年，起复攻楚。取郢，烧先王墓夷陵。今宜昌。襄王兵散，遂不复战，东北保于陈。秦以郢为南郡。三十八年（前277年），入战国后二百有四年。蜀守若伐楚，取巫郡及江南，为黔中郡。明年，楚襄王收东地兵，得十余万。复西取秦所拔江旁十五邑为郡，以距秦。是岁，白起伐魏，取两城。四十年（前275年），入战国二百有六年。穰侯攻魏，至大梁。韩使暴鸢救魏，为秦所败。魏入三县请和。明年，客卿胡阳攻魏卷、今河南原武县。蔡阳、今河南汝南县。长社，今河南长葛县。取之。赵、魏攻华阳，白起击破之，斩首十五万，魏入南阳以和。秦与赵观津，今山东观城县。欲以伐齐。齐襄王惧，使苏代遗穰侯书，穰侯乃引兵归。四十三年（前272年），入战国后二百有九年。置南阳郡。令白起与韩、魏伐楚，未行，而楚使黄歇至，上书说昭王，昭王许之。楚入太子为质，黄歇侍。四十四年（前271年），入战国后二百十年。客卿灶攻齐，取刚寿，今山东东平县。予穰侯。是时韩、魏、楚皆服，乃出兵攻齐，正合用兵之次第。《史记》谓秦所以东益地，弱诸侯，天下皆西乡者，乃穰侯之功，实为平情之论。而是岁范睢见秦王，秦王用其言，免穰侯相，令泾阳君之属皆出关之封邑。宣太后同父弟曰芈戎，为华阳君。同母弟高陵君名显，泾阳君名悝。史传睢主远交近攻，訾穰侯越韩、魏而攻齐为非计，乃策士相倾之言，非其实也。《韩非子·定法》亦言之。盖当时策士，自有此等议论。四十六年（前269年），入战国后二百十二年。中更胡阳攻赵阏与，在今山西和顺县西北。赵奢击破之。明年，攻魏，拔怀。今河南武陟县。此从《魏世家》。《秦本纪》与取邢丘同年。《范睢传》言秦拜睢为客卿，听其谋，使五大夫绾伐魏，拔怀。后二岁，拔邢邱，则《魏世家》是也。四十九年（前266年），入战国后二百十五年。攻魏，取邢丘。今河南温县。《魏世家》作邓丘。徐广曰："一作廪丘，又作邢丘。"赵惠文王卒，太子丹立，是为孝成王。秦攻之，赵求救于齐。齐师出，秦乃罢。是岁，宣太后薨，穰侯出之陶，秦拜范睢为相，封以应，号为应侯。五十一年（前264年），入战国后二百十七年。白起攻韩，拔陉城今山西曲沃县西北。汾旁，因城河上广武。在河南河阴县北。明年，攻韩南阳，取之。从《表》。《纪》作南郡。《白起传》：攻南阳大行道，绝之。楚顷襄王病，黄歇说应侯归太子，应侯以闻。秦王曰："令楚太子之傅先往问楚王病，反而后图之。"歇为楚大子计，变服亡归。歇为守舍，度太子已远，乃自言。应侯言秦，因遣歇。顷襄王卒，太子完立，是为考烈王。以歇为相，封以吴，号为春申君。五十三年（前262年），入战国后二百十九年。五大夫贲攻韩，取十城。五十五年（前260年），入战国后二百二十一年。白起伐韩野王。今河南沁阳县。野王降。王龁攻上党。上党降赵，秦因攻赵。赵使廉颇军长平。今山西高平县。颇坚壁拒秦。秦行间，赵以赵括代将。括至，则出兵击秦。秦军佯败走，张奇兵绝其后。赵军分而为二，粮道绝。秦王闻，自之河内，赐民爵各一级，发年十五以上悉诣长平，遮绝赵救及粮食。赵括出锐卒自搏战。秦军射杀括。括军败，卒四十万人降。武安君尽坑杀之，遗其小者二百四十人归赵。前后斩虏四十五万人，赵人大震。五十六年（前259年），入战国后二百二十二年。秦军分为二：王龁将伐赵武安、今河南武安县。皮牢，今山西翼城县。拔之。司马梗北定太原。兵罢，复守上党。十月，五大夫王陵攻邯郸。时武安君病不任行。五十七年（前258年），入战国后二百二十三年。陵攻邯郸，少利。秦益发兵佐陵。陵兵亡五校。武安君病愈，秦王欲使武安君代陵将，武安君言曰："邯郸实未易攻也。且诸侯救日至，秦卒死者过半，国内空，远绝河山而争人国都，赵应其内，诸侯攻其外，破秦军必矣，不可。"秦王自命不行，乃使应侯请之，武安君终辞不肯行，遂称病。秦王使王龁代将，攻邯郸，不能拔，秦军多失亡。武安君言曰："秦不听臣计，今如何矣？"秦王闻之，怒，强起武安君。武安君遂称病笃。应侯请之，不起。于是免武安君为士伍，迁之阴密。今甘肃灵台县。武安君病，未能行。居三月，诸侯攻秦军急。秦军数却，使者日至。秦王乃使人遣白起，不得留咸阳中。武安君既行，出咸阳西门十里，至杜邮，使使者赐之剑自裁。魏公子无忌姊为赵惠文王弟平原君夫人，数遗魏王及公子书，请救于魏。魏王使将军晋鄙将十万众救赵。秦王使使者告魏王曰："吾攻赵，旦暮且下，诸侯敢救赵，必移兵先击之。"魏王恐，使人止晋鄙，留军壁邺。今河南临漳县。初，王所幸如姬，父为人所杀，公子使客斩其仇头，敬进如姬。乃因如姬盗晋鄙兵符，与屠朱亥俱，袖四十斤铁椎，椎杀晋鄙。将其军救赵。王龁还奔汾城旁军。围遂解。秦是时力实未足取邯郸，而秦王及应侯，违武安君之言，丧师于外。《范雎传》言雎与武安君有隙，言而杀之；任郑安平，使将击赵，而安平以兵二万人降赵；其非穰侯之伦审矣。后二年，入战国后二百二十六年。应侯遂谢病。蔡泽相，数月，亦免。秦并诸侯之画一挫。而周顾以是时亡于秦。

周敬王立四十三年（前477年）崩，据《表》：是年为鲁哀公十六年（前479年）。《本纪》作四十二年。《左氏》：哀公十九年，冬，"叔青如京师，敬王崩故也"。《释文》云："按《传》，敬王崩在此年，

《世本》亦尔也。《世族谱》云：敬王四十二年崩。敬王子元王十年，《春秋》之传终矣。据此，则敬王崩当在哀公十七年（前478年）。《史记·周本纪》及《十二诸侯年表》，敬王四十二年崩，子元王仁立，则敬王是鲁哀十八年（前477年）崩也。《六国年表》，起自元王，及《本纪》皆云元王八年（前468年）崩，子定王介立。定王元年（前468年），是鲁哀公二十七年，与杜预《世族谱》为异。又《世本》云：鲁哀公二十年（前475年），是定王介崩，子元王赤立，则定王之崩年，是鲁哀公二十七年也。众说不同，未详其正也。”子元王仁立。《集解》：徐广曰：“《世本》云：贞王介也。”元王八年崩（前468年）。入战国后十二年。子定王介立。《集解》：“《世本》云：元王赤也。皇甫谧曰：元王二十八年崩，三子争立，立应为贞定王。”《索隐》：“《世本》云元王赤，皇甫谧云贞定王，考据二文，则是元有两名，一名仁，一名赤。如《史记》，则元王为定王父，定王即贞王也。依《世本》，则元王是贞王子，必有一乖误。然此定当为贞，字误耳。岂周家有两定王，代数又非远乎？皇甫谧见此，疑而不决，遂弥缝《史记》《世本》之错缪，因谓为贞定王，未为得也。”定王二十八年崩（前441年），入战国后四十年。长子去疾立，是为哀王。哀王立三月，弟叔袭杀哀王而自立，是为思王。思王立五月，少弟嵬攻杀思王而自立，是为考王。考王十五年（前426年）崩，入战国后五十五年。子威烈王午立。考王封其弟于河南，是为桓公，以续周公之官职。桓公卒，子威公代立。威公卒，子惠公代立。乃封其少子于巩以奉王，号东周惠公。《索隐》：“《世本》，西周桓公名揭，居河南。东周惠公名班，居洛阳。”案《赵世家》：成侯七年（前366年），与韩攻周，八年（前367年），与韩分周以为南。《六国表》：成侯八年，为周显王二年（前367年）。威烈王二十四年（前402年）崩，入战国后七十九年。子安王骄立。安王二十六年（前376年）崩，入战国后百有五年。子烈王喜立。烈王七年（前369年）崩，入战国后百十二年。此依《表》。《本纪》作十年。弟显王扁立。显王四十八年（前321年）崩，入战国后百六十年。子慎靓王定立。慎靓王六年崩（前315年），入战国后百六十六年。子赧王延立。王赧时，东、西周分治，王赧徙都西周。东西周见第三节。五十九年（前256年），入战国后二百二十五年也，秦将军樛攻韩，取阳城、负黍，今河南登封县西南。斩首四万。攻赵，取二十余县，首虏九万。西周恐，背秦，与诸侯约从，将天下锐师出伊阙攻秦，令秦毋得通阳城。秦昭王怒，使将军樛攻西周。西周君奔秦，顿首受罪，尽献其邑三十六，口三万。秦受其献，归其君于周。周君王赧卒。周民遂东亡。秦取九鼎宝器，而迁西周君于狐。今河南临汝县西。后七岁，入战国后二百三十二年。秦庄襄王取东、西周。东、西周皆入于秦，周既不祀。据《周本纪》。《秦本纪》云："东周君与诸侯谋秦，秦使相国吕不韦诛之。尽入其国秦，不断其祀，以阳人地赐周君，奉其祭祀。"阳人聚，在临汝县西。

周赧王亡后五年（前251年），入战国后二百三十年。秦昭襄王薨，子孝文王立。明年卒。初，昭王太子死，次子安国君为太子，即孝文王也。安国君有子二十余人。有所甚爱姬，立以为夫人，号曰华阳夫人，无子。安国君中男名子楚。子楚母曰夏姬，无爱。子楚为秦质子于赵。吕不韦者，阳翟大贾也，家累千金。贾邯郸，见之，曰：此奇货可居。乃以五百金与子楚，为进用，结宾客。以五百金置奇物玩好自奉，而西游秦，皆以献华阳夫人。使夫人姊说夫人，言于安国君，立子楚为嗣子。安国君许之。吕不韦取邯郸诸姬绝好善舞者与居。知其有身，献之子楚。至大期中，生子政。子楚遂立姬为夫人。王龁围邯郸急，赵欲杀子楚。子楚与不韦谋，以金六百斤与守吏，得脱。亡赴秦军，遂以得归。赵欲杀子楚妻子。子楚夫人，赵豪家女也，得匿。以故母子竟得活。孝文王立，华阳夫人为王后，子楚为太子。赵亦奉子楚夫人及子政归秦。孝文王卒，子楚代立，是为庄襄王。庄襄王元年（前249年），入战国后二百三十二年。以吕不韦为相国，封文信侯。大赦罪人，修先王功臣，施德厚骨肉，而布惠于民。使蒙骜伐韩。韩献成皋、巩，《表》云取成皋、荥阳。界至大梁，初置三川郡。二年（前248年），入战国后二百三十三年。使蒙骜攻赵，定太原。三年（前247年），入战国后二百三十四年。蒙骜攻魏高都、今山西晋城县东北。汲，今河南汲县。拔之。攻赵榆次、今山西榆次县。新城、《正义》引《括地志》云："一名小平城，在朔州善阳县西南四十七里。"地在今朔县境。按此殊可疑。狼孟，《正义》引《括地志》云："在并州阳曲县东北二十六里。"取三十七城。四年（前246年），入战国后二百三十五年。王龁攻上党，初置太原郡。初，魏公子无忌既却邯郸之围，使将将其军归而留赵。及是，复归魏。率五国兵，《正义》云：燕、赵、韩、楚、魏。败蒙骜于河外。秦东封之势复小挫。是岁，庄襄王卒，子政立，是为秦始皇帝。年十三。当是之时，秦地已并巴、蜀、汉中，越宛有郢，置南郡矣。北收上郡以东，有河东、太原、上党郡，东至荥阳，灭二周，置三川郡。吕不韦为相国，招致宾客、游士，欲以并天下。李斯为舍人。蒙骜、王齮、《集解》：徐广曰一作龁。麃公等为将军。王年少，初即位，委国事大臣。晋阳反。元年（前246年），入战国后二百三十五年。将军蒙骜击定之。二年（前245年），入战国后二百三十六年。麃公将卒攻卷，斩首三万。是岁，赵孝成王卒，子偃立，是为悼襄王。三年（前244年），入战国后二百三十七年。蒙骜攻韩，取十三城。王齮死。将军蒙骜攻魏畼、有诡。四年（前243年），入战国后二百三十八年。拔之。是岁，信陵君无忌卒。五年（前242年），入战国后二百三十九年。将军蒙骜攻魏，取二十城，初置东郡。六年（前241年），韩、魏、赵、卫、楚共击秦，取寿陵。《正义》："徐广云：在常山。按本赵邑也。"秦出兵，五国兵罢。《赵世家》云：庞煖将赵、楚、魏、燕之锐师攻秦蕞，不拔。《春申君列传》云：诸侯患秦攻伐无已时，乃相与合从而伐秦，而楚王为从长。春申君用事。

至函谷关，秦出兵攻诸侯兵，皆败走。秦攻魏，拔朝歌。楚去陈，徙寿春，命曰郢。七年（前240年），入战国后二百四十一年。拔魏汲。八年（前239年），入战国后二百四十二年。嫪毐封为长信侯。予之山阳地，今河南修武县北。令毐居之。宫室、车马、衣服、苑囿、驰猎恣毐。事无小大，皆决于毐。又以河西太原郡更为毐国。九年（前238年），王冠。长信侯毐作乱，而觉，矫王御玺及太后玺，以发县卒及卫卒、官骑、戎翟君公、舍人将，欲攻蕲年宫在雍。为乱。王知之。令相国昌平君、昌文君《索隐》："昌平君，楚之公子，立以为相。后徙于郢，项燕立为荆王。史失其名。昌文君名亦不知也。"发卒攻毐。战咸阳。毐等败走。即令国中：有生得毐，赐钱百万，杀之五十万。尽得毐等。卫尉竭、内史肆、佐弋竭、中大夫令齐等二十人，皆枭首，车裂以徇，灭其宗。及其舍人，轻者为鬼薪及夺爵迁蜀，四千余家，家房陵。今湖北房县。楚考烈王无子，赵人李园事春申君为舍人，进其女弟，知其有身；园乃与其女弟谋，园女弟承间说春申君，进已楚王，生子男，立为太子，以李园女弟为王后。楚王贵李园，园用事。恐春申君语泄，阴养死士。考烈王卒，园先入，伏死士刺春申君，斩其头，尽灭春申君之宗。园女弟所生子立，是为楚幽王。十年（前237年），入战国后二百四十四年。秦相国吕不韦坐嫪毐免。齐人茅焦说秦王。秦王乃迎太后于雍，而入咸阳宫，复居甘泉宫。大索逐客。李斯上书说，乃止逐客令。而李斯用事。十一年（前236年），入战国后二百四十五年。王翦、桓齮、杨端攻邺，取九城，拔阏与。赵悼襄王卒，子幽缪王迁立。其母，倡也，嬖于赵襄王。襄王废嫡子嘉而立迁。十二年（前225年），入战国后二百四十六年。文信侯不韦死，窃葬。其舍人临者：晋人也，逐出之；秦人，六百石以上夺爵迁，五百石以下不临，迁，勿夺爵。自今以来，操国事不道如嫪毐、不韦者，籍其门，视此。秋，复嫪毐舍人迁蜀者。《不韦传》云：庄襄王薨，太子政立为王。尊吕不韦为相国，号称仲父。秦王年少，太后时时窃私通吕不韦。不韦家僮万人。始皇帝益壮大，后淫不止。吕不韦恐觉祸及己，乃私求大阴人嫪毐，诈腐为宦者，侍太后。太后私与通，绝爱之，有身。太后恐人知之，诈当避时徙宫居雍。嫪毐常从，赏赐甚厚。事皆决于嫪毐。嫪毐家僮数千人，诸客求宦为嫪毐舍人千余人。始皇九年（前238年），有告缪毐实非宦者，尝与太后私乱，生子二人，皆匿之。与太后谋曰：王即薨，以子为后。于是秦王下吏治，具得情实，事连相国吕不韦。九月，夷毐三族，杀太后所生两子，而遂迁太后于雍。诸嫪毐舍人皆没其家而迁焉。王欲诛相国，为其奉先王功大，及宾客辩士为游说者众，王不忍致法。十年十月，免相国吕不韦。及齐人茅焦说秦王，秦王乃迎太后于雍，归复咸阳，而出文信侯就国河南。岁余，诸侯宾客使者相望于道，请文信侯。秦王恐其为变，乃赐文信侯书，与家属徙处蜀。吕不韦自度稍侵，恐诛，乃饮鸩而死。秦王所加怒吕不韦、嫪毐皆已死，乃皆复归嫪毐舍人迁蜀者。案史所传不韦之事，与春申君相类太甚，而楚幽王有庶兄负刍及昌平君，则考烈王实非无子，传言之不必信久矣。嫪毐事果与不韦有连，而犹迟至期年，始免其相，听其从容就国；而诸侯宾客使者，仍相望于道；文信侯既不为遁逃苟免之计，亦不为养晦自全之谋，岂理也哉？钱穆云："《战国·秦策》无不韦纳姬之事。《魏策》或谓魏王曰：秦自四境之内，执法以下，至于长挽者，故毕曰：与嫪氏乎？与吕氏乎？虽至于门闾之下，廊庙之上，犹之如是也。今王割地以赂秦，以为嫪毐功。卑体以尊秦，因以嫪毐。王以国赞嫪毐，太后之德王也，深于骨髓，王之交最为天下上矣。由嫪氏善秦而交为天下上，天下孰不弃吕氏而德嫪氏，则王之怨报矣。据此，则吕之与嫪，邪正判然，未见嫪之必为不韦所进也。"见所著《先秦诸子系年考辨》《吕不韦著书考》《春申君见杀考》。其说韪矣。不韦相秦，实非碌碌，孝文王立而施德布惠，庄襄王诛周而不绝其祀，此即所谓兴灭国继绝世者，参看第十四章第一节。皆不韦之所为。观其招致宾客著书，俨有兴起大平之意。史称其欲以并天下，说盖不诬。李斯固不韦舍人，不韦废而斯用事，所奉行者，亦未必非不韦之遗策也。富强之基，树于商君；蚕食之形，成于穰侯；囊括之谋，肇于不韦；三人者，实秦并天下之首功矣。

不韦虽废，秦之事并吞如故。是时，楚已益弱；韩、魏皆自顾不暇；燕、齐少宽，然二国仍岁相攻，又与赵相攻；齐襄王复国后，赵数与秦攻之。《赵世家》言苏厉为齐遗赵惠文王书，赵乃辍谢秦，不击齐。时在周赧王三十二年（前283年），入战国后百九十八年也。然是岁王仍与燕王遇，使廉颇将而攻齐，则特不与秦而已。此后十余年间，赵数使赵奢、廉颇、燕周、蔺相如等攻齐。至惠文王卒，孝成王立，秦急攻之，以齐救而罢。事已见前。是岁，田单乃以赵师攻燕。盖齐、赵之交，至此而合，而燕、赵之衅启。赧王亡后五年（前251年），燕王喜命相栗腹约欢赵。还报曰："赵氏壮者皆死长平，其孤未壮，可伐也。"乃起二军。栗腹将而攻鄗，卿秦攻代，自将偏军随之。赵使廉颇将，杀栗腹，虏卿秦，逐之五百余里。明年，围其国，燕人请和。其明年，赵假相大将武襄君攻燕，围之。又明年，又使延陵君率师从相国信平君廉颇助魏攻燕。秦始皇帝四年（前243年），赵使李牧攻燕。燕使剧辛将击赵。赵使庞煖击之。明年（前255年），取燕军二万，杀剧辛。齐襄王卒，周赧王亡之明年，入战国后二百二十六年。子建立，君王后用事，襄王后。仅图自保；《齐世家》称其事秦谨，与诸侯信。王建立，四十余年不受兵。秦遂得择肥而噬。始皇十三年（前234年），入战国后二百四十七年。桓齮攻赵平阳，今河南临漳县西。杀赵将扈辄。《李牧传》云：破杀扈辄于武遂。明年，取宜安。今河北藁城县西南。李牧与战肥下，春秋时肥子国，今藁城县。却之，封牧为武安君。十五年（前232年），入战国后二百四十九年。秦大兴兵。一军至邺，一军至大原，取狼孟。秦攻番吾，李牧却之。十六年（前231

年），入战国后二百五十年。发卒受韩南阳。十七年（前230），入战国后二百五十一年。内史腾攻韩。得韩王安，尽纳其地，以为颍川郡。韩自昭侯后，传宣惠王、襄王仓、釐王咎、桓惠王四世。十八年（前229年），入战国后二百五十二年。大兴兵攻赵。王翦将上地下井陉，端和将河内、羌瘣伐赵。端和围邯郸城，赵使李牧、司马尚御之。秦多与赵王宠臣郭开金，为反间。赵王使赵葱及齐将颜聚代李牧。牧不受命。赵使人微执得李牧，斩之。废司马尚。后三月，王翦因急击，大破，杀赵葱。明年，王翦、羌瘣尽定赵地。虏王迁及其将颜聚，引兵欲攻燕屯。赵公子嘉率其宗数百之代，自立为代王。东与燕合兵，军上谷。楚幽王卒，同母弟犹代立，是为哀王。庶兄负刍之徒，袭杀哀王，而立负刍。二十年（前227年），入战国后二百五十四年。燕太子丹使荆轲刺秦王。秦王觉之，体解轲以徇，而使王翦、辛胜攻燕。燕、代发兵击秦军，秦军破燕易水之西。二十一年（前226年），入战国后二百五十五年。王贲攻蓟。乃益发卒诣王翦军，遂破燕太子军，取燕蓟城，得燕大子丹首。燕王东收辽东而王之。二十二年（前225年），入战国后二百五十六年。王贲攻魏，引河沟灌大梁。大梁城坏，其王假请降。尽取其地。魏自哀王后，传昭王、安釐王、景湣王增、王假四世。《世本》云：昭王名遬，安釐王名圉，景湣王名午。见《索隐》。始皇问李信：吾欲攻取荆，于将军，度用几何人而足？李信曰：不过用二十万人。问王翦；王翦曰：非六十万人不可。始皇曰：王将军老矣，何怯也？李将军果势壮勇。遂使李信及蒙恬将二十万南伐荆，荆人大破李信军。始皇复召王翦，强起之，使将击荆，取陈以南至平舆。今河南汝南县东南。二十四年（前223年），入战国后二百五十八年。虏其王负刍。《秦本纪》误前一年。荆将项燕立昌平君为荆王，反秦于淮南。《集解》：徐广曰“一作江。”二十五年（前222年），入战国后二百五十九年。大兴兵，使王贲攻燕辽东，得燕王喜。燕自惠王后传武成王、孝王、王喜三世。还攻代，虏代王嘉。王翦、蒙武攻荆，破荆军。昌平君死，项燕遂自杀。翦遂定荆江南地，降越君，置会稽郡。二十六年（前221年），入战国后二百六十年。齐王建与其相后胜发兵守其西界，不通秦。秦使将军王贲从燕南攻齐，得齐王建。六国皆亡。余国较大者，陈、蔡、郑、宋之亡，已见前。鲁以秦庄襄王元年（前249年），入战国后二百三十二年。亡于楚。惟卫仅存，至秦二世时乃废绝，然微不足数，天下遂统一。

秦之克并六国，其原因盖有数端。地势形便，攻人易而人之攻之也难，一也。关中形势，西北平夷无大险，故易受侵略。南经汉中至蜀，出入皆难。惟东凭函谷、武关，则诚有一夫当关之势也。春秋大国，时曰晋、楚、齐、秦，其后起者则吴、越。吴、越文明程度大低，未足蹈涉中原，抗衡上国。其兵，则实甚强悍，故项氏卒用之以破秦。四国风气，秦、晋本较齐、楚为强，兵亦然，读《汉书·地理志》《荀子·议兵篇》可知。二也。三晋地狭人稠，生事至觳。楚受天惠厚，民又呰窳偷生。齐工商之业特盛，殷富殆冠海内。然工商盛者，农民未有不受剥削而益贫者也。惟秦地广而腴，且有山林之利。开辟较晚，侈靡之风未甚。观李斯谏逐客，历数侈靡之事，秦无一焉可知。其上又有重农之政。齐民生计之舒，盖莫秦若矣。三也。参看第十一章第三节。此皆秦之凭藉，优于六国者也。以人事论，则能用法家之说，实为其一大端。盖惟用法家，乃能一民于农战，其兵强而且多。参看第十四章第五节。亦惟用法家，故能进法术之士，而汰淫靡骄悍之贵族，政事乃克修举也。《荀子·强国》曰："应侯问孙卿子曰：入秦何见？孙卿子曰：其固塞险，形势便，山川林谷美，天材之利多，是形胜也。入竟，观其风俗。其百姓朴，其声乐不流污，其服不佻，甚畏有司而顺，古之民也。及都邑官府，其百吏肃然，莫不恭俭敦敬忠信而不楛，古之吏也。入其国，观其士大夫，出于其门，入于公门；出于公门，归于其家；无有私事也。不比周，不朋党，倜然莫不明通而公也。古之士大夫也。观其朝廷，其间听决，百事不留，恬然如无治者，古之朝也。故四世有胜，非幸也，数也。”可谓尽之矣。秦取天下多暴，《史记·六国表》语。固也，然世岂有专行无道，而可以取天下者哉？

第十章　民族疆域

第一节　先秦时诸民族

中国以第一大民族，称于世界，然非振古如兹也。在数千年前，我族亦东方一部族耳。其克保世滋大，盖实由其同化力之强。今试略述先秦之世与我错处诸族，如下：

汉族，起自东南。诸民族中与我密迩者莫如越。越亦作粤，今所谓马来人也。此族特异之俗有二：一曰断发文身，一曰食人。征诸后世史乘，地理学家所谓亚洲大陆之真缘边者，无不皆然。而在古代，我国缘海之地亦如是。《礼记·王制》："东方曰夷，被发文身，有不火食者矣。南方曰蛮，雕题交趾，有不火食者矣。"文身雕题，异名同实，无待辞费。被发则鬄发之借也。发可保温，故北族居苦寒之地编发，中国居温和之地冠笄，南族居炎热之地断发也。东夷与南蛮，方位不同，而同不火食，可知其始必同居热地矣。《墨子》言："楚之南，有啖人之国者，其长子生，则解而食之，谓之宜弟。"《鲁问·节葬下》，作"越东有輆沐之国"。 而《韩非子》言：齐桓公好味，易牙蒸其首子而进之。《十过》。《二柄》《难一》二篇同，而作"子首"，误也。《淮南·主术》《精神》两篇高《注》，亦皆作首子。《左氏》言宋襄公使邾文公用鄫子于次睢之社，欲以属东夷。僖公十九年。杜《注》谓睢水次有妖神，东夷皆社祠之。《续汉书·郡国志注》引唐蒙《博物记》谓在临沂县。可见汉、晋之世，俗犹未泯。临沂，今山东临沂县。鲁伐莒，取郠，献俘，亦用人于亳社。昭公十年。可见自楚之南，至于齐、鲁，风俗皆同也。此族在江以北者，古皆称夷，《禹贡》冀州、扬州之鸟夷、莱夷，徐州之淮夷是也。在江以南者则称越，今绍兴之于越，永嘉之瓯越，福建之闽越，两广、越南之南越是也。又有深入长江中游者，《楚世家》言熊渠伐扬粤至鄂是也。见第九章第二节。鸟夷，今《尚书》作岛夷，《正义》谓伪孔读为岛，则其经文亦作鸟，今本乃字误也。古无岛字，洲即今岛字。洲、州虽亦同音，然古称中国人所居为州，不称异族所居为洲，则伪孔说实误。郑释冀州之鸟夷曰搏食鸟兽者，《书正义》。颜师古释扬州之鸟夷曰善捕鸟者，《汉书·地理志注》。颜说当有所本。差为近之。盖渔猎之族，程度极低者，作《禹贡》时犹有其部落，后遂为汉族所同化，其事无可考矣。嵎夷，当即《尧典》"宅嵎夷曰阳谷"之嵎夷。《史记·夏本纪索隐》，谓《今文尚书》及《帝命验》并作嵎锇，在辽西。案《说文·土部》云："堣夷，在冀州阳谷，立春日日直之而出。"《山部》云："崵山在辽西，一曰嵎铁、崵谷也。"既别以一曰，明为两说，则《今文尚书》实不谓嵎铁在辽西。冀州为中国通称，《尚书大传》曰："元祀岱泰山，中祀大交霍山，秋祀柳谷华山，幽都弘山祀。"注曰："弘山，恒山也。"然则羲和四子之所宅，即四时巡守之所至。泰岱为汉族所居，故称其地为冀州矣。嵎夷，《史记·五帝本纪》作郁夷，而《毛诗》之周道倭迟，《韩诗》作郁夷，故有谓倭即嵎夷者。自山东至辽东，辽东经朝鲜至日本，往来本最便，而亦甚早。谓古之嵎夷，渡海而至日本，或日本之民与古嵎夷同族，皆无不可通也。莱夷，据《汉书·地理志》，地在今山东黄县，入春秋后百五十六年，周灵王五年（前567年），《春秋》襄公六年。为齐所灭。淮夷最称强悍。《后汉书·东夷传》谓秦有天下，淮、泗夷乃悉散为人户，其说当有所本也。于越事已见前。闽越、南越及瓯越，则至秦、汉之世，始列为郡县焉。越人居热地，故开化较早。其能用金，实先于汉族，古代兵器及刑法，皆取资焉。然亦以居热地故，生事饶而四体不勤，故其文明旋落汉人之后。《论衡》言："夏禹裸入吴国。太伯采药，断发文身。唐、虞国界，吴为荒服。越在九夷，罽衣关头。即贯头，后世南方民族，犹多衣贯头衣，见诸史四裔传。今皆夏服，褒衣履舄。"《恢国》。可知秦、汉之世，全与汉族同化矣。

洞庭以南，沅、湘、澧、资之域，为今所谓苗族之故居。苗，前史皆作蛮，元以后乃多作苗，盖音转而字异。或以牵合古三苗之国，则大缪矣。见第七章第五节。蛮与越异。古书多称荆蛮、扬越，无曰荆越、扬蛮者，知蛮自在长江中游，越自在东南缘海也。《淮南子·齐俗训》曰"三苗髽首""越人鬋发"，可知其饰首之习各别。古民族视处置其发之法颇重，如中国每以冠带之国自夸，子路至于结缨而死是也。《左氏》哀公十五年。蛮与越，所以处置其发者既不同，其必为两族无疑矣。此族神话，已见第五章。其地之开辟，盖始于楚。《史记·吴起列传》所谓"南平百越"是也。《后书》云：田作贾贩，无关梁符传租税之赋；有邑君长，皆赐印绶。盖楚人抚绥之之法。

濮，《周书·王会篇》作卜，《说文》作僰，南北朝、隋、唐之两爨蛮，今之猓猡也。猓猡地在云南、四川，古之濮族，则远在其北。楚武王始启濮，已见第九章第二节。抑犹不止此。《书·牧誓》："及庸、蜀、羌、髳、微、卢、彭、濮人。"微、卢、彭、濮，注家罕能言其所在，其实按之故记，皆有迹象可求也。《左氏》：桓公十二年（前700年），楚师伐绞，分涉于彭，罗人欲伐之。十三年（前699年），楚屈瑕伐罗，罗与卢戎两军之，大败之。彭水，杜《注》云：在新城昌魏县，今湖北之房县也。卢，据《释文》本作庐。文公十六年（前611年），庸人帅群蛮以叛楚。麇人帅百濮聚于选，将伐楚。自庐以往，振廪同食。使庐戢黎侵庸。杜《注》：庐，今襄阳中庐县，今湖北之南漳县也。先五年，楚潘崇伐麇，至于钖穴。《释文》云：钖或作锡。《御览·州郡部》引《十道志》云：郧乡，本汉锡县，古麇国，今湖北之郧乡县也。麇、麋形近易讹，《左氏》哀公十四年，“逢泽有介麋焉”，《释文》谓麋又作麇其证。庄公二十八年（前666年）筑麋，《谷梁》作筑微，则潘崇所伐，实当作麇，即《牧誓》之微也。地与庸皆密迩。又其北即为楚、邓。故昭公九年（前537年），王使詹桓伯辞于晋，谓巴、濮、楚、邓吾南土；而庸与麋之叛，申、息之北门不启也。此等当春秋时，悉已服属于楚。更西南，则沿黔江、金沙江、大渡河两侧，直抵今云、贵四川。《史记·西南夷列传》，所谓“西南夷君长以什数，夜郎最大；今贵州桐梓县。其西靡莫之属以什数，滇最大；今云南昆明县。自滇以北，君长以什数，邛都最大”今四川西昌县。者也。“皆魋结，耕田，有邑聚。”与《左氏》所谓“百濮离居，将各走其邑”者合，文公十六年。可见其为同族矣。《史记》云：“楚威王时，使将军庄蹻循江，略巴、蜀、黔中以西。蹻至滇池，地方三百里，旁平地肥饶数千里，以兵威定属楚。欲归报，而秦击夺楚巴、黔中郡，道塞不通。因还，以其众王滇，变服，从其俗以长之。”《后汉书·西南夷传》言：“楚顷襄王时，遣将庄豪，从沅水伐夜郎。军至且兰，西南夷国名，汉置故且兰县。晋改曰且兰，今贵州平越县。椓船于岸而步战。既灭夜郎，因留王滇池。以且兰有椓船牂柯处，乃改其名为牂柯。”可见今云、贵之地，当战国时，悉已开辟矣。庄豪即庄蹻。秦取楚黔中郡事在顷襄王二十二年（前277年），则《史记》作威王误。时为周赧王三十八年，入战国后二百有四年也。

庸与微、卢、彭、濮，既皆在今楚、豫间，则牧野所誓之蜀，及克商后列于南土之巴，亦必不得在今四川境。巴蜀古事，因有《华阳国志》一书，颇可考见崖略。然此书所载，未必即西周时之巴、蜀也。志称巴、蜀肇自人皇，特以古籍言人皇肇分九州，亿测梁州始建于是。云蜀为黄帝之后，则沿昌意取蜀山氏女为后世巴、蜀之蜀之误，已见第七章第二节。又云：武王封宗姬于巴，爵之以子，亦无以明其即战国时秦所灭之巴也。又云：周失纪纲，蜀侯蚕丛始称王，次王曰柏灌，次王曰鱼凫。鱼凫田于湔山，得仙。次有王曰杜宇，移治郫邑，今四川郫县。或治瞿上，今四川双流县。号曰望帝。其相开明，决玉垒山，在今四川理番县东南。遂禅位焉。开明号曰丛帝。生卢帝。卢帝攻秦，至雍。生保子帝。攻青衣。今四川雅安县。雄张獠、僰。又九世，徙治成都。有褒、汉之地。时当周显王之世。因猎，与秦惠王遇。惠王作石牛五头，写金其后，曰牛便金。蜀使使请，惠王许之。乃遣五丁力士迎石牛。既不便金，怒而还之。惠王知蜀王好色，许嫁以五女。蜀又遣五丁迎之。还到梓潼，今四川梓潼县。见一大蛇入穴。一人揽其尾掣之，不禁。至五人相助，大呼拽蛇。山崩，压杀五人及五女。蜀王封弟葭萌于汉中，号苴侯，命其邑曰葭萌。前汉葭明县。后汉曰葭萌。今四川昭化县。苴侯与巴王为好，巴与蜀仇，故蜀伐苴。苴侯奔巴，求救于秦。周慎王五年（前316年），秦惠文王后九年，入战国后百六十五年。案常璩言蜀事，虽据传说，然年代地理等，必多兼采古书，非二者暗合也。秦使大夫张仪、司马错从石牛道伐灭蜀。因取巴，执巴王以归。案巴之众为氐，汉世数从征伐。其后北出，为五胡之一，而留居渝水之獠大昌。蜀，汉世亦称叟。魏、晋、南北朝皆叟蜀并称，亦曰賨。近人谓暹罗本族称氏(Tai)，其分族则曰暹(Sham)，曰獠(Lao)。暹与蜀及賨、叟同音，獠即汉之骆，后汉之哀牢，南北朝、隋、唐之獠，今之犵狫。暹罗之族，本自北而南;《明史》谓其本分暹与罗斛二国。后罗斛强，并暹地，称暹罗斛，亦即蜀与獠也。《华阳国志》谓巴治江州，今四川江北县。后徙阆中。今四川阆中县。案《左氏》：桓公九年（前703年），巴子使韩服告于楚，请与邓为好。楚使道朔将巴客以聘于邓。邓南鄙鄾人，攻而夺之币。庄公九年（前685年），楚与巴共伐申。文公十六年（前611年），巴人从楚灭庸。哀公十八年（前477年），巴人伐楚，败于郑。盖其国在楚、邓间，去武关甚近。故《史记·商君列传》赵良称五羖大夫“发教封内，而巴人致贡”也。此岂剑外之国？《史记·三代世表》：褚先生言：“蜀，黄帝后世也。至今在汉西南五千里。常来朝降，输献于汉。”《索隐》云：“《系本》蜀无姓。相承云：黄帝后世子孙也。”此盖西南边徼叟人部族，中国妄称为黄帝后，为是说者之意，盖亦以昌意娶蜀山氏女，为战国时巴、蜀之蜀，可以测扬雄、常璩等致误之由。《索隐》又引《蜀王本纪》，谓朱提今四川宜宾县。有男子杜宇，从天而下。《水经·江水注》引来敏《本蜀论》，则谓荆人鳖令死，其尸随水上，至汶山下，复生，起见望帝，望帝立以为相。望帝者，杜宇也，从天下。女子朱利，自江源出，为宇妻。时巫山峡，蜀水不流。望帝使令凿巫峡通水，蜀得陆处。望帝遂以国禅，号曰开明。《华阳国志》则言朱提有梁氏女利，游江源，宇纳为妃。移治郫邑，或治瞿上。则望帝实起岷江下流，溯江而上；开明本楚人，入篡其国，与庸及微、卢、彭、濮等何涉？而安得从武王以伐纣耶？《史记·秦本纪》及《六国表》：厉公二年，周元王二年（前474年），入战国后六年。蜀人来赂。二十六年，周定王十八年（前451年），入战国后三十年。左庶长城南郑。躁公二年，周定王二十八年，入战国后四十年。南郑反。惠公十三年，周安王十五年（前387年），入战国后九十四年。伐蜀，取南郑。惠文王元年，周显王三十二年（前346年），入战国百四十四年。蜀人来朝。其间南郑属蜀者，五十余年，《华阳国志》所谓卢帝攻秦至雍者，当在是时。蜀之雄张，盖至斯而极。然往来稔，而秦觊觎之志亦于是而启。石牛之遗，盖亦犹智伯欲伐仇犹而遗之钟；至五丁力士因迎五女而亡，则又微见蜀之末君，重色而轻士也。蔡泽说范雎曰：“今君相秦，栈道千里，通于蜀、汉。”据《史记》本传，雎相秦在昭王四十一年（前266年）至五十二年（前225年），周赧王四十九年至其亡之明年，入战国后二百十五年至二百二十六年。乃蜀亡后之五十年也。秦与蜀之交通，盖至斯而大辟。然蜀之自南而北，非自北而南，则皎然矣。故曰：秦所灭之蜀，非从武王伐纣之蜀也。

《后汉书·南蛮传》云：“巴郡南郡蛮，本有五姓：巴氏、樊氏、瞫氏、相氏、郑氏，皆出于武落钟离山。在今湖北长杨县。其山有赤黑二穴。巴氏之子，生于赤穴；四姓之子，皆生黑穴。未有君长，俱事鬼神。乃共掷剑于石穴，约能中者奉以为君。巴氏子务相，乃独中之。众皆叹。又令各乘土船，约能浮者当以为君。余姓悉沉，惟务相独浮。因共立之，是为廪君。乃乘土船，从夷水至盐阳。夷水，今清江。盐水有神女，谓廪君曰：此地广大，鱼盐所生，愿留共居。廪君不许。盐神暮辄来取宿，旦即化为虫，与诸虫群飞，掩蔽日光，天地晦冥。积十余日，廪君伺其便，因射杀之，天乃开明。廪君于是君乎夷城，四姓皆臣之。廪君死，魂魄化为白虎。巴人以虎饮人血，遂以人祠焉。及秦惠王并巴中，以巴氏为蛮夷君长，世尚秦女。其民爵比不更，有罪得以爵除。其君长，岁出赋二千一十六钱；三岁一出义赋千八百钱。其民，户出幏布八丈二尺，鸡羽三十鍭。”又云：“板楯蛮夷者：秦昭襄王时，有一白虎，常从群虎，数游秦、蜀、巴、汉之境，伤害千余人。昭王乃重募国中：有能杀虎者，赏邑万家，金百镒。时有巴郡阆中夷人，能作白竹之弩，乃登楼射杀白虎。昭王嘉之，而以其夷人，不欲加封，乃刻石盟要：复夷人顷田不租，十妻不算。伤人者论，杀人者得以倓钱赎死。盟曰：秦犯夷，输黄龙一双；夷犯秦，输清酒一钟。夷人安之。”又云：“阆中有渝水。其人多居水左右，天性劲勇。初为汉前锋，数陷阵。俗喜歌舞。高祖观之，曰：此武王伐纣之歌也。乃命乐人习之，所谓巴渝舞也。”《华阳国志》说略同，而作武帝。史事非高祖所知，作武帝是也。《礼记·祭统》曰：“舞莫重于《武宿夜》。”《疏》引皇氏云：“师说，《书传》云：武王伐纣，至于商郊，停止宿夜，士卒皆相乐，歌舞以待旦，因名焉。”此说而信，则巴氏之先，亦有从于牧野之师者矣。

《诗·商颂》曰：“昔有成汤，自彼氐、羌，莫敢不来享，莫敢不来王，曰商是常。”则氐、羌非徒从牧野之师，殷初即与于王会矣。《左氏》:僖公二十一年（前639年），秦、晋迁陆浑之戎于伊川。三十二年（前628年），殽之役，晋兴姜戎。襄公二十四年（前549年），范宣子数戎子驹支曰:“来，姜戎氏。昔秦人追逐乃祖吾离于瓜州。乃祖吾离，被苫盖，披荆棘，以来归我先君。我先君惠公有不腆之田，与女剖分而食之。”驹支对曰：惠公“谓我诸戎，是四岳之胄裔也，毋是翦弃”。昭公九年（前533年），晋梁丙、张趯帅阴戎伐颍。王使詹桓伯辞于晋，谓“允姓之奸，居于瓜州，伯父惠公归自秦，而诱以来”。二十二年（前520年），晋籍谈、荀跞帅九州之戎，以纳王于王城。王城人败陆浑于社。然则陆浑之戎、姜戎、阴戎、九州之戎是一。允姓，居于瓜州，而为四岳之胄裔也。《史记》之九侯，《明堂位》作鬼侯，则《诗》称殷商“覃及鬼方”，正指纣脯九侯之事。《易》言高宗伐鬼方，《大戴记》言陆终取于鬼方氏，皆氐、羌部落矣。《汉书·地理志》：敦煌郡，今甘肃敦煌县。杜林以为古瓜州，地生美瓜。附会可发一噱。宋翔凤《过庭录》谓《诗》“我征自西，至于艽野”之艽野即鬼方，亦即《礼记·文王世子》“西方有九国焉”之九国，《列子》称相马者九方皋，乃以国为氏，艽野即鬼方。其说却殊精审也。

历代为中国患者莫如狄。古代之北狄，《史记》悉入之《匈奴传》中，后人遂皆视为匈奴之伦，其实非也。匈奴乃《管子》书所谓骑寇，见《小匡篇》。古代之北狄，则类南北朝之山胡。骑寇皆居原野，能合大群；其战也多骑，疾捷利侵略，常为农工商国之大害。居山地者，则不能合大群；其战也多步；以文明程度之低，戎器亦常窳劣；患止乘间钞暴而已。我国自春秋以前，实未尝与骑寇遇，即战国时，所遇者亦小部落；先秦之世，未尝以北族为患，由此也。北狄与我交涉最早者，据书传所载，当为獯鬻，《史记·五帝本纪》称黄帝“北逐獯鬻”是也。以后来之事观之，獯鬻皆在今陕西，黄帝都在彭城，势不相及，则《史记》此文，殆不足据。周代事迹，传者较详，戎狄之事可考者亦较多。《孟子》言大王事獯鬻，文王事昆夷。《梁惠王下》。獯鬻即猃狁；昆夷即犬夷，亦即串夷；盖当时西方两大部落，其事已见第八章第五、第八两节。《史记·匈奴列传索隐》：“应劭《风俗通》曰：殷时曰獯鬻，改曰匈奴。晋灼曰：尧时曰荤鬻，周曰猃狁，秦曰匈奴。韦昭曰：汉曰匈奴，荤鬻其别名。”《诗·采薇毛传》：“猃狁，北狄也。”《笺》曰：“北狄匈奴也。”《孟子·梁惠王下》赵《注》：“熏鬻，北狄强者，今匈奴也。”《吕览·审为高《注》：“狄人猃狁，今之匈奴。”则以猃狁、獯鬻、匈奴为一，汉人殆无异说。《诗·皇矣》：“串夷载路。”《笺》云：“串夷即混夷。”《疏》云：“《书传》作畎夷，盖犬、混声相近，后世而作字异耳。或作犬夷，犬即畎，字之省也。”予昔以昆夷即胡字音转，谓与匈奴是一。由今思之，殊无确据，惟猃狁当西周时极强大，其后遂无闻焉，则或随中国之开拓而北走，为战国时之匈奴，未可知耳。周室东迁之后，其患遂诒诸秦。《史记》所谓自陇以西，有绵诸、汉绵诸道，在今甘肃天水县东。绲戎、《正义》：“颜师古云：混夷也。韦昭云：《春秋》以为犬戎。”翟獂之戎；汉獂道县，在今甘肃陇西县东北。岐、梁山、泾漆之北，有义渠、秦北地郡，治义渠，今甘肃宁县西北。大荔、《索隐》：“《秦本纪》：厉共公伐大荔，取其王城。后更名临晋，故《地理志》云：临晋，故大荔国也。”今陕西朝邑县。乌氏、汉乌氏县，在今甘肃平凉县西北。朐衍之戎《索隐》：“《地理志》：朐衍，县名，在北地。”《正义》：“《括地志》云：盐州，古戎狄居之，即朐衍戎之地。秦北地郡也。”唐盐州，今宁夏盐池县。者也。其中以义渠为最强，至昭王时，乃为秦所灭。见《史记·匈奴列传》。其余兴亡之事，不可悉考，然汉世皆列为县、道，必沿自秦代者也。在东方者，河南有扬拒、泉皋、伊洛之戎，见《左氏》僖公十一年。杜《注》：“扬拒、泉皋，皆戎邑。及诸杂戎居伊水、洛水之间者。今伊阙北有泉亭。”案伊洛之戎，《春秋》作雒戎，见文公八年。

《释文》云："本或作伊洛之戎，此后人妄取传文加之耳。"又有蛮氏，杜《注》："河南新城县东南有蛮城。"在今河南临汝县。本居茅津，亦称茅戎。《公羊》作贸戎。与陆浑密迩。蛮氏地入于晋。扬拒、泉皋、伊洛之戎，地入于周。在河北者为赤狄、白狄。赤狄种落，见于《春秋》者：有潞氏、今山西潞城县。宣公十五年。甲氏、今河北鸡泽县。留吁。今山西屯留县。宣公十六年。《左氏》多铎辰今山西长治县。宣公十六年。及廧咎如。成公三年。《公羊》作将咎如。今山西乐平县。《左氏》云："晋郤克、卫孙良夫伐廧咎如，讨赤狄之余焉。"刘炫谓廧咎如即赤狄之余。杜预谓晋灭潞氏，余民散入廧咎如，故讨之。又有东山皋落氏，《水经·河水注》："清水流经皋落城北。服虔曰：赤翟之都。世谓之倚亳城。"地在今山西垣曲县西北。见《左氏》闵公二年，亦不云为赤狄，杜《注》谓赤狄，别种，未知何据。赤狄在今山西、河北，地皆入于晋。白狄，《左氏》成公十三年，晋侯使吕相绝秦曰："白狄及君同州。"盖即《史记·匈奴列传》所谓居圁、洛之间者，而杜氏以鲜虞、今河北定县。肥、今河北藁城县。昭公十二年（前530年）。鼓，今河北晋县。昭公二十二年。皆为白狄，亦未知其何据也。肥、鼓地亦入晋，鲜虞至战国时曰中山，灭于赵。与晋密迩者，又有无终。襄公四年（前569年），尝请成于晋。晋侯欲弗许，魏绛劝晋侯许之。昭公元年（前541年），晋又败其众于太原。杜预谓山戎、北戎、无终三者是一。案北戎之见于《左氏》者，隐公九年（前714年），侵郑，桓公六年（前705年），侵齐；其见于《春秋》者，僖公十年（前650年），齐侯、许男伐北戎；山戎，群籍皆云其病燕；则其绵地甚广，杜氏盖谓无终亦其种落之一也。《管子》言山戎，多与孤竹、令支并举。见《大小匡》《轻重甲》等篇。令支亦作离支，或云即《禹贡》之析支，与昆仑、渠搜并列者。《汉志》：朔方郡有渠搜县。今绥远鄂尔多斯右翼后旗故朔方城东。右北平无终，故无终子国。今河北蓟县。辽西郡令支有孤竹城。今河北迁安县。又《小匡篇》言桓公破屠何。孙诒让谓“即《周书·王会篇》之不屠何。《墨子·非攻》云：且、不一著何，亡于燕、代、胡、貉之间。且当作柤。不一著何，则不屠何之衍误。后为汉辽西之徒河县”。今辽宁锦县。孙氏说见《墨子闲诂》。盖当中国开拓时，此诸部落，奔进塞外，后亦列为编户矣。屠何，《管子》以为骑寇，盖其地已偏北。至燕、赵拓土，所遇之骑寇乃益多。在代北者，以林胡、《括地志》云在朔州。今山西朔县。楼烦汉楼烦县，属雁门。在今雁门关北。为大，后皆服于赵。匈奴又在其北，但为李牧所攘斥，见《史记·廉颇蔺相如列传》。而未能列为编户，至秦、汉时，遂收率北方种落，为中国之大患焉。在燕北者为东胡。《史记》云：“燕有贤将秦开，为质于胡，胡甚信之，归而袭破走东胡，东胡却千余里。燕筑长城，自造阳在上谷。至襄平，今辽宁辽阳县。置上谷、渔阳、右北平、辽西、辽东郡以拒胡。”案东胡在汉初居匈奴东，冒顿袭破之。其后匈奴单于庭直代、云中，而左方王将居东方，直上谷，似即东胡旧地。然则五郡未开时，东胡当居上谷；其渔阳、右北平、辽西、辽东，则涉貉、朝鲜、肃慎之地也。

貉：有以为在北方者，《孟子·告子》赵《注》、《周官·职方》郑《注》、《说文·豸部》貉下说解是也。有以为在东北者，《周官·貉隶》郑《注》、《郑志·答赵商问》《诗·韩奕》及《周官疏引》。《说文·羊部》羌下说解是也。然只与夷蛮连文，《荀子·劝学》：“干越、夷、貉之子，生而同声，长而异俗。”《诗·鲁颂》：“淮夷蛮、貉。”《论语·卫灵公》：“虽蛮貉之邦，行矣。”不与戎狄并举，即可知其本在东南。《三国志·夫夫传》：“其耆老自说古之亡人，其印文言‘涉王之印’，国有故城名涉城。”句丽、百济，皆出夫余。沃沮耆老，自谓与句丽同种诸国法俗，绝类有殷，如在国衣尚白，祭天以殷正月是也。《博物志》记徐偃王卵生，与《魏书》句丽始祖朱蒙之生绝相类。《博物志》曰：“徐君宫人，娠而生卵，以为不祥，弃之水滨。独孤母有犬，名鹄仓，猎于水滨，得所弃卵，衔以东归。独孤母以为异，覆暖之，遂蜉成儿。生时正偃，故以为名。徐君宫中闻之，乃更录取。长而仁智，袭徐君国。后鹄仓临死，生角而九尾，实黄龙也，偃王令葬之，徐界中今见狗垄。"《魏书·高句骊传》曰："高句骊者，出自夫余。自言先祖朱蒙。朱蒙母，河伯女，为夫余王闭于室中。为日所照，引身避之，日景又逐，既而有孕。生一卵，大如五升。夫余王弃之。与犬，犬不食。弃之于路，牛马避之。后弃之野，众鸟以毛茹之。夫余王割剖之，不能破。遂还其母。以物裹之，置于暖处。有一男，破壳而出。及其长也，字之曰朱蒙。其俗言朱蒙者，善射也。"案《后汉书·夫余传》，言其始祖东明事，与此亦颇相类。疑貉实江、淮间族，渐徙而北者。《韩奕》之诗曰："溥彼韩城，燕师所完，王锡韩侯，其追其貉。"王肃、孙毓，皆以此燕为北燕，以涿郡方城县之寒号城为韩侯城。见《释文》及《水经·圣水注》。方城，今河北固安县。其实《诗》明言韩姞，则此燕实为南燕。貉多与涉连称，亦或单称涉。《续汉书·郡国志》：行唐今河北行唐县。有石臼河。《寰宇记》：平山县，"隋《图经》：房山，涉水出焉。亦谓之石臼河。又谓之行唐水。出行唐，东入博陵，今河北安平县。谓之木刀沟。一谓之袈裟水。南流入滹沱"。今在平山县西，仍谓之木刀沟。又《水经·浊漳水注》："清漳径章武县故城西，故秽邑也，枝渎出焉，谓之涉水。"章武故城，在今河北沧县东北。地固皆与燕相近也。东北名国，莫如朝鲜。箕子初封，安得在辽东之表？谓在沙丘以北，则近之矣。《史记·赵世家》：山阳侯朱书曰："予将赐女林胡之地。至于后世，且有伉王，奄有河宗，至于休溷诸貉。"《燕世家》谓"燕北迫蛮貉"。《汉书·高帝纪》：四年（前203），"北貉燕人，来致枭骑助汉"。《史记·货殖列传》言："燕东绾貉、朝鲜、真番之利。"则涉貉、朝鲜，亦随燕之开拓而东北徙无疑矣。貉族文明程度最高，南化三韩，东渐日本。缅彼震方，实资启发。而弱水旧墟，转为鲜卑所荐食。谓晋初夫余为慕容氏所破。

弱水，今松花江也。近世论者，谓其关系之大，不在中央亚细亚，自印度日耳曼人之手，转入土耳其人之手之下焉。见傅斯年《东北史纲·第四章下》。肃慎者，金源、满清之先，当周武王时，曾以楛矢石砮为贡，事见《国语》《鲁语》《史记》《孔子世家》《说苑》。《辨物》后世居松花江滨。其所贡之物如故，故知其民族必同。詹桓伯之辞晋，以之与燕亳并列，为武王克商后之北土。南北二燕，相距本不甚远，见第九章第八节。亳即商都，多在河北。已见第八章第二、第四节。其初亦内地民族也。

古又有所谓长狄者，说颇诡异，然细按之，实无甚不可解也。长狄事见《春秋》文公十一年。《经》文但云狄而已，三传则皆以为长狄。《公羊》云记异，而不言其所以异。《谷梁》谓其“弟兄三人，佚宕中国，瓦石不能害。叔孙得臣，最善射者也。射其目，身横九亩。断其首而载之，眉见于轼”。则竟类《齐谐》志怪之谈矣。然《左氏》记其兄弟五人获于宋、鲁、晋、齐、卫，而云“鄋瞒由是遂亡”，则亦当时一氏族。《国语·鲁语》：“吴伐越，堕会稽，得节专车。使问仲尼。仲尼曰：昔禹致群神于会稽之山，防风氏后至，禹杀而戮之，其节专车。客曰：防风何守？仲尼曰：汪罔国之君也，守封禺之山，漆姓。在虞、夏、商为汪罔氏，于周为长翟氏，今谓之大人。客又曰：人长之极几何？仲尼曰：僬侥氏三尺，短之至也。长者不过十之，数之极也。”《史记·孔子世家》。《说苑》《家语·辨物篇》略同。《史记》《说苑》皆作釐姓。《说苑》云：“在虞、夏为防风氏，商为汪芒氏。”《说文》曰：“在夏为防风氏，殷为汪芒氏。”黄丕烈《校刊明道本国语札记》曰：“漆当为淶之讹。釐、淶声相近，于古为同字也。”然则人长三丈，乃出仲尼推论，身横九亩等说，则王充所谓语增者耳。实无足怪也。僬侥氏，林惠祥谓即黑种之尼革利罗 (Negrillo)，《梁书》所载黝、歙短人是其族。见所著《中国民族史》第十八章。案此种人唐代犹有之。《唐书·卓行传》：阳城为道州刺史。“州产侏儒，岁贡诸朝。城哀其生离，无所进。帝使求之。城奏曰：州民尽短。若以贡，不知何者可供。自是罢。州人感之。”白居易《新乐府》曾咏其事。《道州民》。必非虚诬。体质特异之民，前世本非无有，以中国之大，而偶有一二错居，实极寻常事也。

第二节　先秦疆域

汉族之发展，及汉族以外诸民族之情形，既已知其大略，则先秦之世之疆域，有可得而进言者。疆域有山川道里可稽，本最易晓，然古书多辞不审谛，传述又有讹误，加以虚拟之辞、附会之说，非理而董之，固无以见其真际也。

言古代地理，有数字可稽者，莫如服之里数及封建国数。然其不可信亦最甚。五服之说，见于《禹贡》，曰：“五百里甸服，百里赋纳总，二百里纳铚，三百里纳秸服，四百里粟，五百里米。五百里侯服，百里采，二百里男邦，三百里诸侯。五百里绥服，三百里揆文教，二百里奋武卫。五百里要服，三百里夷，二百里蔡。五百里荒服，三百里蛮，二百里流。”《周官·职方》，则有九服之说，曰：“方千里曰王畿，其外方五百里曰侯服，又其外方五百里曰甸服，又其外方五百里曰男服，又其外方五百里曰采服，又其外方五百里曰卫服，又其外方五百里曰蛮服，又其外方五百里曰夷服，又其外方五百里曰镇服，又其外方五百里曰藩服。”说《禹贡》者：今《尚书》欧阳、夏侯说，谓中国方五千里，《王制正义》引《五经异义》。史迁同。《诗·商颂正义》，按《史记·夏本纪》：令天子之国以外五百里甸服，甸服外五百里侯服，侯服外五百里绥服，绥服外五百里要服，要服外五百里荒服。《古尚书》说，五服旁五千里，相距万里。《王制正义》引《五经异义》。贾逵、马融谓甸服之外，每百里为差，所纳总、秸、粟、米者，是甸服之外，特为此数。其侯服之外，每言三百、二百里者，还就其服之内别为名，非是服外更有其地。《诗·商颂正义》。是为三千里。相距方六千里。《禹贡正义》。许慎按：以今汉地考之，自黑水至东海，衡山之阳至于朔方，经略万里，从《古尚书》说。《王制正义》引《五经异义》。郑玄则云：尧制五服，服各五百里。要服之内四千里曰九州岛，其外荒服曰四海。禹所弼五服之残数，每言五百里一服者，是尧旧服。每服之外，更言三百里、二百里者，是禹所弼之残数。亦每服者合五百里，故有万里之界焉。去王城五百里曰甸服。其弼当男服，去王城二千里。又其外五百里为绥服，去王城二千五百里。其弼当卫服，去王城三千里。其外五百里为要服，与周要服当作蛮服。相当，去王城三千五百里。四面相距为七千里，是九州之内也。要服之弼，当其夷服，去王城四千里。又其外五百里曰荒服，当镇服。其弼当蕃服，去王城五千里。四面相距，为方万里也。《诗·商颂正义》引郑《皋陶谟》"弼成五服，至于五千"《注》。封建国数，《王制》云："凡四海之内，九州州方千里。州建百里之国三十，七十里之国六十，五十里之国百有二十，凡二百一十国。名山大泽不以封。其余以为附庸间田。八州，州二百一十国。天子之县内，方百里之国九，七十里之国二十有一，五十里之国六十有三，凡九十三国。名山大泽不以朌。其余以禄士，以为闲田。凡九州，千七百七十二国。天子之元士诸侯之附庸不与。"《周官·职方》云："凡邦国千里，封公以方五百里则四公，方四百里则六侯，方三百里则七伯，《注》："方千里者，为方百里者百，以方三百里之积，以九约之，得十一有奇。云七伯者，字之误也。"方二百里则二十五子，方百里则百男以周知天下。"《异义》：《公羊》说，殷三千诸侯，周千八百诸侯。《古春秋左氏》说，禹会诸侯于涂山，执玉帛者万国。唐、虞之地万里，容百里地万国，其侯伯七十里，子男五十里。余为天子闲田。许慎按：《易》曰：万国咸宁。《尚书》曰：协和万邦。

从《左氏》说。郑驳云：诸侯多少，异世不同。万国者，谓唐、虞之制也。武王伐纣，三分有二，八百诸侯，则殷末千二百也。至周公制礼之后，准《王制》千七百七十三国，而言周千八百者，举其全数。《王制正义》引。其注《王制》云："《春秋传》云：禹会诸侯于涂山，执玉帛者万国。言执玉帛，则是惟谓中国耳。中国而言万国，则是诸侯之地，有方百里，有方七十里，有方五十里者，禹承尧、舜而然矣。要服之内，地方七千里，乃能容之。夏末既衰，夷狄内侵，诸侯相并，土地灭，国数少。殷汤承之，更制中国方三千里之界，亦分为九州，而建此千七百七十三国焉。周公复唐、虞之旧域，分其五服为九，其要服之内，亦方七千里，而因诸侯之数，广其土，增其爵耳。"郑氏之意，专欲以古今相牵合。其注《易·系辞传》阳一君而二民，阴二君而一民云："一君二民，谓黄帝、尧、舜，谓地方万里，为方千里者百，中国民居七千里，七七四十九，方千里者四十九，夷狄之民，居千里者五十一，是中国夷狄，二民共事一君。二君一民，谓三代之末，以地方五千里，一君有五千里之土，五五二十五，更足以一君二十五，始满千里之方五十，乃当尧、舜一民之地，故云二君一民。实无此二君一民，假之以地为优劣也。"《王制正义》。亦此意也。按服制及封建之制，皆古人虚拟之辞。古本无方五千里若方万里之封，春秋、战国之世乃有之，学者欲设立制度，以治此广大之地，而郡县之制非其意想所及，乃各就封建之制，以意更张，有所假设。其发抒其说也，不曰己意如是，而以傅诸古人，则当时之人，立言大率如是。一时代自有一时代语言之法。如其法以求之，原亦不足为怪，以为实有其事则慎矣。《禹贡》时代较早，其时封域，盖尚较狭，故设为五千里之封。《周官》时代较晚，封域愈广，故其经略遂至万里也。许慎以《易》与《尚书》之文，而信古有万国；以汉代经略所及，而谓五服相距万里；已为非是。郑玄更设为黄帝、尧、舜暨三代之末盛衰广狭之说，一似古书所述，皆为实事者，则疑误后人矣。

九州之说，有山川以为疆界，似乎较易征实，然其为虚拟亦同。《禹贡》九州，除冀州不言疆界外。济、河惟兖州。海、岱惟青州。海、岱及淮惟徐州。淮、海惟扬州。荆及衡阳惟荆州。荆、河惟豫州。华阳、黑水惟梁州。黑水、西河惟雍州。约苞黄河、长江两流域。《尔雅·释地》云：两河间曰冀州。河南曰豫州。河西曰雍州。汉南曰荆州。江南曰扬州。济、河间曰兖州。济东曰徐州。燕曰幽州。齐曰营州。营州即青州无疑。校《禹贡》，少梁州而多幽州。《吕览·有始览》曰：河、汉之间为豫州，周也。两河间曰冀州，晋也。河、济间曰兖州，卫也。东方为青州，齐也。泗上为徐州，鲁也。东南为扬州，越也。南方为荆州，楚也。西方为雍州，秦也。北方为幽州，燕也。说与《尔雅》同。《周官·职方》云：东南曰扬州。正南曰荆州。河南曰豫州。正东曰青州。河东曰兖州。正西曰雍州。东北曰幽州。河内曰冀州。正北曰并州。较《禹贡》更多并州而少徐州。窃疑幽州之增，在北燕盛强以后；并州之增，以赵拓境之广；《周官》无徐州者，鲁已并于楚也；《禹贡》而外，三说皆无梁州，则知《禹贡》之梁州，必不苞今四川境。何则？《禹贡》无幽、并，知其时燕尚未强，太原以北尚未启，其时代实早于《尔雅》《吕览》《周官》。《尔雅》《吕览》《周官》尚未及巴、蜀，况《禹贡》乎？观此，弥知为雍、梁二州之界之黑水之不可以凿求，而予谓作《禹贡》者，初亦不审黑水之所在之确也。《淮南·地形》云："河水出昆仑东北陬，贯渤海，入禹所道积石山。赤水出其东南陬，西南注南海。弱水出穷石，至于合黎，余波入于流沙。绝流沙，南至南海。洋水出其西北陬，入于南海：凡四水者，帝之神泉。以和百药，以润万物。"此篇述八殥、八纮、八极，皆自东北而东，而东南，而南，而西南，而西，而西北，而北，《禹贡》除特首冀州外，余八州之次亦然，足征其同本旧说。《淮南》弱水，必出西南，今本乃后人据《禹贡》所改，上文云："水有六品。"又云："何谓六水？曰河水、赤水、辽水、黑水、江水、淮水。"水有六品者？下文云："山为积德，川为积刑。""丘陵为牡，溪谷为牝。"阳数九，阴数六，故山有九而水有六也。六水盖于四水之外，益以江、淮，则辽水即弱水，黑水即洋水也。帝之神泉，以和百药，以润万物，乃方士荒怪之说，安得凿求所在乎？参看第七章第五节。则知九州之说，亦春秋、战国学者、以意区分耳。《汉书·地理志》云："尧遭洪水，天下分绝为十二州，使禹治之。水土既平，更制九州。"马融云："禹平水土，置九州。舜以冀州之北广大，分置并州；燕、齐辽远，分燕置幽州，齐为营州。"《史记·五帝本纪集解》。郑玄云："舜以青州越海，而分齐为营州；冀州南北太远，分卫为并州，燕以北为幽州。"《尔雅·释文》。郭璞、《尔雅注》，李巡、《释文》引。孙炎《诗·周南·召南谱疏》。以《尔雅》所说为殷制，皆类乎梦呓也。

九州为古小部中度地居民之法。已见第七章第三节。古人笃于宗教，故知识稍进，又以天文与地理相牵合。《周官》保章氏，以星土辨九州岛之地，所封之域，皆有分星，以观妖祥，此即《吕览》"天有九野、地有九州"之说。《有始览》。郑《注》云："其书亡矣，今其存可言者，十二次之分也。"此即《史记·天官书》二十八舍主十二州之说，分州之必以九或十二者以此。疆域之广狭，今古不侔，而九与十二之数不容变，则其所分必不能一致矣。《史记·孟荀列传》云：邹衍"以为儒者所谓中国者，于天下，乃八十一分居其一耳。中国名曰赤县神州，赤县神州内，自有九州，禹之叙九州是也，不得为州数。中国外如赤县神州者九，乃所谓九州也。于是有裨海环之人民禽兽，莫能相通，如一区中者，乃为一州。如此者九，乃有大瀛海环其外，天地之际焉"。《淮南·地形》曰："何谓九州？东南神州曰农土。正南次州曰沃土。西南戎州曰滔土。正西弇州曰并土。正中冀州曰中土。西北台州曰肥土。正北济州曰成土。东北薄州曰隐土。正东阳州曰申土。"所谓农土，盖即邹衍所谓赤县神州，其名亦本旧闻，非新创也。《王制》曰：“凡四海之内九州，州方千里。”《孟子》亦曰：“今海内之地，方千里者九。”《梁惠王上》。而《淮南》言：“九州之大，纯方千里。”则其所谓九州者，仅当《王制》《禹贡》之一州。邹衍所谓禹所叙九州者，乃于《王制》《禹贡》等书之一州中，复分为九。今《禹贡》《尔雅》《吕览》《周官》所言之一州，已当赤县神州者九矣。衍说之异于人者，时人谓天下之大，止于《禹贡》等书所言之九州，衍则谓有如是者九，非谓当有如是者八十一也。《淮南》又曰：“九州之外，乃有八殡，亦方千里。自东北方，曰大泽，曰无通。东方曰大渚，曰少海。东南方曰具区，曰元泽。南方曰大梦，曰浩泽。西南方曰渚资，曰丹泽。西方曰九区，曰泉泽。西北方曰大夏，曰海泽。北方曰大冥，曰寒泽。八殡之外，而有八纮，亦方千里。自东北方，曰和丘，曰荒土。东方曰棘林，曰桑野。东南方曰大穷，曰众女。南方曰都广，曰反户。西南方曰焦侥，曰炎土。西方曰金丘，曰沃野。西北方曰一目，曰沙所。北方曰积冰，曰委羽。八纮之外，乃有八极。自东北方，曰方土之山，曰苍门；东方曰东极之山，曰开明之门。东南方曰波母之山，曰阳门。南方曰南极之山，曰暑门。西南方曰编驹之山，曰白门。西方曰西极之山，曰阊阖之门。西北方曰不周之山，曰幽都之门。北方曰北极之山，曰寒门。”八极即八纮之极边，非别有其地。八殡在中国之外，为泽；八纮在八殡之外，又为陆。盖泽居之时，本族所居之洲以外为水，其外又为他族之地。《淮南》之八殡，即邹衍之裨海。以地理虽难征实，其缘起实可推求也。邃古中岳，系指泰山，已见第三章。所谓四渎，观第七章第二节所引《汤诰》，实就所居之地言之。正如宋代东、西、南、北四河之名，乃以汴梁为中所锡。《淮南》九州，名义虽难强求，然济水下流，似在正北，则其所谓神州，正泰山四面之地。《淮南》又曰“中央之美者，有岱岳以生五谷，桑、麻、鱼、盐出焉”，故称其地为农土也。华夏邃初之疆域，可以微窥矣。《王制》

曰："自恒山至于南河，千里而近。自南河至于江，千里而近。自江至于衡山，千里而遥。自东河至于东海，千里而遥。自东河至于西河，千里而近。自西河至于流沙，千里而遥。西不尽流沙，南不尽衡山，东不尽东海，北不尽恒山。凡四海之内，断长补短，方三千里。"则为春秋、战国时疆域，如《禹贡》《尔雅》《吕览》《周官》之所云者。析方三千里之地为九，固适得方千里者九也。《尔雅·释地》云："东至于泰远，西至于邠国，南至于濮铅，北至于祝栗，谓之四极。觚竹、北户、西王母、日下，谓之四荒。九夷、八狄、七戎、六蛮，谓之四海。"《明堂位》云：九夷、八蛮、六戎、五狄。郑《笺诗·蓼萧序》，与今《尔雅》同。《注》《周官》职方，布宪，则同《明堂位》。《蓼萧序疏》云：数既不同，而俱云《尔雅》，则《尔雅》本有两文。又引《郑志》答赵商问云：无国别之名，故不定。四海盖当时夷狄之地，合之则成五千里之封，《周官》所云，窃疑亦不过如此。谓四面相距，为方万里者，实误也。《尔雅》之四海，盖同《淮南》之八殥；四荒即其八纮；四极即其八极。郭《注》云"四极，四方极远之国"，"四荒次四极"，"四海次四荒"，说固不误。予昔信朱绪曾之说，《开有益斋经》说。谓邠即公刘之邑，濮为熊通所启，见第九章第二节。祝栗即涿鹿声转，谓四极在四荒之内。由今思之，实未必然。《说文·水部》：汃，西极之水也，引《尔雅》西至于汃国，则今本邠乃误字。濮族占地甚广，《尔雅》之濮铅，断不能说为熊通所启。涿鹿即彭城，更非使译所极矣。《后汉书·西域传》言：安息长老传闻条支有弱水、西王母；《后汉书·西域传》则又谓在大秦之西矣。盖于其地本不审知，徒以为西方极远之国，遂以已所知极西之地当之也。《尔雅》言四荒、四极之名，亦正如此。必求其地之所在，转致误矣。《楚辞·招魂》曰："魂兮归来，东方不可以止些。长人千仞，惟魂是索些。十日代出，流金铄石些。彼皆习之，魂往必释些。魂兮归来，南方不可以止些。雕题黑齿，得人肉以祀，以其骨为醢些。蝮蛇蓁蓁，封狐千里些。雄虺九首，往来书倏忽，吞人以益其心些。魂兮归来，西方之害，流沙千里些。旋入雷渊，爢散而不可止些。幸而得脱，其外旷宇些。赤蚁若象，玄蜂若壶些。五谷不生，藂菅是食些。其土烂人，求水无所得些。彷徉无所倚，广大无所极些。魂兮归来，北方不可以止些。增冰峨峨，飞雪千里些。"辞皆荒昧，而又非全无所因，殊足见古人所谓四海之外者为如何也。

古人之言地理，又有系据天象推测而得者。如《尔雅》言："距齐州以南戴日为丹穴，北戴斗极为空桐，东至日所出为太平，西至日所入为太蒙。"《周髀》言两极之下，夏有不释之冰，物有朝生暮获是也。古盖天家言，以地为平面。北极居中央，四面皆为南，故其南方无穷。《庄子·天下》举惠施之言曰"南方无穷而有穷"，乃反乎恒情而言之也。《吕览·有始览》曰："凡四海之内，东西二万八千里，南北二万六千里。《管子·地数》《轻重乙》《淮南·地形》《五藏山经》篇末说皆同。出水八千里，受水者亦八千里。《五藏山经》篇末同。出水者作出水之山。凡四极之内，东西五亿有九万七千里，南北亦五亿又九万七千里。"《淮南·地形》："禹乃使大章步自东极，至于西极，二亿三万三千五百里七十五步。使竖亥步自北极，至于南极，二亿三万三千五百里七十五步。"《海外东经》："帝命竖亥步自东极，至于西极，五亿十选九千八百步。一曰禹令竖亥。一曰五亿十万九千八百步。"郭《注》："选，万也。"亦系如此。非真目验所得，并非传闻之辞也。与《禹贡》等书所言地理，根源各别，不可混淆。

第十一章　社会组织

第一节　昏　制

《易》曰："有天地，然后有万物；有万物，然后有男女；有男女，然后有夫妇；有夫妇，然后有父子；有父子，然后有君臣；有君臣，然后有上下；有上下，然后礼义有所错。"《序卦》。若是乎，社会之组织，必以夫妇为之基也。虽然，此非其朔也。社会学家言：动物群居之方有二：一如人之有家，猫、虎、熊、狐则然。牝牡同居，仅以乘匹时为限，子女长成，即与父母分离，此外更各不相涉矣。一如人之结社，犬、马、猿猴则然。父母子女，永远同居累代不涣，故其群可以极大。同居时短者，势不能有语言，而人类之首出庶物，实以语言为根干，故人必社群动物，而非家庭动物。人类以男女之事为耻，及其嫉妒之情，皆非本性。妇人之爱孩稚，亦非必己之所生。邃初男女之欲，亦男求女，女求男而已，非某男求某女，某女求某男也。又人类生活程度高，一夫妇能鞠育子女至于成长者，实无之，故无论何等，家庭必与社会相维系。顾家庭之制，在人类极为普遍者，则因古人多以游猎为生。游猎之民，率好劫略，而其时生计贫窘，可掠之物甚鲜，女子遂为劫略者所垂涎。既以劫略得之，则视为财产，必谨守护，弗许他人侵犯。然其守护之也，亦视为财产而已，故苟有所取偿，则租借、馈赠，无所不可也。《汉书·地理志》言燕地，"宾客相过，以妇侍宿"。《左氏》襄公二十八年，齐庆封与卢蒲嫳易内；昭公二十八年，晋祁胜与邬臧通室；皆此俗之遗也。不特此也，男子之压制女子，使之专属于己，只施之群以外，而不施之群以内。此尤人为社群动物，而非家庭动物之铁证也。

昏姻之法，非所以奖励男女之交也，乃所以限制之，使其不得自由。何则？群而有昏姻之法，即不啻曰非依是法不得媾合，云尔。一切有为之法，悉属后起，故邃古之世，必有一男女媾合绝无限制之时，特已无可考而已。人之分其群为若干部，而各异其权利义务也，必始于年辈之不同。此乃事势之自然。大率分为老、壮、幼三级。《礼记·礼运》曰："使老有所终，壮有所用，幼有所长。"《论语·公冶长》曰："老者安之，朋友信之，少者怀之。"此古之遗言也。男女媾合之禁，亦当始于是，社会学家所谓辈行昏也。《礼记大传》曰："同姓从宗合族属，异姓主名治际会，名著而男女有别。其夫属乎父道者，妻皆母道也。其夫属于子道者，妻皆妇道也。谓弟之妻为妇者，是嫂亦可谓之母乎？名者，人治之大者也，可无慎乎？"此所言者，为宗子合族之礼。异姓来嫁者，但主于母与妇之名，而不复别其为谁某之妻，如是而男女即可云有别，此实辈行昏制，遗迹犹存者也。此外如夫兄弟、妻姊妹昏之盛行；象计谋杀舜，而云二嫂使治朕栖，见《孟子·万章上》。叔术取邾娄颜之妻，见《公羊》昭公三十一年。孟卯妻嫂，见《淮南·氾论》。皆夫兄弟昏之遗迹。妻姊妹昏，则其事甚多，不待举证，娣即其最显之证也。姊妹俱嫁一夫者，与兄弟之妻称谓之相同；《尔雅·释亲》："女子同出，谓先生为姒，后生为娣。"此谓俱嫁一夫者。又曰："长妇谓稚妇为娣妇，稚妇谓长妇为姒妇。"此谓兄弟之妻。以及叔嫂避忌之严；《礼记·曲礼》："嫂叔不通问。"《檀弓》："嫂叔之无服也，盖推而远之也。"凡避忌严者，其初必多渎乱，夫兄弟昏，大抵叔可继嫂，兄不得取弟之妻也。妻之姊妹，至后来犹颇亲暱；如《硕人》之诗，言"谭公惟私"。又《左氏》庄公十年："蔡哀侯取于陈，息侯亦取焉。息妫将归，过蔡，蔡侯曰：吾姨也。止而享之。”亦皆足为左证。《白虎通义·号篇》，谓三皇之先，“民知其母，不知其父”，盖指此时代言之矣。古父母非专称，盖凡上一辈人皆有抚育下一辈人之责。后世父兄子弟之称犹如此。然当此时，一夫一妇之制，亦已萌蘖于其间，则内昏制稍变于外昏为之也。同姓不昏之故，昔人言之者曰“男女同姓，其生不蕃”；《左氏》僖公二十三年。《国语·郑语》，史伯谓“和实生物，同则不继”即此说。曰“美先尽矣，则相生疾”。《左氏》昭公元年。以今遗传学及昔时事实按之，皆无根据，盖非其实。如真谓亲族相昏有害，则凡亲族相昏皆当禁。然各民族，罕有兼严于父族母族者，如中国，舅之子、姑之子、从母之子相昏即极盛，且行之甚久矣，然绝未见其有害也。必求其实，则司空季子所谓“黩则生怨，怨乱毓灾，灾毓灭姓”者，《国语·晋语》庶乎近之。《礼记·郊特牲》曰：“取于异姓，所以附远厚别。”厚别则所以防黩，附远则后起兼致之利也。怨乱毓灾，古盖不乏其事，而男子得女子于异部族，私为己有者，其事亦数见不鲜。鉴于争色之致斗乱，稍奖彼而禁此，后遂以为大戒矣。古淫与乱有别，见《诗·雄雉序疏》。淫不为大恶，乱则曰鸟兽行，曰禽兽行，在诛绝之科也。外昏之初，始于劫掠，说已见前。其后鉴于争夺之不可为常，则稍变为卖买。女权昌盛之地，女子不乐往嫁者，亦以服务昏代之。逮社会益演进，财权皆操于男子之手，乃复变为卖买。而生计益裕，嫁女者不复计人力之损失而求偿，而礼亦益文，则又变为聘娶，古所谓六礼也。亲迎之必以昏，凡行礼皆用昕，六礼除亲迎外，亦皆用昕。昏礼之不用乐，《郊特牲》。皆劫掠之遗迹，《世本》言：“太昊制以俪皮为嫁娶之礼。”《礼记·月令疏》。《曲礼》谓：“女子许嫁缨。”缨者，颈饰，其字从贝。缨为王氏筠所谓累增字。初只作贝。增为婴，又增为缨。贝与皮皆古代泉币，是为卖买之遗迹，赘婿即服务之遗迹也。六礼者：曰纳采，亦曰下达，男氏求昏之使也。女氏既许昏矣，乃曰：“敢问女为谁氏。”谦，不必其为主人之女也。时曰问名。纳采、问名共一使。既得许，归卜之于庙，时曰纳吉。卜而得吉，使告女氏，时曰纳征，亦曰纳币。纳币以玄纁束帛，俪皮，两麋鹿皮，见《公羊》庄公二十二年《解诂》。即今之订昏也。订昏之后，乃诹吉日。吉日男氏定之，然必三请于女氏，女氏辞而后告之，示不敢专也。时曰请期。及期，父亲醮子而命之迎。女氏之主人，筵几于庙，而拜迎于门外。婿执雁入，揖让升堂，再拜奠雁。舅姑承子以授婿。此语见《坊记》。降出，御妇车。御轮三周，先。婿下车，先行，御者代之执辔。俟于门外。妇至，婿揖妇以入。共牢而食，合卺而酳。时曰亲迎。质明，赞妇见于舅姑。厥明，舅姑共飨妇。以一献之礼。奠酬。舅姑先降自西阶，妇降自阼阶，谓之授室，以著代也。此为嫡妇之礼，与嫡子之冠于阼同，庶妇则使人醮之。以上著于礼经，《仪礼·士昏礼》。《礼记·昏义》，为《仪礼》之传。亦错见《郊特牲》篇中。为北方所行之礼。南方则颇异于是。《公羊》言楚王妻娟，桓公二年，《注》："娟，妹也。"春秋时晋嫁女于吴，《左氏》襄公二十年。鲁亦取于吴，哀公十二年。是南方不禁同姓昏也。《礼记大传》曰："六世亲属竭矣，其庶姓别于上，而戚单于下，昏姻可以通乎？系之以姓而弗别，缀之以族而弗殊，虽百世而昏姻不通者，周道然也。"则殷以前，同姓昏之禁不甚严。《秦策》：姚贾曰："太公望，齐之逐夫。"《说苑·尊贤》作出夫。《汉书·地理志》：齐襄公淫乱，姑姊妹不嫁，于是令国中：民家长女不得嫁，名曰巫儿，为家主祠；嫁者不利其家。民至今以为俗。以此等风俗为由于政令，自系汉人浅见。其实襄公之姑姊妹不嫁，或反系风俗使然。《齐策》有北宫婴儿子，撤其环瑱，至老不嫁，以善父母，盖即巫儿。而淳于髡亦为齐赘婿。《史记》本传。是东南多以女为户主也。盖农业本女子所发明。初发明时，系女耕耘而男田牧。斯时田亩、屋庐，皆为女子所有，男子皆就昏女子之家。逮农事益重，所需人力益多，乃更以男子为主。南方土沃民窳，农业演进较晚，女系族制，行之较久，故其昏姻之法，亦与北方不同也。

古有两姓世为昏姻者，如春秋时之齐、鲁是也。古虽禁同姓昏，而姑舅之子，相为昏姻者反盛，以此。社会学家言，又有所谓半部族昏者（Moieries），如以甲乙二姓，各再分为两部，甲为一、二，乙为三、四，一之昏也必于三，生子属第二部，其昏也必于四，生子属第一部，其昏也又必于三。如是，则祖孙为一家人，父子非一家人矣，古昭穆之分似由此。“孙可以为王父尸，子不可以为父尸”，《礼记·曲礼》。殇与无后者，必从祖祔食而不从父，《曾子问》。实与“神不歆非类，民不祀非族”之理相通也。《左氏》僖公十年。

群以内，虑其以争色致斗乱也，而外昏之制，一时不能遍行，不能人人在部族之外得妇。乃于部族之中，推行一夫一妇之制，使于妃匹之外，不得媾合焉，此为辈行昏转变为对偶昏制之渐，古所谓合男女也。合男女之文，两见于《管子·幼官》。一在春时，一在秋时。《礼记·礼运》曰：“合男女，颁爵位，必当年德。”《易》曰“枯杨生稊，老夫得其女妻”；“枯杨生华，老妇得其士夫”；《大过》爻辞。盖即合男女而不当其年者。譬诸枯杨复生，为妖孽，此对偶昏制后于辈行昏制之征也。《管子》九惠之政，五曰合独，“取鳏寡而和合之，予田宅而家室之，三年然后事之”。《入国》。《周官》媒氏之职：“凡男女自成名以上，皆书年、月、日、名焉。令男三十而娶，女二十而嫁。凡取判妻入子者皆书之。中春之月，令会男女。于是时也，奔者不禁。若无故而不用令者罚之。司男女之无夫家者而会之。凡嫁子取妻。入币纯帛无过五两。禁迁葬者与嫁殇者。凡男女之阴讼，听之于胜国之社。其附于刑者归之于士。”盖对偶昏之制，初本以公意干涉而成，后遂设官以理其事也，惟昏姻为公意所干涉，故昏年、昏时，亦皆有其定则焉。昏年之说：《礼记·曲礼》《内则》及《谷梁》文公十二年。《周官》，媒氏。皆谓男年三十，女年二十。此说最为通行，儒家皆祖述之。《尚书大传》《白虎通义·嫁娶篇》《诗·摽有梅疏》引《五经异义·礼大戴说》。然大戴别有一说，谓太古男三十而室，女二十而嫁，而三十取、二十嫁为中古之制。《本命》。《左氏》谓国君十五而生子。《异义》引《古春秋左氏说》。按《左氏》本文，见襄公九年，《淮南·氾论》云："礼三十而取，文王十五而生武王，非法也。"《墨子·节用》，谓圣王之法，男年二十，女年十五。《韩非·外储说右下》同。《越语》勾践之令，则男年二十，女年十七。《吴越春秋·勾践伐吴外传》同。盖古昏姻之法不严，男女之交不必在嫁娶以后，嫁娶或为血气已衰后事，故为时可以较迟；后世非夫妇不许同居，则为时不得不早矣。罗维（Robert Heinrich Lowie）《初民社会》，言巴西之波洛洛人（Bororo），必年长然后结昏。未昏男子，率共居一处，掠少女为淫佚。案男女同居，本为互相辅助，此必血气既衰，欲念已淡，然后可以有恒。少年时殊难责以专一。波洛洛人之法，实较合于人之本性也。吕叔湘译。商务印书馆本。男三十，女二十，自系为之限极，使不可过。其可以嫁娶之年，则为男十六，女十四。古以男八岁而龀，二八十六而精通；女七岁而龀，二七十四而精通；《大戴本命》《白虎通义·嫁娶》《素问·上古天真论》：男子八八六十四而天癸绝，女子七七四十九而天癸绝。故男子六十闭房，妾虽老，年未满五十，必与五日之御：至七十大衰，非人不暖，则复开房。《内则》所谓"夫妇之礼，惟及七十，同藏无间"也。又云："七年男女不同席，不共食。"盖古习俗，限制男女交际，始于毁齿之年，迄于大衰之日。自兹以往，则任为人父母。太平之世，不急急于蕃育，而聘娶鞠育，皆不能无待于资财，故限极较宽，俾得从容措办。惟贵族席丰履厚，不以乏财为虑者，其配合即在能施化之年。凶荒札丧之日，急于蕃育人民，则其限极较促，墨子、韩子所言是也。《国语》言十七者？《汉书·高帝纪》二年《注》引孟康说："古者二十而傅，三年耕有一年储，故二十三而后役之。"越王之令，意盖同此。令于始化之后，得稍事措办也。昏时：《荀子·大略》曰："霜降逆女，冰泮杀止。”《繁露·循天之道》同。《诗》言“士如归妻，逮冰未畔”，其说是也。古者农民冬则居邑，春则居野。见《公羊》宣公十五年解诂，《汉书·食货志》同。田牧之世，分散尤甚。故嫁娶必始秋末，迄春初，雁来而以为礼，燕来则祀高禖，皆可见嫁娶之时节。媒氏仲春奔者不禁，盖以时过而犹不克昏，则必乏于财，故许其杀礼。《周书·籴匡》言荒政曰“嫁娶不以时”，意正同此。郑玄以二月为昏之正，非也。昏时、昏年，今古文及毛、郑异说，详见《诗·摽有梅》《绸缪》《东门之杨》三篇及《周官·媒氏疏》。

离昏之法，儒家有七弃、五不娶、三不去之说，见于《公羊》庄公二十七年《解诂》，其说曰：“尝更三年丧不去，不忘恩也。贱取贵不去，不背德也。有所受无所归不去，不穷穷也。丧妇长女不取，无教戒也。世有恶疾不取，弃于天也。世有刑人不取，弃于人也。乱家女不取，类不正也。逆家女不取，废人伦也。无子弃，绝世也。淫佚弃，乱类也。不事舅姑弃，悖德也。口舌弃，离亲也。盗窃弃，反义也。嫉妒弃，乱家也。恶疾弃，不可奉宗庙也。”《大戴记·本命》略同。《白虎通义·嫁娶篇》，仅有五不娶之说。皆男权盛张、家族特重时之法而已。妻之于夫，必义绝乃得去。所谓义绝者，悖逆人伦，杀妻父母，废绝纲纪是也。《白虎通义·嫁娶篇》。其不平等可谓已甚。然古禁止离异，初不甚严。女子再嫁，尤视为恒事。《郊特牲》曰：“一与之齐，终身不改，故夫死不嫁。”《注》：“齐谓共牢而食，同尊卑也，齐或为醮。”案作醮与齐意大异，作齐，意谓不得以妻为妾，作醮则谓不得再嫁矣。古通行之语，往往并无确诂。如“君子有终身之忧，无一朝之患”，《孟子》引以证横逆之来三自反，《离娄下》。《檀弓》则引以证“丧三年以为极，忘则勿之忘”是也。一与之齐，终身不改，盖本戒男子不得以妻为妾，后乃变为禁女子不得再嫁。意义既变，遂改齐为醮，并于其下增入“故夫死不嫁”五字矣。观郑《注》绝不及夫死不嫁义可知其所据本，犹无此五字，齐虽或改为醮，犹以不改者为正也。《仪礼·丧服》《继父同居传》，谓“夫死妻稚，子无大功之亲”，则“与之适人”。此所言者，为士大夫之家，小民之不讳再嫁可知。贞妇二字，昉见《礼记·丧服四制》，观《芣苢》《柏舟》《大车》之序于《诗》，皆见《列女传》，刘向治鲁诗。儒家亦未尝不加以称美，然此如忠臣义士，杀身成仁，谓责人人必以是为庸行，儒家固无是说也。尤有进者：古妇人三月而后庙见。“未庙见而死，归葬于女氏之党，示未成妇也。”《礼记·曾子问》。不亲迎者，亦妇入三月然后婿见。《士昏礼》。《公羊》庄公二十四年《解诂》曰：“礼：诸侯既娶，三月，然后夫人见宗庙，见宗庙然后成妇礼。父母使大夫操礼而致之。必三月者，取一时，足以别贞信也。”然则未三月而离异，犹可谓之未成昏，并不足以言离昏矣。《曾子问》曰：“昏礼，既纳币，有吉日，女之父母死，则如之何？孔子曰：婿使人吊。如婿之父母死，则女之家亦使人吊。父丧称父，母丧称母，父母不在则称伯父世母。婿既葬，婿之伯父，致命女氏曰：某之子有父母之丧，不得嗣为兄弟，使某致命。女氏许诺而弗敢嫁，礼也。婿免丧，女之父母使人请，婿弗取而后嫁之，礼也。女之父母死，婿亦如之。”一造相待三年，一造反可随意废约其事殊不近情，故后人多有疑之者。然一造相待三年，一造犹可废约，则当一造遭丧之际，一造之得废约可知。所谓免丧而犹使人请，仅彼造无意废约时为然耳。此文女氏许诺而弗敢嫁之语，颇有语病，苟不以辞害意，其说实无足疑也。在行对偶昏制之日，离昏总非公意所欲，故总必略有限制。《管子·大匡》谓“士庶人毋专弃妻”，《小匡》谓“士三出妻，逐于境外；女三嫁，入于舂谷”是也，然其限制，亦不过如是而已。

昏礼本意，“在于男不亲求，女不亲许”。《公羊》庄公十四年《解诂》。非徒以防黩乱也，既为昏姻，则其身若其子孙，权利义务，咸有关系，故必有人焉居间以证明之。“男女非有行媒，不相知名；非受币，不交不亲；故日月以告君，斋戒以告鬼神，为酒食以召乡党僚友"，《曲礼》。其意皆不外此而已。然此亦特仪文，配匹之际，固未尝不顾本人之愿欲。《左氏》昭公元年，郑徐吾犯之妹美，公孙楚聘之矣，公孙黑又使强委禽焉。犯请于二子，请使女择焉，即其征也。哀公十一年，晋悼公子慭亡在卫，使其女仆而田。太叔懿子止而饮之酒，遂聘之。则男女固未尝无交际，亦未尝禁其相爱悦，特不当不用媒妁，如鲁季姬径使鄫子来请己而已。《公羊》僖公十四年。昏礼不称主人，又隐公二年。特礼之文而非其实。昏姻全不问本人之愿欲与否，乃后世之流失，非古礼本然也。

人类群居，亦有家族社群二者，而家族实为女子之敌，以其禁锢女子必甚也。《内则》曰："礼始于谨夫妇，为宫室，辨外内，男子居外，女子居内。深宫固门，阍寺守之。男不入，女不出。"其极，遂至夫人既嫁，非有大故不得归矣。《公羊》庄公二十年。案《战国·赵策》：触詟谓赵太后曰："媪之送燕后也，持其踵，为之泣，念悲其远也，亦哀之矣。已行，非弗思也，祭祀必祝之。祝曰：必勿使反。"则此礼当时列国皆行之，非空谈也。此固惟贵族之家为然。然《管子·八观》言："闾闬无阖，外内交通，则男女无别矣。"又曰："食谷水，巷凿井，场圃接，树木茂，宫墙毁坏，门户不闭，外内交通，则男女之别无自正矣。"《汉书·地理志》，谓郑"山居谷汲，男女亟聚会，故其俗淫"。则民间之防闲，亦未尝不严也。所以然者，家必自私，自私者恐其种类之乱，又虑其财产之失，而二者皆非禁锢女子不可，故淫佚、盗窃，并列于七出之条也。《曾子问》曰："取妇之家，三日不举乐，思嗣亲也。"《郊特牲》曰："昏礼不贺，人之序也。"《昏义》曰："成妇礼，明妇顺，又申之以著代，所以重责妇顺焉也。妇顺也者？顺于舅姑，和于室人，而后当于夫，以成丝麻布帛之事，以审守委积盖藏。是故妇顺备而后内和理，内和理而后家可长久也。"家族自私之心，昭然若揭矣。夫如是，则女子自不得不以顺为正，

《孟子·滕文公下》。以三从为德。未嫁从父，既嫁从夫，夫死从子，见《仪礼·丧服传》，《公羊》成公九年，《谷梁》隐公二年、成公九年。“子甚宜其妻，父母不说，出；子不宜其妻，父母曰：是善事我，子行夫妇之礼焉，没身不衰。”《内则》。则既屈于其夫，又屈于其夫之家审矣。夫孰使女子屈伏于羁轭之下，而丧失其天赋之人权也？则以其不系于群而系于家。孰使之不系于群而系于家？则以其所作之事，皆非以为群，而特为男子之辅助故也。故欲张女权，必自破除家族始，欲破除家族，必自人人为其群执事始。

妾之缘起有二：一曰侄娣。此为昏姻之特异者。常人本只可取一妻，男女之数，大略相等，此为生物定律。既行对偶昏制，势必使人人有妻，故无论何族，大多数人，皆行一夫一妻制。贵者则兼及其娣，又下渔及于其侄。更推广之，则取一国二国往媵，媵又各以侄娣从，是为诸侯之一聘九女。《公羊》庄公十九年。古之酋长，盖皆止于此。其后说者以天子同于诸侯为未安，乃又益之为十二焉。见《春秋繁露·爵国篇》。《白虎通·嫁娶篇》，以此列为或说。又《公羊》成公十年《解诂》，亦谓天子娶十二女。《疏》云：《保乾图》文。大夫功成受封者，得备八妾，盖同于诸侯。不则一妻二妾，有媵而不备姪娣。士一妻一妾。说见《白虎通义·嫁娶篇》。然《爵篇》云“庶人称匹夫者？匹，偶也，与其妻为偶”，而《礼器》言“匹士太牢而祭谓之攘”；又《内则》言“卜士之妻，大夫之妾，使食子”；《大匡》言“诸侯毋专立妾以为妻，士庶人毋专弃妻”，则士本无妾。《国语·周语》：密康公之母，言“王御不参一族”。韦《注》：一族，父子也，取异姓以备三。管氏有三归，孔子讥其不俭，《论语·八佾》。《集解》：包曰：娶三姓女。则大夫不得取三姓。《士冠礼记》：“无大夫冠礼而有其昏礼？古者五十而后爵，何大夫冠礼之有？”五十而后娶，其为再娶可知。古者诸侯不再娶，《公羊》庄公十九年。以其一娶九女也，大夫若有妾，安得再娶？则其初亦无妾也。《盐铁论·散不足》

曰："古者一男一女而成家室之道。其后士一妾，大夫二，诸侯有侄娣，九女而已。"则诸侯初亦无妾。此盖隆古之世，与民并耕而食，饔餐而治之君，故其昏姻之礼，初无以异于常人也。一为妾媵。此所谓媵者，与取一国二国往媵之媵异。彼当往媵之初，已有夫妇之义，此则女氏之送女者耳，犹男氏之御也。媵亦以男子为之。因男权无限，家中女子，凡所欲者，皆可奸通，于是自妻家来者，则谓之媵，家中所固有者，则谓之妾。妻以外得相交之女子，总不越此二类，故古恒以妾媵并称。后世送女之制已废，则媵之名亦废，而但称为妾也。《说文·辛部》："妾，有罪女子给事之得接于君者也。"古臣妾即后世之奴婢，初盖惟以俘虏、罪人为之。其后贵贱之别渐夷，贫富之分益显，则一变而为奔，再变而为卖矣。古有所谓游女者，实与游士无异，皆民之穷无所归者也。游士之有才技者，或为贵人食客，下者乃为奴仆。女则无事可以自效，遂皆为人婢。主人欲淫其婢，法俗皆不之禁，故古婢妾无别。然其初，固求执事以自食，非来求荐寝也。民已穷无所归，而法俗尚未许卖买人口则为奔；逮其公然行之，则奔亦变为卖矣。《曲礼》曰："买妾不知其姓则卜之。"《檀弓》曰："子柳之母死，子硕请具。子柳曰：何以哉？子硕曰：请鬻庶弟之母。"《韩非子·内储说下》："卫人有夫妻祷者，而祝曰：使我无故，得百匹布。其夫曰：何少也？对曰：益是，子将以买妾。"可见买妾之事，自贵族至庶人皆有之。《战国·秦策》："卖仆妾售乎闾巷者，良仆妾也；出妇嫁乡曲者，良妇也。"又曰："去贵妻，卖爱妾。"妻妾一可卖，一不可卖，则等级之制为之也。

古文经说之丧心害理者，莫如《礼记·昏义》。末节，其说曰："古者天子后立六宫、三夫人、九嫔、二十七世妇、八十一御妻，以听天下之内治，以明章妇顺，故天下内和而家理。天子立六官、三公、九卿、二十七大夫、八十一元士，以听天下之外治，以明章天下之男教，故外和而国治。"夫六官乃古文经说，三公、九卿、二十七大夫、八十一元士，则今文经说，二者绝不相蒙，今乃糅合为一。且三公、九卿、二十七大夫、八十一元士，自来无与内官相对照者，今则凭空造作。世妇、女御之名，取诸《周官》，然《周官》不言其数。《昏义》乃《士昏礼》之传，此节所言，事既与经无涉，文亦不类传体，谓非窜附可乎？《汉书·王莽传》：莽备和、嫔、美、御。和人三，位视公。嫔人九，视卿。美人二十七，视大夫。御人八十一，视元士。窜附者为何等人，又不待言而明矣。郑玄《檀弓注》云："帝喾而立四妃矣，象后妃四星，其一明者为正妃，余三小者为次妃。帝尧因焉。至舜不告而取，不立正妃，但三妃而已，谓之三夫人。夏后氏增以三三而九，合十二人。《春秋说》云：天子取十二，即夏制也。以虞、夏及周制差之；则殷人增以三九二十七，合三十九人。周人上法帝喾，立正妃，又三二十七为八十一人以增之，合百二十一人。其位，后也，夫人也，嫔也，世妇也，女御也，五者相参，以定尊卑。"穿凿附会，真可发一大噱。

既有妻妾之制，则嫡庶之别，不得不严，盖妾惟贵族之家有之，而贵族继嗣之际，恒启争夺之端，不得不防其渐也。《春秋繁露·三代改制质文篇》：谓主天者法商而王，立嗣予子，笃母弟，妾以子贵，妾为夫人，特庙祭之，子死则废，见《公羊》隐公五年《解诂》。主地者法夏而王，立嗣与孙，笃世子，妾不以子称贵号。盖古自有此两法，而《春秋》之张三世，则所以调和之者也。古所称三代异礼，实为民族之殊俗，或不容偏废，或可以相矫，故儒家并存之。《白虎通义·嫁娶篇》，谓嫡夫人死得再立，不以卑贱承宗庙；又列或说，谓嫡死不更立，明嫡无二，防篡杀；亦此二说之引伸而已。其《姓名篇》，谓嫡长称伯，庶长称孟。《左氏》襄公十二年（前561年），灵王求后于齐，齐侯问对于晏桓子，桓子述礼辞曰："夫妇所生若而人，妾妇之子若而人。"昭公三年（前539年），齐侯使晏婴请继室于晋，曰："犹有先君之嫡及遗姑姊妹若而人。"则古男女，嫡庶出者，似皆异长，与蒙古人同。盖子女旧属于母，故虽当男系盛行之时，随其母为贵贱之习，犹卒不易改也。

倡伎之制，世皆谓始于齐之女闾，恐非也。女闾之说，见于《战国·东周策》，谓“齐桓公宫中七市，女闾七百，国人非之。管仲故为三归之家，以掩桓公非，自伤于民”。案《周官》内宰，佐后立市。《左氏》昭公二十年，晏子亦谓齐“内宠之妾，肆夺于市”。《商君书·垦令》曰：“令军市无有女子，轻惰之民不游军市，则农民不淫。”则古女子与市，关系颇深。《商君书》军市女子，似即后世倡伎之伦，齐桓宫中七市，则不得以此为例。《史记·货殖列传》，谓中山之女子，鼓鸣瑟，跕屣，游媚贵富，入后宫遍诸侯。古贵族外淫甚难，如陈佗、晋幽公皆见杀，见第九章第八节。齐桓公说宫市之女，而召之入宫则可矣，若乐宫市而过之，度亦不过如卫灵公之所为，《史记·孔子世家》：“灵公与夫人同车，宦者雍渠参乘出，使孔子为次乘，招摇市过之。”此乃纵游观之乐，非纵淫也。谓失人君之体则有之，遽以宫市为后世之倡伎则过矣。女闾，盖即《汉志》所谓巫儿。《东周策》之意，盖亦如《汉志》之讥襄公，而言之未悉，拟诸后世之倡伎，更非其伦也。《货殖列传》又言：“赵女郑姬，设形容，揳鸣琴，揄长袂，蹑利屣，目挑心招，出不远千里，不择老少者奔富厚也。”观不择老少一语，则所接者非一人，此或与《商君书》军市之女子，同为后世倡伎之伦耳。

第二节 族 制

人类为社群动物，而非家庭动物，上章已言之。孔子言大道之行也曰：“人不独亲其亲，不独子其子；使老有所终，壮有所用，幼有所长，鳏寡孤独废疾者，皆有所养。”《礼记·礼运》。富辰亦曰：

“太上以德抚民，其次亲亲，以相及也。”《左氏》僖公二十四年。固知“各亲其亲，各子其子”，非人性之本然也。

然则人何以不合天下为一家，而家云国云，有此疆彼界之分也？曰：此由所处之境为之限。推人类之本性，其相人偶，本可以至于无穷，然情意之相通，亦必有其所凭藉。古者山无徯隧，泽无舟梁，既有以限制其往来；而语言之不同，风俗之各异，亦若为其合同之障；此其所以有国云家云之林立也。然人固无不乡大同之途而行。非必圣哲，即恒人，其所行者，虽若日争夺相杀，然其本心，未尝不有一天下为公之念，潜伏于其中。特道阻且长，非一日所能至；又其前进也，常取曲线，或不免倒行逆施耳。鸟飞准绳，固不容拘丈尺以论曲直。此识者所以深观其微，而不为一时之幻象所惑也。

人与人相亲恶乎始？曰：始于母子。社会一切现象，皆为后起，惟母之抚育其子不然。不如是，人固无由存也。人之所以异于禽兽者曰善推。知有母，则知有同母之人焉；又知有母之母焉；又知有与母同母之人焉。亲族关系，自兹而昉。田牧之世，男子日奔驰于外，抚育子女，皆由其母任之；又女子多有定居；故子女恒属于母。于文，女生为姓，职是故也。斯时之匹合，男子恒入居女子之家。《丧服》为舅缌，为从母小功，后人曲为之说，终属未安。若知女系氏族，夫从妇居，则何足异？斯时之从母，正如今之世叔父；舅之于甥，则如姑之于侄耳。夫从妇居之制，人类初知农业时则然，以斯时土地屋庐率为女子所有也。及生事益进，农业之所系益重，亦以男子为之主，则财权渐入男子手中；又男子或为酋长，或为将帅，或为巫祝，权力声望，稍与人殊，不复乐以服务求昏，昏礼复变为聘娶，而女子始隶属于男子。至于田牧之族，本以劫掠、卖买为昏者，更无论矣。有财产者，率欲传之于子；职业地位，亦多父子相传；与人交者，皆当求知其父，而不必求知其母。于是始以姓表见其为某母之子者，今则以姓表见其为某父之子焉，而母姓始易为父姓。如黄帝二十五子，得姓者十四人，《史记·五帝本纪》。显系各从其母，而禹之后为姒姓，契之后为子姓，稷之后为姬姓，则皆从其父是也。此女系氏族所由易为男系也。今所谓氏族，即古所谓姓。

古九族之制，见于《白虎通义》者：曰父属四：父之姓为一族，《五经异义》作五属之内。父女昆弟适人有子为一族。身女昆弟适人有子为一族，身女子子适人有子为一族。母族三：母之父母为一族。母之昆弟为一族。《五经异义》作母之父姓为一族。母之母姓为一族。母之女昆弟与其子为一族。妻族二：妻之父为一族。妻之母为一族。此为今《戴礼》《欧阳尚书》说，亦见《五经异义》。《诗·王风葛藟疏》引。然《白虎通义》又有一说，谓尧时父、母、妻之族俱三，周乃贬妻族以附父族，则此说犹非其朔也。《异义》述古文说，以上自高祖，下至玄孙为九族，则误以九世当之矣。族类之无服者谓之党，《礼记·奔丧》郑《注》。《白虎通义·嫁娶篇》，谓《春秋传》讥娶母党今三传皆无其文，古经说传固不能尽载也。则古母姓之不通昏，正如后世之父姓也。

《白虎通义》曰："族者，凑也，聚也，谓恩爱相流凑也。生相亲爱，死相哀痛，有会聚之道，故谓之族。"盖纯论情谊者也。又曰："宗者，尊也。为先祖主者，为宗人之所尊。"则有督责之意矣。宗有大小之分，说见《礼记大传》。《大传》曰："别子为祖，继别为宗，继祢者为小宗。有百世不迁之宗，有五世则迁之宗。宗其继别子者，百世不迁者也。宗其继高祖者，五世则迁者也。"《丧服小记》略同。《注》曰：别子为祖，"谓公子若始来在此国者，后世奉以为祖"。继别为宗，"别子之世嫡也。族人尊之，以为大宗"。继祢者为小宗，"父之嫡也。兄弟尊之，谓之小宗"。又曰："小宗四，与大宗凡五。"盖诸侯不敢祖天子，大夫不敢祖诸侯，故诸侯之子，惟嫡长继世为君，嫡长而外，悉不敢祢先君，其后世遂奉以为祖，是为别子。别子之世嫡，谓之大宗，百世不迁。世適而外，是为小宗。其子继之，时曰继祢小宗。其孙继之，时曰继祖小宗。其曾孙继之，时曰继曾祖小宗。其玄孙继之，时曰继高祖小宗。继祢者亲弟宗之，继祖者从父昆弟宗之，继曾祖者从祖昆弟宗之，继高祖者从曾祖昆弟宗之。更一世绝服，则不复来事、而自事其五服内继高祖已下者，所谓五世则迁也。然则一人之身，当宗与我同高、曾、祖、父四代之正嫡，及大宗之宗子，故曰：小宗四，与大宗凡五也。夫但论亲族之远近，则自六世而往，皆为路人矣。惟共宗一别子之正嫡，则虽百世而其抟结不散，此宗法之抟结，所以大而且久也。此谓公子也，而始适他国者，后世奉以为祖，其义实为尤要。何则？一族之人，终不能永远聚居于一处，如人口过多，须移居他处；新得属地须分封子弟治理。必有迁居他处者。迁居他处而无以治理之，不可也。虽有以治理之，而其与本族之关系遂绝，尤不可也。惟诸侯始受封，卿大夫初适异国者，皆为其地之大宗，而于故国旧家，大小宗之关系仍不绝，如周公在鲁为大宗，在周为小宗。三桓在其族为大宗，在鲁为小宗。则二者皆无可虑矣。《笃公刘》之诗曰："君之宗之。"毛《传》曰："为之君者，为之大宗也。"《板》之诗曰："大宗维翰。"《传》曰："王者，天下之大宗。"周时同姓之国，皆称周为宗周，此诸侯之宗天子也。公山不狃谓叔孙辄曰："子以小恶而欲覆宗国，不亦难乎？"《左氏》哀公八年。此大夫之宗诸侯也。滕文公欲行三年之丧，父兄百官皆不欲，曰："吾宗国鲁先君莫之行。"《孟子·滕文公上》。则诸侯亦相宗也。孟子曰："天下之本在国，国之本在家，家之本在身。"《离娄上》。以此。

古无今所谓国家，抟结之道惟在于族，故治理之权亦操诸族。族人于小宗之子，仅以本服服之，于大宗宗子，则五世而外，悉为之齐衰三月，于其母妻亦然，此庶人为君之服也。古所以特重正嫡者以此。盖但论亲情，众子相等，欲传治理之权，则众子中不得不择其一矣。继承之法，族各不同，周人则特重嫡长。正而不体，嫡孙。体而不正，庶子。正体不传重，嫡子有废疾。传重非正体，庶孙为后。皆不服三年之丧。正体传重者，则父为之斩衰三年，母为之齐衰三年。天子诸侯，以尊绝旁亲之服，大夫降一等，而于妻、长子之妻皆不降。皆于亲情之外，兼重传统也。《曲礼》曰："支子不祭，祭必告于宗子。"《内则》曰："嫡子庶子，只事宗子宗妇。虽贵富，不敢以贵富入宗子之家。虽众车徒，舍于外，以寡约入。子弟犹归器，衣服、裘衾、车马，则必献其上，而后敢服用其次也。若非所献，则不敢以入于宗子之门。不敢以贵富加于父兄宗族。若富，则具二牲，献其贤者于宗子，夫妇皆齐而宗敬焉。终事，然后敢私祭。"可以见宗子之尊矣。

《丧服传》曰："大宗者，尊之统也；大宗者，收族者也；不可以绝，故族人以支子后大宗也。嫡子不得后大宗。"又曰："何如而可为之后？同宗则可为之后；何如而可以为人后？支子可也。"然则大宗无后，族无庶子，已有一嫡子，当绝父祀，以后大宗否邪？《通典》引《石渠礼议》：戴圣曰："大宗不可绝，言嫡子不为后者，不得先庶耳。族无庶子，则当绝父以后大宗。"闻人通汉曰："大宗有绝，子不绝父。"宣帝制曰："圣议是也。"又引范宁云："《传》云：嫡子不后大宗，乃小宗不可绝之明文。"陈立曰："《传》云大宗不可绝，不云小宗不可绝。大宗所以收族，合族以食，序以昭穆，禘之大祖，殇与无后，莫不咸在，亦不至如宁所云生不教养，死不敬享也。天子建国，则诸侯于国为大宗，对天子言则小宗，未闻天子之统可绝，而国统不可绝也。诸侯立家，则卿于家为大宗，对诸侯则小宗，未闻诸侯之统可绝，而卿之家统不可绝也。卿置侧室，大夫贰宗，士隶子弟，皆可据而著见也。"《白虎通义·疏证论为人后》。可谓明辨晰矣。夫如是，则宗法与封建并行之理，可推见焉。何则？惇宗所以收族，收族则一族之人，所以自求口实也。古人谓鬼犹求食，其重祭祀，亦与其求口实之意同。古宗子皆有土之君，故能收恤其族人。族人实与宗子共恃封土以为生，故必翼戴其宗子。众建亲戚，以为屏藩，一族之人，互相翼卫，以便把持也。讲信修睦，戒内讧也。兴灭继绝，同族不相翦也。美其名曰亲亲者天下之达道，语其实，则一族之人，肆于民上，朘民以自肥而已。曷怪孔子以“大人世及以为礼”为小康之治哉？《礼运》。

有宗法，则必有支分派别；有支分派别，必有名焉以表之，是曰氏。《大传》曰：“六世亲属竭矣，其庶姓别于上，而戚单于下，昏姻可以通乎？系之以姓而弗别，缀之以族而弗殊，虽百世而昏姻不通者，周道然也。”《注》曰：“姓，正姓也，始祖为正姓，高祖为庶姓。”《疏》曰：“正姓，若周姓姬，齐姓姜，宋姓子。庶姓，若鲁之三桓，郑之七穆。”三桓见第九章第七节。七穆谓郑穆公七子，子良公子去疾之后为良氏，子罕公子喜之后为罕氏，子驷公子騑之后为驷氏，子国公子发之后为国氏，子游公子偃之后为游氏，子丰之后为丰氏，子印之后为印氏。穆公之子，又有子孔公子嘉、子羽、子然、士子孔，子然二子孔皆亡，子羽不为卿，故惟言七穆。《世族谱》云：子羽之后为羽氏，见《左氏》襄公二十六年。《论衡·诘术篇》云：“古者有本姓，有氏姓。”本姓即正姓，氏姓即庶姓也。《太平御览》引《风俗通义》言氏之类有九：“或氏于号，或氏于谥，或氏于爵，或氏于国，或氏于官，或氏于字，或氏于居，或氏于事，或氏于职。以号，则唐、虞、夏、殷也。以谥则戴、武、宣、穆也。以爵，王、公、侯、伯也。以国，曹、鲁、宋、卫也；以官，司徒、司寇、司空、司城也。以字，伯、仲、叔、季也。以居，城、郭、园、池也。以事，巫、卜、陶、匠也。以职，三乌、五鹿、青牛、白马也。”古命氏之道，盖略具于此矣。姓百世而不变，氏数传而可变。何也？姓以论昏姻，古所谓同姓不昏者，实以始祖之正姓为准。氏以表支派，非切近其关系无由明。《后汉书》言乌桓氏姓无常，以大人健者名氏为姓。羌无弋五世至研，豪健，羌中称其后为研种。十三世烧当，复豪健，其子孙更以烧当为种号。民之于近己者，畏其威，怀其德，固视世辽远不可知者为切，氏之亟变，由此道也。顾亭林言：男子称氏，女子称姓，考之于《传》，二百五十五年之间，无男子称姓者。《原姓》。夫男子非不称姓也，言氏而姓可知矣。女子称姓者，女无外事，不待详其为何族之子，若论昏姻，则举姓而已足也。

龚自珍云："周之盛也，周公、康叔以宗封；其衰也，平王以宗徙，翼顷父、嘉父、戎蛮子皆以宗降；汉之实陵邑，以六国巨宗徙。"《农宗》。此古有罪者之所以必族诛也。然谓农亦有宗则非是，《丧服传》曰："野人曰：父母何算焉？都邑之士，则知尊祢矣；大夫及学士，则知尊祖矣；诸侯及其大祖；天子及其始祖之所自出。"孟子曰："死、徙无出乡，乡田同井，出入相友，守望相助，疾病相扶持，则百姓亲睦。"《滕文公上》。一有宗法，一无宗法，显然可见。盖古战胜之民，移居于所征服之地，必也聚族而居，而不敢零星散处。女真移猛安谋克户入中原，必以畸零之地与民田相易，正为此也。

右所述为周制，盖北方之俗。至东南之俗，则有颇异于是者。殷兄终弟及，鲁、吴俗犹与相类，已见第九章第七节。《左氏》：文公元年，子上言："楚国之举，恒在少者。"昭公十三年，叔向言："芈姓有乱，必季实立。"《公羊》文公十四年，晋郤缺纳接菑于邾娄。邾娄人曰："子以其指，则接菑也四，貜且也六；子以大国压之，则未知齐、晋孰有之也；贵则皆贵矣。"《解诂》曰："时邾娄再取，二子母尊同体敌。"此皆与周之重嫡长有异者也。男系氏族多相继，女系氏族多相及，说已见前。产业之传授，多于少子，治理之承袭，多于长子，以少子多与父母同居，而长子于治理为便也。周人之俗，盖好战之族则然。儒者以为天经地义，翩其反矣。

南北之俗虽异，而其自氏族进于家族则同。人类抟结之方，必随其生计之情形而变。古者交易未盛，生活所资，率由一族之人，通力合作，人口愈多，生利之力愈大，故其人率能抟结。至交易之道开，则相待而生者，实为林林总总，不知谁何之人。生活既不复相资，何必集亲尽情疏之人以共处？且交易开，则人人皆有私财，而交易之际，己啬则人丰，己益则人损，尤为明白易见。如此切近之教育，日日受之，安有不情疏而涣者？氏族替而家族兴，固势所必至矣。今西人以夫妇及未成长之子女为家，过此以往，则称为大家庭，中国则多上父母一代。一夫上父母，下妻子，率五口至八口。《孟子·滕文公上集注》引程子说。实亦相去无几。《丧服继父同居传》，谓"夫死子稚，子无大功之亲"，则"与之适人"，故说者谓古卿大夫之家，大功以下皆同财。然《传》又曰："昆弟之义无分，然而有分者，则辟子之私也。子不私其父，则不成为子。故有东宫，有西宫，有南宫，有北宫。异居而同财。有余则归之宗，不足则资之宗。"人各私其父，则所谓大功同财者，亦其名焉而已。其实，亦与一夫上父母、下妻子者，相去无几矣。固知人所处之境同，所率之俗亦必同。

狐突曰："神不歆非类，民不祀非族。"《左氏》僖公十年。史佚曰："非我族类，其心必异。"成公五年。氏族之猜忌自私如此，宜乎"异姓乱族"，《周书》以为十败之一；《酆保》。虽以外孙承嗣，《春秋》犹书"莒人灭鄫也"。《公羊》襄公五年、六年，《谷梁》义同。率是道而行之，势必至于日寻干戈而后已。何则？爱其国者，势必不爱人之国；爱其家者，势必不爱人之家，先为此疆彼界之分，而望人行絜矩之道，曰"人人亲其亲、长其长而天下平"，《孟子·离娄上》。北辙南辕，直戏论耳。夫如是，则强宗巨族，必诒和亲康乐之忧，且为发号施令之梗，大一统之世不得不以政治之力摧毁之，固其宜矣，此又氏族所以灭亡之一道也。

既重世系，则必有以记识之，时曰谱牒。《周官》小史，"掌邦国之志奠系世，辨昭穆。若有事，则诏王之忌讳。大祭祀，读礼法。史以书叙昭穆之俎簋"。《注》引郑司农云："系世，谓帝系、世本之属，先王死日为忌，名为讳。”又：瞽蒙，“讽诵诗，世奠系”。杜子春云：“世奠系，谓帝系、诸侯、卿大夫世本之属也。小史主次序先王之世，昭穆之系，述其德行。瞽蒙主诵诗，并诵世系，以戒劝人君也。故《语》曰：教之世，而为之昭明德而废幽昏焉，以休惧其动。”案古代史迹，率由十口相传，久之乃著竹帛。瞽蒙之职，盖尚在小史之前。小史能知先世名讳忌日，其于世次之外，必能略记其生卒年月等。瞽蒙所讽，可以昭明德而废幽昏，则并能略知其行事矣。此后世家谱、家传之先河也。谱牒之作，列国盖多有之。故《史记·三代世表》，谓“自殷以前，诸侯不可得而谱，周以来乃颇可著”也。《十二诸侯年表》云：“谱牒独记世谥。”《南史·王僧孺传》，载刘杳引桓谭《新论》云：“太史公《三代世表》，旁行斜上，并效《周谱》。”则其体例，尚有可微窥者矣。列国之谱牒，盖随其社稷之倾覆而散亡，自秦以来，公侯子孙，遂至失其本系。司马迁、王符等，虽竭搜集考索之功，终不能尽得其故矣。

第三节　人　口

养人者地也，而人有所施为，亦必于地，故人与地之相配，贵得其宜。《礼记·王制》曰：“凡居民，量地以制邑，度地以居民。地邑民居，必参相得也。”《管子·霸言》曰：“地大而不为，命曰土满。人众而不理，命曰人满。”《八观》曰：“国城大而田野浅狭者，其野不足以养其民。城域大而人民寡者，其民不足以守其城。宫营大而室屋寡者，其室不足以实其宫。室屋众而人徒寡者，其人不足以处其室。”即地邑民居，必参相得之注脚也。古之重民数，其道盖有二，一以图事功，一以计口实。《周官》司民，为专掌民数之官，其职曰：“掌登万民之数。自生齿以上，皆书于版。《注》：男八月、女七月而生齿。辨其国中都鄙及郊野，异其男女，岁登下其死生。及三年大比，以万民之数诏司寇。司寇及孟冬祠司民之日，献其数于王，王拜受之，登于天府。内史、司会、冢宰贰之。以赞王治。”案此法颁于小司徒，自乡大夫以下，咸掌其事。遂亦如之以起军旅，作田役，比追胥，令贡赋。小司寇之职云：“及大比，登民数。自生齿以上，登于天府，内史、司会、冢宰贰之，以制国用。孟冬祀，司民献民数于王。王拜受之，以图国用而进退之。”盖司徒之意重于役，故所稽者为夫家。小司徒之职云：“以稽国中及四郊都鄙之夫家。”乡师云：“以时稽其夫家之众寡。”乡大夫云：“以岁时登其夫家之众寡。”族师云：“校登其族之夫家众寡。”县师云：“辨其夫家人民田莱之数。”遂人云：“以岁时登其夫家之众寡。”遂师同。遂大夫云：“以岁时稽其夫家之众寡。”酂长云：“以时校登其夫家，比其众寡。”惟闾师云：“掌国中及四郊之人民六畜之数。”鄙师云：“以时数其众庶。”皆无夫家之文。然此诸官，所职皆系一事，虽文有异同，而意无异同也。司寇之意重于食，故所书者为生齿。《贾子·礼篇》云：“受计之礼，王所亲拜者有二：闻生民之数则拜之，闻登谷之数则拜之。”以民数与谷数并言，可见其意在计民食。《大戴记·千乘》曰：“古者殷书，成男成女，名属升于公门，此以气食得节，作事得时，民劝有功，是故年谷顺成，天之饥馑，道无馑者。在今之世，男女属散，名不升于公门，此以气食不节，作事不时，天之饥馑于时委，民不得以疾死。”合饩食与作事并言之，又可见其意兼在趋事赴功也。

历代史籍所记户口之数，盖无一得实者。如前后汉盛时，户数皆逾千万，而三国时合计不及百二十万，仅当后汉南阳、汝南二郡，则无此理。盖民之不著籍者甚多历代户口之数，只可以考丁税收数，不能以考户口登降也。能得实者，其在隆古之世乎？古之为治纤悉，君卿大夫，皆世守其地；赋役之登耗，与其禄食有关；民不易隐匿，君亦不肯听其隐匿。田里皆受诸官，民亦自不欲隐匿。又交通阻，生事简，民轻去其乡者少，既无倏忽往来、不可稽核之事，作奸犯科，踪迹诡秘，不乐人知，而人亦无从知之者，尤可谓绝无。谓是时之民数，可以得实，必非虚言也。然此时代，去今久远，民数已无可考，至于稍有可考之世，则其不实，亦与后世等矣。

《礼记·内则》述子生之礼曰："夫告宰名，宰遍告诸男名，书曰某年某月某日某生而藏之。宰告闾史。闾史书为二：其一藏诸闾府，其一献诸州史。州史献诸州伯。州伯命藏诸州府。"此所言者，自系卿大夫家之礼。然《周官》乡士之职云："各掌其乡之民数。"遂士、县士亦然。乡士职云："掌国中。各掌其乡之民数而纠戒之，听其狱讼。"遂士职云："掌四郊。各掌其遂之民数，而纠其戒令，听其狱讼。"县士职云："掌野。各掌其县之民数，而纠其戒令，总其狱讼。"惟方士掌都家，仅云听其狱讼之辞，不言掌其民数。《注》云："不纯属王。"则人民于其所居之地，固各有其名籍也。《国语·周语》："宣王既丧南国之师，乃料民于太原。仲山甫谏曰：民不可料也，夫古者不料民而知其多少。司民协孤终，司商协民姓，司徒协旅，司寇协奸，牧协职，工协革，场协入，廪协出，是则多少死生，出入往来，皆可知也。于是乎又审之以事：王治农于籍，搜于农隙，耨获亦于籍，狝于既烝，搜于毕时，是皆习民数者也。又何料焉？"盖凡政事，无不与人民有关，故图其政，皆可以审其数也。媒氏之职，男女自成名以上，皆书年月日名焉，亦其一端矣。然则古审民数之方固多矣。

此等政令，使其皆能奉行，民又何待于料？则知宣王之时，政令已有阙而不举者矣。不特此也，《史记·秦始皇本纪》，谓献公十年（前 375 年），为户籍相伍，见篇末《秦纪》。则秦自献公以前，未有户籍也。又始皇十六年（前 231 年），南阳假守腾始令男子书年，则前此男子未尝书年，至此女子犹不书年也。盖僻陋之国，户籍之法之不备如此。《国语·晋语》："赵简子使尹铎为晋阳，请曰：以为茧丝乎？抑为保障乎？简子曰：保障哉！尹铎损其户数。"则竟可意为出入矣。盖声明文物之邦，其户籍之法之紊乱又如此。民数尚何由得实哉？故曰：至民数记载，稍有可考之时，即已不足信也。

古民数悉无传于后，惟《周官》职方载有男女比率：谓扬州之民，二男五女，荆州一男二女，豫州二男三女，青州二男二女，兖州二男三女，雍州三男二女，幽州一男三女，冀州五男三女，并州二男三女。男女比率，从未闻相差至此者，盖阴阳术数之谈，非史家之记载也。言古代民数者，有皇甫谧《帝王世纪》，见《续汉书·郡国志注》，皆凭億之谈，绝不足据，今不复征引。然古代民数，固有大略可推者。《商君书·徕民》云："地方百里者，山陵处什一，薮泽处什一，溪谷流水处什一，都邑蹊道处什一，恶田处什二，良田处什四。《算地篇》云："为国任地者，山林居什一，薮泽居什一，溪谷流水居什一，都邑蹊道居什四。"盖说与此同，而有夺文。以此食作夫五万。其山陵薮泽溪谷，可以给其材；都邑蹊道，足以处其民。先王制土分民之律也。"此即《王制》所谓："山陵、林麓、川泽、沟渎、城郭、宫室、涂巷，三分去一。"《司马法》提封万井，定出赋者六千四百井，亦以此也。此言郊野之民。《管子·乘马》云："上地方八十里，万室之国一，千室之都四。"中地方百里，下地方百二十里同。则城市之民也。古者封方百里，盖非偶然。《汉书·百官公卿表》云："县令长，皆秦官，万户以上为令，减万户为长。"又云："县大率方百里，民稠则减，稀则旷，乡亭亦如之。皆秦制。"秦制必沿自古，则古之制土分民，实以百里为一区。后虽不得尽如法，然建国若立县邑者，犹必略师其意。故其法留诒至秦。《战国·赵策》言韩、魏各致万家之邑于知伯。又载知过谏知伯，欲以万家之县封赵葭、段规。知战国时之制邑，固略以万家为率也。亦有特大者，如上党之降，赵欲以三万户之都封大守是。此盖不多觏。至如苏秦说齐王，谓临淄七万户。其说魏王，谓其庐田庑舍，曾无所刍牧牛马之地。人民之众，牛马之多，日夜行不休已，无以异于三军之众。

而曰：臣窃料大王之国，不下于楚。此等大都会，则其时海内不过三数。何则？临淄、江陵，皆《史记·货殖列传》所谓都会。传所举都会，自此而外，曰蓟，曰邯郸，曰宛，曰吴，曰寿春，曰番禺，合临淄、江陵，数不盈十。蓟与番禺等，偏僻已甚，必不足与临淄、江陵比。然则此等都会，虽云殷阗，而其数太少，计算全国人口，殆无甚关系也。户口稍多，如所谓三万户之都会，自当不乏，然古固多次国、小国，其数亦足相消。秦、汉之县，固多灭古国为之者，一史有可稽，一虽无可稽，而其名为古国名，亦可推见其为灭国所建。其新建者，又当略师古制，则就秦世县数，案商君、管子所言，野以五万家，都邑以万四千家；更以孟子所言，家或五口，或八口计之，固可略知战国末之人数也。春秋以前，国邑之数，虽无可考，然去战国时新开拓之地计之，即可得春秋国邑大略矣。自此以上，皆可以此法推之。虽云粗略，慰情究聊胜于无也。

《商君·徕民》之篇又曰："今秦，地方千里者五，而国土不能处二，田数不满百万；其薮泽、溪谷、名山、大川之材物、货宝，又不尽为用；此人不称土也。秦之所与邻者三晋也，所欲用兵者韩、魏也。彼土狭而民众，其宅参居并处，其寡萌贾息，孙诒让云："当作'宾萌贷息'，宾萌即客民，对下民为土著之民也。《吕览·高义》：墨子曰：翟度身而衣，量腹而食，比于宾萌。贷息，谓以泉谷贷与贫民而取其息。言韩、魏国贫，有余资贷息者皆客民，其土著则上无通名，下无田宅，而恃奸务末作以处也。"朱师辙曰："《左传》'寡我襄公'。《注》：寡，弱也。小民无地可耕，多事商贾，以求利息。孙校非。"案孙说实是。如朱说，则与下末作无别矣。《韩非子》以"正户贫而寄寓富"为《亡征》，明客民富而土著贫者，当时自有之也。民上无通名，此即《大戴记》所谓名不升于公门。下无田宅，而恃奸务末作以处。人之复阴阳泽水者过半。复即《诗》"陶复陶穴"之复。阴阳，山之南北也。此其土之不足以生其民也，似有过秦民之不足以实其土也。"孟子言齐

“鸡鸣狗吠相闻，而达乎四竟”，《公孙丑上》。而《汉书·地理志》言楚火耕水耨，吴起欲使贵人往实广虚之地，卒以见杀，《吕览·贵因》。则楚之与齐也，犹秦之与晋也。当时人口之不均，亦云甚矣。韩非子曰：“今人有五子不为多，子有五子，大父未死，而有二十五孙。是以人民众而货财寡，事力劳而共养薄”，《五蠹》。亦汲汲以过庶为患矣。然此篇而外，古人之言，殆无不以土满为忧，未有以人满为患者。是何也？曰：一如秦、楚等自有其广虚之地；一如梁惠王“糜烂其民而战之”，见《孟子·尽心下》。但求卒伍之多；民之上无通名，下无田宅，固非所计也。然则制土分民之律之不讲也久矣。

第四节　等　级

何谓等级？等级者，分人为若干等，权责不同，地位亦异，为法律所许，不易改变者也。等级，西语为客斯德（Caste），中国旧译其音。客拉斯（Class）今人译为阶级，罕有译其音者。二语义实不同，而今人行文，多概用阶级二字。或讥其无别，谓客斯德当称等级，客拉斯当称阶级，然等级阶级，华文义实无别，欲人不混用甚难。予意客拉斯可译为党类，客斯德则等级、阶级俱可译。凡译名，当审科学见行之义，至其语之本义，则势有所不暇顾，而亦不必顾及也。等级之制恶乎起？曰：起于地位财富之不同，而异族相争关系尤大。

中国最古之等级，时曰国人及野人，亦起于异部族之相争者也。何谓国人？古所谓国者，城郭之谓，居于郭以内之人，时曰国人，居于郭以外之人，则曰野人而已矣。后世之城郭，必筑于平夷之地，盖所以利交通；古代之城郭，则筑于山险之区，盖所以便守御。又古国人从戎事，野人则否。然则国人者，战胜之部族择险峻之地，筑邑以居；野人则战败之族，居平夷之地，从事耕耘者也。如是，国人野人，宜相疾视，而书传绝无其事者？则以为时甚早，史弗能纪也。然其遗迹，犹有可考见者。《周官》乡大夫之职，大询于众庶，则各帅其乡之众寡而致于朝，所谓大询，即小司寇所谓询国危、询国迁、询立君者，则有参政之权者，国人也。厉王监谤，国人莫敢言，三年乃流王于彘，则行革易之事者，又国人也。国人，盖如辽世之契丹，金世之女真，与其国关系较密。若夫野人，则供租税，服徭役，上以仁政抚我，则姑与之相安，而不然者，则逝将去女，适彼乐土而已。《史记·周本纪》言："薰育戎狄攻古公，欲得财物。予之。已复攻，欲得地与民。民皆怒，欲战。古公曰：有民立君，将以利之，民之在我，与其在彼何异？民欲以我故战，杀人父子而君之，予不忍为。乃与私属遂去豳。"所谓私属，盖周之部族，民则异部族之服于周者也。其疏戚异，宜矣。

战胜之族与战败之族，仇恨所以渐消者，盖有数端。古无史记，十口相传，故事久而亡佚；不亦寖失其真；战败之辱，稍以淡忘，一也。国有限，野无限。国中人口渐繁，不得不移居于野；即野人亦有迻居于邑者。居地既近，昏姻遂通，二也。国人必朘野人以自肥，以故国人富而野人贫，国人华而野人朴。古者大都不得耦国，封域之内，富厚文明盖无足与国都比者，然至后来，即非复如此矣。三也。春秋以前，军旅皆出于乡，野鄙之民，止于保卫闾里，战国以后，稍从征役，其强弱同，斯其地位等矣。四也。有此四者，故因异部族所成之等级渐夷，而因政权及生计之不平所造成之等级，继之而起。

以分工合力之理言之，凡人之执一技者，莫不有益于其群，本无所谓贵贱。然所司之事，权力不能无大小，居率将之地者遂稍殊异于人矣。古多世业，父子相传，兄弟相及，沿袭既久，变本加厉，视为固然，于是有君子小人之分焉。君子小人，盖以士民为大界。士者，可以为君子，而尚未受爵为君子者也。《士冠礼记》曰："天子之元子，士也，天下无生而贵者也。”《曲礼》曰：“四郊多垒，此卿大夫之辱也。地广大，荒而不治，此亦士之辱也。”盖卿大夫初为军帅；士则战士，平时肆力于耕耘，有事则执干戈以卫社稷者也。《管子》言制国以为二十一乡，工商之乡六，士乡十五《小匡》。又言“士民贵武勇而贱得利，庶民好耕农而恶饮食”；《五辅》。士与农工商之异可见矣。古者治理之权，皆操于战斗之士，故士又变为任事之称，负治民之责也。士之位卑，其政权亦小，故初虽与庶人异，后转无区别焉。

百姓、人、民、氓，后世义无区别，古则不然。《尧典》曰：“以亲九族，九族既睦。平章百姓，百姓昭明。协和万邦，黎民于变时雍。”此百姓犹言百官，与民截然有别。《中庸》言：“子庶民则百姓劝”，则二者同义矣。《孝经·天子章》：“爱敬尽于事亲，而德教加于百姓，刑于四海。”《疏》曰：“百姓，谓天下之人，皆有族姓，言百，举其多也。《尚书》云平章百姓，则谓百官，为下有黎民之文，所以百姓非兆庶也。此经德教加于百姓。则为天下百姓，为与刑于四海相对，四海既是四夷，则此百姓自然是天下兆庶也。”盖先秦两汉之世，此等字义，业已淆乱，执笔者各随其意用之。民人二字，古亦通称。然《皋陶谟》言：“知人则哲，能官人，安民则惠，黎民怀之。”《论语·宪问》：“子路问君子。子曰：修己以安人。曰：如斯而已乎？曰：修己以安百姓。”人亦指在位者言。盖人有人偶之义，故以指切近之人也。《诗·假乐》：“宜民宜人。”《毛传》：“宜安民，宜官人也。”《疏》云：“民人散虽义通，对宜有别，《皋陶谟》云‘能安民，能官人’其文与此相类。”案《毛传》即本《尚书》为说也。《孝经·诸侯章》：“富贵不离其身，然后能保其社稷，而和其民人。”《疏》引皇侃云：“民是广及无知，人是稍识仁义，即府史之徒。”案此只是复语，皇说误。此乃民人同义者也。《诗》：“氓之蚩蚩。”毛《传》曰：“氓，民也。”《疏》曰：“氓，民之一名。对文训异，故《遂人注》云：变民言氓，异内外也，眂犹懵，懵无知貌，是其别也。其实通，故下《笺》云言民诱己，《论语》及《灵台序》注，皆云民者冥也。"《韩非·难一》："四封之内，执会而朝名曰臣，臣吏分职受事名曰萌。"则民与吏皆可称萌。《孝经·庶人章疏》引皇侃云："不言众民者，兼苞府史之属，通谓之庶人也。"又引严植之，谓"士有员位，庶人无限极，故士以下皆为庶人"，似庶人不可称民者，其说恐非。《孟子》曰："在国曰市井之臣，在野曰草莽之臣，皆谓庶人。"《万章下》。此明指农工商言之，即《孝经》谓"用天之道，分地之利，谨身节用，以养父母"，亦明指农夫言之也。

古贵战斗而贱生产。"樊迟请学稼，子曰：吾不如老农。请学为圃，曰：吾不如老圃。"《论语·子路》。孟子曰："尧以不得舜为己忧，舜以不得禹、皋陶为己忧。夫以百亩之不易为己忧者，农夫也。"《滕文公上》。是农所贱也。《王制》曰："凡执技以事上者，祝、史、射、御、医、卜及百工，出乡不与士齿。"是工所贱也。《左氏》襄公十三年："世之乱也，君子称其功以加小人，小人伐其技以凭君子。"明以有功者为君子，有技者为小人。平原君以千金为鲁连寿，鲁连笑曰："所贵于天下之士者，为人排患、释难、解纷乱而无所取也；即有取者，是商贾之士也，而连不忍为也。"《史记》本传。聂政曰："臣所以降志辱身，居市井屠者，徒幸以养老母。"其姊亦曰："政所以蒙污辱，自弃于市贩之间者，为老母幸无恙，妾未嫁也。"《史记·刺客列传》。则商所贱也。《韩诗外传》："吴人伐楚，昭王去国，有屠羊说从行。昭王反国，赏从亡者。及说，说辞。君曰：不受则见之。说对曰：楚国之法，商人欲见于君者，必有大献重质。今臣智不能存国，节不能死君，勇不能待寇，然见之，非国法也。遂不见。"古屠沽等统称商人，交通王侯、力过吏势者，其实与屠沽殊，其名则无以异也。《管子》曰："士农工商，国之石民也，不可使杂处，杂处则其言哤，其事乱。是故圣王之处士必于闲燕，处农必就田野，处工必就官府，处商必就市井。”使之“群萃而州处”，“不见异物而迁”，则“其父兄之教，不肃而成；其子弟之学，不劳而能”。是故“士之子常为士”，“农之子常为农”，“工之子常为工”，“商之子常为商”。《小匡》。案《周书》言：“士大夫不杂于工商。士之子不知义，不可以长幼。工不族居，不足以给官。族不乡别，不可以入惠。”《程典》。又言：“农居鄙得以庶士；士居国家，得以诸公大夫；凡工贾胥市臣仆州里，俾无交为。”《作雒》。即管子之言所本也。《淮南·齐俗》曰：“人不兼官，官不兼事，士农工商，乡别州异。是故农与农言力，士与士言行，工与工言巧，商与商言数。是以士无遗行，农无废功，工无苦事，商无折货。”说亦与《管子》同。《周官》大司徒十有二教，“十曰以世事教能”，亦此义。业殊贵贱，而又守之以世，此等级之所由成也。士农工商，为古职业最通用之区别。成公元年，《谷梁》曰：“古者有四民：有士民，有商民，有农民，有工民。”《公羊解诂》曰：“古者有四民：一曰德能居位曰士，二曰辟土殖谷曰农，三曰巧心劳手、以成器物曰工，四曰通财货曰商。”《汉书·食货志》曰：“学以居位曰士，辟土殖谷曰农，作巧成器曰工，通财鬻货曰商。”即《解诂》之说。《说苑政理》曰：“《春秋》曰：四民均赋，王道兴而百姓宁。所为四民者，士、农、工、商也。”何、班二家，盖同用《春秋》说也。《吕览·上农》曰：“凡民自七尺以上，属诸三官。农攻粟，工攻器，贾攻货。”以但言生产作业，故不及士。《左氏》宣公十二年言商、农、工贾，则加贾字以足句耳。”《史记·货殖列传》曰：“故待农而食之，虞而出之，工而成之，商而通之。”又引《周书》曰：“农不出则乏其食，工不出则乏其事，商不出则三宝绝，虞不出则财匮少。”以商贾所贩，多山泽之材，故特举一虞。《周官》太宰：“以九职任万民：一曰三农，生九谷。二曰园圃，毓草木。三曰虞衡，作山泽之材。四曰薮牧，养蕃鸟兽。五曰百工，饬化八材。六曰商贾，阜通货贿。七曰嫔妇，化治丝臬。八曰臣妾，聚敛疏材。九曰闲民，无常职，转移执事。"《周官》为六国时书，故分别最细。然园圃、虞衡、薮牧、嫔妇、臣妾之职，固皆可苞于农业之中；且较之士、农、工、商，所系皆较轻也。《墨子·非乐上》："王公大人，蚤朝晏退，听狱治政，此其分事也。士君子竭股肱之力，亶其思虑之智，内治官府，外收敛关市、山林、泽梁之利，以实仓廪、府库，此其分事也。农夫早出暮入，耕稼树艺，多聚菽粟，此其分事也。妇人夙兴夜寐，纺绩织纴，多治麻丝葛绪捆布縿，此其分事也。"以官民男女对举，而不及工商，亦以其所系较农为轻也。《考工记》：国有六职，百工与居一焉，则以士、农、工、商并举，而上加王公，又举妇功，以与男子相对。

《左氏》昭公五年，卜楚丘言日之数十，故有十时，亦当十位。自王已下，其二为公，其三为卿。七年，申无宇谓天有十日，人有十等：王臣公，公臣大夫，大夫臣士，士臣皂，皂臣舆，舆臣隶，隶臣僚，僚臣仆，仆臣台。其说相合。此盖言其执事之相次。俞正燮《癸巳类稿·仆臣台义》曰："大夫臣士，如《周官》长率属。皂者，《赵策》所云补黑衣之队，卫士无爵而有员额者，士卫之长。舆则众也，谓卫士无爵又无员额者。隶罪人，《周官》所谓入于罪隶。僚，劳也，入罪隶而任劳者。若今充当苦差。仆则三代奴戮，今罪人为奴矣。台罪人为奴，又逃亡，复获之。知者。无宇云：逃而舍之，是无陪台也。"或谓当时之人，分此十级，则误矣。昭公三十二年，史墨言："物生有两，有三，有五，有陪贰。故天有三辰，地有五行，体有左右，各有妃耦，王有公，诸侯有卿，皆有贰也。"则十等亦可云五耦。大夫即卿，是第一等与第二等为耦，第二等又与第三等为耦也。鳞次栉比，正见其相须而成，即尊卑亦非县绝矣。

由政权所生之等级，何自平乎？曰：其必自封建之陵夷始矣。人之所以特异于众者，一以其才德，一以其地位。才德为身所具，子弟不能得之于父兄；即或怀其遗惠，推爱及于后嗣，势亦不能持久，无由成客斯德之制也。地位袭之于人，才能不过中庸，亦得据其位而不变，乃安固不可动摇矣。《礼记·祭义》曰："有虞氏贵德而尚齿，夏后氏贵爵而尚齿，殷人贵富而尚齿，《注》：臣能世禄曰富。周人贵亲而尚齿。"可见等级之所由生。《王制》言外诸侯嗣，内诸侯禄，谓世禄而不世爵。诸侯之大夫，不世爵禄。徒设此义，实不能行。内而周、召，外而三桓、七穆，靡不世据其位。遂致在上者骄淫矜夸，不能自振，在下者遏抑掩蔽，末由自达。其极，遂非举颠覆之不可。颠覆之之道：一为有土者相诛夷。有以诸侯灭诸侯者，凡灭国是也。有以诸侯灭大夫者，若楚之于若敖氏是也。有以大夫灭大夫者，若赵、韩、魏之于范、中行、知氏是也。有以大夫灭诸侯者，若三家之于晋，田氏之于齐是也。"诸侯不臣寓公，寓公不继世"，《礼记·郊特牲》。则亡国之后，得保其地位者，国君及其夫人二人而已。据郑《注》。"三后之姓，于今为庶"；《左氏》昭公三十二年。"栾、郤、胥、原、狐、续、庆、伯降在皂隶"；昭公二年。宜矣。一由选举之法渐兴。贵族既不能任国事，势不得不擢用士民，孔讥世卿，墨明上贤，韩非贵法术之士，皆是道也。孟子曰："舜发于畎亩之中，傅说举于版筑之间，胶鬲举于鱼盐之中，管夷吾举于士，孙叔敖举于海，百里奚举于市。"《告子下》。盖其所由来者旧矣。而要以战国之世为最盛。至汉初，遂开布衣卿相之局。"命官以贤，诏爵以功，先王公卿之胄才则用，不才则弃"，唐柳芳论氏族语，见《唐书·柳冲传》。而因门阀而移居人上者，以法律论，始全失其根据。虽魏、晋以后，反动之焰复然，然其根柢，则远不如先秦之世之深厚矣。此古今之一大变也。

古代之等级，其原为以力相君。封建政体敝，而以力相君之局替，以财相君之局乃代之而兴。《史记》所谓"编户之民，富相什则卑下之，百则畏惮之，千则役，万则仆"；《汉书》所谓"编户齐民，同列而以财力相君，虽为仆隶犹无愠色"也。皆见《货殖列传》。此等贵贱之分，本非法律所许。然法律既有贵贱之别，有财力者，自能入据贵者之位，而挤贫民，使侪于贱者焉。则贵贱之等级其名，而贫富之等级其实矣。封建全盛之世，以贵致富，资本勃兴之世，以富僭贵，其为不平惟均，然为人心所不习，故疾视之者甚多。孔子谓“惟名与器，不可以假人”。《左氏》成公二年。《易》讥“负且乘，致寇至”，《解卦》爻辞。皆是义也。商君治秦，明尊卑、爵秩等级，各以差次名田宅臣妾。衣服以家次，有功者显荣，无功，虽富无所芬华。《史记》本传。盖犹欲以政治之力障之。然其势，终已不可止矣。

沉沦于社会之最下级者，时曰奴婢。奴婢之始，盖以异族为之，继以罪人充之，终则因贫而鬻卖者亦入焉。《周官》五隶，罪隶为罪人，蛮、闽、夷、貉，则皆异族也。《王制》言：“公家不蓄刑人，大夫勿养，士遇之途，弗与言也。屏之四方，不及以政，示弗故生也。”《谷梁》亦言：“君不使无耻，不近刑人，不狎敌，不迩怨。”襄公二十九年。盖所诵说者为古制，当异族被俘之始，怨毒之气犹存也。《周官》言：“墨者使守门，劓者使守关，宫者使守内，刖者使守囿，髡者使守积。”秋官掌戮。而四翟之隶，可以“服其邦之服，执其邦之兵，以守王宫与野舍之厉禁”，则积久而习为故常矣。《孟子》言文王之治岐也，“罪人不孥”，《梁惠王下》。而《书·甘誓》曰：“予则孥戮女。”《费誓》曰：“女则有无余刑。”《正义》引王肃曰：“父母、妻子，同产皆坐之，入于罪隶。”郑玄曰：“尽奴其妻子，不遗其种类，在军使给厮役，反则入于罪隶。”案《周官》司厉，掌盗贼之任器货贿，“其奴，男子入于罪隶，女子入于舂藁”。五隶之数，各百有二十人。《注》云：“选以为役员者，其余谓之隶。”《疏》云“以为隶民”，即司隶帅以搏盗贼者。身犯罪者，不当如是之众，则古固有连坐之刑，今文家虽设不孥之义，犹非所语于军刑也。古女子亦从军，故亦可为厮役。《费誓》言“臣妾逋逃”，又云“无敢诱臣妾”，盖指是。平时则舂藁而外，亦使之酿酒。《墨子》云“妇人以为舂酋”是也。《天志下》。《说文》：酋，绎酒也。《周官》酒人，女酒三十人，奚三百人。《注》曰：“女酒，女奴晓酒者”，惠士奇《礼说》曰：“酒人之奚，多至三百，则古之酒皆女子为之。”《吕览·精通》曰：“臣之父不幸而杀人，不得生，臣之母得生，而为公家为酒。”《周官》禁暴氏，“凡奚隶聚而出入者，则司牧之。戮其犯禁者”。《注》曰：“奚隶，女奴也。”《疏》曰：“天官酒人、浆人之等，皆名女奴为奚。”盖其数亦不少矣。韦昭曰：“善人以婢为妻，生子曰获；奴以善人为妻，生子曰臧。齐之北鄙，燕之北郊，凡人男而归婢谓之臧，女而归奴谓之获。”《文选·司马子长报任安书》李《注》引。则奴婢之家属，亦不得为良人。然脱奴籍初不甚难。《左氏》襄公三十二年：“斐豹，隶也，著于丹书。《疏》云：“近《魏律》，缘坐配没为工乐杂户者，皆用赤纸为籍，其卷以铅为轴，此亦古人丹书之遗法。”栾氏之力臣曰督戎，国人惧之。斐豹谓宣子曰：‘苟焚丹书，我杀督戎。’宣子喜曰：‘而杀之，所不请于君焚丹书者，有如日。’”哀公二年，赵简子誓曰：“克敌者人臣隶圉免。”则以君命行之而已。后世人君，往往以诏旨释放奴婢，盖犹沿自古初也。

《周官》质人：“掌成市之货贿、人民、牛马、兵器、珍异。”《注》曰：“人民，奴婢也。”则六国时人民，已可公然卖买矣。惟可卖买也，故亦可赎。《吕览·察微》言：“鲁国之法，鲁人为臣妾于诸侯，赎之者取金于府。”亦见《淮南·齐俗》《道应》。《新序·杂事》言：“钟子期夜闻击磬而悲，旦召而问之。对曰：臣之父杀人而不得，臣之母得而为公家隶，臣得而为公家击磬。臣不睹臣之母，三年于此矣。昨日为舍市而睹之，意欲赎之而无财，身又公家之有，是以悲也。”则虽官奴婢，亦可以资取赎矣。

古奴婢皆使事生业，所谓耕当问奴，织当问婢也。惟如是，故奴婢愈多，主人愈富。《史记·货殖列传》谓有童手指千，则比千乘之家，白圭、刁间、蜀卓氏，皆以此起其业焉。其左右使令之事，则以子弟为之。孔子使阙党童子将命，《论语·宪问》。子游曰："子夏之门人小子，洒扫应对进退则可矣。"《子张》。其事也。《管子·弟子职》一篇，言之详矣。亲子弟之外，给使亦以童幼。《周官》内竖："掌内外之通令，凡小事。"《左氏》所载，晋侯有竖头须，僖公二十四年。士伯有竖侯獳，二十八年。叔孙氏有竖牛。昭公四年。《礼记·曲礼》曰："长者赐，少者贱者不敢辞。"《注》曰："贱者，僮仆之属。"盖亦备左右使令者。《周官》司厉："凡有爵者，与七十者，与未龀者，皆不为奴。"未龀者不为奴，盖以其力未足以事生业，当即以之给使令也。

惟古以子弟给使令也，故家有待养者，则免其子弟之役。《王制》曰"八十者一子不从政，九十者其家不从政，废疾非人不养者，一人不从政"是也。然亦有推及于家之外者。《商君书·竟内》曰："有爵者乞无爵者以为庶子，级乞一人。其无役事也，其庶子役其大夫，月六日。其役事也，随而养之。"盖即《荀子》所谓"五甲首而隶五家"者，《议兵》。亦酷矣。

《左氏》昭公七年，楚子为章华之宫，纳亡人以实之，无宇之阍入焉。无宇执之。有司执而谒诸王。无宇辞曰："周文王之法曰：有亡荒阅，所以得天下也。吾先君文王作《仆区》之法，曰：盗所隐器，与盗同罪，所以封汝也。""若从有司，是无所执逃臣也。""昔武王数纣之罪，以告诸侯曰：纣为天下逋逃主，萃渊薮。故夫致死焉。君王始求诸侯而则纣，无乃不可乎？若以二文之法取之，盗有所在矣。"案《费誓》言臣妾逋逃，而《左氏》襄公十年，郑尉止之乱，亦云"臣妾多逃"，则古奴婢之逃者甚多。观无宇之事，则其主人之追捕亦甚严。《周官》朝士："凡得获货贿、人民、六畜者，委于朝，告于士，旬而举之。大者公之，小者庶民私之。"《注》曰："人民，谓刑人奴隶逃亡者。郑司农云：若今时得遗物及放失六畜，持诣乡亭县廷。大者公之，大物没入公家也。小者私之，小物自畀也。玄谓人民小者，未龀，七岁以下。”此可见古之视奴婢，与货贿六畜无异。故陈无宇亦以纳亡人与隐器并论也。逋逃主之所以多，则亦利其力，同于财贿而已矣。

第十二章　农工商业

第一节　农　业

农业恶乎始？曰：始于女子。社会学家言：邃古生事，大率男子田猎，女子搜集。搜集所得，本多植物。又女子多有定居，弃种于地，阅时复生，反复见之，稍悟种植之理，试之获效，而农业遂以发明焉。《周官》内宰：上春，诏王后率六宫之人而生穜稑之种。宗庙之礼，君亲割，夫人亲舂。《谷梁》文公十三年。房中之羞皆笾豆。《礼·有司彻》。挚：卿羔，大夫雁，士雉，庶人之挚匹；妇人之挚：椇榛、脯修、枣栗，《礼记·曲礼》，脯修以其烹调之功。皆农业始于女子之征也。阅时既久，耕作益精，始舍锄而用犁；又或能用牛马；或伐木以辟地；则用力益多，农事乃以男子为主。

田猎在邃初，最为普遍。考古家所发掘，各地皆有野人所用兵器，及动物遗骸，一也。全世界人，殆无不食肉者，二也。人之性情，足征其好田猎；其齿牙，足征其兼食动植物，三也。昔时言生计进化者，多谓人自渔猎进于畜牧，畜牧进于耕农，其实亦不尽然。盖有自渔猎进于耕农，亦有自耕农复返于畜牧者。要当视其所处之地，不得一概论也。我国古代，盖自渔猎径进于耕农，说见第六章第二节。《礼记·王制》言：东方之夷，被发文身；南方之蛮，雕题交趾，皆不火食；西方之戎，被发衣皮；北方之狄，衣羽毛穴居，皆不粒食。盖东南地暖，多食植物；西北地寒，多食动物；中国介居其间，兼此二俗。故《礼运》言昔者先王未有火化，食草木之实、鸟兽之肉也。农业之始，难质言为何时。《易·系辞传》言神农氏斫木为耜，揉木为耒，而《记·郊特牲》言伊耆氏始为蜡，说者亦以为神农，则神农时，农业已颇盛矣。《尧典》载尧命羲、和四子，历象日、月、星辰，敬授民时。《尧典》固非尧时书，所言亦不必皆尧时事，然天文之学发明本最早，历象尤为农业要图，则此节所言，转不能断为附会也。周之先世，后稷、公刘、太王，皆以农业兴，则著于《诗》，散见于百家之书，其事弥信而有征矣。

农业之演进，于何征之？曰：观其所栽植之物可知也。古有恒言曰百谷，又曰九谷，又曰六谷，又曰五谷，所植之物递减，足征其遗粗而取精。九谷，郑司农云：黍、稷、秫、稻、麻、大小豆、大小麦，康成谓无秫、大麦而有粱、菰，见《周官》太宰《注》。六谷，司农云：稌、黍、稷、粱、麦、菰，康成同，见《膳夫注》。五谷，《疾医注》云：麻、黍、稷、麦、豆，盖据《月令》。《史记·天官书》、赵岐《孟子注》、卢辩《大戴记注》、颜师古《汉书食货志注》皆同。《管子·地员》，五土所生，曰黍、秫、菽、麦、稻。《素问》论五方之谷曰麦、黍、稷、稻、豆。郑《注职方》同之。其《五常政大论》，又以麻为木谷，火谷则麦、黍互用。所言虽有出入，要之用为食物之主者，由多而少，则必不诬也。《尔雅·释天》曰：“谷不熟为饥，蔬不熟为馑，果不熟为荒。”则三者古尝并重。然及后世，除场人有场圃，专事树艺外，民家但种之宅旁疆畔而已。《周官》太宰九职，二曰园圃，毓草木。《注》：“树果蓏曰圃，园其樊也。”场人，“掌国之场圃，而树之果蓏珍异之物”，此专以植果为事者。《公羊》宣公十五年《解诂》云：“瓜果种疆畔。”《谷梁》云：“古者公田为居，井灶葱薤尽取焉。”则民家之所艺也。太宰九职，八曰臣妾，聚敛疏材，即《月令》仲冬所谓“山林薮泽，有能取蔬食，田猎禽兽者，野虞教道之”者也。《管子·八观》谓“万家以下，则就山泽，万家以上，则去山泽”，可见其养人亦众。然九职之一曰三农，生九谷，郑司农云：“三农，平地、山泽也。”则山泽亦艺谷物矣。皆与百谷之递减而为九、为六、为五同理也。《史记·循吏列传》，孙叔敖为楚相，“秋冬则劝民山采，春夏以水，各得其所便，民皆乐其生”。盖楚地开辟晚；故山泽犹有遗利。

《淮南·氾论》曰：“古者剡耜而耕，磨蜃而耨，木钩而樵，抱甀而汲，民劳而利薄。后世为之耒耜耰锄，斧柯而樵，桔槔而汲，民逸而利多。”此农具之渐精也。《汉书·食货志》言：赵过“能为代田。一亩三甽，岁代处，故曰代田。古法也。后稷始甽田，以二耜为耦，广尺深尺曰甽，长终亩。一亩三甽。一夫三百甽，而播种于三甽中。苗生叶以上，稍耨陇草，因隤其土，以附苗根。故其诗曰：或芸或芓，黍稷儗儗。芸，除草也。芓，附根也。言苗稍壮，每耨辄附根，比盛暑，陇尽而根深，能风与旱。故儗儗而盛也。其耕耘下种田器，皆有便巧。率十二夫为田一井一屋，故亩五顷。用耦犁，二牛三人。一岁之收，常过缦田亩一斛以上。善者倍之”。齐召南曰：“《周礼》里宰贾《疏》曰：周时未有牛耕，至汉时，赵过始教民牛耕，今郑云合牛耦可知者，或周末兼有牛耕，至赵过乃绝人耦。叶少蕴曰：古耕而不犁，后世变为犁法，耦用人，犁用牛，过特为增损其数耳，非用牛自过始也。周必大曰：疑耕犁起于春秋之世。孔子有犁牛之言，冉耕字伯牛，《月令》出土牛示农耕早晚。按叶、周二说是。但谓古耕而不犁，耕犁起于春秋，亦恐未确。古藉田之礼曰三推，不用犁，安用推乎？”《汉书》殿本《考证》。按齐氏之说是也。古有爰田之法。《公羊》宣公十五年《解诂》曰：“司空谨别田之高下善恶，分为三品：上田一岁一垦，中田二岁一垦，下田三岁一垦。肥饶不得独乐，硗确不得独苦。故三年一换主易居。”此爰田之一说也。《周官·司徒》：“不易之地家百亩，一易之地家二百亩，再易之地家三百亩。”此爰田之又一说也。《周官》之说，盖施之田多足以给其人之地，《解诂》之说，则施之田少之乡。三年一换主易居，以均苦乐，则虽中田下田，亦不得不岁垦矣。代田之法，为后世区田之祖，实自爰田变化而来。用此法者，田不必番休，而已获番休之益，盖以耕作之精，代土田之不足者也。井田之坏，由阡陌之开，而阡陌之开，实先由土田之不足。观东周以后，井田之法渐坏，则其田不给授可知。代田之法固宜其继爰田而兴。托诸后稷诬，谓其起自先秦之世，则必不虚矣。

育蚕，《路史·疏仡纪》引《淮南王蚕经》，谓始黄帝之妃西陵氏，其说自不足信。然《易·系辞传》言："黄帝、尧、舜垂衣裳而天下治。"《疏》云："以前衣皮，其制短小，今衣丝麻布帛，所作衣裳，其制长大，故曰垂衣裳也。"黄帝、尧、舜时，声明文物，虽不如后世所传之盛，然已非天造草昧之时，则《礼运》所谓"后圣有作，治其麻丝，以为布帛"者，或即指黄帝、尧、舜言之，未可知也。纺织在各民族，皆为妇女之事，故神农之教，谓"一女不织，或受之寒"；《周官》太宰九职，亦曰"七曰嫔妇，化治丝枲"也。后世蚕利盛于东南，古代则不然。《禹贡》兖州曰桑土既蚕，青州曰厥篚檿丝，扬州曰厥篚织贝，徐州曰厥篚玄纤缟，荆州曰厥篚玄纁玑组，豫州曰厥篚纤纩；《诗·豳风》曰蚕月条桑，《唐风》曰集于苞桑，《秦风》曰止于桑，"桑者闲闲"咏于魏，"鸤鸠在桑"咏于曹，"说于桑田"咏于卫；利实遍江、淮、河、济之域也。孟子言"五亩之宅，树之以桑，七十者可以衣帛"，《梁惠王上》。足见其为民间恒业矣。

田牧自农业兴盛后，即不视为要务。田猎之所以不废，一藉以讲武；二习俗相沿，以田猎所得之物为敬；三则为田除害也。《公羊》桓公四年《解诂》曰："已有三牺，必田狩者？孝子之意，以为己之所养，不如天地自然之牲，逸豫肥美。禽兽多则伤五谷，因习兵事，又不空设，故因以捕禽兽。所以共承宗庙，示不忘武备，又因以为田除害。"述田猎之意最备。《王制》曰："天子诸侯无事，则岁三田：一为乾豆，二为宾客，三为充君之庖。"桓公四年《公羊》《谷梁》皆同。《曲礼》曰："国君春田不围泽，大夫不掩群，士不取麛卵。"《王制》曰："天子不合围，诸侯不掩群。天子杀则下大绥，诸侯杀则下小绥，大夫杀则止佐车，佐车止则百姓田猎。獭祭鱼，然后虞人入泽梁；豺祭兽，然后田猎；鸠化为鹰，然后设罻罗；草木零落，然后入山林；昆虫未蛰，不以火田。不麛，不卵，不杀胎，不妖夭，不覆巢。""子钓而不纲，弋不射宿。"《论语·述而》。《春秋》之法，不以夏田。《公羊》桓公四年："春曰苗，秋曰蒐，冬曰狩。"《解诂》曰："不以夏田者，《春秋》制也。以为飞鸟未去于巢，走兽未离于穴，恐伤害于幼稚，故于苑囿中取之。"案《谷梁》曰："春曰田，夏曰苗，秋曰蒐，冬曰狩。"《左氏》曰："春搜，夏苗，秋蒐，冬狩。"《周官》《尔雅》皆同。盖农耕之世，田猎之地渐狭，故不得不为是限制也。《左氏》襄公三十年，"丰卷将祭，请田焉，勿许，曰：惟君用鲜，众给而已"，则祭祀亦不能皆用自然之牲矣。《月令》孟夏，驱兽毋害五谷。《周官》有兽人、掌罟田兽。射鸟氏、掌射鸟。罗氏、掌罗乌鸟。冥氏、掌攻猛兽。穴氏、掌攻蛰兽。硩蔟氏、掌覆夭鸟之巢。庭氏掌攻国中之夭鸟。诸官，盖亦以为田除害。其迹人、川衡、泽虞之官，则所以管理渔猎者也。孟子言文王之囿，方七十里，民犹以为小；齐宣王之囿，方四十里，民则以为大。固由文王之囿，刍荛者往焉，雉兔者往焉，与民同之，而宣王之囿，杀其麋鹿者，如杀人之罪。《梁惠王下》。然文王所以能有七十里之囿，与民同之者，亦以其时旷土尚多，山泽之利未尽也。春秋、战国时，列国之君犹皆有苑囿，如《左氏》僖公三十三年言郑有原圃，秦有具囿是也。观《公羊》夏不田取诸苑囿之说，则田猎限于苑囿，其初已为美谈，而后世更以弛苑囿与民为德政，可以觇生业之变迁矣。

动物之用有四：肉可食，一也。皮、革、齿、牙、骨、角、毛、羽，可为器物，二也。牛马可助耕耘，又可引重致远；鹰犬可助田猎；三也。以共玩弄，四也。此畜牧之业所由起也。《周官》太宰九职，四曰薮牧，养蕃鸟兽；载师以牧田任远郊之地；皆官以畜牧为事者。角人，掌征齿角、凡骨物于山泽之农；羽人，掌征羽翮于山泽之农；则取之于民，官不自为畜养矣。牧人、掌牧六牲。六牲谓马、牛、羊、豕、犬、鸡。牛人、掌养国之公牛。充人、掌系祭祀之牲牷。鸡人、掌共鸡牲。羊人掌羊牲。皆以共祭祀、宾客之用。羊人之职云："若牧人无牲，则受布于司马，使其贾买牲而共之。"则虽祭祀宾客之用，官亦不能尽具，可见牧业之微。官家所最重者为马政。有校人以掌王马之政，巫马、牧师、廋人、圉师、圉人属焉。民间之牛马，则由县师简阅。盖以有关戎事，兼助交通故也。民间畜养，牛马而外，犬豕与鸡为多。《孟子》言"鸡、豚、狗、彘之畜，无失其时，七十者可以食肉矣"。《梁惠王上》。《记》言"问庶人之富，数畜以对"。《曲礼》。《管子》云："若岁凶旱水泆，民失本，则修宫室台榭，以前无狗、后无彘者为庸。"《山权数》。案动物之与人亲，最早者为犬，犬可助田猎，故古男子多畜犬。而彘最弱，须防卫。于文，家从宀从豕，或说为豭省声，非也。且从豭与从豕何异？盖家之设本所以养豕，后乃变为人之居。女子居处有定，畜彘古殆女子之事也。《月令》：孟春之月，"命祀山林川泽，牺牲毋用牝"。其爱惜物力之意，亦与田猎之法同。

鱼在古昔，盖亦为女子之事，故"教成之祭牲用鱼"。《礼记·祭义》。陈乞谓诸大夫亦曰"常之母有鱼菽之祭"也。《公羊》哀公六年。古人重武事，猎可讲武，而渔则否，故《春秋》隐公五年，公观鱼于棠，臧哀伯谏，谓"山林川泽之实，器用之资，皂隶之事，官司之守，非君所及"也。见《左氏》。司其事者：《月令》季夏，命渔师伐蛟，取鼍，登龟，取鼋。《周官》有渔人，掌以时渔为梁；鳖人，掌取互物；掌蜃，掌敛互物、蜃物；盖官自取其物。《月令》孟冬，乃令水虞、渔师，收水泉池泽之赋；《周官》㪇人，凡渔征入于王府；则取之于民者也。渔业盖以缘海为盛。故《史记》言太公封于齐，通鱼盐；《货殖列传》。《左氏》昭公三年，晏子述陈氏厚施，谓“鱼盐蜃蛤，弗加于海”也。其川泽之地，则《孟子》言“数罟不入污池”，《王制》言“獭祭鱼，然后虞人入泽梁”，其规制亦颇严。

洪荒之世，林木率极茂盛。斯时为垦辟计，多斩刈焚烧之。《孟子》言洪水未平，“草木畅茂”，“益烈山泽而焚之”是也。《滕文公上》。垦辟愈广，林木愈希，遂须加以保护。《孟子》言“斧斤以时入山林”，《梁惠王上》。《曲礼》言“为宫室不斩于丘木”是也。《左氏》昭公十六年：“郑大旱，使屠击、祝款、竖柎有事于桑山，斩其木。不雨。子产曰：有事于山，艺山林也，而斩其木，其罪大矣。夺之官邑。”可见其法之严矣。政令之可考者：《月令》季夏：“乃命虞人，入山行木。毋有斩伐。”“命泽人，纳材苇。”季秋：“草木黄落，乃伐薪为炭。”仲冬：“日短至，则伐木取竹箭。”《周官》山虞：“掌山林之政令，物为之厉而为之守禁。”“令万民时斩材，有期日。”“凡窃木者有刑罚。”林衡：“掌巡林麓之禁令而平其守。”皆其事也：然滥伐仍在所不免。《孟子》曰：“牛山之木尝美矣，以其郊于大国也，斧斤伐之，可以为美乎？是其日夜之所息，雨露之所润，非无萌蘖之生焉，牛羊又从而牧之，是以若彼濯濯也。”则几成童山矣。《告子上》。《战国·宋策》：墨子谓公输般：“荆有长松、文梓、楩楠、豫章，宋无长木。”西戎板屋，汉世犹然。见《汉书·地理志》。内地繁富之区，林木必不如缘边之盛，实古今一辙也。《周官》司险，设国之五沟五涂，而树之林以为阻固。此乃为设险计。天下一统之后，惟恐交通之不利，此等林木更逐渐划除以尽矣。

《管子·地数》言：葛卢、雍狐之山，发而出水，金从之，蚩尤受而制之以为兵，已见第七章第一节。《韩非·内储说》亦言荆南之地，丽水之中生金，人多窃采，则古所取者，似多水中之自然金。然《地数》又曰：“上有丹砂者，下有黄金；上有慈石者，下有铜金；上有陵石者，下有铅、锡、赤铜；上有赭者，下有铁；此山之见荣者也。”又曰：“山上有赭者，其下有铁；上有铅者，其下有银。一曰：上有铅者，其下有鉒银；上有丹砂者，其下有鉒金；上有慈石者，其下有铜金；此山之见荣者也。”则已知察勘矿苗之法矣。盖始取之于水，后求之于山。《淮南·本经》，谓衰世“镌山石，锲金玉，擿蚌蜃，消铜铁，而万物不滋”，可见其开采之盛。无怪《地数》言出铜之山四百六十七，出铁之山三千六百九，举天下矿产，且若略有会计也。《周官》卝人：“掌金、玉、锡、石之地，而为之厉禁以守之。若以时取之，则物其地图而授之。”《注》云：“物地占其形色，知咸淡也。”《疏》云：“郑以当时有人采者，尝知咸淡，即知有金玉。”此亦勘察之一法，惜其详不可得闻也。

古农业之胜于后世者，有两端焉：一曰水利之克修。《周官》遂人云：“夫间有遂，遂上有径，十夫有沟，沟上有畛，百夫有洫，洫上有涂，千夫有浍，浍上有道，万夫有川，川上有路，以达于畿。”匠人云：“匠人为沟洫。耜广五寸，二耜为耦。一耦之伐，广尺深尺，谓之甽。田首倍之，广二尺，深二尺，谓之遂。九夫有井，井间广四尺，深四尺，谓之沟。方十里为成，成间广八尺，深八尺，谓之洫。方百里为同，同间广二寻，深二仞，谓之浍，专达于川。”《注》虽以为二法，然释遂人遂、沟、洫、浍之深广，皆与匠人同，则其实不异也。古沟洫之制，或疑其方罫如棋局，势不可行，则此本设法之谈。又或疑其费人力大多，势不能就，则靡以岁月而徐为之，又何不可致之有？古土地皆公有，各部族各有其全局之规画，农业部族之共主，与田猎畜牧之族，徒恃战伐者不同，亦以其能救患分灾；设有巨工，则能为诸部族发踪指示也。观无曲防，无遏粜，列于葵丘之载书；而城周，城杞，亦由当时之霸主，合诸侯而就役可知。恤邻且然，况于为已？有不及者，督责而指道之。不相协者，整齐而画一之。谓始皇能合秦、赵、燕之所筑者，以为延袤万里之长城，而自神农至周，不能合诸部族之水工，以为中原方数千里之沟洫，吾不信也。农田水利，相依为命，古水利之修治如此，较之土地私有，政治阔疏之世，人民莫能自谋，官吏亦莫能代谋；川渠听其湮塞，堤防听其废坏，林木听其斫伐，旱干水溢，习为故常，转徙流离，诿诸天数者，其不可同年而语明矣。一曰农政之克举。古多教稼之官，亦有恤农之事。《噫嘻》郑《笺》，谓古三十里为一部，一吏主之，此即所谓田畯。古之吏，于农事至勤，固多督促之意，《礼记·曲礼》曰："地广大，荒而不治，此亦士之辱也。"《管子·权修》曰："土地博大，野不可以无吏。"此士与吏，即田畯之俦。《月令》孟夏："命野虞出行田原，为天子劳农劝民，毋或失时。命司徒巡行县鄙，命农勉作，毋休于都。"仲秋："乃劝种麦，毋或失时。乃命有司，趣民收敛。务畜菜，多积聚。"季冬："令告民出五种，命农计耦耕事，具耒耜，修田器。"一《公羊》宣公十五年《解诂》曰："民春夏出田，秋冬入保城郭。田作之时，春，父老及里正旦开门坐塾上，晏出后时者不得出，暮不持薪樵者不得入。"《汉书·食货志》略同。此等规制，盖皆世及为礼之大人，所以督责其农奴者，非大同之世所有也。亦时能以其知识，辅道齐民。如《周官》大司徒："辨十有二壤之物而知其种。"司稼："巡邦野之稼而辨穜稑之种，周知其名，与其所宜地，以为法而县于邑闾。"此辨土壤、择谷种之法也。草人："掌土化之法，以物地相其宜而为之种。"此变化土壤之法也。《月令》季夏："是月也，土润溽暑，大雨时行。烧薙行水，利以杀草，如以热汤。"注："薙谓迫地芟草也。此谓欲稼莱地，先薙其草，草干烧之。至此月，大雨，流水潦畜于其中，则草死不复生，而地美可稼也。薙人掌杀草，职曰：夏日至而薙之，又曰：如欲其化也，则以水火变之。"案薙人亦见《周官》，此即所谓火耕水耨也。庶氏，掌除毒蛊；翦氏，掌除蠹物；赤犮氏，掌除墙屋；除虫豸藏逃其中者。蝈氏，蝈读如蜮。掌去蛙黾；壶涿氏，掌除水虫；则除害虫之法也。《诗·大田》："去其螟螣，及其蟊贼，毋害我田稚。田祖有神，秉畀炎火。"《月令》，孟春："王命布农事，命田舍东郊，皆修封疆，审端径术。善相丘陵、阪险、原隰土地所宜，五谷所殖，以教道民，必躬亲之。”盖于督责之中，兼寓教道之意矣。《汉志》农家之书，出于先秦之世者，有《神农》《野老》；又有《宰氏》，不知何世；今皆无存。古农家之学，尚略见于《管子·地员》《吕览·任地》《辨土》《审时》诸篇，皆当时农稷之官所发明，而日教道其下者也。以视后世，士罕措心农学；即有之，亦不能下逮；负耒之子，徒恃父祖所传，经历所得者，以事耕耘，又迥不侔矣。《大田》之诗曰：“曾孙来止，以其妇子，馌彼南亩。田畯至喜，攘其左右，尝其旨否。”《笺》云：“曾孙，谓成王也，攘读为饟。馌、饟，馈也。田畯，司啬，今之啬夫也。喜读为饎。饎酒食也。成王来止，谓出观农事也。亲与后世子行，使知稼穑之艰难也。农人之在南亩者，设馈以劝之，司啬至，则又加之以酒食，饟其左右从行者。成王亲为尝其馈之美否，示亲之也。”此说后人多疑之，其实此何足疑？古君民相去，本不甚远，读《金史》之《昭肃皇后传》，则可知矣。昭肃后，唐括氏，景祖后，《传》曰：“景祖行部辄与偕，政事狱讼，皆与决焉。景祖殁后，世祖兄弟凡用兵，皆禀于后而后行，胜负皆有惩劝。农月，亲课耕耘刈获。远则乘马，近则策杖。勤于事者勉之，晏出早归者训厉之。”晏子述巡守之礼曰：“春省耕而补不足，秋省敛而助不给。”又引《夏谚》“吾王不游，吾何以休？吾王不豫，吾何以助”以明之。《孟子·梁惠王下》。知古所谓巡守者，实乃劝农之事，即方伯行邑亦如此，故有召伯听讼于甘棠下之说也。见《史记·燕世家》。夫如是，安有暴君污吏敢剥削其民者哉？古者一夫百亩，又有爰田之法，所耕之地实甚广，然《王制》言：“上农夫食九人，其次食八人，其次食七人，其次食六人，下农夫食五人。”《孟子》同见《万章下篇》。其所得，无以逾于今江南之农夫，而今江南之农夫，所耕者不逮古三之一也，此盖地狭人稠，迫之使耕作益精，而智巧亦日出。今日农夫之所知，盖有古士大夫之所不逮者矣。然人所以驾驭自然之术日精，而人与人之相剥削，则亦愈烈矣。噫！

第二节 工 业

工业何由演进乎？曰：始于分业而致其精；继以合诸部族之长技而汇于一；终则决破工官之束缚，使智巧之士，人人有以自奋焉；此工业演进之途也。

《考工记》曰："粤无镈，燕无函，秦无庐，胡无弓车。粤之无镈也，非无镈也，夫人而能为镈也。燕之无函也，非无函也，夫人而能为函也。秦之无庐也，非无庐也，夫人而能为庐也。胡之无弓车也，非无弓车也，夫人而能为弓车也。"《注》曰："言其丈夫人人皆能作是器，不须国工。"然则非人人所能作之器，必设官以司其事矣。此盖大同之世之遗规。今东印度农业共产社会，攻木，抟埴，咸有专职。不事稼穑，禄以代耕。吾国古代，盖亦如是。王公建国，袭其成法，遂为工官矣。人之才性，各有所宜，而艺以专而益精，习熟焉则巧思自出，不惟旧有之器，制作益工，新器且自兹日出矣。故一部族之中，以若干人专司制造，实工业演进之第一步也。

然古代部族，率皆甚小，一部族中，智巧之士有限；抑且限于所处之境，物材不能尽备，利用厚生之事，自亦不能无缺也。而各部族之交通，适有以弥其憾。《考工记》曰："知者创物，巧者述之，守之世，谓之工。百工之事，皆圣人之所作也。"古无信史，公众逐渐发明之事，率归美于一人。《淮南·本经》曰："周鼎著倕。"注云："周铸垂象于鼎。"此殆即《考工记》所谓圣人，如学校之有先圣也。《易·系辞传》曰："备物致用，立成器，以为天下利，莫大乎圣人。"亦此意。其实以一人而有所发明者，甚希，一部族有所专长者则不乏，此亦其所处之境，或其独有之物产使然也。《记》又言："有虞氏上陶，夏后氏上匠，殷人上梓，周人上舆。”《注》云：“官各有所尊，王者相变。”此说殊非。虞、夏、殷、周皆异部族，各有所长，故亦各有所贵耳。利用厚生之技，传布最易。野蛮人遇文明人，尤渴慕如恐不及。蒙古人之入西域，即其明证。《考工记》诸官，或以人称，或以氏称。《注》曰：“其曰某人者，以其事名官也。其曰某氏者，官有世功，若族有世业，以氏名官者也。”以氏名官之中，必多异族才智之士，如乌春之于女真者矣。《金史·乌春传》：“乌春，阿跋斯水温都部人，以锻铁为业。因岁歉，策杖负儋，与其族属来归。景祖与之处，以本业自给。”按此所谓以本业自给者，必非乌春一人，正犹突厥本为柔然铁工也。

封建之世，有国有家者，既能广徕异部族智巧之士；而又能则古昔，设专官以处之，“凡执技以事上者，不贰事，不移官”；《礼记·王制》。工业似当猛晋，而不能然者，则以工官之制，亦有其阻遏工业，使之停滞不进者在也。人之才性，各有不同，子孙初不必尽肖其父祖，而古工官守之以世，必有束缚驰骤，非所乐而强为之者矣，一也。工官之长，时曰工师，所以督责其下者甚严。《月令》：季春，“命工师，令百工，审五库之量，金、铁、皮、革、筋、角、齿、羽、箭干、脂胶、丹漆毋或不良，百工咸理。监工日号，毋悖于时。毋或作为淫巧，以荡上心。”季秋，“霜始降，则百工休。”孟冬，“命工师效功，陈祭器，案度程，毋或作为淫巧，以荡上心，必功致为上。物勒工名，以考其成。功有不当，必行其罪，以穷其情。”《荀子·王制序官》：“论百工，审时事，辨功善，尚完利，便备用，使雕琢文采，不敢造于家，工师之事也。”下乃不得不苟求无过。凡事率由旧章，则无由改善矣，二也。封建之世，每尚保守，尤重等级，故《月令》再言“毋或作为淫巧，以荡上心”；《荀子》亦言：“雕琢文采，不敢造于家。”《管子》曰：“菽粟不足，末生不禁，民必有饥饿之色，而工以雕文刻镂相稚也，谓之逆。布帛不足，衣服无度，民必有冻寒之色，而女以美衣锦绣綦组相稚也，谓之逆。"《重令》。此即汉景帝"雕文刻镂伤农事，锦绣纂组害女红"诏语所本，原不失为正道。然新奇之品，究以利用厚生，抑或徒供淫乐，实视其时之社会组织而定，不能禁贵富者之淫侈，而徒欲禁止新器，势必淫侈仍不能绝，而利用厚生之事，反有为所遏绝者矣，三也。《墨子·鲁问》："公输子削竹木以为鹊，成而飞之，三月不下。公输子自以为至巧。子墨子谓公输子曰：子之为鹊也，不如匠之为车辖，须臾，斫三寸之木，而任五十石之重，故所为工利于人谓之巧，不利于人谓之拙。"其说是矣。然能飞之械，安见不可为公众之利乎？《礼记·檀弓》："季康子之母死。公输若方小。敛，般请以机封。将从之。公肩假曰：不可，夫鲁有初，公室视丰碑，三家视桓楹。般，尔以人之母尝巧，则岂不得以？其毋以尝巧者乎？则病者乎？噫。弗果从。"此则纯为守旧之见而已矣。夫如是，故工官之制本可使工业益致其精，而转或为求精之累也。

凡制度，皆一成而不易变者也，而社会则日新无已。阅一时焉，社会遂与制度不相中。削足适履，势不可行，制度遂至名存实亡矣。工官之制，亦不能免于是。工官之设，初盖以供民用。然其后，在上者威权日增，终必至专于奉君，而忽于利民。孟子之诘白圭也，曰："万室之国，一人陶，则可乎？"曰："不可，器不足用也。"《告子下》。明古之工官，皆度民用而造器。然所造之数果能周于民用乎？生齿日繁，又或生活程度日高，始自为而用之者，继亦将以其所有易其所无；则相需之数必骤增，然工官之所造，未必能与之俱增也，则民间百业，缘之而起矣。工官取应故事民间所造之器，则自为牟利，相竞之余，优绌立见，则一日盛而一式微矣，况乎新创之器，又为工官所本无者邪？《管子》言四民不可使杂处；《吕览》言民生而隶之三官；皆见第十一章第四节。《谷梁》亦曰："古者立国家，百官具，农工皆有职以事上。古者有四民：有士民，有商民，有农民，有工民。"成公元年。《论语》言"百工居肆"。《子张》。《国语》

言“工商食官”。《晋语》。《中庸》曰：“日省月试，饩禀称事，来百工也。”则古之工人，皆属于官。然《管子·问篇》曰：“问人工之巧，出足以利军伍，处可以修城郭，补守备者几何人？”则名不籍于官，饩不禀于上，非国家之所能知矣。《治国篇》曰：“今为末作技巧者，一日作而五日食，农夫终岁之作，不足以自食也。”《史记·货殖列传》曰：“用贫求富，农不如工，工不如商。”皆足见民间工业之盛。此固能使智巧日出，民用益周，然菽粟不足，不得事雕文刻镂，布帛不足，不得事锦绣纂组之义，亦并告朔之饩羊而不存矣。噫！

第三节　商　业

商业之始，其起于部族与部族之间乎？《老子》曰：“郅治之极，邻国相望，鸡狗之声相闻，民各甘其食，美其服，安其俗，乐其业，至老死不相往来。”据《史记·货殖列传》。《管子》曰：“市不成肆，家用足也。”《权修》。《盐铁论》曰：“古者千室之邑，百乘之家，陶冶工商，四民之求，足以相更。故农民不离畎亩而足乎田器，工人不斩伐而足乎陶冶，不耕而足乎粟米。”《水旱》。盖古代部族，凡物皆自为而用之，故无待于外也。然智巧日开，交通稍便，分业即渐行于各部族之间。《洪范》八政，一曰食，二曰货，货即化，谓变此物为他物也。《孟子》曰：“子不通工易事，则农有余粟，女有余布。”《滕文公下》。又曰：“一人之身，而百工之所为备，如必自为而后用之，是率天下而路也。”《滕文公上》。人无不恃分工协力以生者，自皇古以来即如此，商业之兴，特扩而大之而已矣。

《易·系辞传》言神农氏“日中为市，致天下之民，聚天下之货，交易而退，各得其所”。“天下”盖侈言之。《吕览·勿躬》曰：“祝融作市。”祝融即神农也。《书·酒诰》言：农功既毕，“肇牵车牛远服贾”;《记·郊特牲》言:“四方年不顺成，八蜡不通。”此皆今之作集，商学家所谓定期贸易也。神农时之市，度亦不过如是耳。生计稍裕，则邑居之地有常设之市。《管子·乘马》“方六里命之曰暴，五暴命之曰部，五部命之曰聚，聚者有市，无市则民乏”是也。《齐策》:“通都、小县置社，有市之邑莫不止事而奉王。”则邑不必皆有市。国都所在，市之规模尤大。《考工记》:“匠人营国，面朝后市。”《管子·揆度》言百乘、千乘、万乘之国，中而立市是也。藏货贿之地曰廛,《王制》言“市廛而不税”是也,《注》:“廛，市物邸舍。”案廛为区域之意，不论其为民居与商用，故许行踵门见滕文公，言“愿受一廛而为氓”也。见《孟子·滕文公上篇》。邑以外之市，则在田野之间,《公羊解诂》所谓“因井田而为市”；宣公十五年。《孟子》所谓“有贱丈夫焉，必求龙断而登之”者也。《滕文公下》。《注》:“龙断，谓堁断而高者也。左右占望，见市有利，罔罗而取之。”案登高则所见者远，招徕买者易，而人亦易见之也。城市之间，亦有作小卖买者则《周官》所谓贩夫贩妇，司市、大市，日昃而市，百族为主。朝市，朝时而市，商贾为主。夕市，夕时而市，贩夫贩妇为主。又廛人掌敛总布。杜子春云:“总当为儳，谓无市立持者之税也。”康成不从然注肆长叙其总布取之。又《诗·有瞽笺》云:“箫，编小竹管，如今卖饧者所吹也。”此即《说文》所谓衒,《说解》曰:“行且卖也。”其规模弥小矣。

都邑中市，国家管理之颇严。《王制》曰:“有圭璧、金璋，不鬻于市。命服、命车，不鬻于市。宗庙之器，不鬻于市。牺牲，不鬻于市。布帛精粗不中度，幅广狭不中量，不鬻于市。奸色乱正色，不鬻于市。锦文、珠玉成器，不鬻于市。衣服、饮食，不鬻于市。五谷不时，果实未熟，不鬻于市。木不中伐，不鬻于市。禽兽、鱼鳖不中杀，不鬻于市。”一以维当时之所谓法纪，一以防商人之欺诈也。《周官》所载，有胥师以察其诈伪，各掌其次之政令，而平其货贿，宪刑禁焉。察其诈伪饰行儥慝者而诛罚之，听其小治小讼而断之。有贾师以定其恒贾，凡天患，禁贵儥者，使有恒贾。四时之珍异亦如之。有司虣以禁其斗嚣，掌宪市之禁令，禁其斗嚣者，与其虣乱者，出入相陵犯者，以属游饮食于市者。若不可禁，则搏而戮之。有司稽以执其盗贼，掌巡市而察其犯禁者，与其不物者而搏之。掌执市之盗贼，以徇，且刑之。有胥以掌其坐作出入之禁令，各掌其所治之政，执鞭度而巡其前，掌其坐作出入之禁令，袭其不正。凡有罪者，挞戮而罚之。有肆长以掌其物之陈列，各掌其肆之政令，陈其货贿，名相近者相远也，实相近者相迩也，而平正之。而司市总其成。《注》云："司市，市官之长。"又云："自胥师以及司稽，皆司市所自辟除也。胥及肆长，市中给徭役者。"又有质人以掌其质剂、书契、度量、淳制。掌成市之货贿、人民、牛马、兵器、珍异。凡卖儥者质剂焉。大市以质，小市以剂。掌稽市之书契。同其度量，壹其淳制。凡治质剂者，国中一旬，郊二旬，野三旬，都三月，邦国期。期内听，期外不听。案小宰八成，七曰听卖买以质剂，《注》引郑司农曰："质剂，谓市中平贾，今时月平是也。"又曰："玄谓两书一札，同而别之，长曰质，短曰剂。傅别质剂，皆今之券书也，事异，异其名耳。"质人《注》云："大市人民牛马之属用长券，小市兵器珍异之物用短券。"淳制，杜子春云："淳当为纯。纯谓幅广，制谓匹长也，皆当中度量。"后郑云："淳读如淳尸盥。之淳。"《疏》云："杜子春云，淳当为纯，纯谓幅广，制谓匹长也者，即丈八尺，后郑从之。后郑不从杜子春纯者，纯止可为丝为缁，不得为幅广狭，故读从《士虞礼》淳尸盥之淳，故《内宰注》依巡守礼淳四咫，郑答《志》：咫八寸，四当为三，三咫，谓二尺四寸也。"凡治市之吏，居于思次。司市职云："凡市人，则胥执鞭度守门。市之群吏，平肆，展成，奠贾，上旌于思次以令市。市师莅焉，而听大治大讼。胥师、贾师莅于介次，而听小治小讼。"《注》云："思次，若市亭，介次，市亭之属小者。"通货贿则以节传出入之。司市，凡通货贿，以玺节出入之。司关，掌国货之节，以联门市。凡货不出于关者，举其货，罚其人。凡所达货贿者，则以节传出之。《注》云："货节，谓商本所发司市之玺节也。自外来者，则案节而书其货之多少，通之国门。国门通之司市。自内出者，司市为之玺节，通之国门，国门通之关门。"又云："商或取货于民间，无玺节者，至关，关为之玺节及传出之。其有玺节，亦为之传。传，如今移过所文书。"有物靡之禁，司市，以政令禁物靡而均市。有伪饰之禁。司市，凡市，伪饰之禁：在民者十有二，在商者十有二，在贾者十有二，在工者十有二。郑司农云："所以俱十有二者？工不得作，贾不得鬻，商不得资，民不得畜。"后郑即引《王制》以说之。有市刑：小刑宪罚，中刑徇罚，大刑扑罚。较《王制》尤严矣。《史记·田单列传》：湣王时，为临淄市掾。则古列国之市，皆有官以治之。

贾师之职云："凡天患，禁贵侥者，使有恒贾，四时之珍异亦如之。"司市职云："凡治市之货贿、六畜、珍异，亡者使有，利者使阜，害者使亡，靡者使微。"《注》云："抑其贾以却之。"朝士职云："凡民同货财者，令以国法行之，犯令者罚之。"《注》云："郑司农云：同货财者，谓合钱共贾者也。以国法行之，司市为节以遣之。玄谓同货财者，富人畜积者，多时收敛之，乏时以国服之法出之，虽有腾跃，其赢不得过此，以利出者与取者。过此则罚之，若今时加贵取息坐臧。"小宰之质剂，司农以汉之月平释之，虽不必确，然汉之有月平章章矣。汉有月平，亦必沿之自古也。《左氏》称晋文之治，"民易资者，不求丰焉"。僖公二十七年。《史记·循吏列传》，言子产为相二年，"市不豫贾"，是古之市价，官吏颇能操纵其间也。廛人之职，掌敛市之絘布、列肆之税布。总布、守斗斛铨衡者之税。质布、犯质剂者之罚。罚布、犯市令者所罚。廛布，邸舍之税。而入于泉府，凡珍异之有滞者，敛而入于膳府。泉府，"掌以市之征布，敛市之不售，货之滞于民用者，以其贾买之。物楬而书之，以待不时而买者"。是卖者、买者，皆受公家保护，不虞亏折及昂腾也。《汉书·食货志》：王莽下诏曰："夫《周礼》有赊贷，《乐语》有五均。"《注》引邓展曰："《乐语》，《乐元语》，河间献王所传，道五均事。"臣瓒曰："其文云：天子取诸侯之土，以立五均，则市无二贾，四民常均；强者不得困弱，富者不得要贫；则公家有余，恩及小民矣。"然则古确有平亭市贾之事。陈相谓："从许子之道，则市贾不贰，国中无伪，虽使五尺之童适市，莫之或欺。布帛长短同，则贾相若。麻缕丝絮轻重同，则贾相若。五谷多寡同，则贾相若。屦大小同，则贾相若。"《孟子·滕文公上》。其欲举不齐之物而使之齐，事固未必能行，然齐市价使不贰，古固不能谓无是事也。此可见商业初兴时，尚未尽自由；贾人之牟利，尚时为公家所干涉。然其后商贾之势益张，政令之力益弱，此等恐悉成虚文矣。不然，管、商辈何为深恶商贾，务欲裁抑之哉？

商业之初兴也，实凡民之友而非其敌也。何则？天灾人祸之来，通全局计之，曾不足为人患；就一部落、一氏族言之，则有一蹶而不能复振者矣。庚财、乞籴，非可常恃，故必有商人焉，以己之所饶，易之于外。郑桓公之迁国，实与商人俱；《左氏》昭公十六年。卫为狄灭，文公通商；闵公二年。晋文公之返国，亦轻关、易道、通商；《国语·晋语》。即以当转徙破坏之余，必不可无之物，或有所阙，不得不藉商贾以求之也。斯时之贸易，皆行于部族与部族之间。商人跋涉山川，蒙犯霜露，冒盗贼劫略之险，以为公众谋，而己不与其利，谓为凡民之友，而非其敌，信不诬矣。然此乃为公产之部族言之，至私产之制兴，贸易行于部族之中，商贾各自为谋，而其情势一变。

《管子》曰："政有缓急，故物有轻重。岁有败凶，故民有义当作羡。不足。时有春秋，故谷有贵贱。"《七臣七主》。又曰："泰春，泰夏，泰秋，泰冬，此物所以高下之时也。此民所以相并兼之时也。"《山国轨》。案《轻重乙》曰："岁有四秋，物之轻重，相什而相百。"所谓岁有四秋者，谓农事作为春之秋，丝纩作为夏之秋，五谷会为秋之秋，纺绩缉縷作为冬之秋也。计然言："粜二十病农，九十病末，上不过八十，下不过三十，则农末俱利。"《史记·货殖列传》。则三十至八十，实为谷之恒价。而李悝《尽地力之教》，言农民生计，谷石皆以三十计，《汉书·食货志》。则自三十以上，利皆入于商人，农民所得，仅其最下之价矣。《管子·揆度》曰："今天下起兵加我，君朝令而夕求具，民肆其财物，与其五谷为雠。贾人受而廪之。师罢，万物反其重，贾人出其财物，国币之少分，廪于贾人。"然则不论天时人事之变动，贾人皆乘之以获利，而凡民则举受其弊也。夫有无之相剂，一以其时，一以其地。以其时者，《王制》耕九余三之法是也。以其地者，若《管子》言："亩钟之国，粟十钟而锱金，山诸侯之国，粟五釜而锱金。"《轻重乙》。以其所饶，易其所乏，则地虽异而用各足是也。各地方之丰歉，不必同时，苟能互相调剂，则虽微积贮，而与有积贮者无异；而窖藏不用，同于废弃之物，咸可用为资本矣。故通商实两利之道，而通全局计之，则为利尤薄也。然利皆入于商人，则不蒙其利者，仍与受天灾人祸无异，或且加酷焉。是犹举公众之积，以奉一二人，而使大众流为饿莩也。此管、商等所以有抑商之论也。非偏也，商人固剥削兼并之流，而凡民则为所剥削兼并者也。

当时在一区域之中，商人所恃以牟利者，盖以谷及日用所资之物为主，如上文所言是也。其贩运于列国之间者，则为各地方所特有之物。《史记·货殖列传》曰："山西饶材、竹、谷、纑、旄、玉、石；山东多鱼、盐、漆、丝、声色；江南出柟、梓、姜、桂、金锡连、丹沙、犀、玳瑁、珠、玑、齿、革；龙门、碣石北，多马、牛、羊、旃裘、筋、角；铜铁则千里往往山出棋置；此其大较也，皆中国人民所喜好，谣俗、被服、饮食、奉生、送死之具也。"惟如是，故与外国接境之处，商利遂无不饶。《货殖列传》言：栎邑北却戎狄，多大贾；巴、蜀南御滇、僰，僰僮；西近邛、笮，笮马旄牛；天水、陇西、北地、上郡，西有羌中之利，北有戎翟之畜；杨、平阳陈西贾秦、翟，北贾种、代；上谷至辽东，北邻乌桓、夫余，东绾涉貉、朝鲜、真番之利；是其事也。《传》又言番禺为珠、玑、玳瑁、果、布之凑，珠、玑、玳瑁固汉后与西南洋通所致之物，果亦南方所饶，布疑即木棉所织也，然则海道之通商，亦自先秦时已然矣。《货殖传》虽太史公所作，然实多取先秦成说，非述当时事也。凡史籍所著，大抵较述作之时为早，正不独《史记》为然。

此等商贾，所贩运者，率皆珍贵之品，非平民之所资，故其人恒与王公贵人为缘。“子贡结驷连骑，束帛之币，以聘享诸侯，所至国君，无不分庭与之抗礼。”《货殖列传》。正犹蒙古朝廷，乐与西域商人交接矣。当时王公大人用与商人交易者何物乎？予疑其为粟帛。《管子·山权数》言：“丁氏之家粟，可食三军之师。”《轻重丁》言：“大夫多并其财而不出，腐朽五谷而不散。”有封地征敛于民者，粟帛固其所饶也。“嬖宠被绨络，雁鹜含余秣”，亦见《轻重丁》。言城阳大夫如是。固不如以易珍奇玩好，而商人得此，则可豪夺吾民矣。夫商贾既日与王公贵人为缘，则其地望宜日尊显，顾当时视为贱业者？则以坐列贩卖，率使贱者为之故也。汉人乐府曰：“孤儿生，孤儿遇生，命当独苦。父母在时，乘坚车，驾驷马。父母已去，兄嫂令我行贾，南到九江，东到齐与鲁。”王子渊《僮约》曰：“舍后有树，当裁作船，上至江州下到湔，主为府掾求用钱。推访堊，贩棕索，绵亭买席，往来都落。当为妇女求脂泽，贩于小市，归都儋枲。转出旁蹉，牵犬贩鹅。武都买茶，杨氏儋荷。往来市聚，慎护奸偷。入市不得夷蹲旁卧，恶言丑骂。多作刀矛，持入益州，货易羊牛。”虽风谣之辞、游戏之文，不为典要，然终必以事实为据，不过或溢其分耳。汉世如此，先秦可知。《货殖传》言：“齐俗贱奴虏，刁间独贵之。”“桀黠奴，人之所恶也，惟刁间收取，使逐渔盐商贾之利”，则当时货殖之家，度亦不过发踪指示，未必身居阛阓之间。故曰："千金之子，不死于市"也。然商人多周历四方，熟知民之情伪；又其事本须心计；故其人率有才智，遂能上游媚王公贵人，以出其利，而下以剥削人民矣。商字之义，本为计度之辞。《汉书·食货志》言耿寿昌以善为算，能商功利，幸于上是也。《白虎通义》曰："商之为言章也。"言能计度利害，使之章著也，弦高能却秦师，即商人多智之一证。《吕览·上农》曰："民舍本而事末，则好诈，好诈则巧法令，以是为非，以非为是，不如农人之朴实而易治。"法家所以重农贱商者，此亦其一原因也。

第四节 泉 币

大同之世，人无所谓自为也，亦无所谓为人。有所为，皆以致诸群；有所须，亦皆取诸群者也。大同之世既逝，人不能无彼我之分。有所效于其群者，必求所以为偿，乃不得不计其值。计其值之物，则泉币也。甲以物与乙，乙以币与甲，虽若两人相授受，然甲将来以币易物，不必更求之乙，凡一切人之物，皆可易取焉。此即甲非以物授乙，而先致诸其群，由群更以授乙之明证。特其授受之间，群无代表，而即藉甲乙之手以行之耳。职是故，为钱币之物，乃不得不为众所同欲。

《汉书·食货志》云："凡货，金钱布帛之用，夏、殷以前，其详靡记云。"此说最为得实。《史记·平准书》云："虞、夏之币，金为三品：或黄，或白，或赤，或钱，或布，或刀，或龟贝。"数语附着简末，必后人记识，混入本文者也。《汉志》又云："太公为周立九府圜法。黄金方寸而重一斤。钱圜函方，轻重以铢。布帛广二尺二寸为幅，长四丈为匹。""太公退，又行之于齐。"案《史记·货殖列传》

言管子设轻重九府;《管晏列传》言、吾读管氏《牧民》《山高》《乘马》《轻重》《九府》;则九府圜法，实齐中叶后事，云太公为周立者，妄也。此三物者，布帛及钱，盖以供平民之用，黄金则贵族豪商用之，然已非其朔矣。何则？交易之兴，由来甚旧，盖衣皮之世即有之，安所得束帛而用之？而亦安能铸金为钱也？故言吾国之泉币者，必当以贝与皮为最早。

《说文》曰:“古者货贝而宝龟，周而有泉，至秦废贝行钱。”此语亦较《汉志》为确。《诗·菁菁者莪笺》云:“古者货贝，五贝为朋。”《礼记·少仪》曰:“臣如致金、玉、货、贝于君”，可见作《记》时贝尚通行也。《盐铁论·铸币》曰:“夏后氏以玄贝，周人以紫石，后世或金钱刀布。”其言亦必有所据。《士丧礼注》云:“贝，水物，古者以为货，江水出焉。”盖南方业渔之民所用，货财等字，无不从贝者，可见其通行之广。钱圜函方，盖以象贝，《说文》云：贯，钱贝之贯也。知古之用贝，如后世之用钱也。皮则田猎之民用之，国家相沿以为币，民间亦用焉。如婚礼之纳币。逮农耕之世，则通用粟，《诗》言“握粟出卜”,《孟子》言许行衣、冠、械、器，皆以粟易之是也。《滕文公上》。粟值贱而重，故又多用布帛，《诗》言“抱布贸丝”是矣。金可分合，便贮藏，用为币本最善，然古金价甚贵，虽铜钱，亦未必能供零星贸易之用，况黄金乎？故知其仅行于贵族豪商之间也。计然言籴二十病农，九十病末，上不过八十，下不过三十，则农末俱利。古权度于今三之一，则在战国时，今粟一石，价不过九十至二百四十钱也。

然当时轻重家言，恒以金粟相权，而珠、玉、黄金，亦同称为币，其故何也？曰：泉币行于小民若豪贵间者，本不同物，今犹如是也。贵人之宝珠、玉、金、铜，盖以供玩弄，故珠玉之价，尤贵于黄金。《管子·侈靡》:“天子藏珠玉，诸侯藏金石。”其后稍用以资交易，而金之为用，乃胜于珠玉焉。《管子》曰:“玉起于禺氏，金起于汝、汉，珠起于赤野，东西南北，距周七千八百里，《通典》引作七八千里。水绝壤断，舟车不能通，先王为其途之远，其至之难，故托用于其重。以珠玉为上币，以黄金为中币，以刀布为下币。”《国蓄》。《地数》《揆度》《轻重乙》略同。又曰：“汤七年旱，禹五年水。汤以庄山之金，禹以历山之金铸币，而赎民之无𫗴卖子者。”《山权数》。《周官》司市：“国凶荒札丧，则市无征而作布。”《注》曰：“金铜无凶年，因物贵，大铸泉以饶民。”然则古之作泉，乃歉岁用以求粟于竟外，犹之乞籴也。《管子》言丁氏之藏粟，可食三军之师，桓公将伐孤竹，以龟为质而假焉，《山权数》。古之求粟者，盖多于此曹，安得无用珠、玉、黄金？商人所用，盖多铜钱。《国语·周语》：“景王将铸大钱，单穆公曰：不可，古者天降灾戾，于是乎量资币、权轻重以振救民。民患轻，则为作重币以行之，于是乎有母权子而行，民皆得焉。若不堪重，则多作轻而行之，亦不废重，于是乎有子权母而行，小大利之。今王废轻而作重，民失其资，能无匮乎？”此所谓子母相权者，非如近世以银铜相权，乃大小钱并行，大钱盖利商贾，商贾流通，则物产外泄，故单穆公又訾其“绝民用以实王府”也。《周书·大匡》：“惟周王宅程三年，遭天之大荒”。“币租轻，乃作母以行其子”，此即单穆公所谓母权子而行也。《史记·循吏·孙叔敖传》：庄王以为币轻，更小以为大，百姓不便，皆去其业。市令言之相，相言之王。王许之。下令三日，而市复如故。庄王之所为，即单穆公所谓废轻而作重也。古珠、玉、黄金，亦略有与钱相权之价。如《公羊》隐公五年《解诂》言：“古者以金重一斤，若今万钱。”《管子·轻重丁》言“使玉人刻石而为璧，尺者万泉，八寸者八千，七寸者七千，珪中四千，瑗伸五百”是也。然价太贵，故商民交易，仍不能用。当时列国，盖以齐为最富，其商业亦最盛。齐竟内盖诚钱粟并行，故《轻重丁》统计四方之称贷者，凡出泉三千万，出粟参数千万钟；《国蓄》言万室之都，必有万钟之藏，藏𦄻千万；千室之都，必有千钟之藏，藏繦百万也。钱币诚便民用，然有之则货财之转易弥易，储藏亦益便；操奇计赢者，愈有所资，而好厚藏者，亦益锢其财而不出矣。太史公曰："维币之行，以通农商，其极，则玩巧并兼，殖争于机利，去本趋末。"《自序》。今生计学家所言泉币利病，古人固早烛之矣。

第十三章　衣食住行

第一节　饮　食

饮食之演进，一观其所食之物，一观其烹调之法。《礼记·礼运》曰:“昔者先王未有火化，食草木之实，鸟兽之肉，饮其血，茹其毛。”《疏》云:“虽有鸟兽之肉，若不能饱者，则茹食其毛，以助饱也。若汉时苏武，以雪杂羊毛而食之，是其类也。”案人当饥饿时，实无物不食。《诗·豳风》曰:“九月筑场圃。”《笺》云:“耕治之以种菜茹。”《疏》云:“茹者，咀嚼之名。以为菜之别称，故书传谓菜为茹。”然则古人当不能饱时，亦食草根树皮也。《管子·七臣七主》曰:“果蓏素食当十石。”《墨子·辞过》曰:“古之民，素食而分处。”素食即疏食，见《月令郑注》。疏食有二义：一指谷以外之物，一指谷类之粗疏者，《礼记·杂记》:“孔子曰：吾食于少施氏而饱。少施氏食我以礼。吾祭，作而辞曰：疏食不足祭也。吾飧，作而辞曰：疏食也，不足以伤吾子。”《疏》曰:“疏粗之食。”是后一义也。前一义，后人作蔬以别之，盖草木较谷食为粗疏，故得疏食之名，后遂引伸以称谷食之粗疏者也。此渔猎搜采之时所食之物也，逮知耕稼而其势一变。

熟食之始，或则暴之于日，或烧石以熟食物。昔从残肉及日，《说文》。盖暴干之以便贮藏。《礼运》云:“夫礼之初，始诸饮食。其燔黍而捭豚，污尊而抔饮，蒉桴而土鼓，犹若可以致其敬于鬼神。”《注》云:“中古未有釜甑，释米捭肉，加于烧石之上而食之耳，今北狄犹然。”此即今所谓石烹。逮有陶器，乃知烹煮，并有各种熟食之法。《礼运》言“后圣有作，修火之利，以炮、《注》：“裹烧之也。”以燔、《注》：“加于火上。”以亨、《注》：“煮之镬也。”以炙《注》：“贯之火上。”是也。既能烹煮，则稍知调和。古但煮肉为汁，后人谓之大羹。《士昏礼注》。按汁，古文作清，见《公食大夫礼注》。后世则能和以盐菜，为铏羹矣。见《礼运》。云污尊而抔饮者，《注》云：“污尊，凿地为尊也。抔饮，手掬之也。”盖太古仅饮水，是为后世所谓玄酒。《士昏礼疏》云：“相对，玄酒与明水别，通而言之，明水亦名玄酒。”案《礼运》云：“玄酒之尚。”《郊特牲》作“玄酒明水之尚”。明水二字，乃注语也。《魏策》云：“昔者帝女令仪狄作酒。”后人或谓酒始于是，非也。此乃言酒之旨者，非谓前此无酒。《士昏礼疏》云：“污尊抔饮，谓神农时，虽有黍稷，未有酒醴。后圣有作，以为醴酪，据黄帝以后。”虽出亿度，然初有谷时，未必以之为酒，《聘礼注》云：“凡酒，稻为上，黍次之。”《周官·酒正疏》云：“五齐，三酒。”俱用秫、稻、麴蘖，鬯酒用黑黍。则说亦可通也。污尊抔饮，自是饮水，《疏》谓凿地盛酒，非。《周官》酒正有五齐、三酒、四饮，四饮最薄，五齐次之，三酒最后，而昔人以五齐祭，三酒饮，可见酒味之日趋于厚矣。祭礼多存古制，如玄酒、明水是也。

公产之世，饮食亦必公，斯巴达之食堂，即其遗制，非霸者所能强为也。《礼记·礼器》曰：“周礼其犹醵与？”《注》曰：“王居明堂之礼，仲秋乃命国醵。”此即后世之赐酺。独酌本非所禁，亦不能禁，古所禁者，皆群饮也。《酒诰》曰：“群饮，女勿佚，尽执拘以归于周，予其杀。”当酒禁甚严之世，犹或甘冒司败之诛，盖由积习已深，猝难改易。《易·序卦传》曰：“饮食必有讼。”即因群聚易致争阋，非争食也。当此之时，其所食之物，亦必无异，故许行谓“贤者与民并耕而食，饔飧而治”也。《孟子·滕文公上》。然至后来，则显分等级矣。《左氏》：齐师伐鲁，鲁庄公将战，曹刿请见，其乡人曰：“肉食者谋之，又何间焉？”庄公十年。《注》：“肉食，在位者。”

《疏》云："昭四年《传》说颁冰之法云：食肉之禄，冰皆与焉。大夫命妇丧浴用冰，则大夫以上，乃得食肉。"是惟贵者乃得食肉也。《王制》言六十非肉不饱，《孟子》言七十可以食肉，《梁惠王上》。是惟老者乃得食肉也。而食肉之中，又分等级。古男子多畜犬，女子多畜豕。见第十二章第一节。乡饮酒之礼："其牲狗。"《礼记·乡饮酒》。《士昏礼》："舅姑入室，妇以特豚馈。"《礼记·昏义》。《越语》："生丈夫者二壶酒，一犬；生女子者，二壶酒，一豚。"《吴越春秋·勾践伐吴外传》同。盖各因其所牧以为馔。马、牛、羊、豕、犬、鸡，并称六畜，农耕之世，牧地既少，马、牛、羊皆不能多畜；马、牛又须供耕田服乘之用；而犬、豕与鸡，遂为常食，鱼鳖不待畜，尤为饶多。《王制》曰："国君无故不杀牛，大夫无故不杀羊，士无故不杀犬豕。"亦见《玉藻》。《国语·楚语》：屈建曰："祭典有之曰：国君有牛享，大夫有羊馈，士有豚犬之献，庶人有鱼炙之荐。"又观射父曰："天子举以太牢，祀以会。诸侯举以特牛，祀以太牢。卿举以少牢，祀以特牛。大夫举以特牲，祀以少牢。士食鱼炙，祀以特牲。庶人食菜，祀以鱼。"《诗》："牧人乃梦，众惟鱼矣"，"大人占之，众惟鱼矣，实惟丰年"。《笺》云："鱼者，众人之所以养也。今人众相与捕鱼，则是岁熟相供养之祥。"案孟子言："鸡豚狗彘之畜，无失其时，七十者可以食肉。"又言："数罟不入污池，鱼鳖不可胜食。"与"不违农时，谷不可胜食"并言，盖以为少者之食。《公羊》言晋灵公使勇士杀赵盾，窥其户，方食鱼飧。勇士曰："嘻，子诚仁人也。为晋国重卿，而食鱼飧，是子之俭也。"宣公六年。则鱼飧实贱者之食，郑《笺》之言是也。此同一肉食，又因难得易得而分等级也。而晚周贵族之侈靡，尤有可怵目刿心者。《墨子·辞过》曰："古之民，未知为饮食时，素食而分处。故圣人作，诲男耕稼树艺，以为民食。其为食也，足以增气充虚、强体充腹而已矣。故其用财节，其自养俭，民富国治。今则不然，厚敛于百姓，以为美食刍豢。蒸炙鱼鳖，大国累百器，小国累十器，前方丈。《孟子·尽心下》："食前方丈。"赵《注》："食列于前方一丈。"目不能遍视，手不能遍操，口不能遍味。冬则冻冰，夏则饰饐。人君为饮食如此，故左右象之，是以富贵者奢侈，孤寡者冻馁，虽欲无乱，不可得也。"案古人常食，不过羹饭。《王制》曰："羹食，自诸侯以下至于庶人，无等。"《注》曰："羹食，食之主也。"《疏》曰："此谓每日常食。"《左传》隐公元年言颍考叔有献于公，公赐之食。食舍肉。公问之，对曰：小人有母，皆尝小人之食矣。未尝君之羹，请以遗之。《注》曰："宋华元杀羊为羹享士，盖古赐贱官之常。"《疏》曰："《礼》公食大夫，及《曲礼》所记大夫士与客燕食，皆有牲体殽胾，非徒设羹而已。此与华元享士，惟言有羹，故疑是赐贱官之常。"案《论语·雍也》：孔子称颜回一箪食，一瓢饮，《述而》自言饭疏食饮水。《乡党》记孔子虽疏食菜羹，必祭。《孟子·告子上》言箪食豆羹。《礼记·檀弓》言黔敖左奉食，右执饮。《墨子·节用》称尧黍稷不二，羹胾不重。《战国·韩策》张仪言韩"民之所食，大抵豆饭藿羹"，皆古常食以羹饭为主之征也。《礼记·曲礼》曰："凡进食之礼：左肴右胾，食居人之左，羹居人之右。脍炙处外，醯酱处内。葱渫处末，酒浆处右。以脯修置者，左朐右末。"《管子·弟子职》曰："凡彼置食：鸟兽鱼鳖，必先菜羹。羹胾中列，胾在酱前。其设要方。饭是为卒，左酒右酱。"所加者，一不过殽胾、脍炙、醯酱、葱渫、酒浆，一不过酒酱及肉，然为大夫士与宾客燕食及养老之礼矣。如所言列之，方不逾尺，而当时贵人，至于方丈。《周官》膳夫，凡王之馈：食用六谷，见第十二章第一节。膳用六牲，饮用六清，水、浆、醴、凉、医、酏。羞用百有二十品，即庶羞，出于牲及禽兽，以备滋味。据《郑注》，即《礼记·内则》膳膷臐膮醢至楂梨姜桂一节所言各物，惟数不及百二十耳。珍用八物，《注》云：淳熬、淳母、炮、牂、捣珍、渍、熬、肝膋，亦见《内则》。酱用百有二十瓮。《注》云：醯醢，见醢人职。食医云：掌和王之六食、六饮、六膳、百羞、百酱、八珍之齐。王日一举，鼎十二物皆有俎。齐则日三举。有小事而饮酒，谓之稍事，此后郑说，司农以为非日中大举时而闲食。设荐脯醢。内羞则笾人供四笾之实，醢人供四豆之实。宾客之食，详见《礼经·聘礼》《周官》掌客、大行人；士夫家饮食，详见《礼记·内则》；其侈亦相等。至于平民，则有啜菽饮水，并养老之礼而不能尽者。《檀弓》。孔子言："太古之民，秀长以寿者，食也。今之民，羸丑以胔者，事也。"《大戴记·千乘》。盖凡民皆食少事烦，遂至形容枯槁矣。《曲礼》曰："岁凶，年不顺成，君膳不祭肺。"《玉藻》谓年不顺成，则天子食无乐。又言"至于八月不雨，君不举"。《王制》曰："三年耕，必有一年之食。九年耕，必有三年之食。以三十年之通，虽有凶旱水溢，民无菜色，然后天子食，日举，以乐。"虽已非饔飧而治之规，犹略存同甘共苦之意，后世则并此而不能行，遂至于"狗彘食人食"，而"途有饿莩"矣。《孟子·梁惠王上》。岂不哀哉？

《郊特牲》曰："凡饮，养阳气也。"《射义》曰："酒者，所以养老也，所以养病也。"《周官》疾医，以五味、五谷、五药养其病。疡医亦曰：以五味节之。《注》曰："五味，醯、酒、饴、蜜、姜、桂、盐之属。"盖酒有兴奋之用，故古人谓可扶衰起病也。《周官》浆人，六饮有凉。司农曰："凉，以水和酒也。"其说必有所本。《韩诗》说酒器曰：一升曰爵，二升曰觚，三升曰觯，四升曰角，五升曰散，觚、觯、角、散，总名曰爵。其实曰觞，觞者，饷也。觥亦五升，所以罚不敬。古《周礼》说：爵一升，觚三升，献以爵而酬以觚，一献而三酬，则一豆矣。马季长说：豆当为斗，与一爵三觯相应。《五经异义》。《玉藻》曰："君子之饮酒也，受一爵而色洒如也，二爵而言言斯，三爵而油油，以退。"古权量于今三之一，三爵略如今一升，此尚近乎情理。《考工记》曰："食一豆肉，饮一豆酒，中人之量。"淳于髡说齐王："臣饮一斗亦醉，一石亦醉。"《史记·滑稽列传》。则太远乎事情矣。盖古人之饮酒，皆以水和之，故其多如是。

量有不同，而献酬所用酒器，大小相等，正以和水多少，各从其便故也。《乐记》曰："豢豕为酒，非以为祸也，而狱讼益繁，则酒之流生祸也。是故先王因为酒礼，一献之礼，宾主百拜，终日饮酒而不得醉焉。此先王之所以避酒祸也。"此盖指乡饮等礼言之。《宾之初筵》之诗，极陈时人酒德之恶。《酒诰》曰："天降威，我民用大乱丧德，亦罔非酒惟行。越小大邦用丧，亦罔非酒惟辜。"盖淫酗之习，起于王公大人，而波及于黎庶矣。

刺激之品，如茶菸等，皆非古人所有。古人所好，则为香及荤辛。《士相见礼》："夜侍坐，问夜，膳荤，请退可也。"《注》曰："膳荤，谓食之荤辛物，葱薤之属，食之以止卧，古文荤作薰。"《疏》曰："云古文荤作薰者？《玉藻》云膳于君，有荤桃茢，作此荤。郑注《论语》作焄，义亦通。若作薰，则《春秋》一熏一莸，熏，香草也，非荤辛之字，故叠古文不从也。"案薰与荤虽或相借，然其义自有别。薰指香料，如郁鬯是也。《周官·鬯人疏》，谓鬯酒非可饮之物，仅以给浴，然其初必以供饮也。葱薤气虽荤而味非辛，故郑言之属以该之。辛盖指姜桂等物。又《左氏》昭公二十年："异如和羹焉，水、火、醯、酱、盐、梅以烹鱼肉。"《疏》云："此说和羹而不言豉，古人未有豉也。《礼记·内则》《楚辞·招魂》，备论饮食，而不言及豉，史游《急就篇》乃有芜荑盐豉。盖秦、汉以来始为之焉。"此亦古今好尚之异也。

第二节 衣 服

《礼记·礼运》曰：昔者先王“未有麻丝，衣其羽皮”，后圣有作，“治其麻丝，以为布帛”。《墨子·辞过》曰：“古之民未知为衣服时，衣皮带茭，冬则不轻而温，夏则不轻而清。圣王以为不中人之情，故作诲妇人，治丝麻，捆布帛，以为民衣。”案古冠之最通用者为弁，弁以皮为之。甲则后世犹用革。带用韦，袜亦从韦。屦用皮。此皆衣皮之遗俗。孙诒让《墨子闲诂》曰：“带茭，疑即《丧服》之绞带，《传》云：“绞带者，绳带也。”亦即《尚贤篇》所谓带索。”《记·郊特牲》曰：“黄衣黄冠而祭，息田夫也。野夫黄冠，黄冠，草服也。大罗氏，天子之掌鸟兽者也，诸侯贡属焉。草笠而至，尊野服也。”《诗》云：“彼都人士，台笠缁撮。”《毛传》云：“台所以御暑，笠所以御雨也。”《笺》云：“台夫须也。”《左氏》襄公十四年，晋人数戎子驹支曰：“乃祖吾离被苫盖。”《注》曰：“盖，苫之别名。”《疏》曰：“言无布帛可衣，惟衣草也。”僖公四年：“共其资粮屝屦。”《注》曰：“屝，草屦。”《孟子·尽心上》：“舜视弃天下，犹弃敝屣也。”《注》曰：“草履。”此则古所谓卉服。《禹贡》冀州岛夷皮服。扬州岛夷卉服，吾族演进浅时，盖与夷狄同俗也。《新序·杂事》：“田赞衣儒衣见荆王。荆王曰：先生之衣，何其恶也？对曰：衣又有恶此者。荆王曰：可得闻邪？对曰：甲恶于此。王曰：何谓也？对曰：冬日则寒，夏日则热，衣无恶于甲者矣。”此即墨子不轻而清、不轻而温之说，可见知用麻丝，实为衣服之一大变也。既有丝，即有絮纩，《礼记·玉藻》：“纩为裥，缊为袍。”《注》云：“纩谓新绵，缊谓纩及旧絮。”《疏》云：“好者为绵，恶者为絮。”《说文》：“絮，敝绵也。”《公羊》昭公二十年《解诂》，又以絮为新绵，盖皆对文别，散则可以相通。古絮纩颇贵，故必五十乃得衣帛。《孟子·梁惠王上》。贵者以裘御寒，贱者则衣褐。《诗》"无衣无褐"，《笺》云："褐，毛布也。"《孟子·滕文公上》"许子衣褐"，《注》云："褐，以毳织之，若今马衣。"此古衣服材料之大宗也。

《易·系辞传》曰："黄帝、尧、舜垂衣裳而天下治。"《疏》曰："以前衣皮，其制短小，今衣丝麻布帛，所作衣裳，其制长大，故曰垂衣裳也。"《淮南·氾论》曰："伯余之初作衣也，緂麻索缕，手经指挂，其成犹网罗。后世为之机杼胜复，以领其用，而民得以掩形御寒。"《注》曰："伯余，黄帝臣。《世本》曰：伯余制衣裳。一曰伯余黄帝。"伯余黄帝之伯余二字，疑衍。谓《世本》一曰黄帝作衣裳也。黄帝、尧、舜为古文明昌盛之世，其时有丝麻布帛所作衣裳，盖可信。谓治其麻丝，即在是时，则未必然矣。

皮服弁服，盖一原于南，一原于北，非弁服，无由知用麻丝，则衣服实起于南也。以材料论如此，以裁制之法论亦然。古之服：蔽上体者为衣。其后分别短者曰襦，长者曰袍、衫。下体亲身者为裈。有裱可蔽胫者曰袴。袴，《说文》作绔，云："胫衣也。"裱，《说文》云："绔踦也。"即今所谓袴裙。逼束其胫，自足至膝者曰邪幅，亦曰逼，即后世之行縢。《诗·采菽笺》。其外为裳。裳之外又有韍，亦曰韠，以皮为之，以蔽前。邪幅之外为袜。著于足者为屦。覆首者有冕、弁、冠、巾等。此其形制之大略也。案衣服之始，非以裸露为亵，而欲以蔽体，亦非欲以御寒。盖古人本不以裸露为耻，冬则穴居或炀火，《庄子·盗跖》："古者民不知衣服，夏多积薪，冬则炀之，故命之曰知生之民。"亦不藉衣以取暖也。衣之始，盖用以为饰，故必先蔽其前，此非耻其裸露而蔽之，实加饰焉以相挑诱。郑注《乾凿度》，所谓"古者田渔而食，因衣其皮，先知蔽前，后知蔽后"者也。《诗·采菽》，《左氏》桓公二年《疏》引。夫但知蔽前为韍，兼知蔽后则为裳矣。此即南方民族之干阑。寒地之人效之，紧束其体，则变为裈，更引而长之，而为之衪以便行动，则成为袴。《淮南·原道》言九疑之南，“短绻不绔，以便涉游”，可见袴非南方所有。以此推之，屦袜亦当始于北。古人以跣为敬，盖以开化始于南方，为礼之所自出。礼也者，反本修古，不忘其初，故沿袭焉而不敢变也。《史记·叔孙通传》，言其“短衣楚制”，可见袍衫亦必北人所为。冕弁及冠，古人视之极为隆重，度其缘起必早，盖亦当始于南。然亦所以为饰，而非所以取暖也。始制衣服之时不可知，其缘起之地，略可推测则如此。

覆首之物，最早者当为帽。《淮南·氾论》曰：“古者鍪而卷领。”鍪即帽。《说文》：“冃，小儿蛮夷头衣也。”盖中国后有冠冕，小儿及蛮夷则犹沿旧制也。冕为古人所最尊。其制：以木为干，《周官·弁师疏》引叔孙通汉礼器制度，广八寸，长尺六寸。《续汉书·舆服志》：明帝永平二年（59 年），用欧阳、夏侯说制，广七寸，长尺二寸，前圆后方。《礼记·王制疏》引应劭《汉官仪》，广七寸，长八寸。用布衣之。《论语·子罕》：子曰：麻冕礼也，《礼记·王制疏》：以三十升玄布为之。里用朱，不知布缯。上玄下朱，是为延，亦作綖。前俯后仰。黈纩掩聪，纩，薛综《东京赋注》云：以黄绵大如丸，县冠两边，当耳，后易以玉，曰瑱。县瑱之绳曰紞。见《左氏》桓公二年《疏》。垂旒蔽明。《礼记·玉藻》：天子玉藻十有二旒。《礼运》云：朱绿藻十有二旒，《周官》弁师，五采缫十有二就，皆五采玉十有二。《注》云：合五采为之绳，垂于延之前后，各十二，案垂于后似非蔽明之义。又《司服》冕服有六，而弁师云掌玉之五冕，《注》言大裘之冕无旒，亦显与《郊特牲》言“祭之日，王被衮以象天，戴冕璪十有二旒”者相背也。《礼运》又言旒之数，诸侯九，上大夫七，下大夫五，士三，而《说文》云：“冕，大夫以上冠也。”《礼记·杂记》曰：“大夫冕而祭于公，弁而祭于己。士弁而祭于公，冠而祭于己。”则士无冕。盖大夫、士原为贵族平民之界，然其后等级稍平，则亦以大夫之礼，下施之于士，古制原不能一律也。《周官·郑注》又言驚衣之冕九旒，毳衣之冕七，希衣之冕五，玄衣之冕三，又推言公、侯、伯、子、男、卿、大夫缫玉之制，皆以意差次，无确据。盖野蛮时代之饰，弁制略与冕同。所异者，“弁前后平，冕则前低一寸余耳”。《弁师疏》。《公羊》宣公三年《解诂》曰：“皮弁武冠，爵弁文冠。夏曰收，殷日冔，周曰弁。加旒曰冕。”《士冠礼记》曰：“委貌，周道也；章甫，殷道也；毋追，夏后氏之道也。周弁，殷冔，夏收，三王共皮弁素积。”《郊特牲》同。《注》谓其制之异同皆未闻。宋绵初《释服》云：“经意若言委貌弁，章甫冔，毋追收，大同而小异。”其说是也。然则弁为初制，冕其后起加饰者耳。《弁师注》：“弁者，古冠之大称，委貌缁布曰冠。”《疏》云：“六冕皆得称弁。委貌缁布，散文亦得言弁。”《续汉书·舆服志》：委貌冠、皮弁冠同制，长七寸，高四寸，制如覆杯，前高广，后卑锐。所谓夏之毋追、殷之章甫者也。冠之制则大异。《说文》曰：“冠，豢也，所以豢发。”盖古重露发，故必韬之以纚，《士冠礼》：“缁纚，广终幅，长六尺。”结之为髻，然后固之以冠。《内则》：子生，“三月之末，择日，翦发为鬌，男角女羁，否则男左女右。”《注》云：“鬌，所遗发也。夹囟曰角，午达曰羁。”《疏》云：“囟是首脑之上缝。夹囟两方当角之处，留发不翦。女翦发留其顶上，纵横各一，相交通达，不如两角相对，故曰羁。羁者，只也。”又云：男女未冠笄者总角，则以无笄，直结其发，聚之为两角。此古未成人者之发饰也。其鬌，长大犹存之，谓之髦，以顺父母幼小之心。亲死，既殡，乃说之，见《既夕礼》。其形象，《注》云未闻。《诗·柏舟毛传》云：“髦者，发齐眉。”古冠形略如后世之丧冠。中有梁，广二寸。丧冠广二寸，见《丧服》。《疏》云：古冠当同。冠形穹隆，其长当尺有数寸也。冠之卷谓之武，以布围发际，自前而后，及项，则有缅以结之，缺而不周，故谓之缺项。《士冠礼》。“居冠属武。”《玉藻》文。居谓燕居。否则冠与武别，临著乃合之，所谓“有事然后绥”也。亦《玉藻》文。绥者，以组二属于武，结颐下，曰缨，有余，垂为饰，是曰緌。冕弁有笄用纮，冠无笄用缨。纮以一条组，于右笄上系定，绕颐下，上于右相，今之厢字。笄上绕之。以有笄，用力少，故从下而上。冠无笄，用缨力多，故从上而下也。丧冠以绳为组，故缨武同材，见《杂记》。冠为成人之服，亦为贵人之服，若贱者则惟用巾，故《吕览》谓庶人不冠弁，《上农》。《释名》谓二十成人，庶人巾，士冠也。巾以葛为之，形如帢。《后汉书·郭泰传注》引周迁《舆服杂事》。《玉篇》：帢，帽也。巾以覆髻则曰帻。《独断》谓帻古卑贱执事不冠者之所服，后世以巾为野人处士之服，盖沿之自古也。

衣之制仅蔽上体。其长者有著曰袍，无著曰衫，仅衣之于内，外必以衣裳覆之。凡礼皆重古，故知初惟有短衣，长衣为后起也。衣之制右衽，此为中国所以异于夷狄者，故古人甚重之。《论语·宪问》：子曰："微管仲，吾其被发左衽矣。"《礼记·丧大记》："小敛，大敛，祭服不倒，皆左衽。"《注》："左衽，衽乡左，反生时也。"则左衽中国用诸死者。裳幅前三后四，皆正裁。祭服、朝服，襞积无数，丧服则三襞积。《丧服郑注》。袴原于裳，主为蔽胫，故不缝其当。《汉书·外戚传》："霍光欲皇后擅宠有子，帝时体不安，左右及医，皆阿意言宜禁内，虽宫人使令，令皆为穷绔，多其带，后宫莫有进者。"服虔曰："穷袴，有前后当，不得交通也。"师古曰："穷绔，即今之绲裆绔也。"《集韵》："绲，缝也。"可见裳先而绔后矣。裈亦曰襣。《方言》。又曰犊鼻，《史记·司马相如传》："身自著犊鼻裈，与保庸杂作，涤器于市中。"《集解》引韦昭曰"今三尺布作，形如犊鼻。"《三国·魏志·贾逵传注》引《魏略》曰："少孤家贫，冬常无袴，过其妻兄柳孚宿，其明，著孚袴去。"可见古人不尽著袴，又可见袴为后起也。韨，以韦为之。下广二尺，上广一尺，长三尺。其制详见《玉藻》。《诗》言"赤芾在股，邪幅在下"，盖皆以为饰。其初则所以自逼束，便行走，故《战国·秦策》言苏秦"赢縢履蹻，负书儋橐"

也。袜，初用韦，故其字从韦。屦，《士冠礼》曰：“夏用葛，冬皮屦可也。”《周官》屦人注曰：“複下曰舄，禅下曰屦。《疏》云：下谓底。古人言屦以通于复，今世言屦以通于禅。”则屦舄均为皮葛通称。《左传疏》引《方言》曰：“丝作者谓之屦，麻作者谓之扉。”僖公四年。《礼记·少仪》言：“国家靡敝，君子不履丝屦。”则丝屦君子之所服也。《诗·葛屦疏》曰：“凡屦，冬皮夏葛，则无用丝之时，而《少仪》云国家靡敝，君子不履丝屦者，谓皮屦以丝为饰也，似非。”《士冠礼》曰：“素积白屦，以魁柎之。”《注》曰：“蜃蛤柎注也。”《疏》曰：“以蛤灰涂注于上，使色白。”故《士丧礼》又言白屦矣。古者席地而坐，故必解屦然后升堂。既解屦，则践地者袜也，久立或渍污，故必解袜然后就席。《左氏》褚师声子袜而登席，卫出公辄怒之是其事。哀公二十五年。屦皆说于户外，惟尊者一人说于户内。故曰：“户外有二屦，言闻则入，言不闻则不入。”《曲礼》。又曰：“排阖说屦于户内者，一人而已矣。”此礼至后世犹沿之。故汉命萧何剑履上殿；卫宏《汉旧仪》，谓掾史见丞相脱屦；唐刘知几以释奠皆衣冠乘马，犹讥其袜而镫，跣而鞍；盖至举国胡坐时，而后跣礼始废也。衣之外有带，带有大带、革带之别。大带以素丝为之，亦曰鞶，其垂者曰绅。带之制亦见《玉藻》。《曲礼疏》曰：“带有二处：朝服之属，带高于心，深衣之类，带下于胁。何以知然？《玉藻》说大带，三分带下，绅居二焉。绅长三尺，而居带之下三分之二，则带之去地四尺五寸矣。人长八尺为限，若带下四尺五寸，则带上所余正三尺五寸，故知朝服等带则高也。”案革带为韨佩所系，佩有德佩、事佩之别，德佩谓玉，事佩则《内则》所谓纷帨等也。又有笏，亦插于带。笏佩之制，皆见《玉藻》。盖徒以为饰，故其高得如此，若推原其朔，则自当如《深衣》之所云也。

深衣之制，详见《礼记·玉藻》《深衣》两篇。其制，连衣裳而一之。领曰袷，其制方，后世所谓方领也。《深衣注》曰：“古者方领，如今小儿衣领。"《后汉书·儒林传》:"习为方领矩步。"《马援传》:朱勃衣方领,能矩步;则汉时犹有其制。袷亦曰袷,见《左氏》昭公十一年。衣袂当掖之缝曰袼。"人从脊至肩尺一寸,从肩至手二尺四寸。布幅二尺二寸。衣幅之覆臂者尺一寸。袂属于衣,长二尺二寸,并缘寸半,二尺三寸半,除缝之所杀各一寸,余二尺一寸。"《深衣疏》。故曰"袂之长短,反屈之及肘"也。《深衣》文。袂圆以应规。《深衣》文。袂口曰祛,"祛尺二寸"。《玉藻》文。裳十二幅,前后各六,皆以二尺二寸之布破为二。中四幅正裁,上下皆广一尺一寸,各边去一寸为缝,上下皆九寸,八幅七尺二寸。又以布二幅斜裁,狭头二寸,宽头二尺,各去一寸为缝,狭头成角,宽头一尺八寸,皆以成角者向上,广一尺八寸者向下。四幅,下广亦得七尺二寸。《玉藻》所谓"缝齐倍要"也。《疏》云:"齐裳之下畔。要,裳之上畔。"斜裁之四幅,连于裳之两旁,名衽。其左连,时曰续衽。其右别用一幅布,上狭下阔,缀于后内衽,使句曲而前,以掩裳际,是谓句边。江永《深衣刊误》。"短毋见肤,长毋被土。"《深衣》文。衣之裻,与裳后幅之缝,垂直而下,时曰:"负绳及踝以应直。""下齐如权衡以应平。带,下毋厌髀,上毋厌胁,当无骨者。"皆《深衣》文。以白布十五升为之。《诗·蜉蝣笺》。缘广寸半。《玉藻》。"具父母,大父母,衣纯以缋。具父母,衣纯以青。如孤子,衣纯以素。"《深衣》文。无纯者曰褴褛。《说文》:"裯谓之褴褛,褴无缘衣也。"《左氏》宣公十二年:"训之以若敖、蚡冒,筚路蓝缕,以启山林。"《疏》引服虔曰:"缕破蓝蓝然。"此别一义,今用之,然以释《左氏》,恐未当。《战国·齐策》云"下宫揉罗纨,曳绮縠,而士不得以为缘",谓此也。古衣裳皆异色,惟妇人之服,上下同色,《诗·绿衣笺》。深衣亦然。士以上别有朝祭之服,庶人则即以深衣为吉服。盖古男子之好修饰,本甚于女子,古男子为求爱者,女子则操选择之权。又惟贵族为能尽饰也。然贵族燕居,亦服深衣,即非燕居,深衣之为用亦甚广,则所谓“可以为文，可以为武，可以摈相，可以治军旅，完且弗费”者。《深衣》文。以简便切用言，固有不得不然者矣。宋卫湜《礼记集说》引吕氏曰：“深衣之用，上下不嫌同名，吉凶不嫌同制，男女不嫌同服，诸侯朝朝服，夕深衣；大夫士朝玄端，夕深衣；庶人吉服，深衣而已；此上下之同也。有虞氏深衣而养老；诸侯大夫夕深衣；将军文子除丧而受越人吊，练冠深衣；亲迎女、在涂婿之父母死，深衣缟总以趋丧；此吉凶男女之所同也。盖深衣者，简便之服，推其义类，非朝祭皆可服之。故曰可以为文，可以为武，可以摈相，可以治军旅也。”案朝祭之服，皆后起奢侈之制，推原其朔，则所谓吉服者，皆不过深衣之类而已。

贵族服制等级，以《周官》所载为较详。盖《周官》为六国时书，故其等差弥备也。《司服职》云：“王之吉服，祀昊天上帝，则服大裘而冕，祀五帝亦如之。享先王则衮冕，享先公飨射则鷩冕，祀四望山川则毳冕，祭社稷五祀则希冕，祭群小祀则玄冕。凡冕服皆衮衣，《书·皋陶谟》，今本《益稷》曰：“予欲观古人之象，日、月、星辰、山龙、华虫作会；宗彝、藻、火、粉、米、黼、黻、絺、绣，以五采章施于五色作服，女明。”《左氏》昭公二十五年《疏》云：“孔安国云：日、月、星为三辰，华象草，华虫，雉也。画三辰、山、龙、华虫于衣服、旌旗，会五采也，以五采成此画焉，宗庙彝樽，亦以山、龙、华虫为饰。藻，水草有文者。火为火字。粉若粟冰。米若聚米。黼若斧形。黻为两已相背。葛之精者曰絺。五色备曰绣。如孔此言，日也，月也，星辰也，山地，龙也，华也，虫也，七者画于衣服旌旗。山、龙、华、虫四者，亦画于宗庙彝器。藻也，火也，粉也，米也，黼也，黻也，六者绣之于裳，如此数之，则十三章矣。天之大数，不过十二，若为十三，无所法象。或以为孔并华虫为一。其言华象草华虫雉者，言象草华之虫，故为雉也，若华别似草，安知虫为雉乎？未知孔意必然以否。郑玄读会为缋，谓画也。絺为绣，谓刺也。宗彝，谓虎蜼也。《周礼》宗庙彝器有虎彝、蜼彝，故以宗彝名虎蜼也。《周礼》有衮冕、鷩冕、毳冕，其衮、鷩、毳者，各是其服章首所画，举其首章以名服耳。衮是衮龙也，衮冕九章，以龙为首。鷩是华虫也，鷩冕七章，以华虫为首。毳是虎蜼也。毳冕五章，以虎蜼为首，虎毛浅，蜼毛深，故以毳言之。毳，乱毛也。如郑此言，则于《尚书》之文，其章不次。故于《周礼》之注，具分辨之。郑于司服之注，具引《尚书》之文，乃云：此古天子冕服十二章，绨或作绣，字之误也。王者相变，至周而以日、月、星辰画旌旗，所谓三辰旂旗，昭其明也。而冕服九章，登龙于山，登火于宗彝，尊其神明也。九章：初一曰龙，次二曰山，次三曰华虫，次四曰火，次五曰宗彝，皆画以为缋。次六曰藻，次七曰粉、米，次八曰黼，次九曰黻，皆绨以为绣，则衮之衣五章，裳四章，凡九也。鷩画以雉，谓华虫也，其衣三章，裳四章，凡七也。毳画虎蜼，谓宗彝也，其衣二章，裳三章，凡五也。是郑玄之说，华虫为一，粉米为一也。”案郑又云：“希刺粉米，无画也。其衣一章，裳二章，凡三也。玄者衣无文，裳刺黻而已，是以谓之玄焉。”宋绵初驳之云：谓古天子冕服十二章，至周而九章，其说无据。又云：绘之为画，乃假借之文，非本训。经典无衣服用画之文，而《周官》典丝、《考工记》皆以画缋并举，绘缋一字。《说文》：绘，会五采绣也。缋，织余也。绘绣对文异，散则通。绘者，合五采丝为之，织功也。绨绣者，刺五采丝为之，箴功也。衣以绘，裳以绣，上下相变，其为采色彰施则同。案宋氏辨绘非画极确。章服之制，列代未必一律，经传多以意拟制之辞，亦未必与实际合，无足深论。要之衮衣兼绘绣之功，为古贵人最华美之服，则事实也。凡兵事韦弁服。注：韦弁，以靺韦为弁，又以为衣裳。案郑《杂问志》及《聘礼注》，又以为素裳。见《疏》。视朝则皮弁服。《注》：十五升白布衣，积素以为裳。凡甸，冠弁服。《注》：冠弁，委貌。其服缁布衣，亦积素以为裳。诸侯以为视朝之服。凡凶事，服弁服。《注》：服弁，丧冠也。其服斩衰、齐衰。凡吊事，弁绖服。《注》：如爵弁而素，加环绖。其服锡衰、缌衰、疑衰。大札，大荒，大灾，素服。《注》：君臣素服缟冠。《左氏》昭公十七年《疏》云：素服，礼无明文，盖象朝服，而用素为之。公之服，自衮冕而下，如王之服。侯伯之服，自鷩冕而下，如公之服。子、男之服，自毳冕而下，如侯伯之服。孤之服，自希冕而下，如子男之服。卿大夫之服，自玄冕而下，如孤之服。士之服，自皮弁而下，如大夫之服。"《内司服职》云："掌王后之六服：炜衣、揄狄、阙狄、鞠衣、展衣、缘衣、素沙。辨外内命妇之服：鞠衣、展衣、缘衣、素沙。"郑司农云："祎衣，画衣也。揄狄、阙狄，画羽饰。展衣，白衣也。鞠衣，黄衣也。素沙，赤衣也。"后郑曰："狄当为翟。翟，雉名。伊雒而南，素质五色皆备成章曰翚。江、淮而南，青质五色皆备成章曰摇。王后之服，刻缯为之形，而采画之，缀于衣以为文章。祎衣，画翚者。揄翟，画摇者。阙翟，刻而不画。此三者皆祭服。从王祭先王则服祎衣，祭先公则服揄翟，祭群小祀则服阙翟。鞠衣黄，桑服也，其色如鞠尘，象桑叶始生。展衣，以礼见王及宾客之服，字当为亶。亶，诚也。缘衣，御于王之服，亦以燕居。男子之褖衣黑，则是亦黑也。六服备于此矣。推次其色，则阙狄赤，揄狄青，祎衣玄。妇人尚专一，德无所兼，连衣裳，不异其色，素沙者，今之白缚也。六服皆袍制，以白缚为里，使之章显。内命妇之服，鞠衣九嫔也，展衣世妇也，缘衣女御也。外命妇之服，其夫孤也则服鞠衣，卿大夫也则服展衣；士也则服缘衣。三夫人及公之妻，其阙狄以下乎？侯伯之夫人揄狄，子男之夫人亦阙狄，惟二王之后祎衣。"此外掌王后之首服者有追师。职云："掌王后之首服。为副、编、次、追衡、笄。为九嫔及外内命妇之首服，以待祭祀宾客。"《注》曰："副之言覆，其遗象若今步摇矣，服之以从王祭祀。编，编列发为之，其遗象若今假髻，服之以桑也。次，次第发长短为之，所谓髲髢，服之以见王。王后之燕居，亦缅笄总而已。追，犹治也。王后之衡笄，皆以玉为之。惟祭服有衡，垂于副之两旁，当耳。其下以统县瑱。外内命妇，衣鞠衣襢衣者服编，衣褖衣者服次。非王祭祀宾客，佐后，自于其家，则亦降焉。凡诸侯夫人，于其国，衣服与王后同。”掌王及后之服屦者有屦人。职云：“掌王及后之服屦，为赤舄、黑舄，赤繶、黄繶、青句、素屦、葛屦。辨内外命夫命妇之命屦、功屦、散屦。”《注》曰：“凡舄之色，如缋之次。絇、纯、繶皆同色。今云赤繶、黄繶、青句，杂互言之，明舄屦众多，反复以见之。素屦，非纯吉，有凶去饰者，散屦亦谓去色。命夫之命屦、纁屦，命妇之命屦、黄屦以下。功屦，于孤卿大夫则白屦、黑屦，九嫔内子亦然。世妇、命妇以黑屦为功屦。女御、士妻命屦而已。”又云：“屦自明矣，必连言服者？著服各有屦也。凡屦舄，各象其裳之色。王吉服有九，舄有三等，赤舄为上，冕服之舄，下有白舄、黑舄。王后吉服，亦惟祭服有舄。玄舄为上，袆衣之舄也。下有青舄、赤舄。鞠衣以下皆屦耳。天子诸侯吉事皆舄。其余惟服冕衣翟著舄。”案絇，《士冠礼注》曰：“絇之言拘也，以为行戒。状如刀鼻，在屦头。”又曰：“繶，缝中紃也。”《疏》曰：“牙底相接之缝，中有绦紃也。”又曰：“纯，缘也。”《疏》曰：“谓绕口缘边也。”《屦人注》曰：“有絇、有繶、有纯者，饰也。”《玉藻》等篇所说，略有出入。要足见古代贵族服饰之大略也。

作事以短衣为便，古今一也。或谓其制起于赵武灵王之胡服，斯不然矣。《曲礼》曰：“童子不衣裘裳。”《玉藻》曰：“童子不裘不帛。”《内则》曰：“十年，衣不帛，襦袴；二十可以衣裘帛。”此数语实互相备，成年则裘帛而裳，否则不裘不帛而襦袴也。《方言》曰：“复襦，江、湘之间谓之襜。”襜即裋，与短同语，襦亦即侏儒之儒，其为短衣无疑。古少者、贱者，皆服劳役，见第十一章第四节。而贱者恒衣短褐。戴德《丧服变除》：“童子当室，谓十五至十九，为父后，持宗庙之重者，其服深衣不裳。”《玉藻》：“童子无缌服，听事不麻。”《注》曰：“虽不服缌，犹免，深衣，无麻，往给事也。”盖丧祭不可以襦袴，故加之深衣；正与庶人以深衣为吉服同也。《左氏》昭公二十五年，师己称童谣曰：“鸲鹆跦跦，公在乾侯，征褰与襦。”盖言其将跋涉于外。《方言》曰：“袴，齐、鲁之间谓之褰。”是凡行道者皆襦袴也。又成公二十六年："见韎韦之跗注。"《注》曰："戎服，若袴而属于跗。"云若袴而不云袴者，以袴不属于跗，非谓无跨，否则当云若裳矣。或谓即宣公十二年之甲裳，为后世之战裙者非也。服劳、行道、从戎皆襦袴，所以便动作也。若燕居取其温暖，又或取脱著之便，则又贵乎长。《论语·乡党》："亵裘长。"袍亦下至跗，《释名》。皆取其暖。深衣连衣裳而一之，不过拘于礼服必用衣裳之制，其实已与袍衫无异。后世此等拘泥去，则替深衣而径代以袍衫矣。《方言注》："今或呼衫为禅襦。"《急就篇注》："长衣曰袍，下至足跗。短衣曰襦，自膝以上。"皆可见襦与袍衫是一，而《续汉书·舆服志》，以袍为古之深衣者？《释名》曰："衫，芟也。衣无袖端也。"《唐书·车服志》：中书令马周上议：礼无服衫之文。三代之制有深衣，请加襕袖褾襈，为士人上服。《类篇》：衣与裳连曰襕。褾，袖端也。襈，缘也。盖特加袖端及缘，以象深衣，其实则仍袍衫耳。后汉时之袍，或有褾襈，亦未可知。然观马周之议，则俗去之亦已久矣。其便服转尚裙襦，则仍取动作之便也。惟习以袴为戎服及贱者之服，故必著裙。魏、晋以后，车驾亲军，中外戒严，皆服袴褶。《急就篇》注："其形若袍，短身而广袖。一曰左衽之袍也。"案左衽者原于胡服，非左衽者自原于中国之戎服也。贱者之服短衣，尤古今如一，可见有关实际之事，必不能因好尚而变迁。古今中外，虽有小异，实必大同也。

衣之宽窄，随气候而异。南方气候暖，多宽。北方气候寒，多窄。吾国文化，本起于南，故衣服亦颇宽，贵人尤甚。盖以是为美。《礼记·儒行》：孔子曰："丘少居鲁，衣逢掖之衣。"《注》云："逢，犹大也。大掖之衣，大袂单衣，此君子有道艺者所衣也。庶人禅衣，袂二尺二寸，祛尺二寸。"《周官》司服：士，"其齐服有玄端素端"。《注》云："士之衣袂，皆二尺二寸，而属幅，广袤等也。其祛尺二寸，大夫以上侈之。侈之者，盖半而益一焉？半而益一，则其袂三尺三寸，祛尺八寸。"此虽无正文，然古必有贵者侈袂之俗，郑乃据以为言也。

古代衣服，颇不自由。一以封建之制，藉服饰以别等级；一由锢蔽之俗，率疾恶独异者也。《周官》大司徒，以本俗六安万民，六曰同衣服。《注》云："民虽有富者，衣服不得独异。"商君治秦，盖用此法。见第十一章第四节。此明等级之说也。《礼记·缁衣》："子曰：'长民者，衣服不贰，从容有常，以齐其民，则民德壹。'"《王制》："关执禁以讥，禁异服。"郑子臧好聚鹬冠，郑伯闻而恶之，使盗杀之于陈、蔡之间。《左氏》僖公二十四年。荀子曰："今世俗之乱君，乡曲之儇子，奇衣妇饰，态度拟乎女子。妇人莫不愿得以为夫，处女莫不愿得以为士。束乎有司，而戮乎大市。"《非相》。此恶异己者之说也。然各地方之服饰，初不甚一律，故孔子言："君子之学也博，其服也乡。"《儒行》。《左传》言钟仪南冠而絷。成公九年。《国策》言异人楚服而见。《秦策》。又《史记》言："子路冠雄鸡，佩猳豚，陵暴孔子。孔子设礼，稍诱子路。子路后儒服委质，因门人请为弟子。"《仲尼弟子列传》。则因气类之异，而服饰不同者亦有之。盖好尚之殊、习俗之异，皆能使服饰不一律也。《儒行》："鲁哀公问于孔子曰：夫子之服，其儒服与？"《荀子·哀公篇》："鲁哀公问于孔子曰：吾欲论吾国之士，与之治国，敢问何如取之邪？孔子对曰：生今之世，志古之道，居今之俗，服古之服，舍此而为非者，不亦鲜乎？"《盐铁论·相刺篇》："大夫曰：今文学衣冠有以殊于乡曲，而实无以异于凡人。"《刺议篇》："文学曰：衣儒衣，冠儒冠，而不能行其道，非真儒也。""大夫曰：文学褒衣博带，窃周公之服。鞠躬踧踖，窃仲尼之容。"则当时儒者之服，确与恒人有异。衣服所以章身，故富贵者多好华异。然孔子曰："国家未道，则不充其服焉。"《玉藻》。卫文公大布之衣，大帛之冠。《左氏》闵公二年。晏子一狐裘三十年。《檀弓》。此则公产之世，同甘共苦之规，演而为封建之初，制节谨度之道，有足使不称其服之徒，抱愧色焉者矣。

古之裘，皆如今之反著。故曰“虞人反裘而负薪，彼知惜其毛不知皮尽而毛无所附”也。《新序·杂事》。《玉藻》曰：“君衣狐白裘，锦衣以裼之。君之右虎裘，厥左狼裘。士不衣狐白。君子狐青裘豹褎，玄绡衣以裼之。麛裘青豻褎，绞衣以裼之。羔裘豹饰，《注》“饰犹褎。”缁衣以裼之。狐裘，黄衣以裼之。”又曰：“惟君有黼裘以誓省，大裘非古也。”《周官》：司裘，“掌为大裘，以供王祀天之服。中秋献良裘，王乃行羽物献。功裘，以待颁赐。”郑司农云：“大裘，黑羔裘，服以祀天，示质。良裘，王所服也。功裘，卿大夫所服。”后郑云：“良裘，《玉藻》所谓黼裘与？功裘，人功微粗，谓狐青麛裘之属。”此皆贵族之服。《玉藻》又云：“犬羊之裘不裼。”《注》云：“质略，又庶人无文饰。”盖平民之服也。裼者，以衣加于裘上。掩之曰袭，开裼衣露其裘曰裼。《玉藻》曰：“裘之裼也，见美也。服之袭也，充美也。”《注》：“充犹覆。”疑初因惜其毛，加衣以护之，后又因以为饰也。“凡当盛礼者，以充美为敬，非盛礼者，以见美为敬”。《聘礼郑注》。无裼衣为表裘，为不敬。《玉藻》：“表裘不入公门。”絺绤之上，亦必加禅衣，时曰袗。《论语》所谓“当暑，袗絺绤，必表而出之”者也。《乡党》。不则，不敬与表裘同。

《郊特牲》曰：“太古冠布，齐则缁之。”《杂记注》曰：“大白冠，太古之布冠也。”《冠礼记》曰：“三王共皮弁素积。”其服用之甚广，《玉藻》：“天子皮弁，以日视朝，遂以食。”《乡党》：“素衣麑裘”，《郑注》：“视朝之服，君臣同服也。”《小雅》“有頍者弁”，《注》：“弁，皮弁也。天子诸侯朝服以燕。”《郊特牲》：“祭之日，天子皮弁以听祭报。”《明堂位》：“皮弁，素积，以舞大夏。”《学记》：“大学始教，皮弁释菜。”《聘礼》：宾皮弁以聘。又宾射、燕射亦用之。盖未知染色时之遗制。《月令》：季夏，命妇官染采。《周官》：地官有染草，掌以春秋敛染草之物。天官有染人，掌染丝物。掌凡染事。则其技稍进矣。其物有蓝、《月令》：仲夏，命民毋艾蓝以染。蒨、《尔雅》：茹藘茅蒐，即此物。

齐人谓之靺韐。象斗、染黑，见染草。紫茢、染紫，见染草《注》。丹秫见《钟氏》。之属。其染法：则《尔雅》言：一染谓之縓，《既夕礼注》："今红也。"再染谓之赪，《士冠礼注》："再入谓之赪。"三染谓之纁。《士冠礼疏》："一染至三染，同名浅绛。"《士冠礼注》曰：朱则四人与？《钟氏疏》："以纁入赤汁则为朱，若不入赤而入黑汁则为绀。"《考工记·钟氏》曰：五入为緅。《士冠礼注》："爵弁者，冕之次。其色青而微黑，如爵头然，或谓之緅。"《疏》云："以纁入黑则为绀，以绀入黑则为緅。"七入为缁。《注》云："凡玄色者在緅缁之间，其六入者与？"《疏》云："缁谓更以玄入黑汁。"又云："缁与玄相类，故礼家每以缁布衣为玄端也。"《士冠礼疏》云："古缁纣二字兼行：若据布为色者，则为缁字。若据帛为色者，则为纣字。但纣多误为纯。"又染人，秋染夏。《注》谓染五色。此古染色之大略也。《玉藻》云："衣正色，裳间色。"古皆贵正色，贱间色，实则染色之技，当以知间色者为优也。

《考工记》曰："画缋之事杂五色：东方谓之青，南方谓之赤，西方谓之白，北方谓之黑，天谓之玄，地谓之黄。青与白相次也，赤与黑相次也，玄与黄相次也。"《注》："此言画缋六色所象及布采之第次，缋以为衣。"又曰："青与赤谓之文，赤与白谓之章，白与黑谓之黼，黑与青谓之黻，五采备谓之绣。"《注》："此言刺绣采所用，绣以为裳。"绘绣之义已见前，此古人织功箴功所用之色也。

古丧服以布之精粗为度，非以其色也。《礼记·间传》曰："斩衰三升。齐衰四升、五升、六升。大功七升、八升、九升。小功十升、十一升、十二升。缌麻十五升，去其半。有事其缕，无事其布曰缌。"案《丧服记》但云：齐衰四升，大功八升若九升，小功十升若十一升，此齐衰多二等，大功小功多一等，故《郑注》谓其"极列衣服之差"也。升者，郑注《丧服》云："布八十缕为升。升字当为登。登，成也。今之礼皆以登为升，俗误已行久矣。"《疏》云：

“布八十缕为升者，此无正文，师师相传言之。是以今亦云八十缕谓之宗，宗即古之升也。”有相传言语为证，郑说自属不误。《论语·子罕》：“子曰：‘麻冕，礼也，今也纯。俭，吾从众。’”《集解》：“孔曰：古者绩麻，三十升布为之。”《疏》云：“三十升则二千四百缕矣，细缕难成，故孔子以为不如纯之俭。”然其纺织之技，则甚精矣。《周官》司服：“王为三公六卿锡衰，为诸侯缌衰，为大夫疑衰。”郑司农云：“锡，麻之滑易者。十五升去其半。有事其布，无事其缕。《丧服传》文。锡，今文或作緆，见《大射礼注》。疑衰十四升。”此无文。盖至十五升则为吉布也。

第三节　宫　室

人类藏身，古有两法：一居树上，一居穴中。《礼记·礼运》曰：“昔者先王，未有宫室，冬则居营窟，夏则居橧巢。”《孟子》言：“当尧之时，水逆行，氾滥于中国，龙蛇居之，民无所定，下者为巢，上者为营窟。”《滕文公上》。《淮南子》言：“舜之时，江、淮流通，四海溟涬，民上丘陵，赴树木。”《本经训》。即其事。《诗》云：“古公亶父陶复陶穴。”《礼记·月令疏》曰：“古者窟居，随地而造。若平地则不凿，但累土为之，谓之为复。若高地则凿为坎，谓之为穴。其形皆如陶灶。故《诗》云陶复陶穴也。”《诗疏》不甚清晰，故引《礼记疏》。此古穴居之法。巢居，今世野人犹有之。其法连结大树之枝，使其中可容人，去地三五十尺。凿树干为级，以便上下。亦有能造梯者，人既上则藏之。《淮南·本经》谓容成氏之时，“托婴儿于巢上”，盖其事。穴居多在寒地，巢居则在温热而多毒蛇猛兽之区。《御览·皇王部》引项峻《始学篇》曰：“上古皆穴处，有圣人教之巢居，号大巢氏。今南方人巢居，北方人穴处，古之遗俗也。”可见其一起于南，一起于北也。

筑室材料，不外木、石、土三者，砖即熟土。寒带之人，有以雪为屋者，温带、热带无之也。《易·系辞传》曰：“上古穴居而野处，后世圣人易之以宫室，上栋下宇，以待风雨。”《淮南子·修务训》曰：“舜作室筑墙茨屋，辟地树谷，令民皆知去岩穴，各有家室。”栋宇者，巢居之变，筑墙则穴居之变也。《左氏》：郑伯有为窟室而饮酒，襄公三十年。吴公子光伏甲于堀室，以弑王僚，昭公二十七年。皆古穴居之遗。《月令》：“仲秋，穿窦窖。”《注》：“入地，椭曰窦，方曰窖。”此亦穴居遗法。《吕览·召类》曰：“明堂茅茨蒿柱，土阶三等，以见节俭。”《注》曰：“茅可覆屋，蒿非柱任也，虽云节俭，实所未闻。”此实巢居之遗制，高氏自不解耳。然《大戴记·盛德篇》，谓“周时德泽洽和，蒿茂大，以为宫柱，名蒿宫”，业已曲为之说，更无责乎高氏矣。

渔猎之世，民多山居，亦有藉水以自卫者。希腊史家赫罗多德（Horodotus），谓古屋皆在湖中，筑于杙上，惟一桥通出入，与《史记·封禅书》：公玉带上明堂图，水环宫垣，上有楼，从西南入，名为昆仑者酷相似。西元千八百五十三年，欧洲大旱，瑞士秋利伊湖涸，湖居遗址见，人类学家、古物学家皆以为邃古之遗。今委内瑞拉、新几内亚之民，仍有湖居者，可知以水自环，实野人防卫之法也。吾国古者，州洲同字，洲字即今岛字。已见第七章第三节。明堂称辟雍。辟即璧，《说文》“璧，瑞玉圜也”，又曰“璧，肉好若一谓之环”，盖取周还之意。雍，篆书作雝，乃借字，其本字当作邕，从川邑，《说文》云“四方有水，自邕成池”者是也，盖正指洲言之。《易·泰卦爻辞》曰：“城复于隍。”《尔雅·释言》曰：“隍，壑也。”城临壑，犹湖居时遗法也。湖居盖邃古之事，稍进则依丘陵。古丘虚同字。书传言先代都邑者，皆曰某某氏之虚，即某某氏之丘也。至农耕之世，民乃降丘宅土。《淮南》以作室筑墙茨屋，与辟地树谷并举其征。此时文明日进，营造之技日精，城郭宫室，乃次弟兴起矣。

《礼记·王制》曰："司空执度以度地，《注》："度，丈尺也。"居民山川沮泽，时四时，《注》："观寒暖燥湿。"量地远近，《注》："制井邑之处。"任事兴力。"《注》："事，谓筑邑庐宿市也。"此古经野之法。《管子·乘马》云："凡立国都，非于大山之下，必于广川之上，高毋近旱，而水用足，下毋近水，而沟防省。因天材，就地利，故城郭不必中规矩，道路不必中准绳。"此则建国之法也。《笃公刘》之诗曰：涉则在巘，复降在原，逝彼百泉，瞻彼溥原。乃涉高冈，乃觏于京。既溥既泉，既景乃冈。相其阴阳，观其流泉。度其夕阳，豳居允荒。即古建国时计度之事。《汉书·艺文志·数术略》有形法家，《汉志》说其学云："大举九洲之势，以立城郭宫室。"盖即其法，而今亡矣。古制：百里之国，九里之城；七十里之国，五里之城；五十里之国，三里之城。《诗·文王有声疏》引《尚书》传《注》云："玄或疑焉。匠人营国方九里，谓天子之城。今大国九里，则与之同。然则大国七里之城，次国五里之城，小国三里之城为近耳。或者天子实十二里之城，大国九里，次国七里，小国五里。"焦循《群经宫室图》曰："《周书·作雒篇》：作大邑成周于土中，城方千六百二十丈，计每五步得三丈，每百八十丈得一里，以九乘之，千六百二十丈，与《考工记》九里正合。"则谓天子之城九里者是也。城之墙曰墉。《尔雅·释宫》："墙谓之墉。"《疏》："亦为城，《王制》云：小城曰附庸。《大雅·皇矣》云：以伐崇墉。义得两通也。"又于其上为垣，于其中睥睨非常，是曰陴，亦曰堞，亦曰女墙。《说文》："陴，城上女墙，俾倪也。"又曰："堞，女墙也。"《释名》："城上垣曰睥睨，言于其中睥睨非常也。亦曰陴，陴，俾也，言俾助城之高也。亦曰女墙，言卑小，比之于城，若女子之于丈夫也。"门外有曲城，谓之闉。《诗》："出其闉阇。"《毛传》："闉，曲城也。"《说文》："闉，城内重门也。"《诗疏》云："闉是门外之城，即今之门外曲城是也。”其上有台曰阇，《诗》：“出其闉阇。”《毛传》：“阇，城台也。”《尔雅·释宫》：阇谓之台。四角为屏以障城曰城隅。《考工记》：“王宫门阿之制五雉。宫隅之制七雉。城隅之制九雉。门阿之制，以为都城之制。宫隅之制，以为诸侯之城制。”《注》：“阿，栋也。宫隅、城隅谓角浮思也。”《疏》：“汉时云东阙浮思灾，言灾，则浮思者小楼也。”焦氏曰：“浮思，《广雅》《释名》《古今注》，皆训为门外之屏。城之四角，为屏以障城，城角隐僻，恐奸宄逾越，故加高耳。《诗·邶风·静女》：俟我于城隅。《传》云：城隅，以言高不可逾。《笺》云：自防如城隅。皆明白可证。《疏》据汉时浮思灾，以城隅为小楼，非也。《古今注》谓罘罳合板为之，则屏自可灾。”城版筑所成。城之外为郭，亦曰郛，则依山川形势为之，非如城之四面有垣也。《周书·作雒解》：作大邑成周于土中，城方千六百二十丈，郛方七十二里，南系于雒水，北因于郏山，以为天下之大凑。郭所以御小寇，有大敌则不能守，故春秋列国相攻，不闻守外城者。郭之设，如专于一面，即为长城，亦所以防钞掠。战国时秦、赵、燕三国，皆有长城，所以防北族，齐亦有长城，则所以防淮夷也。郭以内为郊，郊犹称国中；郭以外为鄙，亦曰野，则野人之居矣。《春秋》之例，未入郭曰侵某鄙，伐某鄙，入郭曰入某郛，入城曰入。郭为古征服者与所征服者之界。见第十章第四节。郭之门即郊门，其外有关。关多据形胜之地，不必尽在界上，盖扼险之始也。《周官·司关注》曰：“关，界上门。”《仪礼·聘礼》：“宾及竟，乃谒关人。”然《左氏》定公六年“郑伐阙外”，《注》云：“阙外，周邑。”盖周以伊阙险隘，设关守之，谓之阙塞，阙塞之外，未尝无邑也。昭公元年，孟仲之子杀竖牛于塞关之外，此齐、鲁分界之关，关外即齐。襄公十七年，齐伐我北鄙，围桃。高厚围臧纥于防，师自阳关迎臧孙，至于旅松，则桃、防皆在阳关外。成公二年，齐侯入徐关。十七年，高弱叛卢，庆克围之。国佐杀克，以谷叛，齐侯与盟于徐关。则徐关外亦有卢、谷等邑也。《考工记》：“匠人营国，左祖右社，面朝后市。”《注》云：“王宫所居。”谓中为王宫也。天子诸侯皆三朝。《礼记·明堂位》：“库门，天子皋门。雉门，天子应门。”《注》：“言庙及门如天子之制也，天子五门：皋、库、雉、应、路，鲁有库、雉、路，则诸侯三门与？”戴震谓天子亦三门，焦循《群经宫室图》从之。门：最在外者曰皋门，诸侯曰库门。库门之内为外朝，九棘三槐在焉。《周官·朝士》。其内为应门，诸侯曰雉门。门之内为治朝，群臣治事之朝也。《周官·大宰注》：“其位，司士掌焉。”“宰夫察其不如仪。”见《宰夫注》。治朝之内为路门。路门之内曰燕朝。燕朝之后曰六寝。六寝之后为六宫。此系据《周官》为说，见《天官宫人》及《内宰》。今文家说，则谓天子诸侯皆三寝，见《公羊》庄公三十二年《解诂》，二者不可强合。六寝之后，六宫之前，为内宫之朝。《匠人》云：“内有九室，九嫔居之。外有九室，九卿朝焉。”内九室当在内宫之朝，外九室当在治朝也。又有官府次舍，其所在不可悉考。《周官·宫正》：“以时比宫中之官府、次舍之众寡。”《注》：“官府之在宫中者，若膳夫、玉府、内宰、内史之属。次，诸吏直宿，若今部署诸庐者。舍，其所居寺。”《宫伯》，“授八次八舍之职”。《注》：“卫王宫者，必居四角、四中，于徼候便也。次谓宿卫所在。舍其休沐之处。”应门之旁有阙，即观也，亦曰象魏，为县法之地。《天官冢宰》：“正月之吉，县治象之法于象魏。”司农云：“象魏，阙也。”《左氏》哀公三年，司铎火，季桓子御公，立于象魏之外，命藏象魏，曰：“旧章不可亡也。”杜《注》曰：“《周礼》，正月，县教令之法于象魏，使万民观之，故谓其书为象魏。”案魏者，阙名，象者，形象，其初本皆一名，后单音语变为复音，乃并二者皆称为象魏耳。《公羊》昭公二十五年，子家驹曰：“设两观，乘大路，天子之礼也。”《解诂》曰：“礼，天子诸侯台门，天子外阙两观，诸侯内阙一观。”《礼记·礼器》：“天子诸侯台门。”又曰：“家不台门。”《注》：“阇者谓之台。”《疏》曰：“两边筑阇为基，上起屋曰台门，故乘之可以眺远。”《礼运》“昔者仲尼与于蜡宾，事毕出游于观之上”是也。城亦有之,《诗·郑风》“佻兮佌兮,在城阙兮”是也。塾在路门之侧,为门闱之学所在。《尔雅》:“门侧之堂谓之塾。”《学记》:“古之教者,家有塾。”即在于此。《疏》曰:“《周礼》二十五家为闾,同共一巷。巷首有门,门边有塾。谓民在家之时,朝夕出入,恒就教于塾。”此即《公羊》宣公十五年《解诂》所谓“田作之时,父老及里正,旦开门坐塾上,晏出后时者不得出,暮不持薪樵者不得入”者也。《战国策·齐策》:王孙贾之母谓贾曰:“女朝出而晚来,则吾倚门而望汝,暮出而不还,则吾倚闾而望汝。”秦有闾左之戍,晁错谓入闾取其左。《后汉书·齐王縯传》云:使天下乡亭,皆画伯升象于塾,旦起射之。则古民居之巷通称闾,闾之两端恒有门,其侧皆有室,至汉世犹名为塾也。寝之制:前为堂,后为室。堂之左右为夹,亦曰厢。东厢之东曰东堂,西厢之西曰西堂。东西墙谓之序,其下曰阶,东为阼阶,西为宾阶。室之左右为房。郑云,天子诸侯左右房,大夫士仅有东房。见《诗·斯干笺》《礼·公食大夫礼注》。其北为北堂。《诗·伯兮》:“焉得谖草,言树之背。”《毛传》曰:“背,北堂也。”《疏》:“《士昏礼》云:妇洗在北堂。《有司彻》云:致爵于主妇,主妇北堂。《注》皆云:北堂,房半以北为北堂。堂者,房室所居之地,总谓之堂,房半以北为北堂,房半以南为南堂也。”《士昏礼疏》曰:“房与室相连为之,房无北壁,故得北堂之名。”堂北有阶曰北阶。户在室东南,牖在西南,北亦有牖,曰北牖。牖户之间,谓之扆。其内谓之家。室:西南隅为奥,尊者处之。西北隅谓之屋漏,当室之白,日光所漏入也。《尔雅疏》引孙炎说。东北隅曰宧,宧,养也,《疏》引李巡说。盖饮食所藏。东南隅曰窔,在户下,亦隐暗也。郭《注》。中室曰中霤,复穴之世开其上以取明,雨霤之,后因名焉。《月令疏》。《尔雅》曰:“室有东西厢曰庙,无东西厢有室曰寝。”盖寝庙之制大同,故其称亦互受也。以上言城郭朝寝之制,略据焦循《群经宫室图》。

穴处之世,室内盖甚幽暗。野蛮人入室,行卧坐立,皆有定处,盖此时之遗习。吾国古礼，室中居有常处，盖亦由是也。《墨子》曰："未有宫室之时，因陵丘堀穴而处焉。圣王虑之，以为堀穴，冬可以避风寒，逮夏润湿，上熏烝，恐伤民之气，于是作为宫室而利。"《节用》中。又《辞过》曰："古之民，未知为宫室时，就陵阜而居，穴而处，下润湿，伤民，故圣王作为宫室。"今野蛮人亦有冬夏异居者。《月令》：季秋："乃命有司曰：寒气总至，民力不堪，其皆入室。"《豳风之诗》曰："十月蟋蟀，入我床下。穹室熏鼠，塞向墐户。嗟我妇子，曰为改岁，入此室处。"《公羊》宣公十五年《解诂》曰："在田曰庐，在邑曰里。吏民春夏出田，秋冬入保城郭。"此即《尧典》春云"厥民析"，冬云"厥民隩"者，其俗盖由来甚久。"霜降逆女，冰泮杀止"之礼，由是作也。参看第十一章第一节。贵人筑室于爽垲之处，是为《月令》所谓"居高明"。仲夏之月。然古营高明之技似甚拙。《尔雅》曰："阇谓之台。"又曰："四方而高曰台。"注谓积土为之。又曰："有木者谓之榭。"榭有二义：一此所谓台上起屋，一则《尔雅》所云："无室曰榭。"《左氏》宣公十六年杜注引之，谓："屋歇前者。"疏云："歇前者，无壁，如今厅是也，为讲武屋。""狭而修曲者曰楼"，则于台上起屋。《淮南·本经》曰："逮至衰世，构木为台，积壤而丘处。"亦即指此。盖不能为今世之楼，苟非因高为高，即须于平地累土，其劳民力尤甚，故古人恒以为戒也。《公羊》庄公三十一年《解诂》曰："礼：天子有灵台，以候天地。诸侯有时台，以候四时。登高远望，人情所乐，动而无益于民者，虽乐不为也。"《孟子·尽心下》："孟子之滕，馆于上宫。"《注》："上宫，楼也，孟子舍止宾客所馆之楼上也。"《史记·平原君列传》："平原君家楼临民家。民有躄者，槃散行汲。平原君美人居楼上，临见，大笑之。"可以居人，当系今日之楼。《春秋》庄公三十一年，春，筑台于郎。《公羊》曰："何以书？讥。何讥尔？临民之漱浣也。"秋筑台于秦，《公羊》曰："何以书？讥。何讥尔？临国也。"三十二年，《左氏》谓公筑台临党氏，则今之楼，战国之世乃能为之，春秋时尚无有也。

寝之制，前堂而后室，与今民居不同。《汉书·晁错传》：错言："古之徙远方以实广虚也，先为筑室，家有一堂二内。"则近今中为堂，左右为室之制矣。张晏曰："二内，二房也。"盖平民之居，无寝制之所谓堂，即以其室为堂，房为室耳。《史记·孔子世家》："故所居堂，弟子内，后世因庙，藏孔子衣冠琴车书。"盖改一堂二内之居为庙寝之制也。《史记·外戚世家》："帝求王太后女，女亡匿内中床下。"亦即"故所居堂弟子内"之内。

《礼记·儒行》曰："儒有一亩之宫，环堵之室，筚门圭窬蓬户瓮牖。"《注》曰："五版为堵，五堵为雉。今《戴礼》韩《诗》说："八尺为版，五版为堵，五堵为雉。"古《周礼》及《左氏》说"一丈为版"，见《诗·鸿雁》《左氏》隐公元年《疏》。筚门，荆竹织门也。圭窬，门旁窬也，穿墙为之，如圭矣。"《疏》云："一亩，谓径一步，长百步为亩。若折而方之，则东西南北各十步为宅。墙方六丈，故曰一亩之宫，谓墙垣也，环谓周回。东西南北惟一堵。《释文》：方丈为堵。蓬户，谓编蓬为户，又以蓬塞门，谓之蓬户。瓮牖者，谓牖窗圆如瓮口也，又云以败瓮口为牖。"案以败瓮口为牖，今世犹有之。《左氏》襄公十年，王叔之宰诋瑕禽曰："筚门闺窦之人，而皆陵其上，其难为上矣。"杜《注》："筚门，柴门。闺窦，穿壁为户，上锐下方，状如圭也。"则古平民之居皆如是。又十七年，宋子罕曰："吾侪小人，皆有阖庐，以辟燥湿寒暑。"《注》云："阖，谓门户闭塞。"《疏》云："《月令》仲春修阖扇。郑玄云：用木曰阖，用竹苇曰扇。是阖为门扇，所以闭塞庐舍之门户也。"此亦筚门之类也。可见古者民居之简陋矣。

然贵族之居，则有甚侈靡者。子产讥晋，谓文公无观台榭，今铜鞮之宫数里，而诸侯舍于隶人。《左氏》襄公三十一年。子西虑吴，谓阖庐室不崇坛，宫室不观，舟车不饰，而夫差次有台榭陂池。哀公元年。宋向戌聘鲁，见孟献子，尤其室，对曰："我在晋，吾兄为之。"襄公十五年。齐景公欲更晏子之宅，辞，及如晋，则公更其宅矣。昭公三年，参看下文。盖俗以逾侈为高，如孔子所称卫公子荆善居室，始有曰苟合，少有曰苟完，富有曰苟美者寡矣。《论语·子路》。劳民之事，见于记载者：晋有虒祁之宫，昭公八年。楚有章华之台。昭公七年。又作乾溪之台，三年不成。《公羊》昭公十三年。齐高台深池，宫室日更。《左氏》昭公二十年。鲁虽小，襄公反自楚，犹作楚宫。襄公三 十一年。此亦犹秦每破诸侯，写放其宫室，作之咸阳北阪上矣。《史记·秦始皇本纪》二十六年。东周诸大国中，惟秦最简陋，而商君告赵良，以大筑冀阙，营如鲁、卫自夸，《史记》本传。则自孝公变法而后，亦不肯以简陋自安，阿房、骊山，未始非作法于贪者有以致之也。

宫室而外，又有苑囿之乐。《说文》云："苑所以养禽兽也。"高诱注《淮南·本经》云："有墙曰苑，无墙曰囿。"其注《吕览·重已》则云："畜禽兽所，大曰苑，小曰囿。"囿盖犹今之动物院，苑则画地，任自然之禽兽蕃殖其中者也。苑囿义虽有别，散文则通，后且为复语，故书传每连举也。《孟子》言："文王之囿，方七十里，刍荛者往焉，雉兔者往焉。"此盖山泽之地尚为公有之世。其后施以厉禁，则有如齐宣王之囿，方四十里，为阱于国中者矣。参看第十二章第一节。《公羊》成公十八年《解诂》云："天子囿方百里，公侯十里，伯七里，子男五里，取一也。"《疏》云："《孟子》文，《司马法》亦云也。"今《孟子》无此文，《司马法》则已亡。然《谷梁疏》引徐邈说，与何君同，其说必有所本，盖《春秋》制也。《诗·灵台毛传》云："天子百里，诸侯四十里。"《周官》阍人《疏》引《白虎通》云："天子百里，大国四十里，次国三十里，小国二十里。"盖古文说。《谷梁疏》引《毛传》作三十里，三盖误字。《孟子》言纣"弃田以为园囿"。《滕文公下》。《诗·驷铁序》曰："美襄公也。始命，有田狩之事，园囿之乐焉。”《疏》云：“有蕃曰园，有墙曰囿，囿者，域养禽兽之处，因在其内调习车马。”此即《周官·载师》“以场圃任园地”之园。后世民家无囿，而犹有园，因而叠石穿池，构亭台，植卉木，则成今所谓园林，古苑囿实非其伦。《孟子》“弃田以为园囿”之园，疑实苑之误字也。

贵族宫室园圃，占地甚多，平民之居，则有甚为局促者。古宅地谓之廛，皆掌诸官。《孟子》“许行自楚之滕，踵门而告文公曰：闻君行圣人之政，愿受一廛而为氓。文公与之处”是也。《滕文公上》。《管子问》：“问死事之孤，其未有田宅者有乎？外人之来从而未有田宅者几何人？”则并不待其乞请矣。《王制》言“田里不粥，墓地不请”，盖各举一偏以相备也。《孟子》“五亩之宅”，赵《注》言庐井邑居各二亩半，《梁惠王》上。此即《公羊解诂》言“一夫一妇，受田百亩，公田十亩，庐舍二亩半，秋冬入保城郭，一里八十户”者，宣公十五年。地在郊野。“市廛而不税”，《王制》，《孟子》作“廛而不征”。则在国中者也。《左氏》：昭公三年：“景公欲更晏子之宅，曰：子之宅近市，湫隘嚣尘，不可以居，请更诸爽垲者。辞曰：小人近市，朝夕得所求，小人之利也，敢烦里旅？及晏子如晋，公更其宅，反则成矣。既拜，乃毁之，而为里室，皆如其旧，则使宅人反之。”《注》曰：“本坏里室以大晏子之宅，故复之。”则城市之中，民居已极阗溢。然犹曰国中则然。韩、魏之民，复阴阳泽水者过半。已见第十一章第三节。《史记·仲尼弟子列传》：孔子卒，原宪亡在草泽中。子贡相卫，结驷连骑，排藜藿，入穷阎，过谢原宪。案《周官·载师注》：“《故书》廛或作坛，郑司农云：坛读为廛。”《序官》廛人《注》：“《故书》廛为坛，杜子春读坛为廛。”坛者，筑土为之，所以备营建，《管子·五辅》“利坛宅”，《注》云“坛堂基”是也。《荀子·王制》云：“定廛宅。”可见廛坛同字。居于草泽之中，排藜藿而后入，其无基址审矣。此则在野之民，亦不能得宅地也。度地居民之制，盖荡焉无复存者矣。

《周官·量人》："掌建国之法，以分国为九州。九州二字，义有广狭，已见第十章第二节。此"九州"二字，乃指国以内之九聚落言，范围尤隘，实近九州二字之初义也。营国城郭，营后宫，量市朝、道巷、门渠，造都邑，亦如之。营军之垒舍，量其市朝、州、涂、军社之所里。"《考工记》："匠人建国，水地以县，《注》："于四角立植，而县以水，望其高下，高下既定，乃为位而平地。"《疏》曰："此经说欲置国城，先当以水平地，欲高下四方皆平，乃始营造城郭也。云于四角立植而县者，植即柱也，于造城之处，四角立四柱而县，谓于柱四畔县绳以正柱。柱正，然后去柱。以水平之法，望柱高下定，即知地之高下，然后平高就下，地乃平也。"置槷以县，视以景。《注》："于所平地，中央树八尺之臬以县正之，视之以其景，将以正四方也。"《疏》云："置槷者，槷亦谓柱，云以县者，欲取柱之景，先须柱正，欲须柱正，当以绳县而垂之，于柱之四角四中，以八绳县之，其绳皆附柱，则其柱正矣。然后视柱之景，故云视以景也。"为规，识日出之景，与日入之景。《注》："日出日入之景，其端则东西正也。又为规以识之者，为其难审也。自日出而画其景端，以至日入，既则为规，测景两端之内规之，规交乃审也。度两交之间，冲屈之以指臬，则南北正。"昼参诸日中之景，夜考之极星，以正朝夕。"《春秋》庄公二十二年："丹桓宫楹。"《谷梁》曰："礼：天子诸侯黝垩，《疏》："徐邈云：黝，黑柱也。垩，白壁也。"大夫仓，士黈。《注》："黈，黄色。"丹楹，非礼也。"二十四年："刻桓宫桷。"《谷梁》曰："礼，天子之桷，斫之砻之，加密石焉。《注》："以细石磨之。"诸侯之桷，斫之砻之。大夫斫之。士斫本。刻桷，非正也。"《公羊解诂》略同。《疏》云："皆《外传》《晋语》张老谓赵文子椽之制。"《礼记·礼器注》："宫室之饰：士首本，大夫达棱，诸侯斫而砻之，天子加密石焉，无画山藻之礼也。"疏云："《礼纬·含文嘉》云：大夫达棱，谓斫为四棱，以达两端。士首本者，士斫去木之首本，令细，与尾头相应。《晋语》及《含文嘉》并《谷梁传》，虽其文小异，大意略同也。”《礼记·礼器》：“管仲镂簋朱纮，山节藻棁，君子以为滥矣。”《明堂位》曰：“山节，藻棁，复庙，重檐，刮楹，达乡，反坫，出尊，崇坫，康圭，疏屏：天子之庙饰也。”《注》：“山节，刻欂卢为山也。藻棁，画侏儒柱为藻文也。复庙，重屋也。重檐，重承壁材也。刮，刮摩也。乡，牖属，谓夹户窗也，每室八窗为四达。反坫，反爵之坫也。出尊，当尊南也。惟两君为好，既献，反爵于其上。礼：君尊于两楹之间。崇，高也。康读为亢龙之亢。又为高坫，亢所受圭，奠于上焉。屏谓之树，今浮思也，刻之为云气虫兽，如今阙上为之矣。”《疏》云：“皇氏云：郑云重檐，重承壁材也，谓就外檐下壁，复安板檐，以辟风雨之洒壁，故云重檐，重承壁材。”并可见古者建筑之术。然古宫室城郭，皆役民为之，能守成法以其时者盖寡，故古多以事土木为大戒也。

吾国最古之建筑，莫如明堂。蔡邕《明堂月令章句》谓：“明堂者，天子大庙，所以祭祀，飨功，养老，教学，选士，皆在其中。取正室之貌，则曰大庙；取其正室，则曰大室；取其堂，则曰明堂；取其四时之学，则曰大学；取其圆水，则曰辟雍；虽名别实同。”袁准难之，殊不中理。阮元谓：“有古之明堂，有后世之明堂。古者政教朴略，宫室未兴，一切典礼，皆行于天子之居，后乃礼备而地分。礼不忘本，于近郊东南，别建明堂，以存古制。”《研经室集·明堂说》。其说是也。明堂之制，今古文皆谓其以茅盖屋，盖犹祭祀之存玄酒大羹。今《戴礼》说：明堂九室，室四户八牖。古《周礼孝经》说：明堂东西九筵，南北七筵，堂崇一筵。其壮丽，殊与朴略之世不称，盖晚周之制也。郑玄谓《戴礼》所云，虽出《盛德篇》，云九室，三十六户，七十二牖似秦相吕不韦作《春秋》时说，得其实矣。《淮南·本经》云：“古者明堂之制，下之润湿弗能及，上之雾露弗能入，四方之风弗能袭，土事不文，木工不斫，堂大足以周旋。理文静洁，足以享上帝，礼鬼神。”可见明堂之初制。合初制与吕不韦所说观之，可见自隆古至晚周建筑之精进也。本节引《礼记·明堂位疏》。蔡邕说详见《续汉书·祭祀志》注。《考工记·匠人》说明堂之制，与古《周礼》《孝经》说同。

《周官》：天官掌舍，掌王之会同之舍。设梐枑再重。《注》：“郑司农云：梐枑，谓行马。”案谓交互设木，以资守卫也。设车宫辕门。《注》：“谓王行止宿阻险之处，备非常，次车以为藩，则仰车，以其辕表门。”为坛壝宫棘门。《注》：“谓王行止宿，平地筑坛，又委遗土起堳埒以为宫。郑司农云：棘门，以戟为门，杜子春云：棘门，或为材门。”《疏》：“闵二年，卫文公居楚丘，国家新立，齐桓公共门材，先令竖立门户，故知棘门亦得为材门，即是以材木为门也。”为帷宫设旌门。《注》：“谓王行止，昼有所展肆，若食息，张帷为宫，则树旌以表门。”无宫则共人门。《注》：“谓王行有所逢遇，若住游观，陈列周卫，亦立长大之人以表门。”此古人行道止舍之法也。

古人席地而坐，尊者则用几。阮谌《礼图》云：“几长五尺，高尺二寸，广二尺。”《曾子·问疏》。其高尚不如今之椅也。其坐则略如今之跪。寝则有床，《诗》所谓“载寝之床”也。《左氏》襄公二十七年：“床第之言不逾阈。”《注》：“第，箦也。”《正义》：“《释器》云：箦谓之第，孙炎曰：床也：郭璞曰：床版也。然则床是大名，箦是床版。《檀弓》云：大夫之箦与？箦名亦得统床，故孙炎以为床也。”室中用火有二：一以取暖，一以取明。《汉书·食货志》云：“冬民既入，妇人同巷相从夜绩。必相从者？所以省费燎火。”师古曰：“燎，所以为明；火，所以为温也。”古无蜡烛，所谓大烛庭燎者，以苇为中心，以布缠，饴蜜灌之，树于门外曰大烛，于门内曰庭燎。平时用荆燋为火炬，使人执之，所谓执烛抱燋，所谓烛不见跋，皆指此。《周官·秋官》司烜氏《疏》。《左氏》昭公十年：“宋平公卒。初，元公恶寺人柳，欲杀之。及丧，柳炽炭于位，将至则去之。比葬，又有宠。”

定公三年："邾子自投于床，废于炉炭，遂卒。"则取暖亦用炭也。

述宫室及与宫室附丽之器用既竟，请再略言葬埋之制。古之葬，盖有于山者，亦有于平地者。《孟子》曰："盖上世尝有不葬其亲者矣，其亲死，则举而委之于壑。他日过之，狐狸食之，蝇蚋姑嘬之。""盖归，反蔂梩而掩之。"《滕文公上》。此田猎之世之葬于山。《易》言："古之葬者，厚衣之以薪，葬之中野，不封不树。"《系辞传》。此则耕稼之世之葬于地者也。农民葬埋，率就所耕之地。《曾子问》："下殇葬于园。"亦其一证。故《孟子》言："死徙无出乡。"《滕文公上》。《公羊解诂》述井田之制曰："死者得葬焉。"宣公十五年。《檀弓》曰："孔子既得合葬于防，曰：吾闻之，古也墓而不坟；今丘也，东西南北之人也，不可以弗识也，于是封之，崇四尺。"盖古之所以不封不树者，正以葬地距所居甚迩，不待识别也。《诗》："行有死人，尚或墐之。"毛《传》："墐，路冢也。"路人而犹为之冢，亦以便识别也。贵族则以中田为不安，而求葬于高燥之处。《吕览》谓"葬必于高陵之上，以避狐狸之患，水泉之湿"是也。《节丧》。于是葬地距所居渐远，不得不为之识别，而有所谓丘封之度与树数，《周官》冢人，以爵等为丘封之度，与其树数。并有以人力为丘陵者矣。顾亭林《日知录》云："古王者之葬，称墓而已。春秋以降，乃有称丘者。赵肃侯、秦惠文、悼武孝文三王始称陵，至汉则无帝不陵者矣。"此葬地之变也。《檀弓》曰："有虞氏瓦棺，夏后氏堲周，殷人棺椁。"《淮南·氾论》同。郑《注》言有虞氏始不用薪，高《注》言禹世无棺椁，以瓦广二尺，长四尺，侧身累之以蔽土，曰堲周，盖尚未能用木。《墨子》言"禹葬会稽，桐棺三寸。"实假托之辞也。见《节葬》。上文云："古圣王制为葬埋之法。曰：棺三寸，足以朽骨。"下文又云："子墨子制为葬埋之法，曰：棺三寸，足以朽骨。"可见实为墨子所定之制。《左氏》哀公二年，赵鞅誓众曰："若其有罪，绞缢以戮，桐棺三寸，不设属辟。"墨子所据，自系当时縠薄之制也。《檀弓》言："夫子制于中都，四寸之棺，五寸之椁。”《孟子》言：“中古棺七寸，椁称之。”《公孙丑》下。而天子诸侯，棺椁皆至数重。《檀弓》：“天子之棺四重，水兕革棺被之，其厚三寸。杝棺一，梓棺二,四者皆周。”郑《注》以水兕革棺为一重，杝棺即椑棺，梓棺为属与大棺。《丧大记》：“君大棺八寸，属六寸，椑四寸；上大夫大棺八寸，属六寸；下大夫大棺六寸，属四寸。”盖即《礼器》所谓诸侯三重，大夫再重者，诸侯无革棺，大夫无椑也。又云：士棺六寸，则士无属也。《礼器》又云：“天子五重。”郑谓加抗木与茵，疏云：“古者为椁，累木于其四边，上下不周，致茵于椁下，所以藉棺。从上下棺之后，又置抗木于椁之上，所以抗载于上茵者。藉棺外，下褥，用浅色缁布为之，每将一幅，辄合缝为囊，将茅秀及香草著其中，如今有絮褥也。”案《庄子·天下》：“天子棺椁七重，诸侯五重，大夫三重，士再重。”七重，盖以水兕革棺为二。茵与抗木，亦各为一重。《荀子·礼论》：“天子棺椁十重。”十，盖七字之误。此棺椁之变也。《檀弓》又曰：“仲宪言于曾子曰：夏后氏用明器，示民无知也。殷人用祭器，示民有知也。周人兼用之，示民疑也。”其论三代制礼之意非，言三代异礼当是。所谓明器者，“竹不成用，瓦不成味，木不成斫，琴瑟张而不平，竽笙备而不和，有钟磬而无簨虡”，亦《檀弓》文。盖其时制器之技，本只如此。“孔子谓为刍灵者善，谓为俑者不仁。”刍灵与涂车并称，亦见《檀弓》。盖在瓦棺堲周之世，俑则与棺椁并兴也。此葬器之变也。此皆葬埋之法，随文明之进而臻美备者也。

昔之论者，恒谓古人重神不重形，故其葬埋不至逾侈，其说实似是而非。《檀弓》言延陵季子适齐，比其反也，其长子死，葬于嬴、博之间。既封，左袒，右还其封，且号者三，曰：“骨肉归复于土，命也；若魂气，则无不之也！无不之也！”《左氏》定公五年：“吴师居麇，子期将焚之，子西曰：父兄亲暴骨焉，不能收，又焚之，不可。子期曰：国亡矣，死者若有知也，可以歆旧祀，岂惮焚之？”合此两事观之，似古人之重神，诚过于其形，且以形魄为无知矣。然《谷梁》僖公十年："骊姬谓君曰：吾夜梦夫人趋而来，曰：吾苦畏。胡不使大夫将卫士而卫冢乎？"则谓古人谓神不栖于丘墓者，非也。或谓《谷梁》之言，乃汉师之说，不免以后世事附会。然"孔子死，子贡筑室于场，独居三年，然后归"，《孟子·滕文公》上。此即后世之庐墓，与将士而卫冢何异？且自武王，即已上祭于毕矣。见第八章第六节。而齐亦有东郭墦间之祭。《孟子·离娄下》。"奔丧者不及殡，先之墓，哭尽哀。除丧而后归，之墓哭成踊。"《礼记·奔丧》。"去国则哭于墓而后行，反其国不哭，展墓而入。"《檀弓》。"大夫士去其国，止之曰：奈何去坟墓也？"《曲礼》。苟以形魄为无知，又何为是恋恋也？《檀弓》曰："太公封于营丘，比及五世，皆反葬于周。君子曰：乐，乐其所自生，礼不忘其本。古之人有言曰：狐死正丘首，仁也。"然则季子之不归葬，亦力有不逮耳，非果以形魄为无知，而弃之于远也。职是故，古贵族乃多违礼厚葬者，观《吕览·安死》《节葬》二篇可知。《论语》言颜渊死，门人欲厚葬之。子曰：不可，而门人弗听。《先进》。盖虽圣门之弟子，且不免随俗矣。知厚葬之习之入人深也。道术之士所以多非厚葬者，墨家诋儒家厚葬，然儒家葬法，较之流俗，已远薄矣。一不欲以死伤生，一则礼多守旧，前世之法，既成遗习，不欲轻违也。然一二智士之哓音瘏口，岂能回千百流俗人之听哉？

古言葬埋之侈者，莫过于吴阖庐及秦惠、文、武、昭、庄襄五王，刘向《谏起昌陵疏》，见《汉书》本传。或谓此六王之事，乃以世近而有传，他国王侯，亦未必不如此。然《左氏》成公二年，宋文公卒，始厚葬，君子讥华元、乐举之不臣。《史记·秦本纪》：武公卒，初以人从死，献公元年又止之。《左氏》成公二年，亦云宋始用殉。则战国初年以前，违礼厚葬者，似确不如后来之甚。盖礼恒守旧，非至风俗大变时，敢显然违之者少也。此乃习俗之拘束，非真知礼义，故堤防一溃，遂横决不可遏止矣。

《周官》冢人："掌公墓之地，辨其兆域而为之图。"墓大夫："掌凡邦墓之地域，为之图，令国民族葬。"《檀弓》："晋献文子成室，晋大夫发焉。张老曰：美哉轮焉！美哉奂焉！歌于斯，哭于斯，聚国族于斯。文子曰：武也得歌于斯，哭于斯，聚国族于斯，是全要领以从先大夫于九京也。北面再拜稽首。"《注》曰："晋卿大夫之墓地在九京，京盖原字之误。"案《左氏》襄公二十五年，楚苏掩辨京陵。《注》云："以为冢墓之地。"《尔雅·释丘》曰："绝高谓之京。"《周官·大司徒注》曰："高平曰原。"二者义实无大异，则作京亦可通。《檀弓》又曰："成子高曰：吾闻之，生有益于人，死不害于人，吾纵生无益于人，吾可以死害于人乎哉？我死，则择不食之地而葬我焉。"丘陵不必皆不食，然究非土田之比，族葬于丘陵，则地之弃于葬者较少，犹较以人力为丘陵者为善也。

《墨子·节葬》曰："秦之西，有仪渠之国者，其亲戚死，聚柴薪而焚之，熏上，谓之登遐，然后成为孝子。"《吕览·义赏》曰："氐、羌之民其虏也，不忧其系累，而忧其死不焚也。"《荀子·大略》同。此为异民族之俗，非汉族所有，彼盖诚重神而不重形者矣。

第四节　交　通

《易·系辞传》述黄帝、尧、舜之事曰："刳木为舟，剡木为楫，舟楫之利，以济不通。"又曰："服牛乘马，引重致远。"《墨子》曰："古之民，未知为舟车时，重任不移，远道不至，故圣王作为舟车以便民之事。"《辞过》。《淮南子》曰："古者大川名谷，冲绝道路，不通往来也。乃为窬木方版，以为舟航，故地势有无，得相委输。乃为靻蹻而超千里。肩荷负儋之勤也，而作为之揉轮建舆，驾马服牛，民以致远而不劳。”《氾论》。皆以舟车之兴，为大有益于人类。盖无舟车，则一水之隔，即可使人不相通，陆路虽可步行，然水性使人通，山性使人塞，跋涉千里，业已甚劳，况加以儋荷负戴提挈邪？人之躯体，能运物者有四：肩、背、头、手是也，肩以儋，背以负，头以戴，手以提挈。合两人之手，则为舁。舟车之兴，其大有益于人类，确不诬也。

舟之兴，盖始于浮木。《庄子·逍遥游》曰：“今子有五石之瓠，何不虑以为大樽，而浮乎江湖？”《释文》引司马云：“樽如酒器，缚之于身，浮于江湖，可以自渡。”以手足击水而进。此时人之手足即楫也。此盖最古之法。稍后，则知刳木。《淮南子·说山》曰：“古人见窾木浮而知舟。”《诗》曰：“就其深矣，方之舟之。”《疏》云：“《易》曰：利涉大川，乘木舟虚。《注》曰：舟谓集板，如今船，空大木为之，曰虚。即古又名曰虚，总名皆曰舟。”案《诗》所谓方，即《淮南子》所谓方版，乃后世之筏，不足以当舟虚，则其所谓窬木，而亦即《易》所谓刳木也。舟之始，盖仅如此。能方版而为筏，技已稍精，知造舟则更进矣。既能浮木以渡水，则亦能驾木以为桥。《说文》“榷，水上横木，所以渡者”是也。其字亦作杠。《孟子》曰：“岁十一月徒杠成，十二月舆梁成。”梁与杠字并从木，盖亦架木为之。《尔雅》曰：“石杠谓之徛。”则后来更用石也。《尔雅》：“堤谓之梁。”《注》：“即桥也。或曰：石绝水者为梁，见《诗传》。”案梁亦初用木，后用石也。郭《注》云：“聚石水中，以为步渡。”盖未能为桥时，又有此法。虽云简陋，然较之“山无蹊隧，泽无舟梁”之世，见《庄子·马蹄篇》。已迥不相侔矣。

车之兴，必有较平坦之道，故其时之文明程度必更高。《日知录》论骑射之始云：“春秋之世，戎翟杂居中夏者，大抵皆在山谷之间，兵车之所不至。齐桓、晋文仅攘而却之，不能深入其地者，用车故也。中行穆子之败翟于大卤，得之毁车崇卒；而知伯欲伐仇犹，遗之大钟，以开其道，其不利于车可知，势不得不变而为骑。骑射，所以便山谷也。胡服，所以便骑射也。”此虽论军事，而交通从可见焉。后来夷狄之情形，即吾国古代之情形也。吾国文明，大启于河域之平原，故车之为用尤广。《考工记》曰：“一器而工聚焉者，车为多。”可见古人之殚心于是矣。

《曲礼》曰：“前有车骑，则载飞鸿。”《疏》云：“古人不骑马，故经但记正典，无言骑者。今言骑，当是周末时礼。”《左氏》昭公二十五年：“左师展将以公乘马而归。”《疏》曰：“古者服牛乘马，马以驾车，不单骑也。至六国时始有单骑，苏秦所云车千乘，骑万匹是也。《曲礼》曰前有车骑者，《礼记》汉世书耳，经典无骑字也。炫谓此欲共公单骑而归，此骑马之渐也。”案世无知以马驾车而不知骑乘之理，亦无久以马驾车而仍不知骑乘之理，古书不见乘马事，自如刘子玄议，以记庶民事少；兵有车而无骑，自如亭林言，以古华夏多居平地，与戎狄争不甚剧也。《日知录》云：“《诗》云：古公亶父，来朝走马，马以驾车，不可言走，曰走者，单马之称。”段玉裁《说文解字注》谓：“赵旃以其良马二，济其兄与叔父，即是单骑。”《马部》骑下。则急遽之时，古固有跨马者。予案载重亦宜于车，古贵族之行，载物必多，安能用骑？《史记·秦始皇本纪》：八年（前239年），“轻车重马，东就食”，疑即是舍车而骑。毛奇龄《经问》云：“古书不记事始，今人但以书之所见，便为权舆，此最不通。《易》《书》《诗》无‘骑’字，遂谓古人不骑马，骑是战国以后字。然则六经无‘髭髯’字，将谓汉后人始生髭髯乎？”语虽谑，实中事理也。

古车亦有以人挽者，辇是也。《周官》乡师云：“大军旅会同，正治其徒役与其輂辇。”《注》云：“輂驾马，辇人挽行，所以载任器也。止以为藩营。《司马法》曰：夏后氏谓辇曰余车，殷曰胡奴车，周曰辎辇。辇，一斧、一斤、一凿、一梩、一锄，周辇加二版二筑。”

又曰："夏后氏二十人而辇，殷十八人而辇，周十五人而辇。"案《春官》巾车，"王后之五路"有辇车。《注》云："为辁轮，人挽之而行。"《疏》："《说文》：有辐曰轮，无辐曰辁。"又服车五乘，士乘栈车，庶人乘役车。《注》但云：役车方箱，可载任器以共役，与栈车皆不言为人挽。而《诗》："有芃者狐，率彼幽草，有栈之车，行彼周道。"《毛传》云："栈车，役车也。"《笺》云："狐草行草止，故以比栈车、辇者。"一似栈车、役车，以皆人挽行者。盖役车既可驾马，又可人挽行，既可乘坐亦可共役；而栈车、役车同为无饰，故二者又可通名也。《巾车》，王之五路：曰玉路，以祀；曰金路，以宾，同姓以封。曰象路，以朝，异姓以封；曰革路，以即戎，以封四卫。曰木路，以田，以封蕃国。王后之五路：曰重翟，曰厌翟，曰安车，曰翟车，曰辇车。服车五乘：孤乘夏篆，卿乘夏缦，大夫乘墨车，士乘栈车，庶人乘役车。《注》云：玉路以玉饰，金路以金饰，象路以象饰，革路挽之以革，而漆之，无他饰，木路不挽以革，漆之而已。重翟，重翟雉之羽也。厌翟，次其羽，使相迫也。安车，坐乘车。翟车，不重不厌，以翟饰车之侧尔。辇车，但漆之而已。夏篆，《故书》为夏缘。司农云：夏，赤也。缘，绿色。或曰：夏篆，篆读为圭瑑之瑑，夏篆，毂有约也。玄谓夏篆，五采画毂约也，夏缦亦五采画，无缘，墨车不画，栈车不革，鞔而漆之。案《考工记》云："栈车欲弇，饰车欲侈。"《注》云：栈车欲弇，"为其无革挽，不坚，易折坏也"。饰车，"谓革鞔舆也"。《疏》云："云大夫以上，则天子诸侯之车以革鞔。但有异物之饰者，则得玉金象之名号，无名号者，直以革为称。木路亦以革鞔，但不漆饰，故以木为号。"与《巾车注》不合，《疏》说当是。或其初但用木，后虽以革鞔，犹蒙木名也。栈车则仍用木。《巾车疏》引《唐传》云"庶人木车单马"是也。用木即是无饰，故《唐传》又云："古之帝王，必有命民，命然后得乘车、骈马。"《考工记》引《殷传》亦云："未命为士者，不得乘饰车。"《公羊》昭公二十五年《解诂》，亦云："天子大路，诸侯路车，大夫大车，士饰车”也。驾数：《易》孟、京、《春秋》《公羊》说：天子驾六。《毛诗》说：天子至大夫同驾四，士驾二。《礼·王度记》曰：天子驾六，诸侯与卿同驾四，大夫驾三，士驾二，庶人驾一。说与《易》《春秋》同，见《五经异义》。《曲礼》云：“妇人不立乘。”故《巾官注》云：“凡妇人车，皆坐乘。”《疏》云：“皇后五路皆坐乘，独此得安车之名者，以此无异物之称，故独得安车之名也。”又云：《曲礼上》，“大夫七十而致事，若不得谢，则必赐之几杖，乘安车。则男子坐乘，亦谓之安车也。”《说文》：“辇，輓车也，从车㚘，㚘在车㫄，引之也。”㚘训并行，盖二人挽之，亦或一推一挽。《司马法》所言，乃行军时制，寻常役车，固不必如是其大也。《论语·为政》：“子曰：大车无輗，小车无軏，其何以行之哉？”《集解》：“包曰：大车，牛车；《考工记·辀人注》同。《车人注》曰：“平地载任之车。”小车，驷马车。”中央两马夹辕者名服，两边名騑，亦曰骖。《左传》桓公三年《疏》云：“总举一乘，则谓之驷。指其騑马，则谓之骖。”则古车有服牛、乘马与以人輓，凡三种也。古丧车亦以人輓，《既夕礼》，属引，《注》曰：“属，犹著也，引，所以引柩车，在轴辅曰绋，古者人引柩。”《疏》云：“言古者人引，对汉以来不使人也。”

荤，即《史记·夏本纪》“山行乘檋”之檋。《河渠书》作“山行即桥”。案禹乘四载，《史记·夏本纪》《河渠书》《汉书·沟洫志》《吕览》《慎势》。《淮南王书》《齐俗》《修务》。《说文》《史记集解》引《尸子》及徐广说所作字互异，其中陆行乘车，水行乘舟或作船，无足疑。山行则檋与桥外，又作梮、蔂、欙、欙；泽行作毳、橇、蕝、軕、輴、楯；而《吕览》及《淮南·修务》，又云沙行乘鸠，《齐俗》作肆。肆疑误字。庄逵吉曰：“鸠车声相转，古盖别有一种小车，名鸠。軕、輴、楯三字同类，橇、毳、蕝三字同类。《周礼》曰：“孤乘夏軕，又下棺车亦曰軕，古字无輴，楯乃以阑楯借用耳。”案庄氏说是也。梮字见《玉篇》，云：“舆食器也，又土轝也。”雷浚《说文外编》云："土舉之字，《左传》作挶。襄公九年，陈畚挶，杜《注》："挶，土轝。"《汉书·五行志》引作莑。应劭曰："莑，所以舆土也。"《说文》："莑，大车，驾马也。"蔂、樏即一字，显而易见，亦即《孟子》反'虆梩而掩之'之虆。《滕文公》上。赵《注》云："虆梩，笼臿之属，可以取土者也。"盖挶本取土之器，驾马则以莑名，而虆亦取土器，故莑又可名欙，而莑之音又转为桥，则即后世之轿字。徐广曰："欙者，直辕车。"韦昭云："梮，木器，如今舆状，人举以行。"盖其物在魏、晋时，尚可以人舁，可以驾马也。

有国中之道，有野鄙之道，国中之道，匠人职之。《考工记》云："国中九经九纬，经涂九轨，《注》："轨谓辙广，乘车六尺六寸，旁加七寸，凡八尺，是谓辙广，九轨积七十二尺。"环涂七轨。杜子春云："环涂，谓环城之道。"野涂五轨。环涂以为诸侯经涂，野涂以为都经涂。"盖极宽平坦荡。野鄙之道，则不能然。《周官》遂人云："遂上有径，沟上有畛，洫上有涂，浍上有道，川上有路，以达于畿。"《注》云："径容牛马，畛容大车，涂容乘车一轨，道容二轨，路容三轨。"其路，依盖田间水道。《月令·季春》："令司空曰：时雨将降，下水上腾，循行国邑，周视原野，修利堤防，道达沟渎，开通道路，毋有障塞。"郑《注》云："古者沟上有路。"此沟为遂、沟、洫、浍之总名，路亦径、畛、涂、道之总名也。此等路，即役人民修之。《国语·周语》：单襄公引《夏令》曰："九月除道，十月成梁。"又曰："其时儆曰：收而场功，偫而畚挶，营室之中，土功其始。火之初见，期于司里。"其技，自不如匠人等有专职者之精，又政令时或不举，故其宽平不如国中。《仪礼·既夕礼》："商祝执功布，以御柩执披。"《注》云："居柩车之前，若道有低仰、倾亏，则以布为抑扬左右之节，使引者执披者知之。"《周官》丧祝，掌大丧劝防之事。《注》云："劝，犹倡帅，前引者。防，谓执披备倾戏。"《曲礼》亦曰："送葬不避涂潦。"此野鄙之道，不尽平坦之证。《左传》成公五年，梁山崩，晋侯以传召伯宗。伯宗辟重，曰辟传，重人曰："待我，不如捷之速也。"《周官》野庐氏，"凡道路之舟车轚互者，叙而行之。"此野鄙之道，不尽宽广之证也。《曲礼》言岁凶则驰道不除，盖惟驰道为宽平，余则不免倾仄，三代时亦与秦、汉同矣。古道路与沟洫相辅而行，即所谓阡陌。井田未废时，沟洫占地颇多，亦颇平直，与之相依之阡陌，亦必较宽且直可知。至阡陌开，则无复旧观矣。故路政之坏，亦与土地私有之制骈进者也。

古国小而为治纤悉，其路政自较后世为修饬。然其欲设险以慎固封守，亦较大一统时为甚。故其往来之际，阻碍颇多。后人读古书，不审当时字义，而以后世字义释之，则失其实矣。《周官》野庐氏，掌达国道路，至于四畿。合方氏，掌达天下之道路。量人，邦国之地与天下之涂数，皆书而藏之。此皆所以利交通。司险，掌九州之图，以周知其山林川泽之阻，而达其道路。设国之五沟、五涂而树之林，以为阻固，此则所以慎封守也。九州岛字义，广狭不同，已见第十章第二节及上节。所谓天下者，亦就其时交通所及言之耳。《月令》："孟冬，命百官，谨盖藏。命有司，循行积聚，无有不敛。附城郭，戒门闾，修键闭，慎管籥，固封疆，备边竟，完要塞，谨关梁，塞蹊径。"皆慎固封守之事。盖农耕之民，收获之后，最惧劫掠，故古即有"重门击柝"之事。见《易·系辞传》。后世政令，仍沿袭此意也。因列国之互相猜忌，于是往来之间，非有符节不能通，甚至国内亦然。符节之制，《周官》最详，以其为六国时书也。《地官》掌节云："山国用虎节，土国用人节，泽国用龙节，门关用符节，货贿用玺节，道路用旌节，皆有期以反节。"《秋官》小行人'无货贿用玺节'句，而云"都鄙用管节"。虎节，人节，龙节，使臣所用；旌节，符节，管节，则人民所用也。郑《注》云："门关，谓司门司关也。货贿，主通货贿之官，谓司市也。道路，主治五涂之官，谓乡遂大夫也。都鄙，公之子弟及卿大夫采地之吏也。"又云："凡民远出至于邦国，邦国之民，若来人，由门者，司门为之节；由关者，司关为之节；其商则司市为之节；其以征令及家徙，则乡遂大夫及采地吏为之节。将送者，执此节以送行者，皆以道里日时课，如今邮行有程也。”案《秋官》行夫云：“掌邦国传遽之小事，媺恶而无礼者，凡其使也，必以旌节。”掌交云：“掌以节与币，巡邦国之诸侯，及其万民之所聚者。”此出使者之必以节也。司关云：“有外内之送令，则以节传出内之。”环人云：“掌送逆邦国之通宾客，以路节达诸四方。”怀方氏云：“掌来远方之民，致方贡致远物而送逆之，达之以节。”此来使者之必以节也。大司徒云：“国有大故，令无节者不行于天下。”乡大夫云：“国有大故，则令民各守其闾，以旌节辅令则达之。”司险云：“国有故，则藩塞阻路而止行者，以其属守之。惟有节者达之。”“大故”，郑《注》曰：“谓王崩及寇兵也。”此有事时禁民往来也。掌节云：“凡通达于天下者，必有节以传辅之，无节者有几则不达。”此平时禁民往来也。此犹曰往来于列国之间也。比长云：“徙于国中及郊，则从而授之，若徙于他，则为之旌节而行之。若无授无节，则唯圜土内之。”《注》云：“或国中之民出徙郊，或郊民入徙国中，皆从而付所处之吏，明无罪恶。徙于他，谓出居异乡也，授之者有节乃达。”此即《孟子》所谓“死徙无出乡”者。《诗·硕鼠笺》云：“古者三年大比，民或于是徙。”其言亦当有所据，则虽一国之中，迁徙亦不自由矣。案《管子·大匡》：“三十里置遽委焉，有司职之。客与有司别契，至国八契。”八契，盖入契之误，此亦符节之类。《史记·楚世家》言齐王折楚符而合于秦。《张仪列传》言楚王使勇士至宋，借宋之符，北骂齐王。又言仪使其舍人冯喜之楚，借使之齐。乐毅《报燕惠王书》曰：“具符节，南使臣于赵。”苏代《遗燕昭王书》曰：“使之盟于周室，尽焚天下之秦符。”《魏策》：宋郭曰：“请焚天下之秦符者，臣也。次传焚符之约者，臣也。”皆列国往来无符节即不得通之证。而关之讥察尤严，其极，遂至藉以为暴。关之始，盖专为讥察计，《王制》谓关执禁以讥，禁异服，察异言是也。其后因以征商，然讥察之法仍不废。《周官》有司门以主城门，司关以主界上之门，又有阍人以守王宫之门，皆以几诃为事。《左氏》昭公二十年，晏子言："县鄙之人，入从其政，逼介之关，暴征其私。"《注》云："边鄙之人，既入服政役，又为近关所征税相暴，夺其私物。"入服政役而犹有几，正与《周官》虽有征令，犹须符节相合，知六国时自有此事，故作《周官》者，亦据以立言也。从而夺其私财，则盗贼不啻矣。宜乎《孟子·尽心》下篇，谓"古之为关也，将以御暴；今之为关也，将以为暴"也。然《左氏》文公二年，以废六关为臧文仲三不智之一，则古视设关几察之制甚重矣。此以言其为阱于国中也。关之设，后虽或在国内，乃因国竟开扩使然，其初则必在界上，故于列国往来，所关尤巨。《史记·张仪列传》言，楚怀王听仪计，闭关绝约于齐。《战国·魏策》：宋郭曰："欲使五国约闭秦关者，臣也。"是绝约必先闭关也。《魏策》又曰："通韩之上党于共莫，使道已通，因而关之，出入者赋之，是魏重质韩以其上党也。共有其赋，足以富国，韩必德魏，爱魏，重魏，畏魏，韩必不敢反魏，韩是魏之县也。"则又可设关阻道以自利矣。《左氏》成公十二年，晋、楚盟辞曰："道无壅。"盖即指此等事言之。可见列国并立之世，交通之梗阻矣。宜乎汉有天下后，论者以通关梁、一符传为美谈矣。

古民间之往来不盛，故道途宿息，及既至后之馆舍，皆须官为措画。《周官》野庐氏："比国郊及野之道路宿息井树。"遗人："凡国野之道，十里有庐，庐有饮食。三十里有宿，宿有路室，路室有委。五十里有市，市有候馆，候馆有积。"遗人职云："郊里之委积，以待宾客。野鄙之委积，以待羁旅。"委人职亦云："以稍聚待宾客，以甸聚待羁旅。"掌讶职云："若将有国，宾客至，则戒官修委积。"又云："及委，则致积。"怀方氏职云："治其委积、馆舍、饮食。"《管子·五辅》亦云："修道路，便关市，慎将宿。"《觐礼》"天子有赐舍"，《曾子问》曰："卿大夫之家曰私馆，公馆与公所为曰公馆。"其事也。《杂记》："公馆者，公宫与公所为也。私馆者，自卿大夫以下之家也。"《觐礼》

又曰："卿馆于大夫，大夫馆于士，士馆于工商。"盖无特设之客舍，故各就其家馆之。《聘礼》："有司入陈。"《注》云："入宾所馆之庙，陈其积。"案古庙寝同制，故可以舍客。民间往来，当亦如是。《史记·商君列传》：商君亡至关下，欲舍客舍。舍人不知其是商君也，曰："商君之法，舍人无验者坐之。"此客舍必是民家。若关下官所为舍，则本非有符节不能止宿矣。《左氏》僖公二年，晋人假道于虞曰："虢为不道，保于逆旅，以侵敝邑之南鄙。"此逆旅亦必是民家，若专以宿客为业，官自可加以封禁也。《史记·扁鹊列传》："少时为人舍长。舍客长桑君过，扁鹊独奇之。"《索隐》引刘氏云："守客馆之师，故号云舍长。"此客馆似是专业，然此等似不多也。《商君书·垦令篇》："废逆旅，则奸伪躁心私交疑农之民不行。逆旅之民，无所于食，则必农。农则草必垦矣。"当时之秦，未必有专营客馆者，盖亦民家以此牟利，故欲返诸农易也。

操舟之技，北不如南，内地又不如缘海。案《左氏》僖公十三年，秦输粟于晋，自雍及绛相继，命之曰泛舟之役。《史记》亦云："以船漕车转自雍相望至绛。"见第九章第三节。《战国·楚策》：张仪说楚王曰："秦西有巴蜀，方船积粟，起于汶山，循江而下，至郢三千余里。舫船载卒，一舫载五十人，与三月之粮，下水而浮，一日行三百余里，里数虽多，不费马汗之劳，不至十日，而距扞关。扞关惊，则从竟陵以东，尽城守矣。"似西北操舟之技，亦已甚优。然北人徒涉者甚多，可见其济渡尚乏。案古济渡有二法：一以船自此岸渡至彼岸，诗所谓"谁谓河广，一苇杭之"者也。此法见于记载者甚少。二以舟自此岸接于彼岸，人马行其上。《尔雅》云："天子造舟，诸侯维舟，大夫方舟，士特舟，庶人乘柎。"《公羊》宣公十二年《解诂》同。《诗·大明疏》所谓"加板于上，即今之浮桥"者也。古人所以如此，盖缘其造桥之技颇拙。《孟子》言："岁十一月，徒杠成。十二月，舆梁成。"盖仅能于水小之时，架木为桥，水大即不免断绝，故不得不如此。然亦由其行舟之技尚拙，舟船较少故也。《诗》曰："子惠思我，褰裳涉溱。"《论语·宪问》曰："深则厉，浅则揭。"此皆所谓徒涉。《易·既济》："初九，曳其轮，濡其尾。"《孟子·离娄下》："子产听郑国之政，以其乘舆济人于溱、洧。"此则所谓"以车载而渡之者"。《论语·述而》："子曰：暴虎冯河，死而无悔者，吾不与也。"《礼记·檀弓》曰："死而不吊者三：畏，厌，溺。"《祭义》曰："一举足而不敢忘父母，是故道而不径，舟而不游。"《左氏》哀公十五年，芋尹盖谓吴太宰嚭曰："苟我寡君之命，达于君所，虽陨于深渊，则天命也，非君与涉人之过也。"《荀子·天论》曰："水行者表深，表不明则陷。"《大略》曰："水行者表深，使人无陷。"则古过涉灭顶者甚多，《易》所由取为大过之象也。《吕览·过理篇》言："纣截涉者胫而视其髓。"《注》曰："以其涉水能寒也，故视其髓，欲知其与人有异否也。"此即伪《泰誓》"斫朝涉之胫"语所本。《战国策·齐策》云："有老人涉菑而寒，出不能行，坐于沙中。"正因战国时徒涉者甚多，乃以是附会纣之恶耳。巴蜀之文明，多受之于楚，其长于操舟，未始非东南人之教也。中国与海外之交通，自汉以后乃有可征，然燕、齐之民，当先秦之世，散布于辽东西者已甚众。史记封禅书言，齐威、宣、燕昭王，即使人入海求蓬莱、方丈、瀛州。此三山，据近人所考证，实为今之日本。见冯承钧译《中国史乘中未详诸国考证》，商务印书馆本。然则先秦之世，燕、齐之人，航勃海者已盛，故能有此传闻，其散布辽东西，未必非浮海而往矣。然北方诸国，未闻有用舟师者，至南方，则吴徐承帅舟师欲自海入齐。《左氏》哀公十年。越王勾践亦命范蠡、后庸率师沿海溯淮，以绝吴路。《国语·吴语》。而吴楚水战之事，尤不可一二数。入郢之役，楚所以大败者，亦以吴忽舍舟而陆，卒不及防也。海外黑齿等国之见知，必南方航海者所传述也。《禹贡》九州岛贡路，皆有水道。于扬州云，"沿于江、海，达于淮、泗"，此正吴徐承、越范蠡、后庸所由之路，此亦见《禹贡》为战国时书。知缘岸航行，南人久习为故常矣。而东南沟渠之贯通，尤足为其长于舟楫之证。《史记·河渠书》云："荥阳下引河，东南为鸿沟，以通宋、郑、陈、蔡、曹、卫，与济、汝、淮、泗会于楚；西方则通渠汉水、云梦之野，东方则通鸿沟、江、淮之间。于吴，则通渠三江、五湖。于齐，则通菑、济之间。于蜀，蜀守冰，凿离碓辟沫水之害，穿二江成都之中。此渠皆可行舟，有余则用溉浸，百姓飨其利。"《左氏》昭公九年："吴城邗，沟通江、淮。"《吴语》：夫差"起师北征，阙为深沟，通于商、鲁之间。北属之沂，西属之济，以会晋公午于黄池"。亦见《吴越春秋·夫差内传》。"北属之沂"，误作"北属蕲"。案越乱既闻，王孙雒曰："齐、宋、徐夷，将夹沟而廖我。"夫差既退于黄池，又使王孙苟告劳于周，曰："余沿江溯淮，阙沟深水，出于商、鲁之间，以彻于兄弟之国。"可见当时水道所通甚远。苟，《吴越春秋》作骆，当即《国语》上文之王孙雒，苟乃误字也。盖自江至河，水道几于纵横交贯矣。果谁所为不可知，古水利修治，沟渠到处皆是，连属之而为可以通舟之漕渠，初不难也。而其较大之工程，明见记载者，为徐偃王、吴夫差。徐偃王事，见第八章第八节。可知舟楫之技，东方长于西方，东南尤长于东北也。此已开后世恃江河为大动脉之先声矣。

交通，通信，论者多并为一谈，其实当分为二事。通信者，所以使人之意，离乎其身而行者也。通信之最早者为驿传，其初盖亦以便人行，后因其节级运送，人畜不劳，而其至可速，乃因之以传命。《说文》传、遽互训，而《管子》大匡，言三十里置遽委，有司职之，若宿者，令人养其马，食其委，是其征也。《吴语》言"徒遽日至"，则传命者不必皆车骑。《周官》行夫："掌邦国传遽之小事，虽有难而不时，必达。"则用车骑者，亦不必尽由求速也。用以通信，时名曰邮，邮之义为过，《王制》"邮罚丽于事"郑《注》。盖过而不留之义，故孔子云："德之流行，速于置邮而传命。"《孟子·公孙丑上》。而《说文》及《汉书注》，《平帝纪》《淮南厉王》《薛宣》《京房传》《五行志》。皆以邮为行书舍也。驿有车有骑。《说文》："驿，置骑也。"《吕览·士节》高《注》："驲，传车也。"《尔雅·释言》舍人注："驲，尊者之传也。"则驲为传车，尊者所乘。《左氏》所载楚子乘驲会师于临品，文公十六年。《国语》所载晋侯乘驲，会秦于王城等事，《晋语》。并是乘车。顾亭林《日知录》，指为事急不暇乘车，或是单乘驿马，则误矣。《左氏》定公十三年，邴意兹言："锐师伐河内，传必数日而后及绛。"自河内至绛仅数日，较之师行日三十里，吉行日五十里者，不可同日语矣。皆节级传递之功也。

自有邮政，而人之意可离其身而行，自有电报，而人之言之行乃速于其身之行。古无电讯，言之行，不能速于身之行也，于是有烽燧置鼓，用人之耳目，以传机速之事焉。《史记·周本纪》言"周幽王为烽燧大鼓，有寇至则举烽火"是也。《周本纪》云："幽王为烽燧大鼓，有寇至，则举烽火。"《正义》云："昼日然烽以望火烟，夜举燧以望火光也。烽，土橹也。燧，炬火也。皆山上为之，有寇举之。"《吕览·疑似》云："为高堡，置鼓其上，远近相闻，即传寇至，传鼓相告。"此法至后世犹用之，即今亦未能尽废也。

第十四章　政治制度

第一节　封　建

中国以统一之早，豪于世界，然秦始皇之灭六国，事在民国纪元前二千一百三十二年，亦不过余二千年耳。自此上推，迄于史事略有可知之时，其年岁必不止此。则中国之历史，犹是分立之时长，统一之时短也。分立之世，谓之封建，统一之时，号称郡县，为治史者习用之名。然以封建二字，该括郡县以前之世，于义实有未安。何则？封者裂土之谓，建者树立之义，必能替彼旧酋，改树我之同姓、外戚、功臣、故旧，然后封建二字，可谓名称其实，否即难免名实不符之诮矣。故封建以前，实当更立一部族之世之名，然后于义为允也。“部落曰部，氏族曰族”，见《辽史·营卫志》。

部族之世，事迹已鲜可征，然昔人想象之辞，亦有不尽诬者。《吕览》曰：“凡人之性，爪牙不足以自守卫，肌肤不足以扞寒暑，筋骨不足以从利辟害，勇敢不足以却猛禁悍，然犹且裁万物，制禽兽，寒暑燥湿弗能害，不惟先有其备而以群聚邪？群之可聚也，相与利之也。利之出于群也，君道立也。自上世以来，天下亡国多矣，而君道不废者，天下之利也。四方之无君者，其民少者使长，长者畏壮；有力者贤，暴傲者尊；日夜相残，无时休息，以尽其类。圣人深见此患也，故为天下长虑，莫如置天子也；为一国长虑，莫如置君也。”《恃君览》。《墨子》曰：“夫明乎天下之所以乱者生于无政长，是故选天下之贤可者，立以为天子。天子立，以其力为未足，又选择天下之贤可者，置立之以为三公。天子，三公既已立，以天下为博大，远国异土之民，是非利害之辨，不可一二而明知，故画分万国，立诸侯国君。诸侯国君既已立，以其力为未足，又选择其国之贤可者，置立之以为正长。”《尚同上》。由《吕览》之说，则自下而上；由《墨子》之说，则自上而下；二者皆有真理存乎其间。盖古之民，或氏族而居，或部落而处，彼此之间，皆不能无关系。有关系，则必就其有才德者而听命焉。又或一部族人口独多，财力独裕，兵力独强，他部族或当空无之时，资其救恤；或有大役之际，听其指挥；又或为其所慑；于是诸部族相率听命于一部族，而此一部族者，遂得遣其同姓、外戚、功臣、故旧，居于诸部族之上而监督之，亦或替其旧酋而为之代。又或开拓新地，使其同姓、外戚、功臣、故旧分处之。此等新建之部族，与其所自出之部族，其关系自仍不绝。如此，即自部族之世，渐入于封建之世矣。先封建之世，情形大略如此。

封建之制，盖亦尝数变矣。其有传于后而较完整者，盖惟儒家之说。儒家之说，又分今古文两派。孰非孰是，向为经生争辩之端。其实二者皆拟议之辞，非史实也。今先略述二家之说，然后考其说之所由来。儒家之说既明，而封建之世之情形，亦略可睹矣。

《礼记·王制》曰：“王者之制禄爵：公、侯、伯、子、男，凡五等。诸侯之上大夫卿、《白虎通》引无卿字，又云：“诸侯所以无公爵者，下天子也。”则上大夫即卿可知。下大夫、上士、中士、下士，凡五等。天子之田方千里，公侯田方百里，伯七十里，子男五十里。不能五十里者，不合于天子，附于诸侯，曰附庸。天子之三公之田视公侯，天子之卿视伯，天子之大夫视子男，天子之元士视附庸。制农田百亩，百亩之粪，上农夫食九人，其次食八人，其次食七人，其次食六人，下农夫食五人。庶人在官者，其禄以是为差也。诸侯之下士视上农夫，禄足以代其耕也。中士倍下士，上士倍中士，下大夫倍上士，卿四大夫禄，君十卿禄。次国之卿三大夫禄，君十卿禄。小国之卿倍大夫禄，君十卿禄。"《孟子·万章下》答北宫锜问周室之班爵禄略同。《孟子》云"天子一位，公一位，侯一位，伯一位，子男同一位，凡五等"，与《王制》公、侯、伯、子、男凡五等异。其云"君一位，卿一位，大夫一位，上士一位，中士一位，下士一位，凡六等"，则与《王制》似异实同。又云"下士与庶人在官者同禄"，亦与《王制》小异。《白虎通》引《含文嘉》，亦以为周制。云：殷爵三等。合子男从伯，或曰合从子。地三等不变。《含文嘉》又云：夏爵亦三等，见《王制疏》。郑注《王制》则云："此地殷所因夏爵三等之制也。《春秋》变周之文，从殷之质，合伯子男以为一，则殷爵三等者。公、侯、伯也异畿内谓之子。周武王初定天下，更立五等之爵，增以子男，而犹因殷之地，以九州岛之界尚狭也。周公摄政，致太平，斥大九州之界。封王者之后为公，及有功之诸侯，大者地方五百里。其次侯，四百里。其次伯，三百里。其次子，二百里。其次男，百里。所因殷之诸侯，亦以功黜陟之。其不合者，皆益之地为百里焉。是以周世有爵尊而国小，爵卑而国大者。惟天子畿内不增，以禄群臣，不主为治民。"案《周官》大司徒云："诸公之地，封疆方五百里，其食者参之一。诸侯之地，封疆方四百里，其食者参之一。诸伯之地，封疆方三百里，其食者参之一。诸子之地，封疆方二百里，其食者四之一。诸男之地，封疆方百里，其食者四之一。"郑氏偏据《周官》，遇礼制与《周官》不合者，辄挤为夏、殷制，实皆无稽之谈也。

无论《周官》《王制》，皆属学者拟议之辞，本非古代史实。然拟议之说，亦必有其所由。《谷梁》曰："古者天子封诸侯，其地足以容其民，其民足以满城而自守也。"襄公二十九年。此以人口之众寡言之。《孟子》曰："天子之地方千里，不千里，不足以待诸侯；诸侯之地方百里，不百里，不足以守宗庙之典籍。"《告子下》。此以财用之多少言之。足见封地之大小，实视事势而定，非可任意为之也。《易·讼卦》九二：“不克讼，归而逋，其邑人三百户，无眚。”《疏》：“此小国下大夫之制。《周礼》小司徒，方十里为成，九百夫之地。沟渠、城郭、道路，三分去一，余六百夫。又以不易，一易，再易，定受田三百家。”此即《左氏》所谓夏少康有田一成，哀公元年。亦即《论语》所谓夺伯氏骈邑三百者。《宪问》。在春秋时为下大夫之封，在古则为成国矣。《吕览》谓“海上有十里之诸侯”，《慎势》。盖指此，此封建之最早者也。稍进则为今文家所言之制。古之居民，实以百里为一区。已见第十一章第三节。其不及此者，则《孟子》所谓“今滕绝长补短，方五十里”者也。《滕文公上》。过于此者，则《明堂位》谓成王封周公于曲阜，地方七百里；《史记·汉兴以来诸侯年表》，谓周封伯禽、康叔于鲁、卫，地各四百里；太公于齐，兼五侯地。此为《周官》上公之封。《孟子》曰：“周公之封于鲁，为方百里也，地非不足，而俭于百里。”“今鲁方百里者五。”《告子下》。《明堂位》《史记》盖皆据后来封域言之，在周初尚无此等国，故今文家所拟制度，大国犹仅百里；春秋以来，此等国渐多，作《周官》者，遂增公侯之封，至于四五百里，而以百里为男国也。更大于此者，则《孟子》所谓“海内之地，方千里者九，齐集有其一”；《梁惠王上》。子产所谓“大国地多数圻”。《左氏》襄公三十五年。此等大国，从无受封于人者，故作《周官》者亦不之及也。公、侯、伯、子、男，皆为美称，见《白虎通义·爵篇》。语其实则皆曰君。故《曲礼》谓“九州岛之长，入天子之国曰牧，于外曰侯，于其国曰君”也。公、侯、伯、子、男，虽为美称，然古碻亦以是为进退。《史记·卫康叔世家》，自贞伯以上皆称伯。顷、釐两世称侯。武公平戎有功，平王命之，自此称公，成侯复贬号为侯。及子平侯皆称侯。嗣君贬号曰君。以下四世，又皆称君。皆从其实书之，必国史元文也。君其实，称君则无复夸饰。《赵世家》：“五国相王，武灵王独不肯，曰：“无其实，敢有其名乎？令国人谓己曰君。”谦，不欲妄有美称也。牧与伯即一物，自其受职于天子言之曰牧，自其长一州言之曰伯，故《王制》言“八州八伯”，而《曲礼》言州长曰牧。王者天下所归往，伯则诸侯之长。凡并时尊无与敌者，则谓之王。受命于王，以监察一方者，则谓之伯。然所谓王者，非真普天之下，尊无二上，亦就一区域之内言之。故春秋时，吴、楚等国皆称王以其所王之区，本非周室号令所及也。参看第九章第二节楚熊渠、熊通事。徐偃王亦称王。《谷梁》哀公十三年，与吴辞尊称而居卑称，以令乎诸侯，以尊天子，即谓去王而称子也。然此特在中国，在江东未必如是。越之亡也，《史记》言其诸族子或为王，或为君，滨于江南海上，服朝于楚，为王而仍可服朝于人，即因其各居一区也。伯之始，似系就一区之内，分为九州，中由天子自治，是为县内，其外更分为八区，各委一人治之。尧、舜时封域，实不过今山东一隅，其时已有九州之制。已见第十章第二节。故《尚书大传》即有所谓八伯。见第七章第四节。其后疆域式廓，而此制不废，则其所治者，侔于《禹贡》之一州矣。召康公命齐太公，见《左氏》僖公四年。周命楚成王、见第九章第二节。秦穆公见第九章第四节。皆如此。此即《王制》所谓八州八伯，亦即《曲礼》所谓九州岛之长者。又周初声教所及既广，天子一人治理难及，于是有周、召分陕之制，见《公羊》隐公五年。后拟制者亦沿之，则《王制》所谓“分天下以为左右曰二伯”，《曲礼》所谓“五官之长曰伯是职方”者也。《史记·五帝本纪》言黄帝“置左右大监，监于万国”，疑亦附会此制以立说。《王制》又曰：“天子使其大夫为三监，监于方伯之国，国三人。”此则依附周初使管叔、蔡叔、霍叔监殷之事者也。周、召二公，世为王室卿士，二伯分陕之制，可谓仍存，特不克举其职耳。五霸迭兴，亦即九州岛之长之职，特其会盟征伐，所搂而及者更广；而秦始皇分天下为三十六郡，郡置守尉监，亦即三监之制；盖当时自有此法，故儒家之拟制者，亦以是为言也。李斯为荀卿弟子，此制或即原于儒家之说，亦未可知。战国之世，所谓七雄者，地小者与王畿侔，大者则又过之，实即春秋以前之王，故各国后皆称王。此时列国之封其臣，小者称君，如孟尝君、望诸君是也。大者亦称侯，如穰侯、文信侯是也。则临其上者，非更有他称不可。其时之人所拟之称号为帝，故齐、秦尝并称东西帝，秦围邯郸时，魏又欲尊秦为帝。始皇并六国后，令丞相御史议更名号，博士初上尊号为泰皇，始皇命去泰著皇，采上古帝位号，号曰皇帝，名为法古，实亦顺时俗所习闻也。

巡守朝贡之制，其为虚拟而非事实，亦与制禄爵之说同。《王制》云："诸侯之于天子也，比年一小聘，三年一大聘，五年一朝。天子五年一巡守。岁二月东巡守，至于岱宗；五月南巡守，至于南岳。八月西巡守，至于西岳。十有一月北巡守，至于北岳。"《周官》大行人则云："侯服岁一见，其贡祀物。甸服二岁一见，其贡嫔物。男服三岁一见，其贡器物。采服四岁一见，其贡服物。卫服五岁一见，其贡材物。要服六岁一见，其贡货物。九州之外，谓之蕃服，世一见，各以其所宝贵为挚。王之所以抚邦国诸侯者：岁遍存。三岁遍頫。五岁遍省。七岁属象胥，谕言语，协辞命；九岁属瞽史，谕书名，听声音十有一岁，达瑞节，同度量，成牢礼，同数器，修法则。十有二岁，王巡守殷国。"案晏子说巡守之礼曰："春省耕而补不足，秋省敛而助不给。"《孟子·梁惠王上》。与《周官》《王制》所说，主为治诸侯者，绝不相同。《王制》云："山川神祇，有不举者为不敬，不敬者，君削以地。宗庙有不顺者为不孝，不孝者，君绌以爵。变礼易乐者为不从，不从者君流。革制度衣服者为畔，畔者君讨。有功德于民者，加地进律。"《孟子·告子下篇》曰："入其疆，土地辟，田野治，养老尊贤，俊杰在位，则有庆，庆以地。入其疆，土地荒芜，遗老失贤，掊克在位，则有让。"此皆三公黜陟之事。《白虎通义·巡狩篇》曰："天道时有所生，岁有所成。三岁一闰，天道小备；五岁再闰，天道大备，故五岁一巡狩。三年小备，二伯出述职黜陟。一年物有终始，岁有所成，方伯行国。时有所生，诸侯行邑。”夫省耕省敛，则所谓时有所生者也。齐景公问于晏子曰：“吾欲观于转附、朝儛，遵海而南，放于琅邪，吾何修而可以比于先王观也？”《孟子·梁惠王下》。自营丘至于琅邪，则所谓方伯行国者也，二伯出述职黜陟，即周、召分陕之事，犹之蒙古宪宗命世祖治漠南，阿里不哥治漠北耳。设使周王是时，犹能亲历所属，安用是纷纷为？然则所谓巡守者，邦畿之大，不过齐之先君，犹能行之，过此以往，则不可知矣。安得如《尧典》所云，一岁之中，驱驰万里乎？《王制》所言巡守之法，皆本《尧典》，即《尧典》之传也《书疏》云：“郑玄以为每岳礼毕而归，仲月乃复更去，计程不得周遍，此事不必然也。”然果以东岳为泰山，西岳为华山，南岳为衡山，北岳为恒山，即不归而径往，又安得周遍乎？作《周官》者，亦知其事之不可行，故改为十二岁一巡守。然如《尧典》之所说，虽十二岁一举，亦岂能行？《左氏》庄公二十一年，“王巡虢守”，近畿之国，虽东周后，亦未尝不可举行巡守之典也。即如《周官》所说属象胥、属瞽史等，亦千里之内犹或难之，况欲行之方数千里之广邪？

《左氏》昭公三年，子太叔曰：“昔文、襄之霸也，令诸侯三岁而聘，五岁而朝。”昭公十三年，叔向曰：“明王之制，使诸侯岁聘以志业，间朝以讲礼，《注》：三年而一朝。再朝而会以示威，《注》：六年而一会。再会而盟以显昭明。”《注》：十二年而一盟。其说与《周官》《王制》相出入。叔向所云明王之制，《义疏》引崔氏，以为朝霸主之法，盖是。春秋时，鲁数朝于晋，又尝朝于楚，驰驱皆在数千里外，然则《周官》《王制》所云，其为按春秋、战国时事立说无疑也。是时大国之诛求于小国者甚酷，如《左氏》襄公二十九年，女叔侯谓鲁之于晋，“职贡不乏，玩好时至，公卿大夫相继于朝，史不绝书，府无虚月”是也。八年，公如晋朝，以听朝聘之数。是岁，五月，会于邢，以命朝聘之数。然则朝聘之疏数，亦大国制之，无定法也。

贡赋之数，本大国多，小国少。《左氏》昭公十三年，子产争承曰："昔天子班贡，轻重以列。列尊贡重，周之制也。卑而贡重者，甸服也。郑，伯男也，而使从公侯之贡，惧弗给也。"是其事也。襄公二十七年，弭兵之会，季武子使谓叔孙，以公命，曰："视邾、滕。"既而齐人请邾，宋人请滕，皆不与盟。叔孙曰："邾、滕，人之私也，我列国也，何故视之？宋、卫，吾匹也。"乃盟。邾、滕之不与盟，即所谓附庸也。此等附庸，仍助大国共赋役。襄公四年，公如晋听政，请属合。晋侯不许。孟献子曰："郐无赋于司马，为执事朝夕之命敝邑，敝邑褊小，阙而为罪，寡君是以愿借助焉。"定公元年，城成周。宋仲几不受功，曰："滕、薛、郳，吾役也。"是其事也。又贡于大国多，贡于小国少。哀公十三年，黄池之会，吴人将以公见晋侯。子服景伯曰："王合诸侯，则伯帅侯牧以见于王；伯合诸侯，则侯帅子男以见于伯。自王以下，朝聘玉帛不同，故敝邑之职贡于吴，有丰于晋，无不及焉，以为伯也。今诸侯会而君将以寡君见晋君，则晋成为伯矣，敝邑将改职贡。"是其事也。《周官·司徒》，其食者几，郑《注》云："足其国礼俗、丧纪、祭祀之用，乃贡其余。若今度支经用，余为司农谷矣。"《月令》：季秋："合诸侯，制百县，为来岁受朔日，与诸侯所税于民轻重之法，贡职之数，以远近土地所宜为度，以给郊庙之事，无有所私。"季冬："乃命太史，次诸侯之列，赋之牺牲，以共皇天上帝社稷之飨。乃命同姓之邦，共寝庙之刍豢。命宰历卿大夫，至于庶民土田之数，而赋牺牲，以共山林名川之祀。"盖亦行于畿内之法，而后推之远国者也。《左氏》襄公二十二年："臧武仲如晋，雨，过御叔。御叔在其邑，将饮酒，曰：焉用圣人？我将饮酒而已，雨行，何以圣为？穆叔闻之，曰：不可使也，而傲使人，国之蠹也。令倍其赋。"《注》云："古者家其国邑，故以重赋为罚。"《疏》云："言以国邑为己之家，有贡于公者，是减己而贡之，故以重赋为罚。"大国之诛求于小国，犹国君之诛求于大夫也。

古有所谓兴灭国、继绝世者，书传以为美谈，实则贵族之互相回护而已。兴灭国、继绝世，说见《尚书大传》，曰："古者诸侯始受封，必有采地：百里诸侯以三十里，七十里诸侯以二十里，五十里诸侯以十五里。其后子孙虽有罪黜，其采地不黜，使其子孙之贤者守之，世世以祠其始受封之人。此之谓兴灭国，继绝世。"案东周之亡也，秦尽入其国，而不绝其祀，以阳人赐周君，奉其祭祀，此即《书传》所谓兴灭国、继绝世者。而如《乐记》述《牧野之语》，谓武王既克殷，反商，未及下车，而封黄帝之后于蓟，封帝尧之后于祝，帝舜之后于陈；下车而封夏后氏之后于杞，投殷之后于宋；《五经异义》："《公羊》说：存二王之后，以通三统。古《春秋左氏》说：封夏、殷二王之后，以为上公；封黄帝、尧、舜之后，谓之三恪。"通三统之说，见于隐公三年，《公羊解诂》云：使统其正朔，服其服色，行其礼乐，盖儒家谓三王之道若循环，终而复始，故必存二代之法，以备本朝之治既敝而取资焉，此乃儒家之说。三恪之名，见于《左氏》襄公二十五年，然僖公二十五年、昭公二十五年，皆云"宋于周为客"，则并非专指黄帝、尧、舜之后，亦不必专指夏、殷。盖尊礼先代之后，古确有其事，儒家乃因之以立通三统之义也。此亦犹契丹太祖尊遥辇于御营，亦贵族之互相回护而已。后世于此等事，率美而称之，然于民何与焉？则尤其大焉者。盖古贵族皆恃封土以为食，而古人迷信"鬼犹求食"，亦与生人同。《左氏》宣公四年。失其封土，则生无以为养，死不能尽葬祭之礼，故古人以为大戚。纪季之以酅入齐也，曰："请复五庙，以存姑姊妹。"即此义也。见《公羊》庄公二十三年。东周时国，往往有灭而复见者，则古人能行此者盖甚多。然有国有家者之所以争，以其利也，利其土地人民而争之，而复与之以采地，又何以充不夺不餍之欲乎？此先王之后所以卒绝，而封建之所以终变为郡县也。"寓公不继世"，亦此义。

《王制》曰："天子之县内诸侯，禄也。外诸侯，嗣也。"以制爵禄之道言之，内诸侯与外诸侯，绝无以异，所异者，世与不世而已。变封建为郡县，无他，即变外诸侯为内诸侯而已。何以言之？案古之居民，最小者曰聚，大曰邑，又大曰都。何以知聚最小，邑较大，都更大？以《史记》言舜所居“一年成聚，二年成邑，三年成都”；《五帝本纪》。《左氏》言“邑有宗庙先君之主曰都，无曰邑”也。庄公二十八年，都邑等时亦通称，不可泥。合若干都与邑而统属之，则曰国；其君不世继者则为县。何以知县与国是一？以古书多记灭国为县者。其不记其兴灭建置者，县名亦率多旧国名，可推想其灭国而为县也。昭公二十八年（前514年），晋分祁氏之田以为七县，羊舌氏之田以为三县。五年，薳启疆言：“韩赋七邑皆成县。”又言：“因其十家九县长毂九百，其余四十县，遗守四千。”此卿大夫之采地，寖盛而成为县者也。《史记·商君列传》言商君治秦，集小都乡邑聚为县，此则国家新设之县，君之者不复世袭者也。楚县尹称公，楚称王，其所封之大国，固得称公也。然既谓之县尹，则必不复世袭，此即内诸侯禄之制。县为居民之区，已见第十一章第三节。郡则为军事而设。姚氏鼐曰：“郡之称，盖始于秦、晋。以所得戎翟地远，使人守之，为戎翟民君长，故名曰郡。如所云阴地之命大夫，即郡守之谓也。案见《左氏》哀公四年。赵简子之誓曰：上大夫受县，下大夫受郡。见哀公二年。郡远而县近，县成聚富庶而郡荒陋，故以美恶异等。愚案《周书·作雒》云：“千里百县，县有四郡。”则亦有大小之异。《晋语》：夷吾谓公子絷曰：君实有郡县。言晋地属秦，异于秦之近县，非云郡与县相统属也。及三卿分范、中行、知氏之县，其县与己故县隔绝，分人以守，略同昔者使人守远地之体，故率以郡名，然而郡乃大矣，所统有属县矣。”愚案《史记》：甘茂谓秦王曰：“宜阳大县也，上党、南阳，积之久矣。名曰县，其实郡也。”春申君言于楚王曰：“淮北地边齐，其事急，请以为郡便。”因并献淮北十三县，请封于江东。皆见本传。此皆郡之军备优于县之证。楚有巫、黔中；赵有云中、雁门、代郡；燕有上谷、渔阳、右北平、辽西、辽东，魏有河西、上郡，皆所以控扼戎翟。参看第十章第一节。宜阳、淮北，则所以捍御敌国。吴起为魏文侯守西河，晋文公问原守于寺人勃鞮，见《左氏》僖公二十五年。即其类。然则郡县之兴久矣。东周之世，诸大国中所苞之郡县，固不少矣。秦始皇灭六国，以其异国初服，不可无以控制之，乃皆裂其地以为郡，使信臣精卒，陈利兵而谁何焉，然非创制也。始皇之所异者，深鉴天下苦战斗不休，以有侯王，复立国是树兵，故身有海内，而子弟为匹夫。谓其行郡县，不如谓其废封建之为当也。

第二节 官 制

古代官制，今古文说亦不同。《王制》云："天子三公、九卿、二十七大夫、八十一元士。"《五经异义》今《尚书》欧阳、夏侯说同。《尚书大传》云："每一公，三卿佐之；每一卿，三大夫佐之；每一大夫，三元士佐之。"《白虎通义》同。公、卿、大夫、元士，凡百二十。《通义》云："下应十二子。"《春秋繁露·官制象天篇》益以二百四十三下士，凡三百六十三，近乎一岁之日数。此即《尚书·洪范》所谓"王省惟岁，卿士惟月，师尹惟日"者也。其官，则三公：一曰司徒，二曰司马，三曰司空。《异义》。《韩诗外传》云：司马主天，司空主土，司徒主人。九卿经传皆无说。《荀子·王制》、《序官》所举官名凡十三：曰宰爵，曰司徒，曰司马，曰太师，曰司空，曰治田，曰虞师，曰乡师，曰工师，曰伛巫跛击，曰治市，曰司寇，曰冢宰。除冢宰、司徒、司马、司空外，凡九官，或曰即九卿也。此今文说也。

古《周礼》说，亦见《异义》。曰："天子立三公：曰太师、太傅、太保。无官属，与王同职。故曰：坐而论道，谓之三公。又立三少以为之副，曰少师、少傅、少保。是为三孤。冢宰、司徒、宗伯、司马、司寇、司空，是为六卿。之同其。属，大夫、士、庶人在官者，凡万二千。"《伪古文尚书·周官篇》本之。《周官》无师、傅、保之名，然朝士建外朝之法，"左九棘，孤卿大夫位焉。面三槐，三公位焉。"他官职文，涉及公孤者尚众。宰夫、司服、典命、巾车、司常、射人、司士、太仆、弁师、小司寇等。则谓《古文尚书》之《周官篇》为伪物可，谓其伪而又误，固不可也。此古文说也。

今古文异说，每为经生聚讼之端，实则其说亦各有所据。《礼记·文王世子》曰："《记》曰：虞、夏、商、周，有师、保，有疑、丞，设四辅，及三公。"《书传》曰："古者天子必有四辅：前曰疑，后曰丞，左曰辅，右曰弼。"《文王世子》引旧《记》，系三言韵语，故于四辅三公之名，皆仅举其二。或指此篇为古文，谓其说不与今文相中，非也。不特此也，《大戴记·保傅》曰："昔者周成王幼，在襁褓之中，召公为太保，周公为太傅，太公为太师，保保其身体，傅傅之德义，师道之教训，此三公之职也。于是为置三少，皆上大夫也，曰少保、少傅、少师，是与太子燕者也。"案《保傅》亦见《贾子书》，此太子作天子，是也。与古《周礼》说合，《戴礼》亦今文说也。又曰："明堂之位曰笃仁而好学，多闻而道慎，天子疑则问，应而不穷者，谓之道。道者，道天下以道者也。常立于前，是周公也。诚立而敢断，辅善而相义者，谓之充。《贾子》作辅。充者，充天子之志者也。志，《贾子》作意。常立于左，是太公也。洁廉而切直，匡过而谏邪者，谓之弼。弼者，弼天子之过者也。常立于右，是召公也。博闻而强记，接给而善对者，谓之承。承者，承天子之遗忘者也。常立于后，是史佚也。"亦即《书传》之疑、丞、辅、弼。则谓今文无师、傅、保之官者必非矣。然则今古之说，又何别乎？曰：有太学之三老焉，有治朝政之三官焉。太师、太傅、太保，太学中之三老也。司徒、司马、司空，治朝政之三官也。公乃爵之最高者，本不限于三人。治朝政之三官，盖自古即称三公。太学中之三老，其初虽为天子私暱，其后体制渐尊，故亦称为公。然究为天子私人，言国政者并不之及，故《周官》虽有公孤之名而无其职。而汉儒治古文者，乃将其与理政之官并为一谈，此武帝所以讥《周官》渎乱不验也。何以知师、傅、保为太学中之三老也？案《保傅篇》又曰："《学礼》曰：帝入东学，上亲而贵仁，则亲疏有序，而恩相及矣。帝入南学，上齿而贵信，则长幼有差，而民不诬矣。帝入西学，上贤而贵德，则圣智在位，而功不匮矣。帝入北学，上贵而尊爵，则贵贱有等，而下不逾矣。帝入太学，承师问道，退习而端于太傅，太傅罚其不则，而达其不及，则德智长而理道得矣。"东南西北四学，盖疑、南。丞、北。辅东。弼西。所在，太学则师、傅、保所在，合三公四辅凡七人，故《孝经》言，"天子有争臣七人，虽无道不失其天下"也。《戴记》所言，为王居明堂之礼，《礼记·礼运》亦然。《礼运》曰："三公在朝，三老在学，王前巫而后史，卜筮瞽侑，皆在左右，王中，心无为也，以守至正。"巫、史、卜筮、瞽侑，即疑、丞、辅、弼，三老即师、傅、保，三公盖司徒、司马、司空。一言在朝，一言在学，古明堂太学同物，亦即天子之居，此三公三老，一治国政，一为天子私昵之征也。《礼记·曾子问》言："古者男子，外有傅，内有慈母。"而《内则》言养子之礼曰："异为孺子室于宫中，择于诸母与可者。必求其宽裕慈惠、温良恭敬、慎而寡言者，使为子师，其次为慈母，其次为保母，皆居子室。他人无事不往。"师保之名，父母皆同，傅夫一字，《礼记·郊特牲》："夫也者，夫也"，《注》："夫，或为傅。"女子不可言夫，故变文言慈。古以三为多数，贵族生子，盖使三父三母左右之，《公羊》襄公三十年《解诂》："礼，后夫人必有傅母，所以辅正其行，卫其身也。选老大夫为傅，选老大夫妻为母。"则女子亦有男女侍从。三母曰师、慈、保，三父则师、傅、保也，然则师、傅、保之初，亦仆御之类耳，云保其身体或有之，安能傅之德义，道之教训？更安能坐而论道邪？治民事者，古多言五官。《曲礼》曰“天子之五官：曰司徒、司马、司空、司士、司寇，典司五众”者也。《左氏》载郯子、蔡墨，《淮南·天文》《春秋繁露·五行相胜篇》所言略同。《左氏》昭公十七年，郯子之言曰：“祝鸠氏，司徒也。雎鸠氏，司马也。鸤鸠氏，司空也。爽鸠氏，司寇也。鹘鸠氏，司事也。五鸠，鸠民者也。”司事即司士。鸠民，即“典司五众”之谓也。《春秋繁露·五行相胜》曰：“木者，司农也。火者，司马也。土者，君之官也，其相曰司营。金者，司徒也。水者，司寇也。”司营即司空，司农即司事，农者，民事也。《淮南子·天文训》曰：“何谓五官？东方为田，南方为司马，西方为理，北方为司空，中央为都。”田即司农，理即司寇，都即司徒也。《左氏》昭公二十九年，蔡墨曰：“木正曰句芒，火正曰祝融，金正曰蓐收，水正曰玄冥，土正曰后土。”名虽异，其象五行则同。又《大戴·盛德》：“设其四佐：司徒典春，司马司夏，司寇司秋，司空司冬。”亦即《繁露》之说，特未及君之官耳。今文家取其中之司徒、司马、司空为三公，古文则易司士以宗伯，益冢宰为六官。案《左氏》昭公四年，杜泄谓季孙曰：“夫子受命于朝而聘于王，王思旧勋而赐之路。复命而致之君。君不敢违王命，而复赐之，使三官书之。吾子为司徒，实书名。夫子为司马，与工正书服。孟孙为司空，以书勋。”则司徒、司马、司空并称三官，春秋列国确有是制。而宋官制有六卿。其名为右师、左师、司马、司徒、司城、司寇，见《左氏》文公七年、十六年、成公十五年、哀公二十年。《大戴礼记·盛德篇》曰：“冢宰之官以成道，司徒之官以成德，宗伯之官以成仁，司马之官以成圣，司寇之官以成义，司空之官以成礼。”则《周官》之制所本也。《管子·五行篇》曰：“黄帝得蚩尤而明于天道，得大常而察于地理，得奢龙而辨于东方，得祝融而辨于南方，得大封而辨于西方，得后土而辨于北方。黄帝得六相而天地治，神明至。蚩尤明乎天道，故使为当时。大常察乎地利，故使为廪者。奢龙辨乎东方，故使为土师。祝融辨乎南方，故使为司徒。大封辨于西方，故使为司马。后土辨于北方，故使为李。是故，春者土师也，夏者司徒也，秋者司马也，冬者李也。”说虽不与《周官》同，而亦相类。案冢宰不独天子有之，诸侯之国、大夫之家皆有之。《左氏》隐公十六年：“羽父请杀桓公，将以求太宰。”《孟子》言“求也为季氏宰”《离娄上》。是也。《论语》曰：“季氏富于周公，而求也，为之聚敛而附益之。”《先进》。《史记·孔子世家》：“孔子欣然而笑曰：有是哉！颜氏之子，使尔多财，吾为尔宰。”宰盖主财利之官，故《王制》犹言“冢宰制国用”。宰又为“群吏之长”，《仪礼·特牲馈食礼注》。故《论语》曰：君薨，百官总已，以听于冢宰，三年。《宪问》。《檀弓》曰：“陈子车死于卫，其妻与家大夫谋以殉葬。定而后，陈子亢至，以告，曰：夫子疾，莫养于下，请以殉葬。子亢曰：以殉葬，非礼也。虽然，则彼疾，当养者，孰若妻与宰？得已，则吾欲已；不得已，则吾欲以二子者之为之也。”则宰又主饮食，故叔孙使竖牛为政，而竖牛绝其饮食以死。《左氏》昭公四年。然则宰者，富贵之家，仆役之用事者耳，安得与治国政之三官比哉？今文家说，重国政而轻君之亵臣，故虽长群吏之冢宰，于制国用而外，亦绝不齿及也。《考工记》曰“国有六职”，“坐而论道，谓之王公”，此王公乃指天子诸侯，郑《注》。而为古学者窃之以论三公，弥不仇矣。谓《周官》为渎乱不验之书，信不诬也。卿与乡实一字，《书·甘誓》：“大战于甘，乃召六卿。”《墨子·非攻》云：晋有六将军。《尚同》以将军、大夫连举，皆卿即将军之证，然则卿本军率之称也。

《王制》云：“大国三卿，皆命于天子。下大夫五人，上士二十七人。次国三卿，二卿命于天子，一卿命于其君。下大夫五人，上士二十七人。小国二卿，皆命于其君。下大夫五人，上士二十七人。”《注》云：“小国亦三卿，一卿命于天子，二卿命于其君，此文似误脱耳。”案《王制》又云：“小国之上卿，位当大国之下卿，中当其上大夫，下当其下大夫。”则郑说是也。《公羊》襄公十一年《解诂》曰：“古者诸侯有司徒、司空、上卿各一，下卿各二。司马事省，上下卿各一。”下卿即《王制》所谓下大夫也。《疏》引崔氏，谓司徒兼冢宰，司马兼宗伯，司空兼司寇。司徒下小卿二：曰小宰、小司徒。司空下小卿二：曰司寇，曰小司空。司马下小卿一，曰小司马。牵合《周官》为说，殊无谓也。

《周官》地方之制：王城之外为乡，乡之外为外城，外城之外为近郊，近郊之外为遂，遂之外为远郊，远郊谓之野，野之外为甸，甸之外为稍，稍之外为县，县为小都；小都之外为鄙，鄙为大都。甸、稍、县、都皆采邑。乡以五家为比，五比为闾，四闾为族，五族为党，五党为州，五州为乡。比长为下士，闾胥中士，族师上士，党正下大夫，州长中大夫，乡大夫即卿。遂以五家为邻，五邻为里，四里为酂，五酂为鄙，五鄙为县，五县为遂。邻长、里宰、酂长、鄙师、县正、遂大夫，比乡官递降一级。遂大夫为中大夫，邻长无爵。《管子·立政》：“分国以为五乡，乡为之师。分乡以为五州，州为之长。分州以为十里，里为之尉。分里以为十游，游为之宗。十家为什，五家为伍，什伍皆有长焉。”《小匡》参国之法：“制五家为轨，轨有长。十轨为里，里有司。四里为连，连有长。十连为乡，乡有良人。三乡一帅。”五鄙之法：“制五家为轨，轨有长。六轨为邑，邑有司。十邑为率，率有长。十率为乡，乡有良人。三乡为属，属有帅。五属一大夫。”说虽不同，要皆以五起数，与军制相应。《尚书大传》云：“古八家而为邻，三邻而为朋，三朋而为里，五里而为邑，十邑而为都，十都而为师，州十有二师焉。”则以三起数，与井田之制相合。《礼记·杂记注》引《王度记》云：“百户为里，里一尹。”《疏》云：“《撰考》云：古者七十二家为里。”七十二家即三朋。《公羊》宣公十五年《解诂》云：“一里八十户，八家共一巷。选其耆老有高德者，名曰父老。其有辨护伉健者为里正。”《管子·度地》云：“百家为里，里十为术，术十为州，州十为都，都十为霸国。”曰百家，曰八十家，盖皆以成数言之也。古行贡法之地，其民服兵役，以什伍编制。行助法之地，民不为兵，则以八家起数。二说盖各有所据。什伍之制，多存于后世，而邻朋之制不可见者，则以井田废坏，而野鄙之民后亦为正兵故也，参看第四、第五两节自明。

孟子曰：天子一位。《繁露》曰：土者，君之官，则人君之尊初非殊绝于其臣，而天子之尊亦非殊绝于群后也。然其后卒至殊绝者，则事势之迁流实为之。一群之中，公事本无由一人把持之理，故邃初政制，必为民主。迨以兵戈相慑服，胜者入据败者之群，而为之首长，则不复能以众意为兴替，于是世及之制兴焉。而氏族之长与部落之酋，承袭之法并为一谈矣，此以言乎一国之君也。至合众国而奉一国为共主，则其国初无一定，故邃初无所谓王霸。其后一部落渐强，诸部落莫能代兴，则此部落尸共主之位渐固，于是有天子、诸侯之别。然为诸部落之共主者，虽有一定，而身膺共主之位者，尚不必即此部落中之酋长。如蒙古自成吉思汗以后，大汗之位，虽非成吉思汗之子孙莫属，然仍必由忽烈而台推戴，即其事也。我国之所谓“唐、虞禅”，盖亦如此。其后此一部族之力益强，酋长之承袭，不复许他部族置喙，则一国之君之承袭，与各国共主之承袭，又并为一谈。犹蒙古自仁宗以后，遂公然建储矣。此则我国自夏以来之制也。民权遗迹，犹有存于各国之中者。其大者，莫如《周官》之询国危，询国迁，询立君。见《小司寇》。《左氏》定公八年，卫侯欲叛晋，朝国人，使王孙贾问焉；哀公元年，吴召陈怀公，怀公召国人而问焉：此所谓询国危者也。盘庚之将涉河也，命众悉造于庭；《书·盘庚上》。太王之将迁岐也，属其耆老而告之：《孟子·梁惠王下》。此所谓询国迁者也。《左氏》僖公十五年，子金教郤缺：朝国人，而以君命赏。且告之曰：孤虽归，辱社稷矣，其卜贰圉也；昭公二十四年，晋侯使士景伯莅问周故，士伯立于乾祭，而问于介众；哀公二十六年，越人纳卫侯。文子致众而问焉。此所谓询立君者也。乡大夫《注》引郑司农说，谓大询于众庶，即《洪范》所谓谋及庶民。案《洪范》云："三人占，则从二人之言。"又以谋及乃心，谋及卿士，谋及庶人，谋及卜筮并言，则庶人操可否之权，亦五之一。又《孟子》言："国人皆曰贤，然后察之，见贤焉，然后用之。""国人皆曰不可，然后察之，见不可焉，然后去之。""国人皆曰可杀，然后察之，见可杀焉，然后杀之。"《梁惠王下》。此虽似空论，然《韩非子·外储说》，谓齐桓公将立管仲，令群臣曰：善者入门而左，不善者入门而右，与《左氏》言陈怀公朝国人，令欲与楚者左，欲与吴者右相合。则古必有成法，特其后渐废不行，遂至无可考耳。《管子》言黄帝立明台之议，尧有衢室之问，舜有告善之旌，禹立谏鼓于朝，汤有总街之庭，武王有灵台之复，欲立啧室之议，人有非上之所过者内焉，《桓公问》。疑亦必有所据，非尽假托之辞矣。暴其民甚者，若周厉王之监谤，势不可以口舌争，则国人起而逐之，此等事虽不多见，然古列国之君，暴虐甚者，大夫多能逐之；大夫暴虐甚者，其君亦多能正之；诸侯与诸侯，大夫与大夫之间，亦恒互相攻击，虽其意不在吊民伐罪，然暴民甚者，亦多因此而覆亡焉。此平民革命之事，所以不数数见也。孟子曰："贼仁者谓之贼，贼义者谓之残，残贼之人谓之一夫。闻诛一夫纣矣，未闻弑君也。"《梁惠王下》。又曰："民为贵，社稷次之，君为轻。""诸侯危社稷，则变置。"《尽心下》。《淮南子》曰："肆一人之邪，而长海内之祸，此大伦之所不取也。所为立君者，以禁暴讨乱也。今乘万民之力，而反为残贼，是为虎傅翼，曷为弗除？夫畜池鱼者必去猵獭，养禽兽者必去豺狼，又况治人乎？"《兵略》。南宫边子曰："昔周成王之卜居成周也，其命龟曰：予一人兼有天下，辟就百姓，敢无中土乎？使予有罪，则四方伐之，无难得也。周公卜居曲阜，其命龟曰：作邑乎山之阳，贤则茂昌，不贤则速亡。季孙行父之戒其子也，曰：吾欲作室之挟于两社之间也，使吾后世有不能事上者，其替益速。”《说苑·至公》。邾文公卜迁于绎，史曰：利于民而不利于君。邾子曰：苟利于民，孤之利也。天生民而树之君，以利之也。民既利矣，孤必与焉。左右曰：命可长也，君何弗为？邾子曰：命在养民。死之短长，时也。民苟利矣，迁也。吉莫如之。遂迁于绎。《左氏》文公十三年。盖贵族之冯恃兵力者，其初虽视所征服之民，悉为俘虏，财产亦悉为所有，而有“普天之下，莫非王土，率土之滨，莫非王臣”之说。然天下非一人所私有之义，卒莫能泯，故贤者亦多能行之；而道术之士，尤哓音瘏口以谠言之也。特是时之庶民，无拳无勇，欲倡使革命甚难，而以君正其臣，以列国之君之有道者，正其无道者，其势较易。于是尊王尊君之义大昌，而君主专制之权，遂日益巩固矣。

世及为礼之世，君位之承袭，往往与国家之治乱有关，故言治者恒致谨焉。氏族承袭之法，有相及者，有相继者。继之中，又有立长者，有立少者，已见第十一章第二节。《左氏》昭公二十六年，王子朝告诸侯曰：“先王之命曰：王后无嫡，则择立长。年钧以德，德钧则卜。襄公三十一年，穆叔亦曰：“太子死，有母弟则立之。无则长立。年钧择贤，义钧则卜。古之道也。”案《檀弓》：“石骀仲无嫡子，有庶子六人，卜所以为后者。”《左氏》昭公十三年：“楚共王无冢嫡，有宠子五人，无嫡立焉，乃大有事于群望，曰：当璧而拜者，神所立也，谁敢违之？既乃与巴姬密埋璧于大室之庭，使五人齐而入拜。”定公元年，子家曰：“若立君，则有卿士大夫与守龟在。”皆立君以卜之事也。王不立爱，公卿无私，古之制也。”先别嫡庶，次计长幼，制盖莫严于周，后世皆遵行焉。《公羊》隐公元年曰：“立嫡以长不以贤，立子以贵不以长。”《解诂》曰：“嫡，谓嫡夫人之子，尊无与敌，故以齿。子，谓左右媵及侄娣之子。位有贵贱，又防其同时而生，故以贵也。礼：嫡夫人无子立右媵。右媵无子立左媵。左媵无子立嫡侄娣。嫡侄娣无子立右媵侄娣，右媵侄娣无子立左媵侄娣。质家亲亲先立娣，文家尊尊先立侄。嫡子有孙而死，质家亲亲先立弟，文家尊尊先立孙。其双生也，质家据见立先生，文家据本意立后生。”此盖《春秋》所立之法，古制未必严密如是。素王之法，亦所以防争乱也。《春秋》隐公四年：“卫人立晋。”《公羊传》曰：“立者何？立者，不宜立也。其称人何？众立之辞也。众欲立之，其立之非也。”《春秋》之立君，主依法，不主从众，以成法易循，众意难见也。

古代君臣相去，初不甚远，故有“君薨，百官总己以听于冢宰”之制。《尚书·大诰》之“王若曰”，王肃以为成王，郑玄以为周公。案《春秋》鲁隐公摄政，初未尝事事以桓公之命行之，则郑说是也。《左氏》襄公十四年，卫献公出奔，卫人立公孙剽，孙林父、宁殖相之，以听命于诸侯。此虽有君，实权皆在二相，实与周、召之共和行政无异。若鲁昭公出居乾侯，则鲁并未尝立君也。知古贵族之权之大。君权既昌，此等事迹遂绝迹矣。

第三节 选 举

邃古之世，公产之群，群之公事，必有人焉以治之，则必举其贤者能者，此即孔子所谓“选贤与能”。《礼运》。斯时之公职，既无利可图，而人之贤能与否，为众所共见，自亦不易欺蔽，其选举，必最能得人者也。逮此等公产之群，渐为黩武之群所征服，夷为有国有家者之属地，居其上而统治之者，乃有所谓君大夫。百战所得，视同私产，位皆世袭，不在选举也。俞正燮《癸巳类稿·乡兴贤能论》云：“大古至春秋，君所任者，与共开国之人及其子孙。上士、中士、下士、府、史、胥、徒，取诸乡贤兴能，大夫以上皆世族，不在选举也。周单公用羁，巩公用远人，皆被杀。古人身经百战，而得世官，而以游谈之士加之，不服也。立贤无方，则古者继世之君，又不敢得罪于巨室也。”然所征服之社会，旧有之事，征服者初不甚干涉之，故其选举之法仍存，此即《周官》乡举里选之制。有国有家者，间亦擢其人而用之。其初盖专取勇力之士，后乃及于凡贤者能者，此则《礼记·王制》《射义》诸篇，所述升于学及贡士等制所由来也。上既以是擢用，下自可因之以谋利禄，于是选举之途渐扩。东周以后，贵族骄淫矜夸，不足任国事，人君亟于擢用贤能；而井田制废，士之失职者亦益众，游士遂遍天下矣。此先秦之世，选法变迁之大略也。

《周官》：大司徒：“以乡三物教万民，而宾兴之。一曰六德：知、仁、圣、义、中、和；二曰六行：孝、友、睦、姻、任、恤；三曰六艺：礼、乐、射、御、书、数。”乡大夫之职：“正月之吉，受教法于司徒，退而颁之于其乡吏，使各以教其所治，以考其德行，察其道艺。三年则大比，考其德行道艺，而兴贤者能者。乡老及乡大夫，帅其吏与其众寡，以礼礼宾之。厥明，乡老及乡大夫、群吏，献贤能之书于王。王再拜受之。登于天府。内史贰之，退而以乡射之礼五物询众庶：一曰和，二曰容，三曰主皮，四曰和容，五曰兴舞。此谓使民兴贤，出使长之；使民兴能，入使治之。”《管子·君臣下》云：“乡树之师，以遂其学；官之以其能，及年而举之；则士反行矣。”即此制也。《小匡》曰：“正月之朝，乡长复事，公亲问焉，曰：于子之乡，有居处为义，好学聪明，质仁慈孝于父母，长弟于乡里者？有则以告。有而不以告，谓之蔽贤，其罪五。有司已于事而竣。公又问焉，曰：于子之乡，有拳勇股肱之力，筋骨秀出于众者？有则以告。有而不以告，谓之蔽才，其罪五。有司已于事而竣，公又问焉，曰：于子之乡，有不慈孝于父母，不长弟于乡里，骄躁淫暴，不用上令者？有则以告。有而不以告，谓之下比，其罪五。有司已于事而竣。于是乎乡长退而修德进贤，桓公亲见之，遂使役之官。公令官长期而书伐以告，且令选官之贤者而复之。”于五属大夫同。《立政》

曰："凡孝悌忠信，贤良俊材，若在长家，子弟、臣妾、属役、宾客，则什伍以复于游宗，游宗以复于州长，州长以计于乡师，乡师以著于士师。凡过党，其在家属，及于长家；其在长家，及于什伍之长；其在什伍之长，及于游宗；其在游宗，及于里尉；其在里尉，及于州长；其在州长，及于乡师；其在乡师，及于士师。三月一复，六月一计，十二月一著。"皆与《周官》之制相似。俞正燮曰："出使长之，用为伍长也；入使治之，用为乡吏也。"《乡兴贤能论》。其用之止于此而已矣。

《礼记·王制》曰："命乡论秀士，升之司徒，曰选士。司徒论选士之秀者而升之学，曰俊士。升于司徒者不征于乡，升于学者不征于司徒，曰造士。""大乐正论造士之秀者，以告于王，而升诸司马，曰进士。司马辨论官材，论进士之贤者，以告于王，而定其论。论定然后官之，任官然后爵之，位定然后禄之。"案《周官》司士："掌群臣之版，以治其政令，岁登下其损益之数，辨其年岁，与其贵贱，周知邦国都家县鄙之数，卿大夫士庶子之数，依贾《疏》，当作卿大夫士士庶子。以诏王治。以德诏爵，以功诏禄，以能诏事，以久奠食。掌国中之士治，凡其戒令。掌摈士者，凡邦国，三岁，则稽士任而进退其爵禄。"亦司马属官也。《射义》曰："古者天子之制，诸侯岁献，贡士于天子。《注》："岁献，献国事之书及计偕物也。三岁贡士，旧说云：大国三人，次国二人，小国一人。"《疏》云："知岁献国事之书者？小行人云：令诸侯春入贡，秋献功。《注》云：贡六服所贡也。功，考绩之功也。秋献之。若今计文书断于九月，其旧法也。云三岁而贡士者，以经贡士之文，系岁献之下，恐每岁贡士，故云三岁而贡士也。又知三岁者？案《书传》云：古者诸侯之于天子也，三年一贡士。一适谓之好德，再适谓之贤贤，三适谓之有功。有功者，天子赐以衣服弓矢。再赐以秬鬯，以虎贲百人，号曰命诸侯。不云益地者，文不具矣。《书传》又云：贡士一不适谓之过。《注》云：谓三年时也。再不适谓之敖，《注》云：谓六年时也。三不适谓之诬。《注》云：谓九年时也。一绌以爵，再绌以地，三绌而地毕。《注》云：凡十五年。郑以此故知三岁而贡士也。”天子试之于射宫。其容体比于礼，其节比于乐，而中多者，得与于祭。其容体不比于礼，其节不比于乐，而中少者，不得与于祭。数与于祭而君有庆，数不与于祭而君有让。数有庆而益地，数有让而削地。故曰：射者，射为诸侯也。”又曰：“天子将祭，必先习射于泽。《注》：“泽，宫名也。”《疏》：“盖于宽闲之处，近水泽为之。《书传》论主皮射云：乡之取也于囿中，勇力之取也。今之取也，于泽宫，揖让之取也。”泽者，所以择士也。已射于泽而后射于射宫。射中者得与于祭，不中者不得与于祭。不得与于祭者有让，削以地，得与于祭者有庆，益以地。进爵绌地是也。”古明堂太庙同物，《左氏》文公二年，狼瞫曰：“《周志》有之，勇则害上，不登于明堂。”即不与于祭之谓。观乡大夫既献贤能之书，复退而行乡射之礼，可见古者专以射选士。诸侯贡士，其初殆如周世宗、宋太祖升州兵之强者于京师耳。《管子·明法解》：“明主在上位，则竟内之众尽力以奉其主；百官分职，致治以安国家。乱主则不然，虽有勇力之士，大臣私之，而非以奉其主也；虽有圣智之士，大臣私之，非以治其国也。”此选举之所以属司马也。《白虎通义》曰：“诸侯三年一贡士者，治道三年有成也。诸侯所以贡士于天子者，进贤劝善者也。天子聘求之者，贵义也。治国之道，本在得贤。得贤则治，失贤则乱。故《月令》：季春之月，开府库，出币帛，周天下，勉诸侯，聘名士，礼贤者。有贡者复有聘者何？以为诸侯贡士，庸才者贡其身，盛德者贡其名，及其幽隐，诸侯所遗失，天子之所昭，故聘之也。”《白虎通佚文》，据陈立《疏证本》卷十二。观其所贡，而其所聘者可知矣。盖古之汲汲于求勇士如此。然演进渐深，政治所涉渐广，所求之材，不止一途，则其所举之士，亦渐不专一格矣。乡举里选，为农耕社会固有之制，故不专尚武勇。

古之选举者，其初盖专于乡，以其为战士所治之区也。《管子》参国伍鄙之法，制国以为二十一乡，工商之乡六，士乡十五。江永《群经补义》谓十五乡有贤能，五乡大夫有升选之法，故谓之士乡。其说是也。然工商之乡，亦未尝遂无所举。《大匡篇》言：桓公使鲍叔识君臣之有善者，晏子识不仕与耕者之有善者，高子识工贾之有善者。令鲍叔进大夫，令晏子进贵人之子、士耕者，令高子进工贾是也。《周官》遂大夫之职云："三年大比，则帅其吏而兴氓。"《注》曰："兴氓，举民贤者能者，如六乡之为也。"《疏》云："此文不具，故郑就乡大夫解之。"案遂宾兴之法，果与乡同，《周官》不应略不之及，则其选举之法，必不能如六乡之优可知矣。盖国与野之界限，未能全泯也。参看第十一章第四节。

私家之臣，升于朝者，古亦多有。如《论语》言"公叔文子之臣大夫僎，与文子同升诸公"，《宪问》。《左氏》言"子伯季子初为孔氏臣，新登于公"哀公十六年。是也。古代公家用人，由大夫保任者似颇多。羁旅之士，亦或因之以进。故《孟子》言"观近臣以其所为主，观远臣以其所主"也。《万章上》。《史记·蔡泽列传》云："秦之法，任人而所任不善者，各以其罪罪之。"《国语·晋语》云："董叔将娶于范氏。叔向曰：范氏富，盍已乎？曰：欲为系援焉。他日，董祁愬于范献子曰：不吾敬也。献子执而纺于庭之槐。叔向过之。曰：子盍为我请乎？叔向曰：求系既系矣，求援既援矣。欲而得之，又何请焉？"《商君书·农战》曰："下官之冀迁者，皆曰多货，则上官可得而欲也。曰：我不以货事上，而求迁者，则如以狸饵鼠耳，必不冀矣；若以情事上而求迁，如引诸绝绳而求乘枉木也，俞不冀矣。"贵族之任人如此，宜乎人君不得不求之草泽也。

历代世禄之家，未有不盘乐怠敖，一无所能者。《春秋》讥世卿之义，盖由是而兴。见隐公三年、宣公十年。然其事有甚难焉者。盖古之事人，恒以其族，去官，则族无所庇，《左氏》文公十六年："司城荡卒，公孙寿辞司城，请使意诸为之。既而告人曰：君无道，吾官近，惧及焉。弃官则族无所庇。子，身之贰也，姑纾死焉。虽亡子，犹不亡族。”故有一族之人，并起而为难者。王子朝“因旧官百工之丧职秩者以作乱”是也。《左氏》昭公二十二年，七月，单子使王子处守于王城，盟百工于平宫。八月，司徒丑以王师败绩于前城，百工叛。孟子曰：“国君进贤，如不得已，将使卑逾尊，疏逾戚，可不慎与？”《梁惠王下》。巩简公弃其子弟而用远人，为群子弟所贼；《左氏》昭公二年。单献公弃亲用羁，为襄、顷之族所杀；七年。吴起、商鞅，皆身见诛戮；亦可谓难矣。然大势卒不可挽，“孟子见齐宣王曰：所谓故国者，非谓有乔木之谓也，有世臣之谓也。王无亲臣矣，昔者所进，今日不知其亡也”。《梁惠王下》。盖时局日亟，决非骄淫矜夸者所能支持，故其时之人，虽犹习以世臣为与国同休戚，然卒不能不坐视游谈之士代之而兴也。

游谈之士之兴也，盖亦缘迫于生计，炫于富贵。《战国·秦策》记苏秦之事，可谓尽之矣。然其事实不自战国始。《论语》言：“子张学干禄。”《为政》。又曰：“三年学，不至于谷，不易得也。”《泰伯》。又曰：“君子谋道不谋食。耕也，馁在其中矣，学也，禄在其中矣。君子忧道不忧贫。”《卫灵公》。则春秋之世，士之干进者既多矣。孟子曰：“传曰：孔子三月无君，则皇皇如也，出疆必载贽；公明仪曰：古之人，三月无君则吊。”则儒家亦不以为非也，况于纵横家乎？此等失职之士，其初求举，盖仍在乡里之间。《论语》：“子张问士，何如斯可谓之达矣？子曰：何哉？尔所谓达者。子张对曰：在家必闻，在邦必闻。子曰：是闻也，非达也。夫达也者，质直而好义，察言而观色，虑以下人。在邦必达，在家必达。夫闻也者，色取仁而行违，居之不疑，在邦必闻，在家必闻。”《颜渊》。盖违道干誉之流，主进取者，为孔子所谓闻，求无过者，则孟子之所谓乡原；《孟子·尽心下》曰：“行何为踽踽凉凉？生斯世也，为斯世也，善斯可矣。阉然媚于世也者，是乡原也。"《管子·大匡》曰："凡于父兄无过，州里称之，吏进之，君用之，有善无赏，有过无罚，吏不进，廉意。于父兄无过，于州里莫称，吏进之，君用之，善为上赏，不善吏有罚。"可见当时视乡评颇重，州里莫称者，吏敢举之者必少也。其实皆以求利而已矣。然"民之饥，以其上食税之多"。《老子》。目睹夫"一日县令，子孙累世絜驾"，《韩非·五蠹》。则乡举里选之士，用之止于府史胥徒之流者，不复足以餍其欲，而不得不历说诸侯之廷矣。《史记·吕不韦传》言"诸客求宦为嫪毐舍人千余人"，又何怪奔走诸侯之廷者之众也？此等游说之士，其达者则后车数十乘，从者数百人。《孟子·滕文公下》。《战国策·齐策》亦曰："齐人见田骈曰：今先生设为不宦，资养千钟，徒百人。"案当时游说之士，颇以朋友接引为重。《谷梁》昭公九年曰："子既生，不免乎水、火，母之罪也。羁贯成童，不就师傅，父之罪也。就师学问无才，心志不通，身之罪也。心志既通，而名誉不闻，友之罪也。名誉既闻，有司不举，有司之罪也。有司举之，王者不用，王者之过也。"《礼记·儒行》曰："儒有内称不避亲，外举不避怨。程功积事，推贤而进达之，不望其报。君得其志，苟利国家，不求富贵：其举贤援能有如此者。儒有闻善以相告也，见善以相示也，爵位相先也，患难相死也，久相待也，远相致也；其任举有如此者。"《中庸》曰："获乎上有道：不信乎朋友，不获乎上矣。"皆朋友互相援引之证。叔孙通从儒生弟子以游汉，先秦时早有其事矣。其穷则"家累千金，以游仕不遂，而破其家"。《史记·吴起列传》。甚有宦三年不得食者。《左氏》宣公二年，初，宣子田于首山，舍于翳桑，见灵辄饿，问其病。曰：不食三日矣。食之，舍其半。问之，曰：宦三年矣，未知母之存否。今近，请以遗之。与王符、葛洪所讥汉、晋时游宦之士何以异？使此等人与人国家事，安得不惟利是图？《史记·田敬仲世家》言："后胜相齐，多受秦间金，多使宾客入秦。秦又多与金。客皆为反间，劝王去从朝秦，不修攻战之备，不助五国攻秦。秦以故得灭五国。五国已亡，秦兵卒入临淄，民莫敢格者。王建遂降，迁于共。故齐人怨王建不蚤与诸侯合从攻秦，听奸臣宾客，以亡其国。歌之曰：松耶柏耶？住建共者客耶？疾建用客之不详也。”乍观之，一似齐人谋国不臧，嫁罪于客者。然《管子·八观》曰：“权重之人，不论材能而得尊位，则民倍本行而求外势。民倍本行而求外势，则国之情伪，竭在敌国矣。”《商君书·农战篇》，亦以“民随外权”为虑。则食其禄而反为间谍者未始无人。韩非疾“宽则宠名誉之人，急则用介胄之士，所养非所用，所用非所养”；《史记》本传。商君亦疾礼乐、诗书、修善、孝弟、诚信、贞廉、仁义，见《饬令》《农战》等篇。而欲一其民于农战；蔡泽称吴起之功，在于“破横散从，使驰说之士无所开其口，禁朋党以厉百姓”；本传。宜矣。此所以贵族虽不可用，而韩非所亟称之法术之士，亦终不能跻斯世于治平与？

古代用人，虽亦不能尽当，然其论材之法，则有大可取者，《大戴记·文王官人》之篇是也。《周书·官人篇》大同。此亦专门之学，刘劭之《人物志》，犹衍其绪，殊足究心也。

第四节 租 税

取民之法，最早者有三：一曰税，二曰赋，三曰役。而此三者，实仍是一事。盖邃古职业少，人皆务农，按其田之所获而取之，是为租。马牛车辇等供军用者，自亦为其所出，是为赋。有事则共赴焉，是曰役。至于山林薮泽等，其初本属公有，自无所谓赋税。关之设，所以讥察非常，不为收税。商则行于部族与部族间，不为牟利之举。当部族分立之时，物产既少，制造之技亦尚未精。或则必需之品，偶尔缺乏，不得不求之于外。又或其物为本部族所无，不得不求之于外。此时奢侈之风未开，所求者大抵有用之品，于民生利病关系甚巨。有能挟之而来者，方且庆幸之不暇，安有征税之理？《金史·世纪》："生女直旧无铁，邻国有以甲胄来易者，景祖倾赀厚贾，以与贸易，亦令昆弟族人皆售之。得铁既多，因之以修弓矢，备器械，兵势稍振。"古厚待商人，多以此等故也。故山、海、池、泽征商之税，无一非后起之法也。

欲明古代之田税，必先知古代之田制。《孟子》曰："夏后氏五十而贡，殷人七十而助，周人百亩而彻，其实皆什一也。"《滕文公上》。后人疑之者：一谓三代授田，忽多忽少，则田之疆界，岂不将时时更易？劳民而无益于事。二则贡彻二法，田无公私之别，按其所收获，而取其十分之一，谓之什一则可矣；井田之制，"方里而井，井九百亩。其中为公田，八家皆私百亩，同养公田"，亦见《孟子》。说者谓一夫一妇，受田百亩，公田十亩，庐舍二亩半，《公羊》宣公十五年《解诂》。《韩诗外传》卷四同。《孟子·梁惠王上》："五亩之宅。"赵《注》："庐井邑居，各二亩半以为宅，冬入保城二亩半，故为五亩也。"则为十一分而税其一矣，安得云什一？殊不知三代皆异民族；三代之王，皆为同族，然其所治之民，则不必同族。兴起之地，亦复不同；既非前后相承，何怪不能画一？至于什一之数，不能密合，则古人言数，率多辜较之辞，而尤好举成数。井田之法，以一区之中，公田与私田之比率论，为一与八；就一夫所治之田论，则为十一分之一；古人既辞不审谛，概以什一言之，亦无足怪。《孟子》又云"请野九一而助"，则其所行者，不得谓与"方里而井，井九百亩，中为公田，八家皆私百亩同养公田"者有异，自不得谓"其实皆什一"一语为可疑也。故孟子所言三代税法，必为当时实事也。

田有畦田与井田之别。《九章》有圭田求广从法，有直田截圭田法，有圭田截小截大法，凡零星不成井之田，一以圭法量之。盖井田者，平地之田；畦田，则在高下不平之处者也。圭、畦即一字。《孟子》赵《注》云："圭，洁也。"《王制疏》云："圭，洁白也。言卿大夫德行洁白，乃与之田。”乃曲说。后世城市，求利交通，必筑于平夷之地。古代则主为守御，必筑于险峻之区，故曰:“王公设险以守其国。”《易·坎卦彖辞》。又曰:“域民不以封疆之界，固国不以山溪之险。”《孟子·公孙丑下》。古之民，有征服者与所征服者之别。征服者必择险峻之地，筑城而居，而使所征服者，居四面平夷之地，为事耕耘。故郑注《周官》，谓乡遂用贡法，都鄙用助法，虽未能言其所以然，然于事实初不缪也。《匠人注》云:“畿内用贡法者，乡遂及公邑之吏。旦夕从民事，为其促之以公，使不得恤其私。邦国用莇法者，诸侯专一国之政，为其贪暴，税民无艺。”此说未合事情，然又引《孟子》，谓邦国亦异外内，自不误也。孟子说滕文公“请野九一而助，国中什一使自赋”，亦犹行古之道耳。至所谓“卿以下必有圭田，圭田五十亩”者，其田即国中什一使自赋之田，以其在山险之地，不可井授，故名之曰圭田，此即《王制》“夫圭田无征”之圭田。以其免税，《王制》郑《注》。故特言之，其田则初无以异也。又云“余夫二十五亩”，则平地零星不可井之田，与圭田之在国中者异。夏、殷之世，田制已难具详。周代国中用贡法，野用助法，必无大缪，故《孟子》言“周人百亩而彻”。彻即什一使自赋之法，又云“虽周亦助”也。

贡与彻何别？曰:农耕之群之初为黩武之群所征服也，则取其租税以自奉而已矣，其群之事，非所问也。职是斯时之纳税者，乃为所征服者之群而非其人人。犹后世义役之制，乡自推若干人以应役，官但求役事无阙，应役者为谁，初不过问也。职是故，乃有“校数岁之中以为常，乐岁粒米狼戾，多取之而不为虐，则寡取之，凶年粪其田而不足，则必取盈”之恶法焉，孟子引龙子语。彻无是也。故贡与彻，取民之数同，其取之之法则大异。助彻二法，取民之数，大致相同，然助法公私田分别，吏无以肆其诛求，故龙子谓“治地莫善于助”也。及后世公私之利害，益不相容；则民有尽力于私田，而置公田于不顾者，于是有履亩而税之法。《春秋》之“初税亩”是也。此时公私田之别犹在，至阡陌开，而公私之别荡然矣。然阡陌之开，为势不容已之事，故其后履亩而税，逐渐成常法也。

地税初盖惟有田，其后任地之法各异，利亦迥殊，而分别之税法出焉。《周官》载师："以廛里任国中之地，以场圃任园地，以宅田、士田、贾田任近郊之地，以官田、牛田、赏田、牧田任远郊之地。以公邑之田任甸地。以家邑之田任稍地。以小都之田任县地。以大都之田任畺地。凡任地：国宅无征。园廛二十而一。近郊十一。远郊二十而三。甸、稍、县、都皆无过十一。惟其漆林之征，二十而五。凡宅不毛者有里布。凡田不耕者出屋粟。凡民无职事者，出夫家之征。"《注》云："廛，民居之区域也。里，居也。圃，树果蓏之属，季秋于中为场。樊圃谓之园。宅田，致仕者之家所受田也。士读为仕。仕者亦受田，所谓圭田也。贾田，在市贾人其家所受田也。官田，庶人在官者其家所受田也。牛田牧田，畜牧者之家所受田也。公邑，谓六遂余地。天子使大夫治之，自此以外皆然。家邑，大夫之采地。小都，乡之采地。大都，公之采地，王子弟所食邑也。畺，五百里王畿界也。国宅，凡官所有宫室，吏所治者也。周税轻近而重远，近者多役也。园廛亦轻之者，廛无谷，园少利也。宅不毛者罚以一里二十五家之泉。空田者，罚以三家之税粟。民虽有闲无职事者，犹出夫税、家税也。夫税者，百亩之税。家税者，出士，从车辇，给徭役。"案《周官》，战国时书，故税地之法稍杂。《孟子》言："廛无夫里之布，则天下之民，皆悦而愿为之氓矣。"《公孙丑上》。宅不毛田不耕者，其地当作别用，故税之较重，非必游惰不事事之罚也。

赋以足兵，别于论军制时言之。力役之法：《周官》小司徒云："上地家七人，可任也者家三人。中地家六人，可任也者二家五人。下地家五人，可任也者家二人。凡起徒役，毋过家一人，以其余为羡，惟田与追胥竭作。"《注》云："可任，谓丁强任力役之事者，出老者一人。其余男女强弱相半，其大数。”案古女子亦应役，观第五节所言可知，此古应役之人数也。其年限：则乡大夫云：“国中自七尺以及六十，野自六尺以及六十有五皆征之。”《疏》云：“七尺，谓年二十。知者？案《韩诗外传》二十行役，与此国中七尺同。《后汉书·班超传注》引《韩诗外传》曰：“二十行役，六十免役。”六尺，谓年十五，《论语》云：可以托六尺之孤，郑《注》云年十五以下。所征税者，谓筑作、挽引、道渠之役，及口率出钱。若田猎五十则免，是以《祭义》云五十不为甸徒。若征伐六十乃免，是以《王制》云六十不与服戎。”案《王制》又云“五十不从力政”，安得云事筑作、挽引、道渠之役乎？则《戴记》《周官》，说实不可强合也。服役日数：《王制》云：“用民之力，岁不过三日。”《周官》均人云：“凡均力政，以岁上下，丰年则公旬用三日焉，中年则公旬用二日焉，无年则公旬用一日焉，凶札则无力政。”二说相合。其免役者，乡大夫云：“国中贵者、贤者、服公事者、老者、疾者皆舍。”《王制》云：“八十者一子不从政。九十者其家不从政。废疾非人不养者，一人不从政。父母之丧，三年不从政。齐衰大功之丧，三月不从政。将徙于诸侯，三月不从政。自诸侯来徙家，期不从政。”《礼运》曰：“三年之丧，与新有昏者，期不使。”《荀子·大略》：“八十者，一子不事。九十者，举家不事。废疾非人不养者，一人不事。父母之丧，三年不事。齐衰大功，三月不事。从诸侯不与新有昏，期不事。”从诸侯不，《注》云：“不当为来。”案其下并有夺文。《杂记》云：“三年之丧，祥而从政。期之丧，卒哭而从政。九月之丧，既葬而从政。小功缌之丧，既殡而从政。”《丧服大记》曰：“君既葬，王政入于国，既卒哭而服王事。大夫士既葬，公政入于家，既卒哭，弁绖带，金革之事无辟也。”按《曾子问》：“子夏问曰：三年之丧，卒哭，金革之事无辟也者，礼与？初有司与？孔子曰：夏后氏三年之丧，既殡而致事，殷人既葬而致事。《记》曰：君子不夺人之亲，亦不可夺亲也，此之谓乎？子夏曰：金革之事无辟也者，非与？孔子曰：吾闻诸老聃曰：昔者鲁公伯禽，有为为之也。今以三年之丧从其利者，吾弗知也。”《公羊》宣公元年：“古者臣有大丧，君则三年不呼其门。已练，可以弁冕，服金革之事。君使之非也，臣行之礼也。闵子要绖而服事。既而曰：若此乎，古之道不即人心。退而致仕。孔子盖善之也。”则古之所以优恤有丧者厚，而后世较薄也。《管子·入国》：“年七十已上，一子无征。八十已上，二子无征。九十已上，尽家无征。有三幼者，无妇征。四幼者，尽家无征。士人死，子孤幼，无父母、所养，《注》：“既无父母，又无所养之亲也。”不能自生者，属之其乡党知识故人。养一孤者，一子无征。养二孤者，二子无征。养三孤者，尽家无征。丈夫无妻曰鳏，妇人无夫曰寡，取鳏寡而合和之，予田宅而家室之，三年然后事之。”言免役之法尤备也。

《周官》：太宰：“以九赋敛财贿：一曰邦中之赋。二曰四郊之赋。三曰邦甸之赋。四曰家削之赋。五曰邦县之赋。六曰邦都之赋。七曰关市之赋。八曰山泽之赋。九曰弊余之赋。”《注》：“财，泉谷也。郑司农云：邦中之赋，二十而税。”各有差也。弊余，百工之余。玄谓赋，口率出泉也。今之筭泉，民或谓之赋，此其旧名与？乡大夫岁时登其夫家之众寡，辨其可任者，国中自七尺以及六十，野自六尺以及六十有五皆征之；遂师之职，亦云以征其财征；皆谓此赋也。邦中，在城郭者；四郊，去国百里。邦甸二百里。家削三百里。邦县四百里。邦都五百里。《疏》云：“削有大夫采地，谓之家，故名家削。大夫采地，赋税入大夫家。采地外为公邑，其民出泉入王家，县都同。”此平民也。关市山泽，谓占会百物；《疏》云：“关上以货出入有税物。市若泉府廛布总布之等，亦有税物。山泽，民人入山取材，亦有税物。此人占会百物，为官出息。”弊余，谓占卖国中之斥弊；斥弊，谓此物不入大府，指斥出而卖之，故名斥弊。皆未作当增赋者，若今贾人倍筭矣。自邦中以至弊余各入其所有谷物，以当赋泉之数。”按司农即约载师以为言，后郑则据汉法之口赋也。司会云“以九赋令田野之材用”，恐所入者实非泉谷。大宰又云：“以九贡致邦国之用：一曰祀贡，二曰嫔贡，三曰器贡，四曰弊贡，五曰材贡，六曰货贡，七曰服贡，八曰斿贡，九曰物贡。”此则取诸异国者。其初盖仅仅取之邦畿之内，远国庸有贡者，然必甚稀，不能为经常之用。然及其后，则霸国亦遂诛求之于小国矣。参看第一节自明。

田税之所取，初盖专于谷物，力役亦止于其身而已，然其后则无物不取之于民，此民之所以重困也。孟子曰：“有布缕之征，粟米之征，力役之征。君子用其一，缓其二。用其二而民有殍，用其三而父子离。”《注》云：“国有军旅之事，则横兴此三赋也。”案《管子·国蓄》云：“以室庑藉，谓之毁成。以六畜藉，谓之止生。以田亩藉，谓之禁耕。以正人藉，谓之离情。以正户藉，谓之养赢。”正人、正户，盖谓有税役之人与户。取于正人，人口将有隐匿；取于正户，则重困有税役之家，无税役者顾邀宽免，故曰养。赢形似而误为羸也。此言其所取之人。《山至数》言：“肥籍敛则械器不奉。”又言：“皮、革、筋、骨、羽、毛、竹、箭、器、械、财物，苟合于国器君用者，皆有矩券于上。”此言其所藉之物。《揆度》言：“君朝令而夕求具，国之财物，尽在贾人。”则初不必军兴而后然。盖古之封君，即后世之田主。此时尚未有私租。后世之田主，固多凡物杂取之于佃户者。古代奢侈不甚，军旅之事较少，故其取民也简，后世一切反是，则取民者亦苛也。夫如是，与其多取之农，自不如广征他税之为得。《国蓄》曰：“中岁之谷，粜石十钱。大男食四石，月有四十之籍。大女食三石，月有三十之籍。吾子食二石，月有二十之籍。岁凶谷贵，粜石二十钱，则大男有八十之籍，大女有六十之籍，吾子有四十之籍。是人君非发号令收啬而户籍也。彼人君守其本委谨，而男女诸君吾子无不服籍者也。”盖山海池泽之地，非凡民所能有，君不取，利亦徒入于豪民，实不如收其利而善管之为得也。惜乎真能行此义者甚少，利权仍辗转操之货殖之家耳。《史记·货殖列传》所著货殖之家，多占山海池泽之地者，盖君先障管之，又以畀之此等人。

《王制》云："名山大泽不以封。"《注》云："其民同财，不得障管，亦赋税之而已。"按《王制》又言"泽梁无禁"，而《荀子·王制》言"山林泽梁，以时禁发而不税"，则税之亦非今文家意也。《左氏》襄公十一年，同盟于亳，载书云："毋壅利。"《注》云："专山川之利。"芮良夫言："荣夷公好利"，盖即谓其专山川之利，参看第八章第八节。昭公二十年，晏子言："山林之木，衡鹿守之。泽之萑蒲，舟鲛守之。薮之薪蒸，虞候守之。海之盐蜃，祈望守之。"此即所谓障管者。《谷梁》庄公二十八年、成公十八年，两言："山林薮泽之利，所以与民共也，虞之非正也。"虞之即设官障管也。而三年又言陈氏厚施曰："山木如市，弗加于山；鱼盐蜃蛤，弗加于海。"则春秋时犹有行之者，然其后则渐少矣。《月令》：季冬："命水虞渔师，收水泉池泽之赋，毋或敢侵削众庶兆民，以为天子敛怨于下。"《周官》：山师"掌山材之名，辨其物与其利害，而颁之于邦国，使致其珍异之物"，川师"掌川泽之名，辨其物与其利害，而颁之于邦国，使致其珍异之物"，皆税之之法也。《曲礼》曰："问国君之富，数地以对，山泽之所出。"盖国君视山泽为私产久矣。《史记·平准书》言汉时："山川、园地、市井、租税之人，自天子以至于封君汤沐邑，皆各为私奉养。"此制必沿自战国，不然，秦、汉必不能一日而尽障管天下之林麓川泽也。《管子·戒篇》曰："山林梁泽，以时禁发而不征也，草封泽盐者之归之也，若市之人。"此犹为旧说。《海王》曰："十口之家，十人食盐，百口之家，百人食盐。终月，大男食盐五升少半，大女食盐三升少半，吾子食盐二升少半，此其大历也。盐百升而釜。令盐之重：升加分强，釜五十也。升加一强，釜百也。升加二强，釜二百也。钟二千，十钟二万，百钟二十万，千钟二百万。万乘之国，人数开口千万也。禺荚之商，日二百万，十日二千万，一月六千万。万乘之国，正九百万也，当作正人百万也。月人三十钱之籍，为钱三千万。今吾非籍之诸君吾子，而有二国之籍者六千万。使君施令曰：吾将籍于诸君吾子，则必嚣号。今夫给之盐荚，则百倍归于上，人无以避此者，数也。今铁官之数曰：一女必有一鍼、一刀，若其事立。耕者必有一耒、一耜、一铫，若其事立。行服连轺辇者，必有一斤、一锯、一锥、一凿，若其事立。不尔而成事者，天下无有。令鍼之重加一也，三十鍼一人之籍。刀之重加六，五六三十，五刀一人之籍也。耜铁之重加七，三耜铁一人之籍也。其余轻重皆准此而行。然则举臂胜事，无不服籍者。"此官卖盐铁之说也。当时必有行之者，故汉世郡国，犹间有盐铁官也。

《王制》云："市廛而不税，关讥而不征。"《管子·五辅》《小匡》两篇同。《霸形》云："关讥而不征，市书而不赋。"《戒篇》云："关讥而不征，市正而不布。"《问篇》云："征于关者勿征于市，征于市者勿征于关。"《孟子·公孙丑上》云："市廛而不征，法而不廛。"《注》："当以什一之法征其地耳，不当征其廛宅也。""关讥而不征。"盖古之于关市，有不税者，有税其一者，有并税之者；而市之税，又有取其物与取其布二法；《周官》太府，"关市之赋，以待王之膳服"，可见其所取者多实物。其不税之而但收其地租者，亦有法与廛二法。晚周之世，征税盖不免重叠，故诸子并以为戒也。《孟子·梁惠王》《荀子·王制》《王霸》并言"关市讥而不征"，市不司稽察，盖挟句连言之。孟子曰："古之为关也，将以御暴。今之为关也，将以为暴。"《尽心下》。又曰："古之为市也，以其所有易其所无者，有司者治之耳。有贱丈夫焉，必求龙断而登之，以左右望而罔市利。人皆以为贱，故从而征之。征商，自此贱丈夫始矣。"《公孙丑下》。则关市之征，皆为后起之事。然春秋以后多有之。戴盈之曰："什一，去关市之征，今兹未能，请轻之，以待来年然后已，何如？"《孟子·滕文公下》。晋平公曰："吾食客门左千人，门右千人。朝食不足，夕收市赋。暮食不足，朝收市赋。"《韩诗外传》卷六。"李牧居代、雁门备匈奴，以便宜置吏，市租皆输入莫府，为士卒费。"《史记·廉颇、蔺相如列传》。其事也。《月令》：仲夏："关市无索。"仲秋："易关市，《注》谓轻其税。来商旅，纳货贿，以便民事。四方来集，远乡皆至，则财不匮。上无乏用，百事乃遂。"《周官》：司市："凡通货贿，以玺节出入之。国凶荒札丧，则市无征而作布。"司关："掌国货之节以联门市。司货贿之出入者，掌其治禁，与其征廛。"《注》："征廛者，货贿之税，与所止邸舍也。关下亦有邸舍，其出布如市之廛。""凡货不出于关者，举其货，罚其人。国凶札，则无关门之征，犹几。"参看第十二章第三节。二者皆战国时书，故言之较详也。《管子·幼官》：三会诸侯，令曰："市赋百取二，关赋百取一。"《大匡》曰："弛关市之征，五十而税一。"可见当时通行之税率。然《问篇》又言："虚车勿索，徒负勿入。"以来远人，合"偪介之关，暴征其私"之言观之，见第十三章第四节。则当时之关，有需索及于行旅者矣，而谓其税商人能谨守绳尺乎？《商君书·垦令》曰："贵酒肉之价，重其租，令十倍其朴，然则商贾少，农不能喜酣奭，大臣不为荒饱。"又曰："重关市之赋，则农恶商，商有疑惰之心。"此法家重农抑商之论，然能行之者亦少也。

第五节 兵 制

古代兵制，当以春秋、战国之间为一大变。春秋以前，为兵者率皆国都附近之人，战国时乃扩及全国。而杀戮之惨，战争时创痍之甚，亦即与之俱进焉。

言古代兵制者，率依据《周官》，以其文独完具也。然《周官》实已为后起之制矣。《夏官序官》云："凡制军，万二千五百人为军。王六军，大国三军，次国二军，小国一军。军将皆命卿。二千有五百人为师，师帅皆中大夫。五百人为旅，旅帅皆下大夫。百人为卒，卒长皆上士。二十五人为两，两司马皆中士。五人为伍，伍皆有长。"自来言古兵制者皆主之。然此说实与今文异。今文之说，见于《白虎通义·三军篇》。其说曰："国必三军何？所以戒非常，伐无道，尊宗庙，重社稷，安不忘危也。何以言有三军也？《论语》曰：子行三军，则谁与？《诗》云：周王于迈，六师及之。三军者何？法天地人也。以为五人为伍，五伍为两，四两为卒，五卒为旅，五旅为师，师为一军，六师一万五千人也。《传》曰：一人必死，十人不能当；百人必死，千人不能当；千人必死，万人不能当；万人必死，横行于天下。虽有万人，犹谦让，自以为不足，故复加二千人，因法月数。月者，群阴之长也。十二月足以穷尽阴阳，备物成功。万二千人，亦足以征伐不义，致太平也。《谷梁传》曰：天子有六军，诸侯上国三军，次国二军，下国一军。"此文为人窜乱，几不可读。然其说仍有可考见者。《说文》以四千人为一军，《一切经音义》引《字林》同，是万二千人适三军也。《鲁颂》云：公徒三万。《管子·小匡》述作内政寄军令之制曰："五人为伍，轨长率之。五十人为小戎，里有司率之。二百人为卒，连长率之。二千人为旅，乡良人率之。万人一军，五乡之师率之。”其所谓旅，即《白虎通义》所谓师，然则古实以万人为军，天子则又加二千人也。《孟子·告子下》言：“三不朝则六师移之。”亦以天子为六师。《说文》云：“军，圜围也。”则军乃战时屯驻之称，其众之多少，本无一定。战时亦不论人数多寡，皆分为三。见《诗·常武疏》。《公羊》隐公五年《解诂》：“二千五百人称师，天子六师，方伯二师，诸侯一师。”二千五百人称师句，必后人所改。《谷梁》襄公十一年，“古者天子六师，诸侯一军”实与万人为军，天子又加二千人之说合，知今《通义》所引，亦必后人所改也。凡今文家所言制度，率较古文为早，观《白虎通义》与《周官》所言兵数之不同，而可知兵数之渐增矣。《左氏》襄公十四年：“成国不过半天子之军。”与《周官》合。

出兵之法：《周官》大司徒云：“令五家为比，五比为闾，四闾为族，五族为党，五党为州，五州为乡。”小司徒云：“乃会万民之卒伍而用之，五人为伍，五伍为两，四两为卒，五卒为旅，五旅为师，五师为军。”又云：“凡起徒役，毋过家一人，以其余为羡。惟田与追胥竭作。”《夏官序官注》云：“伍一比，两一闾，卒一族，旅一党，师一州，军一乡。家所出一人。”《遂人注》云：“遂之军法，追胥，起徒役如六乡。”是郑谓乡遂之人，皆服兵役也。出车之法。今文家谓：“十井共出兵车一乘。”《公羊》宣公十五年《解诂》，又哀公十二年《解诂》云：“礼：税民不过十一，军赋十井不过一乘。”“公侯封方百里，凡千乘。伯四百九十乘。子男二百五十乘。”昭公元年《解诂》。《论语·学而》“道千乘之国”，《集解》引包咸说同。古文家用《司马法》。而《司马法》又有两说：一云：“六尺为步，步百为晦，晦百为夫，夫三为屋，屋三为井，井十为通。通为匹马，三十家，士一人，徒二人。通十为成。成百井，三百家，革车一乘，士十人，徒二十人。十成为终。终千井，三千家，革车十乘，士百人，徒二百人。十终为同，同方百里，万井，三万家，革车百乘，士千人，徒二千人。”《小司徒疏》谓宫室、涂巷三分去一，再以不易、一易再易通率，三夫受六夫之地，故十井九十夫之地，惟有三千家。郑注小司徒引之。又其一云:“九夫为井。四井为邑。四邑为丘，有戎马一匹，牛三头，是曰匹马丘牛。四丘为甸，甸六十四井，出长毂一乘，甲士三人，步卒七十二人，马四匹，牛十二头。甲士三人，步卒七十二人，戈楯具备，谓之乘马。”如此说，则地方千里，当得兵车万乘，士三万，卒七十二万。《史记·周本纪》:“帝纣闻武王来，亦发兵七十万人距武王。”《孙子·用间》:“怠于道路者，七十万家。”《淮南·兵略》:“吴王夫差地方二千里，带甲七十万。”皆据此立言也。此说，《汉书·刑法志》、郑《注》《论语》“道千乘之国”，见《小司徒》及《礼记·坊记疏》。服虔注《左氏》作丘甲成公元年，见《诗·小雅·信南山疏》。皆用之。郑以前一说为采地制，后一说为畿外邦国法。《坊记疏》云:“凡出军之法：乡为正，遂为副。公邑出军与乡同。公卿大夫采地为井田，殊于乡遂，则出军亦异于乡遂。王畿之外，诸侯大国三军，次国二军，小国一军，皆出乡遂。计地出军则丘甸。”《小司徒疏》云:“凡出军之法：先六乡。不止，出六遂。犹不止，征兵于公邑及三等采。犹不止，乃征兵于诸侯。大国三军，次国二军，小国一军，皆出乡遂。犹不止，则诸侯有遍境出之法，则十乘之赋是也。”案如《司马法》之说，一同之地，仅得百乘，与今文家说大国方百里千乘，天子畿方千里万乘者不合，故《疏》必以遍地出军之法通之。其实今古文说，本不可合。《司马法》与《周官》亦不合。古文家既强据《周官》为周制，又强以《司马法》说，《周官疏》家虽曲为弥缝匡救，终不能自圆其说也。《诗·采芑》:“方叔莅止，其车三千。”《笺》云:“《司马法》兵车一乘，甲士三人，步卒七十二人。宣王乘乱，羡卒尽起。”《疏》云:“天子六军千乘，今三千乘则十八军矣。《地官》小司徒职，三等之家，通而率之，家有二人半耳。纵令尽起，惟二千五百家，所以得有三千者？盖出六遂以足之也。且言家二人三人者，举其大率言耳。人有死生，数有改易，六乡之内不必常有千乘，况羡卒岂能正满二千五百也？当是于时出军之数有三千耳，或出于公邑，不必皆乡遂也。”又《礼记·坊记》言：“制国不过千乘。”《疏》云：“千乘之赋，地方三百一十六里有奇。案《周礼》：公五百里，侯四百里，则是过千乘，云不过千乘者？其地虽过，其兵赋为千乘，故《论语注》云：虽大国之赋，亦不是过焉。”又《诗·公刘疏》云：“夏、殷大国百里，周则大国五百里。大小县绝，而军数得同者？周之军赋，皆出于乡，家出一人，故乡为一军。诸侯一军，出其三乡而已。其余公邑、采地，不以为军。若夏、殷之世，则通计一国之人，以为军数。大国百里，为方一里者万，为田九万夫。田有不易、一易、再易，通率二而当一，半之得四万五千家。以三万七千五百家为三军，尚余七千五百，举大数，故得为三军也。次国七十里，为方一里者四千九百，为田四万四千四百夫。半之，得二万二千五十家。二军当用二万五百人，少二千九百五十人，以羡卒充之。举大数，亦得为二军也。小国五十里，为方一里者二千五百，为田二万二千五百夫。半之，得一万一千二百五十家。以万二千五百人为军，少一千二百五十人，不满一军。举大数，亦得为一军也。”皆穿凿之说也。古之民，有征服者与所征服者之别。征服者居中央山险之地，服兵役，是为乡。所征服者，居四面平夷之地。其人亦非不能为兵，惟但使保卫闾里，不事征戍，如后世之乡兵然。故《周官》乡列出兵法，无田制，遂人但陈田制，无出兵法。据朱大韶《实事求是斋经义·司马法非周制说》。古兵农不合一之说，江永《群经补义》首发之，而此篇继其后，其论皆极精辟者也。江氏云：“管仲参国伍鄙之法制国以为二十一乡，工商之乡六，士乡十五，公帅五乡，国子、高子各帅五乡，是齐之三军，悉出近国都之十五乡，而野鄙之农不与也。”又言鲁之士卒车乘，皆近国都，故阳虎欲作乱，壬辰戒都车，令癸巳至。皆足为予征服之族居中央为兵，所征服之族居四周不为兵之说之证。郑谓遂之军法如六乡，非也。《小司徒职》云：“乃经土地而井牧其田野。九夫为井，四井为邑，四邑为丘，四丘为甸，四甸为县，四县为都，以任田事而令贡赋。”亦与军赋无涉。《周官》实无计地出车之法，兵车牛马亦皆公家所给。亦据朱大韶说。案《坊记》及《左氏》成公元年《疏》，亦谓乡遂之车马牛，为国家所给，特未能破《司马法》之说耳。盖至战国，用兵益多，军赋益重，乃有如《司马法》所云之制。《周官》虽六国时书，所言军制犹较旧，故其兵虽多于今文经，犹无《司马法》遍地出军之法也。此又可见兵数之日增矣。

《春秋》成公元年，“作丘甲”。《左氏》杜《注》云：“此甸所赋，今使丘出之。”哀公十二年，“用田赋”。杜《注》云：“丘赋之法，因其田财，通出马一匹，牛三头。今欲别其家财，各为一赋，故言田赋。”《疏》：“贾逵以为欲令一井之间出一丘之税，多于常一十六倍。杜说则谓旧制丘赋之法，田之所收，及家内资财，并共一马三牛，今欲别其田及家资，令出一马三牛，又计田之所收，更出一马三牛，是为所出倍于常也。”案贾逵所言之数太多，《国语》韦《注》已疑之。杜说亦无据。自以《异义》之说为得也。《左氏》昭公四年，“郑子产作丘赋”。杜《注》亦云：“丘十六井，当出马一匹，牛三头，今子产别赋其田，如鲁之田赋。”《疏》：“服虔以为复古法，丘赋之法不行久矣，今子产复修古法，民以为贪，故谤之。”案成公元年《谷梁》云：“古者立国家，百官具，农工皆有职以事上。古者有四民：有士民，有商民，有农民，有工民。夫甲非人人之所能为也。”《公羊》何《注》意同。非所能为之事，安能强之？然《左氏》僖公十五年，吕甥言：“征缮以辅孺子，诸侯闻之，丧君有君，群臣辑睦，甲兵益多，好我者劝，恶我者惧，庶有益乎？众说，晋于是乎作州兵。”又欲不谓为非使州作兵而不得也，是又何邪？ 案用田赋之事，《国语·鲁语》载孔子之言曰：“先王制土，籍田以力，而砥其远迩。赋里以人，而量其有无。任力以夫，而议其老幼。于是乎有鳏寡孤疾，有军旅之出则征之，无则已。其岁，《注》：“有军旅之岁也。”收田一井，出稯禾秉刍缶米，不是过也。先王以为足，若子季孙欲其法也，则有周公之籍矣。若欲犯法，则苟而赋，又何访焉？”《公羊·解诂》曰：“赋者，敛取其财物也。言用田赋者，若今汉家敛民钱，以田为率矣。”《五经异义》：“有军旅之岁，一井九夫百晦之赋，出禾二百四十斛，刍秉二百四十斛，釜米十六斗。”则系加取其物，故《谷梁》云“古者公田十一，用田赋，非正也”。窃疑州兵丘甲，亦当是敛其财物，而别使工人作之。不然，甲纵凡民能勉为之，兵岂人人所能为邪？《左氏》襄公二十五年，“楚蒍掩为司马。子木使庀赋，数甲兵。甲午，蒍掩书土田，度山林，鸠薮泽，辨京陵，表淳卤，数疆潦，规偃潴，町原防，牧隰皋，井衍沃，量人修赋，赋车籍马，赋车兵徒甲盾之数。既成，以授子木，礼也”。此颇近乎《司马法》所言之制，当是野鄙之民出赋之渐也。

《史记·苏秦列传》：秦说六国之辞，于燕云：“带甲数十万，车六百乘，骑六千匹，粟支数年。”于赵云：“带甲数十万，车千乘，骑万匹，粟支数年。”于韩云：“带甲数十万。”于魏云：“武士二十万，苍头二十万，奋击二十万，厮徒十万，车六百乘，骑五千匹。”于齐云：“带甲数十万，粟如丘山。”于楚云：“带甲百万，车千乘，骑万匹，粟支十年。”《张仪列传》仪说六国之辞，亦不甚相远。仪说楚，言秦虎贲之士百余万；说韩，言秦带甲百余万，车千乘，骑万匹，积粟如丘。又韩卒悉之不过三十万，而厮养在其中矣。又言魏卒不过三十万。又《范雎、蔡泽列传》：雎言秦奋击百万，战车千乘；泽言楚持戟百万。《穰侯列传》：须贾言魏氏悉其百县胜甲以上戍大梁，臣以为不下三十万。知其说颇得实。战国时之大国，大率皆方千里，《孟子·梁惠王》上言：“今海内之地，方千里者九，齐集有其一。”以辜较言之是也。当时大国，计其面积，皆不止千里，然多未开辟之地，于国力无与也。然其兵，则较之《周官》之六军，又不啻数倍矣。此骤增之兵数，何自来邪？曰：皆春秋以前不隶卒伍之民也。鞌之战，齐侯见保者曰：勉之，齐师败矣。《左氏》成公二年。是齐之兵虽折于外，其四境守御之兵仍在。乃苏秦说齐宣王曰："韩、魏战而胜秦，则兵半折，四竟不守；战而不胜，国以危亡随其后。"则其情势大异矣。张仪说魏王曰："卒戍四方，守亭障者，不下十万。"说韩王曰："料大王之卒，悉之不过三十万，而厮徒负养在其中矣。除守徼亭障塞，见卒不过二十万而已矣。"其说齐湣王曰："秦、赵战于河、漳之上，再战而赵再胜秦，战于番吾之下，再战又胜秦，四战之后，赵之亡卒数十万，邯郸仅存，虽有战胜之名，而国已破矣。"是则战国时，危急之际，无不倾国以出者。不特此也。苏秦北见燕王哙，谓："齐异日济西不役，所以备赵也。河北不师，所以备燕也。今济西、河北，尽以役矣。"见《战国策·燕策》。燕王哙乃昭王之误。案苏秦说齐宣王，谓："临淄之中七万户，户不下三男子，三七二十一万，不待发于远县，而临淄之卒，固已二十一万矣。"虽设说，亦可想见当时有空国出兵之事。王翦以六十万人伐楚曰："今空秦国甲士而委于我。"《史记》本传。是逐利者亦或倾国而出也。《王制》曰："五十不从力政，六十不与服戎。"《韩诗》说："二十从政，三十受兵，六十还之。"见《诗·击鼓疏》。《王制正义》引《五经异义》《礼戴》《易》孟氏说皆同。《白虎通义·三军篇》："年三十受兵何？重绝人世也。师行不必反，战不必胜，故须其有世嗣也。年六十归兵何？不忍并斗人父子也。"《盐铁论·未通篇》亦云："三十而娶，可以服戎事。"《后汉书·班超传》，班昭上书曰："妾闻古者十五受兵，六十还之。"则误以从役之年，为受兵之年矣。而《赵策》："燕王喜使栗腹以百金为赵孝成王寿。酒三日，反报曰：赵民，其壮者皆死于长平，其孤未壮，可伐也。王乃召昌国君乐间而问曰：何如？对曰：赵四达之国也，其民皆习于兵，不可与战。"此谓赵之民，虽未壮者，亦能执干戈以卫社稷也。观长平之役，秦王自之河内，赐民爵各一级，发年十五以上，悉诣长平，遮赵救及粮食，《史记·白起、王翦列传》。则乐间之言信矣。其兵数安得不增哉？然战争之酷，则亦于斯为烈矣。

荀子论六国之兵曰："齐人隆技击，其技也，得一首者，则赐赎锱金，无本赏矣。是事小敌毳，则偷可用也，事大敌坚，则涣焉离耳。是亡国之兵也。兵莫弱是矣。魏氏之武卒，以度取之，衣三属之甲，赢三日之粮，日中而趋百里。中试则复其户，利其田宅，是数年而衰，而未可夺也。改造则不易周也。是故地虽大，其税必寡，是危国之兵也。秦人：其生民也陿阸，其使民也酷烈。劫之以势，隐之以阸，忸之以庆赏，鳅之以刑罚。使天下之民，所以要利于上者，非斗无由也。阸而用之，得而后功之。功赏相长也，五甲首而隶五家，是最为众强长久，多地以正，故四世有胜，非幸也，数也。"《议兵》。盖惟秦，真能驱全国之民使为兵，故其数多而且强也。《战国·齐策》："田单问赵奢曰：吾非不说将军之兵法也，所以不服者，独将军之用众。用众者，使民不得耕作，粮食挽赁，不可给也。此坐而自破之道也。单闻之：帝王之兵，所用者不过三万，此亦可见古以万人为军。今将军必负十万二十万之众乃用之，此单之所不服也。马服君曰：君非徒不达于兵也，又不明其时势。夫吴干之剑，肉试则断牛马，金试则截盘匜，薄之柱上而击之，则折为三；质之石上而击之，则碎为百。今以三万之众，而应强国之兵，是薄柱击石之类也。且夫吴干之剑，材难夫毋脊之厚而锋不入，无脾之薄而刃不断。兼有是两者，无钩咢镡蒙须之便，操其刃而刺，则未入而手断。君无十万二十万之众，而为此钩咢镡蒙须之便，而徒以三万行于天下，君焉能乎？此谓行军必更有厮徒之属。《公羊》宣公十二年，子重言南郢之与郑，相去数千里，诸大夫死者数人，厮役扈养死者数百人。张仪言魏有厮徒十万。可见古行军颇以厮善为重。且古者四海之内，分为万国，城虽大，无过三百丈者。人虽众。无过三千家者。今取古之为万国者，分以为战国七；千丈之城，万家之邑相望也；而索以三万之众，围千丈之城，不存其一角；而野战不足用也，君将以此何之？"

此可见兵之所以多。然田单所言之祸，则亦无可免矣。《齐策》：苏秦说齐湣王曰："彼战者之为残也：士闻战，则输私财而富军市，输饮食而待死士。令折辕而炊之，杀牛而觞士，则是路君之道也。中人祷祝，君翳酿；通都小县，置社有市之邑，莫不止事而奉王；则此虚中之计也。夫战之明日，尸死扶伤，虽若有功也，军出费，中哭泣，则伤主心矣。死者破家而葬，夷伤者空财而共药，完者内酺而华乐，故其费与死伤者钧。故民之所费也，十年之田而不偿也。军之所出，矛戟折，镮弦绝，伤弩，破车，罢马，亡矢之太半；甲兵之具，官之所私出也，士大夫之所匿，厮养士之所窃，十年之田而不偿也。天下有此再费者，而能从诸侯者寡矣。攻城之费，百姓理襜蔽，举衡橹，家杂总身窟穴，中罢于刀金，而士困于立功。将不释甲，期数而能拔城者为亟耳。上倦于教，士断于兵，故三下城而能胜敌者寡矣。"武安君亦言："长平之事，秦民之死者厚葬，伤者厚养，劳者相飨，饮食铺馈，以靡其财。"见《中山策》。胜者之祸如此，况败者乎？孙子言："兴师十万，出征千里，百姓之费，公家之奉，日费千金。内外骚动，怠于道路，不得操事者，七十万家。"《用间》。信矣。

《史记·鲁仲连列传》：连言"秦者，弃礼义而上首功之国也。"《集解》引谯周曰："秦用卫鞅计，制爵二十等，以战获首级者计而受爵，是以秦人每战胜，老弱妇人皆死，计功赏至万余，天下谓之首功之国。"《商君书·竟内篇》："人得一首则复。得三十三首以上，盈论。百长、屯长赐爵一级。有爵者乞无爵者为庶子，级一人。爵五大夫，或赐邑三百家，或赐税二百家。能得一甲首者，赏爵一级，益田一顷，益宅九亩，除庶子一人。"即谯周之所云也。案泓之战，《公羊》是之，《左》《谷》非之，《公羊》儒家言，《左》《谷》古文，战国时说也。齐桓公迁邢于夷仪，封卫于楚丘，邢迁如归，卫国忘亡；楚庄王还师而佚晋寇；则春秋时犹有能行仁义者。当时用兵，惟夷狄之国，较为野蛮，《谷梁》之狄秦，僖公三十三年，言秦乱人子女之教，无男女之别。《公羊》讥吴反夷狄是也。定公四年，吴入楚，君舍于君室，大夫舍于大夫室。陈之从楚伐郑也，“当陈隧者，井堙木刊”，《左氏》襄公二十五年。盖犹为报怨起见。鲁之入邾也，昼掠，又宵掠，襄公七年。则利其所有矣。至秦，遂至于“主必死辱，民必死虏”。《齐策》陈轸之言。事势之迁流，盖非一朝一夕之故矣。孟子曰：“争地以战，杀人盈野，争城以战，杀人盈城，此所谓率土地而食人肉，罪不容于死。”《离娄上》。又曰：“梁惠王以土地之故，糜烂其民而战之，大败，将复之，恐不能胜故，驱其所爱子弟以殉之。”《尽心下》。而淮南王言：七国之民，“枕人头，食人肉，菹人肝，饮人血，甘之于刍豢”。《览冥》。盖为刑罚所驱、爵赏所诱，无不失其本心者矣。岂不哀哉？

《商君书·兵守篇》言壮男为一军，壮女为一军，男女之老弱者为一军。《墨子·备城门》言守法：五十步，丈夫十人，丁女二十人，老小十人。《备穴篇》：诸作穴者五十人，男女各半。则古女子亦从军。故《周官》司徒言家可任者，郑《注》以男女老弱通计也。见上节。楚王之围汉荥阳也，汉王夜出女子东门二千人，《史记·项羽本纪》。则楚、汉之间，女子犹可调集。《史记·田单、平原君列传》，皆言妻妾编于行伍之间，决非虚语矣。此亦见当时军役之重也。《书·费誓》：“马牛其风，臣妾逋逃，勿敢越逐。”《疏》谓“古人或以妇女从军”，则厮徒中亦有女子矣。

车易为骑，盖始于战国之世；第十三章第四节引《日知录》已言之。案车战之废与骑战之兴，实非一事。盖骑便驰骋，利原野，吾国内地，古多沟洫阻固，骑战固非所利，即戎狄居山林，骑亦无所用之也。《左氏》隐公九年，北戎侵郑，郑伯御之。患戎师，曰：彼徒我车，惧其侵轶我也。昭公元年（前541年），中行穆子败狄于大原，亦不过毁车崇卒而已。僖公二十八年，晋作三行以御狄。《周官》

有舆司马、行司马，孙诒让《正义》谓即《诗·唐风》之公路、公行，行指步卒，其说是也。大司马职云："险野人为主，易野车为主。"苏秦、张仪言七国之兵，虽皆有骑，然其数初不多。世皆谓赵武灵王胡服骑射，以取中山，其实乃欲以临胡貉。攻中山凡五军，赵希将胡、代之兵为其一，《史记·赵世家》。初不言为骑兵。盖中山亦小国，不利驰骤也。李牧居代、雁门备匈奴，乃有选骑万三千匹，《史记》本传。逾于仪、秦所言秦、楚举国之数矣，以所临者为骑寇也。故车战在春秋时稍替，骑战至战国时始兴。言车、骑、徒之长短利害者，莫详于《六韬》。车大抵利平地而忌险阻山泽汙下沮洳。骑虽不尽然，然亦虑人为深沟阬阜。惟徒兵依丘陵险阻，不则为行马蒺藜以自固，实最利于险也。

兵之始，或以木，黄帝之"弦木为弧，剡木为矢"是也。《礼记·内则》："国君世子生，射人以桑弧蓬矢六，射天地四方。"《注》曰："桑弧蓬矢，本太古也。"此亦太古以木为兵之一证。或以石，肃慎氏石砮是也。惟蚩尤始以金属为兵，说已见前。《管子·小匡》言："美金以铸戈剑矛戟，恶金以铸斤斧鉏夷锯欘。"美金者铜也，恶金者铁也。《周官》：秋官职金，入其金锡于兵器之府。掌受士之金罚、货罚，入于司兵。《越绝书·宝剑篇》，薛烛论巨阙，谓"宝剑者，金锡和同而不离"，则古之兵，皆以金与锡为之。然朱亥袖四十斤铁椎椎杀晋鄙；《史记·信陵君列传》。张良得力士，为铁椎，重百二十斤，以椎击秦皇帝于博浪沙中；《留侯世家》。则先秦之末，铁之用稍广，而铜之用稍微矣。伪《古文尚书·说命》曰："惟甲胄起戎。"《伪传》云："甲，铠；胄，兜鍪也。"《疏》曰："经传之文，无铠与兜鍪，盖秦、汉以末，始有此名，《传》以今晓古也。古云甲胄，皆用犀兕，未有用铁者，而鍪铠之字皆从金，盖后世始用铁耳。"《费誓疏》云："经典皆言甲胄，秦世以来，始有铠兜鍪之文，古之作甲用皮，秦、汉以来用铁，铠、鍪二字皆从金，盖用铁为之，而因以作名也。"《周官·司甲注》:"今之铠也。"《疏》:"古云皮,谓之甲;今用金,谓之铠,从金为字也。"此亦铁之用渐广之征也。《墨子·节用》曰:"古者圣人,为猛禽狡兽暴人害民,于是教民以兵行。"《淮南·氾论》曰:"为挚禽猛兽之害伤人而无以禁御也,而作为之铸金锻铁,以为兵刃。"案今云南之猓猡人,无不带兵,然未有用之于人者,知墨子、淮南王之言,不我欺也。兵之始,有直刺者,有横击者。直刺者欲其不易脱,则又曲其刃之端。《考工记》所谓击兵、刺兵、勾兵是也。其及远者则为矢。此皆以木者也。其以石者,则或桀以投,《左氏》成公二年,齐高固入晋师,桀石以投人。或乘高而下。乘高而下者,所谓垒石是也。《汉书·晁错传》:"以便为之高城深堑,具蔺石。"如淳曰:"蔺石,城上雷石也。"《李广苏建传》:"单于遮其后,乘隅下垒石。"发之以机,则古谓之旝,亦后世以机发石之祖也。《左氏》桓公五年,"旝动而鼓"。《疏》云:"贾逵以为发石,一曰飞石,引范蠡《兵法》作飞石之事为证。《说文》亦云:建大木,置石其上,发其机以槌敌,与贾同也。"《明史·兵志》云:古之炮皆以机发石,至明成祖征交阯,始得火器,为神机营肄之。以为攻具者,登高以望曰巢车。以之攻城,则曰云梯。在上临下曰临,从旁冲突曰冲。《诗·大雅·皇矣》:"以尔钩援,与尔临冲,以伐崇墉。"毛《传》云:"钩,钩梯也。所以钩引上城者。临,临车也。冲,冲车也。"疏云:"钩援一物,正谓梯也。以梯倚城,相钩引而上。援,即引也。云钩钩梯,所以钩引上城者。墨子称公输般作云梯以攻宋,盖此之谓也。临者,在上临下之名,冲者,从旁冲突之称,故知二车不同。兵书有作临车、冲车之法,墨子有《备冲》之篇,知临冲俱是车也。"《左氏》成公十六年《注》曰:"巢车,车上为橹。"《疏》曰:"《说文》云:轈,兵高车,加巢以望敌也。橹,泽中守草楼也。"《史记·郑世家集解》引服虔《左氏注》:"楼车,所以窥望敌军,兵法所谓云梯。"盖巢车与钩援,为相类之物也。军营所处,筑土自卫,谓之为垒。《左氏》文公十二年疏。筑土为山,以窥城内，曰距堙。《书·费誓疏》。作高木橹，橹上作桔槔兜零，以薪置其中，谓之烽。常视之，有寇，即火然举之以相告。《史记·信陵君列传集解》引文颖。又有以水火毒药相亏害者。见《墨子》：案《公羊》庄公十七年，遂人以药歼齐戍，《左氏》襄公十四年，晋以诸侯伐秦，秦人毒泾上流是也。案《考工记》云："攻国之兵欲短，守国之兵欲长。攻国之人众，行地远，食饮饥，且涉山林之阻，是故兵欲短。守国之人寡，食饮饱，且不涉山林之阻，是故兵欲长。"然则短兵者，利于山林者也。而山林者，禽兽之所处也。兵之短者莫如剑。《考工记》又曰："戈柲六尺有六寸。殳长寻有四尺。车戟常，酋矛常有四尺。夷矛三寻。剑：上制长三尺，中制二尺二寸，下制五尺。"盖兵以剑为最短。然人人佩之者惟剑耳。夫人人所佩者，惟行山林之兵，则兵之始，固所以御异类也。墨子、淮南王之言，岂欺我哉?

第六节　刑　法

言古代刑法者，每喜考中国之有成文法，始于何时，其实此乃无甚关系之事也。邃古之时，人与人之利害，不甚相违，众所共由之事，自能率循而不越。若此者，就众所共由言之，则曰俗。就一人之践履言之，则曰礼。古有礼而已矣，无法也。迨群治演进，人人之利害稍不相同，始有悍然违众者。自其人言之，则曰违礼。违礼者，众不能不加以裁制，然其裁制也，亦不过诽议指摘而已。利害之相违日甚，悍然犯礼者非复诽议指摘所能止，乃不得不制之以力。于是有所谓法。法强人以必行之力强于礼，然其所强者，不能如礼之广。于其所必不容已者则强之，可出可入者则听之，此法之所以异于礼也。顾此亦必以渐致。愈古则法所干涉者愈多，即实不能干涉者，在时人之意亦以为当干涉，特力有不逮耳。所谓"出于礼者入于刑”也。《吕刑》曰：“墨罚之属千。劓罚之属千。剕罚之属五百。宫罚之属三百。大辟之罚其属二百。五刑之属三千。”《周官》司刑曰：“墨罪五百。劓罪五百。宫罪五百。刖罪五百。杀罪五百。”案集先秦法律之大成者为《法经》，不过六篇，见下。安得有三千或二千五百条？古言曲礼三千，《礼记·礼器》。则五刑之属三千，犹言出于礼者入于刑耳，古以三为多数；不可以百计则云千；以千计之而犹觉其多，则曰三千。云墨罚之属千，劓罚之属千者，犹言其各居都数三之一；曰腓罚之属五百者，言其居都数六之一；曰宫罚之属三百，大辟之罚其属二百者，犹言此二刑合居都数六之一，而宫与大辟，又若三比二也。此其所犯者，必为社会之习俗，而非国家之法令审矣。然则是时为日用寻常之轨范者，犹是习俗而非法令也。《周官》大司寇：“以五刑纠万民：一曰野刑，上功纠力。二曰军刑，上命纠守。三曰乡刑，上德纠孝。四曰官刑，上能纠职。五曰国刑，上愿纠暴。”所谓乡刑者，大司徒：“以乡八刑纠万民：一曰不孝之刑。二曰不睦之刑。三曰不姻之刑，四曰不弟之刑。五曰不任之刑。六曰不恤之刑。七曰造言之刑。八曰乱民之刑。”犹是社会之习俗也。“禁杀戮，掌司斩杀戮者。凡伤人见血而不以告者，攘狱者，遏讼者，以告而诛之。”“禁暴氏，掌禁庶民之乱暴力正者，挢诬犯禁者，作言语而不信者，以告而诛之。凡国聚众庶，则戮其犯禁者，以徇。凡奚隶聚而出入者则司牧之，戮其犯禁者。”此等盖所谓国刑，近乎今之警察，乃以治者之力，强制人民者也。

礼之繁如此，而曰出于礼者入于刑，在今人，必以为生其时者，将无所措手足，其实不然也。三千特言其多，云出于礼者入于刑，不过谓理当如是，断不能一有出入，即随之以刑也。今日寻常日用之间，所当遵守之科条，奚翅千百？然绝未有苦其繁者，则以其童而习之也。所难者，转在今日之所谓法，本非人民所习，乃不顾其知与不知，而一切行之耳。此等法何自起乎？曰：其必起于有国有家者之所求矣。有国有家者之所求，本非民之所知，而亦非其所欲，如是，则非有强力焉以守之不可，此今所谓法律者之缘起也。《左氏》昭公六年，叔向诒子产书曰："夏有乱政而作《禹刑》，商有乱政而作《汤刑》，周有乱政而作《九刑》。"九刑，又见文公十八年，《周书·尝麦》："令大正正刑书九篇。"疑即其物。《周官·司刑疏》引郑注《尧典》云："正刑五，加之流宥、鞭、朴、赎刑，此之谓九刑。""贾、服以正刑一加之以八议"，附会不足据。时则子产作《刑书》。二十九年，晋赵鞅铸刑鼎。定公九年，郑驷歂杀邓析而用其《竹刑》。又昭公七年，楚陈无宇引周文王之法。又谓楚文王有《仆区之法》。《韩非子·外储说上》，谓楚庄王有《茅门之法》。皆刑书之名之可考者也。此等法律，其详已不可得闻，其稍有可知者，始于李悝之《法经》。《魏律序》云：悝为魏文侯相，赞次诸国法为之，曰盗、贼、网、捕、杂律，又以一篇著其加减，凡六篇。商君取之以相秦。见《晋书·刑法志》。此律为汉人所沿用。以其少而不周于用也，递增至六十篇，又益以令甲及比。繁杂不可名状，奸吏因得上下其手，屡图删定，讫未有成。至魏世，乃定为十八篇，未及行而亡。晋初又加修正为二十篇，于泰始三年（267年），民国纪元前一千六百四十五年。大赦天下行之。南北朝、隋、唐之律，咸以为本。唐以后定律者，金与明皆本于唐，清律又本于明，实仍本于晋也。晋律当多取汉时之令及比等，然李悝之《法经》，必仍有存于其中者，即谓所存甚寡，然自商君以后，法典遂前后相承，有修改而无创制矣。故《法经》实吾国法律之本也。

古有所谓布宪者，《周官》有其官，《管子·立政篇》亦言其事。《周官》职文云："掌宪邦之刑禁。正月之吉，执邦之旌节，以宣布于四方。"《立政篇》言正月之朔，百吏在朝，君乃出令，布宪于国。五乡之师，五属大夫，皆受宪于太史，而遂于其所属。案《小匡篇》言："修旧法，择其善者而严用之。"而《月令》：季冬之月："天子与公卿大夫，共饬国典，论时令，以待来岁之宜。”则正月之所布者，乃君与大夫所择焉而行之于一岁之中者也。《立政》又曰：“凡将举事，令必先出。其赏罚之数，必先明之。”此为临事所发。《墨子·非命》言：“古之圣王，发宪出令，设为赏罚以劝贤。”《韩非·定法》云：“宪令著于官府。”则宪与令，乃上所求于下之两大端。其使之不得为者，则谓之禁。《曲礼》言“入竟而问禁，入国而问俗”是也。此为古书各举一边之例。入竟者亦问俗，入国者亦问禁也。此等皆不原于俗，非其民所素知，故必表而县之，“宪谓表而县之”，见《周官》小宰《注》。又或徇以木铎；小宰、小司徒、小司寇、士师等，咸有其文。而州长、党正、族师、闾胥，又有属民读法之举也。违宪令或犯禁者，则治之以法，其初盖临事审度，故孔子谓“先王议事以制，不为刑辟”。《左氏》昭公二十九年。后因其轻重失宜，且执法者不免上下其手，则必著其轻重。叔向、仲尼之言，乃当时一派议论，不必合于时势也。法不公布，《义疏》亦疑之，见昭公六年。

刑之始，盖所以待异族。古之言刑与今异。汉人恒言“刑者不可复属”，亦曰“断者不可复属”，则必殊其体乃谓之刑，拘禁罚作等，不称刑也。此为刑字之初义，其后自不尽如此，勿泥。然初义仍并行，如《周官》司圜曰“凡圜土之刑人也不亏体，其罚人也不亏其财”是也。亏财盖原于赎刑，本无肉刑，自不得有赎也。《国语·鲁语》：臧文仲言：“大刑用甲兵，其次用斧钺。中刑用刀锯，其次用钻笮。薄刑用鞭朴。大者陈之原野，小者肆之市朝，五刑三次，是无隐也。”陈之原野，指战陈言，可见古以兵刑为一。此《汉书》述兵制，所以犹在《刑法志》中也。《尧典》曰：“象以典刑，流宥五刑，鞭作官刑，朴作教刑，金作赎刑。”象以典刑，盖即《周官》之县法象魏。《周官·天官》太宰：“正月之吉，始和，布治于邦国都鄙，乃县治象之法于象魏，使万民观治象，挟日而敛之。”《地官》作教象，《夏官》作政象，《秋官》作刑象，其文咸同。惟《春官》无文，以其事与民无涉也。魏，阙名，盖以其县象，故称象魏。《左氏》哀公三年："司铎火，季桓子至，御公立于象魏之外，命藏《象魏》曰：旧章不可亡也。""命藏象魏"之魏字，疑涉上文而衍，杜《注》"谓其书为象魏"，非也。其初盖县行刑之状以恐怖人。五刑，即《吕刑》所云墨、劓、腓、宫、大辟。大辟者，臧文仲所谓用斧钺；劓、腓、宫，其所谓用刀锯；墨其所谓用钻窄；官刑、教刑，其所谓用鞭朴；金作赎刑，即《吕刑》之所言也。《吕刑》云："苗民弗用灵，制以刑，惟作五虐之刑曰法。爰始淫为劓、刵、椓、黥。"劓、刵、椓、黥，《书疏》云："欧阳、大小夏侯作膑、宫、劓、割头、庶剠。"见卷二《虞书》标目下，庶字未详。《说文·攴部》："斀，去阴之刑也。《周书》曰刖、劓、斀、黥。"则今本之"刵"乃误字。《书·康诰》之"刑人，杀人，劓刵人"，刑疑刵之误。杀指大辟，刑指宫，《左氏》襄公二十九年，"妇人无刑"，正指宫刑言也。

五刑实自苗民至周穆王，未之有改。除妇人宫刑闭于宫中外，《周官·司刑》郑《注》："宫者，丈夫则割其势，女子闭于宫中。"《吕刑伪孔传》："宫，淫刑也。男子割势，妇人幽闭。"《疏》云："大隋开皇之初，始除男子宫刑，妇人犹闭于宫。"《左氏》僖公十五年杜《注》云："古之宫闭者，皆登台以抗绝之。"余皆殊其体。大辟则并绝其生命，故或称为死，与刑相对，又或称为大刑也。《周官》司刑，有刖而无膑。郑《注》云"周改膑作刖"，未知何据。今《尚书》之剕，《周官》司刑注引《书传》作膑，则二者一字。襄公二十九年《公羊》疏引郑驳《异义》云："皋陶改膑为剕，《吕刑》有剕，周改剕为刖。"其说与《周官注》不合，自当以《周官注》为是。《尔雅·释言》："跳，刖也。"《说文》："腓，跀也。跀，断足也。"皆以腓与跀为一，而郑氏以为二。《说文》又云："髌，厀耑也。"段《注》云："膑者髌之俗，去厀头骨也。跀，汉之斩止。髌者废不能行，跀者尚可着踊而行。《庄子》：兀者叔山无趾踵见仲尼。崔譔云：无趾，故以踵行。是则跀轻于髌。"案郑说恐非是，《庄子·养生主》云：“公文轩见右师而惊曰：是何人也？恶乎介也？曰：天也，非人也。天之生是使独也。”注曰：“介，偏刖之名，偏刖曰独。”《释文》：“介，一音兀，司马云：刖也，向、郭云：偏刖也，崔本作兀，又作趴，云断足也。”《管子·地数》：“苟山之见荣者，谨封而为禁。有动封山者，罪死而不赦。有犯令者，左足入，左足断，右足入，右足断。”即所谓偏刖。则陈乔枞《今文尚书经说考》，谓“跸者去左趾，踋者并去右趾”，其说是也。易言噬嗑灭趾，即此。《玉篇》：“髌，骨也。又去膝盖刑名。”说稍后。《白虎通义·五刑篇》：“腓者，脱其膑也。”此书为后人窜乱太多，恐不足据。郑注《司刑》云：“夏刑大辟二百，膑辟三百，宫辟五百，劓墨各千，周则变焉。”即据《吕刑》《周官》异同为说。其改膑作刖之言，疑亦如此，未必别有所据也。掌戮云：“墨者使守门，劓者使守关，宫者使守内，刖者使守囿，髡者使守积。”则又益一髡。案髡即越族之断发，黥则其文身。苗民在江、淮、荆州，其初盖俘异族以为奴婢，后则本族之犯罪者，亦以为奴婢而侪诸异族，因以异族之所以为饰者施之；后益暴虐，乃至以刀锯斧钺加于人体，而有膑、宫、劓、割头之刑也。刵即馘，其初亦施诸战阵。此疑亦原于越族，越族本有儋耳之习也。《后汉书·南蛮传》述珠崖、儋耳之俗云：“其渠帅贵长耳，皆穿而缒之，垂肩三寸。”《左氏》僖公二十七年，楚子玉治兵，“贯三人耳”。所谓贯耳，亦即穿耳也。《尧典》曰：“帝曰：皋陶，蛮夷猾夏，寇贼奸宄。汝作士。五刑有服，五服三就，五流有宅，五宅三居。”三就即臧文仲所谓三次，五流即所谓流宥五刑。《周官》：司戮：“掌斩杀贼谍而搏之。《注》：“斩以钺，若今要斩也。杀以刀刃，若今弃市也。搏当为膊诸城上之膊，字之误也。膊谓去衣磔之。”案“膊诸城上”，见《左氏》成公二年。斩亦曰斮，见《公羊》成公二年。凡杀其亲者焚之。《注》：“焚，烧也，《易》曰：焚如死如弃如。”《左氏》昭公二十二年，郡肸伐皇，大败，获郡肸，焚诸王城之市。又古刑有烹，《公羊》庄公四年：“哀公亨乎周。”《注》：

"亨，煮而杀之。"即《汉书·刑法志》所谓秦有镬烹之刑者也。《左氏》襄公二十六年，宋亨伊戾。哀公十六年，楚亨石乞。杀王之亲者辜之。《注》："辜之言枯也，谓磔之。"案《荀子·正论》云："斩断枯磔。"《史记·李斯列传》："十公主矺死于杜。"《索隐》："矺音宅，与磔同，古今字异耳，磔，谓裂其肢体而杀之。"杀人者踣诸市，肆之三日。"贼谍即所谓奸宄。士本战士，士师者，士之长，其初皆军官。肉刑又有轘。《周官》条狼氏："誓仆右曰杀，誓驭曰车轘。"《墨子·号令》："归敌者，父母、妻子、同产皆车裂。"然则殊体之刑，初由异族貤及军中，后乃行之平时也。案古死刑又有脯醢。《史记·殷本纪》：纣醢九侯、脯鄂侯是也。《檀弓》："孔子哭子路于中庭，既哭，进使者而问故。使者曰：醢之矣。遂命覆醢。"《左氏》庄公十二年，宋人醢猛获、南宫万。襄公十五年，郑人醢堵女父、尉翩、司齐；十九年，齐人醢夙沙卫。哀公二年，赵简子誓曰："若其有罪，绞缢以戮。"《注》："绞，所以缢人物。"宣公八年，"晋人获秦谍，杀诸绛市，六日而苏"，此必不殊其体，疑即绞杀之也。又炮格之刑，见《吕览·顺民》。高《注》云："纣尝熨烂人手，因作铜烙，布火其下，令人走其上，人堕火而死。"毕校云："烙当作格。"然《列女孽嬖传》亦作烙。此亦焚之类也。《周官》大司徒："凡万民之不服教而有狱讼者，与有地治者听而断之，其附于刑者，归于士。"此刑之初不施诸本族之证。书家有象刑之说，后人多疑之。见《荀子·正论篇》。《汉书·刑法志》本之。案其说曰："上刑赭衣不纯，中刑杂屦，下刑墨幪。"《白帖》引《尚书大传》。又曰："以幪巾当墨。以草缨当劓。以菲屦当刖。以艾鞸当宫。以布衣无领当大辟。"《太平御览》引《慎子》。此即《周官》所谓明刑明梏。明刑，见下。掌囚曰："及刑杀，告刑于王。奉而适朝，士加明梏以适市而杀之。"《注》："士加明梏者，谓著其姓名及其罪于梏而箸之也。"《论衡·四讳》曰："俗讳被刑，不上丘墓。古者肉刑，形毁不全，乃不可耳。方今象刑，象刑重者，髡钳之法也，若完城旦以下，施刑，施，疑当作弛。采衣系躬，冠带与俗人殊何为不可？”则汉世犹行之矣。《玉藻》曰：“垂緌五寸，惰游之士也。玄冠缟武，不齿之服也。”《注》谓：惰游即罢民。不齿，谓所放不帅教者。案《王制》言：“命乡简不帅教者以告，耆老皆朝于庠。元日习射上功，习乡尚齿。大司徒帅国之俊士，与执事焉。不变，命国之右乡简不帅教者移之左；命国之左乡，简不帅教者移之右；如初礼。不变，移之郊，如初礼。不变，移之遂，如初礼。不变，屏之远方，终身不齿。”又曰：“将出学，小胥、大胥、小乐正简不帅教者，以告于大乐正。大乐正以告于王。王命三公、九卿、大夫、元士皆入学。不变，王亲视学。不变，王三日不举，屏之远方：西方曰棘，东方曰寄，终身不齿。”《大学》曰：“惟仁人放流之，屏诸四夷，不与同中国。”中国即国中。古所谓四夷者，去中国本不甚远。《周官》入于圜土而能改过者，反于中国不齿三年，则屏之远方者，未必无还期，还而犹为之刑，则所谓不齿者也，此即《尧典》所谓流宥五刑。语云：教笞不可废于家，则其所谓鞭朴。鞭朴固初施于家，流亦犹之“子放妇出”耳。见《礼记·内则》。知古之待本族者，不过如此而已矣。《唐书·吐蕃传》曰：“重兵死，以累世战殁为甲门。败懦者垂狐尾于首，示辱，不得列于人。”此亦所谓不齿。浅演之群，风俗每相类，知象刑为古所可有，不必惊怖其言若河汉而无极也。

《曲礼》曰：“刑不上大夫。”《五经异义》：“古《周礼》说：士尸肆诸市，大夫尸肆诸朝，是大夫有刑。”案刑不上大夫者，刑之始，乃以为奴婢而侪诸异族，大夫以上不可以为奴，故亦不容施刑也。《公羊》宣公元年云：“古者大夫已去，三年待放。”《解诂》曰：“古者刑不上大夫，故有罪，放之而已。”然则流宥五刑，其初乃所以待贵族。即赎刑亦然。《管子·中匡》曰：“甲兵未足也，请薄刑罚以厚甲兵。于是死罪不杀，刑罪不罚，使以甲兵赎：死罪以犀甲一戟，刑罚以胁盾一戟，过罚以金钧。无所计而讼者，成以束矢。”《小匡》曰:“制重罪入以兵甲犀胁二戟。轻罪入兰盾鞈革二戟。小罪入以金钧。分宥薄罪入以半钧。无坐抑而讼狱者，正三禁之而不直，则入一束矢以罚之。”案《周官》大司寇:“以两造禁民讼，入束矢于朝，然后听之。以两剂禁民狱，入钧金三日乃致于朝，然后听之。”亦以为足兵之谋也。钧，三十斤。《吕刑》之制:墨辟百锾。劓辟惟倍。剕辟倍差。宫辟六百锾。大辟千锾。锾，六两。夏侯、欧阳说，见《周官》职金疏。古二十四铢为两，十六两为斤。则周大辟之罚，以金之重计之，当秦半两钱万，汉五铢钱二万三十余。币价诚不必与金同，然当圜法初立时，民信未孚，往往计金之重以定钱价，相去亦不能甚远。《史记·货殖列传》言:“粜二十病农，九十病末，上不过八十，下不过三十，则农末俱利。”然则周大辟之赎，以汉最上之粜计之，直三百石，夫岂平民所能堪?故知其始，乃所以待贵族也。《礼记·文王世子》:“公族:其有死罪，则罄于甸人。其刑罪，则纤剸，亦告于甸人。”所与庶族异者，亦仅“无宫刑”而已矣。《周官》:王之同族与有爵者不即市，刑杀于甸师氏，见天官甸师、秋官小司寇、掌囚、掌戮。此刑法之渐峻，而亦等级之渐平也。

《孟子·梁惠王》下，言文王之治岐也，“罪人不孥”。《左氏》昭公二十年，苑何忌引《康诰》，亦曰“父子兄弟，罪不相及”。而《书·甘誓》《汤誓》，皆有“孥戮”之文。《汤誓》郑《注》引《周官》“男子入于罪隶，女子入于舂藁”。见《疏》。《费誓》云:“女则有无余刑，非杀。”《疏》引王肃云:“父母、妻子、同产皆坐之，入于罪隶。”又引郑玄云:“谓尽奴其妻子，在军使给厮役，反则入于罪隶舂藁。”然则孥戮之始，乃军刑也。《史记·秦本纪》:文公二十年(前746年)，“法初有三族之罪”。《集解》引张晏曰:“父母、兄弟、妻子”，即王肃之说，盖以军刑施之平时也。商君“令民为什伍，而相收司连坐”，《史记》本传。世皆以为暴政。然《周官》族师职云:“五家为比，十家为联。五人为伍，十人为联。四闾为族，八闾为联。

使之相保相受，刑罪庆赏，相及相共。”比长职云：“五家相受，相和亲，有罪奇邪则相及。”邻长职云：“掌相纠相受。”士师职云：“掌乡合州党族闾比之联，与其民人之什伍，使之相安相受，以比追胥之事，以施刑罚庆赏。”《墨子·尚同》引《大誓》云：“小人见奸巧，乃闻不言也，发罪钧。”《繁露·王道》曰：“梁使民比地为伍，一家亡，五家杀刑。”《公羊解诂》说同。见僖公十九年。皆相收司连坐之法也；其非起于商君，审矣。古居民有两法：一什伍之制，与军制相应。一邻朋之制，与井田相应。什伍之民服兵役，井地之民初不为兵，观第二第五两节可明。然则邻比相坐，其初亦军法也。

父子兄弟，罪不相及，然谋叛者往往族诛，则以此为两族之争，犹之两国交战，非复干犯法禁之事也。部族林立之时，有怨惟自相报。故《书》有“非富天下，为匹夫匹妇复仇”之义。见《孟子·滕文公下篇》。上文引《书》曰“葛伯仇饷”，故知此为《书》说也。其后虽有国法，此风仍不能绝。君父、师长、朋友、昆弟复仇之隆杀，礼文明著等差。《礼记·曲礼》：“父之仇，弗与共戴天。兄弟之仇不反兵。交游之仇不同国。”《注》云：“交游，或为朋友。”《檀弓》：“子夏问于孔子曰：居父母之仇如之何？夫子曰：寝苫，枕干，不仕，弗与共天下也。遇诸市朝，不反兵而斗。曰：请问居昆弟之仇如之何？曰：仕，弗与共国。衔君命而使，虽遇之不斗。曰：请问居从父昆弟之仇如之何？曰：不为魁，主人能，则执兵而陪其后。”《大戴礼记·曾子制言上》：“父母之仇，不与同生。兄弟之仇，不与聚国。朋友之仇，不与叙乡。族人之仇，不与聚邻。”《公羊》庄公四年《解诂》：“礼：父母之仇，不同戴天。兄弟之仇，不同国。九族之仇，不同乡党。朋友之仇，不同市朝。”《周官》：调人凡和难：父之仇，辟诸海外。兄弟之仇，辟诸千里之外。从父兄弟之仇，不同国。君之仇视父，师长之仇视兄弟，主友之仇视从父兄弟。且有“不讨贼非臣，不复仇非子”之义。《公羊》隐公十一年，子沈子曰：“君弑，臣不讨贼，非臣也；不复仇，非子也！

《春秋》，君弑，贼不讨，不书葬，以为不系乎臣子也。”此犹以义理言之。《管子·大匡》曰：“君谓国子：凡贵贱之义，入与父俱，出与师俱，上与君俱，凡三者，遇贼不死，不知贼，则无赦。”则并明著刑诛矣。《公羊》隐公四年：“卫人杀州吁于濮。其称人何？讨贼之辞也”。《解诂》曰：“明国中人人得讨之，所以广忠孝之路。”此即《檀弓》邾娄定公言“臣弑君，凡在官者杀无赦；子弑父，凡在宫者杀无赦”之义；所以激厉臣子之复仇者至矣。《周官》有调人，亦不过禁其不直，使之相辟而已，不能迳绝之也。调人职云：“凡过而杀伤人者，以民成之，鸟兽亦如之。凡和难者，皆使之辟。弗辟，然后予之瑞节而以执之。凡杀人，有反杀者，邦国交仇之。凡杀人而义者，不同国，令弗仇，仇之则死。凡有斗怒者，成之。不可成者则书之。先动者诛之。”又朝士云：“凡报仇仇者书于上，杀之无罪。”皆所以限制复仇，稍杀私斗之祸者也。《注》引郑司农云：“成之，谓和之也。和之，犹今二千石以令解仇怨，后复相报，移徙之。”则汉世犹有其法矣。《公羊》大复百世之仇，亦必以“上无天子，下无方伯”为限。又曰：“父不受诛，子复仇可也。父受诛，子复仇，推刃之道。”又曰：“复仇不除害，朋友相卫而不相迿。”皆此义。见庄公四年、定公四年。部族之外，使其自相报，则部族之内相残杀，自非所问。《白虎通义·诛伐篇》曰：“父杀其子当诛。”即因其时父杀子之事甚多故也。《左氏》成公三年，知罃对楚子曰：“首其请于寡君，而以戮于宗，亦死且不朽。”昭公二十一年，宋华费遂曰：“吾有谗子而弗能杀。”皆父得专杀其子之证。

《说文》曰：“廌，解廌，兽也。似山牛，一角。古者决讼，令触不直者。”段《注》删“山”字，云：“《玉篇》《广韵》及《太平御览》引皆无。”然又引《论衡》云：“獬豸者，一角之羊，性识有罪。皋陶治狱，有罪者令羊触之。”案《墨子·明鬼》云：“齐庄君之臣，有王里国、中里徼者，讼三年而狱不断。乃使人共一羊，盟齐之神社。读王里国之辞，既毕矣。读中里徼之辞，未半也，羊起而触之，殪之盟所。”此羊即解廌之流。山牛二字，疑羊字之误分，《篇》《韵》《御览》删之，亦未是也。《诗·何人斯》云：“取彼谮人，投畀豺虎。豺虎不受，投畀有北。有北不受，投畀有昊。”盖皆所谓神断之流，其详已不可考矣。至后世之听断，则有狱讼之别。“争罪曰狱，争财曰讼”，《周官》大司徒郑《注》。又大司寇《注》云：“讼，谓以资财相告者。狱，谓相告以罪名者。”颇近今日刑民事之分。其听断之官，则有属于地官者，有属于秋官者。属于地官者，所谓地治者是也。属于秋官者，有乡士掌国中，遂士掌四郊，县士掌野，方士掌都家，讶士掌四方之狱讼。地官本以教为主，故其所治者，亦以不服教为重。其所施者，至圜土嘉石而止。地官司救：“掌万民之邪恶过失而诛让之，以礼防禁而救之。凡民之有邪恶者，三让三罚，而士加明刑，耻诸嘉石，役诸司空。其有过失者，三让而罚，三罚而归于圜土。”《注》：“罚，谓挞击之也。明刑，去其冠饰，而书其邪恶之状，著之背也。”大司寇：“以圜土聚教罢民，凡害人者，置之圜土，而施职事焉。以明刑耻之。其能改过，反于中国，不齿三年。其不能改而出圜土者杀。”司圜：“掌收教罢民。凡害人者，弗使冠饰而加明刑焉。任之以事而收教之。能改者，上罪三年而舍，中罪二年而舍，下罪一年而舍。其不能改而出圜土者杀。虽出，三年不齿。”大司寇职又云：“以嘉石平罢民，凡万民之有罪过，而未丽于法，而害于州里者，桎梏而坐诸嘉石，役诸司空。重罪旬有三日坐，期役。其次九日坐，九月役。其次七日坐，七月役。其次五日坐，五月役。其下三日坐，三月役。使州里任之，则宥而舍之。”案圜土嘉石之法，盖初属司徒，后乃移于司寇。故其所治，为未丽于法而害于州里者。使州里任之，则宥而舍之。其后移于司寇者?《墨子·尚贤》云：“昔者傅说居北海之洲，圜土之上，衣褐带索，庸筑于傅岩之城。”盖使之作苦于边竟，故言能改则反于中国。庸作于边竟，当与兵事有关，故又属司寇也。涉刑杀之罪，皆属秋官。《吕刑》：“王曰：嗟四方司政，典狱。”司政盖指司徒之属，司狱指司寇之属。《王制》

曰："成狱辞，史以狱之成告于正。《注》："正，于周乡师之属。"正听之。正以狱之成告于大司寇，大司寇听之棘木之下。大司寇以狱之成告于王。王命三公参听之。三公以狱之成告于王。王三又，《注》："又当作宥。"然后制刑。"其说亦与《周官》同也。此为人民之狱讼，其贵人之狱讼，则人君自听之，如《左氏》载王叔之宰，与伯舆之大夫，坐狱于王庭；案见襄公十年。叔孙昭子朝而命吏曰"婼将与季氏讼"是也。案见昭公十二年，说本崔氏述。见《丰镐考信别录》。下不能断之狱，亦可上于朝，如昭公二十八年，梗阳人有狱，魏戊不能断，以狱上是也。《周官》讶士："掌四方之狱讼，谕罪刑于邦国。凡四方之有治于士者造焉。四方有乱狱，则往而成之。"则审断之权，稍集于中枢矣。又有此国之臣，讼于彼国者。如《左氏》文公十四年，周公与王孙苏讼于晋；王叔陈生与伯舆之争，亦讼于士匄是也。此则古者有土之君，于其上皆非纯臣，犹之两小国讼于大国，如郑与许讼于楚，卫侯与元咺讼于晋。事涉外交，非复可以国法论矣。

古断狱有与后世大异者，重意是也。《春秋繁露·精华篇》曰："《春秋》之听狱也，必本其事而原其志。志邪不待成，首恶者罪特重，本直者其论轻。折狱而是也，理益明，教益行。折狱而非也，闇理迷众，与教相妨。教，政之本也。狱，政之末也。其事异域，其用一也，不可以不相顺，故君子重之也。"盖事之善恶，判于意之善恶。古之明刑，将以弼教，非如后世徒欲保治者之所谓治安及其权利，故其言如是也。《王制》曰："凡听五刑之讼，必原父子之亲，立君臣之义以权之。意论轻重之序，慎测浅深之量以别之。悉其聪明，致其忠爱以尽之。"即《繁露》所谓"本其事而原其志"者也。"孟氏使阳肤为士师。问于曾子。曾子曰：上失其道，民散久矣。如得其情，则哀矜而勿喜。"《论语·子张》。谓本其事，原其志，则所见之善恶，与徒观其表者不同也。"子曰：听讼，吾犹人也。必也，使无讼乎？无情者不得尽其辞，大畏民志，此谓知本。"《大学》。谓断狱者能推原人之本心，则人不敢怀恶意，而风俗因之而淳，所谓与教相顺者此也。此等议论，今人必以为迂，然如今日之所谓司法者，明知其意之恶而弗能诛，明知其意之善而弗能救，愈善讼之人，其心愈不可问。以维持治者之所谓治安，及其权利则得矣，于社会公益何有焉？则古人所言，正未可以深讥也。然此非徒听讼者之咎也，社会风气之变迁则为之。《王制》曰："有旨无简，不听。"注："简，诚也。"案盖指事状。又曰："凡执禁以齐众，不赦过。"此为不重意而重事之渐。盖风俗稍偷，人藏其心，不可测度，而折狱者亦不必皆公正，徒据其意，不足服人，乃不得不侧重于事也。《王制》又曰："必三刺。"三刺者，"一曰讯群臣，二曰讯群吏，三曰讯万民"。《周官》小司寇及司刺，咸有其文。孟子曰："左右皆曰可杀，勿听，诸大夫皆曰可杀，勿听，国人皆曰可杀，然后察之，见可杀焉，然后杀之。"《梁惠王下》。左右即群臣，诸大夫即群吏，国人即万民，盖古自有此法，非作《周官》《王制》者之億说也。司刺，掌三刺、三宥、三赦之法。三宥者？一宥曰不识，再宥曰过失，三宥曰遗忘。三赦，一曰幼弱，再曰老旄，三日惷愚。亦诚本其事而原其意，非貌为宽大也。欺法吏于一时易，蔽万人之耳目难。"疑狱泛与众共之，众疑赦之"，亦《王制》文。意正在此，此亦犹选举之重乡评也。然亦惟风气淳朴之世为可行。若在后世，则有愈兼听并观，而愈益其惑乱者矣。故凡制度之实，未有不随社会为变迁者也。《庄子》所谓藏舟于壑，夜半，有力者负之而走也。

《说文·豸部》："豻，胡地野狗。"其或体从犬。引《诗》曰宜犴宜狱。今《毛诗》作豻，《释文》云：《韩诗》作犴，云乡亭之系曰犴，朝廷曰狱。㹜部："狱从犬言，二犬所以守也。"此最古之监狱也。《周官》掌囚："掌守盗贼，凡囚者，上罪梏拲而桎。中罪桎梏。下罪梏。王之同族拲，有爵者桎，以待弊罪。"《注》："郑司农云：拲者，两手共一木也。桎梏者，两手各一木也。玄谓在手曰梏，在足曰桎。

中罪不拲。手足各一木耳。下罪又去桎。王同族及命士以上，虽有上罪，或拲或桎而已。”《易·噬嗑》，初九，“屦校灭趾”。上九，“何校灭耳”。《说文》:“校，木囚也。”段《注》云:“屦校，若今军流犯人新到箸木靴。何校，若今犯人带枷也。”又《坎卦》上六:“系用徽纆，置于丛棘。”纆，《说文》作縄，云“索也”。《论语·公冶长》:“虽在缧绁之中。”《集解》引孔曰:“缧，黑索；绁，挛也，所以拘罪人。”盖即縄也。《左氏》哀公八年:“邾子又无道，吴子使大宰子余讨之，囚诸楼台，栫之以棘。”《注》:“栫，雍也。”此即所谓置于丛棘也。《周官》大司马，“以九伐之法正邦国，暴内陵外侧坛之”，即所谓囚诸楼台者，合僖公十五年杜《注》，“古之宫闭者，皆登台以抗绝之”之文观之，可见古者拘系之制。观《周官》圜土之文，又可想见既有宫室后监狱营造之法。《管子·小匡》:“遂生束缚而柙以予齐。”此则所谓槛车也。

第十五章　宗教学术

第一节　文　字

人何以灵长万物？曰智。然一太古之人之智，与高等动物相去果几何？则难言之矣。然则人之能灵长万物也，非以其独智，而实以其能群。何则？动物无语言，即有之，亦与人类相去悬绝。前辈之所得者，不能付诸后辈，事事须从头学起，故其所得殊浅，而人则不然也。文字者，赋语言以形者也。自有文字，而语言之所及愈广，其传之亦愈久矣。谓文字之作，为人类演进中一大事，诚不诬也。

夫如是，则语言文字，必为社会之公器。其成也，实由无数人通力合作，今日造一语，明日造一语，此人造一字，彼人造一字，积之久而其数乃有可观。谓有一人焉，创制文字，颁诸全群，使人遵用，于理必不可通。然今之言文字者，尚多怀此等见解。仓颉造字之说，童稚皆知，即通人硕儒亦罕能正其缪，或且为之推波助澜焉。庸讵知此说本非古之所有，而出于后人之附会乎？

《易·系辞传》曰："上古结绳而治，后世圣人易之以书契，百官以治，万民以察。"此但言文字之用而已，未尝及其创造也。《汉书·艺文志》祖之。《荀子·解蔽》曰："故好书者众矣，而仓颉独传者壹也。"亦以仓颉为好书之人，而非作书之人。《吕览·君守》曰："仓颉造书。"则堕古人附会之习，以善其事者为始创之人矣。《诗·何人斯正义》引《世本》云"暴辛公作埙，苏成公作篪"，即此类。降逮汉儒，附会弥甚。许慎《说文解字序》曰："古者庖牺氏之王天下也，仰则观象于天，俯则观法于地；观鸟兽之文，与地之宜；近取诸身，远取诸物；于是始作《易》八卦，以垂宪象。及神农氏，结绳为治，而统其事。李鼎祚《周易集解》引《九家易》曰："古者无文字。其有约誓之事，事大大其绳，事小小其绳，结之多少，随物众寡。各执以相考，亦足以相治也。"《书序疏》引郑《注》亦云："为约事大大其绳，事小小其绳。"《系辞传疏》引则作："事大大结其绳，事小小结其绳。"庶业其繁，饰伪萌生。黄帝之史仓颉，见鸟兽蹄迒之迹，知分理之可相别异也，初造书契。百工以乂，万品以察。"仓颉，汉人传说多以为古帝。仓颉为黄帝史官，后儒多以为出于《世本》，其实《世本》无是言，而出于宋衷之注，见《路史》。《路史》引《春秋演孔图》及《春秋元命苞》，叙帝王之相云"仓颉四目，是谓并明"，与颛帝、帝喾、尧、舜、禹、汤、文、武并举。《河图玉版》云："仓颉为帝，南巡狩，登阳虚之山，临于玄扈。洛汭之水，灵龟负书，丹甲青文以授。"《河图说征》云："仓帝起，天雨粟，青云扶日。"亦见《洛书说河》。《春秋河图》《揆命篇》云："苍、羲、农、黄，三阳翊天德圣明。"皆不以为人臣。《淮南子·本经训》云："昔者苍颉作书而天雨粟，鬼夜哭。"与《河图说征》同。《修务训》云"史皇产而能书"，亦见《随巢子》。皆无史官之说也。熹平六年（177年）《仓颉碑》云："天生德于大圣，四目重光，为百王作宪。"尚与《演孔图》《元命苞》同。许独以为黄帝史者，纬书言三皇无文。《周官·外史注》引《孝经纬》云："三皇无文，五帝画象，三王肉刑。"《公羊》襄公二十九年《解诂》引《孝经说》云："孔子曰：三皇设言民不违，五帝画象世顺机，三王肉刑揆渐加，应世黠巧奸伪多。"此本指文法，汉儒附会，因以为文字，司文字者为史官，遂億说仓颉为黄帝史矣。其言伏羲、神农，盖沿《易传》之旧，以见庶业其繁，其来有渐，非谓垂宪、结绳，与造字有关涉也。自《尚书·伪孔传》出，欲以羲、农、黄帝为三皇，少昊、颛顼、高辛、唐、虞为五帝，乃谓三皇之书，名曰三坟，五帝之书，称为五典。见《伪孔传序》，参看第六章第一节。于是文字之作，远在伏羲之时；画卦，造文，二事并为一谈矣。要皆无征不信之辞也。

文字至后世，所以代表语言，而其初起也，则与语言同表物象。《檀弓》曰："孔子之丧，公西赤为志焉。""子张之丧，公明仪为志焉。"《注》曰："志，为章帜。"此即《礼运》"大道之行也，与三代之英，丘未之逮也，而有志焉"之"志"。《注》曰："志为识。"志、识、帜实同字也。此即许《序》所谓"鸟兽蹄迒之迹，分理可相别异"者。知文字之起，实与图画同原也。此等字即六书中之象形、指事字，物固多无形可象，无事可指者，欲举一切字，一一以象形、指事之法造之，虽神圣有所不能，即能之，其字亦将繁不可识。且以文字语言，同表意象者，终必进至以语言表意象，文字表语言，此六书之中，形声字之所以独多也。许《序》曰："仓颉之初作书，盖依类象形，故谓之文。其后形声相益，即谓之字。"象形为文，指事、会意、形声皆字。指事旧以为独体之文，实误也。许说指事曰："视而可识，察而见意。"其说未甚明了。其所举之例，又仅上下二字。次于许君者为卫恒。其说曰："在上为上，在下为下。"其言弥不可解。今案卫恒而下，说指事最古者，莫如贾公彦。公彦《周官疏》曰："人在一上为上，人在一下为下。"知今所传四体书势，实有夺文。篆文上下二字，皆当从人从一，今本篆形实讹也。六书之说，议论纷繁，欲知其略者，可参看拙撰《字例略说》。商务印书馆本。许书明指为指事者，惟上下二名，即会意字亦寥寥无几，而惟形声独多。此乃事势之自然，凡造字者皆遵循焉而莫能外，所谓百姓与能者也。又有所谓转注者，盖因言语迁变，双声相演，迭韵相迤，而为之别制一字，此乃文字孳乳之由，实非造字之法。假借则字异声同，就固有之字以为用，而不别造；即已造者，亦或废之；所以灭文字之数，省刟识之劳者也。六书之名，见于《周官》保氏。郑司农以象形、会意、转注、处事、假借、谐声说之。其实保氏所谓六书，即《汉志》所谓六体，犹今日篆刻题署，字各有体，非造字之六法也。许氏及先郑所言六书，亦见于《汉书·艺文志》。《汉志》曰："古者八岁入小学，故《周官》保氏，掌养国子，教之六书。谓象形、象事、象意、象声、转注、假借，造字之本也。汉兴，萧何草律，亦著其法，曰：大史试学童，能讽书九千字以上，乃得为史。又以六体试之，课最者以为尚书、御史、史书令史。吏民上书，字或不正，辄举劾。六体者，古文、奇字、篆书、隶书、缪篆、虫书，皆所以通知古今文字，摹印章，书幡信也。"惟保氏所教与太史所试是一，故云亦著其法。夹入"谓象形者"十八字，岂不与下六体者云云相矛盾乎？故知此十八字必后人窜入也。许《序》云："秦书有八体：一曰大篆，二曰小篆，三曰刻符，四曰虫书，五曰摹印，六曰署书，七曰殳书，八曰隶书。"隶之初兴，与篆实非二体，见下。大小篆之名，许《序》始有，《汉志》尚称秦篆，知其不能别为二体。八体去大小篆，即仍为六体矣。书体分为六种，盖自古相沿，迄于亡新，未之有改也。许氏及先郑六书之说，盖兴于两汉之间，乃研求文字条例者之所为。前此说字者，如许书所引一贯三为王、推十合一为士之类，多借以说义理，本非说字，然亦可谓为造字之一端。即会意字。象形指事之理，亦浅而易见。形声尤人人所知。即转注、假借之理，亦非人所不能晓。旧盖本有此等说，特于文字条理，莫或措意，则亦等闲视之。逮两汉间，研求文字条例者出，乃荟萃旧说，立为六书之目也。吾国字书：汉初以秦李斯所作之《仓颉篇》，赵高所作之《爰历篇》，胡母敬所作之《博学篇》为《三仓》。其后扬雄作《训纂篇》。班固作《十三章》。和帝永元中，郎中贾鲂又作《滂喜篇》。梁庾元成云：《仓颉》五十五章为上卷，扬雄作《训纂》记《滂喜》为中卷，贾升郎更续记《彦均》为下卷，人称为三仓。江式亦云：是为三仓。扬雄《训纂》，终于滂喜二字；贾鲂用此二字为篇目，而终于彦均二字；故庾氏云扬记《滂喜》，贾记《彦均》。《隋志》则云扬作《训纂》，贾鲂《滂喜》，其实一也。自《仓颉》至《彦均》，皆四言。又有司马相如之《凡将篇》，七言，史游之《急就篇》，前多三言，后多七言。惟李长之《元尚篇》无考。段玉裁说，见《说文解字序注》。盖教学童识字，实以韵语便讽诵者为易，故历代字书，体例皆然。史籀为周时史官教学童书，体例亦不得有异。然则以字形分别部居，实始许慎之《说文解字》。此可见西汉以前，治文字者率多识其形、音、义以应用，而于造字之法，初不究心；至西汉之末，始有留意于此者也。

文字改易之剧，增加之多，盖皆在东周之世。许《序》言“五帝三王之世，改易殊体”，此固势所必然。然其时文字之用尚少，变迁当不甚速，故人不以是为病。至于东周之世，则不然矣。子曰：“吾犹及史之阙文也，有马者借人乘之，今亡已夫！”《论语·卫灵公》。班《志》许《序》皆引之，说以“是非无正，人用其私”，其说盖是。盖前此文字之用少，故率旧而已足。此时文字之用多，昔时未著简牍者，一一须笔之于书，既为旧文所无，自不得不以意造作。正犹今日译书而欲造新名，问之老师宿儒亦无益，故不复阙文待问。此亦事理宜然，孔子之言已为不达。许《序》又云：七国之时，“言语异声，文字异形”，则尤附会失实矣。音读本有楚、夏之殊，《荀子》谓“居夏语夏，居楚语楚”。《孟子》曰：“一齐人傅，众楚人咻，虽日挞而求其齐，亦不可得。”又诋许行为“南蛮鴃舌之人”。知南北语音不同，由来甚旧。然其异，亦不过如今日之方言而已。《说文·牛部》：“犊，黄牛虎文，读若涂。”王氏筠谓“《左氏》楚人谓虎于菟，《释草》蒤虎杖，皆与犊同音。”又口部：“咷，楚谓儿泣不止曰噭咷。”亦与《易》“先号啕而后笑”同。《左氏》：“吴人获卫侯，卫侯归，效夷言。”必其言语本无大异，乃能暂闻而即效之。《谷梁》：“吴谓善伊，谓稻缓。”《说文》：“沛国谓稻曰稬。”此即今日之糯字，北方亦无异言也。何待七国之世？所谓文字异形者，其理亦与孔子谓时人不肯阙文同，一由增造者之多，一亦由旧字形音义渐变，又或此用本文，彼行借字，遂觉其不相合。至于旧有习熟之文，彼此必无同异，故《中庸》言“今天下书同文”也。许《序》云：“秦始皇帝初兼天下，丞相李斯乃奏同之，罢其不与秦文合者。”此即《史记·秦始皇本纪》二十六年所谓“书同文字”。所罢者盖即此等字。然此令能行之官狱间，已侈矣。民间日用，必非其力之所及。许《序》又云：“李斯作《仓颉篇》，中车府令赵高作《爰历篇》，太史令胡母敬作《博学篇》，皆取史籀大篆，或颇省改，所谓小篆者也。”皆取者，殆于尽取之辞，或颇者，偶或有之之谓。今籀文见于许氏书者，不过二百二十余，岂有周时教学童之书，数止于此之理？则知许书不著其异者，籀文皆同小篆也。《汉志》言闾里书师，合《仓颉》《爰历》《博学》三篇，断六十四字以为一章，凡五十五章，合为《仓颉篇》。又云：《训纂篇》顺续《仓颉》，又易《仓颉》中重复之字，凡八十九章。臣复续扬雄作十三章，凡一百二章，无复字。然则《仓颉》《爰历》《博学》三篇，合复字仅三千三百，扬雄、班固所增者，三千六十有七字，许书九千三百十三字，又增三千有十三。岂皆汉人新造？盖李斯之所奏罢者，实无不存于许书中矣。然则所谓奏罢者曷尝能罢？而亦曷尝见为异形而不可识乎？故知汉时古学家之言，无一非支离灭裂之谈也。

孔子病史不阙文，许《序》言七国时文字异形，此指字体言之。许《序》又云：秦时“官狱职务繁，初有隶书，以趣约易”，此指笔画形状言之。秦隶传于后世者，皆平直无波势，即挑法。世多误以为篆，西汉犹沿用之。至东汉，乃有挑法者，谓之八分，亦谓之楷法，用之铭石等事。其寻常记识所用，则仍平直无波势。谓之章程书，亦曰正书。对行草之名也，又曰真书。魏、晋以降，工正书者，史多称其善隶书，实以八分变秦，而正书则仍秦之旧也。隶之初，盖篆书之率易者。卫恒《四体书势》，谓秦令隶人佐书，故曰隶书。此犹今日令不能作书者为钞胥，所作之字，遂不得尽如法耳。本为工拙之异，绝非体制之殊。乃蔡邕《圣皇篇》云："程邈删古立隶文。"后人多从之，一若别为一体，有其创制之人者，则又许《序》所不言，而传讹弥甚者也。许《序》述亡新六书云："三曰篆书，即小篆，秦始皇帝使下杜人程邈所作也。"论者多以为非。若知隶之初兴，与篆本无大别，则此语原不为误也。

最可怪者，许《序》谓"秦烧灭经书，涤除旧典"，"初有隶书，以趋约易，而古文由此绝矣"。所谓古文者，果何种文字邪？许《序》曰："亡新居摄，使大司空甄丰等校文书之部，自以为应制作，颇改定古文。时有六书：一曰古文，孔子壁中书也。二曰奇字，即古文而异者也。""壁中书者，鲁共王坏孔子宅，而得《礼记》《尚书》《春秋》《论语》《孝经》。又北平侯张苍献《春秋左氏传》。郡国亦往往于山川得鼎彝，其铭即前代之古文，皆自相似。"然则古文原本，不外三端：一孔壁所得书，二张苍所献书，三鼎彝之铭也。今许书实无一鼎彝中字，以后世所得鼎彝之文，案许书之字，又多不相仇，故吴大澂谓郡国所出鼎彝，许氏实未之见。《说文古籀补序》。张苍献书，不见《史记》本传，观于孔壁得书事之子虚乌有，其说亦殆不足信。孔壁得书一役，市三成虎，几成信史矣。然核其实，则皆子虚乌有之谈也。说见拙撰《中国文字变迁考》及《燕石札记》中《孔壁》条。今更言其略。则此事惟见《汉书·艺文志》《景十三王传》及《楚元王传》中刘歆《移太常博士书》。《景十三王传》，初言共王好治宫室，下不接叙坏壁得书事，直待述其后嗣既竟，乃更补叙，沾缀之迹显然。《志》云：武帝末，共王坏孔子宅。共王之年，实不及武帝末也。汉时，邹、鲁为文学之邦、孔子故居，尤儒生所荟萃。孔子宅果见坏，坏孔子宅果得古文经传，自为当时一大事，安得他处别无散见之文，而惟见此三篇中乎？况此三篇，《移太常博士》本刘歆之言，《志》亦本诸歆之《七略》者邪？秦有天下仅十五年，汉高帝诛项籍，举兵围鲁，鲁中诸儒，尚讲诵，习礼乐，弦歌之音不绝，然则秦汉之间，鲁实未尝破坏。孔襄为孝惠帝博士，孝惠之立，距秦之亡一纪耳，孔壁藏书非少，不应至汉初遂无知者也。此皆不待深求，衡以寻常事理，而即知其不可通者也。然则所谓古文，盖即新室之所改定者耳。奇字则其不能说以六书条理者也。《汉志》云:“元始中，征天下通小学者以百数，各令记字于庭中，扬雄取其有用者，以作《训纂篇》。”“有用”二字，最可玩味。雄书合《仓颉》《爰历》《博学》，凡五千三百四十名，少于《许书》者尚三千有余。自皇古以来，字之孳乳寖多者，自不止此。雄盖取日用所急，以为字书，余则弃置之。亡新制作，又颇取之，以改旧所谓六书者耳。今许书中所载古文奇字，数实寥寥无几。亡新六书所有，或当不止此数。然亦必不能甚多。何则？郑玄注《仪礼》，备著今古异文，数亦寥寥无几也。故知自先秦至于汉世，文字实一线相承。其随岁月而变迁，新者渐增，旧者渐废，其情形，亦必与后世无以异。自汉人妄夸其所谓古文经，后遂有谓孔壁得书，时人莫能读，必待以已通诸篇，与之校雠，乃可得多通十六篇者。说愈神奇，而其去情实亦弥远矣。其罅隙至易见也，乃世竟莫之能发，为所惑者几二千年，岂不异哉？近世王国维作《汉代古文考》，谓周、秦间东西文字有异，西方秦人所用者，即籀文。东方六国所用者，则体势殊异，即许《序》谓孔子书六经，左丘明作《春秋传》所用也。司马迁云：秦拨去古文。扬雄云：秦刬灭古文。许慎云：古文由秦绝。秦灭古文，史无明文，有之惟一文字与焚诗书二事，盖其所焚者，即用此等文字之书。故汉人所谓古文者，即六国之文也。此说羌无证据。王氏乃谓“《史籀》一书，秦人作之以教学僮，而不传于东方诸国”。又谓“六艺之书，行于齐、鲁，爰及赵、魏，而未尝流布于秦”。又谓“秦行峻法以同文字，民间日用非秦文不得行”。“十余年间，六国文字，遂遏而不行”。凿凿言之，几于臆造史实矣。详见拙撰《中国文字变迁考》。

作书之具，昔人所用者，有竹木二种。木曰牍，亦曰版，又曰方。版长尺，《玉海》。故曰尺牍。小者曰札。《汉书·郊祀志注》：

“札，木简之薄小者也。”亦曰牒。《说文》牒札互训。大者曰椠。《释名》：椠长三尺。方而有八角，或八面或六面可书者曰觚。《急就篇注》。亦曰棱。《史记·酷吏列传注》：“觚八棱有隅者。”刻木以记事曰契。《汉书·古今人表注》。分而为二亦曰券。《曲礼》曰：“献粟者执右契。”《老子》曰：“执左契而不责于人。”《史记·田敬仲世家》言：“公常执左券。”盖以右为尊，故自执其左也。竹曰简，亦曰策，《仪礼·既夕礼疏》曰：“编连为策，不连为简。”此乃对文则别，若散文则简策通称也。其编之也以韦，故《史记》言孔子读《易》，韦编三绝。《孔子世家》。书于简牍以漆，误则以刀削去，故曰“笔则笔，削则削”。《孔子世家》。《曲礼疏》云：“削，书刀。”则刀亦可称削也。此为寻常所用。欲传诸久远者，则刻诸金石。又有书之于帛者，则后世用纸之渐也。《说文》：“纸，絮也。”纸本缣素之名。后世物虽殊，名则仍其旧耳。

第二节　古代宗教学术（上）

古代之文明在宗教，后世之文明在学术；学术主智，宗教主情；此人之恒言也。然学术宗教，亦无判然之界。无论何等宗教，莫不各有其理。世之诋为迷信者，谓其所谓理，无当于学术之家所谓理耳。然理无穷而境有限，后人之所谓理者，易一境焉，亦岂得谓为是？而古人之所谓理者，在彼其时，亦安得谓之非邪？学术虽云主智，然其从事研求，亦必出于好尚。好之深，斯信之笃；信之笃，斯执之固。世固有弃禄利，冒危难，齐死生，以申其所信者矣。与教徒之殉教，亦何以异？故曰：二者无判然之界也。

邃初之民，知识浅陋，外物情状，概非所知。不特动物，即植物、矿物，亦皆以为有神灵而敬畏之。于是有所谓拜物之教焉。其愚昧诚若可哀，然高等之宗教，实道原于是。何则？以为万物皆有神灵，寖假其神灵又可以离其身而独存，不特无形之鬼神由是而立，即泛神、无神之论，实亦隐伏于是也。人之谓神灵可离其体而独存也，盖由于梦与死。明明卧而未动也，而忽有所周历，所见闻；犹是四肢百骸也，而忽焉失其知觉运动；则以为知觉运动，必别有物焉以为之主，而其物且可离体而独存矣。其为物不可见也，则设想以为极微之气。微则轻，轻则浮游自如，乃状其细缊之态而谓之魂。魂去则形体块然不可知，同于月之失其明而不可见，则谓之为魄。其实月魄之魄，当由魂魄之魄引伸。《墨子》曰："有天鬼，亦有山水鬼神者，亦有人死而为鬼神者。"《明鬼下》。可见古谓凡物皆有神灵，不独人，并不独生物。《国语·鲁语》：仲尼曰："木石之怪曰夔、罔两，水之怪曰龙、罔象。"《左氏》宣公三年《疏》引贾逵说，谓"罔两、罔象，有夔龙之形而无实体"，此即神灵之离体而独立者也。《中庸》曰："鬼神之为德，其盛矣乎！视之而不见，听之而不闻，体物而不可遗。使天下之人，齐明盛服，以承祭祀。洋洋乎，如在其上，如在其左右。"此为泛神论中精粹之言，然溯其原，固由罔两、罔象等见解蜕化而出也。

《郊特牲》曰："祭有祈焉，有报焉，有由辟焉。"《注》。"由，用也。辟读为弭，谓弭灾兵，远罪戾也。"人之自媚于神，其意不外此三端而已。所以自媚者，必本诸身之所欲以为推。《尔雅》曰："祭天曰燔柴，祭地曰瘗埋，祭山曰庪县，祭川曰浮沉，祭星曰布，祭风曰磔。"《释天》。皆以神所好之物奉之也。盖人之所急，莫如饮食，则以为神亦然，故曰"神嗜饮食"，《诗·小雅·楚茨》。又曰："鬼犹求食。"《左氏》宣公四年。神之所在，虽不可知，然以恒情度之，则多谓在辽远之处，如《招魂》之于远方是也。然有可招而致之者，尸是也。尸与巫同理。古盖谓神可降于人身。所异者，巫能知神所在而致之，尸则无是术，只能听神之来降耳。祭人鬼必以同姓为尸，且必以孙行，盖由古有半部族之制，父子为异部族人，祖孙则同部族也。见第十一章第二节。古祭天地、社稷、山川、五祀等皆有尸，不问同异姓，卜吉则为之。《公羊》说：祭天无尸，《左氏》有，见《曲礼疏》。祭殇无尸，所谓阴厌、阳厌，见《曾子问》。足见可附丽于人身者，不独人鬼也。巫与尸之降神，皆一时事，在平时亦可栖于木石，于是乎有主。《论语·八佾》："哀公问社于宰我。宰我对曰：夏后氏以松，殷人以柏。周人以栗。"社，张、包、周本皆作主。《淮南·齐俗》云："有虞之祀，其社用土。夏后氏其社用松。殷人之礼，其社用石。周人之礼，其社用栗。"《左氏》昭公八年，"石言于晋魏榆。晋侯问于师旷。对曰：石不能言，或冯焉"。此神灵可栖于石之证。庄公二十四年，原繁曰："先君桓公，命我先人典司宗祏。"哀公十六年，孔悝使贰车反祏于西圃，盖皆谓以石为主。《义疏》云："于庙之北壁内为石室，以藏木主。"非也。木石所以能为神之所栖者，以古人视木石等物本皆有神也。

《汉书·郊祀志》曰："民之精爽不贰，齐肃聪明者，神或降之。在男曰觋，在女曰巫，使制神之处位，为之牲器。使先圣之后，能知山川。敬于礼仪，明神之事者以为祝，能知四时牺牲、坛场上下、氏姓所出者以为宗。"说本《楚语》观射父之言。所谓先圣，盖即巫觋，此古巫觋之世其官者也。《左氏》僖公十年，狐突适下国，见太子。太子曰："七日，新城西偏，将有巫者而见我焉。"此神降于巫之证。《周官》司巫，所属有男巫、女巫，掌旱暵舞雩。邦之大灾，歌哭而请。又有大祝、小祝、丧祝、甸祝、诅祝。郑《注》曰："诅祝，谓祝之使丧败也。"《郊特牲》曰："祝，将命也。"盖祝主传人意于神，故盟诅之事，由之而起。盟礼见《左氏》隐公元年《疏》。盟大而诅小，故有土之君，多行盟礼，而诅则民间用之特多。《周官》司盟盟万民之犯命者，诅其不信者。《左氏》襄公十一年，季武子将作三军，盟诸僖闳，诅诸五父之衢。定公六年，阳虎盟国人于亳社，诅于五父之衢，其事也。《诗·何人斯》：出此三物，以诅尔斯。《左氏》隐公十一年，郑伯使卒出豭，行出犬鸡，以诅射颍考叔者，其事也。《曲礼》曰："约信曰誓，莅牲曰盟。"《左氏》隐公元年，郑伯置姜氏于城颍而誓之曰：不及黄泉，无相见也。卒用颍考叔之言，掘地及泉，隧而相见。可见古人视盟誓之重。

古者亲爱之情，限于部族之内，故有"神不歆非类，民不祀非族"之语，《左氏》僖公十年。此非独人鬼，即他神亦然，彼其所崇奉者，率皆一部族所私尊而已。交通渐启，各部族互相往来，所崇奉之神，亦因之互相传播。《楚语》言"少皞之衰，九黎乱德，夫人作享，家为巫史，民匮于祀，而不知其福"，盖即此时代之情形也。于斯时也，自不得不有以拯其弊。然所以拯其弊者，亦非所谓圣王者之所能为也。人群之所以相维相系者愈切，则其分职愈备，而其统属亦愈明。不独一群之内，即群与群之间亦如是。本此以推诸神，则神亦有其分职统属，而所谓多神教者成焉。《礼记·礼运》曰："祭帝于郊，所以定天位也。祀社于国，所以列地利也。祖庙，所以本仁也。山川，所以傧鬼神也。五祀，所以本事也。"《祭法》曰："燔柴于泰坛，祭天也。瘗埋于泰折，祭地也。埋少牢于泰昭，祭时也。相近于坎坛，祭寒暑也。王宫，祭日也。夜明，祭月也。幽宗，祭星也。雩宗，祭水旱也。四坎坛，祭四方也。山林、川谷、丘陵，能出云，为风雨，见怪物，皆曰神。有天下者祭百神。诸侯在其地则祭之，亡其地则不祭。"又曰："圣王之制祭祀也：法施于民则祀之，以死勤事则祀之，以劳定国则祀之，能御大灾则祀之，能捍大患则祀之。""及夫日、月、星辰，民所瞻仰也。山林、川谷、丘陵，民所取材用也。非此族也，不在祀典。"《周官》大宗伯，有天神、人鬼、地祇、物彪之名。《曲礼》曰："天子祭天地，祭四方，祭山川，祭五祀，岁遍。诸侯方祀，祭山川，祭五祀，岁遍。大夫祭五祀，岁遍。士祭其先。"《王制》曰："天子祭天地，诸侯祭社稷，大夫祭五祀。天子祭天下名山大川。诸侯祭名山大川之在其地者。”《公羊》曰：“天子祭天。诸侯祭土。天子有方望之事，无所不通。诸侯山川有不在其竟内者，则不祭也。”僖公三十一年。皆所以定其孰当祭，孰不当祭；某当祭某，某不得祭某；以免于渎乱者也。《曲礼》曰：“非其所祭而祭之，谓之淫祀，淫祀无福。”“楚昭王有疾。卜曰：河为祟。王弗祭。大夫请祭诸郊。王曰：三代命祀，祭不越望。江汉、睢、漳，楚之望也。祸福所至，不是过也。不谷虽不德，河非所获罪也。遂弗祭。”《左氏》昭公六年。则能谨守典礼者，颇不乏矣。此所以部族虽多，所崇奉之神虽杂，而卒免于渎乱之祸与？

所谓天子祭天地者，天地果何所指邪？斯言也，闻者将莫不骇且笑，然而无足异也，诸经皆称祭天曰郊，无所谓五帝。《周官》则大宗伯以禋祀祀昊天上帝，小宗伯兆五帝于四郊。《司服》：“王祀昊天上帝，则大裘而冕。祀五帝亦如之。”又大司乐：“冬日至，于地上之圜丘奏之，若乐六变，则天神皆降。夏日至，于泽中之方丘奏之，若乐八变，则地祇皆出。”郑玄云：天有六，其祭有九。圜丘祭昊天上帝耀魄宝，一也。苍帝灵威仰，立春之日，祭之于东郊，二也。赤帝赤熛怒，立夏之日祭之于南郊，三也。黄帝含枢纽，季夏六月土王之日，亦祭之于南郊，四也。白帝白招拒，立秋之日，祭之于西郊，五也。黑帝汁光纪，立冬之日，祭之于北郊，六也。王者各禀五帝之精气而王天下，于夏正之月，祭于南郊，七也。四月龙星见而雩，总祭五帝于南郊，八也。季秋大飨五帝于明堂，九也。地神有二，岁有二祭：夏至之日，祭昆仑之神于方泽，一也。夏正之月，祭神州地祇于北郊，二也。《曲礼》天子祭天地《疏》。王肃谓天一而已，何得有六？郊丘是一。《祭法疏》。案《郊特牲》言祭天亦在冬至，肃说似是。然《郊特牲》又曰：“郊之祭也，大报本反始也。”又曰：“天子大社，必受霜露风雨，以达天地之气也。社所以神地之道也。地载万物，天垂象，取材于地，取法于天，是以尊天而亲地也。故教民美报焉。家主中霤而国主社，示本也。唯为社事，单出里。唯为社田，国人毕作。唯社，丘乘共粢盛。所以报本反始也。”其言报本反始郊社同，而郊与社之大小则大异。《祭法》曰：“王为群姓立社曰大社，王自为立社曰王社。诸侯为百姓立社曰国社，诸侯自为立社曰侯社。大夫以下成群立社曰置社。”《月令》：仲春：“择元日，命民社。”《祭法》王为群姓所立，即《郊特牲》所谓必受霜露风雨；《月令》所命民祭，亦即《郊特牲》所谓教民美报者。天子之所立，不独不能包括诸侯、大夫、凡民，并其身与群姓亦分为二，安有所谓大地之神邪？《左氏》昭公二十九年《疏》引刘炫云：“天子祭地，祭大地之神也。诸侯不得祭地，使之祭社也。家又不得祭社，使祭中霤也。”盖所谓父天母地者，实男系氏族既立后之说，前此固无是也。生物之功，必归于女，故野蛮人恒以地与日为女神。中国后世，虽以日为太阳，月为太阴，然离为日，为中女；《易·说卦传》。《山海经·大荒南经》《淮南子·天文训》，以生日、驭日者为女神；《大荒南经》：“东南海之外，甘水之间，有羲和之国。有女子名羲和，方浴日于甘：渊羲和者，帝俊之妻，生十日。”又《大荒西经》：“有女子，方浴月，帝俊妻常羲，生月十有二，此始浴之。”《淮南·天文》：“至于悲泉，爰止其女，爰息其马，是为县车。”又季秋“青女乃出，以降霜雪”。仲春：“女夷鼓歌，以司天和。”犹存荒古之遗迹。《郊特牲》曰：“郊之祭也，迎长日之至也，大报天而主日也。兆于南郊，就阳位也。”盖其始特祭日神，后乃以为报天而主日耳。采日本田崎仁义之说。见所著《中国古代经济思想及制度》。王学文译，商务印书馆本。五帝座星在太微宫，昊天上帝在紫微宫，见《郊特牲疏》引《春秋纬》。五帝之名，见《周官》小宗伯《注》。大宗伯及《曲礼疏》云：本于《文耀钩》。亦后人附会之说。《礼运》曰：“因名山以升中于天，因吉土以飨帝于郊。”《周官》而外，天与帝分言者，仅此一见。然未尝有耀魄宝、灵威仰等名目也。盖民之所祀，必其利害切于己者。

生物之功，后土而外，厥惟四时，故古之人谨祀焉。升中于天，即《尧典》之柴于岱宗，特王者巡守之时行之，固非国之常祀也。《史记·封禅书》：齐之八神：“一曰天主，祠天齐。天齐渊水，居临淄南郊山下者。二曰地主，祠泰山、梁父。盖天好阴，祠之必于高山之下，小山之上，命曰畤。地贵阳，祭之必于泽中圜丘云。”此即《周官》圜丘、方丘之类，然其义较《周官》为古。至秦之时，则所祭者系五帝，而《春秋繁露·郊祭篇》讥秦不事天，可见天与帝非一。古部族各有封畛，所美报者，安得出于封畛之外？况又以昆仑之神与神州之神相对，于理绝不可通乎。其为谶纬之妄言，不竢论矣。

古所谓国者，诸侯之私产也。所谓家者，卿大夫之私产也。故古言国家，义与今日大异。其为群之人所共托命，而义略近于今日之国家者，则社稷也。故以社稷并称，其义较古，以郊社并言，其辞必较晚也。“今《孝经》说：社者，土地之主。土地广博，不可遍敬，封五土以为社。古《左氏》说：共工为后土，后土为社。今《孝经》说：稷者五谷之长，谷众多，不可遍敬，故立稷而祭之。古《左氏》说：烈山氏之子曰柱，死祀以为稷。稷是田正，周弃亦为稷，自商以来祀之。”《郊特牲疏》。案民之重粒食久矣。如古说，将共工、烈山以前，遂无社稷之祭乎？《淮南·氾论》曰：“炎帝于火而死为灶，禹劳天下而死为社，后稷作稼穑而死为稷，羿除天下之害而死为宗布。”岂得谓炎帝、夷羿以前，无灶与宗布之祭？盖古之有功德于民者，民怀之不能忘，则因明神之祭而祀之，亦犹功臣之配享于庙耳。《书·盘庚上》：“兹予大享于先王，尔祖其从与享之。”《公羊》文公二年《解诂》云：“禘，功臣皆祭。”赵氏祀安于于庙，见《左氏》定公十四年。遂以此夺明神之席则误矣。王肃等以五天帝为五人帝，误亦同此。五人帝系据《月令》，谓其帝太皞即伏羲氏，炎帝即神农氏，黄帝即轩辕氏，少皞即金天氏，颛顼即高阳氏。

《公羊》云：“山川有能润于百里者，天子秩而祭之。”僖公三十一年。此即诸侯祭其竟内名山大川之义。又云："河海润于千里。"千里者，天子之畿。知所谓天子祭天下名山大川者，天下二字，初亦指畿内言之也。《解诂》说方望之义云："谓郊时所望祭四方群神、日、月、星辰、风伯、雨师、五岳、四渎及余山川，凡三十六所。"此即《曲礼》所谓"祭四方"，亦即《尧典》所谓"望于山川，遍于群神"者。《尧典》又云："肆类于上帝，禋于六宗。"肆类于上帝，即《王制》所谓"天子将出征，类乎上帝"。六宗者？"《异义》：今欧阳、夏侯说：上不及天，下不及地，旁不及四时，居中央，恍惚无有，神助阴阳变化，有益于人，故郊祭之。古《尚书》说：六宗，天地神之尊者，谓天宗三，地宗三。天宗日、月、星辰。地宗岱山、河、海。日月为阴阳宗。北辰为星宗。岱为山宗。河为水宗。海为泽宗。许从古说。郑玄据《周官》大宗伯，以禋祀祀昊天上帝，以实柴祀日、月、星辰，以槱燎祀司中、司命、风师、雨师。《祭义》曰：郊之祭，大报天而主日，配以月，则郊祭并祭日月可知。其余星也、辰也、司中、司命、风师、雨师，此之谓六宗。刘歆、孔昭以为《易》震巽等六子之卦为六宗。魏明帝时，诏令王肃议六宗，取《家语》宰我问六宗，孔子曰：所宗者六，泰昭、坎坛、王宫、夜明、幽荣、雩禜。孔安国注《尚书》与此同。"《大宗伯疏》。《家语》伪物不足据。《尚书》明与望于山川分言，郑驳许说是也，而妄牵合《周官》则亦非。《礼经·觐礼》有方明之祭。"方明者，木也。方四尺。设六色：东方青，南方赤，西方白，北方黑，上玄，下黄"，此即所谓六宗。《觐礼》所言，为会诸侯于方岳之礼，郑《注》。知欧阳、夏侯之说极确。盖天子诸侯，其后侈然以人民之代表自居，遂举封内之神，凡有益于人民者，悉秩而祭之，其初则无是也。《国语·周语》：幽王二年（前780年），西周三川皆震。伯阳父曰："周将亡矣。昔伊、洛竭而夏亡，河竭而商亡。"《左氏》成公五年，重人言："国必依山川，山崩川竭，君为之不举，降服，乘缦，彻乐，出次；祝币，史辞以礼焉。”所谓国主山川，国必依山川者，则岩险之地，战胜之族初据之以立邑者耳。参看第十一章第四节、第十三章第三节自明。

五祀者，春祀户，夏祀灶，中央祀中霤，秋祀门，冬祀行，见于《月令》。《祭法》曰：“王为群姓立七祀：曰司命，曰中霤，曰国门，曰国行，曰泰厉，曰户，曰灶。王自为立七祀。诸侯为国立五祀：曰司命，曰中霤，曰国门，曰国行，曰公厉。诸侯自为立五祀。大夫立三祀：曰族厉，曰门，曰行。适士立二祀：曰门，曰行。庶士庶人立一祀，或立尸，或立灶。”则益以司命及厉耳。司中、司命，先后郑皆以三台及文昌宫星说之，其实非是。《庄子·至乐》云：“庄子之楚，见髑髅而问之。夜半，髑髅见梦。庄子曰：吾使司命复生子形，为子骨肉肌肤。”知古谓人生死，皆司命主之，故古人甚严畏焉。《风俗通》云：“今民间独祀司命。刻木，长尺二寸，为人象。行者儋箧中，居者则作小屋。齐天地，大尊重之。”是其事也。《周书·命训》：“天生民而成大命，立司德正之以祸福。”此篇所言，皆善恶寿夭之事。中德同声，疑司中即司德，察民之善恶，而司命据之以定寿夭也。郑注《祭法》曰：“此非大神，所祈报大事者也，小神居人之间，司察小过，作谴告者耳。”说自与其《周官注》相违，《祭法注》是也。多神之教，神有大小。大神之位虽尊，然不亲细事，于人生关系不切，故人所崇奉者，转以小神为多。神既有分职统属，初不虞其渎乱。或以一神教善于多神，亦偏见也。

所谓五祀者，特当时祀典之所秩者耳。古人所奉此等小神甚多，如在室则傩，《郊特牲》：“乡人禓，孔子朝服立于阼，存室神也。”《注》曰：“禓，强鬼也。谓时傩，索室殴疫，逐强鬼。禓或为献，或为傩。”《论语·乡党》：“乡人难，朝服而立于阼阶。”《释文》云：“难，鲁为献，今从古。”案《月令》：季春、仲秋、季冬皆有难。郑《注》引《王居明堂礼》，谓仲秋九门磔攘，以发陈气，御止疾疫。《周官》方相氏，掌帅百隶而时难，以索室殴疫，则难者，所以逐室中疫鬼者也。出行则有軷是也。祭道路之神。委土为山，伏牲其上，酒脯祈告。礼毕，轹之而行。见《聘礼》郑《注》。此等难遍疏举。其切于农民，而为后世所沿袭者，蜡是也。《郊特牲》曰："天子大蜡八。伊耆氏始为蜡。蜡也者，索也。岁十二月，合万物而索飨之也。"八者，据郑《注》，则先啬一，司啬二，农三，《注》："田畯。"邮表畷四，《注》："谓田畯所以督约百姓于井间之处也。"猫、虎五，坊六，水庸七，昆虫八也。蜡虽类乎拜物之教，然"使之必报之"，所谓"仁之至，义之尽"，转非贵族为淫祀以求福者之所及矣。古者将食，先以少许祭先造食者，谓之祭食。见《周官·大祝九祭》。又有先炊之祭，学校有先圣先师，义皆如此。

宗庙有四时之祭，《尔雅·释天》曰祠、禴、烝、尝。《王制》作禴、禘、尝、烝。《祭统》同。《公羊》桓公八年，《繁露·四祭篇》作祠、禴、烝、尝。《周官》大宗伯同。《郊特牲》曰："故春禘而秋尝。"又有禘祫。禘各就其庙，祫则"毁庙之主，陈于太祖，未毁庙之主，皆升合食于太祖"。见《公羊·文公二年》。故"禘大于四时而小于祫"。《诗·离序笺》。三年一祫，五年一禘。《雍序疏》引《礼纬》《公羊疏》引《春秋说文》。《雍序疏》云："每五年中为此二礼，自相距各五年，非祫多禘少。"《公羊疏》则云："三五参差，随数而下，何妨或有同年时乎？"疑《公羊疏》之说是也。《王制》云："天子七庙，三昭三穆，与太祖之庙而七。诸侯五庙，二昭二穆，与太祖之庙而五。大夫三庙，一昭一穆，与太祖之庙而三。士一庙。庶人祭于寝。"《礼运》曰："天子七庙，诸侯五，大夫三，士一。"僖公十五年《谷梁》作士二。《丧服小记》曰："王者禘其祖之所自出，而以其祖配之，而立四庙。"《祭法》曰："王立七庙，一坛，一墠。曰考庙，曰王考庙，曰皇考庙，曰显考庙，曰祖考庙，皆月祭之。远庙为祧。有二祧，享尝乃止。去祧为坛，去坛为墠。坛墠，有祷焉祭之，无祷乃止。去墠曰鬼。注："凡鬼者，荐而不祭。"诸侯立五庙，一坛，一墠。曰考庙，曰王考庙，曰皇考庙，皆月祭之。显考庙，祖考庙，享尝乃止。去祖为坛，去坛为墠。坛墠，有祷焉祭之，无祷乃止。去墠为鬼。大夫立三庙，二坛，曰考庙，曰王考庙，曰皇考庙，享尝乃止。显考、祖考无庙。有祷焉，为坛祭之，去坛为鬼。适士二庙，一坛。曰考庙，曰王考庙，享尝乃止。显考无庙。《注》："显当为皇。"有祷焉，为坛祭之。去坛为鬼。官师一庙，曰考庙。王考无庙而祭之。去王考为鬼。庶士庶人无庙，死曰鬼。"其说互异。《公羊》成公六年《解诂》曰："礼：天子诸侯立五庙，受命始封之君立一庙，至于子孙，过高祖不得复立庙，周家祖有功，尊有德，立后稷、文、武庙。至于子孙，自高祖以下而七庙。天子卿大夫三庙，元士二庙。诸侯之卿大夫比元士，二庙。诸侯之士一庙。"说与《白虎通义》同。古天子、诸侯，本无大异，谓其亲庙止四是也。郑注《王制》亦同。惟又据《稽命征》《钩命决》，谓夏五庙，殷六庙，未免穿凿。见《疏》。又谓诸侯上士二庙，以通《祭法》，亦嫌牵合。月祭群经不见，惟《国语·周语》有日祭、月祀之文，明为异说，不可合也。王肃以高祖之父祖为二祧，并始祖及亲庙四为七，皆次第而迁，文、武为祖宗不改，郑祧即文、武庙，先公之迁主，藏于后稷之庙，先王之迁主，藏于文、武之庙。见《周官》守祧《注》。观《王制》之文似是，其实恐不然也。古诸侯不敢祖天子，然《左氏》文公二年云："宋祖帝乙，郑祖厉王。"则经说不必与事实合也。"禘其祖之所自出，而以其祖配之"者，以古有感生之说，即《史记》所言契、后稷之事见第八章第二、第五节。今文家说：圣人皆无父，感天而生，见《五经异义》。王者自谓其先祖皆出于天帝，故然。案此义由来盖甚古。然谓商以水德王，所感者为汁光纪；周以木德王，所感者为灵威仰，则五德终始之说既盛后附会之辞，非古义也。《周官》大司乐："乃奏夷则，歌小吕，舞大濩，以享先妣。"《注》云："先妣，姜嫄也。周立庙自后稷，为始祖。姜嫄无所妃，是以特立庙祭之，谓之闷宫。”案闷宫，《诗·毛传》引孟仲子说，以为高禖之祀，郑《注》恐非也。

第三节　古代宗教学术（下）

宗教非无其理，特非学术之家所谓理，上节已言之矣。然则宗教家之所谓理，果何如邪？曰：其研求所得者，与学术之家异；其所研求者，则无不同也。宇宙事物，莫不有其定则可求。人而睢睢盱盱，不知求之，则亦已耳。苟其知之则有所求必有所得，其所得如何，可勿论也。事物之可资研求者，大别为二：一曰自然，一曰人为。自然之事，有其一定不易之则，至易见也。人为之事则不然，观其会通，固亦有其定则，就一时一地而观之，则俨若绝无定则，可以自由者。后世研究渐深，举人事之纷纭繁变者，亦欲求其定则而驾驭之。古人则不独不知人事之有定则且视自然之事，亦若有人焉以为之主。此其所以于木石等无知之物，亦皆视为有知也。然智识随经验而进，阅一时焉，则知自然之可以定则求；更阅一时焉，遂并欲推之人事矣。其研求所得者，今人庸或视为可笑。然椎轮大辂，理固宜然。今所谓自然科学、社会科学者，究不能不谓其基已奠于数千年前也。故曰：学术与宗教，实无判然之界也。

吾国最古之书目，莫如《七略》。读之，不独可知古代之载籍，并可知古代之学术流别，第二章已言之矣。《七略》中之《辑略》，为群书总要。《诗赋略》为文辞；《六艺》《诸子》《兵书》三略，为研求社会见象之书。《数术》《方技》二略，则研求自然见象者也。

数术略之书，凡分六家：曰天文，曰历谱，曰五行，曰蓍龟，曰杂占，曰形法。其中天文、历谱，实乃一家之言也。天象虽云高远，然极著明，且不差忒，故其发明特早。《史记·历书》言黄帝考定星历，《礼记·祭法》言帝喾能序星辰以著众，虽乏确证，然天文历法，各民族发明皆甚早，则谓黄帝、帝喾之时，已有此等知识，理固非不可通也。惟《尧典》谓尧命羲和四子，分宅隅夷、南交及西北二方，以资推步；并命其以闰月定四时成岁，则似近附会。《公羊》言天子有灵台以观天文，时台以观四时施化，诸侯无灵台而有时台；《左氏》亦言天子有灵台，诸侯有观台；《五经异义》。则古之观象者，不过就国中以人力为台，安能分驻四方？《史记·秦始皇本纪》后附《秦纪》，谓宣公初志闰月。《管子·五行篇》，以甲子木行，丙子火行，戊子土行，庚子金行，壬子水行各七十二日为纪。凡三百六十日。《轻重己篇》，冬至后九十二日而春至，自春徂夏，自夏徂秋，自秋徂冬皆然。凡三百六十八日。《幼官篇》则每阅十二日而布政，而中方云五和时节，东方云八举时节，夏云七举时节，秋云九和时节，冬云六行时节，甚似春九十六日，夏八十四日，秋百有八日，冬七十二日，又别加五日，凡三百六十五日。以成岁者。皆主日而不及月，安得谓尧时已知置闰之法乎？闰法始于何时不可知，要为历法一大发明。盖月为纪时自然节度，虽蛮人亦知之，且早已习用之，而岁则非其所知，故古代明堂行政之法，必有待于庙堂之出令，而非如后世农人，皆能置一历本，按节气而行事。二十四气之名，始见于《周书·时训解》。后世农人之所以能明于历法者，实因置闰之法，主日而仍不废月，有以调和之也。历法之所谓岁，始于冬至。于平地立表测之，冬至日景最短，夏至最长。《周官》大司徒以土圭测日景，是其法。其定正朔，则有三法：《公羊》隐公元年《解诂》，谓夏以斗建寅之月为正，平旦为朔；殷以建丑之月为正，鸡鸣为朔；周以建子之月为正，夜半为朔是也。古国家所理者皆民事，政令或宜按时举行或戒非时兴作，与人民利害，关系殊切。《礼记·月令》《管子·幼官》《吕览·十二纪》《淮南·时则训》，所勤勤焉者，皆此一事。故一言行夏之时，则一切要政，罔不该焉，初非徒争以某月为岁首也。

古天文之学，有盖天、浑天、宣夜三家。盖天谓天如盖在上。浑天形如弹丸，地在其中，天苞其外，如鸡卵白之绕黄。据《月令疏》。宣夜之法不传。历则有黄帝、颛顼、夏、殷、周、鲁六家。见《汉志》。古天文历法之学，《礼记·月令疏》曾总论之，惜多采纬候家言，颇杂汉人之说，非尽先秦之旧耳。分一日为十二时之法，起于汉人，古人计日之早暮，但云日中、日昃等而已。见《日知录》卷二十。刻漏之法，见《周官》挈壶氏。《史记·司马穰苴列传》言其“立表下漏”，以待庄贾，其法亦非寻常所用也。

天官家言，亦有落入迷信者，《周官》保章氏：“掌天星，以志星辰日月之变动，以观天下之迁，辨其吉凶。以星土辨九州岛之地。所封之域，皆有分星，以观妖祥。以十有二岁之相观天下之妖祥。以五云之物辨吉凶，水旱降，丰荒之祲象。以十有二风察天地之和，命乖别之妖祥。”视祲，“掌十辉之法，以观妖祥，辨吉凶”。此占星望气之术也。《汉志》天文家，有《图书秘记》十卷。图书者，《易·系辞传》言：“河出图，洛出书。”《礼记·礼运》言：“天降膏露，地出醴泉，山出器车，河出马图。”《论语·子罕》言：“凤鸟不至，河不出图，吾已矣夫！”《淮南·俶真》言：“洛出丹书，河出绿图。”皆先秦旧文，不能谓无其事。诸说皆仅以为瑞应，然《吕览·观表》曰：“圣人上知千岁，下知千岁，非意之也，盖自有云也。绿图幡簿，从此生矣。”似已有如汉世谶纬家言以图书为记帝王兴亡之录者。然则谶纬怪妄之说，或亦前有所承。刘歆以河图为八卦，雒书为五行，或反嫌平正邪？言帝王兴亡历数者，瑞应虽出天文，年代必涉历谱，然则汉代之谶书，亦天文历谱二家之公言也。《说文》：“谶，验也，有征验之书。河、洛所出书曰谶。”后七字自系东汉人语。《淮南·说山》曰：“六畜生多耳目者不祥，谶书著之。”仅言家人之事而已。然《赵世家》言秦穆公梦之帝所，而曰：“秦谶于是出。”则其所谓谶者，已涉国家兴亡矣。

阴阳五行之说，为后世迷信者所取资，轇轕纷纭者数千岁，然溯其始，则实不可谓之迷信也。凡研究物理者，必就其物而分析之，以求其原质。既得其原质，乃持是以观一切物。天下之物虽繁，而原质则简，执简以驭繁，于物理自易明矣。各国学者，研求之初，莫不如此，如印度以地、水、火、风为四大是也。吾国之言五行，亦犹印度之言四大也。就五行而求其变化，于是有生胜之说，亦曰生克。水生木，木生火，火生土，土生金，金生水。水克火，火克金，金克木，木克土，土克水。而五德终始之说出焉。见第五节。古人于一切事物变化，皆以五行生胜为说，见《白虎通义·五行篇》。五行既能变化，则其原本是一，于是顺古人万物原质皆为极微之说，而名之曰气。气何以能变化？观于生物之芸动，皆不外乎牝牡之相求，则又以是推之，而阴阳之说立焉。既分阴阳，更求其本，则终必至于太极。《易》曰："《易》有太极，是生两仪；两仪生四象，四象生八卦。"八卦之始，盖古所奉八方之神，加以太一，则为九宫。《后汉书·张衡传注》引《乾凿度》郑《注》："太乙者，北辰神名也。下行八卦之宫，每四乃还于中央。中央者，地神之所居，故谓之九宫。天数大分，以阳出，以阴入。阳起于子，阴起于午，是以太乙下行九宫，从坎宫始。自此而坤，而震，而巽，所行者半矣。还息于中央之宫，既又自此而乾，而兑，而艮，而离，行则周矣。上游，息于太一之星，而反紫宫也。"就八方之中而专取其四正，则可以配四时。益以中央为五方，更加上方成六合，于是五帝六天之说出。见上节。盖前此宗教家之所崇奉，无不为所网罗，且皆傅之以哲理矣。此等说，在后世沿袭之，则成为迷信，在当时，固不得谓非宗教学术之一发明也。《汉志》五行家之书，有太一，有天一，有阴阳，知诸说皆相一贯。所谓五行家言，初非专就五行立说也。五行家言，所以落入迷信者，则因其后专就哲理立言，而不复措心于物质，抑且天文历谱等，皆只能占国家大事，惟五行为人人所禀，藉其生胜，可以说万事万物之吉凶，于是以祸福惑人者，群取资焉，遂至于不可究诘。然非始创此说者之意也。

宇宙事物，本同一体，故知此即可以知彼。学术之所求，亦即彼此间之关系耳。然事物虽属一体，而就人之知识言之，则有知此可以知彼者，有知此必不能知彼者。前者如天文与农田之关系，后者如鸦鸣雀噪与人事吉凶之关系是也。此等区别，非古人之所知，故于其本无关系者，亦从而研究之，如蓍龟与杂占是也。龟卜之法：以木为契，爇以灼龟，观其璺罅，是之为兆。龟焦则兆不成，见《左氏》哀公二年。蓍者，蒿属，《说文》。揲其数以为占。见《易·系辞传》"大衍之数五十"一节。杂占则一切异常之事皆属焉。如嚏、耳鸣、六畜变怪等，《汉志》皆有其书。《汉志》曰："众占非一，而梦为大，故周有其官。"今案《周官》太卜，掌三兆、三易、三梦之法，其下有卜师、卜人、龟人、華氏、占人、筮人等，盖蓍龟杂占两家之事皆属焉。三兆：一曰玉兆，二曰瓦兆，三曰原兆。其经兆之体，皆百有二十；其颂皆千二百。《注》云："颂，繇也。"三易：一曰《连山》，二曰《归藏》，三曰《周易》。杜子春云："玉兆，帝颛顼之兆。瓦兆，帝尧之兆。原兆，有周之兆。《连山》伏牺，《归藏》黄帝。"郑释三兆为璺罅似玉、瓦、原。原谓田。又从近师，以《连山》为夏，《归藏》为殷。见《疏》。与杜说同为无据。《太史公自序》，谓"齐、楚、秦、赵，为日者各有法"；又云"三王不同龟，四夷各异卜"；则古蓍龟、杂占，法本错杂不一，惟其原出于一，仍当小异大同。《周官》之三卜三易，盖亦并存数家之法，不必其为先代之遗也。龟书之繇，盖犹《易》之卦爻辞，《左氏》僖公四年、襄公十年、十七年、哀公九年皆载之。其体相类。其物皆并无深意，即《易》之卦爻辞亦然。其哲理皆在十翼，则后人就其所见，加以发挥，初非作《易》者之本意也。《曲礼》曰："疑而筮之，则勿非也，日而行事，则必践之。"《表记》言三代明王，"不犯日月，不违龟筮"；而《史记》有

《日者》《龟策》二传；则时日卜筮，实为古人趋吉避凶之术之两大端，盖事有可豫测其吉凶而趋避之者，时日是也。有无从豫见，必待临事求其征兆；或征兆先见，从而占其吉凶者；龟筮、杂占是也。吉凶既可豫知，自可从事禳解，故《周官》占梦，有赠恶梦之法；而《汉志》杂占家，亦有执不祥、劾鬼物、请官除妖祥及禳、祀、请、祷诸书焉。

数术六家中，最近自然科学者，莫如形法。《汉志》论形法之学云："大举九州之势：以立城郭宫舍。此盖度地居民及营国之术，《山海经》十三篇，《国朝》七卷，《宫室地形》二十卷其书也。于此可见今之《山海经》，必非《汉志》著录之旧，参看第二章。形人及六畜骨法之度数，器物之形容，以求其声气贵贱吉凶。犹律有长短，而各征其声。非有鬼神，数自然也。"《繁露·同类相动篇》曰："平地注水，去燥就湿；均薪施火，去湿就燥；百物去所与异，而从所与同。故气同则会，声比则应，其验嗷然也。试调琴瑟而错之，鼓其宫则他宫应之，鼓其商则他商应之。五音比而自鸣，非有神，其数然也。知此，则可以制物而用之矣。"《繁露》此说，略同《吕览·应同》。《易·文言》亦曰："同声相应，同气相求。水流湿，火就燥，云从龙，风从虎。圣人作而万物睹。本乎天者亲上，本乎地者亲下，则各从其类也。"知古自有此专重形质之学也。由此而深求之，物理必可渐明。然后遂停滞不进，而专以相人及六畜等术，流传于世焉。案相术较之时日卜筮等，实为有据，故学术之家，乐道之者较多。如王充著《论衡》，于相术即不甚排斥。然相法只可定人之智愚贤不肖，而不能定其贵贱吉凶，以贵贱吉凶，初不与智愚贤不肖相应也。昔人之有取于相者，多就前者立说，而世人之有求于相者，则多惟后者之求。于是言相法者，不得不舍其有凭，言其无据，遂与时日卜筮之本不足信者等矣。然则学术之堕落，亦社会使之也。相人之术，见于古书者，如《左氏》文公二年，子上谓商臣蜂目而豺声；宣公四年，子文谓子越椒熊虎之状，而豺狼之声；昭公二十八年，叔向之母谓伯石豺狼之声；本皆以性格言。文公元年，叔服相公孙敖之子，谓“谷也丰下，必有后于鲁国”，则以祸福言矣。

方技四家：医经，今所谓医学也。经方，今所谓药学也。房中关涉医学，无待于言。神仙家虽若宗教，然无所信而有所求；又方士多知医药；《素问》中多载方士之言。服食炼药，又为其求仙之法之两大端；《汉志》与医经、经方、房中同列一略，诚得其实也。医之初，操于巫觋之手，故古恒以巫医并称。《素问·移精变气论》：黄帝问曰：“古之治病者，惟其移精变气，可祝由而已。”祝由，《说文》作祝榴。又《言部》：“诪，詶也。詶，诅也。诅，詶也。䛆，詶也。”䛆榴 亦一字。祝由即咒诅耳。盖古人视万物皆有知，故有疾病，不求诸物理，而求诸鬼神，乃欲以咒诅已之也。然迷信虽深，真知识仍与时俱进。古之人虽信巫不信医，其时之巫亦多知医者。后来所谓方士，盖即其人也。医之始，盖因解剖而知藏府、经脉。《灵枢经·水篇》云：“人死则可解剖而视之。”案《汉书·王莽传》，载莽诛翟义，捕得其党，使太医尚方与巧屠共刳剥之，量度五藏，以竹筳道其脉，知所终始。其事必有所本。又疏食之世，所食之物甚杂，乃渐知草木之性，于是有《本草》之书。《曲礼》：“医不三世，不服其药。”《疏》引旧说云：“三世者，一曰黄帝针灸；二曰神农本草；三曰素女脉诀，又云夫子脉诀。”神农乃农业之名，参看第六章第二节。神农本草，犹言农家原本草木之书。《淮南·修务》言：“神农尝百草之滋味，水泉之甘苦，一日而遇七十毒。”乃附会之辞也。古书之传于后者：《神农本草经》即神农本草之学，盖《汉志》所谓经方家言；《灵枢经》为黄帝针灸之学；《难经》为素女脉诀之学；此书《隋书·经籍志》称《黄帝八十一难》。《史记·扁鹊列传正义》引杨玄操说，以为秦越人作，未知何据。则医经家言也。《素问》杂以阴阳五行之论，盖方士兼通哲学者之所为。古之以医名者：《汉志》云：“太古有岐伯、俞跗，中世有扁鹊、秦和。"《周官》疾医："以五味、五谷、五药养其病。"郑《注》云："其治合之齐，存乎神农、子仪之术。"岐伯，《素问》书中，设为其与黄帝问对之辞。扁鹊《史记》有传，俞跗事即见其传中。医和见《左氏》昭公元年。成公十年又有医缓。子仪，《疏》引《中经簿》有《子义本草经》一卷，云仪与义一人，则亦经方家。诸家事迹可考见者，惟医和有天有六气之论，可见医学与哲学相合，起于战国之世也。医缓之言，与晋侯梦见二竖子之言相合。扁鹊遇长桑君，予以药，曰：饮是以上池之水，三十日，当知物矣。乃悉取其禁方书尽与扁鹊。忽然不见，殆非人也。扁鹊以其言饮药，三十日，视见垣一方人，以此视病，尽见五藏症结。特以诊脉为名耳，犹是巫觋本色。《周官》有医师，其属有食医、疾医、疡医、兽医；《扁鹊传》言其过邯郸为带下医，过洛阳为耳目痹医，入咸阳为小儿医；颇可考见古者医学之分科也。

神仙家之说，其起于燕、齐之间乎？《史记·封禅书》言："自威、宣、燕昭使人入海求蓬莱、方丈、瀛洲。"而《左氏》昭公二十年，载齐景公问晏子曰："古而无死，其乐如何？"古无为不死之说者，景公之所问，亦必神仙家言也。《庄子·刻意》曰："吹呴呼吸，吐故纳新，熊经鸟申，为寿而已矣。此道引之士，养形之人，彭祖寿考者之所为也。"道引之术，服饵之方，房中之秘，皆得之于医家者也。神仙家言，疑因燕、齐之间，时有海市而起，睹其象而不知其理，则以为人可升仙。其理虽不足冯，其象自为人人所睹，故威、宣、燕昭等皆雄主，犹甘心焉也。神仙家虽荒诞，然于药物必多有发明。金石之齐尤甚。此非本草家所知，惟神仙家疑神仙之寿考，由其体质特异，久不变坏，乃欲以金石裨益其身。葛洪之论，即如此也。

以上诸家，皆研究自然见象者。其考索人事者，则出于理民行政之官。其学视九流盖具体而微，章炳麟言官人守要，而九流究宣其义，及其发舒，王官之所弗能与。于第五节中详之，兹不更及。欲考索行事者，必于人事多所记识，此为史家之职。古无史学，观《汉志》，《太史公书》犹附《春秋》之末可知。然不知其为学者，不必遂无其学。《七略》之不列史家，亦或由秦火以后，官家之书焚毁已尽，私家则本无此项著作，非必不知其可为一学也。行事之记识，实为一切社会科学之本，固不容置诸不论也。今于此略述之。案古史有官私二种：官家之史：左史记事，右史记言，言为《尚书》，事为《春秋》。又有小史，掌奠系世。太史所职，则为图法之伦。私家之史，概称为语。已见第二章。《周官》小史掌邦国之志，盖指内诸侯言。外史掌四方之志，则指外诸侯。掌三皇五帝之书，盖指异代史。则古之名国，于史籍收藏颇富。《史记·六国表》云："秦既得意，烧天下诗书，诸侯史记尤甚，《诗》《书》所以复见者，多藏人家，而史记独藏周室，以故灭。"此周室二字，固古人言语以偏概全之法，非谓周室能尽藏列国之史，然当时名国，所藏者皆不止本国之史，则于此可见矣。史官所记，盖仅国家大事，十口传述，本来散在民间，古亦有收集之者。《周官》诵训，"掌道方志，以诏观事"。《注》：说四方所识久远之事。训方氏，"诵四方之传道"，《注》：世世所传说往古之事也。其事也。古史官颇重直笔，如董狐、南史则是。见《左氏》宣公二年、襄公二十五年。故于行事多能存其真。而士大夫亦多能取材于是，如申叔时论教太子之法，谓教之《春秋》，教之《志》，教之《语》，教之《故志》是也。《国语·楚语》。史籍虽经秦火而亡，然昔人治史所得者，则永存不灭矣。

以万物为有知，与以万物为无知，实为人心一大变。盖视万物为有知，则凡事皆无可测度，除恐惧祈求而外，别无可以自处之方。视万物为无知，则彼自有其定则，我但能得其定则，即可从而驾驭之矣，复崇奉之何为？此知愚之一大界也。宗教家受此感动，其论遂亦自拟人之神，进为泛神，自有神人于无神焉。何以言之？盖在视万物为有知之世，其视一切皆为神之所为，而其所谓神者，亦自有其实体。墨子《天志》《明鬼》之论，所谓天，所谓鬼者，皆有喜怒欲恶如人，则其证也。至于阴阳五行之家，则不然矣。五行家视一切变化，皆为五行生胜；阴阳家视一切变化，皆为二气乘除，安得有一人焉以尸之？二说相合，更求其原，则宇宙之本，实为一种动力。《乾凿度》曰："有太易，有太初，有太始，有太素。太易者，未见气也；太初者，气之始也；太始者，形之始也；太素者，质之始也。气形质具而未相离，谓之浑沌。"《易正义》八论第一引。浑沌开辟，则轻清者上为天，重浊者下为地，冲和气者为人。自未见气以至于有人，则此一气之鼓荡而已矣，《老子》曰："有物混成，先天地生。寂兮寥兮，独立而不改，周行而不殆，可以为天下母。吾不知其名，字之曰道。"《易》曰："大哉乾元，万物资始，乃统天。"《乾卦彖辞》。《公羊解诂》曰："《春秋》以元之气，正天之端"，"天不深正其元，则不能成其化。"隐公元年。《繁露》曰："元者，万物之本，在乎天地之前。"《重政》。则是力之谓也。此等动力，岂能谓有物焉以为之主？则只可谓世界本来如此耳。世界本来如此，则世界之本体即神。所谓世界者，乃包括一切而言之，臭腐神奇，无所往而非是，然则一切皆神，此所谓泛神之说也。既一切皆神，复安有非神者与之相对？此则泛神之论，所以一转而入于无神也。至此，所谓迷信者，安得不破？然人之所以自处者，则渐合乎自然之律矣，此宗教哲学之一大变也。

情感之泉，流为美术。美术可分动静二端：动者音乐，静者绘画、雕刻等也。乐之原，盖当溯诸伊耆氏之蒉桴土鼓，见第六章第二节。其后有垂之和钟，叔之离磬，女娲之笙簧，《礼记·明堂位》。舜之五弦琴，《乐记》。而乐器乃渐备焉。《汉书·律历志》曰："声者，宫、商、角、徵、羽也。八音：土曰埙，匏曰笙，皮曰鼓，竹曰管，丝曰弦，石曰磬，金曰钟，木曰柷。五声之本，生于黄钟之律，九寸为宫，或损或益，以定商、角、灒、羽。律十有二，阳六为律，阴六为吕。《周官》大师作“六同”。律以统气类物，一曰黄钟，二曰大簇，三曰姑洗，四曰蕤宾，五曰夷则，六曰亡射。吕旅阳以宣气，一曰林钟，二曰南吕，三曰应钟，四曰大吕，五曰夹钟，六曰仲吕。”此古乐律之大略也。又谓黄钟之律，乃黄帝使泠伦所作，则近于附会矣。乐之始，盖惟按拍之器，为不可缺，余则或有或无，后世野蛮之人，莫不如是。吾国之乐，亦当随世而备，谓有一人焉创意制作者，必妄也。古代乐名，见于《礼记·乐记》《周官·大司乐》《吕览·古乐》诸篇，其事当不尽诬。《周官》鞮鞻氏，又有四夷乐名，则古乐之渊源颇广，故亦颇称美备。观《乐记》等言乐理之精，及其感化之力之大，而可知也。古乐至汉世犹有存者，《汉书·礼乐志》言：汉兴，乐家有制氏，以雅乐声律，世世在太乐官，但能记其铿锵鼓舞，而不能言其义。又云：文始舞本舜招舞，五行舞本周舞。以人心好尚之变，终至沦亡，而仅传其歌辞于后，是为诗。

诗者，歌辞之与乐分离者也，是曰谣。《说文》：徒歌曰谣。大抵歌之始，所美者仅在音节，故可传诸不同语言之族。至其辞，则多复重浅薄，如《芣苢》之诗即是也。其后美感日益发皇，技亦日进，则并其辞亦皆有深意存乎其间，遂可不歌而诵矣。《左氏》襄公十四年：“孙蒯入使，公饮之酒，使太师歌《巧言》之卒章，太师辞。师曹请为之。初，公有嬖妾，使师曹诲之琴，师曹鞭之。公怒，鞭师曹三百。故师曹欲歌之以怒孙子，以报公。公使歌之，遂诵之。”《注》云：“恐孙子不解故。”可见古人听歌，亦不能解其辞句，与今人同也。古之诗，大抵四言。《诗序疏》云：“自二言至九言。”此乃就意义论，非言歌诵之节。又有三七言者。如《荀子·成相篇》。楚辞又别成一体。至于赋，则文之主于敷张者耳。虽曰有韵，然古之文亦多有韵也。《诗》分风、雅、颂三体。已见第二章。赋之意，亦大抵主于讽谏，如《荀子》之《赋篇》是也。

文之初，大抵句简短而整齐，亦多有韵，阮元所谓寡其辞，协其音，《研经室集·文言说》。以便讽诵，助记忆。与口语相合之散文，实至东周以后而始盛。今之先秦诸子中，尚有两种体制相杂也。寡辞协音之文，大抵先世之遗，而东周人录传之者。

绘画之始，本状物形，其后意存简略，又或迁就器形，则渐变而成几何画。吾国古代，亦两者兼有。状物者或以绘故事，如楚先王庙及公卿祠堂，图画天地山川神灵，及古贤圣怪物行事是也。《楚辞·天问》。几何画多施于器物，如古器之雷文，及两己相背等形是。雕刻除器物外，亦有施之宫室者。可参看第十三章第三节。南方除雕刻外，又有铸金之技。《吴越春秋》言勾践铸金象范蠡之形是。《勾践伐吴外传》。盖由其本精于冶铸也。

第四节　宦　学

古代学术之府，果安在乎？曰有二：一曰学校，一曰官守。

今之言教育史者，每好将今日之学校，与古代相比附，此全未知古代学校之性质者也。古代社会，有平民贵族之等级，其教育亦因之而异。贵族教育，又有大学与小学之分。贵族之小学，与平民之学校，皆仅授以日用之知识技艺，及当时所谓为人之道，绝不足语于学术。大学则本为宗教之府，教中之古籍，及高深之哲学在焉。然实用之学，亦无所有，而必求之于官守。此古代学术所在之大略也。

《礼记·内则》曰："子能食食，教以右手。能言，男唯女俞。六年，教之数与方名。七年，男女不同席，不共食。八年，出入门户，及即席饮食，必后长者。始教之让。九年，教之数日。十年，出就外傅，居宿于外，学书计，衣不帛襦袴，礼帅初，朝夕学幼仪，请肄简谅。十有三年，学乐，诵《诗》，舞《勺》。成童，舞《象》，学射御。二十而冠，始学礼，可以衣裘帛，舞《大夏》，惇行孝弟，博学不教，内而不出。三十而有室，始理男事，博学无方，孙友视志。四十始仕，方物出谋发虑，道合则服从，不可则去。五十命为大夫，服官政。七十致事。女子十年不出，姆教婉娩听从，执麻枲，治丝茧，织纴组紃，学女事，以共衣服。观于祭祀，纳酒浆、笾豆、菹醢，礼相助奠。十有五年而笄。二十而嫁，有故，二十三年而嫁。"此为贵族男女一生情形。七年为始化之年，参看第十一章第一节。故始教之以男女之别。十年为就学之始，女子始听姆教，男子出就外傅，盖始离其父母之手。此时男子所学者，当为洒扫应对等事。所谓《幼仪》。古之学莫重于礼乐，十三始学乐，二十始学礼，故《尚书大传》言十三入小学，二十入大学。《大戴礼记》《保傅》。《白虎通义》《辟雍》。《汉书》，《食货志》。则追溯始化之年，故又以为八岁入小学，十五成童入大学也。《学记》曰："古之教者家有塾。"塾为门侧之室之通称。已见第十三章第三节。《周官》师氏，掌以三德、六行及国中失之事教国子，居虎门之左，司王朝；保氏，掌养国子以道，教之六艺、六仪，使其属守王闱；亦塾制也。塾为贵族之小学。至于大学，则初在王宫之中，后乃移于南郊。参看第十三章第三节。蔡邕《明堂论》曰："《易传·太初篇》曰：太子旦入东学，昼入南学，暮入西学。在中央曰大学，天子之所自学也。《礼记·保傅篇》曰：帝入东学，上亲而贵仁；入西学，上贤而贵德；入南学，上齿而贵信；入北学，上贵而尊爵；入大学，承师而问道。与《易传》同。《魏文侯孝经传》曰：大学者中学，明堂之位也。《礼记·古大学明堂之礼》曰：膳夫是相礼，日中出南闱，见九侯，反问于相；日侧出西闱，视五国之事；日暗出北闱，视帝节犹。"此为大学与明堂合一之世。《王制》曰："小学在公宫南之左，大学在郊。"则与王宫分立矣。

然其性质，仍沿先代之旧。《王制》言："春秋教以礼乐，冬夏教以诗书。"《文王世子》曰："春诵，夏弦，秋学礼，冬读书。"礼乐所以祀神，诗即其歌辞，书则教中故典也。大学虽东周后不能尽废，然未闻有一人焉，学成而出仕者，则以所肄皆宗教家言，非实用之事也。大学所教，既为宗教家言，故为涵养德性之地。子夏曰："学而优则仕，仕而优则学。"《论语·子张》。即言德性、事功不可偏废也。今世科学、哲学分为二，往古则合为一。墨子最重实用，而其书中，《经》《经说》《大小取》诸篇，皆讲哲学及自然科学，为名家所自出，在先秦诸子中，最称玄远，以墨学出于史角，史官即清庙之守故也。见第五节。《学记》曰："君子如欲化民成俗，其必由学乎？"又曰："能为师，然后能为长；能为长，然后能为君。师也者，所以学为君也。"又曰："君子以大德不官，大道不器。"此即《汉志》所称道家君人南面之学，其原固亦出于史官也。《学记》又曰："君之所不臣于其臣者二：当其为尸，则弗臣也；当其为师，则弗臣也。"乞言养老之礼，执酱而馈，执爵而酳，所以隆重如此者，正以其所谓师者，其初乃教中尊宿耳。《王制》曰："出征执有罪，反释奠于学。"凯旋而释奠于学者，以所谓学者本非学也。此为辟雍明堂合一之诚证。又曰："有虞氏养国老于上庠，养庶老于下庠。夏后氏养国老于东序，养庶老于西序。殷人养国老于右学，养庶老于左学。周人养国老于东胶，养庶老于虞庠。"郑《注》以养国老者为大学，养庶老者为小学。小学中不得有乞言养老之礼，其说恐非。

《曲礼》曰："宦学事师，非礼不亲。"《疏》引熊氏云："宦谓学仕官之事。"此犹明世国子生之历事，进士之观政，皆居其官而学之，特历事观政者，皆在学成之后，古所谓宦者则不然耳。李斯曰"若有欲学，以吏为师"，即宦之谓也。古人实用之知识，皆由此得，故有重宦而轻学者。"子路使子羔为费宰。子曰：贼夫人之子。子路曰：有民人焉，有社稷焉，何必读书，然后为学？"《论语·先进》。"子皮欲使尹何为邑，子产曰：少，未知可否？子皮曰：使夫往而学焉，夫亦愈知治矣。”《左氏》襄公三十年。皆此等见解也。诸子之学，出于王官者以此。

孟子曰：“夏曰校，殷曰序，周曰庠，学则三代共之。”《滕文公上》。《学记》曰：“古之教者，家有塾，党有庠，术有序，国有学。”学者大学，塾者贵族之小学；校、庠、序皆平民之学也。《书传》曰：“大夫七十而致仕，老于乡里。大夫为父师，士为少师。耰耝已藏，祈乐已入，岁事毕，余子皆入学。”《公羊解诂》曰：“一里八十户，八家共一巷。中里为校室，选其耆老有高德者，名曰父老。十月事讫，父老教于校室。八岁者学小学，十五者学大学。”宣公十五年。孟子所谓：“校者，教也。”又曰：“序者，射也；庠者，养也。”盖行乡射及乡饮酒礼之地。子曰：“君子无所争，必也射乎？揖让而升，下而饮，其争也君子。”《礼记·射义》又见《论语·季氏》。又曰：“吾观于乡，而知王道之易易也。主人亲速宾及介，而众宾自从之；至于门外，拜宾及介，而众宾自入；贵贱之义别矣。三揖至于阶，三让以宾升，拜至献酬辞让之节繁；及介省矣；至于众宾，升受，坐祭，立饮，不酢而降；隆杀之义辨矣。工入，升歌三终，主人献之；笙人三终，主人献之；间歌三终，合乐三终，工告乐备，遂出；一人扬觯，乃立司正焉：知其能和乐而不流也。宾酬主人，主人酬介，介酬众宾，少长以齿，终于沃洗者焉：知其能弟长而无遗矣。降，说屦升坐，修爵无数，饮酒之节，朝不废朝，莫不废夕。宾出，主人拜送，节文终遂焉，知其能安燕而不乱也。贵贱明，隆杀辨，和乐而不流，弟长而无遗，安燕而不乱，此五行者，足以正身安国矣；彼国安而天下安，故曰：吾观于乡，而知王道之易易也。”《礼记·乡饮酒义》。盖所谓庠序者，乃行礼观化之地，不徒非读书之处，并非设教之所也。《文王世子》曰：“行一物而三善皆得者，惟世子而已，其齿于学之谓也。故世子齿于学，国人观之曰：将君我，而与我齿让，何也？曰：有父在则礼然，然而众知父子之道矣。其二曰：将君我，而与我齿让，何也？曰：有君在则礼然，然而众著于君臣之义也。其三曰：将君我，而与我齿让，何也？曰：长长也，然而众知长幼之节矣。”则大学亦未尝不以行礼观化为重也。故曰：“强不犯弱，众不暴寡，此由大学来者也。”《祭义》。世岂有空言而可以立教者哉？

惟然，故古之言教化者，必在衣食饶足之后。孟子曰：“明君制民之产，必使仰足以事父母，俯足以畜妻子；乐岁终身饱，凶年免于死亡；然后驱而之善，故民之从之也轻。今也，制民之产，仰不足以事父母，俯不足以畜妻子，乐岁终身苦，凶年不免于死亡；此惟救死而恐不赡，奚暇治礼义哉？”《梁惠王上》。故曰：“无旷土，无游民，食节事时，民咸安其居，乐事劝功，尊君亲上，然后兴学。”《王制》。

以上所言，皆封建之世之规模也。东周以后，封建之制渐坏，学校稍以颓废，士大夫亦多不说学。《左氏》昭公十八年：“葬曹平公，往者见周原伯鲁焉。与之语，不说学。”案此所谓不说学者，乃谓不说学校中之所谓学，非谓凡事皆不肯问学也。盖与子路、子皮同见。官失其守，畴人子弟散之四方，本其所得，各自立说，于是王官之学，一变而为私家之学矣。而平民之有余暇能从事于学问者亦稍多，于是有聚徒设教之人，有负笈从师之事，而学问乃自贵族而移于平民。

第五节　先秦诸子

中国学术，凡三大变：邃古之世，一切学术思想之根原，业已旁薄郁积。至东周之世，九流并起，而臻于极盛，此其第一期也。秦汉儒、道、法三家之学，及魏晋时之玄学，合儒道两家，并不过衍其绪余。渡江而后，佛学稍起，至隋、唐而极盛，此为一大变。宋、明之理学，则融合佛学与我之所固有者也。明中叶后，西学东来，至近四十年而风靡全国，此为其又一变。将来归宿如何，今尚未可豫知。学问之事，每随所处之境而异。各民族所处之境不同，故其所肆力、所成就者亦不同。采人之所长，以补我之所阙，此一民族之文化所以日臻美备，而亦全世界之文化所以渐趋统一也。语曰："甘受和，白受采。"惟文化本高者，为能传受他人之文化。先秦学术，我之所固有也，固不容不究心矣。

先秦学术之原，古有二说：一为《汉书·艺文志》，谓其皆王官之一守；一为《淮南子·要略》，谓其起于救时之弊。二说孰是？曰：皆是也。古代学术为贵族所专有，然贵族亦非积有根柢，不能有所成就。王官专理一业，守之以世，岁月既久，经验自宏，其能有所成就，亦固其所。然非遭直世变，乡学者不得如此其多，即其所成就，亦不得如此其大也。故《汉志》与《淮南》，可谓一言其因，一言其缘也。

凡人之思想，大抵不能无后于时者也，何则？世事只有日新，决无复演，而人之所知，囿于既往，所以逆億将来，策画将来者，大抵本往事以立说。无论其所据若何，必不能与方来之事全合也。惟亦不至全不合，因演进乃徐徐蜕变，非一日而大异于其故。有时固似突变，然其暗中之变迁，亦必已甚久也。先秦诸子，虽因救时之弊而起，然其说亦必有所本。一为探求其本，而其说之由来，与其得失，概可见焉。

其所据最陈旧者，实惟农家。农家之书，真系讲树艺之术者，为《吕览》之《任地》《辨土》《审时》诸篇，然此非其所重。先秦诸子皆欲以其道移易天下，非以百亩为己忧者也。《汉志》论农家之学云："鄙者为之，欲使君臣并耕，悖上下之序。"可见《孟子》所载之许行，实为农家巨子。《滕文公上》。许行之言有二：一君臣并耕，一则物价但论多少，不论精粗也。此盖皇古之俗，固不能谓古无其事，亦不能谓其必不可复，然复之必有其方，许行之所以致之者，其道果何如乎？许行未尝有言。如其有之，则陈相当述之，孟子当驳之，不应徒就宗旨辩难。此则不能不令人疑其徒为高论者也。

所托之古，次于农家者为道家。古书率以黄、老并称。今《老子》书皆三四言韵语；间有散句，系后人加入。书中有雌雄牝牡字，而无男女字；又全书之义，女权率优于男权；足征其时之古。此书决非东周时之老聃所为，盖自古相传，至老聃乃著之竹帛者也。今《列子》书《天瑞篇》，有《黄帝书》两条，其一文同《老子》。又有《黄帝之言》一条，《力命篇》有《黄帝书》一条。《列子》虽伪物，亦多有古书为据，谓《老子》为黄帝时书，盖不诬矣。《老子》书之宗旨，一在守柔，一在无为。主守柔者，古人率刚勇好斗，其败也，非以其弱而以其强。上古如蚩尤，中古如纣，下古如齐顷公、楚灵王、晋厉公、吴夫差、宋王偃、齐湣王皆然。故以是为戒。其立论之根据，则为祸福倚伏。盖观四时、昼夜，而以天道为循环。此固浅演之民可有之知识也。无为犹言无化。化者？弃其故俗，慕效他人。盖物质文明，传播最易，野蛮人与文明人遇，恒慕效如恐不及焉。然役物之方既变，则人与人之关系亦随之而变。而是时之效法文明，不过任其迁流所至，非有策画，改变社会之组织，以与之相应也，则物质文明日增，而社会组织随之而坏矣。民间之慕效文明，隐而难见，君上之倡率，则显而易明，故古人恒以是为戒，如由余对秦穆公之言是也。见第九章第四节。此等见解，诚不能谓为无理，然不能改变社会之组织以与新文明相应，而徒欲阻遏文明，云胡可得？况习俗之变，由于在上者之倡率，不过就表面观之则然。人之趋利，如水就下。慕效文明，其利显而易见，社会组织变坏，其患隐而难知，亦且未必及己，人又孰肯念乱？“化而欲作”，虽“镇之以无名之朴”，又何益邪？

道家中别一派为庄、列。庄、列之说，盖鉴于世事之变化无方，其祸福殊不可知，故有齐物论之说。论同伦，类也。物论可齐，复何所欣羡？何所畏避？故主张委心任运。其书虽亟称老聃，然其宗旨实与老聃大异也。

所根据之道，稍后于老子者为墨。墨之道原于禹，读孙星衍《墨子后序》，即可见之。《汉志》云：“墨家者流，盖出于清庙之守。茅屋采椽，是以贵俭。养三老五更，是以兼爱。养三老五更者？所谓老人之老。选士大射，是以尚贤。选士所以助祭，见第十四章第三节。宗祀严父，是以右鬼。顺四时而行，是以非命。此命盖阴阳五行家所言之命，谓万物变化，悉由二气乘除，五行生胜者也。与墨子《天志》《明鬼》之论。谓有天与鬼以主其赏罚者不同。顺四时而行，即明堂月令之法，其法谓行令有误，则天降之罚，与《天志》之言正合。以孝视天下，是以上同。”此数语若知古明堂清庙合一，自极易明。《吕览·当染》言：“鲁惠公使宰让请郊庙之礼于天子，天子使史角往，惠公止之，其后在鲁，墨子学焉。”史固辨于明堂行政之典者也。墨家之根本义曰兼爱，此即所谓夏尚忠。兼爱则不容剥民以自奉，是以贵俭，而节用、节葬、非乐之说出焉。兼爱则不容夺人所有，且使其民肝脑涂地，于是有非攻之论。何以戢攻者之心，则守御之术尚矣。非攻之说，《吕览》力驳之，而主义兵，见《荡兵篇》。其说诚辨。然究极言之，攻与守固不能判兵之义不义，而自大体言之，攻兵究以不义者为多，墨子固取救时之弊，非作究极之论也。贵俭之论，荀子力驳之。见《富国篇》。其实墨子所行者，乃古凶荒札丧之变礼，本不谓平世亦当如是。荀子之难，弥不中理矣。然墨子之论，皆责难于王公大人，此非习于骄侈者所能从；欲以《天志》《明鬼》之说歆动之，则此说又久为时人所不信矣；见上节。此其道之所以卒不能行也。

《淮南·要略》谓墨子学于孔子而不说，故背周道而用夏政。今观《墨子》书，《修身》《亲士》《当染》，纯为儒家言，他篇又多引《诗》《书》之文，则《淮南》之说是也。儒与墨，盖当时失职之贵族。性好文者则为儒，性好武者则为侠，自成气类，孔、墨就而施教焉，非孔、墨身所结合之徒党也。儒之义为柔，若曾子之兢兢自守，言必信，行必果者，盖其本来面目。孔子之道，则不尽于是。孔子之道，具于六经。六经者，《诗》《书》《礼》《乐》《易》《春秋》。《诗》《书》《礼》《乐》本大学之旧科，《易》《春秋》则孔门之大道也。"《易》本隐以至显，《春秋》推见至隐。"盖一以明道，一就行事示人之措施，何如斯谓之合于道，二书实相表里也。邃古社会，荡平无党类，孔子谓之大同。封建之世，虽已有君民等级之不同，然大同之世，社会之成规，尚多沿袭未废，是为孔子所谓小康。春秋以后，则入于乱世矣。《春秋》三世之义，据乱而作，进于升平，更进于太平，盖欲逆挽世运，复于大同。今儒家所传多小康之义，称颂封建初期之治法，后人拘泥之，或且致弊，然此乃传其道者不克负荷，不能归咎于孔子也。儒家治民，最重教化，此为其出于司徒之官之本色。其处己之道，最高者为中庸。待人之道，最高者为絜矩。中庸者，随时随地，审处而求其至当。絜矩者，就所接之人，我所愿于彼者，即彼之所愿于我，而当以是先施之。其说简而赅，为人人所能明，所易守，无怪其能范围人心数千年之久也。孔门龙象，厥惟孟荀。孟子言性善，辨义利，阐知言养气之功，申民贵君轻之义，又重制民之产，有功于儒学极大。荀子晚出，持论少近刻核，然其隆礼、明分之论，亦极精辟也。

儒家有通三统之论，已见第十四章第一节。而阴阳家有五德终始之说，其意亦犹是也。阴阳家以邹衍为大师，《史记·孟荀列传》载其说甚怪迂，然其意，亦欲本所已知，推所未知而已。《汉书·严安传》载安上书引邹子之言曰："政教文质者，所以云救也。当时则用，过则舍之，有易则易之。"则五德终始之说，犹儒家之通三统，谓有五种治法，当以时更易耳。《史记》曰："奭也文具难施。"而《汉志》有《邹奭子》十二篇，则已拟有实行之法。果难施与否，今不可知，要非如汉人之言五德者，徒以改正朔、易服色为尽其能事也。《太史公自序》述其父谈之论，谓阴阳家言，"大祥而众忌讳，使人拘而多所畏"，此乃阴阳家之流失，而非其道遂尽于是也。

以上诸家，辜较言之，可云农家之所愿望者，为神农以前之世。道家之所称诵者，为黄帝时之说。墨家所欲行者为夏道。儒家与阴阳家，则欲合西周以前之法，斟酌而损益之。切于东周事势者，实惟法家。秦人之兼并六国，原因虽不一端，法家之功，要不可没也。东周时之要务有二：一为富国强兵，一为裁抑贵族。前者为法家言，后者为术家言，说见《韩非子·定法篇》。申不害言术，公孙鞅为法，韩非盖欲兼综二派者。法家宗旨，在"法自然"，故戒释法而任情。揆其意，固不主于宽纵，亦不容失之严酷。然专欲富国强兵，终不免以人为殉。《韩非子·备内篇》云："王良爱马，为其可以驰驱；勾践爱人，乃欲用以战斗。"情见乎辞矣。在列国相争，急求一统之时，可以暂用，治平一统之时而犹用之，则恋蘧庐而不舍矣。秦之速亡，亦不得谓非过用法家言之咎。后此之法学，则名为法，实乃术家言耳。

名家之学出于墨。已见上节。《汉志》推论，谓其出于礼官。盖礼主差别，差别必有其由，深求差别之由，是为名家之学。督责之术，必求名实之相符，故名法二家，关系殊密也。顾名家之学，如臧三耳等，转若与恒情相违者？则恒情但见其浅，深求之，其说固不得不如是；抑同异本亦相待，深求其异，或将反见为同，此惠施所以有“泛爱万物，天地一体”之论。见《庄子·天下篇》。又疑此亦由其学原出墨家，故仍不离忠爱之旨也。名家之学，深奥难明，欲知其详者，拙撰《先秦学术概论》下篇第六章似可参看。世界书局本。

纵横家者流，《汉志》云出于行人之官，其学亦自古有之，而大盛于战国之世。古之使者，“受命不受辞”，故行人之辞令特重，至战国时，列国之间纵横捭阖益甚，而其术亦愈工也。纵横家之书，存者惟一《战国策》。参看第二章。其书述策士行事，多类平话，殊不足信。其精义，存于《韩非子》之《说难篇》。扼要言之，则曰：视所说者为何如人，然后以吾说当之而已。

杂家者流，《汉志》曰：“出于议官，兼儒、墨，合名、法，知国体之有此，见王治之无不贯。”盖专门之学，往往蔽于其所不知。西汉以前，学多专门，实宜有以祛其弊，故杂家但综合诸家，即可自成一学也。杂家盖后世通学之原，所谓议官，则啧室之类也。见第十四章第二节。

以上所述，时为九流，见《刘子·九流篇》，《后汉书·张衡传注》同。益以小说，则成十家。《汉志》曰：“小说家者流，盖出于稗官，街谈巷议，道听涂说者之所造也。”疑《周官》诵训、训方氏之所采者正此类。九流之学，皆出士大夫，惟此为人民所造。《汉志》所载，书已尽亡。《御览》卷八百六十六引《风俗通》，谓宋城门失火，汲池中水以沃之，鱼悉露见，但就取之。说出百家，犹可略见其面目也。

诸子十家，为先秦学术之中坚。兵书、数术、方技三略，其为专门之学，亦与诸子同。数术、方技见上节，兵书略见第二章。《汉志》所以别为略者，盖以校书者之异其人，非意有所轩轾也。独列六艺于儒家，则为汉世古文家之私言。今文家之所传者，为儒家之学，虽涉历代制度，乃以其为儒家之说而传之，非讲历史也。古文家本无师说，自以其意求之古书，则伏羲、神农、尧、舜、禹、汤、文、武、周公，皆与孔子等耳。此以治学论，固无所不可，然古代学术之源流，则不如是也。

第十六章　结　论

中国夙以崇古称。昔时读书之人，几于共仞三代以前有一黄金世界，今则虽三尺童子，亦知笑其诬矣。虽然，昔人之抱此见解，亦自有其由，不得笑为愚痴也。人必有其所蕲至之竟。所蕲至之竟，大抵心所愿望，非必事所曾有也。然无征不信，立教者往往设为昔曾有是，以诱导人。即微立教者，合众人之心力，亦自能构成一实竟，以自慰藉，自鼓厉。佛教之净土，耶教之天国，皆是物也。一人之所愿欲如此，一群之所愿欲，亦何独不然？昔所谓唐、虞、三代云者，则言治化之人，所蕲至之竟耳。身所经历，有不满者，辄虚构一相反之竟，而曰：三代以前如是。此犹今之自憾贫弱者，有所不满，辄曰：并世富强之国如何如何。其说原不尽实，然亦究非如天国净土等说，全出于人之虚构也。治化之升降，必合役物以自养及人与人相处两端言之。以役物之智论，后人恒胜于前人。以人与人相处之道言，则后世诚有不如古昔者。无怪身受其祸之人有此遐想也。中国社会之迁变，可以《春秋》三世及《礼》家大同、小康之说明之。《春秋》据乱而作，进于升平，更进于太平。礼家则说大同降为小康。小康之治，迄于成王、周公，盖以自此以后为乱世。《礼》家慨其递降，《春秋》则欲逆挽世运，跻于郅隆。其所谓升平者即小康，所谓太平者即大同，无足疑也。《春秋》之义，虽若徒存愿望，《礼》家之说，则实以行事为根据矣。然则《春秋》之义，亦非虚立也。孔子所谓大同者，盖今社会学家所谓农业公产社会。斯时之人，群以内既康乐和亲，群以外亦能讲信修睦。先秦诸子所知之治化，盖以此为最高，故多慨慕焉。如老子所云郅治之世，亦即孔子所谓大同也。然当斯时也，治化下降之机即已隐伏于其中。盖世运恒自塞而趋于通。隆古社会，因其处竟之不同，仁暴初非一致。其相遇也，或不免于以力相君，则有征服者与所征服者之殊，而入于小康之世矣。治化之前进也，非一日可几于上理，而固有之良规，亦非一朝夕之间所能尽毁，大同之世之规制，留遗于后者，盖犹历若干时，此其所以获称小康也。其后在上之人淫侈日甚，外之则争城争地，甚或以珠玉重器之故，糜烂其民而战之；内之所以虐使之、苛取之者亦愈甚。耕作之术稍精，所治之土益狭，于是有所谓井田。井田，昔之论者以为至公，实则土地私有之制之根原也。耕垦之事既劳，益知人力之可贵，而奴婢之制亦于是起焉。其尤甚者，则为商业。交易之道，所以使人分工协力，用力少而成功多。然相扶助之事而以相朘削之道行之，在以其所有易其所无之世已然，至有所谓商人者兴，而人之相朘削乃愈甚矣。于是谋交易之便，而有所谓泉币。泉币行而物之变易弥易，人之贪欲滋甚。终至公产之世之分职尽坏，人不复能恃其群以生，群亦不复能顾恤其人，一听其互相争夺，而人与人相处之道苦矣。记曰："强者胁弱，众者暴寡，知者诈愚，勇者苦怯；疾病不养；老、幼、孤独不得其所：此大乱之道也。"苟以是为治乱之衡，后世所谓治平，如汉之文帝、唐之太宗之世，亦曷尝能免于大乱之讥乎？宁复有人，敢县《礼记》之所云者，以为治乱之鹄，而讥汉、唐之治为不足云者乎？然人之不甘以"强者胁弱，众者暴寡，知者诈愚，勇者苦怯；疾病不养，老、幼、孤独不得其所"为已足也，则其心卒不可移易也。亦曷怪其县一竟焉，以为想望之鹄乎？故曰：昔人所抱之见解，未可尽笑为愚痴也。然欲至其所至之竟，必有其所由至之途。徒存其愿而不审其途，将如说食之不能获饱。惟社会组织之迁变，为能说明社会情状之不同，他皆遍而不全，而历史则所以记载社会之变迁者也。举国人乡所想望之竟，稽求其实，俾得明于既往，因以指示将来，此治古史者所当常目在之者也。不然，所闻虽多，终不免于玩物丧志而已矣，抑无当于史学之本旨也。

图书在版编目（CIP）数据

先秦史 / 吕思勉著. -- 北京：北京理工大学出版社，2023.9（2025.5重印）
（中国大历史）
ISBN 978-7-5763-2935-3

Ⅰ.①先… Ⅱ.①吕… Ⅲ.①中国历史—先秦时代 Ⅳ.①K22

中国国家版本馆CIP数据核字（2023）第186570号

责任编辑：李慧智　　文案编辑：李慧智
责任校对：周瑞红　　责任印制：李志强

出版发行 / 北京理工大学出版社有限责任公司
社　　址 / 北京市丰台区四合庄路6号
邮　　编 / 100070
电　　话 / （010）68944451（大众售后服务热线）
（010）68912824（大众售后服务热线）
网　　址 / http：//www. bitpress. com. cn

版 印 次 / 2025年5月第1版第6次印刷
印　　刷 / 德富泰（唐山）印务有限公司
开　　本 / 880mm × 1230mm　1/32
印　　张 / 15.5
字　　数 / 396千字
定　　价 / 598.00元（全十卷）